HISTOIRE ROMAINE

DE

DION CASSIUS.

PARIS. — TYPOGRAPHIE DE FIRMIN DIDOT FRÈRES, RUE JACOB, 56.

HISTOIRE ROMAINE

DE

DION CASSIUS,

TRADUITE EN FRANÇAIS,

AVEC DES NOTES CRITIQUES, HISTORIQUES, ETC.,

ET LE TEXTE EN REGARD,

COLLATIONNÉ SUR LES MEILLEURES ÉDITIONS
ET SUR LES MANUSCRITS DE ROME, FLORENCE, VENISE, TURIN,
MUNICH, HEIDELBERG, PARIS, TOURS, BESANÇON,

PAR E. GROS,
INSPECTEUR DE L'ACADÉMIE DE PARIS.

TOME PREMIER

CONTENANT LES FRAGMENTS JUSQU'A L'AN DE ROME 545.

PARIS,

LIBRAIRIE DE FIRMIN DIDOT FRÈRES,

IMPRIMEURS DE L'INSTITUT,

RUE JACOB, 56.

1845.

A M. VILLEMAIN,

PAIR DE FRANCE, GRAND OFFICIER DE LA LÉGION D'HONNEUR,
ANCIEN MINISTRE DE L'INSTRUCTION PUBLIQUE,
SECRÉTAIRE PERPÉTUEL DE L'ACADÉMIE FRANÇAISE,
MEMBRE DE L'ACADÉMIE DES INSCRIPTIONS ET BELLES-LETTRES.

Monsieur,

Une édition critique de Dion Cassius, accompagnée d'une traduction française, semble devoir être accueillie avec quelque faveur dans le monde savant. Ministre de l'Instruction publique, vous l'avez jugée digne de votre puissant appui, et vous avez bien voulu en assurer la publication par une décision qui atteste votre bienveillant intérêt pour les travaux d'érudition.

Je suis heureux de placer cet ouvrage sous vos auspices, comme un hommage de ma profonde reconnaissance et de mon respectueux dévouement.

E. Gros.

INTRODUCTION.

§ I. Vie de Dion.

Fils d'un sénateur qui occupa de grandes places, Dion Cassius Cocceius, ou Cocceianus, fut lui-même sénateur, édile, gouverneur de diverses provinces, deux fois consul; et pourtant sa vie n'est connue que par ce qu'il en dit dans son histoire (1).

Il naquit à Nicée, en Bithynie, vers l'an 155 de notre ère. Cassius Apronianus, son père, fut successivement gouverneur de la Cilicie et de la Dalmatie. Dion l'accompagna en Cilicie : de retour à Rome, il fut admis dans le sénat l'an 180, à l'âge de vingt-cinq ans. Pendant le règne de Commode, il fut édile et questeur. En 193, Pertinax dont il était l'ami, comme Claudius Pompeianus, Acilius

---

(1) C'est là qu'ont été puisés tous les renseignements réunis et discutés par Nic. Carmin. Falcoui, *Q. Cassii Dionis Cocceiani Romanæ Hist.*, t. I, Neapoli, 1747, in-fol., Prolegom. ch. II; par Reimar, *de Vita et scriptis Cassii Dionis*, t. VII, p. 506-572, éd. de Sturz, et par Fabricius, *Bibl. Gr.*, t. V, p. 140 et suiv., éd. Harles : il me suffira de les résumer. Cf. M. E. Egger, Examen critique des Historiens d'Auguste, ch. VIII.

Glabrion et d'autres citoyens recommandables, le désigna pour la préture. Un livre *sur les prodiges et sur les songes qui avaient annoncé l'avénement de Septime Sévère* lui concilia l'amitié de cet empereur; mais il la perdit par le changement qui s'opéra dans Septime à l'égard de Commode (1). Dion n'obtint de lui aucune nouvelle dignité.

A l'avénement de Caracalla, il l'accompagna en Asie avec d'autres sénateurs : pendant ce voyage, qui lui causa de grandes dépenses (2), il eut souvent à se plaindre du jeune empereur (3). Au moment de partir pour son expédition contre les Parthes, Caracalla lui ordonna de rentrer à Rome : il s'y trouvait à l'époque de l'usurpation de Macrin, qui l'envoya, en 218, comme préfet, à Smyrne et à Pergame (4).

Après sa préfecture dans ces deux villes, Dion se rendit à Nicée, où une maladie le retint quelque temps : de là, il passa en Afrique, en qualité de gouverneur. C'est entre ces deux voyages qu'il faut placer son premier consulat : il en fut redevable à la bienveillance d'Alexandre Sévère, ou plutôt de sa mère Mammée, qui cherchait à

---

(1) Cf. § III, p. ix-x.
(2) Dion, liv. LXXVII, 9.
(3) Liv. LXXVIII, 8.
(4) Liv. LXXIX, 7.

réunir autour de son fils les hommes les plus recommandables par leurs vertus et par leurs lumières : Ulpien était de ce nombre (1).

Revenu en Italie, Dion fut envoyé comme gouverneur d'abord en Dalmatie, puis dans la Pannonie Supérieure. Là, son inflexible attachement pour la discipline révolta les légions, qui voulurent le mettre à mort. L'empereur, en 229, le récompensa de sa fermeté et de son courage par un nouveau consulat (2) : il le dispensa même des frais de l'inauguration, et les prit à sa charge (3). Cette faveur irrita davantage les prétoriens : Dion

(1) Liv. LXXX, 1.
(2) Dion parle de ce second consulat, l. l., 2 : Ὅσα γε καὶ μέχρι τῆς δευτέρας μου ὑπατείας ἐπράχθη, διηγήσομαι. Cf. l.l. 5, et Orelli, Inscript. Latin., t. I, p. 258, nº 1177. Il est attesté par une inscription que M. Borghesi a publiée dans le Bulletin de correspondance de l'Institut archéologique, août et septembre 1839, nos VIII et IX, p. 136 :

IMP DOMINO N
SEVERO ALEX
ANDRO AVG III
ET CASSIO DIONe
II COS
L. POMPONIVs
CONSTANS ET
M. VRSINIVS Ve
RVS. II. VIR
deDICAVERVNT.

M. Borghesi en fait connaître l'origine et ressortir l'utilité, l. l. : « Pochi anni sono nella chiesa di Rabenten, parrochia Kienberg, nella Baveria Superiore, fu scoperta la seguente iscrizione, che serviva di gradino all' altare laterale da mano manca .... Crediamo opportuno di publicarla, perche ricorda il celebre storico Cassio Dione, e perche torna a confermare il suo duplice consolato nel 229 di Christo, messo non ha guari in questione da un valentissimo archeologo. »
(3) Même livre, 5.

dut prudemment passer loin de la capitale le temps de ce nouveau consulat. Il se rendit pourtant quelquefois auprès d'Alexandre, soit à Rome, soit dans la Campanie; il parut même devant les soldats sans courir le moindre danger. Enfin, atteint d'un mal au pied, il obtint la permission de se retirer à Nicée (1), où il mit la dernière main à son ouvrage. Il y finit ses jours dans un âge avancé; mais la date de sa mort est incertaine.

Il n'aurait pu faire face aux dépenses de son voyage avec Caracalla, s'il n'avait possédé alors une fortune considérable : elle fut bien diminuée depuis cette époque. Si Alexandre le dispensa des frais de son second consulat, ce fut vraisemblablement parce qu'il connaissait les embarras de sa position, autant que pour le récompenser de sa belle conduite en Pannonie.

Un Cassius Dion figure dans les Fastes consulaires, à l'an 291 : c'était sans doute un des descendants de l'historien.

§ II. Ouvrages de Dion.

Parmi les ouvrages attribués à Dion Cassius, trois ne sont probablement pas de lui, à savoir :
1° Une histoire du règne de Trajan, citée par

---

(1) Livre LXXX, 5.

Suidas : Reimar la regarde comme un écrit de Dion Chrysostome, aïeul maternel de notre historien, contemporain et ami de cet empereur.

2° Un livre intitulé *Persica*, mentionné par le même Suidas, mais qui paraît être l'ouvrage de Dinon, souvent cité comme historien de la Perse.

3° Un autre, ayant pour titre *Getica* : il en est question dans Jornandès, Suidas et Fréculphe. Philostrate l'attribue à Dion Chrysostome.

Les cinq qui lui appartiennent, sont :

1° Une biographie du philosophe Arrien, citée par Suidas : elle ne nous est point parvenue.

2° Un récit de ses voyages (Ἐνόδια), dont le même lexicographe fait mention, mais également perdu.

3° Un écrit sur les prodiges et sur les songes qui annoncèrent l'avénement de Septime Sévère à l'empire : il n'existe plus.

4° L'histoire de Commode : elle fut insérée plus tard dans l'histoire générale de Rome. Nous n'avons que l'abrégé de Xiphilin.

5° L'histoire générale de Rome, depuis les temps primitifs jusqu'au règne d'Alexandre Sévère. Elle se composait de LXXX livres : le temps nous en a ravi plusieurs. La partie la plus complète est celle qui commence au livre XXXVIIe, et finit au LIXe inclusivement. Il ne reste que des fragments des xxxvi premiers livres : pour les livres LXI-LXXX, nous n'avons que l'abrégé de Xiphilin et quelques fragments.

§ III. Examen critique de son Histoire romaine.

Deux extraits nous font connaître le but que Dion s'est proposé : « Je m'applique, dit-il, à écrire « toutes les actions mémorables des Romains, « en temps de paix et en temps de guerre; de « manière qu'eux-mêmes et les autres peuples « n'aient à regretter l'absence d'aucun fait im- « portant (1). » — « Je compose, suivant mes « moyens, une histoire complète des Romains; « pour les autres peuples, je me bornerai à ce qui « aura quelque rapport avec cette histoire (2). »

Ailleurs il indique ainsi la marche qu'il a suivie et les sources où il a puisé : « J'ai lu à peu près « tout ce que divers historiens ont écrit sur les « Romains ; mais je n'ai pas tout inséré dans mon « ouvrage : j'ai dû choisir et me borner (3). »

Remonter au delà du berceau de Rome, recueillir les traditions fabuleuses sur les temps antérieurs à sa naissance et sur ses fondateurs; re-

---

(1) Fragment XVI, p. 35 de cette édition.
(2) Fragment IX, p. 25 de cette édition.
(3) Fragment I, p. 3 de cette édition.

tracer l'histoire de la monarchie, les orages de la république naissante, ses dissensions intestines, ses conquêtes au dedans de l'Italie jusqu'à ce qu'elle l'eût entièrement soumise, ses luttes contre Carthage, et les victoires qui réduisirent la Macédoine et la Grèce en provinces; raconter les troubles excités par les Gracques et marqués de leur sang, les dangers de la guerre sociale, la rivalité et les proscriptions de Marius et de Sylla, les guerres contre Sertorius, Spartacus et Mithridate, la conjuration de Catilina, le premier triumvirat, la puissance de César, vainqueur des Gaules et de Pompée, mais bientôt frappé du poignard, le second triumvirat traînant à sa suite la guerre civile et les proscriptions, les invasions des Parthes, la monarchie rétablie par l'heureux vainqueur d'Actium, les cruautés de Tibère, les extravagances de Caligula, la stupidité de Claude, les débordements de Messaline, les folies de Néron, l'insolence de la soldatesque disposant de l'Empire dès le temps de Galba, d'Othon et de Vitellius; peindre les beaux jours de Vespasien et de Titus, un moment obscurcis par Domitien, mais ramenés par Nerva et par Trajan, les frontières de l'Empire agrandies, l'ère fortunée des Antonins; montrer enfin Marc-Aurèle remplacé par Commode, l'Empire mis à l'encan, et à côté de quelques grands hommes, tels que Pertinax, Septime et Alexandre Sévère, un Caracalla et un Élagabale : quel vaste champ! que de luttes et de révolutions! quel déchaînement, quel jeu terrible de toutes les passions humaines! que de grandeur et de misère!

Le plan était séduisant, majestueux et des plus instructifs; mais Dion n'avait-il pas trop présumé de ses forces en essayant de reproduire un tableau qui, pour être dignement exécuté, aurait exigé dans le même écrivain l'érudition de Denys d'Halicarnasse et de Plutarque, la sagacité et le coup d'œil de Polybe, la pompe de Tite-Live, la vigueur de Salluste, la vue perçante de Tacite et l'inimitable énergie de son mâle pinceau?

La position sociale de son père l'avait mis en lumière : il se distingua bientôt lui-même par son éloquence. Sous Commode, il remplit des postes importants; mais ses devoirs, comme magistrat (1), lui laissèrent du loisir pour ses études favorites.

Lorsque l'empire fut déféré à Septime Sévère, Dion gagna l'affection du nouveau maître par l'écrit dont nous avons parlé (2); écrit bien futile, à en juger par un passage qui en est

---

(1) Cf. p. i, et pour les détails Reimar, l. l. § 7, t. VII, p. 521, éd. de Sturz.
(2) Cf. § I, p. ii.

probablement extrait, et qui se trouve dans l'histoire de Sévère (1) : il fallait que les songes et les prodiges fussent alors bien puissants sur les esprits, pour qu'un empereur adressât lui-même, au sujet d'un pareil ouvrage, une lettre de remercîments à l'auteur (2).

Dès ce moment, la vocation de Dion pour les travaux historiques fut décidée : il raconte lui-même comment son génie tutélaire la lui révéla. Il publia bientôt l'histoire de Commode, qui eut un grand succès : alors son génie devint plus pressant encore, et Dion résolut de composer son grand ouvrage (3). Cependant Septime crut ne pouvoir mieux satisfaire son aversion pour le sénat, qu'en se déclarant le défenseur de la mémoire de Commode : il lui décerna les honneurs divins (4), et se proclama son frère (5). L'historien, qui avait mis dans tout leur jour les excès de l'indigne fils de Marc-Aurèle, n'eut plus rien à espérer. Condamné à la retraite, il la

---

(1) Liv. LXXIV, 3.
(2) Liv. LXXII, 23 : Βιβλίον τι περὶ τῶν ὀνειράτων καὶ τῶν σημείων, δι' ὧν ὁ Σεβῆρος τὴν αὐτοκράτορα ἀρχὴν ἤλπισε, γράψας ἐδημοσίευσα· καὶ αὐτῷ καὶ ἐκεῖνος πεμφθέντι παρ' ἐμοῦ ἐντυχών, πολλά μοι καὶ καλὰ ἀντεπέστειλε.
(3) Liv. LXXII, 23.
(4) Ælius Lampride, Vie de Commode, Hist. Aug. p. 76, éd. de Casaub., Paris, 1603 : Hunc tamen Severus imperator amantissimus nominis sui, odio (ut videtur) senatus, inter deos retulit, flamine addito quem ipse vivus sibi paraverat .... Ut natalis ejus celebraretur instituit. Cf. Spartien, Vie de Sévère, l. l., p. 100.
(5) Dion, LXXV, 7. Spartien, l. l. : Quod Severus ipse in Marci familiam

consacra à l'ouvrage, qui ne cessa de l'occuper au milieu des vicissitudes dont sa carrière fut remplie.

Il y a quelque chose de noble et de touchant dans le courage d'un homme qui, tantôt soutenu, tantôt abandonné, poursuivit, pendant vingt-deux ans, un même but avec la même persévérance. Sans doute, sous la figure de ce génie tutélaire, plus ou moins puissant sur Dion, il est aisé de reconnaître l'empereur, tantôt propice et tantôt contraire. On aimerait à trouver en lui un cœur plus ferme, et moins sensible à l'inconstance des cours; mais s'il trembla un moment, alors que la peinture du règne de Commode, naguère accueillie avec enthousiasme, devint tout à coup un titre de défaveur, cette faiblesse n'est-elle point rachetée par son opposition contre Didius Julianus, par son inébranlable attachement pour Pertinax, et par sa conduite envers les légions de Pannonie?

Il y eut dans Dion deux personnages bien distincts : celui d'écrivain de l'histoire contemporaine, et celui d'historien des temps antérieurs. Agé de vingt-cinq ans au moment où Commode monta sur le trône, sa première jeunesse s'était

---

transire voluerit. L'inscription, citée par Casaubon. (l. l. notes, p. 259), à propos de ce passage, est très-précise :

IMP. CÆSAR. DIVI. MARCI
ANTONINI. PII. GERM. SARMATICI
FILIVS. DIVI. COMMODI. FRATER

écoulée sous le règne de Marc-Aurèle, au milieu des doux souvenirs de celui d'Antonin. C'était la fin de l'âge d'or de l'Empire : avec Commode commença l'âge de fer. Mêlé à tous les événements de son temps, Dion entreprit d'en raconter l'histoire. Comment a-t-il compris et rempli sa tâche? Ici, nous ne pouvons le juger que par l'abrégé de Xiphilin; mais si cet abrégé montre en lui les qualités de l'historien, ne serons-nous pas en droit de conclure qu'il les posséda en effet, et qu'elles apparaîtraient dans un jour bien plus favorable, si, au lieu d'un résumé, nous avions l'ouvrage même?

Exactitude dans les faits, impartialité dans l'appréciation des hommes et des choses, tels sont les caractères de son histoire de Commode, de Pertinax, de Didius Julianus, de Septime Sévère, de Caracalla et d'Élagabale. Je ne parle pas du règne d'Alexandre, Dion n'en avait tracé qu'une esquisse : il nous l'apprend lui-même.

Lisez le récit des mêmes règnes dans Hérodien et dans l'Histoire Auguste; comparez-le avec celui de Dion : à part quelques exceptions, vous reconnaîtrez que la critique est le plus souvent amenée à lui donner raison (1). Quant à sa vé-

---

(1) Voyez les savantes recherches de l'exact Tillemont, dans ses notes sur Commode et Pertinax, Hist. des Empereurs, t. II, p. 564-569; sur Sévère, Caracalla, Macrin, Élagabale, t. III, p. 447-475.

racité, comment la révoquer en doute, lorsqu'il nous dit : « Ces faits et ceux que je racon-
« terai désormais ne m'ont pas été transmis par
« d'autres ; je les ai observés moi-même (1). »
Ailleurs, à propos des jeux célébrés par Commode, il s'exprime ainsi : « Au milieu du combat,
« l'empereur, épuisé de fatigues, buvait tout d'un
« trait du vin doux, qui avait été rafraîchi ; une
« femme le lui offrait dans une coupe faite en forme
« de massue. Au même instant, peuple et sénat,
« nous criions tous ensemble, comme il est d'usage
« dans les banquets : *Vivez !* Et qu'on ne s'imagine
« pas que j'altère la dignité de l'histoire par de
« semblables faits. Je ne les aurais pas rapportés, *si*
« *l'empereur n'en était l'auteur; si je n'avais tout*
« *vu, tout entendu; si je n'avais fait entendre moi-*
« *même cette acclamation....* Je raconterai tous les
« événements de mon temps avec plus de détail
« que ceux qui m'ont précédé, parce que j'en ai
« été le témoin, et que personne, parmi ceux
« qui auraient pu les consigner dans un ouvrage
« estimable, ne les a recueillis avec le même
« soin, du moins à ma connaissance (2). »

L'amour de la vérité l'a déterminé à se mettre
en scène, même quand il s'agit de faits peu ho-

---

(1) Liv. LXXII, 4.
(2) Même liv., 18.

norables pour le corps dont il était membre. « Ces
« jeux, dit-il, durèrent quatorze jours : l'empereur
« y figura comme acteur. Nous tous, sénateurs,
« nous ne manquâmes pas d'y assister avec les
« chevaliers : le vieux Claudius Pompéianus seul
« s'en dispensa. Il y envoya bien ses fils, mais il
« ne vint jamais lui-même : il aima mieux être
« puni de son absence par une mort violente,
« que de voir le chef de l'empire, le fils de Marc-
« Aurèle, se livrant à de pareils exercices. Ainsi
« que nous en avions reçu l'ordre, nous faisions
« entendre diverses acclamations, et nous répétions
« sans cesse celle-ci : *Vous êtes notre maître! A vous*
« *le premier rang! Vous êtes le plus heureux des*
« *hommes! Vous êtes vainqueur! Vous le serez! De*
« *mémoire d'homme, seul vous êtes vainqueur, ô*
« *Amazonius* (1) *!* » Et un peu plus loin : « L'em-
« pereur fit encore une chose qui semblait présager
« aux sénateurs une mort certaine. Après avoir
« tué une autruche, il lui coupa la tête, et s'a-
« vança vers les places où nous étions assis. Il te-
« nait à la main gauche cette tête, à la droite
« l'épée encore sanglante, et dont il tournait la
« pointe vers nous. Il ne proféra pas une parole;
« mais, secouant sa tête et ouvrant une large bou-
« che, il faisait entendre qu'il nous traiterait

(1) Liv. LXXII, 20.

« comme l'autruche. Plusieurs d'entre nous se
« mirent à rire; car sa menace produisit cet effet,
« bien loin d'inspirer de l'effroi : l'empereur les
« aurait tués à l'instant avec son épée, si je n'a-
« vais engagé ceux qui étaient près de moi à dé-
« tacher de leur couronne des feuilles de laurier
« et à les mâcher, comme je mâchais les feuilles
« de la mienne; afin que le mouvement conti-
« nuel de notre bouche l'empêchât d'avoir la
« preuve que nous avions ri (1). »

Dans le récit du procès contre Apronianus, qui fut condamné, quoique absent, Dion mentionne une déposition relative à un sénateur chauve. Au risque de compromettre sa dignité personnelle, il dit naïvement : « Le témoin n'a-
« vait nommé personne, et Sévère n'avait écrit
« aucun nom. Aussi, ceux-là même qui jamais
« n'avaient mis les pieds chez Apronianus furent
« saisis de crainte : ce n'étaient pas seulement les
« chauves qui tremblaient, mais encore tous ceux
« dont le front seul était dépouillé de cheveux.
« Nul d'entre nous n'était tranquille, excepté
« ceux qui avaient une chevelure abondante. Nos
« regards se portaient vers les sénateurs chauves, et
« sur nos siéges circulaient sourdement ces paroles:
« *C'est un tel; — non, c'est tel autre.* Je ne cacherai

---

(1) Liv. LXXII, 21.

« pas ce qui m'arriva, quoique ce soit bien ridi-
« cule : j'étais si troublé que je portai la main
« à la tête, et que j'y cherchai mes cheveux :
« beaucoup d'autres en firent autant (1). »

Le récit a-t-il quelque chose d'extraordinaire,
Dion se donne lui-même pour garant : « Quant à ce
« que j'ai raconté de la flotte, j'en ai reconnu l'exac-
« titude non loin de là, je veux dire à Pergame,
« dont Macrin m'avait nommé gouverneur, comme
« je l'avais été de Smyrne (2). » S'il lui a été impossible de bien constater les faits, il nous en avertit : « Jusqu'à présent, je me suis attaché à la
« plus grande exactitude ; mais je n'ai pu en faire
« autant pour ce qui suit, attendu qu'à cette
« époque je ne fis plus un long séjour à Rome.
« De l'Asie, je passai en Bithynie, où je fus malade;
« puis je me rendis dans mon gouvernement d'A-
« frique. De retour en Italie, je partis presque
« incontinent pour la Dalmatie, d'où je fus envoyé,
« comme gouverneur, dans la Pannonie Supé-
« rieure. Je vins ensuite à Rome et dans la
« Campanie, mais je ne tardai pas à m'embarquer
« pour mon pays natal. Je n'ai donc pu donner
« aux dernières parties de mon histoire les mêmes
« soins qu'aux précédentes (3). »

(1) Liv. LXXVI, 8.
(2) Liv. LXXIX, 7.
(3) Liv. LXXX, 1 et 2.

Les vicissitudes politiques n'altérèrent en rien son impartialité. Ami de Pertinax, il eut tout à redouter sous son successeur; mais son courage ne se démentit pas. « Sur le soir, dit-il, Julianus se « dirigea vers le Forum et vers le sénat, escorté « d'un grand nombre de prétoriens, enseignes dé- « ployées, comme s'il eût marché au combat: il « voulait effrayer le sénat et le peuple, pour les « faire plier sous sa loi. Les prétoriens l'élevaient « jusqu'aux nues, et lui donnaient le nom de « Commode. A cette nouvelle, les sénateurs, par- « ticulièrement ceux qui avaient été les amis de « Pertinax, craignirent tout de la part de Julianus « et des soldats. J'étais de ce nombre : outre les « honneurs que j'avais déjà obtenus, il m'avait dé- « signé préteur. De plus, en plaidant au barreau, « j'avais souvent dévoilé les méfaits de Julianus. Ce- « pendant, comme il nous parut dangereux d'éveil- « ler les soupçons en restant chez nous, nous sortî- « mes; non pas à la hâte, et prêts à subir le joug, « mais après avoir soupé. Nous fendîmes des « flots de soldats pour pénétrer dans le sénat : là, « nous entendîmes Julianus débiter une harangue « digne de lui (1). »

Mais, dira-t-on, si Dion s'est montré exact, impartial dans l'histoire de son temps, peut-on re-

---

(1) Liv. LXXIII, 12.

connaître les mêmes qualités dans le reste de son ouvrage ? N'est-il pas facile, au contraire, d'y signaler des faits erronés, des anachronismes, une partialité révoltante contre Cicéron et contre Sénèque, des harangues dont la source n'est pas authentique, et qu'auraient pu remplacer des détails bien autrement instructifs ? enfin, une crédulité qui admet sans discussion les songes et les prodiges les plus étranges ?

Chacune de ces assertions mérite une réponse (1).

Oui, dans cette partie de l'ouvrage de Dion il y a des erreurs : loin de les dissimuler, j'aurai soin de les mettre en lumière, à mesure qu'elles se présenteront dans le cours de mon travail. Mais sont-elles assez nombreuses et surtout assez graves pour décréditer notre historien ? Doivent-elles lui être imputées toutes, et ne faut-il pas en attribuer quelques-unes à l'état de la science historique dans le temps où il vivait ?

Je l'ai dit : le plan de Dion était trop vaste. Au milieu de tant de faits, si diversement racontés, sa mémoire et son jugement ont failli quelquefois. Mais quand on met en balance, d'un côté

---

(1) Il sera bon de lire, à ce sujet, les deux paragraphes de Reimar, § 21, *Nævi Historiæ Dionis*, et § 22, *Dio in nonnullis defendendus et excusandus*, l. l. p. 547-553. Cf. les Prolégomènes de Nic. Carmin. Falconi, l. l. chap. VI et VII, et l'ingénieuse dissertation de M. E. Egger, dans l'Examen critique des Historiens d'Auguste, ch. VIII.

l'importance et la variété des événements renfermés dans une histoire d'environ dix siècles; de l'autre, les erreurs qui lui sont reprochées par les critiques les moins bienveillants, n'est-on pas moins porté à le condamner? Si de ces erreurs nous retranchons, comme le veut la justice, celles qui appartiennent aux divers fragments et celles qui se rapportent à certaines parties de l'histoire impériale ; puisque, pour les unes comme pour les autres, nous ne pouvons juger que d'après un texte incomplet, elles seront notablement réduites. Il en est cependant qu'il aurait évitées, s'il eût joint une critique plus sévère à son ardeur pour le travail. Quant aux anachronismes, ils tiennent le plus souvent au système adopté par l'auteur (1) : il a eu soin d'avertir qu'il ne s'est pas attaché scrupuleusement aux dates (2).

Dion n'ignorait pas que son histoire de l'époque impériale, depuis Auguste jusqu'au règne de Commode, donnerait prise à la critique (3). Ses paroles,

---

(1) Cf. R. Wilmans, *De Dionis fontibus et auctoritate*. Berlin, 1835, ch. VII, p. 41-42.

(2) Liv. LI, 1 : Τοιαύτη τις ἡ ναυμαχία αὐτῶν τῇ δευτέρᾳ τοῦ Σεπτεμβρίου ἐγένετο. Τοῦτο δὲ οὐκ ἄλλως εἶπον (οὐδὲ γὰρ εἴωθα αὐτὸ ποιεῖν), ἀλλ' ὅτι τότε πρῶτον ὁ Καῖσαρ τὸ κράτος πᾶν μόνος ἔσχεν· ὥστε καὶ τὴν ἀπαρίθμησιν τῶν τῆς μοναρχίας αὐτοῦ ἐτῶν ἀπ' ἐκείνης τῆς ἡμέρας ἀκριβοῦσθαι κτλ.

(3) Liv. LIII, 19 : Οὐ μέντοι καὶ ὁμοίως τοῖς πρόσθεν τὰ μετὰ ταῦτα πραχθέντα λεχθῆναι δύναται. Πρότερον μὲν γὰρ ἔς τε τὴν βουλὴν καὶ ἐς τὸν δῆμον πάντα, καὶ εἰ πόρρω που συμβαίη, ἐσεφέρετο· καὶ διὰ τοῦτο πάντες τε αὐτὰ

qu'un grand écrivain a sanctionnées de son approbation, (1) ne le justifient pas complétement : peut-être pouvait-il, malgré les difficultés qu'il signale, arriver à une plus grande exactitude (2); mais l'historien, qui parle avec cette franchise, n'a-t-il pas droit à l'indulgence ?

Lorsque Vespasien, après avoir reconstruit le Capitole incendié par les soldats, rassembla dans le *Tabularium* les copies de trois mille tables de bronze où se lisaient des sénatus-consultes, des plébiscites, des traités, qui remontaient jusqu'au berceau de Rome (3), une ère de discussion s'ouvrit pour la critique historique, comme le savant M. J. V. Le Clerc l'a remarqué le premier (4) : mais ne peut-on pas induire, des plaintes de Dion, que les documents originaux, livrés à la discussion, se rapportaient surtout aux temps

ἐμάνθανον, καὶ πολλοὶ συνέγραφον... Ἐκ δὲ δὴ τοῦ χρόνου ἐκείνου, τὰ μὲν πλείω κρύφα καὶ δι' ἀπορρήτων γίγνεσθαι ἤρξατο. Εἰ δέ που καί τινα δημοσιευθείη, ἀλλὰ ἀνεξέλεγκτά γε ὄντα ἀπιστεῖται...... Ὅθεν περ καὶ ἐγὼ πάντα τὰ ἑξῆς, ὅσα γε καὶ ἀναγκαῖον ἔσται εἰπεῖν, ὥς που καὶ δεδήλωται, φράσω · εἴτ' ὄντως οὕτως, εἴτε καὶ ἑτέρως πως ἔχει. Προσέσται μέντοι τι αὐτοῖς καὶ τῆς ἐμῆς δοξασίας κτλ.

(1) Montesquieu, Grandeur et Décadence des Romains, ch. XIII, à la fin : « Dion remarque très-bien que, depuis les empereurs, il fut plus diffi-« cile d'écrire l'histoire : tout devint secret; toutes les dépêches des pro-« vinces furent portées dans le cabinet des empereurs; on ne sut plus que « ce que la folie et la hardiesse des tyrans ne voulurent point cacher, ou ce « que les historiens conjecturèrent. »
(2) Cf. M. E. Egger, l. l., p. 288.
(3) Suétone, Vespasien, VIII.
(4) Annales des Pontifes, IIe partie. p. 112 et suiv.

b.

antérieurs à l'Empire? Les barrières, tombées à la voix de Vespasien, laissèrent à la critique une entière liberté sur le gouvernement qui n'était plus; mais d'autres s'élevèrent pour protéger le gouvernement nouveau.

Plusieurs fautes de Dion tiennent d'ailleurs à l'état des études historiques dans son siècle. Aujourd'hui, les mémoires et les autres documents écrits ne suffisent plus à l'historien. Les monuments, les inscriptions, les médailles, sont autant de témoins irrécusables qu'il doit consulter, comparer, apprécier : au temps de Dion, ces puissants auxiliaires de la science historique n'étaient pas estimés à leur juste valeur. Il lut tout ce qui pouvait être lu, il interrogea les traditions, il compulsa les fastes consulaires, les livres lintéens, les Grandes Annales des Pontifes, les Actes du peuple et du sénat (1); mais nous ne voyons nulle part qu'il ait contrôlé le récit des historiens et les mémoires publics par les inscriptions gravées sur les arcs de triomphe, ou sur d'autres monuments (2).

J'arrive à ses invectives contre Cicéron (3), et

---

(1) Liv. LVII, 12; 16; 23.
(2) Témoin l'arc triomphal de Suse, le trophée des Alpes, etc. Cf. l'Index de Dion, dans Reimar, t. II, p. 1571, aux mots ἀψὶς τροπαιοφόρος.
(3) Liv. XLVI, 1-28.

je réponds sans détour : Si elles étaient autre chose qu'une déclamation, elles décèleraient un cœur bas ou un esprit faux; mais on sait que Dion, nourri des grands écrivains de la Grèce et de Rome, ne les imite pas toujours avec discernement. Après avoir emprunté à Cicéron lui-même les violentes accusations qu'il mit dans sa bouche contre Antoine (1), il voulut sans doute, à la manière des anciens sophistes, faire la contre-partie dans la réponse de Q. Fabius Calenus : l'antagoniste d'Antoine avait frayé la route à l'antagoniste de Cicéron. Ces deux harangues blessent également la politesse et l'urbanité des temps modernes (2); mais, en remontant au siècle le plus brillant de l'éloquence grecque, ne voyons-nous pas l'injure ainsi poussée jusqu'à son dernier terme? Eschine et Démosthène sont-ils plus retenus que Cicéron et Calenus ?

Égaré par une imitation maladroite, Dion mit aux prises deux hommes qui tinrent une grande

---

(1) Liv. XLV, 18-47. Cette harangue est un résumé des Philippiques, et surtout de la deuxième, dans laquelle Cicéron peint avec les plus effrayantes couleurs les vices et les crimes d'Antoine, et où il représente sa vie comme une longue suite de débauches, de violences et de rapines.

(2) « Chez les Romains comme chez les Grecs, dit Gueroult dans son in-
« troduction à la 2ᵉ Philippique, la satire personnelle pouvait se donner
« toute licence : c'est d'après ces réflexions, et non d'après nos mœurs,
« qu'il faut lire, dans quelques discours des orateurs anciens, ces invec-
« tives que notre goût condamne, et qui étaient autorisées par les mœurs
« républicaines. » Œuv. de Cicéron, t. XV, éd. de M. J. V. Le Clerc.

place dans leur siècle. Peut-être crut-il montrer la flexibilité de son talent, en parlant comme accusateur de l'un et de l'autre ? Après s'être inspiré des Philippiques contre Antoine, il se fit contre Cicéron l'écho des Anti-Philippiques (1), des Mémoires d'Octave, ou de l'histoire d'Asinius Pollion (2) : il obéit, non pas à la haine, mais à son goût pour la déclamation.

Ses accusations contre Sénèque ont été relevées avec amertume par les partisans de ce philosophe. Dion lui reproche (3) un commerce criminel avec Agrippine, des habitudes infâmes, une conduite en tout point contraire à ses maximes, la plus basse adulation pour Messaline et les af-

---

(1) Plutarque, Cic. XLI, fait mention de la réponse d'Antoine aux *Philippiques*.

(2) Dion n'a pas imité la prudente réserve de Plutarque, justement louée par M. J. V. Le Clerc, dans la préface de sa traduction de la vie de Cicéron : « Il avait entre les mains l'*Histoire* d'Asinius Pollion (Senec. « *Suasor.* 7), guide peu sûr, si l'on en juge par la perfidie de ses protes- « tations, au moment même où il ne songeait qu'à trahir (*Epist. fam.*, X, « 31-33), et les *Mémoires* d'Octave (Suétone, *Aug.*, ch. 85), d'où il pa- « raît avoir tiré ce qu'il dit à la fin du chap. 45 sur le consulat demandé « par Cicéron, et plus bas sur les efforts d'Octave pour faire effacer de la « liste des proscrits le nom de celui qu'il avait appelé son protecteur et « son père. Sans doute les récits d'Auguste et de Pollion devaient être lus « avec défiance ; et lorsqu'on se rappelle quel usage en a fait Dion Cassius, « ainsi que des déclamations et des libelles répandus par Antoine en Italie « et dans tout l'Orient (Plut. ch. 41), on ne peut qu'admirer la fermeté « d'esprit et la sagesse de critique dont Plutarque a fait preuve dans toute « cette partie, où il n'était pas facile de démêler la vérité à travers tant « de mensonges. » (OEuv. de Cicéron, t. I, 1re partie, p. 99-100 de l'édition in-18.)

(3) Liv. LXI, 10.

franchis de Claude, ses déclamations contre le luxe et les richesses, lorsqu'il avait cinq cents tables de bois de cèdre montées en ivoire, et sur lesquelles il prenait de délicieux repas; lorsque sa fortune s'élevait à soixante-quinze millions de drachmes (1).

Le caractère de Sénèque a été, comme ses ouvrages, l'objet de jugements très-divers chez les anciens et chez les modernes. Au milieu des opinions les plus contradictoires, la vérité est difficile à saisir. Ses relations avec Agrippine ne reposent point sur des preuves irrécusables : Suilius, qui les lui reproche dans Tacite (2), est un ennemi personnel, dont la malveillance a pu aller jusqu'à l'exagération; mais si le sévère historien, qui s'est fait l'organe de ces imputations, ne se prononce pas ouvertement, il ajoute pourtant qu'elles trouvèrent de nombreux échos (3). Elles étaient d'ailleurs autorisées par les mœurs de Sénèque : on se souvenait que ses liaisons avec Julie l'avaient fait exiler en Corse.

Après la chute de Messaline, rappelé par Agrippine qui avait épousé Claude, son on-

---

(1) Οὐσίαν ἑπτακισχιλίων καὶ πεντακοσίων μυριάδων ἐκτήσατο, l. l., ou trois cents millions de sesterces, comme dans Tacite, XIII, 42. Cf. Gronove, De Pecun. vet., IV, 11, p. 331.

(2) Annales, XIII, 42.

(3) Nec deerant, qui hæc iisdem verbis, aut versa in deterius Senecæ deferrent, l. l., 43.

cle, il devint le précepteur de Néron : son caractère ne tarda pas à se montrer sous un jour peu favorable. Néron, monté sur le trône, dut prononcer l'éloge de son prédécesseur. Il eut recours à la plume de Sénèque, qui ne rougit pas, au risque de faire rire l'auditoire, de vanter la prudence et la pénétration de Claude (1). En revanche, il publia bientôt après contre le défunt empereur l'*Apokolokyntose*, c'est-à-dire, la plus amère des satires. Esclave d'Agrippine pendant la vie de Claude, il se déclara son ennemi dès que Néron l'eut choisi pour ministre.

Le luxe et les richesses de Sénèque furent vivement attaqués par ses contemporains : ils l'accusaient de travailler sans cesse à accroître une fortune déjà excessive, d'effacer le prince par l'agrément de ses jardins et la magnificence de ses maisons de campagne (2). Sénèque ne niait pas son opulence : pour toute apologie, il disait qu'*il n'avait pas dû repousser les libéralités de son bienfaiteur* (3). Celui-ci, à son tour, répétait qu'il rougissait d'avoir donné beaucoup plus à des hommes qui étaient loin d'égaler son mérite (4). Dé-

---

(1) Tacite, Annal., XIII, 3. Jusqu'à Néron, les empereurs avaient composé eux-mêmes ces sortes d'éloges.
(2) Tacite, Annal., XIV, 52.
(3) Una defensio occurrit, quod muneribus tuis obniti non debui, l. l. 53.
(4) Licet multa videantur, plerique, haud quaquam artibus tuis pares, plura tenuerunt. Pudet referre libertinos qui ditiores spectantur; l. l., 55.

pouillons de tout artifice l'hypocrite résignation de Sénèque et la perfide flatterie de Néron ; ne serons-nous pas en droit de conclure que le ministre fit tout pour s'enrichir, et que le prince lui prodigua l'or, comme aux autres instruments de ses passions, jusqu'au moment où il l'accabla de sa haine?

Dans Sénèque, le philosophe, l'instituteur du prince, l'homme d'État, étaient justiciables de l'histoire : Dion n'a fait que répéter un jugement rendu, cent ans avant lui, par des contemporains, et qui semble s'appuyer sur l'autorité du plus grave des historiens.

Les harangues lui ont aussi attiré de vives censures. Il serait superflu de discuter encore sur l'emploi des discours chez les historiens anciens. La question, souvent agitée, a été traitée tout récemment, avec autant de savoir que de finesse et de mesure, par M. E. Egger (1). Dion, moins que tout autre, pouvait s'écarter des voies ouvertes par ses modèles. Plein de leurs ouvrages, formé dès sa jeunesse aux luttes du Forum, il porta dans ses travaux historiques le goût des compositions oratoires. Il n'est pas plus blâmable qu'Appien et Hérodien : ce qu'on peut lui reprocher, c'est l'abus des harangues, et quelquefois le

(1) Examen critique des Historiens d'Auguste, Appendice I, p. 341-356.

mauvais goût. Je me contenterai de citer le discours d'Auguste contre les célibataires (1), où des traits déclamatoires (2) se mêlent à des renseignements du plus haut intérêt, et l'étrange langage de la reine Boadicée (3), parlant à des barbares de Nitocris et de Sémiramis, à propos d'une invasion des Romains, dans une harangue où Dion semble plus d'une fois se souvenir de celle que Tacite prête au fier Galgacus. A la vérité, il est souvent plus heureux sous le rapport de la vraisemblance et des convenances; mais, en général, ses harangues sont trop longues et trop multipliées : mieux vaudrait qu'il eût fait moins parler les hommes, et qu'il les eût fait plus agir (4). Toutefois, la critique n'a-t-elle pas à craindre de paraître abandonner la sphère élevée où ses spéculations doivent se renfermer, quand elle va jusqu'à compter, dans tel ou tel livre, combien de chapitres sont consacrés aux

---

(1) Liv. LVI, 4 et suiv.

(2) Ἐνθυμήθητε οὖν, τίνα μὲν οὐκ ἂν ὀργὴν ὁ Ῥωμύλος ἐκεῖνος ὁ ἀρχηγέτης ἡμῶν λάβοι, λογισάμενος τά τε καθ' ἑαυτὸν, ὅθεν ἐγεννήθη, καὶ τὰ ὑμέτερα, ὅτι οὐδὲ ἐκ νομίμων γάμων παιδοποιεῖσθαι ἐθέλετε; Τίνα δ' οὐκ ἂν οἱ μετ' αὐτοῦ Ῥωμαῖοι, ἐννοήσαντες ὅτι αὐτοὶ μὲν καὶ τὰς ἀλλοτρίας κόρας ἥρπασαν, ὑμεῖς δὲ οὐδὲ τὰς οἰκείας ἀγαπᾶτε..... Τίνα ἡ Ἑρσιλία, ἡ καὶ τῇ θυγατρὶ ἀκολουθήσασα, καὶ τὰ γαμικὰ πάνθ' ἡμῖν καταδείξασα;.... Ὑμεῖς δὲ καὶ ἐκεῖνα πάντα συγχεῖτε. Διὰ τί; ἢ ἵνα καὶ αὐτοὶ ἀεὶ ἄγυνοι ἦτε, ὥσπερ αἱ ἱέρειαι αἱ ἀειπάρθενοι ἀνανδροί εἰσιν; Οὐκοῦν καὶ κολάζεσθε, ἂν ἀσελγαίνητέ τι. ὥσπερ καὶ ἐκεῖναι.

(3) Liv. LXII, 3-7.

(4) Wilmans, l. l., ch. VI, p. 32.

discours, et combien à la narration? Appliqué à Hérodote, à Thucydide ou à Xénophon, à Tite-Live et à Tacite, ce calcul leur serait-il beaucoup plus favorable qu'à Dion? Les harangues, entre les mains des historiens de l'antiquité, furent un ornement : plus d'un orateur moderne a vivifié son éloquence dans ces sources fécondes. A une époque de décadence, l'abus, comme il arrive, fut inséparable de l'imitation; mais Appien et Dion, à quelque distance qu'ils soient de leurs modèles, offrent plus d'une page où le génie antique semble renaître dans un écho lointain, mais encore fidèle.

Le dernier reproche adressé à Dion, c'est une excessive crédulité pour les songes et les prodiges. Ici encore, il faut distinguer l'histoire des temps où il vécut et celle des siècles antérieurs. Pour les temps antérieurs, il a répété ce qu'il avait trouvé dans ses guides. Mais, sans remonter jusqu'à Polybe et jusqu'à Tite-Live, Plutarque, Tacite et Suétone n'ont pas cru compromettre la dignité de l'histoire, en rapportant de nombreux prodiges. A toutes les époques de Rome, la science augurale, à laquelle se rattachaient les prodiges, occupa une grande place dans la religion (1). Le vol des oi-

---

(1) Cf., à ce sujet, un passage classique de Cicéron, *De Divinat.*, 1, 2, cité dans les *Éclaircissements*, à la fin de ce volume, p. 340, not sur le Fr. XXV.

seaux, les phénomènes extraordinaires, les songes, les oracles, étaient autant de révélateurs de la volonté des dieux. Les croyances populaires devaient être reproduites dans les annales nationales : Dion fut d'autant plus porté à les recueillir, qu'il leur dut un moment l'amitié de Septime Sévère. Cependant, quelques fragments permettent d'attribuer son exactitude à un respect traditionnel, plutôt qu'à une conviction profonde (1).

CONCLUSION.

Des faits erronés qui s'expliquent souvent par un texte mutilé ou abrégé, et par la divergence des traditions ; des anachronismes nés du plan adopté par l'auteur ; des harangues où la mesure et l'à-propos ne sont pas toujours observés ; des songes et des prodiges trop minutieusement rapportés : tels sont les défauts de Dion Cassius ; mais on ne saurait mettre en doute sa bonne foi, son exactitude, ses efforts pour remplir dignement sa tâche, son respect pour la plus saine morale, son patriotisme et son indépendance.

Les guerres contre les pirates et contre Mithri-

---

(1) Cf. le Fragment CXC, p. 308 de cette édition.

date, la conjuration de Catilina, la conquête de la Gaule, les troubles politiques où Cicéron, Clodius et Milon jouèrent le principal rôle, sont esquissés à grands traits : l'historien a hâte d'arriver aux événements qui le préoccupent. La lutte entre César et Pompée, les maux de la guerre civile, la crise décisive qui commence à la dictature de César et finit au principat, sont racontés avec plus de détail. Ainsi le voulaient les convictions politiques de Dion : il était du nombre de ces Orientaux qui, appelés dans le sénat romain, s'efforçaient de faire prévaloir les idées monarchiques (1). A leur sens, la voie la plus sûre pour y parvenir, c'était de présenter le

(1) Gibbon, *Histoire de la décadence de l'Empire romain*, ch. V : « Sous le règne de Sévère, le sénat fut rempli d'Orientaux qui venaient
« étaler dans la capitale le luxe et la politesse de leur patrie. Ces esclaves
« éloquents, et doués d'une imagination brillante, cachèrent la flatterie
« sous le voile d'un sophisme ingénieux, et réduisirent la servitude en
« principe..... Les jurisconsultes et les historiens enseignaient également
« que la puissance impériale n'était point une simple délégation ; mais que
« le sénat avait irrévocablement cédé tous ses droits au souverain. Ils
« répétaient que l'empereur ne devait point être subordonné aux lois ; que
« sa volonté arbitraire s'étendait sur la vie et sur la fortune des citoyens,
« et qu'il pouvait disposer de l'État comme de son patrimoine. Les plus
« habiles de ces jurisconsultes, et principalement Papinien, Paulus et
« Ulpien, fleurirent sous les princes de la maison de Sévère. Ce fut à cette
« époque que la jurisprudence romaine, liée intimement au système de la
« monarchie, parut avoir atteint le dernier degré de perfection et de
« maturité. »

Dans une note il ajoute : « Dion Cassius semble n'avoir eu d'autre but,
« en écrivant, que de rassembler ces opinions dans un système historique.
« D'un autre côté, les *Pandectes* montrent avec quelle assiduité les juris-
« consultes travaillaient pour la cause de la prérogative impériale. »

tableau énergique des malheurs qu'entraînent les excès de la liberté. Écoutez avec quelle satisfaction mal contenue il expose les changements accomplis par Auguste : « Voilà, dit-il, comment « Rome reçut une constitution meilleure, et bien « plus propre à assurer son salut. Elle n'aurait pu « être sauvée, si elle avait continué de vivre sous « un gouvernement démocratique (1). » Les mêmes convictions dictèrent le célèbre discours de Mécène (2). L'époque impériale était pour Dion une époque de prédilection. Aussi, raconte-t-il longuement les règnes d'Auguste et de Tibère : il en était de même sans doute des suivants. Malheureusement, après le règne de Tibère, son ouvrage, qui nous aurait fourni d'abondants secours pour les temps où l'histoire romaine devient stérile, nous est parvenu fort abrégé.

Dion manque d'originalité; mais il s'efforce de marcher sur les traces des grands modèles (3), et il puise, dans son commerce avec les plus beaux génies de la Grèce antique, un style et un ton qui le placent bien au-dessus de ses contemporains. Les portraits d'Annibal, de Viriathe, de Scipion l'A-

---

(1) Liv. LIII, 19.
(2) Liv. LII, 14 et suiv. Il a été commenté par Fr. Barneveck. Sa dissertation, avec quelques additions de Bœcler, a été publiée en 1712. Cf. Bœcleri opp., Argentor., in-4°, t. II, p. 701-775.
(3) Cf. le passage de Dion, LV, 12, cité plus loin, p. XXXVI, note 1.

fricain, rappellent la manière de Thucydide (1); la description de la bataille de Pharsale ne déparerait pas Tite-Live, et le récit de la guerre de Sextus Pompée peut figurer à côté des plus belles pages de Polybe. Enfin, le tableau de l'élévation et de la chute de Séjan (2) présente plus d'un trait digne de Tacite. Une analyse rapide justifiera cette assertion.

Séjan, par une fatale ressemblance de mœurs et de caractère, a mérité l'affection de l'empereur : les dignités lui sont prodiguées, des statues s'élèvent en son honneur; les personnages les plus illustres, les consuls eux-mêmes, vont à l'envi saluer, chaque matin, l'heureux favori. Bientôt l'ombrageux Tibère se sent effacé : dans son ministre il ne voit plus qu'un rival, dont la perte est sur-le-champ résolue; mais il dissimule : il veut parer sa victime, pour rendre sa vengeance plus éclatante. Il nomme donc Séjan consul :

---

(1) L'imitation est souvent frappante. Dion, Fragment CLXIX, p. 270 de cette édition, dit, en parlant d'Annibal : Τό τε ἀεὶ παρὸν ἀσφαλῶς διετίθετο, καὶ τὸ μέλλον ἰσχυρῶς· συμβουλευτής τε τοῦ συνήθους ἱκανώτατος καὶ εἰκαστὴς τοῦ παραδόξου ἀκριβέστατος γενόμενος· ἀφ' ὧν τό τε ἤδη προσπῖπτόν οἱ ἑτοιμότατα καὶ δ' ἔτι τάχιστα καθίστατο, καὶ τὸ μέλλον πάλιν τοῖς λογισμοῖς προλαμβανόντως καὶ πρώην διεσκόπει.

Thucydide s'exprime ainsi au sujet de Thémistocle, I, 138 : Τῶν τε παραχρῆμα δι' ἐλαχίστης βουλῆς κράτιστος γνώμων καί τῶν μελλόντων ἐπὶ πλεῖστον τοῦ γενησομένου ἄριστος εἰκαστής. Καὶ ἃ μὲν μετὰ χεῖρας ἔχοι, καὶ ἐξηγήσασθαι οἷός τε· ὧν δ' ἄπειρος εἴη, κρῖναι ἱκανῶς· οὐκ ἀπήλλακτο· τό τε ἄμεινον ἢ χεῖρον ἐν τῷ ἀφανεῖ ἔτι προεώρα μάλιστα.

(2) Liv. LVII, 19-22, et liv. LVIII, 4-19.

il le proclame le confident de ses pensées ; dans ses lettres, dans ses entretiens, il ne l'appelle plus que *son cher Séjan* (1). Le peuple se laisse prendre au piége : partout il érige au favori des statues d'airain, à côté de celles de l'empereur : sur les théâtres, deux siéges d'or sont destinés l'un au maître, l'autre au ministre, désormais unis dans le même culte (2) ; ou plutôt, *Séjan est empereur à Rome, et Tibère à Caprée* (3). On s'empresse autour de lui, on se bat à sa porte ; chacun craint de ne pas être vu, ou d'être vu le dernier. L'empereur, qui a tout observé, croit que le moment de frapper est enfin venu. Par une conduite capricieuse, il commence à détacher le peuple et le sénat de leur idole ; puis il fait répandre le bruit que Séjan va être investi de la puissance tribunitienne. En même temps, il envoie à Rome Nævius Sertorius Macron, nommé secrètement chef des cohortes prétoriennes, à la place de Séjan. Macron arrive, de nuit, dans la capitale de l'Empire, et se rend incontinent chez le consul Memmius Régulus, qu'il met dans la confidence des projets de l'empereur.

---

(1) Σηιανός τε ὁ ἐμός, πολλάκις ἐπαναλαμβάνων ἔλεγε· καὶ τοῦτο καὶ γράφων πρός τε τὴν βουλὴν καὶ πρὸς τὸν δῆμον ἐδήλου. Liv. LVIII, 4.
(2) Καὶ τέλος καὶ ταῖς εἰκόσιν αὐτοῦ, ὥσπερ καὶ ταῖς τοῦ Τιβερίου ἔθυον, l. l.
(3) Ὥστε συνελόντι εἰπεῖν, αὐτὸν μὲν, αὐτοκράτορα· τὸν δὲ Τιβέριον, νησίαρχόν τινα εἶναι δοκεῖν, l. l. 5.

Aux premiers rayons du jour, il court au mont Palatin, où le sénat s'est réuni, dans le temple d'Apollon. Séjan ne siége pas encore : Macron le rencontre, et comme le favori paraît fort affligé de n'avoir point reçu des lettres de son maître, Macron, pour le consoler, lui annonce, loin de tout témoin, qu'il est chargé de le revêtir de la puissance tribunitienne : Séjan, transporté de joie, s'élance dans le sénat. Cependant Macron a fait connaître aux prétoriens le décret qui les met sous son commandement : il leur ordonne de s'éloigner, et les remplace par les gardes de nuit. Il entre aussitôt dans le sénat, remet aux consuls la lettre de l'Empereur, sort avant qu'ils n'en donnent lecture, et, après avoir chargé Lacon de veiller en ce lieu à la tranquillité publique, il se rend auprès des prétoriens, pour prévenir lui-même tout désordre de leur part.

En ce moment, on lut dans le sénat la lettre de l'Empereur : elle était longue, et composée avec la plus perfide habileté. Les griefs contre Séjan n'étaient pas présentés collectivement : au début, Tibère parlait même d'autre chose. Venait ensuite un léger blâme dirigé contre le favori : puis il était encore question d'un tout autre sujet. Enfin Séjan était attaqué de nouveau, et l'Empereur déclarait que deux sénateurs dévoués à son ministre, et ce ministre lui-même, devaient être mis en prison...

Alors quel subit changement ! Ces mêmes sénateurs qui, avant la lecture du message impérial, faisaient entendre des acclamations en l'honneur de Séjan prêt à recevoir la puissance tribunitienne, quittent leurs siéges. Ils ne veulent plus se trouver à côté de celui qu'ils se glorifiaient naguère d'avoir pour ami. Les tribuns du peuple et les préteurs l'entourent pour l'empêcher de sortir, dans la crainte qu'une émeute n'éclate, s'il se montre hors du sénat.

La lecture de la lettre est à peine terminée, et déjà mille clameurs retentissent contre Séjan : les uns le maudissent, parce qu'il leur a fait du mal ; les autres, parce qu'ils le redoutent ; ceux-ci désavouent leur ancienne amitié, ceux-là expriment la joie que leur cause sa chute. Enfin il est entraîné hors du sénat et conduit en prison par Régulus, escorté des autres magistrats (1).

Ce récit est suivi de quelques réflexions. Ici je laisse parler l'historien : « Jamais plus mémo« rable exemple de la fragilité humaine ne « prouva qu'il n'est permis à personne de « s'enorgueillir. Ils mènent en prison, comme le « plus faible des mortels, celui que, dès l'aurore, « ils avaient tous accompagné au sénat, comme un « homme beaucoup plus puissant qu'eux! Naguère

---

(1) Dion, liv. LVIII, 10.

« il leur paraissait digne de mille couronnes, et
« maintenant ils le chargent de chaines ; naguère
« ils lui servaient de cortége, comme à leur maître;
« et maintenant ils le gardent comme un fugitif, et
« ils arrachent de ses mains le voile dont il veut cou-
« vrir sa tête. Ils l'avaient décoré de la toge bordée
« de pourpre, et maintenant ils le frappent sur la
« joue! Ils s'étaient prosternés à ses pieds, ils lui
« avaient offert des sacrifices comme à un dieu; et
« maintenant ils le conduisent à la mort! Le peuple
« aussi, accouru sur son passage, lui reprochait avec
« mille imprécations la mort de plusieurs citoyens,
« et se moquait des rêves de son ambition. Il ren-
« versait toutes ses statues, les faisait voler en
« éclats et les trainait dans la boue, comme s'il eût
« assouvi sa fureur sur Séjan lui-même, qui put
« voir ainsi à quels supplices il était réservé. On
« le mit en prison : bientôt après, que dis-je? le
« jour même, le sénat s'assembla dans le temple
« de la Concorde, situé près de là : profitant de l'état
« des esprits, et ne voyant autour de Séjan aucun
« prétorien, il le condamna à la peine capitale.
« Séjan fut donc précipité du haut des gémonies,
« livré pendant trois jours aux insultes de la po-
« pulace, et jeté enfin dans le Tibre (1). »

L'intérêt du récit, le choix et la sobriété des
détails, la convenance et la mesure du style, pla-

(1) Dion, liv. LVIII, 11.

cent cette narration à côté des plus belles pages des historiens de l'antiquité. A la vérité, Dion en a peu d'aussi remarquables ; mais, ne l'oublions pas, il vivait à une époque où la littérature grecque n'enfantait guère que des rhéteurs et des sophistes. Élevé à leur école, il sentit le besoin de se dépouiller de *la rouille bithynienne* (1), et de combattre l'influence de son siècle par l'étude des modèles. Il s'attacha donc à Thucydide, comme Appien à Xénophon : s'il ne put triompher des défauts de son éducation et de son temps, ses efforts ne furent pas toujours impuissants. De Thucydide à Dion, il y a toute la distance qui sépare le génie du talent de l'imitation ; mais quand il s'agit d'un écrivain qui jeta un dernier éclat sur une littérature dont l'antique splendeur ne devait renaître qu'à la voix des défenseurs du christianisme, ne faut-il pas tenir compte des circonstances qui agirent sur son esprit et sur son style ? A ce point de vue, Dion est encore un digne représentant de la muse de l'his-

---

(1) Reimar, *De Vita et Scriptis Cassii Dionis*, § 19, l. l. p. 544 : Vereor ne doctiss. Jacobus Palmerius magis suspicionibus et conjecturis suis egisse videatur contra Dionem quam certis documentis, quando passim in Exercitationibus ad optimos auctores græcos vocabula quædam Dionis sollicitat, velut manantia ex Hellenismo Asiatico, id est Hellenismo non optimo, nempe ex Nicæorum suorum dialecto, ut Dio in iis βιθυνίζειν potius quam ἀττικίζειν judicandus sit.

Le célèbre éditeur fait allusion à ce passage de Dion, LV, 12 : Τῶν Ἑλλήνων δέ τινες ὧν τὰ βιβλία ἐπὶ τῷ Ἀττικίζειν ἀναγινώσκομεν κτλ.

toire : s'il n'a pas l'énergie de Thucydide, la pureté, la douceur et l'abondance de Xénophon, il se montre avec avantage à côté d'Appien, et il est bien supérieur à Hérodien, qui lui-même ne doit pas être confondu avec les fastidieux compilateurs de l'Histoire Auguste.

§ IV. Notice des manuscrits collationnés pour cette édition.

A). Manuscrits de Dion Cassius.

1° *Manuscrits de Florence.*

Pluteus LXX, Cod. VIII ; X, et Pluteus VIII, Cod. XXII.
Pluteus VII, Cod. XV.
Pluteus IV, Cod. XXVI.
Pluteus LVII, Cod. XLV.

Le Ms. n° VIII du Pluteus LXX commence par le fragment du liv. XXXVI° φείδεται. Δυναστείας τε ἐρῶν, et porte en tête de la première page : Δίωνος ἱστορία ἀκέφαλος. Il finit par les mots : ἥ τε οὖν ἡλικία παρ' ἀμφο..... (sic), liv. L, 6. Reimar lit : ἥ τε οὖν ἡλικία ἁπανταχόθεν συνελέγετο παρ' ἀμφοτέρων σπουδῇ, καὶ χρήματα συνήγετο, et ne fait aucune remarque. Cependant d'autres Ms. fournissent des variantes d'autant plus importantes que le passage est tronqué dans celui-ci, qui est, à mon avis, le manuscrit princeps. Celui de Venise, n° 395, porte : ἥ τε οὖν ἡλικία παρ' ἀμφοτέρων σπουδῇ συνήγετο, καὶ χρήματα ἀπανταχόθεν συνελέγετο. Des deux manuscrits du Vatican, le n° 144 a la même leçon ; mais le n° 993 donne : ἥ τε οὖν ἡλικα (sic, pour ἡλικία) παρ' ἀμφοτέρων ἁπανταχόθεν σπουδῇ συνελέγετο.

Le commencement et la fin de chaque livre concordent avec les éditions de Dion, à l'exception des livres XXXIX, XL, XLV et XLIX, qui commencent par la dernière phrase du livre précédent. Le commencement de chaque livre est indiqué par la formule τάδε ἔνεστιν ἐν τῷ.... τῶν Δίωνος Ῥωμαϊκῶν, avec la désignation du livre par les lettres de l'alphabet grec prises numériquement, et la fin par la formule : Δίωνος Ῥωμαϊκῆς ἱστορίας, avec la désignation du livre par les lettres grecques employées numériquement. En tête de chaque livre sont placés, en grec et d'une écriture moderne, un argument et une liste des consuls.

Ce manuscrit est en parchemin, format in-4°, d'une belle écriture et parfaitement conservé : il se compose de 244 feuilles écrites. Bandini dit avec raison que les marges ont été rognées sans préjudice pour le texte ; mais il n'a pas signalé deux lacunes : la première, liv. XLVIII, 42-44 : Ἐγένετο δὲ καὶ ἐν Ἰβηρίᾳ — ἰδὸν χωρὶς μὲν τὴν Λιουΐαν, la seconde, liv. XLIX, 39-42 : Ἡ ἵνα τοὺς—φιλοτιμούμενοι καί. Les feuilles qui contenaient ces passages ont été déchirées : pour l'un et pour l'autre, j'ai recueilli les variantes fournies par le manuscrit de Florence, dont je vais parler.

Même Pluteus, Cod. X. Il contient dix-neuf livres, c'est-à-dire qu'il commence au XLIIe et va jusqu'au LXe inclusivement ; mais les livres LVII et LVIII sont réunis dans le LVIIe du manuscrit, et les livres LIX et LX dans le LVIIIe. De là, l'erreur de Montfaucon : il a cru que ce manuscrit ne va pas au delà du LVIIIe livre (1).

Il concorde avec les éditions de Dion pour le commencement et la fin de chaque livre, excepté pour les livres XLV, XLIX et LIII, qui commencent par les derniers mots du livre précédent. Au commencement et à la fin de chaque livre se trouvent les mêmes formules que dans le n° VIII. On lit de même, en tête de chaque livre, un argument grec et une liste grecque des consuls, ajoutés par une main moderne.

Il y a une lacune de onze lignes, liv. LII, 20, après les mots φρονήματι γενόμενοι. Elle existe aussi dans le Ms. de Paris n° 1689 : Robert Estienne l'a indiquée par un astérisque.

---

(1) Bibliothèque des Bibliothèques, p. 377, col. 2, B.

Reimar la mentionne, d'après R. Estienne; mais il ne dit pas qu'elle existe aussi dans le manuscrit de Florence.

Le fol. 360 contient un fragment de l'entretien de Cicéron avec Philiscus : il commence aux mots οὐκ αἰσχύνη, liv. XXXVIII, 18, et finit à ceux-ci : ἀδύνατον γὰρ κακῶς αὐτῆς ἐχούσης, μὴ οὐ κτλ, l. l. 21.

Ce manuscrit est du XVe siècle, in-4°, d'une belle main et parfaitement conservé : il se compose de 361 feuilles écrites.

Pluteus VIII, *Cod.* XXII. Il contient les *Parallèles sacrés* de S. Jean de Damas (1). Dans la troisième partie de ces *Parallèles*, outre une foule d'extraits de l'Écriture sainte et des Pères, sont cités divers passages des auteurs profanes : Dion y figure plusieurs fois.

Le manuscrit est du XIIIe siècle, en papier, petit in-4°, d'une petite écriture hérissée d'abréviations. Au verso du premier feuillet on lit cette note : « Sententias profanorum « scriptorum, præsertim ineditas, ex hisce Joannis Damasceni « parallelis excerpsi, descripsi ac Davidi Ruhnkenio professori « Batavo Stobæi editionem molienti transmittendas curavi ego « Antonius Sartius, Canonicus Basiliæ Laurentiæ, die XXVI Junii, « ann. MDCCXXXI (2). »

Pluteus VII, *Cod.* XV. Le véritable titre est celui-ci : *S. Jo. Chrysostomi Homilia valde mutila, et variæ sententiarum Collectiones, inter quas Georgii monachi Florilegium.*

L'Homélie de S. Chrysostome finit à la page 8 : elle est suivie d'un recueil de sentences et de définitions, après lequel on en trouve un second beaucoup plus complet, p. 25. Il est intitulé Γνῶμαι συλλεγεῖσαι ὑπὸ κυρίου μονάζοντος τοῦ Γεωργιδίου. Ce sont des pensées tirées des auteurs sacrés et profanes. Vient enfin un troisième recueil semblable, divisé en LXXII chapitres. Bandini donne les titres, avec les noms des auteurs

---

(1) Cf. le Catalogue de Bandini, t. 1, p. 367.
(2) Gaisford a publié ces extraits, t. IV, p. 375-479 de son Stobée. Cf. sa préface, t. I, p. VII et suiv., et l'édition de Tauchnitz, t. III, p. 413-491.

d'où ces pensées ont été extraites (1) : Dion est cité dans ce recueil, p. 121, 244, 246.

Ce manuscrit est en parchemin, petit in-4°, d'une main du XIe siècle, à l'exception des vingt dernières pages, qui ont été suppléées par un copiste du XVe. Il se compose de 252 feuillets.

Pluteus IV, *Cod.* XXVI. C'est un lexique philologique, ou un recueil de phrases et de pensées tirées des historiens, des orateurs, des poëtes et des philosophes, par Arsénius, archevêque de Monembasie, et disposées dans l'ordre alphabétique. Il est dédié au pape Léon X. La page 4 porte ce titre : Ἀρσενίου Ἀρχιεπισκόπου Μονεμβασίας Ἀποστολίδου ἄλφα Ἰωνιᾶς συνθήκης.

Suivant Fabricius, l'édition de ce recueil, qui ne porte ni date ni indication de ville, fut imprimée à Florence, ou plutôt à Rome (2). J'ai eu entre les mains, à Florence, un exemplaire de cette édition appartenant à la bibliothèque *Marucelliana* : elle diffère du manuscrit, qui commence par une épître beaucoup plus longue, et qui contient un plus grand nombre de pensées. L'ordre d'ailleurs est tout différent : dans le manuscrit, elles sont distribuées d'après la nature des sujets ; dans le recueil imprimé, le compilateur a suivi l'ordre alphabétique des auteurs.

Ce manuscrit est du XVIe siècle, en papier, petit in-fol. Il se compose de 225 feuilles.

Pluteus LVII, *Cod.* XLV. Ce manuscrit (3) ne contient de Dion qu'un passage relatif au Nil, liv. LXXV, 13. Il est à la dernière page, où il a été écrit une première fois avec beaucoup d'abréviations, par une main du XIVe ou du XVe siècle : il forme huit lignes et demie. Il a été ensuite recopié un peu au-dessous, par une main de la même époque ;

---

(1) Cf. son Catalogue, t. I, p. 252-254.
(2) Bibl. gr., t. XI, p. 190, éd. Harles. Cf. Bandini, l. l., p. 549.
(3) Cf. le Catalogue de Bandini, t. II, p. 425.

mais, comme l'écriture est plus grosse, il forme dix lignes.

2° *Manuscrits de St.-Marc à Venise.*

Ms. n° 395 (1). Il est du XIᵉ siècle, en parchemin, petit in-fol., et se compose de 251 feuillets.

Il commence par les mots ἀνοητότατα κομίσας, liv. XLIV, 35, et finit par ceux-ci : καὶ ὅποτε λόγος τις ἐν τῷ δη (c'est-à-dire δήμῳ), liv. LX, 28. Il y a plusieurs lacunes : des feuilles, et même des *quaterniones* entiers, ont été arrachés.

Le commencement et la fin des livres sont indiqués par les mêmes formules que dans le Ms. n° VIII de Florence. En tête de chaque livre, un argument et la liste des consuls ont été ajoutés, en grec, par une main moderne.

Ms. n° 396. Il est du XVᵉ siècle, in-fol., et contient 166 feuillets ou 332 pages. Le commencement et la fin de chaque livre sont indiqués par les formules que j'ai déjà rapportées. En tête de chaque livre se trouvent, en grec et d'une main moderne, un argument et la liste des consuls. Ce manuscrit ressemble beaucoup à celui de Paris n° 1689.

3° *Manuscrits du Vatican.*

Ms. n° 144. Il est de la première moitié du XVᵉ siècle, comme le prouve une note grecque écrite à la fin du manuscrit, et dans laquelle le copiste dit que son volume a été fini l'an du monde 6947 de l'ère de Constantinople, c'est-à-dire, l'an 1439 de la nôtre; IIᵉ Indiction, le 21 juillet. Il porte en

---

(1) Et non pas 394, comme le dit Morelli dans sa préface, p. VI ; erreur qui a été répétée par Chardon de la Rochette. Cependant, à l'époque de sa publication, ce manuscrit se trouvait à Paris, et la vérification était facile.

titre : Δίωνος Ῥωμαϊκῶν ἱστοριῶν βιβλία ἐννεακαίδεκα ἀπὸ τοῦ
{λε΄
{λς΄ (sic) μέχρι τοῦ νδ΄· ὧν ὁ λς΄ καὶ ὁ λζ΄ καὶ ὁ νδ΄ ἐν τῷ μέσῳ
ἐλλειπεῖς.

βιβλίον λς΄ ἄναρχον.

En tête de chaque livre sont placés, en grec, un argument et la liste des consuls, d'une écriture plus moderne que celle du manuscrit.

Il commence par les mots καὶ ὅτι ἰσχυρᾷ τῇ τύχῃ, p. 77 de l'édition de Reimar, et va jusqu'au LIVe livre inclusivement. Il concorde avec les éditions de Dion, sauf quelques livres qui commencent par la dernière phrase du livre précédent : cette remarque s'applique aux livres XXXIX, XLV, XLIX, LIII.

Les lacunes, signalées par un astérisque dans l'édition de Reimar, ne sont pas indiquées dans le manuscrit. De plus, il y a des omissions, savoir : liv. XLVIII, 42-44, où manque le passage, ἐγένετο δὲ καὶ ἐν Ἰβηρίᾳ—ἰδὸν χώρις μὲν τὴν Λουΐαν; liv. XLIX, 39-42, où le passage ἢ ἵνα τοὺς—φιλοτιμούμενοι καὶ est omis, comme dans le Ms. n° VIII de Florence; liv. LI, 23-26, où manque le passage τήν τε Σεγετικὴν — ἐς τοὺς πεζοὺς, et l. l., 26-27, où le passage ἐπεκόλιστο — ὀργήν τε ἅμα est omis.

Ms. n° 993. Il est de la fin du XVe siècle, en papier, petit in-fol. Il commence comme le n° 144, et va jusqu'au LXe livre inclusivement; mais le LVIIe contient les livres LVII et LVIII; et le LVIIIe contient les livres LIX et LX.

En tête de chaque livre se trouve, en grec et d'une main moderne, un argument et la liste des consuls. Plusieurs livres, comme dans d'autres manuscrits, commencent par les mots qui sont à la fin des livres précédents : ce sont les livres XXXIX, XLV, XLIX et LIII.

Comme dans le n° 144, les lacunes, signalées par un astérisque dans Reimar, ne sont pas indiquées dans ce manuscrit.

Ms. n° 1288. En parchemin, petit in-fol. C'est un des plus beaux et des plus anciens manuscrits grecs qui nous soient parvenus : il provient du fonds de F. Orsini.

INTRODUCTION.

Il est écrit en lettres unciales : chaque page se composait de trois colonnes; mais un relieur barbare a tellement rogné les marges, qu'il manque dans chaque feuillet une moitié de la troisième colonne au recto, et une moitié de la première au verso.

Ce manuscrit a 13 feuillets ou 26 pages; mais il faut observer que le dernier feuillet n'est pas à sa place. Le mot ἡμέρα, par lequel se termine la page 24, appartient au liv. LXXIX, 8; tandis que le passage ὡς καὶ πολεμιωτάτῳ τείχει — τὴν τοῦ τεθνήξοντος , en tête de la p. 25, fait partie du liv. LXXVIII, 32. Il ne reste que quelques lettres de la page 26.

Il n'y a dans ce manuscrit ni accents ni signes de ponctuation; tous les mots se tiennent, et l'ι n'est jamais souscrit. Là où il devrait l'être, il est placé à la fin du mot avec la même forme que les ι ordinaires, et il a la même grandeur que les autres lettres.

Les mots bien conservés sont d'une pureté remarquable : on les croirait gravés; mais dans plusieurs endroits l'encre est presque effacée : dans beaucoup d'autres, le parchemin est percé à jour, en sorte que les lettres du verso et celles du recto sont très-difficiles à distinguer.

Des corrections ont été faites dans plusieurs passages : l'auteur de ces corrections a eu le bon esprit de respecter l'écriture primitive, et d'indiquer les changements par des lettres placées dans les interlignes et tracées à l'encre rouge.

Ms. n° 1418. Il provient également du fonds de F. Orsini, et contient des *Extraits des Ambassades*. Beaucoup de fautes ont été corrigées dans des notes marginales par ce célèbre érudit. Ce manuscrit est moderne, et tire principalement son prix de ces notes.

Quant au manuscrit palimpseste où M. A. Mai a découvert les *Excerpta Vaticana*, je renvoie le lecteur à la description qu'en a donnée l'illustre éditeur dans sa préface (1).

La lecture en est excessivement difficile, à cause des lignes qui s'entrecoupent, et dans lesquelles les mots s'embrouillent

---

(1) Scriptor. Veter. Nov. Collect. Vol. II, p. xxxi-xxxiii, Rom., 1827.

et se confondent : plusieurs pages sont tellement noircies, qu'on peut à peine y distinguer quelques caractères. J'ai consulté M. A. Mai sur l'utilité que pourrait avoir une nouvelle collation : il m'a répondu que le temps et la peine qu'elle exigerait ne seraient pas compensés par quelques variantes sans importance; je ne l'ai point tentée.

Je renvoie à la même préface, p. XXV-XXVIII, pour la description des manuscrits qui contiennent les extraits recueillis par Planude.

4° *Manuscrit de Turin.*

Ms. n° 76. Le Catalogue de la Bibliothèque de Turin ne porte que cette indication : « Carthaceus, sæculi XVI, foliis « constans 397. Continet Dionis Cassii romanæ Historiæ su- « perstites libros, initio facto a 37. »

En voici une description détaillée, que je dois à l'amitié du savant Amédée Peyron :

« Dionis Historia incipit a libro 37, desinit libro 58; sed « quum liber LVIII Reimari nectatur in Codice cum LVII (ut « in Codice Roberti a Reimaro citato), itidemque LX conti- « nuata serie sit exaratus cum LIX, hinc revera Codex Noster « usque ad LX librum inclusive pertingere dicendus erit. At « non optimæ notæ est hic Noster; ex lacunis enim quas in « Reimariana editione p. 116, 172, 864, 881, 917, etc., videre « licet, nullas ex Codice suppleri posse deprehendi; pariter « additamenta ex Peirescio 176, 868, 878, desunt in Nostro. « Attamen adnotandum est fol. 9 (in Edit. p. 130 l. 20), « post προσπαρωξυγκὼς τὸν Κατιλίναν integram paginam usque « ad καὶ οὐκ ἐτόλμησεν (in Edit. hæc verba statim subsequuntur) « vacuam esse cum adnotatione in ora Codicis λείπει. Ex « variantibus in locis controversis nullæ probabilem ostentant « lectionem. »

Je complète cette description par un passage de Sturz (præfat., p. XLIX), qui avait prié le même savant de faire collationner ce manuscrit : « Etsi igitur hic Codex explendis

« hiatibus neutiquam servit, tamen varietas lectionis ex eo
« allata interdum alicujus momenti est. Quapropter eam ac-
« curate quoque loco reliquæ lectionis diversitati addere utique
« meum esse existimavi, hoc tamen temperamento usus, ut
« nimis manifestos librarii errores omitterem. »

Les mêmes raisons m'ont déterminé à collationner de nouveau ce manuscrit: plus d'une variante confirme le jugement de Sturz.

5° *Manuscrits de Munich.*

Ils sont au nombre de trois (1) :

Ms. n° 185 (dans Sturz Bav. 1). Le catalogue de la bibliothèque de Munich le désigne ainsi : « Carthaceus, charta tenui, « titulis et initialibus miniatis, manu Andreæ Darmarii « (lis. Damarii), in-folio, foliis 444, cum correctionibus mar- « ginalibus, mutilus, sæc. XVI, bene conservatus et inscriptus: « Περὶ πρέσβεων ἐθνῶν πρὸς Ῥωμαίους ὑπὸ διαφόρων ἱστορικῶν. »

Le premier extrait est d'Arrien, avec ce titre: Ἐκ τῆς ἱστορίας Ἀῤῥιανοῦ ἀναβάσεως Ἀλεξάνδρου. Les autres sont ainsi distribués :

Fol. 5 : Ἐκ τῆς ἱστορίας Ἀππιανοῦ.

Fol. 69 : Ἐκ τῆς ἱστορίας Μάλχου τοῦ ῥήτορος τοῦ Φιλαδελφέων.

Fol. 77 : Ἐκ τῆς ἱστορίας Πρίσκου ῥήτορος.

Fol. 97 : Ἐκ τῆς ἱστορίας Εὐναπίου Σαρδιανοῦ. Après les mots οἱ δὲ, il y a une lacune; puis on lit : Θόλου τῇ περὶ τὰ λάφυρα πλεονεξίᾳ τῶν Αἰτωλῶν κτλ., et l'extrait finit par les mots ἢ ποιήσειν Ῥοδίοις τὸ προσταττόμενον. C'est une interpolation de Polybe.

Fol. 163 : Ἐκ τῆς Πολυβίου ἱστορίας.

Fol. 264 : Ἐκ τῆς Ἰωσήππου ἀρχαιολογίας λόγ. ζʹ.

Fol. 277 : Ἐκ τῆς ἱστορίας Θεοφυλάκτου ἀπὸ ἐπάρχων καὶ Ἀντιγράφων.

(1) Ils m'ont été envoyés de Munich, grâce à l'obligeante intervention de M. Guizot, ministre des affaires étrangères.

Fol. 290 : Ἐκ τῆς ἱστορίας Προκοπίου Καισαρέως.

Fol. 321 : Ἐκ τῆς ἱστορίας Ζωσίμου Ἀσκαλωνίτου.

Fol. 327 : Ἐκ τῆς ἱστορίας Δεξίππου Ἀθηναίου.

Fol. 334 : Ἐκ τῆς ἐκκλησιαστικῆς ἱστορίας Σωκράτους.

Fol. 338 : Ἐκ τῆς ἱστορίας Πέτρου Πατρικίου καὶ Μαγίστρου.

Fol. 346 : Ἐκ τῆς ἱστορίας Διοδώρου Σικελιωτοῦ.

Fol. 361 : Ἐκ τῆς ἱστορίας Δίωνος Κοκαϊανοῦ (sic).

Fol. 391 : Ἐκ τῆς ἱστορίας Ἡροδότου Ἀλικαρνασέως (sic).

Fol. 392 : Ἐκ τῆς ἱστορίας Θουκυδίδου.

Fol. 394 : Ἐκ τῆς ἱστορίας Ἀγαθίου σχολαστικοῦ.

Fol. 398 : Ἐκ τῆς ἱστορίας Μενάνδρου.

Ms. n° 234 (dans Sturz Bav. 2). Il est ainsi désigné dans le catalogue de la bibliothèque de Munich : « Chartaceus, charta « solida, scriptura minuta, sat eleganti, in quarto, constans « fol. 185, manu diversa, ex libris P. Victorii, sæculi XVI, « probe conservatus. »

Les fragments de Dion Cassius se trouvent au fol. 122 : ils sont tirés des livres XXXVII, XXXVIII, XXXIX, XL, XLI, XLIII, XLIV et XLV. On les attribue à Denys d'Halicarnasse dans l'Index placé au fol. 5, et que je crois devoir transcrire :

Index eorum quæ in hoc volumine continentur, nempe :

I. Aristoteles de Natura animalium et fato.... II. Aristoteles de argumentis sophisticis.... III. Aristoteles de physico auditu, seu de principiis naturalibus, lib. I.... IV. Aristoteles de generatione et corruptione.... V. Adnotationes ex Aristotelis Rhetorica.... VI. Tractatus de scientia, absque auctoris nomine; videtur autem esse Aristotelis analytica.... VII. Excerpta ex *Dionysio Halicarnasseo* (lisez Dione Cassio).... VIII. Textus varii ex Aristotelis operibus.... IX. Porphyrii Isagoge in Aristotelis Categorias.... X. Ex iis quæ a Porphyrio tradita sunt in vita *Platonis* (lisez Plotini).... XI. Ex Ammonio in Porphyrium.... XII. Aristotelis de Mente, de Animo, de Sapientia.

Ms. n° 267 (dans Sturz Bav. 3). Le catalogue de la bibliothèque de Munich porte : « Chartaceus, charta tenui, titulis et

INTRODUCTION.

« initialibus miniatis, exaratus ab And. Darmario (lis. Damario),
« sæc. XVI, in quarto, constans fol. 434, ex Bibl. monasterii
« Collegii S. I. Monacensis. »

L'objet du recueil est indiqué de cette manière : Ὑποθέσεις τοῦ περὶ πρέσβεων τεύχους Ῥωμαίων πρὸς ἐθνικούς· Προοιμίον.

Les Extraits sont ainsi distribués :

Fol. 5 : Ὅσους ἐδέξαντο πρέσβεις βασιλέων ῥωμαίων ἐθνικοί, καὶ ποίῳ σχήματι τούτους ἐδέξαντο, καὶ μεθ' ὁποίας δοχῆς, ἐκ τῆς ἱστορίας Πέτρου Πατρικίου καὶ Μαγίστρου.

Fol. 8 : Περὶ πρέσβεων Ῥωμαίων πρὸς ἐθνικοὺς ἐκ τῆς ἱστορίας Γεωργίου μοναχοῦ.

Fol. 11 : Περὶ πρέσβεων Ῥωμαίων πρὸς ἐθνικούς, ἐκ τῆς χρονικῆς Ἰωάννου ἱστορίας.

Une note avertit que c'est un extrait de Jean Malelas, qu'il ne faut pas confondre avec Jean d'Antioche, dont on trouve des fragments dans le recueil publié par H. de Valois d'après le manuscrit de Peiresc, p. 778 et suiv.

L'auteur de la note aurait dû dire que cet extrait n'appartient ni à l'un ni à l'autre Jean : il est de Denys d'Halicarnasse, édition de Sylburg, p. 738-744, où il commence par les mots ἀλλὰ καὶ διότι, comme dans les *Excerpta de legationibus* de F. Orsini, p. 295-312. Le manuscrit donne quelques lignes de plus : Ὅτι ἐπὶ Λευκίου Ποστουμίου καὶ Γαΐου Κλαυδίου ὑπάτων, Ταραντίνοις μὲν ἀποίκοις οὖσιν Ἑλλήνων, οἰκοῦσι δὲ τῆς Ἰταλίας τὰ ἔσχατα Ῥωμαῖοι πολεμεῖν ἔγνωσαν. Ὅτι δὲ πρεσβευτάς σφων, παρὰ τὸν κοινὸν ἁπάντων ἀνθρώπων νόμον, λόγοις τε καὶ ἔργοις ἀσχήμοσι περιύβρισαν. Ποστουμίου δὲ τοῦ ναυαρχήσαντος τὴν Τήθηνον κτλ. Le reste comme dans Sylburg, sauf quelques variantes. Voici les plus importantes :

Édition de Sylburg.	Manuscrit de Munich.
Page 738. [κατὰ] Νεαπολιτανῶν,	κατά est omis.
ἀπέστειλε τοὺς ἀξιώσοντας,	πρέσβεις ἐποιήσατο πρὸς τοὺς Νεαπολίτας ἀποστεῖλαι τοὺς ἀξιώσοντας.
μηδὲν εἰς,	μηθὲν εἰς.
τὰ μὴ προσήκοντα,	τὰ μὴ προσήκειν.

παρασκευάσαντας,	παρασκευάσοντας.
κατὰ πλῆθος,	omis.
ὡς ἀπίστου καὶ δολίου,	ὡς ἀπίστους καὶ δολίους.
739. κατέσχον,	κατεῖχον.
μὲν ἦν μέρος,	μὲν οὖν μέρος.
ἠξίουν,	ἠξίου.
συνελάμβανε,	συνελάμβανον.
ἀπελθεῖν,	ἐπελθεῖν.
ἐπὶ τοὺς προβούλους,	ἐπὶ τοὺς προβόλους.
ἐπιλανθανόμενοι,	ἐπιλαθόμενοι.
ἡμῶν αὐτοὶ ἔχετε,	ἡμῶν αὐτῶν ἔχετε.
ἀποίκους,	ἐποίκους.
740. Φουνδανούς,	Φονδανούς.
ὅρκια πρεσβείαν,	ὅρκια ποιοῦντες, πρεσβείαν.
ταῦτά ἐστι. Πρῶτον	ταῦτά ἐστι· πρῶτον
δὲ μηδεμίαν,	δὲ μίαν.
ὑμεῖς αὐτοί,	ἡμεῖς αὐτοί.
δευτέρᾳ γενεᾷ,	δευτέραι γενεαί.
[καὶ ἄγειν],	omis.
Φουνδανῶν,	Φονδανῶν.
741. ἦν πρὸ πολλοῦ,	ἦν οὐ πρὸ πολλοῦ.
τῶν ῥωμαίων δῆμον,	τὸν τῶν Ῥωμαίων δῆμον.
[τά τε],	omis.
πολέμους,	πολέμου.
εἵλκυσεν, καί,	εἵλκυσε, καί.
χωρήσει,	χωρῆσαι.
καὶ πράξεις πᾶσι διδόναι ἐπὶ τοὺς πολεμίους εὐτυχεῖς,	καὶ πράξειεν (sic) πᾶσι διδόναι τοῖς πολεμίοις ἐντυχεῖν.
περὶ τῆς φιλίας,	παρὰ τῆς φιλίας.
πόλεσι, τὰς,	πόλεσιν, τάς.
βραδύτερα τὰ τῶν Ῥωμαίων ἔσεσθαι,	βραδύτερα ἔσεσθαι τῶν Ῥωμαίων ἔσεσθαι (sic).
ἔπειτ' αὐτοῖς,	ἐπί τ' αὐτοῖς.
συνέβη παθεῖν,	παθεῖν συνέβη.
τῶν Σαυνιτικῶν ὅρων,	τῶν Σαυνιτῶν ὅρων.
ὁμόρους,	ὁμόρρους (sic).
742. συμπείσειν,	συμπεσεῖν.
ἐπεκύρωσε,	ἀπεκύρωσε.
εἰσὶ Λευκανοὶ,	εἰσὶν Λευκανοί.
ἱκέτας,	οἰκέτας.
ἔσεσθαι,	ἕπεσθαι.
τῶν Ῥωμαίων πόλεως,	τῆς Ῥωμαίων πόλεως.
καταφεύγουσιν,	καταφεύγοντας.

743. Ποστούμιος,	Ποστόμιος (sic), de même plus bas.
οἱ Ταραντῖνοι,	οἱ Ταρκντίνων.
βουλευομένων,	βουλομένων.
ἐτραχύνοντο,	τραχύνοντο (sic).
βάρβαρον,	βαρβάρους.
ὅτι καὶ τὰ μὴ,	ὅτι μὴ καὶ τά.
ἐκπλυνεῖτε,	ἐκπλύνητε.
Βαρβούλα,	Βαρβόλα.
744. ἀχείρωτος,	ἀχείροτος.

Fol. 34 : Περὶ πρέσβεων Ῥωμαίων πρὸς ἐθνικοὺς ἐκ τῆς ἱστορίας Πολυβίου λόγ. αʹ.

Fol. 123 : Περὶ πρέσβεων Ῥωμαίων πρὸς ἐθνικοὺς ἐκ τῆς ἱστορίας Ἀππιανοῦ τῆς ἐπιγραφομένης ἰταλικῆς.

Fol. 137 : Περὶ πρέσβεων Ῥωμαίων πρὸς ἐθνικοὺς ἐκ τῆς ἱστορίας Ζωσίμου Ἀσκαλωνίτου λογ. εʹ.

Fol. 147 : Περὶ πρέσβεων ἐκ τῆς ἰουδαϊκῆς ἀρχαιολογίας Ἰωσήπου.

Fol. 151 : Ἐκ τῆς ἱστορίας Διοδώρου Σικελιώτου.

Fol. 152 : Περὶ πρέσβεων Ῥωμαίων πρὸς ἐθνικοὺς ἐκ τῆς ἱστορίας Δίωνος Κοκκιανοῦ.

Fol. 168 : Ἐκ τῆς ἱστορίας Ἀρριανοῦ ἀναβάσεως Ἀλεξάνδρου.

Fol. 169 : Περὶ πρέσβεων ἐθνικῶν πρὸς Ῥωμαίους ἐκ τῆς ἱστορίας Προκοπίου Καισαρέως.

Fol. 229 : Περὶ πρέσβεων Ῥωμαίων πρὸς ἐθνικοὺς ἐκ τῆς ἱστορίας Πρίσκου ῥήτορος καὶ σοφιστοῦ τῆς Γοτθικῆς.

Fol. 296 : Περὶ πρέσβεων Ῥωμαίων πρὸς ἐθνικοὺς ἐκ τῆς ἱστορίας Μάλχου ἐκ τῶν Βυζαντίνων.

Fol. 324 : Περὶ πρέσβεων Ῥωμαίων πρὸς ἐθνικοὺς ἐκ τῆς ἱστορίας Μενάνδρου.

Fol. 358 : Πρεσβεία Ἰουστινιανοῦ πρὸς Πέρσας (1).

Fol. 420 : Περὶ πρέσβεων Ῥωμαίων πρὸς ἐθνικοὺς ἐκ τῆς ἱστορίας Θεοφυλάκτου ἀπὸ ἐπάρχου καὶ ἀντιγράφων.

A la fin du manuscrit, on lit : « Ὑπὸ Ἀνδρέου Δαμαρίου Ἐπι-

---

(1) Ce titre est corrigé dans une note : « Non Justiniani, sed « Justini, ut in margine manu Darmarii (lis. Damarii) correctum..... Est « vero ejusdem Menandri, uti titulus p. 386 occurrens innuit : Πρεσβεία « ἐκ τοῦ ὀγδόου λόγου Μενάνδρου — legatio ex lib. VIII Menandri. »

« δαυρίου — ab **Andrea Darmario** (lis. Damario) Epidaurio. In
« folio autem primo hæc leguntur : Collegii S. I. monachii ex
« dono R. P. D. Petri Garsensis præpositi 1624, cum aliis
« codicibus græcis. Ex alio proin Bibl. Elect. codice Hœschelius
« hæc excerpta edidit, ut in ejus epistola ad Jo. Wackerum
« editioni citatæ præmissa legitur. »

6°. *Manuscrit de Heidelberg.*

J'avais lu cette indication dans le Catalogue du Vatican :
« Cod. Palatinus, n° 129 : Ἐκλογαὶ ἐκ διαφόρων συγγραφέων
« σποράδην καὶ ἀτάκτως. — Ἐκ Δίωνος. » Lorsque je demandai
communication de ce manuscrit, il me fut répondu qu'il ne
fait plus partie de la bibliothèque du Vatican et qu'il est à
Heidelberg, depuis 1815.

Si je ne pus le collationner à Rome, je fus du moins assez
heureux pour en trouver la description dans une brochure
fort curieuse, intitulée : *Recensio manuscriptorum Codicum,
qui ex universa bibliotheca Vaticana selecti jussu Pii VI Pont.
Max. prid. Id. Jul. Ann.* 1797, *jure belli, seu pactarum induciarum ergo et initæ pacis, traditi fuere. Lipsiæ, impensis
Paul. Gothelf. Kummeri,* 1803. Elle porte :

« Cod. CXXIX, Chartac. in-8°, constans, p. 131, exaratus
« sæc. XV. Continet Excerpta varia ex Æliano, Æschylo, Aris-
« tide, Gregorio Nysseno, Demosthene, Diogene Laertio,
« Diodoro Siculo, Dione, Euripide, Herodoto, Themistio,
« Theognide, Theodoreto, Thucydide, Ioba, Hippocrate,
« Josepho Flavio, Libanio, Luciano, Maximo Tyrio, Xeno-
« phonte, e Proverbiis, Platone, Plutarcho, Procopio, Stra-
« bone, Synesio, Philostrato, Philone et Origene. »

Ce manuscrit, venu à Paris en 1797 par le droit de la guerre,
a été repris, en 1815, et rendu à la bibliothèque dont il faisait
primitivement partie.

Je dois à l'obligeante amitié de M. Hase la communication
d'une notice rédigée pendant que le manuscrit était à Paris :

INTRODUCTION.

elle est plus complète que celle de Leipzig. J'en ai extrait les renseignements les plus importants : le lecteur ne sera pas sans doute fâché de les avoir ici, puisqu'ils ne se trouvent pas dans le catalogue de la bibliothèque du Roi.

N° 129. Codex Palatinus.

« Codex in-8° Chartaceus, foliis 141 constans, fine mutilus,
« inter codices vaticanos in bibliothecam nostram illatos tre-
« centesimus. In eo continentur græci alicujus, quantum ex
« scriptura intelligitur satis literati, Collectanea ex magno auc-
« torum numero, nullo ordine conquisita. Titulus cod. variis ma-
« nibus, in folio non numerato præfixo, scriptus est ejusmodi :
« C. 17. N° 129. *Excerpta ex variis authoribus.* 129. Sequuntur
« Excerpta :

« Ex Herodoto Halicarnassensi, fol. 1 recto; Xenophonte,
« fol. 3 recto. . . . . . . Dione Chrysostomo, fol. 31 recto. . . . .
« Dione Cassio, fol. 83 recto; Æliano, fol. 85 recto. . . Dione
« Cassio, fol. 119 verso; Josepho, fol. 122 recto; Thucydide,
« fol. 124 recto; Luciano, ibid.; Aristide, ibid. verso; Jose-
« pho iterum, fol. 125 recto; Philone, fol. 127 verso; Dio-
« doro Siculo, ibid.; Plutarcho, fol. 128 verso. Terminatur
« Codex collectione sententiarum ex scriptoribus ecclesiasti-
« cis desinente imperfecte, in hunc modum, fol. 131 verso :
« Ἐμὲ δὲ πλέον ὅτι καὶ γνωρίμων ἔργα τὰ πάθη τοῦ πένητος ἐπυν-
« θανόμην· ἀνίατα νοσεῖς καὶ κρείττων εἶ διορθώσεως· ταῦτα πράτ-
« των εἶς μή ἐστιν. Præterea scriptor Codicis, homo, sicut dixi,
« historicus et literatus, multa in ora adjecit scholia, partim
« aliunde, partim de suo, opinor; ut fol. 62 recto : Ῥοδόπη
« λέγεται τὸ ὄρος, ὅπερ οἱ κοινοί φασι Ῥαμνιάνους εἰς μῆκος (sic).
« Item, fol. 70 V° : φησὶν ὁ Αἴσωπος, ὡς ὁ Θεὸς τὸν ἄνθρωπον ἔπλα-
« σεν ἐκ γῆς, οὐχ ὕδατι φυράσας αὐτόν, ἀλλὰ δάκρυσι· διὰ τούτου
« γάρ φησι καὶ δακρύων ἄξια παρὰ τὸν βίον πάσχειν. Et fol. 80 V° :
« : Τὸ τάλαντον ἀόριστον εὑρίσκεται παρὰ τοῖς παλαιοῖς. Παρὰ μὲν
« γὰρ Ἀττικοῖς ὕστερον εἰς ἑξακισχιλίους στατῆρας αὐτὸ περιέστη·
« τὸ δὲ Μακεδονικὸν τάλαντον τρεῖς ἦσαν χρύσινοι. Δίφιλος δέ πού
« φησιν· Ἀργυρίου βραχύ τι τάλαντον. Παρ' ἄλλοις δὲ τάλαντον αἰ

« ρκδ´ δραχμαί. Fol. 85 v° : Σαρδικὴ ὄνομα πόλεως περὶ τὸν Αἶμον
« τὸ ὄρος, ἡ νῦν Τριάδιτζα ἢ καὶ Τράλιτζα λεγομένη · αὕτη ἦν ποτε
« ἔχουσα τὴν τιμὴν τῆς ἀρχιεπισκοπῆς τῆς Βουλγαρίας· ἀφ᾽ ἧς
« μετετέθη εἰς Ἀχρίδα παρὰ τοῦ Ἰουστινιανοῦ. Et in ore inferiore :
« Φιάλη ἡ κοῦπα ἡ μὴ πάνυ κοιλή. Fol. 116 V° : Σημ. ὅτι ἡ Μωϋ-
« σέως βίβλος τὸν Γάγγην ποταμὸν Φεισὼν καλεῖ, τὸν δὲ Νεῖλον
« Γαιών. Denique fol. 123 R°, ad excerpta ex Josepho : ῞Οτι ὁ
« Ἰώσηπος οὗτος οὐ πάνυ δοκεῖ φιλαληθής, δῆλον δὲ ἐξ ἄλλων μὲν
« πολλῶν, οὐχ ἧττον δὲ καὶ ἐκ τοῦ τὴν βρεφοκτονίαν σιωπῆσαι,
« πρᾶγμα σιωπῆς οὐκ ἄξιον· ἀλλὰ καὶ ἐκ τοῦ τὰ Τυρίων βασιλέων
« ἔτη οὐκ ὀρθῶς ἀριθμεῖν· καὶ ἔτι ἐκ τοῦ λέγειν, ὅτι ῥᾷον ἔλυεν ὁ
« τῶν Τυρίων βασιλεὺς τὰ τοῦ Σολομῶνος αἰνίγματα, καὶ ὁ Σολο-
« μῶν τὰ τοῦ βασιλέως τῶν Τυρίων. »

« Codex est recens sæc. decimi quinti, multis foliis madore
« affectis, propere conscriptus, una manu, sed non uno te-
« nore. »

Dès 1843, M. Guizot, ministre des affaires étrangères, voulut bien le faire demander à la bibliothèque de Heidelberg
par le ministre de France, qui lui répondit que ce manuscrit
avait été envoyé à Berlin, pour les travaux de M. Kramer
sur Strabon. Je dus alors m'adresser à ce savant : secondé
par M. le docteur Ébel dont le zèle égale le savoir, M. Kramer
m'a fait parvenir une copie de tous les extraits de Dion : ils
consistent en quelques phrases éparses, sans liaison, et qui
sont ainsi réparties :

Fol. 83. *A*. Sur César, Auguste, Tibère, Néron, Vitellius,
Sévère ; sur les tours de Byzance et sur Quintilius : plus un
passage sur le Cynosarge.

Fol. 119 *B*. Sur César, Auguste, l'astrologue Thrasylle, Tibère, Séjan.

Fol. 120. *A*. Sur Caligula, Claude, Néron.

Fol. 120. *B*. Sur Vespasien, Titus, Trajan, Adrien.

Fol. 121. *A*. Sur Antonin, Dion, Pertinax, Septime-Sévère ;
sur le Bosphore et sur les Bretons.

INTRODUCTION.

Fol. 121. *B*. Sur Septime-Sévère, Caracalla, Macrin, Élagabale, et sur le second consulat de Dion.

M. Kramer m'a transmis sur ce manuscrit des observations qui concordent en tout point avec celles de M. Hase. L'écriture est petite, hérisée d'abréviations: en beaucoup d'endroits elle est presque effacée.

Les variantes que j'ai recueillies sont peu importantes. M. Kramer n'a pas été plus heureux pour les fragments de Strabon.

7° *Manuscrits de Paris.*

Ms. n° 1689. Il est en papier, in-fol., de la fin du XVe siècle (1). Il commence par le fragment καὶ ὅτι ἰσχυρᾷ τῇ τύχῃ, et va jusqu'au LXe livre inclusivement ; mais, comme nous l'avons remarqué pour d'autres manuscrits, le livre LVIIe comprend les livres LVII et LVIII, et le livre LVIIIe comprend les livres LIX et LX. C'est celui dont Robert Étienne fit usage pour son édition : il est très fautif.

Ms. n° 1690. Il est en papier, in-fol., et du XVIe siècle (2). Il commence au même passage que le précédent; mais il ne va que jusqu'au livre LIVe dont la fin manque. En tête du premier feuillet R°, on lit : Δίωνος τοῦ Νικαέως Ῥωμαϊκῆς ἱστορίας βιβλία ὀκτὼ καὶ δέκα, ἀρχομένη ἀπὸ τοῦ τριακοστοῦ ἕκτου βιβλίου οὗ λείπει ἡ ἀρχή, καὶ διήκουσα μέχρι τοῦ πεντηκοστοῦ τετάρτου· οὗ λείπει τὸ τέλος.

Λείπει τινὰ ἀπ᾿ ἀρχῆς τοῦ τριακοστοῦ ἕκτου βιβλίου φύλλα· γε-γραμμένα σύμπαντα τριακόσια πεντήκοντα ο (la fin du dernier mot manque, parce que la feuille a été rognée : il faut lire ὀκτώ.)

Il a appartenu à la bibliothèque de Florence, d'après l'indication du catalogue : *olim Mediceus.* Il n'existait pas encore, ou du moins il ne se trouvait pas à la bibliothèque du Roi, en

---

(1) Cf. le Catalogue des Manuscrits de la bibliothèque du Roi, t. II, p. 388.

(2) Cf. le même Catalogue, l. l.

1548; puisque Robert Estienne n'en fait pas mention. Reimar n'en eut connaissance que par les observations critiques insérées dans le *Journal des savants* (août 1751, p. 445) sur son édition, comme on le voit dans ses *Addenda*.

Ce manuscrit paraît être une copie du Ms. n° VIII de Florence.

Ms. n° 2550. C'est un recueil de divers extraits par Saumaise. Les plus importants sont tirés des Excerpta de Constantin Porphyrogénète περὶ ἀρετῆς καὶ κακίας, avec les corrections de ce célèbre érudit.

8°. *Manuscrit de Besançon* (1).

Il porte la lettre Z et les numéros 68, 80. Il est en papier, in-fol. L'écriture paraît être de la première moitié du XVIe siècle. Au commencement se trouvent trois feuillets non écrits. Le V° du troisième feuillet porte cette note, en date du 28 pluviose an 8 de la République française, par Coste, bibliothécaire de la ville de Besançon : « Ex Bibliotheca Joan-
« nis Baptistæ Boisot Vesontini, Prioris de Grandecour et de La
« Loye. — Ce manuscrit provient originairement de la biblio-
« thèque de Mathias Corvinus, roi de Hongrie et de Bohème.
« Il contient les livres connus de Dion Cassius, c'est-à-dire,
« une partie du 35e et les livres suivants, jusqu'au 58e inclu-
« sivement : il faut remarquer que les 57e et 58e renferment
« ce que l'on trouve dans les éditions imprimées, compris
« en *quatre* livres ; ce qui conduit en tout jusqu'au 60e livre.—
« Manuscrit bien conservé et bien écrit, sur un fort papier
« licé (sic.). » Mathias Corvinus étant mort en 1490, ce manuscrit ne peut avoir fait partie de sa bibliothèque; puisque

---

(1) Ce Manuscrit et celui de Xiphilin, cf. p. XCIII-XCIV, m'ont été envoyés de Besançon, grâce à l'intervention de messieurs Clément, député du Doubs, et Ch. Magnien, membre de l'Institut et conservateur de la bibliothèque du Roi, qui ont bien voulu me servir de répondants auprès du bibliothécaire, M. Weiss.

l'écriture paraît être de la seconde moitié du XVIe siècle. Il a probablement appartenu à la bibliothèque de Bude, d'où il aura été transporté dans l'abbaye de Grandecourt, et plus tard à Besançon, comme celui de Xiphilin dont il sera question, p. XCIII-XCIV.

Les pages ne sont point numérotées; mais de huit en huit feuillets, les *quaterniones* sont indiqués par les lettres de l'alphabet grec, prises numériquement, jusqu'au LXXVIIIe. A partir de là, les chiffres arabes remplacent les lettres grecques: de plus dans quatre endroits, d'une lettre à l'autre il n'y a que *douze* pages au lieu de *seize*, c'est-à-dire, que les *quaterniones* sont remplacés par des *terniones*. Cette remarque s'applique également aux passages qui se trouvent du ς' au ζ', et de xς' à xζ'.

Enfin, des lettres xϐ' aux lettres xδ' il y a trente-deux pages, ou deux *quaterniones* au lieu d'un : les lettres xγ' ont été oubliées.

Le manuscrit finit à la dernière feuille R°, ou à la quinzième page du quatre-vingt-cinquième *quaternio*.

Les premières pages sont défigurées par des fautes et des omissions qu'une main moderne a réparées dans des annotations marginales, ou par des corrections placées dans les interlignes : à partir du dixième *quaternio*, les fautes et les omissions sont moins nombreuses.

J'ai noté des omissions et des transpositions considérables qu'il importe de signaler.

1° Après les mots ἂν εἴη πολυπραγμονεῖν · τὸ δὲ, liv. XLVI, 23, il y a un blanc d'un demi-pouce; puis on lit : Αὐτῆς τυχεῖν, l. l. 43. Il manque donc là tout le passage εἴπερ τινὰ ἀλήθειαν — οὐχ ὅτι καὶ ἐϐούλοντο.

2° Après les mots ἢ γὰρ χαίροντί τινι συνήδοντο, liv. XLVIII, 37, on lit ἢ τέλως (au lieu de τέλος) δὲ ὁ Ἀγρίππας, qui appartiennent au liv. XLIX, 2; mais après les mots ἐς Σαμόσατα, liv. XLIX, 22, on lit πενθοῦντι συνελυποῦντο· κτλ., c'est-à-dire le passage qui fait suite à συνήδοντο, ἢ, liv. XLVIII, 37. Ainsi, un passage du XLIXe livre a été interpolé dans le XLVIIIe et un passage du XLVIIIe, dans le XLIXe.

3°. Après les mots οἱ πλείους σφῶν τό τε, liv. LII, 5, le manuscrit porte καθ' εματι (sic). Or cet ε est la première lettre de ἑαυτούς, l. l. Quant aux deux syllabes ματι, elles font partie du mot φρονήματι, dans le passage ἐν τῷ τῶν ὀνομάτων φρονήματι γενόμενοι, même livre, 20. Il y a donc ici, sans aucune indication de lacune, omission du passage ἑαυτοὺς μόνον σπεύδουσι—κύριοι ἐν τῷ τῶν ὀνομάτων, § 5—20.

4°. Après les mots βουληθεὶς δὲ τρόπον, liv. LV, 9, le manuscrit porte, sans aucun signe de lacune, Τιβέριον καὶ ἐποιήσατο, l. l. 13, c'est-à-dire, qu'il manque ici tout le passage τινὰ μᾶλλον — τὸν δέ γε, 9—13.

Enfin après les mots ταῦτα ἐπράχθη, liv. LVI, 10, à la fin, ce manuscrit, comme celui de Venise n° 395, porte : Γερμανικὸς δὲ ἐν τούτῳ ἄλλα τε χωρία Δελματικὰ εἷλε — ἐντεῦθεν δὲ ἐπὶ Ῥαίτινες (sic , au lieu de Ῥαίτινον) ἐλθόντες οἱ Ῥωμαῖοι οὐχ ὁμοίως ἀπήλλαξαν. Οἱ γὰρ ἐναντίοι, liv. LVI, 11. Ce fragment correspond, comme l'a remarqué Morelli, Dion. Fr. éd. de Bassano, p. xxxviii , au passage τοῦ δέ γε Γερμανικοῦ — ἑαυτοὺς παρέδοσαν, liv. LV, 33, qui en est l'abrégé; mais qui n'est pas à sa véritable place.

En tête de chaque livre, on lit la formule τάδε ἔνεστιν ἐν τῷ. . . . τῶν Δίωνος ἱστοριῶν, avec l'indication du livre par les lettres de l'alphabet grec prises numériquement, comme dans le Ms. n° VIII de Florence et dans les manuscrits de Venise. La fin des livres est indiquée par la même formule que dans ces manuscrits.

Un argument et une liste des consuls, en grec, ont été ajoutés par une main moderne, au commencement de chaque livre. Enfin, comme dans les manuscrits de Florence et de Venise, plusieurs livres commencent par des mots qui, dans les éditions de Dion, sont à la fin du livre précédent.

INTRODUCTION.

9° *Manuscrit de Tours.*

Il est mentionné en ces termes par Hænel (1) : « Constantini « Porphyrogenetæ Geoponica, sive liber de Vitiis et Virtuti- « bus continens fragmenta Josephi Archæologiæ, Georgii « Historiæ chronicæ, Flavii Josephi historiæ, Diodori Siculi, « Nicolai Damasceni historiæ, Joann. Malelæ historiæ, Hero- « doti, Xenophontis historiæ et Cyropædiæ, Marcellini de « Vita Cyri, Dionysii Halicarn. historiæ, Polybii historiæ « romanæ, Flav. Ariani (sic) historiæ, Dionis Cassii historiæ « romanæ; Codex græcus optimæ notæ; sæc. XII, membr. 4 « (provient de Marmoutiers). »

Je dois signaler ici plusieurs inexactitudes :

1° Le titre tel qu'Hænel le donne, *Constantini Porphyrogenetæ Geoponica, sive liber de Vitiis et Virtutibus*, n'est point dans le manuscrit; et quoique la même désignation soit répétée dans son ouvrage, p. 994 : « Toledo : Cajon. 101. « N° 15. : *Constantini Porphyrogenetæ Geoponica, sive liber de « vitiis et virtutibus;* sæc. XIV, chart. 4 », il n'en est pas moins certain que les *Geoponica* et le recueil *de Vitiis et Virtutibus* formaient deux collections bien distinctes. Un passage de H. de Valois ne laisse aucun doute à ce sujet : « Quum tanta tam- « que immensa librorum moles plerosque a legendo deterre- « ret, ipse (Constantinus), ut principem decuit, singulorum « utilitati ac compendio consulens, auctores omnes qui idem « argumentum tractaverant, in unum compegit corpus, re- « sectis superfluis, ac selectis ex unoquoque scriptore iis lo- « cis quæ quisque elegantissime tractaverat. Tales sunt Γεω- « πονικῶν libri a Constantino nostro collecti, ut titulus et « argumentum iis libris præfixum demonstrat (2). Sed et

---

(1) Catalogi librorum manuscriptorum, p. 483.
(2) Cf. Fabricius, Bibl. gr., t. VIII, p. 16-28, éd. Harles, De Geoponicis, jussu Constantini Porphyrogenetæ collectis.

« Ἱππιατρικῶν libros qui etiam nunc exstant ex Simone, Xe-
« nophonte, Apsyrto et Hierocle excerpti, ab eodem esse
« collectos equidem non dubito. Verum his, et si qui præte-
« rea ejusmodi libri ad notitiam nostram non venerunt, et
« magnitudine operis, et utilitate longe præstant *Collectanea*
« *Historica*, in tres et quinquaginta titulos (quos locos com-
« munes vocant) ab eodem Constantino distributa, ac sex
« supra centum libris comprehensa, etc. (1). »

2° On ne voit pas pourquoi Hænel, après avoir cité les *fragmenta Josephi Archæologiæ, Georgii Historiæ chronicæ*, parle de nouveau de *Flavii Josephi historiæ*. S'il avait eu connaissance de la table qui se trouve au *verso* du premier fueillet du manuscrit, il aurait vu que Josèphe n'y est mentionné qu'une fois et en ces termes : *Josephi Archæologia, seu antiquitates*, qui sont la traduction du titre grec ἐκ τῆς ἀρχαιολογίας Ἰωσήπου, titre incomplet; puisque le manuscrit, outre les extraits des *Antiquités*, contient des fragments *de la Guerre des Juifs*, du 2ᵉ *livre contre Apion*, *du livre des Macchabées et de la Vie de Josèphe*. Ces divers ouvrages sont indiqués dans le manuscrit par des notes marginales.

3° Hænel a oublié de citer les fragments de la Chronique de *Jean d'Antioche :* ils commencent au fol. 85 R°, et finissent fol. 102 V°.

4° Le titre *Marcellini de Vita Cyri* est fautif dans Hænel, comme dans la table du manuscrit : l'erreur provient de ce que l'abréviation écrite en marge du fol. 190 V°. a été mal lue. La voici : Ἐκ τοῦ Μαρκελλίνου εἰς Θουκυ βίον. Au lieu de εἰς τὸν Θουκυδίδου βίον, on a lu εἰς τὸν τοῦ Κύρου βίον.

5° Enfin le manuscrit n'est point in-4°, mais grand in-fol.; ils n'est pas du XIIᵉ siècle, mais du Xᵉ, comme le prouvent tous les caractères de l'écriture.

Il est en très-beau parchemin, d'une écriture remarquable,

___
(1) Préface de H. de Valois, en tête de son édition des Extraits du manuscrit de Peiresc, p. 2.

et forme trois cent trente-quatre feuilles ou six cent soixante-huit pages. Les pages bien conservées, et c'est le plus grand nombre, peuvent être regardées comme un modèle calligraphique du Xe siècle. Malheureusement, après avoir été transporté de Marmoutiers à Tours, il fut jeté dans quelque dépôt et exposé à l'humidité : dans plusieurs pages les marges sont maculées; dans beaucoup d'autres des lignes entières sont presque effacées complétement.

Il n'est pas moins précieux par les bonnes leçons qu'il fournit que par son âge : il y en a pourtant beaucoup de fautives. Plusieurs proviennent de la confusion de certaines voyelles et de certaines diphthongues : je vais indiquer celles qui sont le plus souvent confondues, et faire connaître les principales particularités paléographiques du manuscrit.

Confusion de certaines voyelles et de certaines diphthongues :

$$\varepsilon \text{ pour } \alpha\iota \dots \dots \dots \quad \varepsilon\iota \text{ pour } \begin{cases} \eta \\ \iota \\ o\iota \end{cases}$$

$$\eta \text{ pour } \begin{cases} \varepsilon \\ \iota \\ \alpha\iota \\ \varepsilon\iota \\ o\iota \end{cases} \qquad \iota \text{ pour } \begin{cases} \eta \\ \varepsilon\iota \\ o\iota \end{cases}$$

$$\begin{matrix} o \text{ pour } \omega \\ \omega \text{ pour } o \end{matrix} \qquad \upsilon \text{ pour } \begin{cases} \eta \\ o\iota \end{cases}$$

$$o\iota \text{ pour } \begin{cases} \iota \\ \upsilon \end{cases}$$

ν final est souvent ajouté, 1° devant β, δ, θ, κ, λ, μ, ν, π, τ, φ; 2° à la fin des phrases.

ν final est souvent supprimé, 1° devant γ, δ, κ, λ, μ, ν, π, τ, φ; 2° devant les mots commençant par une voyelle; 3° à la fin des phrases.

Σ final est quelquefois ajouté devant τ, et quelquefois supprimé devant κ, λ, π, τ.

INTRODUCTION.

Les prépositions sont très-fréquemment supprimées dans les mots composés.

La lettre initiale manque dans plusieurs noms propres.

Beaucoup de mots qui devraient être écrits avec deux λ ne le sont qu'avec un seul, et réciproquement.

L'orthographe des noms propres est souvent altérée.

Les abréviations qui se rencontrent le plus souvent sont celles-ci : $\overline{\alpha\nu\text{ος}}$, pour ἄνθρωπος ; — $\overset{\theta}{\alpha\nu\delta\rho\alpha\gamma\alpha}$, pour ἀνδραγαθημάτων — $\overset{\chi}{\overline{\alpha\rho}}$, pour ἄρχων — $\overline{\Delta\alpha\delta}$, pour Δαβίδ — $\overset{\chi}{\rho}$, pour ἑκατόνταρχος — $\overset{\pi}{\text{Εὐρι}}$, pour Εὐριπίδης — $\overline{\Theta C}$, pour Θεός — $\overline{\text{Ἰλημ}}$, pour Ἰερουσαλήμ — $\overline{KS}$, pour κύριος — $\overset{\chi}{\mu\text{όναρ}}$, pour μόναρχος — $\overset{\chi}{\mu}$, pour μοναχός — $\overset{\rho}{\text{Ὁμη}}$, pour Ὅμηρος — $\overline{\text{ΟΥΝΟC}}$, pour οὐρανός — $\overline{\pi\nu\alpha}$, pour πνεῦμα — $\overline{\pi\eta\rho}$, pour πατήρ — $\overline{\pi\rho^{\text{o}}}$, pour προαστεῖον — $\overset{\chi}{\sigma\tau\iota}$, pour στίχος — $\overline{\sigma\eta\rho}$, pour σωτήρ — $\overline{\upsilon\varsigma}$, pour υἱός — $\overset{\chi}{\text{Ι}}$, pour χιλίαρχος.

Au verso de la couverture, on lit : « Lettre du P. B. Gui « Alexis Lobineau écrite du Mans, le 20 juillet 1719 au R. « P. D., Louis Tasche, au sujet de ce manuscrit :

« Mon révérend Père,

« Il m'est tombé depuis peu entre les mains un livre grec « et latin, donné au public par Henri de Valois, qui contient « plusieurs extraits d'historiens tirez d'un manuscrit pareil à « celui que vous m'avez fait l'honneur de me montrer dans « vostre bibliotèque. J'ai appris de ce livre que ce manuscrit « grec est un ouvrage ou recueil de la façon de l'empereur « Constantin Porphyrogénète, et j'ai cru que je devois en

INTRODUCTION.

« avertir V. R., afin qu'elle marquast cela à la teste du ma-
« nuscrit. »

Au verso du premier feuillet se trouve la table des matières : quoiqu'elle soit fort mal rédigée, je la transcris exactement, afin que les rectifications que j'ai à proposer plus loin soient faciles à saisir :

« *De virtute malitiaque, adversaria e variis historicorum græ-*
« *corum operibus excerpta, ut sunt :*

	fol.
Josephi archæologia, seu antiquitates........	1
Georgii monachi historia chronica..........	65
Joannis Malelæ historia..................	81, verso
Joannis monachi Antiocheni historia chronica..	85
Diodori Siculi historia...................	103
Nicolai Damasceni historia et vita novi Cæsaris..	163 et supra.
Herodoti Halicarnassæi historia............	164
Xenophontis historia et Cyropedia (sic).......	236
Marcellinæ (sic) de Cyri vita...............	191
Thucydidis atheniensis historia.............	230
Dionysii Halicarnassæi historia.............	257 et supra.
Polybii megalopolitani historia............	257; Idem, p. 307 et supra.
Appiani historia regia...................	273
Dionis Cassiani (sic) historia romana........	288 verso.

Au bas de la page : « Desunt multa, avulsa non pauca, alia « loco mota. 113. »

Je signalerai en passant deux légères erreurs : les extraits de Xénophon commencent fol. 235 verso, et non pas fol. 236 ; ceux de Marcellin commencent fol. 190 verso, et non pas fol. 191.

I. *Extraits de Josèphe.*

Ils commencent fol. I, recto, avec ce titre : **A.** Ἐκ τῆς ἀρ- χαιολογίας Ἰωσήπου περὶ ἀρετῆς καὶ κακίας, et l'annotation mar- ginale ἐκ τῆς ἰουδαϊκῆς ἀρχαιολογίας Ἰωσήπου : ils continuent jus- qu'au fol. 64 verso inclusivement.

Les extraits de la guerre des Juifs commencent fol. 48 verso, comme l'indique l'annotation marginale ἐκ τῆς ἰουδαικῆς ἁλώσεως λόγος α′, et finissent fol. 59 verso, par les mots πέρας τῆς ἱστορίας λόγου ζ′ ἰουδαικῆς ἁλώσεως. — Il n'y a qu'un seul fragment des deux livres contre Apion : il commence fol. 59 verso, avec cette note en marge : ἐκ τοῦ λόγου τοῦ ἐπιγραφομένου περὶ πάντων, ἢ κατὰ Ἑλλήνων, λόγος β′ τοῦ αὐτοῦ Ἰωσήπου, et finit fol. 61 recto. Là commencent les extraits du livre des Macchabées, accompagnés de cette note marginale : Ἐκ τοῦ λόγου τοῦ εἰς τοὺς Μακκαβαίους, τοῦ αὐτοῦ Ἰωσήππου (sic). Les extraits de la vie de Josèphe commencent fol. 63 verso, avec cette indication marginale, ἐκ τοῦ λόγου τοῦ ἐπιγραφομένου περὶ γένους Ἰωσήπου καὶ πολιτείας αὐτοῦ. Ils se terminent fol. 64 verso, où on lit : Τέλος τῆς Ἰωσήπου ἀρχαιολογίας λόγοι Κ, καὶ τοῦ λόγου τοῦ περὶ τοῦ βίου Ἰωσήπου, καὶ τῆς πολιτείας αὐτοῦ.

II. *Extraits de Georges, surnommé Hamartolus.*

Ils commencent fol. 65 recto, avec ce titre : Β. Περὶ ἀρετῆς καὶ κακίας, et continuent jusqu'au fol. 81 verso inclusivement. Un peu au-dessus du titre se trouvent les mots ἐκ τῆς χρονικῆς ἱστορίας Γεωργίου μ. En les collationnant sur les manuscrits de la bibliothèque du Roi, il m'a été facile de reconnaître qu'ils sont tirés de la Chronique inédite de Georges le Moine, surnommé *Hamartolus* ou le Pécheur, comme il s'appelait lui-même : il ne faut le confondre ni avec Georges le Syncelle, comme l'a fait H. de Valois (1), ni avec un autre Georges, postérieur à *Hamartolus* et dont l'ouvrage intitulé Βίοι τῶν νέων βασιλέων a été réimprimé en 1838, dans la collection byzantine de Bonn, par les soins de M. Imm. Bekker, avec Theophanes continuatus, Joannes Cameniata et Symeon magister.

Le folio 65 verso finit par les mots καὶ πάντας τοὺς ἱερεῖς, et le fol. 66 recto commence par οὐκοῦν ὥσπερ ὁ παλαιὸς νόμος. Il y a là une lacune : j'ai rapproché les deux passages

(1) Dans sa préface, l.l., p. 4.

dans les manuscrits de la bibliothèque du Roi, et je me suis assuré qu'elle est considérable.

La fin des extraits d'Hamartolus, fol. 81 verso, est indiquée par ces mots : τέλος τῆς ἱστορίας Γεωργίου μο̄͞χ. Un peu au-dessous, et à gauche, on lit : περὶ ἀρετῆς καὶ κακίας.

III. *Extraits de J. Malelas ou Màlalas* (1).

Ils commencent fol. 81 verso avec le titre Γ. περὶ ἀρετῆς καὶ κακίας, et cette indication marginale : Νῶε. ἐκ τῆς ἱστορίας Ἰωάννου τοῦ Μαλέλα. Ils finissent fol. 85 recto par la formule : τέλος τῆς ἱστορίας Ἰωάννου τοῦ Μαλέλα. Un peu à droite, on lit : περὶ ἀρετῆς καὶ κακίας.

IV. *Extraits de Jean d'Antioche.*

Ils commencent fol. 85 recto avec le titre : Δ. Περὶ ἀρετῆς καὶ κακίας, et l'annotation marginale : ἐκ τῆς ἱστορίας Ἰωάννου Ἀντιοχέως χρονικῆς ἀπὸ Ἀδάμου. Ils continuent jusqu'au fol. 102 verso inclusivement, où ils se terminent par ces mots : τέλος τῆς ἱστορίας Ἰωάννου μο̄͞χ. Un peu au-dessous se trouvent les mots περὶ ἀρετῆς καὶ κακίας.

Jusqu'ici la pagination est exacte, et les extraits se suivent dans l'ordre convenable : il n'en est pas de même dans le reste du manuscrit.

V. *Extraits de Diodore de Sicile.*

Ils commencent fol. 103 recto avec le titre : Ε. Περὶ ἀρετῆς καὶ κακίας, et cette annotation en marge : ἐκ τῆς ἱστορίας Διοδώρου Σικελιώτου. Au lieu de se suivre sans interruption, ils forment plusieurs séries, séparées par des fragments tirés de divers auteurs.

---

(1) Sur le double surnom de Malelas ou Màlalas, Cf. une savante dissertation en tête de l'édition de Jean Malalas par M. L. Dindorf, dans la collection de Bonn.

INTRODUCTION.

La première série finit fol. 105 verso, qui se termine par les mots εἰς οὓς προστάξαιεν τόπους. Un peu au-dessous, on lit *infra*, p. 208; indication exacte, puisque le fol. 208 recto commence par les mots ὅτι Πολυχάρη, qui appartiennent au fragment placé dans H. de Valois, immédiatement après celui qui finit par les mots οὓς προστάξαιεν τόπους.

Du folio 208 recto au folio 223 verso, *seconde série* des extraits de Diodore de Sicile. Au bas du folio 223 verso, on lit *infra*, p. 324, et cette indication est exacte, car le folio 324 recto commence par les mots ἔταξεν ἐν οἷς, faisant suite à ceux-ci : τοὺς ἐπιφανεστάτους τῶν ἀνδρῶν δορυφορεῖν, par lesquels se termine le fol. 223 verso.

Du fol. 324 recto au fol. 331 verso, *troisième série* des extraits de Diodore de Sicile. Au bas du fol. 331 verso se trouvent les mots *recurre ad pag.* 176 ; indication non moins exacte que les précédentes.

Du fol. 176 recto au fol. 183 verso, *quatrième série* des extraits de Diodore de Sicile. On lit au bas du fol. 183 verso, *vide infra*, p. 277 ; et, en effet, les mots τὰ νεώρια par lesquels ce fol. commence, font suite aux mots εἰς Θεσσαλονικὴν συντάξας ἐμπρῆσαι, par lesquels finit le fol. 183.

Du fol. 277 recto au fol. 284 verso, *cinquième série* des extraits du même historien. Au bas du fol. 284 verso, on lit *recurre ad pag.* 245; et les mots Γάϊος Ἰούλιος Καῖσαρ, qui se lisent au commencement du fol. 245 recto, font suite aux mots θεασάμενος τὴν Κόρινθον par lesquels se termine le fol. 284 verso.

Du fol. 245 recto au fol. 252 verso, *sixième série* des extraits du même historien. Au bas du fol. 252 verso, on lit *infra*, p. 261 : le commencement du fol. 261 recto fait bien suite à la fin du fol. 252.

Du folio 261 au folio 268 verso, *septième et dernière série* des extraits de Diodore de Sicile. Le folio 268 verso finit par les mots τὴν ἀρετὴν τοῦ νεανίσκου, et là se terminent les fragments de cet historien.

INTRODUCTION.

VI. *Extraits de Nicolas de Damas.*

Ils commencent fol. 224 recto, par les mots καὶ παρακαλέσας qui appartiennent à un fragment dont il ne reste qu'une ligne et demie. En tête de la page, rien n'indique le commencement des extraits de Nicolas de Damas; mais le mot Νικόλαος est écrit dans la marge, en regard du fragment ὅτι ἐπράχθη τι φιλανθρωπίας πολλῆς ἐχόμενον Νικολάῳ. Ces extraits se suivent sans interruption jusqu'au fol. 229 verso, qui finit par les mots ὦ Ζεῦ, εἰ μὲν ἀπ' ἐ-, c'est-à-dire, ἀπ' ἐμαυτοῦ. Au bas de la page, on lit *vide supra*, p. 154; et, en effet, le fol. 154 recto commence par les mots μαυτοῦ δέδρακα ταῦτα, qui sont la suite du fol. 229 verso. Du fol. 154 recto au fol. 156 verso, nouvelle série des extraits de Nicolas de Damas. Le fol. 156 verso finit par les mots οἴκτου πάντα ἐνέπλησεν· ἀφιείς, après lesquels il y a une lacune : elle provient de ce que les deux fol. 157 et 158 ont été transposés après le fol. 164. En les remettant à leur place, c'est-à-dire après le fol. 156, tout se suivra, et le texte dans le manuscrit concordera parfaitement avec celui de H. de Valois, d'Orelli, de Coraï et de Krause, pour un passage emprunté à un des vieux Annalistes de Rome, qui ont porté le nom de Fabius (1).

Du fol. 159 recto au fol. 163 verso, les extraits de Nicolas de Damas se suivent régulièrement; mais il faut remarquer 1° que la fin des extraits de son Histoire est indiquée au bas du fol. 159 verso par ces mots τέλος τοῦ ζ' λόγου τῆς Νικολάου Ἱστορίας. Ζήτει τὰ λείποντα περὶ ἑλληνικῆς ἱστορίας, 2° que le commencement des extraits de la *Vie d'Auguste*, qui contient des détails omis par Suétone et Dion Cassius, est ainsi marquée au haut du fol. 160 recto : Τοῦ αὐτοῦ περὶ Αὐγούστου Καίσαρος Ἀγωγῆς, 3° que la fin de tous les extraits est constatée au bas du fol. 163 verso, par ces mots : Τέλος τῆς Ἱστορίας Νικο-

---

(1) Cf. Krause, Vitæ et fragmenta Veterum Historic. Romanorum, Berlin 1833, p. 59-63.

INTRODUCTION.

λάου Δαμασκινοῦ (sic) καὶ τοῦ βίου Καίσαρος τοῦ νέου. Un peu au-dessous à gauche, on lit : περὶ ἀρετῆς καὶ κακίας.

Le fragment ὅτι Ἀντίπατρος ἦν Νικολάου τοῦ Δαμασκηνοῦ πατὴρ — ἐπὶ τὴν ὡς ἀληθῶς πατρῷαν ἑστίαν ἀνελθόντας φιλοσοφεῖν (p. 414-418 dans H. de Valois), emprunté à la biographie de Nicolas de Damas, manque dans le manuscrit de Tours. Cette perte doit laisser moins de regrets, s'il est vrai, comme le pensent Orelli et Coraï, que cette biographie n'a pas été écrite par Nicolas de Damas; mais par un de ses amis, ou par un de ses disciples. Aussi Coraï n'a-t-il point donné ce fragment.

A propos de deux extraits qui se trouvent tout à la fois dans Nicolas de Damas et dans Denys d'Halicarnasse; le premier commençant par les mots ἐν ᾧ δὲ οὗτοι περὶ ταῦτα ἦσαν, et finissant par ceux-ci δίδωσι τῷ Φαυστύλῳ (1); le second, commençant ainsi : Ὡς δὲ διεβοήθη τὰ περὶ τὴν ἁρπαγὴν τῶν παρθένων, et finissant par καὶ ἀκροθίνια λαφύρων τοῖς θεοῖς (2), plusieurs critiques ont avancé que Nicolas de Damas les avait pris à Denys d'Halicarnasse, pour se les approprier. Orelli (3) et Coraï (4) pensent avec raison qu'il vaut mieux croire qu'un copiste a confondu les extraits de Denys d'Halicarnasse avec ceux de Nicolas de Damas.

VII. *Extraits d'Hérodote.*

Ils commencent au fol. 164 recto avec ce titre : Ζ. Περὶ ἀρετῆς καὶ κακίας. Les mots ἐκ τῆς ἱστορίας Ἡροδότου Ἁλικαρνησσέως ne sont pas écrits en marge, mais au haut de la page.

Le fol. 164 verso finit par les mots εἰς Δελφούς, ὡς ἀνδρῶν. Viennent ensuite les fol. 157 et 158, contenant des extraits de Nicolas de Damas : par erreur, ils ont été transportés ici,

---

(1) Ant. Rom. I, 82-84.
(2) L. L. II, 32-34.
(3) Préface de son Supplément, publié en 1811.
(4) Cf. son πρόδρομος ἑλληνικῆς βιβλιοθήκης.

comme j'en ai fait la remarque. La suite des extraits d'Hérodote se trouve du fol. 165 recto au fol. 166 verso. Ce dernier finit par les mots ὅκως ἂν αὐτῇ ἕνα, après lesquels il y a une lacune, car ils appartiennent au livre II, 126; tandis que les mots γλῶσσαν..... μετῆσαν, par lesquels commence le fol. 167 recto, font partie du livre III, 19. Le fol. 167 verso se termine par les mots μάστιγάς τε, après lesquels il y a une interruption; puisque les mots ἐν ταῖς μάχαις par lesquels commence le fol. 168 recto, appartiennent à un fragment de Dion Cassius.

Les Extraits d'Hérodote recommencent fol. 184 recto et continuent jusqu'au fol. 190 verso, où on lit : τέλος τῆς ἱστορίας Ἡροδότου, et un peu à droite : περὶ ἀρετῆς καὶ κακίας.

VIII. *Extraits de Marcellin.*

Ils commencent fol. 190 verso avec ce titre : Η. Περὶ ἀρετῆς καὶ κακίας, et l'annotation marginale ἐκ τοῦ Μαρκελλίνου εἰς τὸν Θουκυδίδου βίον. Le fol. 191 verso finit par les mots ἀλλ' ἐκεῖνοι μὲν οὕτως, mais les mots ὅτι ὁ Γράκχος, au commencement du fol. 192 recto, appartiennent à Dion Cassius. Il y a donc là une interruption : la fin des extraits de Marcellin est au fol. 230 recto.

IX. *Extraits de Thucydide.*

Ils commencent à la fin du fol. 230 recto, sans titre, et ne sont indiqués que par cette annotation marginale : Ἀθηναῖοι, ἐκ τῆς ἱστορίας Θουκυδίδου Ἀθηναίου. Ils continuent jusqu'au fol. 235 recto inclusivement, où se lisent les mots τέλος τῶν Θουκυδίδου ἱστοριῶν, et un peu au-dessous : περὶ ἀρετῆς καὶ κακίας.

X. *Extraits de Xénophon.*

Ils commencent au fol. 235 verso avec ce titre : Θ. Περὶ ἀρετῆς καὶ κακίας. Au haut de la page, on lit : ἐκ τῆς ἱστορίας Ξενοφῶντος Κύρου παιδείας. Entre le fol. 236 et le fol. 237, il y

e.

en a un autre dont la marge a été rognée et qui ne porte aucun numéro.

Les extraits de la Cyropédie vont jusqu'au fol. 240 verso, lign. 23, où commencent ceux de l'Expédition du jeune Cyrus, avec cette indication marginale : ἐκ τῆς Ἀναβάσεως Κύρου Παρυσάτιδος. Les extraits de l'*Anabasis* continuent jusqu'au fol. 244 verso; mais ils sont incomplets, puisque ce fol. finit par les mots εἰς Ὀλυμπίαν πορεύονται, et que ceux-ci : Γάϊος Ἰούλιος Καῖσαρ, au commencement du fol. 145 recto, appartiennent à Diodore de Sicile.

XI. *Extraits de Denys d'Halicarnasse.*

Suivant la table des matières, ils commencent au fol. 257 verso; mais l'auteur de cette table a eu une distraction inexplicable. Au haut de ce folio verso, on lit : ἐκ τῆς ἱστορίας Πολυβίου Μεγαλοπολίτου. Au-dessous se trouve une ligne de Denys d'Halicarnasse, après laquelle viennent les mots τέλος τῆς ἱστορίας Διονυσίου Ἀλικαρνήσσεως (sic). Avec la plus légère attention, l'auteur de la table aurait vu que c'est non pas le commencement, mais la fin des extraits de Denys d'Halicarnasse.

Ils commencent, sans titre et sans nom d'auteur, fol. 253 recto, par les mots τὰ ἀνθρώπινα ἐπισκοποῦσα χάρις (1), et continuent, sans interruption jusqu'au fol. 257 verso, où se lisent les mots τέλος τῆς ἱστορίας Διονυσίου Ἀλικαρνήσσεως.

XII. *Extraits de Polybe.*

Ils commencent fol. 257 verso, avec le titre : IB. Περὶ ἀρετῆς καὶ κακίας. Au haut de la page, on lit : ἐκ τῆς ἱστορίας Πολυβίου Μεγαλοπολίτου. Ils continuent jusqu'au fol. 260 verso, qui se termine par les mots συντάξεως ἄπρακτοι, après lesquels il y a une interruption; car les mots τούσης τιμωρίας par lesquels

---

(1) Ant. Rom. VIII, 61. Dans Sylburg, ἐπικοσμοῦσα.

le fol. 261 recto commence, font partie d'un fragment de Diodore de Sicile.

La seconde série des extraits de Polybe se trouve fol. 106 recto, commençant par les mots ὅτι οἱ Αἰτωλοί. De là au fol. 109 verso, on lit divers extraits des livres IVe et V^e. A la ligne 17e verso de ce folio commence le fragment ὅτι Λεύκιος, le premier de Polybe dans H. de Valois : les extraits de cet historien continuent sans interruption, jusqu'au fol. 121 verso, qui finit par les mots πάντων τῶν τῆς Ἑλλάδος. L'indication *infra*, p. 316, écrite un peu au-dessous, est exacte, puisque le fol. 316 commence par les mots καλῶν ἡ πατρίς qui font suite au fol. 121 verso.

Du fol. 316 recto au fol. 323 verso, *troisième série* des extraits de Polybe. Le fol. 323 verso finit par les mots τῶν πεζῶν καὶ τῶν ἱππέων· ἁπλῶς γε. Au bas de la page se trouve le renvoi *recurre ad. pag.* 300 : elle commence, en effet, par les mots οὐδὲν εἴρηται, faisant suite au fol. 323 verso.

La quatrième série des extraits de Polybe va du fol. 300 recto au fol. 315 verso, finissant par les mots : καὶ νωθρός, ὡς ἀκούω, avec le renvoi *recurre ad. pag.* 293. Cette page commence par les mots καὶ πολὺ κεχωρισμένος : ils font suite au fol. 315 verso.

Du fol. 293 recto au fol. 299 verso, *cinquième série* des extraits de Polybe. Le fol. 299 verso finit par les mots τῷ βασιλεῖ. Au-dessous, on lit *infra*, p. 269 : c'est évidemment *supra* qu'il faut écrire.

Du fol. 269 recto au fol. 273 recto, *sixième et dernière série* des extraits de Polybe. Ils finissent à la ligne treizième du fol. 273 recto, comme l'attestent ces mots : τέλος τῆς ἱστορίας Πολυβίου Μεγαλοπολίτου.

XIII. *Extraits d'Appien.*

Ils commencent fol. 273 recto, avec le titre ΙΓ´. Περὶ ἀρετῆς καὶ κακίας, et l'indication marginale ἐκ τῆς ἱστορίας Ἀππιανοῦ τῆς ἐπιγραφομένης βασιλικῆς. Ils continuent jusqu'au fol. 276

verso, au bas duquel on lit *infra*, p. 285. Et, en effet, les fol. 277 recto — 284 verso contiennent, comme nous l'avons déjà vu (p. LXV), des fragments de Diodore de Sicile : ceux d'Appien recommencent fol. 285 recto et finissent fol. 288 recto avec la formule: τέλος τῆς ἱστορίας Ἀππιανοῦ τῆς ἐπιγραφομένης βασιλικῆς. A cette occasion, je crois utile de transcrire la note de H. de Valois, p. 79-80 : « τῆς ἐπιγραφομένης « βασιλικῆς. Error est compilatoris qui, quum librum primum « Appiani βασιλικὴν inscribi cerneret, ita et totum opus inscrip- « tum esse existimavit; sed Appianus ipse in prooemio historiæ « satis docet opus suum Ῥωμαϊκὴν ἱστορίαν inscriptum esse, ac « primum quidem librum, quod res sub regibus gestas continet, « inscribi Ῥωμαϊκῶν βασιλικήν, secundum vero Ῥωμαϊκῶν « Σαυνιτικήν, et sic deinceps. »

XIV. *Extraits de Dion Cassius.*

Ils commencent fol. 288 verso, avec le titre : ΙΔ. Περὶ ἀρετῆς καὶ κακίας, et l'annotation marginale : ἐκ τῆς ἱστορίας Δίωνος Κοκκιανοῦ ῥωμαϊκῆς. Ils continuent sans interruption, jusqu'au fol. 292 verso, au bas duquel on lit *recurre ad pag.* 168, indication exacte; puisque le fol. 168 recto fait suite au fol. 292 verso.

Du fol. 168 recto au fol. 175 verso, *seconde série* des extraits de Dion. Le fol. 175 verso se termine ainsi : ἐκ συμβουλῆς μάντεων ψηφίσασθαι, avec le renvoi *recurre ad pag.* 192. En effet, le fol. 192 recto est la suite du fol. 175 verso.

Du fol. 192 recto au fol. 199 verso, *troisième série* des extraits de Dion Cassius. Le fol. 199 verso finit par les mots καὶ περὶ ἐκείνας γίγνεσθαι, et c'est là que se terminent les fragments tirés des XXXVI premiers livres. Le suivant est précédé, dans H. de Valois, de cette note: *deesse videtur integer quaternio*, remarque parfaitement juste ; car le fragment ὅτι ὁ Καῖσαρ τὴν Πομπηίου κεφαλὴν ἰδών, par lequel commence dans le manuscrit le fol. 200 recto, appartient au livre XLIIe. H. de Valois n'a donné ni ce fragment ni les fragments suivants, jusqu'à celui du livre LVe, 9 commençant ainsi : ὅτι ὁ Τιβέριος ἐς Ῥόδον ἐστάλη, parce qu'ils étaient déjà publiés. J'ai recueilli les variantes relatives aux extraits laissés de côté par H. de Valois : plusieurs ont de l'importance.

Au bas du fol. 199 verso aucun renvoi ne fait connaître où est la suite des extraits de Dion. A partir du fol. 175 verso, l'absence de toute indication a rendu mon travail plus difficile et plus long, à cause de la perturbation qui règne dans le manuscrit pour les fragments de Dion.

Les extraits, contenus dans le manuscrit, depuis le fol. 200 recto jusqu'au fol. 207 verso, appartiennent au livre XLII, 8, et au livre XLIX, 7. Le fol. 207 verso se termine par les mots ἐπὶ ἐλέφαντος ἀνακομίζεσθαι, après lesquels il y a une interruption ; puisque les mots ὅτι Πολυχαρῆ, qui se lisent en tête du fol. 208 recto, font partie d'un extrait de Diodore de Sicile.

Les extraits des livres suivants sont ainsi répartis : liv. XLIXe et L^e, fol. 145 recto et verso. — Liv. LI, LIII, LIV et LV, 7 : fol. 150-151 verso inclusivement.

La suite du livre LVe, 7, à partir des mots καὶ παρὰ τὸ προσῆκον ἐθυμοῦτο, et divers extraits du livre LVIe, 43 : fol. 149 recto et verso.

La suite du livre LVIe, 43, à partir des mots οὐχ ὅπως ὠργίσθη, et des extraits du livre LVIIe, jusqu'au § 13 : fol. 147 recto et verso.

La fin des extraits du livre LVIIe, à partir du § 13, les extraits du livre LVIIIe, et ceux du livre LIXe, 2 : fol. 152-153 verso, inclusivement.

La première suite des extraits du livre LIXe est, au fol. 146 recto et verso : le verso de ce folio finit par les mots τοὺς δὲ ὑπερύβριζεν, ὥστε. Pour la continuation des extraits de ce livre, il faut remonter au fol. 122 recto, commençant par les mots : μηδένα μήθ' ὅτι εἰπεῖν. La deuxième suite des extraits du livre LIXe jusqu'au § 28 se trouve du fol. 122 recto au fol. 124 verso. La fin de ce paragraphe est dans le fol. 148 recto, ainsi que deux extraits du livre LXe : l'un, § 2, commence à la fin du fol. 148 recto et se termine au verso du même fol. ; l'autre, § 12, est dans le même fol. verso. Pour la suite des extraits du livre LXe, il faut revenir aux fol. 125 recto — 127 recto.

Les extraits du livre LXIe commencent fol. 127 recto, et continuent jusqu'au fol. 128 verso, qui se termine par les mots : ὅτι τῇ Ἀγριππίνῃ συνεγίγνετο· οὐ γάρ, § 10. Après ce passage, il n'y a pas de lacune ; mais l'ordre des numéros est interverti de cette manière : 131, 132, 133, 130, 129, 134. Les extraits se suivent régulièrement jusqu'au fol. 133 verso, qui finit par les mots καὶ μεῖζον ἢ εἴπερ ὑπεδέδεκτο τὴν ἡγεμονίαν, ἐκτήσατο. Le fol. qui porte le n° 129, commence par les mots ὅτι οὐκ ἠθέλησεν : ils sont la suite du passage que je viens de citer et qui se termine par le mot ἐκτήσατο. C'est donc après le n° 133 qu'est sa véritable place. Le fol. qui porte le n° 130 commence par les mots ὡς καὶ τῆς παρ' αὐτῶν : ils font suite au n° 129 verso, après lequel il doit être placé. Il est nécessaire de faire ici quelques changements tant dans la place des fol., que dans les numéros. Les voici :

N° 131, même place, avec le n° 129.
N° 132, même place, avec le n° 130.
N° 133, même place, avec le n° 131.
N° 129, après l'ancien n° 133, avec le n° 132.
N° 130, après l'ancien n° 129, avec le n° 133.

Le fol. 134 doit conserver sa place et son numéro. Il commence par les mots αὐτῷ πολλὰ πορίσειαν, qui font partie d'un extrait du livre LXVII, 1.

Il résulte de là que, depuis la fin du fol. 128 verso jusqu'au commencement du fol. 134 recto, le manuscrit contient divers fragments appartenant au livre LXIe, à partir du § 10, et aux livres LXII, LXIII, LXIV, LXV, LXVI et LXVII, § 1.

Les extraits contenus dans les fol. 134 recto — 144 verso, appartiennent à la suite du liv. LXVIIe et aux liv. LXVIII,

INTRODUCTION.

LXIX, LXX, LXXI, LXXII, LXXIII, LXXIV, LXXV, LXXVI et LXXVII, § 13.

Le fol. 144 verso finit par les mots ἀτάφους τινὰς ῥίπτεσθαι ἐκέλευεν. Les mots ὅτι τὸ τοῦ Σύλλου μνημεῖον, qui sont la suite du liv. LXXVII, 13, se trouvent fol. 332 recto : le fol. 334 verso, le dernier du manuscrit, finit par les mots πολλὰ μὲν γὰρ καὶ ἄτοπα ἅ, qui font partie d'un extrait du liv. LXXIX, 13. D'où il suit que les fragments contenus dans les fol. 332 recto — 334 verso appartiennent au liv. LXXVIIe, à partir du § 13 ; aux liv. LXXVIII et LXXIX, 13.

D'après tout ce qui précède, le classement des extraits doit être conservé tel qu'il est dans le manuscrit, depuis le fol. 1 jusqu'au fol. 102 inclusivement, c'est-à-dire, pour les extraits de Josèphe, de Georges Hamartolus, de Jean Malélas et de Jean d'Antioche. A partir du fol. 103 recto, il doit être modifié ainsi qu'il suit:

Extraits de Diodore de Sicile.

Première série : fol. 103-105; — *deuxième série* : fol. 208-223; — *troisième série* : fol. 324-331; — *quatrième série* : fol. 176-183; — *cinquième série* : fol. 277-284; — *sixième série* : fol. 245-252; — *septième et dernière série* : fol. 261-268.

Extraits de Nicolas de Damas.

Première série : fol. 224-229; — *deuxième série* : fol. 154-163.

Extraits d'Hérodote.

Première série : fol. 164 recto et verso; — *deuxième série* : fol. 165-167; — *troisième série* : fol. 184-190 verso.

Extraits de Marcellin.

Fol. 190, 191, 230.

Extraits de Thucydide.

Depuis le fol. 230 recto jusqu'au fol. 235 recto.

Extraits de Xénophon.

Depuis le fol. 235 verso jusqu'au fol. 244 verso inclusivement, y compris un fol. sans numéro et dont la marge a été rognée, entre les fol. 136 et 137.

Extraits de Denys d'Halicarnasse.

Depuis le fol. 253 recto jusqu'au fol. 257 verso.

Extraits de Polybe.

Première série : fol. 257-260 ; — *deuxième série :* fol. 106-121 ; — *troisième série :* fol. 316-323 ; — *quatrième série :* fol. 300-315 ; — *cinquième série :* fol. 293-299 ; — *sixième et dernière série :* fol. 269-273.

Extraits d'Appien.

Première série : fol. 273-276 ; —*deuxième série :* fol. 285-288.

Extraits de Dion Cassius.

Première série : fol. 288-292 ; — *deuxième série :* fol. 168-175 ; — *troisième série :* fol. 192-199 ; — *quatrième série :* fol. 200-207.

Après ces quatre séries, il y a tant de confusion dans le manuscrit, que je n'ai pu en établir de nouvelles. Il m'a paru plus commode d'indiquer les fol. où l'on doit chercher les extraits de Dion, pour qu'ils se suivent régulièrement :

Fol. 145 recto et verso ; — fol. 150 recto et verso ; —fol. 151 recto et verso ; — fol. 149 recto et verso ; — fol. 147 recto et verso ; — fol. 152 recto et verso ; — fol. 153 recto et verso ; — fol. 146 recto et verso ; —fol. 122 recto—124 verso ;—fol. 148 recto et verso ; — du fol. 125 recto et verso au fol. 128 recto et verso ; — fol. 131 recto et verso ; mais avec le n° 129 ;— fol. 132 recto et verso ; mais avec le n° 130 ; — fol. 133 recto et verso; mais avec le n° 131; — fol. 129 recto et verso; mais avec le n° 132 — fol. 130 recto et verso; mais avec le n° 133; — du fol. 134 recto et verso au fol. 144 recto et verso; — du fol. 332 recto et verso au fol. 334 recto et verso.

H. de Valois fit un choix parmi les extraits renfermés dans le manuscrit de Peiresc, et ne publia que ceux qui étaient inconnus, ou qui lui parurent offrir le plus d'intérêt (1). Il laissa donc de côté les fragments de Josèphe, d'Hérodote, de Marcellin, de Thucydide et de Xénophon, une partie de ceux de Denys d'Halicarnasse, d'Appien, et un nombre considérable d'extraits de Polybe, de Diodore de Sicile et de Dion Cassius. Ceux de Georges Hamartolus et de Jean Malélas lui semblèrent indignes de voir le jour : ce jugement est d'une sévérité excessive; surtout à l'égard de Georges Hamartolus dont les critiques les plus compétents ont reconnu l'utilité (2). Sa chronique, qui embrasse tous les temps, depuis le commencement du monde jusqu'au règne de Michel, fils de Théophile (3), est la source où puisèrent plus tard Théophanès, Cédrénus, Glycas, etc. Composée d'après divers historiens, chronographes et interprètes sacrés, elle est d'un grand secours pour corriger des passages obscurs et difficiles : ainsi, par exemple, les fragments de cette chronique, contenus dans le recueil de Constantin Porphyrogénète, fournissent de bonnes variantes pour divers extraits de Platon, de saint Jean Chrysostome, de saint Grégoire de Nazianze, de saint Nil, de saint Théodoret et de l'Histoire ecclésiastique d'Eusèbe. Un long passage sur Origène et sur la vie des compagnons de ses travaux renferme des détails d'un grand intérêt : c'est un des fragments les plus curieux de l'antiquité chrétienne.

(1) Cf. sa préface, p. 3-5.
(2) Cf. Fabricius, Bibl. Gr., t. VII, p. 464, et t. XII, p. 30 et suiv. éd. Harles.
(3) An de J. C. 842-867.

INTRODUCTION.

Le savant éditeur de Polybe, Schweighæuser, exprima en ces termes ses regrets de n'avoir pu consulter le manuscrit de Peiresc : « Quamquam et fidem ejus (h. e. H. Valesii) et « industriam et doctrinam pariter atque ingenii acumen, ut « debeo, maximi facio; tamen exoptatissimum mihi fuerat « futurum, si eumdem ipsum codicem Peirescianum quo « usus est ille primus editor, inspicere atque recognoscere « mihi licuisset (1). » Il ne doutait pas que ce manuscrit ne lui eût fourni de nouvelles variantes pour améliorer le texte de cet auteur. Ses pressentiments étaient justes : il y en aurait trouvé aussi de fort précieuses pour ses travaux sur Hérodote et sur Appien.

La collation de ce manuscrit m'a été très utile pour les extraits de Dion Cassius. Elle ne le sera pas moins pour les fragments non édités par H. de Valois. Ce savant justement célèbre a donné, à la suite de ses notes, p. 123 - 126, un recueil de variantes relatives à ceux des fragments de Polybe, de Diodore de Sicile, d'Appien et de Dion Cassius, qu'il n'a pas publiés; mais il a négligé celles qui ont rapport aux extraits de Josèphe, de Georges Hamartolus, de Jean Malélas, d'Hérodote, de Xénophon, de Marcellin, de Thucydide, et de Denys d'Halicarnasse. Elles sont nombreuses, et plusieurs ont de l'importance (2).

Les fragments, non publiés par H. de Valois, forment trois cent vingt-trois pages, c'est-à-dire la moitié du manuscrit, à quelques pages près. Ils doivent être ainsi répartis :

I. Josèphe.................. 128 pages.

1°. *Antiquités Judaïques.*

Livre premier, chapitre II, 1, 2, 3; ch. III, 1; ch. VII, 1,

---

(1) Préface de Polybe, t. II, p. xxvii.
(2) Je les ai soigneusement recueillies : je me propose de les publier plus tard.

2; ch. VIII, 1, 2, 3; ch. IX, 1; ch. X, 2, 3; ch. XI, 1, 3, 4; ch. XIII, 1, 2, 3, 4; ch. XXI, 2. — Liv. II, ch. II, 1, 2, 3, 4; ch. III, 1, 2, 3, 4; ch. IV, 1, 2, 3, 4, 5; ch. V, 1, 4, 5, 6, 7; ch. VI, 1, 2, 3, 4, 5, 6, 7, 8, 10; ch. VII, 1, 2, 4, 5, 6, 7; ch. VIII, 2; ch. IX, 1, 2, 3, 4, 5, 6, 7.—Liv. III, ch. XV, 1, 2, 3.—Liv. IV, ch. VI, 9, 10, 11, 12, 13.—Liv. V, ch. X, 1, 2, 3, 4.—Liv. VI, ch. III, 2; ch. XII, 6, 7, 8; ch. XIII, 6, 7, 8; ch. XIV, 2. 3, 4. —Liv. VII, ch. IV, 2, 3, 4; ch. XIII, 2; ch. XV, 2.—Liv. VIII, ch. I, 5; ch. II, 5; ch. VI, 5; ch. VII, 5, 6; ch. VIII, 4; ch. IX, 1; ch. X, 1. 4; ch. XI, 1, 2; ch. XIII, 1, 8.—Liv. IX, ch. II, 1, 2; ch. VIII, 3; ch. X, 1, 3, 4.— Liv. X, ch. III, 1, 2; ch. IV, 1; ch. VII 2; ch. X, 1, 2, 3, 4, 5.—Liv. XI, ch. V, 3.—Liv. XII, ch. IV, 1; ch. VI, 1, 2; — Liv. XIII, ch. VIII, 2, 3. — Liv. XIV, ch. IX, 2, 3.—Liv. XV, ch. IV, 1, 2. — Liv. XVIII, ch. I, 1; ch. III, 3 ;ch. V, 2; ch. VIII, 7, 8; ch. IX, 5.— Liv. XIX, ch. III, 5.— Liv. XX, ch. VIII, 10; ch. IX, 4, 5; ch. XI, 1, 2.

2°. *Guerre des Juifs.*

Liv. I, ch. II, 8; ch. III, 1, 2, 3, 4, 5; ch. IV, 1; ch. XVIII, 4, 5; ch. XXI, 13; ch. XXII, 1.—Liv. II, ch. X, 1; ch. XIII, 1; ch. XIV, 1, 2, 3, 4, 5, 6, 7.—Liv. IV, ch. III, 1, 2, 3, 4, 5, 6; ch. V, 2; ch. VI, 3; ch. VII, 1, 2, 3; ch. IX, 10. 11.—Liv. V, ch. I, 2, 3, 4, 5, 6; ch. XIII, 4, 5, 6, 7. — Liv. VI, ch. I, 1. —Liv. VII, ch. VIII, 1; ch. XI, 1, 2, 4.

3°. *De l'antiquité des Juifs, contre Apion.*

Liv., II, 15-17.

4°. *Livre des Machabées* : 1, 2, 3, 4.

5°. *Vie de Josèphe* : 1, 2, 3, 14, 15, 16.

II. Georges le Moine, surnommé Hamartolus. 33 pages et 1/2.

Titres des fragments :

Mort d'Abel. . . . Sardanapale. . . . Arrivée d'Alexandre à

Jérusalem : il est reçu par le grand-prêtre. ... Des Pharisiens et des Scribes. ... Sur la vie monastique. .... De l'empire que l'âme doit exercer sur les passions... Néron... Titus.... Domitien.... Trajan.... Origène.... Manès.... Bouddha et Cubricus.... Paulus, contemporain de Manès.... Nestorius.... Eutychès.... Sévère, usurpateur du siége patriarchal d'Antioche. ... L'Évêque Julien d'Halicarnasse, chef des Eutychéens..... Dioclétien..... Maximin. ... Hélène, mère de Constantin le Grand.... Constantin.... Spyridon et le concile de Nicée.... Jovien.... Valens.... L'Évêque Lucius.... La reine Mavia.... Valentinien. ... Théodose et sa sœur Pulchérie. ... Héraclius. .... Constantin Copronyme. ... Michel Amorrhæus, successeur de Léon l'Arménien, et Théophile, son fils. ....

III. Jean Malélas ou Malalas....... 6 pages et 2/2.

Titres des fragments :

Noé.... Antiope..... Sthénobée... Minos.... Phèdre. ... Domitien... Nerva... Dèce... Maxime... Salluste, chef des prétoriens.... Valentinien..... Mélus et Paulinus, contemporains de Théodose le Jeune.... Chrysaphius.... Jean, contemporain d'Anastase.

IV. Diodore de Sicile........... 28 pages et 1/4.

Liv. I, 58, 63, 64.— Liv. II, 21, 22, 23. — Liv. III, 66.— Liv. IV, 12, 25, 44, 46.— Liv. V, 7, 8, 14, 76, 79.— Liv. XI, 11, 26, 38, 44, 53, 57, 66, 67, 77.— Liv. XII, 24. — Liv. XIII, 35, 37, 38, 58, 59, 68, 74, 76, 84, 103, 106, 108, 111.— Liv. XIV, 2, 4, 5, 9, 12, 32, 35, 63, 66, 85, 99, 105, 109, 111. —Liv. XV, 1, 7, 14, 31, 36, 44, 61, 75, 88, 92, 95.— Liv. XVI, 2, 5, 11, 17, 20, 23, 38, 40, 44, 45, 57, 64, 81, 95.— Liv. XVII, 1, 14, 32, 37, 38, 40, 59, 67, 77, 108. — Liv. XVIII, 28, 33, 47.— Liv. XIX, 1, 3, 4, 11, 59, 71, 81, 86, 102, 103. — Liv. XX, 25, 71, 72, 89, 92.

INTRODUCTION.

V. Hérodote.................... 20 pages.

Liv. I, 8, 9,10, 30, 86,92, 107, 119-120, 157-160.—Liv. II, 77, 119, 124, 126. —Liv. III, 19, 30, 33, 35, 37, 48, 89, 125, 129, 138, 160.—Liv. IV, 78, 154, 203.—Liv. V, 27, 92, 124. — Liv. VI, 41, 74, 118, 121, 122, 123, 124, 125, 126. — Liv. VII, 33, 34, 35, 39, 133, 134, 135, 164, 165, 197, 213, 229, 230, 231, 132, 233.—Liv. VIII, 79, 104, 105, 118.— Liv. IX, 33, 34, 35, 71, 73-74, 77, 88, 116.

VI. Xénophon.................... 21 pages.

1° *Cyropédie* :

Liv. I, 1, 2, 4, 5.—Liv. III, 1, 3.—Liv. IV, 2, 3, 5.— Liv. V, 2. — Liv. VII, 2. — Liv. VIII, 3, 6, 8.

2° *Expédition du jeune Cyrus.*

Liv. I, 9. — Liv. II, 6. — Liv. III, 1. — Liv. V, 3.

VII. Marcellin et Thucydide........ 13 pages.

1° *Marcellin, Vie de Thucydide.*

1, 30, 37, 53, 55, 75.

2° *Thucydide.*

Liv. I, 99, 130, 135, 138.—Liv. II, 15, 65.—Liv. III, 32.— Liv. IV, 81.—Liv. V, 16, 43. 45, 46.—Liv. VI, 15, 54, 72.— Liv. VIII, 24, 81, 82, 108.

VIII. Denys d'Halicarnasse...... 1 page et 1/2.
Liv. VIII, 61, 62.

IX. Polybe...................... 22 pages.

Liv. II, 36, 55, 57, 58, 59, 60, 62, 63. — Liv. III, 15. —

Liv. IV, 3, 4, 8, 16, 20, 67, 82, 84, 85, 86, 87. — Liv. V, 9, 10, 11, 12, 34, 39, 54. — Liv. VIII, 14. — Liv. X, 2, 3, 4, 5. — Liv. XI, 10. — Liv. XII, 13, 15. — Liv. XIII, 6, 7. — Liv. XV, 22, 23. — Liv. XVII, 13. — Liv. XVIII, 38.

X. APPIEN.................... 4 pages 1/2.

Liv. VI, 6, 8, 9, 10, 39, 51, 60, 75. — Liv. VII. 31, 55, 57, 58, 59, 60. — Liv. VIII, 106, 118.

XI. DION CASSIUS.................. 45 pages.

Liv. XLII, 8, 34. — Liv. XLIII, 3, 9, 20, 24, 27. — Liv. XLIV. 9, 10, 38, 39, 40, 41, 42, 43, 44, 45, 46, 47, 48, 53. — Liv. XLV, 13. — Liv. XLVII, 6, 7, 8, 10, 11, 13, 20. — Liv. XLVIII, 4, 6, 24, 27, 30, 34, 39, 53, 54. — Liv. XLIX, 7, 20, 32, 33. — Liv. L, 5. — Liv. LI, 7, 8, 15. — Liv. LIII, 23, 24, 27, 30. — Liv. LIV. 19, 21, 23, 29. — Liv. LV, 7. — Liv. LVI, 43. — Liv. LVII, 1, 13, 14. — Liv. LVIII. 22, 23, 24, 25. — Liv. LIX, 2, 3, 4, 5, 10, 11, 14, 15, 21, 22, 23, 24, 28 en partie. — Liv. LX, 2, 3, 12, 13, 14, 18, 22, 28, 30. — Liv. LXI, 9, 20. — Liv. LXIII, 17. — Liv. LXIX, 18. — Liv. LXXII, 12, 18, 19, 20. — Liv. LXXVII, 3, 4. — Liv. LXXIX, 5.

Pour mieux constater l'utilité des variantes fournies par ce manuscrit, j'ai comparé avec les éditions les plus estimées de chaque auteur les extraits publiés par H. de Valois et ceux qu'il a laissés de côté. Voici le résultat de cette comparaison.

1°. Havercamp et les autres éditeurs de Josèphe n'ont pas connu le manuscrit de Tours. Parmi les variantes citées par le célèbre Hollandais, plusieurs sont confirmées par ce manuscrit : ce sont les meilleures, celles qui ont été empruntées aux manuscrits les plus anciens, et particulièrement aux notes de Bigot. De plus, le manuscrit de Tours en donne de nouvelles qui ne sont pas à dédaigner.

2°. Les variantes les plus importantes du manuscrit de Tours pour Georges Hamartolus sont confirmées par le manuscrit n° 1705 de la bibliothèque du Roi, le meilleur des trois qu'elle possède de la Chronique de Georges : il est du XIIIe siècle.

3°. M. L. Dindorf, le dernier éditeur de J. Malélas, n'a pas eu à sa disposition les variantes du manuscrit de Tours : elles n'ont pas une grande valeur.

4°. Wesseling ne profita pas non plus de ce manuscrit pour son édition de Diodore de Sicile.

Les éditeurs, venus après lui, ne l'ont pas consulté davantage. Il faut en dire autant d'Orelli, soit pour son édition des fragments de Nicolas de Damas, soit pour le supplément publié en 1811, après Coraï, qui ignora également l'existence de ce manuscrit.

Il en est de même des éditeurs de Xénophon, de Thucydide, de Marcellin, de Polybe, de Denys d'Halicarnasse, d'Appien et d'Hérodote. J'ai nommé Hérodote le dernier, à cause d'une observation que j'ai à faire sur l'édition de cet historien par Schweighæuser.

En collationnant les extraits d'Hérodote, contenus dans le manuscrit de Tours, sur l'édition de H. Étienne et sur celle de Schweighæuser, j'ai constaté que dans celle-ci plusieurs leçons, fautives ou douteuses dans Étienne, ont été remplacées par des leçons qui sont confirmées par ce manuscrit; preuve évidente qu'il concorde avec les meilleurs de Schweighæuser. Je suis heureux de rendre en même temps hommage à l'érudition et à la sagacité d'Étienne dont plusieurs conjectures, consignées dans des annotations marginales, se trouvent justifiées par le manuscrit de Tours.

Ce manuscrit fournit un grand nombre de bonnes leçons; mais il renferme peu de passages nouveaux; car on ne doit point regarder comme tels les additions faites par le compilateur en tête de divers extraits, pour en rendre le commencement plus intelligible, ou pour mettre le lecteur au courant des événements. De plus, dans les fragments de Thucydide, les gloses du scholiaste ont plus d'une fois envahi le texte.

INTRODUCTION.

Voici pourtant quelques lignes nouvelles dans Diodore de Sicile, Hérodote, Polybe, Appien, Dion Cassius (1).

DIODORE DE SICILE.

Texte ancien.

Liv. XIV, 12. Ὁ γὰρ Κῦρος.... καὶ φρονήματος πλήρης, διενοεῖτο στρατεύειν ἐπὶ τὸν ἀδελφὸν Ἀρταξέρξην.

Liv. XV, 7. Ὁ δὲ Διονύσιος ἀκούσας τὴν τῶν ποιημάτων καταφρόνησιν, ἐνέπεσεν εἰς ὑπερβολὴν λύπης.

Liv. XXXI, 9, éd. Didot. Διόπερ εἰς ἐπιεικεστέραν δοθεὶς φυλακὴν, καὶ κεναῖς ἐλπίσι προσανέχων (2).

Liv. XXXVII, 29. Ἐπιθυμήσας (subintell. ὁ Μάριος) τὸν Μιθριδάτου τοῦ βασιλέως πλοῦτον, καὶ τὴν ἐν ταῖς κατὰ τὴν Ἀσίαν πόλεσιν εὐπορίαν εἰς τὸν ἴδιον μετενεγκεῖν βίον, τοῖς ὅλοις ἔπταισε, καὶ τοῦ Σύλλα Κορνηλίου τὴν δεδομένην ἐπαρχίαν παραιρούμενος παρανόμως, τῇ προσηκούσῃ περιέπεσε συμφορᾷ.

Texte du Ms. de Tours.

Ὅτι Κῦρος, νεανίσκος ἦν φρονήματος πλήρης, [καὶ προθυμίαν ἔχων οὐκ ἄπρακτον εἰς τοὺς κατὰ πόλεμον ἀγῶνας] κτλ.

Ὅτι Διονύσιος ἀκούσας τὴν τῶν ποιημάτων καταφρόνησιν [τῶν ἀποσταλέντων εἰς τὴν Ὀλυμπιακὴν πανήγυριν], ἐνέπεσεν εἰς ὑπερβολὴν λύπης.

Διόπερ εἰς ἐπιεικεστέραν δοθεὶς φυλακὴν [διὰ τὴν τῆς συγκλήτου χρηστότητα], κεναῖς ἐλπίσι προσανεῖγεν.

Ἐπιθυμήσας (subintell. ὁ Μάριος) τὸν Μιθριδάτου τοῦ βασιλέως πλοῦτον, καὶ τὴν ἐν ταῖς κατὰ τὴν Ἀσίαν πόλεσιν εὐπορίαν εἰς τὸν ἴδιον μετενεγκεῖν βίον, τοῖς ὅλοις ἔπταισε, [τήν τε γὰρ αὐτῷ προϋπάρχουσαν εὐδαιμονίαν κατῄσχυνε]· καὶ τοῦ Σύλλα Κορνηλίου τὴν δεδομένην ἐπαρχίαν παραιτούμενος παρανόμως, τῇ προσηκούσῃ περιέπεσε συμφορᾷ.

HÉRODOTE.

Texte ancien.

Liv. III, 133. Δεήσεσθαι δὲ οὐδενὸς τῶν ὅσα ἐς αἰσχύνην ἐστὶ φέροντα.

Liv. VII, 213. Ἀπέθανε ὑπὸ Ἀθηνάδεω ἀνδρὸς τρηχινίου.

Texte du Ms. de Tours.

Δεήσεσθαι δὲ οὐδενὸς τῶν ὅσα ἐς αἰσχύνην ἐστὶν φέροντα· [καὶ ᾐτήσατο τὴν ἐς Ἑλλάδα ἄφιξιν].

Ἀπέθανε ὑπὸ Ἀθηνάδεω ἀνδρὸς τρηχινίου· [καὶ οὗτός ἐστιν ὁ περιηγησάμενος τὸ ὄρος].

(1) Je mets entre crochets les passages nouveaux.
(2) Dans la Collection Didot, ce passage fait partie d'un extrait de Photius, p. 516, à la fin.

INTRODUCTION.

POLYBE.

Texte ancien.

Liv. V, 34. Ὁ δὲ προειρημένος βασιλεὺς ὀλιγώρως ἕκαστα τούτων χειρίζων διὰ τοὺς ἀπρεπεῖς ἔρωτας, καὶ τὰς ἀλόγους καὶ συνεχεῖς μέθας, εἰκότως ἐν πάνυ βραχεῖ χρόνῳ καὶ τῆς ψυχῆς ἅμα καὶ τῆς ἀρχῆς ἐπιβούλους εὗρε καὶ πλείους· ὧν ἐγένετο πρῶτος Κλεομένης ὁ σπαρτιάτης.

Liv. IX, 24. Τὰς μὲν οὖν τῶν περιστάσεων ὑποβολὰς εὐχερὲς καὶ διὰ τῶν μετὰ ταῦτα ῥηθησομένων καταμαθεῖν.

Liv. XX, 5. Διὸ καὶ μετὰ ταῦτα νικήσας Κλεομένη τὸν σπαρτιάτην, καὶ κύριος γενόμενος τῆς Λακεδαίμονος, ἐπιστάτην ἀπέλιπε τῆς πόλεως Βραχύλλην. Οὐ μόνον δὲ ταύτην αὐτῶν ἔσχε τὴν πρόνοιαν, ἀλλὰ καὶ κατὰ τὸ συνεχὲς, κτλ.

Liv. XXVII, 17. Ἀντίοχος ὁ βασιλεὺς ἦν καὶ πρακτικὸς, καὶ τοῦ τῆς βασιλείας ὀνόματος ἄξιος κτλ.

Texte du Ms. de Tours.

Ὅτι Πτολεμαῖος ὁ φιλοπάτωρ ὀλιγώρως ἕκαστα [τῶν πραγμάτων τῶν περὶ τὰ βασίλεια] χειρίζων διὰ τοὺς ἀπρεπεῖς ἔρωτας, καὶ τὰς ἀλόγους καὶ συνεχεῖς μέθας, εἰκότως ἐν πάνυ βραχεῖ χρόνῳ καὶ τῆς ψυχῆς ἅμα καὶ τῆς ἀρχῆς ἐπιβούλους εὗρε καὶ πλείους· ὧν ἐγένετο Κλεομένης [καὶ Θεόδοτος καὶ ἄλλοι πολλοί].

Τὰς μὲν οὖν τῶν περιστάσεων ὑποβολὰς εὐχερὲς [καὶ διὰ τῶν προειρημένων] καὶ διὰ τῶν μετὰ ταῦτα ῥηθησομένων καταμαθεῖν.

Δι' ὃ καὶ μετὰ ταῦτα νικήσας Κλεομένη τὸν σπαρτιάτην, καὶ κύριος γενόμενος τῆς Λακεδαίμονος, ἐπιστάτην ἀπέλιπε τῆς πόλεως Βραχύλλην· [ταύτην αὐτῷ χάριν ἀποδιδοὺς τῆς τοῦ πατρὸς Νέωνος εὐεργεσίας· ἐξ ὧν οὐδὲ κατὰ μικρὸν συνέβη τὴν οἰκίαν ἐπανορθωθῆναι τὴν περὶ τὸν Βραχύλλην]· οὐ μόνον δὲ ταύτην ἔσχε τὴν πρόνοιαν, ἀλλὰ καὶ κατὰ τὸ συνεχὲς, κτλ.

Ἀντίοχος ὁ βασιλεὺς ἦν καὶ πρακτικὸς [καὶ μεγαλεπίβολος], καὶ τοῦ τῆς βασιλείας ὀνόματος ἄξιος, κτλ.

APPIEN.

Texte ancien.

Liv. IV, 6. Καί τις ἀπὸ τοῦ Καπιτωλίου κατέβαινεν ἱερεὺς, ὄνομα Δόρσων, ἐπὶ ἐτήσιον δή τινα ἱερουργίαν, ἐς τὸν τῆς Ἑστίας νεὼν, στέλλων τὰ ἱερὰ διὰ τῶν πολεμίων, αἰδεσθέντων ἢ καταπλαγέντων αὐτοῦ τὴν τόλμαν, κτλ.

Texte du Ms. de Tours.

Καί τις ἀπὸ τοῦ Καπιτωλίου κατέβαινεν ἱερεὺς, ὄνομα Δόρσων, ἐπὶ ἐτήσιον δή τινα ἱερουργίαν, ἐς τὸν τῆς Ἑστίας νεὼν, στέλλων τὰ ἱερὰ διὰ τῶν πολεμίων [εὐσταθῶς· τὸν δὲ νεὼν ἐμπεπρισμένον (leg. ἐμπεπρησμένον) ἰδὼν, ἔθυσεν ἐπὶ τοῦ συνήθους τόπου· καὶ ἐπανῆλθεν αὖθις διὰ τῶν πολεμίων] αἰδεσθέντων ἢ καταπλαγέντων αὐτοῦ τὴν τόλμαν.

f.

DION CASSIUS.

Texte ancien.
Liv. LXIII, 9. Καί τοι πῶς ἄν τις καὶ ἀκοῦσαι, μὴ ὅτι ἰδεῖν, ὑπομείνειεν αὐτοκράτορα, Αὔγουστον ἔς τε τὸ λεύκωμα ἐν τοῖς ἀγωνισταῖς ἐγγραφόμενον.

L. L. Καὶ ταῦτα μέντοι πάντα ποιοῦντα, ἵνα τὸν τῶν κιθαρῳδῶν ἀγῶνα νικήσας, ἡττηθῇ τὸν τῶν Καισάρων.

Texte du Ms. de Tours.
Καί τοι πῶς ἄν τις καὶ ἀκοῦσαι, μὴ ὅτι ἰδεῖν, ὑπομείνειεν [ἄνδρα ῥωμαῖον, βουλευτὴν, εὐπατρίδην, ἀρχιερέα, Καίσαρα], αὐτοκράτορα, Αὔγουστον, ἔς τε τὸ λεύκωμα ἐν τοῖς ἀγωνισταῖς ἐγγραφόμενον.

Καὶ ταῦτα μέντοι πάντα ποιοῦντα, ἵνα τὸν τῶν κιθαρῳδῶν [καὶ τῶν τραγῳδῶν καὶ τῶν κηρύκων] ἀγῶνα νικήσας, ἡττηθῇ τὸν τῶν Καισάρων.

Nul doute que ce ne soit le manuscrit de Peiresc : M. de Luzarche, bibliothécaire de la ville de Tours, a bien voulu me communiquer une note tirée de l'ancien catalogue des bénédictins de Marmoutiers, et qui fait connaître le titre sous lequel il était inscrit. La voici textuellement : *De Vitiis et Virtutibus Ms. Græcum emptum Tolosæ anno* 1716, *in-fol.* Nous apprenons par ce catalogue, depuis quelle année les bénédictins de Marmoutiers possédaient ce manuscrit, et où ils l'avaient acheté. Mais comment était-il venu à Toulouse? Sur ce point, je me permettrai une conjecture, qui ne paraît point manquer de vraisemblance. Peiresc était en relation avec les membres les plus distingués du parlement de Toulouse (1). Ne peut-on pas supposer que son précieux manuscrit passa de ses mains dans celles d'un de ses amis de cette ville, où il resta jusqu'en 1716 : à cette époque, il devint la propriété des religieux de Marmoutiers, qui le conservèrent jusqu'au moment où il fut transporté à Tours.

---

(1) Le recueil manuscrit de la bibliothèque du Roi, intitulé *Lettres et fragments de littérature du XVIIe siècle*, suppléments fr. 275, contient une lettre adressée par Peiresc, le 14 janvier 1624, à M. Cattel, conseiller du Roi en son parlement de Thoulouze (sic), et dans laquelle il lui propose diverses questions d'érudition relatives à l'histoire de France.

10°. *Valeur comparative de ces manuscrits ; utilité de la nouvelle collation.*

Les manuscrits que je viens de décrire peuvent se diviser en deux classes : 1° ceux qui contiennent un nombre plus ou moins considérable des livres de l'Histoire de Dion Cassius; 2° ceux qui ne contiennent que des fragments.

Parmi les premiers, les plus complets sont : le Ms. du Vatican n° 993, le Ms. de Paris n° 1689, le Ms. de Venise n° 396 et celui de Besançon, qui commencent par le fragment du XXXVI° livre καὶ ὅτι ἰσχυρᾷ τῇ τύχῃ (1) et vont jusqu'au LX° livre inclusivement; le Ms. de Turin n° LXXVI, qui renferme les livres XXXVII-LX.

Deux autres, à savoir : le Ms. du Vatican n° 144 et celui de Paris n° 1690 commencent par le même fragment καὶ ὅτι ἰσχυρᾷ τῇ τύχῃ, et ne vont pas au delà du LIV°. Celui de Florence n° VIII commence au fragment du même livre, φείδεται. Δυναστείας τε ἐρῶν, et finit au liv. L°. Enfin, celui de Florence n° X et celui de Venise n° 395 vont jusqu'au LX° livre inclusivement; mais le premier commence au livre XLII°, et le second, où le liv. LX° est incomplet, commence au liv. XLIV°, § 35.

Le plus ancien de tous ces manuscrits est celui de Florence n° VIII: c'est le *manuscrit-princeps*. Vient ensuite le n° 395 de Venise, qui a une grande ressemblance avec le précédent. Des deux manuscrits du Vatican, le plus ancien est le n° 144, qui ressemble beaucoup à celui de Florence n° VIII: le n° 993 est plus moderne et souvent fautif.

Le Ms. de Florence n° X a beaucoup de ressemblance avec le n° VIII.

Le Ms. de Paris n° 1690 et celui de Besançon paraissent dé-

---

(1) Dans toutes les éditions de Dion Cassius, même dans celle de Sturz, ce fragment est donné comme appartenant au livre XXXV°, et le fragment φείδεται. Δυναστείας τε ἐρῶν, fait partie du livre XXXVI°. A mon avis, ils appartiennent l'un et l'autre au XXXVI° livre. Voyez p. cm.

river de ceux de Florence : enfin celui de Venise n° 396 et celui de Turin ont une grande ressemblance avec le n° 1689 de Paris.

Le tableau ci-dessous rendra ces rapports plus sensibles.

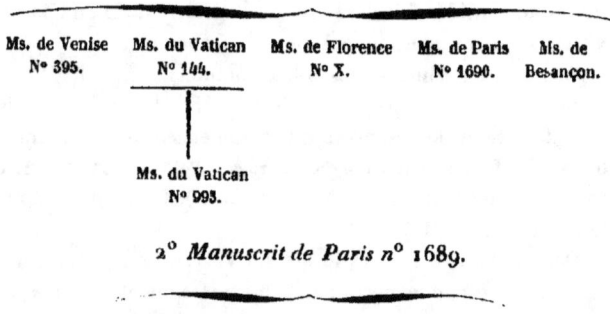

1° *Manuscrit de Florence n° VIII.*

Ms. de Venise N° 395.	Ms. du Vatican N° 144.	Ms. de Florence N° X.	Ms. de Paris N° 1690.	Ms. de Besançon.
	Ms. du Vatican N° 993.			

2° *Manuscrit de Paris n° 1689.*

Ms. de Venise N° 396.	Ms. de Turin N° LXXVI

Le manuscrit de Florence n° VIII est celui qui fournit les meilleures leçons. Celui de Venise n° 395, celui du Vatican n° 144, et, jusqu'à un certain point, celui de Besançon et celui de Paris n° 1690, peuvent le remplacer pour les parties qui lui manquent. Ainsi, le texte de Dion s'appuie sur plusieurs bonnes copies, du liv. XXXVIe au liv. LXe presque tout entier. Le manuscrit du Vatican n° 993 est souvent fort utile pour contrôler les cinq autres.

Le manuscrit de Paris n° 1689, est fort au-dessous de celui de Florence n° VIII et de ceux qui en dérivent : le manuscrit de Venise n° 396 et celui de Turin, qui semblent émaner du précédent, ont moins de valeur que celui de Paris n° 1690 et que celui de Besançon.

Parmi les manuscrits qui ne donnent que des fragments de Dion, les deux meilleurs sont, sans contredit, celui du Vatican n° 1288 et celui de Tours. Après eux, il faut mettre en première ligne le palimpseste où M. A. Mai a trouvé les *Excerpta Vati-*

cana; puis, les manuscrits qui contiennent les extraits de Planude; ceux de Florence (Cf. p. XXXIX-XL), et le Ms. du Vatican n° 1458, qui vaut beaucoup moins par lui-même que par les annotations de F. Orsini. Des trois manuscrits de Munich, les deux plus utiles sont les n°ˢ 185 et 267. Le n° 234 n'a pas une grande importance, à cause du petit nombre d'extraits qu'il renferme et à cause de leur brièveté. Il faut en dire autant de celui de Heidelberg.

Reimar n'avait eu connaissance ni des deux manuscrits de Venise, ni de celui de Paris n° 1690, ni de celui de Turin, ni de celui de Besançon, ni de ceux de Munich, ni de celui de Heidelberg. Quant à ceux du Vatican, il dut se contenter de la collation que le cardinal Quirini fit faire pour lui. Reimar s'en rapporta également à autrui pour les deux manuscrits de Florence. Enfin il ne parle du manuscrit de Paris n° 1689 que d'après l'édition de Robert Étienne.

Sturz profita des variantes tirées du manuscrit de Venise n° 395 et publiées par Morelli avec le fragment qu'il avait découvert dans ce manuscrit. Il fit faire une nouvelle collation des manuscrits de Florence et reçut du savant Amédée Peyron, toujours prêt à être utile, les variantes du manuscrit de Turin. M. Hardt de Munich lui envoya les variantes des manuscrits de cette ville : pour ceux du Vatican, il suivit l'édition de Reimar.

En travaillant sur Dion, après ces habiles éditeurs, je dus me demander, avant tout, si le texte pouvait s'améliorer encore par les manuscrits : je ne tardai pas à en avoir la certitude.

La collation des manuscrits du Vatican, faite pour l'édition de Reimar par l'intervention du cardinal Quirini, est défectueuse en plusieurs points. Comme il sera facile de s'en convaincre par mon travail, les variantes des n°ˢ 144 et 993 sont souvent incomplètes : d'autres fois, celles qui appartiennent à l'un de ces deux manuscrits sont attribuées à l'autre. A partir du liv. LV°, Reimar cite fort peu le Ms. 993, qui lui aurait encore fourni des variantes importantes. Mais c'est surtout la collation du manuscrit n° 1288 qui est fautive : des lettres ont été confondues, des mots entiers omis ou déplacés. M. A. Mai (1) a signalé des erreurs, dès les premières lignes : j'en aurai beaucoup d'autres à relever.

Le Ms. de Florence n° VIII fut assez exactement collationné pour Reimar ; mais on n'en peut dire autant du manuscrit n° X, cité très-rarement par cet éditeur : il ne paraît l'avoir connu que par les citations de Gronove (2).

Sturz connut de plus que Reimar les deux manuscrits de Venise, celui de Turin et les trois manuscrits de Munich ; mais il ne fit lui-même aucune collation. Aussi, son édition laisse-t-elle encore beaucoup à désirer. Pour les manuscrits du Vatican, il reproduisit les variantes de Reimar : celles qui sont empruntées au manuscrit de Florence n° X, quoique assez nombreuses et assez exactes en général, ne sont pourtant pas complètes ; pour le manuscrit de Venise n° 395, il se contenta des variantes recueillies par Morelli. Quant au n° 396, il le mentionne bien dans sa préface (3) ; mais il n'en a tiré aucune leçon. Enfin, il s'est borné à copier H. de Valois et Reimar, pour les variantes relatives aux extraits de Peiresc : le manuscrit de Tours en donne plusieurs qui ne sont pas dans son édition. Les manuscrits de Munich m'en ont fourni très-peu de nouvelles.

Le manuscrit de Paris n° 1690 et le Ms. de Besançon n'ont été explorés par aucun de mes prédécesseurs : s'ils n'offrent pas un grand intérêt par eux-mêmes, ils ont l'avantage de confirmer les variantes déjà connues. J'en dirai autant du manuscrit de Venise n° 396 : il concorde presque partout avec celui de Paris n° 1689 ; mais j'en ai tiré aussi de nouvelles leçons qui ne sont pas à dédaigner : je donnerai les plus importantes.

En collationnant le manuscrit de Venise n° 395, Morelli fit

(1) Cf. Excerpta Vatic. p. 566-567, éd. Rom.
(2) Cf. une note de Reimar, p. 916.
(3) Page XXV, l. 1 de son édition.

un choix parmi les variantes (1). J'ai appris du savant et respectable abbé Bettio, bibliothécaire à Venise et qui fit cette collation avec Morelli (2), de quelle manière ils procédèrent pour leur travail. M. Bettio lisait à haute voix le texte dans l'édition de Reimar, en indiquant les variantes tirées du manuscrit de Florence n° VIII et de celui du Vatican n° 144 : Morelli suivait sur le manuscrit de Venise, et ils s'attachèrent surtout à recueillir les variantes de ce manuscrit qui n'étaient données ni par celui de Florence n° VIII ni par celui du Vatican n° 144, toujours d'après Reimar. Ce renseignement me suffit pour sentir la nécessité de collationner de nouveau le n° 395 : les deux savants Vénitiens n'ayant eu à leur disposition ni le manuscrit de Florence n° VIII, ni celui de Vatican n° 144, les inexactitudes, qui se trouvent dans les collations faites pour Reimar, produisirent plus d'une erreur dans leur travail. J'avais vu les manuscrits de Rome et de Florence, lorsque je collationnai ceux de Venise : je dois à cette circonstance l'avantage d'avoir pu glaner encore après MM. Morelli et Bettio : ils ne m'auraient rien laissé à faire, s'ils avaient eu les mêmes secours que moi.

Enfin la nouvelle collation du manuscrit de Peiresc que le bibliothécaire de Tours s'est empressé de mettre à ma disposition, sur la demande de M. Villemain, ancien ministre de l'instruction publique, m'a permis de corriger quelques

---

(1) Il s'exprime ainsi dans sa préface, p. x-xi : Lectiones ex codice Mediceo antiquiore, aut ex Vaticano *a* (h. e. n° 144), aut ex editione Roberti Stephani, aut *vulgo* in editionibus obvias, a Reimaro in varietate lectionum enotatas ac merito rejectas, silentio præterii...... At quandocumque a Mediceo et Vaticano codex discreparet, id semper commonstravi, licet meliores, quam ii, lectiones is non afferret. Locis etiam nonnullis quibus, ad omne lectoribus dubium tollendum, ejus cum alterutro consensionem singillatim exploratam reddere operæ pretium esse videbatur, eam denotavi. Neque vitiosas quasdam lectiones neglexi, ubi eas ad veras cognoscendas constituendasve conducere posse putavi.

(2) Cf. sa préface, p. xi

inadvertances de H. de Valois et de réparer quelques omissions.

B.) Manuscrits de Xiphilin.

L'utilité de l'Abrégé de Xiphilin pour l'amélioration du texte de Dion a été mise en évidence par Reimar (1). J'ai dû collationner les manuscrits de l'Abréviateur aussi scrupuleusement que ceux de l'Historien. Ils sont au nombre de huit, à savoir : six du Vatican, un de Paris et un de Besançon.

1° *Manuscrits du Vatican.*

La Bibliothèque du Vatican possède six manuscrits de Xiphilin : trois, portant les n°⁵ 145, 146, 1289, proviennent de son propre fonds ; deux, n°⁵ 35 et 193, du fonds Ottoboni ; un seul, n° 61, du fonds Palatin.

Ms. n° 145. Il est en papier, petit in-fol., du XIV° siècle. Il a appartenu à F. Orsini qui le surchargea de notes interlinéaires et marginales. Le titre est en italien : *Dione epitomato da Xiphilino, scritto di mano di huomo dotto*. Et, en effet, ce manuscrit a été copié avec beaucoup de soin : en le comparant avec tous les autres, j'ai été amené à le regarder comme le *manuscrit-princeps* ; et pour cette raison, j'ai recueilli jusqu'aux moindres variantes.

Ms. n° 146. Il est en papier, petit in-fol., du XV° siècle. Le titre porte : Ἰωάννου τοῦ Ξιφιλίνου τῶν Δίωνος Ῥωμαϊκῶν ἐπιτομή. A part quelques légères différences que j'indiquerai, il concorde presque partout avec le n° 145.

Ms. n° 1289, en papier, petit in-fol., du XIV° siècle ou du commencement du XV°.

Il a trois titres ; deux sont en latin : 1° *Dionis romanorum historia quem cum Lycophronis interprete XXII m*ni*s dominus Antonianus emit* ; 2° *Dionis romanorum vitæ imperatorum Do-*

---

(1) Cf. § 7 et § 17 de sa préface.

mini Antoniani..... *Lycophronis*. Le troisième titre est en grec : Ἐπιτομὴ τῆς Δίωνος...... ἱστορίας ἣν συνέτεμεν Ἰωάννης ὁ Ξηφιλῖνος (sic). Il a appartenu à F. Orsini. A la fin, on lit : Γεώργιος Κρίβελλος ἔγραψε σὺν Θεῷ.

Ce manuscrit n'est pas mentionné dans le catalogue général du Vatican. Montfaucon et Fabricius n'en parlent point; c'est par hasard que j'en ai trouvé l'indication dans un *inventorium* manuscrit, IIIe partie.

Il concorde quelquefois avec l'édition de Robert Étienne; mais beaucoup plus souvent avec le Ms. n° 145; ce qui semble prouver qu'ils dérivent d'une source commune. Il m'a pourtant fourni un bon nombre de variantes nouvelles.

Ms. n° 61, en papier, in-fol. L'écriture est de la fin du XVe siècle ou du commencement du XVIe.

L'Abrégé de Xiphilin ne commence qu'au fol. 53, avec ce titre : Ἐπιτομὴ τῆς Δίωνος ἱστορίας, etc. Du fol. 1 au fol. 19, il contient le VIIe livre d'Appien, avec le titre Ἀννιβαλική, et du fol. 19 au fol. 53, le VIe livre du même historien, avec le titre Ἰβηρική.

A part quelques variantes, souvent insignifiantes, il ne diffère des n°s 145 et 146 que par des fautes grossières : une main moderne a corrigé les plus graves, dans des annotations marginales.

Ces quatre manuscrits contiennent tout l'Abrégé de Xiphilin.

Ms. n° 35. Il est ainsi désigné : *Cod. Ottobon. Chartaceus;* grand in-fol. du XVe siècle ou du commencement du XVIe.

Il se compose de plusieurs ouvrages. L'Abrégé de Xiphilin commence au fol. 123 avec ce titre : Ἐπιτομὴ τῆς Δίωνος τοῦ Νικαέως etc. — μέχρι Ἀλεξάνδρου τοῦ Μαμαίας. Ce titre est fautif : le Ms. ne contient que l'histoire de Pompée et celle de César, qui finit au fol. 137 recto. Une main moderne a modifié ainsi le titre: Μόνος ὁ βίος περιέχεται ἐν τῷδε ἐπιτομήματι, mais cette correction est inexacte : outre l'histoire de César, il renferme celle de Pompée, à partir du passage κληρουμένων

δὲ τῶν ὑπάτων, par lequel commence l'Abrégé de Xiphilin.
En tête du Ms. est placé un *Index*, où jai remarqué trois omissions que je crois devoir signaler :

1° Le fol. 138 manque. Au fol. 139 recto commence un opuscule intitulé : Ἀρχὴ τῶν Χριστιανῶν βασιλείας Κωνσταντίνου πόλεως. C'est une chronique fort sèche et d'ailleurs incomplète, comme on le voit par cette annotation écrite au fol. 145 recto : Τὸ ἐναπολυφθὲν (lis. ἐναπολειφθὲν) τοῦ Χρονικοῦ λοίπη (lis. λείπει). Le dernier empereur dont parle cette chronique est Michel Paléologue. Elle se termine par ces mots : Καὶ ὀλίγον ἐπιβίους πρὸς Κν (c'est-à-dire Κωνσταντίνου πόλιν) ἐκδημεῖ.

2° Du fol. 179 au fol. 185 se trouve le traité d'Origène contre Celse : il est passé sous silence dans l'*Index*, comme l'ouvrage suivant.

3° Fol. 172-177, discours de S. J. Chrysostome intitulé : Ἐγκώμιον εἰς τὴν ἀποτομὴν τοῦ Τιμίου ἐνδόξου προφήτου προδρόμου καὶ βαπτιστοῦ Ἰωάννου. Il commence par les mots : Πάλιν Ἡρωδίας αἱ μένεται (sic), πάλιν ὀρχεῖται, πάλιν ζητεῖ τὴν κεφαλὴν Ἰωάννου ἀνόμως παρὰ Ἡρώδου ἀποτμηθῆναι, et finit par ceux-ci : ἵνα ἀμήν. (p. 235-241, t. VI, éd. de Paris, 1635.)

Les ouvrages exactement indiqués dans l'*Index* sont les suivants.

I. Discours de S. Grégoire de Nazianze contre les Eunomiens, avec les scholies du syrien Aetius. (p. 561, éd. de Paris 1630.)

II. Dissertation sur cette question : *L'âme est-elle immortelle, d'après la doctrine d'Aristote ?*

III. Commentaire de Simplicius sur le traité d'Aristote : Φυσικῆς ἀκροάσεως, ἢ περὶ κινήσεως.

IV. Commentaire d'Hermias sur le Phèdre de Platon.

V. Homélie avec ce titre : Ὁμιλία μθ'· ὡς ἔοικε τοῦ Χρυσοστόμου· ἡ ἀρχή· Καθάπερ τινὰ βασιλέα δυρυφόροι παρέπεμπον.

VI. Traité de Tryphon *sur les figures.*

VII. Un opuscule intitulé : Stephani commentaria in primum *Rhetoricæ Aristotelis librum.*

INTRODUCTION.

VIII. Rhétorique de Joseph Rhacendyta.

Ms. n° 193. En papier, petit in-4°, du même âge que le précédent. Il contient :

1° Des scholies sur la Théogonie d'Hésiode.

2° Les Olynthiennes et les Philippiques de Démosthène.

3° Un fragment de S. Jean de Damas, intitulé περὶ τῶν κενουσῶν φαρμάκων (sic).

4° Un ouvrage de Démocrite intitulé : Ἐκ τῶν φυσικῶν.

5° L'Abrégé de Xiphilin avec ce titre : Ἐπιτομὴ τῆς Δίωνος, κτλ., μέχρις Ἀλεξάνδρου Μαμαίας, mais ce titre est fautif : l'Abrégé de Xiphilin commence au fol. 141 et s'arrête à la fin de l'histoire d'Auguste, fol. 217.

6° Le poëme de Denys d'Alexandrie.

7° Une interprétation de ce poëme.

8° D'autres scholies sur la Théogonie d'Hésiode.

Ce manuscrit a une grande ressemblance avec le n° 35. Il y a beaucoup de fautes, de nombreuses omissions et très-peu de bonnes leçons.

2° *Manuscrit de Paris.*

Il porte le n° 1691. Sur la première feuille on lit : *Codex Chartaceus, olim Tellerianus, quo continetur Dionis Nicæni Hist. Epit. Auct. Xiphilino. In marginibus notæ breves et summaria latina plerumque. Codex manu elegante Christop. Auveri, An. Christi* 1548, *Romæ exaratus.*

En tête de la première page se trouve ce titre : Ἐπιτομὴ τῆς Δίωνος τοῦ Νικαέως ῥωμαϊκῆς ἱστορίας ἣν συνέτεμεν Ἰωάννης ὁ Ξιφλινος, περιέχουσα μοναρχίας Καισάρων εἴκοσι πέντε, ἀπὸ Πομπηίου Μάγνου μέχρις Ἀλεξάνδρου τοῦ Μαμαίας.

3° *Manuscrit de Besançon.*

Il est in-fol., et porte le n° 19. L'écriture est de la seconde moitié du XVIᵉ siècle.

Les deux premiers feuillets sont en blanc : on lit au verso

du deuxième : *Ex bibliotheca Joannis Baptistæ Boisot, Vesontini Prioris de Grandecourt et de La Loye*. Il provient du même fonds que le manuscrit de Dion, appartenant à la même bibliothèque. Aucun de mes devanciers ne l'a connu.

Il contient tout l'Abrégé de Xiphilin et se termine par ces mots : Τέλος τοῦ παρόντος Βιβλίου· ἐκ χειρὸς ἐμοῦ ιω (c'est-à-dire Ἰωάννου) τοῦ.... La place où était le nom propre a été brûlée.

Les pages ne sont pas numérotées : il est divisé en *quaterniones*, indiqués au bas des pages par les lettres de l'alphabet grec, prises numériquement. Le relieur en a fait disparaître plusieurs, en rognant les marges.

De la lettre θ à la lettre ι, on trouve un *ternio*, au lieu d'un *quaternio*. A la page 10 du *quaternio* Δ, lig. 11, après le mot προπορεύονται, on lit : προσημειούμενος· καὶ τὸ τῆς Αἴτνης πῦρ. Il y a donc là omission du passage καὶ πολλάκις καὶ ἐπ' αὐτὸ τὸ τεῖχος — καὶ ἄλλ' ἄττα τοιαῦτα προλέγων τε καί, p. 56-58, éd. de Robert Étienne. Il a été transposé, p. 12 du même *quaternio*, après ὑπαίθριον ἱδρυσάμενος, p. 60, l. 4 de la même édition. Il y a une autre lacune, p. 13 du *quaternio* ιε, mais elle est comblée plus loin.

Ce manuscrit est très-fautif et fournit peu de variantes importantes. Dans beaucoup de pages on trouve des blancs d'un pouce ou d'un pouce et demi; quoiqu'il n'y ait aucune lacune.

Les titres sont d'une écriture plus moderne que celle du manuscrit.

Comme Sturz, je donnerai d'après Reimar les variantes du manuscrit de Breslau, et celles du manuscrit Coislin, d'après Montfaucon.

4° *Manuscrits de Naples.*

Sturz [1] parle de deux manuscrits de Xiphilin; l'un du XV° siècle, appartenant à la bibliothèque royale de

---

[1] Page LII-LIII, t. I. de son édition.

Naples et portant le n° 154; l'autre, du XVIe siècle, appartenant au prince *Della Rouella* et ne contenant que l'histoire d'Auguste : il ajoute que le bibliothécaire de Naples lui envoya des variantes recueillies dans le Ms. de la bibliothèque royale pour l'histoire de Pompée et pour celle de Néron, et quelques autres pour l'histoire d'Auguste, tirées du Ms. du prince *Della Rouella* : elles offraient si peu de différence avec les textes imprimés qu'il ne crut pas devoir lui en demander davantage.

Pendant mon séjour à Naples, en 1842, les Conservateurs m'ont affirmé que la bibliothèque royale ne possède aucun manuscrit grec de Dion ou de Xiphilin. Quant à celui du prince *Della Rouella*, je n'ai pu en trouver la trace.

Je n'ai vu dans la bibliothèque royale de Naples que deux manuscrits, portant le nom de Dion : ils contiennent une traduction latine, non pas de son histoire, comme le titre l'indique, mais de l'abrégé de Xiphilin par Démétrius Chalcondyle, qui la dédia à Étienne Porcher, en 1501. Dans l'un et dans l'autre, c'est la même version, avec quelques variantes de peu d'importance : en tête de l'un de ces Ms. se trouve une autre version latine, qui diffère notablement de celle de Chalcondyle et dont l'auteur ne s'est pas fait connaître (1). Ce sont les deux manuscrits que Montfaucon mentionne dans son *Diarium Italicum*, p. 310, comme deux manuscrits grecs, appartenant à la bibliothèque des Augustins de *S-Giovanni-in-Carbonara*, d'où ils ont été transportés à la bibliothèque royale.

§ VI. *Éditions et traductions de Dion Cassius et de Xiphilin.*

Reimar en avait donné une notice fort détaillée, qui a été augmentée par Sturz (2). Je me bornerai à résumer les renseignements qu'ils ont réunis.

(1) Cf. la lettre du bibliothécaire J. Andres à Sturz, l. l. p. LIII.
(2) Cf. *De Vita et Scriptis Cassii Dionis*, § 24, p. 554-572, t. VII de l'édition de Sturz; les Prolégomènes de Nic. Carmin. Falconi, l. l. ch. V;

INTRODUCTION.

A. *Éditions et traductions de Dion Cassius.*
1° *Éditions.*

An 1548. — Édition de Robert Étienne, texte grec seulement, d'après le manuscrit 1689 de la bibliothèque du roi. Elle commence par le fragment καὶ ὅτι ἰσχυρᾷ τῇ τύχῃ, liv. XXXVI⁰ et va jusqu'au LX⁰ inclusivement; quoique l'Éditeur, conformément à son manuscrit, ait donné le n° LVIII au dernier livre. Paris, 1548, in-fol. Elle porte pour titre : Τῶν Δίωνος Ῥωμαϊκῶν ἱστοριῶν εἰκοσιτρία βιβλία.

An 1591. — Édition de Henri Étienne : le texte est accompagné de la version latine de Guillaume Xylander. Paris, 1591, in-fol., avec ce titre : Τῶν Δίωνος τοῦ Κασσίου Ῥωμαϊκῶν ἱστοριῶν βιβλία πέντε καὶ εἴκοσι. Le texte est le même que dans celle de Robert Étienne; mais la préface contient des conjectures sur divers passages altérés.

An 1606. — Édition de Leunclavius, texte grec avec la version latine de G. Xylander. Elle renferme de plus que les précédentes des fragments des XXXIV premiers livres et des XX derniers; les notes de Robert et de Henri Étienne, de G. Xylander, de Fr. Sylburg, de F. Orsini et de Leunclavius. Hanoviæ, 1606, in-fol. Le titre est celui-ci : Τῶν Δίωνος τοῦ Κασσίου τοῦ Κοκκαϊανοῦ Ῥωμαϊκῶν ἱστοριῶν τὰ εὑρισκόμενα.

An 1751-1752. — Édition de Reimar : en regard du texte est la traduction latine de G. Xylander, revue par Leunclavius et par Reimar. Elle contient les fragments des premiers livres, publiés par F. Orsini et par H. de Valois (1), les livres XXXV-LX⁰ de Dion, et pour les XX derniers l'Abrégé de Xiphilin et divers fragments; un recueil de variantes d'après les manuscrits que j'ai indiqués (2), les notes de divers édi-

---

Fabricius, Bibl. gr. t. V, p. 140 et suiv. éd. Harles, et Hoffmann, Lexicon-Bibliographicum, t. II, art. sur Dion Cassius.

(1) Cf. p. xcix-c.
(2) Cf. la Notice des Manuscrits, p. lxxxvii-lxxxviii.

teurs, celles de Fabricius et de Reimar; enfin un Index très-complet. Elle est intitulée : Τῶν Δίωνος τοῦ Κασσίου τοῦ Κοκκηϊανοῦ Ῥωμαϊκῶν ἱστοριῶν τὰ σωζόμενα. Hambourg, 1751-1752, deux vol. in-fol.

An 1824-1825. — Édition de Sturz. Outre le titre grec, qui est le même que dans Reimar, elle en porte un latin, où le nouvel éditeur fait connaître la marche qu'il a suivie : *Græca ex codicibus Mss. aliisque subsidiis supplevit et emendavit; Xiphilini Epitomen librorum Dionis Cassii æque emendatam addidit; Latina versio ut græcis verbis magis responderet operam dedit; Fragmenta et Indicem græcum valde auxit; Annotationes ex editione Reimariana omnes repetiit, multasque tam Ioh. Jac. Reiskii et aliorum quam suas notas adjecit Fridericus Guilielmus Sturzius*. Lipsiæ, 1824-1825, VIII vol. in-8°.

2° *Traductions latines.*

An 1557 ou 1558. — Traduction latine de Guillaume Xylander. Bâle, chez J. Oporinus, in-fol. L'année de sa publication n'est pas indiquée; mais la préface fut publiée à Bâle, au mois de novembre 1557. On peut conclure de là que la traduction parut la même année, ou bien au commencement de l'année suivante (1).

An 1559. — La même que la précédente. Lyon, chez Guillaume de Rouville, 1559, in-8°.

An 1592. — La même, revue et corrigée par Leunclavius, contenant de plus que la précédente les fragments des XXXIV premiers livres, et la traduction de Xiphilin par Guillaume Blancus. Francfort, chez les héritiers de Wechel, 1592, in-8°.

---

(1) Outre la traduction, elle contient des conjectures sur divers passages corrompus et des éclaircissements. Xylander fit ce travail à l'âge de vingt-cinq ans, et dans l'espace de sept mois. Cette précipitation s'explique par la pauvreté qui lui arrachait ce triste aveu : *lucubrationem Dioniam et alias non* a fama, sed fame *sibi extortas et præcipitatas fuisse*. Cf. la préface de Reimar, § 4.

3° *Traductions italiennes.*

An 1526. — Di Dione Historico Greco delle Guerre Romane libri XXII, tradotti in Toscano per M. Nicolo Leoniceno et nuovamente stampati in Venegia, 1526, in-8°.

An 1563. — Autre traduction par Fr. Baldelli. Venise, 1563 et 1565, in-4°. Nouvelle édition, en 1584, in-4°.

An 1790-1792. — Autre traduction par Viviani, Rome, in-4°. Le premier et le second volume parurent en 1790, le troisième en 1791 et le quatrième en 1792.

An 1823. — Autre traduction par Giov. Viviani. Milano.

4° *Traduction française.*

An 1542. — C'est la seule qui existe. Elle est intitulée : « *Dion, Historien grec*, des faicts et gestes insignes des Ro-« mains, reduictz par Annalles et consulatz, commençant au « consulat de Lucius Cotta et Lucius Torquatus (durant le-« quel Pompée le Grand fit guerre contre les Hiberiens et « deffit Mithridates) et continuant de temps en temps jusques « à la mort de Claude Néron. Premièrement traduict de grec « en italien par messire Nicolas Leonicene, Ferrarois; et de-« puis de italien en vulgaire françois par Claude Deroziers, « de Bourges, en Berry. Avec les histoires à chaque livre con-« venables. »

« Avec privilége : nouvellement imprimé à Paris pour Ar-« noul et Charles les Angeliers frères, libraires, tenans leurs « boutiques aux premier et deuxiesme pilliers de la grande salle « du palais devant la chapelle de Messeigneurs les présidens. » In-fol. Elle est dédiée à Charles, duc d'Orléans, fils du Roi.

Cette traduction commence au liv. XXXVIIe et va jusqu'au LXe inclusivement, quoique le dernier livre porte le n° LVIII (1).

---

(1) D'après plusieurs manuscrits. Cf. p. xxxviii, xlii, xliv, liii, liv.

INTRODUCTION.

5° *Traductions allemandes.*

An 1783-1796. — Traduction de Jean Augustin Wagner, 5 vol. in-12. Francfort-sur-le-Mein, chez Jean Christian Hermann. Le traducteur a jeté çà et là quelques notes qui éclaircissent heureusement divers passages difficiles.

An 1786-1818. — Traduction d'Abraham Jacob Penzel, avec les notes de divers éditeurs et avec celles du traducteur. Leipzig, 4 vol. in-8° (1).

An 1826. — Traduction de F. Lorentz, avec une préface de Schlosser. Iéna (2).

An 1831. — Traduction de Léonard Tafel, professeur à Tübingen, dans la collection intitulée : *Griechische Prosaïker in neuen Uebersetzungen herausgegeben von* G. L. F. Tafel, Professor *zu Tübingen*, C. N. Osiander *und* G. Schwab, *Professoren zu Stuttgart.* — Stuttgart, *Verlag der* J. B. Metzler'schen *Buchhandlung. Für Oestreich* in Commission von Mörschner *und* Jasper *in Wien.* La première livraison de la traduction de Dion Cassius a paru en 1831, et la treizième, qui finit au LXXII° livre inclusivement, en 1839. Il n'en est pas arrivé d'autres chez les libraires de Paris.

B.) *Éditions de différentes parties de Dion Cassius* (3).

An 1582. — Extraits de F. Orsini, dans le recueil intitulé : Ἐκ τῶν Πολυβίου τοῦ Μεγαλοπολίτου ἐκλογαὶ περὶ πρεσβειῶν, etc. Antwerpiæ, 1582, in-4°, avec la version latine en regard.

Les fragments de Dion Cassius se trouvent, p. 373-416.

An 1634. — Extraits du manuscrit de Peiresc, publiés par

---

(1) Pour les détails cf. la note de Sturz, p. 565-566, t. VII de son édition.

(2) Je ne la connais que par cette indication, empruntée au Lexicon-Bibliographicum de Hoffmann, t. II, art. sur Dion Cassius.

(3) Le lecteur trouvera dans le VII volume de Sturz, p. 558, l'indication de plusieurs morceaux détachés, qui ont été traduits en français ou en allemand.

INTRODUCTION.

Henri de Valois, avec ce titre : *Polybii, Diodori Siculi, Nicolai Damasceni, Dionysii Halic., Appiani Alexand., Dionis et Joannis Antiochen.* etc., Excerpta ex Collectaneis Constantini Augusti Porphyrogenetæ. Paris, 1634, in-4°, avec la traduction latine en regard.

Les fragments de Dion Cassius se trouvent p. 568-769 : H. de Valois a ajouté, p. 770-777, quelques autres fragments du même historien.

An. 1675. — Fragments de Dion Cassius, dans l'ouvrage intitulé : Jac. Gronovii supplementa lacunarum in Ænea Tactico, Dione Cassio et Arriano de expeditione Alexandri. Leyde, 1675. Chez Daniel Gaesbeck.

An. 1724. — Fragments des trois derniers livres de Dion Cassius, restitués et publiés par Nic. Carmin. Falconi, etc. Rome, 1724, in-4°, chez Chracas (1).

An 1798. — Fragments de Dion Cassius, découverts et publiés par Jacques Morelli, bibliothécaire de Saint-Marc à Venise, etc. Bassano, 1798, petit in-4°, chez Remondini.

---

(1) En 1747, le même Nic. Carmin. Falconi fit paraître à Naples un volume in-fol. avec ce titre pompeux : Κύιν. Κασσίου Δίωνος Κοκκηιανοῦ Ῥωμαϊκῆς ἱστορίας ἐκ τῶν αὐτοῦ ὀγδοηκόντα βιβλίων Τόμος πρῶτος — *Q. Cassii Dionis Cocceiani Romanæ historiæ, ex ejus octoginta libris, Tomus primus continens priores libros viginti et unum; ab Urbe condita usque ad U. C. annum DCX, post eversam Carthaginem et Corinthum*, nunc primum detectos, restitutos, concinnatosque, *et nova fere versione, et perpetuis suis, variorumque notis auctos*, etc.

Cette prétendue découverte n'est qu'une compilation indigeste de divers fragments de Polybe, Denys d'Halicarnasse, Plutarque, etc. Elle a été jugée avec une juste sévérité par Reimar, not. p. 1-2 : « Nihil in se-
« quentibus per totum hoc volumen vides præter lacinias longiores ex
« Dionysio Hal., Plutarcho, Zonara, etc. Dionis nomine audacter inscriptas,
« quas nullo tamen certo indicio constat vel Dionem ab his, vel hos a
« Dione esse mutuatos. Hoc profecto non est restituere deperditos auctores,
« sed facere ut hi, quos habebamus integros, dilacerentur, confundantur,
« tandemque prorsus intercidant. »

Sur le travail de Nic. Carmin. Falconi, publié à Rome en 1724, cf. la lettre du cardinal Quirini à Reimar, p. 612-628, t. VII de l'édition de Sturz, et celle de Scipion Maffei à Lagomarsini, l. l. p. 629-639.

INTRODUCTION.

An 1800. — Les mêmes, publiés à Paris par Chardon de la Rochette, chez Delance, in-fol.

An 1827. — Fragments découverts et publiés par M. A. Mai, d'après les manuscrits du Vatican, dans le second volume de la *Nova Collectio scriptorum veterum. Romæ*, 1827.

Réimprimés à Leipzig en 1843, ils forment le IXe volume de l'édition de Sturz.

C.) *Éditions et traductions de Xiphilin.*

1° *Éditions.*

An 1551. — Édition de Robert Étienne; elle ne contient que le texte grec avec ce titre : Ἐκ τῶν Δίωνος τοῦ Νικαέως Ῥωμαϊκῶν ἱστοριῶν ἀπὸ Πομπηίου Μάγνου μέχρις Ἀλεξάνδρου τοῦ Μαμαίας, ἐπιτομὴ Ἰωάννου τοῦ Ξιφιλίνου. Paris, 1551, in-4°.

An 1552. — La même, suivie de la version latine de Guillaume Blancus. Paris, 1552, in-4°.

An 1590. — Édition de Fr. Sylburg, dans le recueil intitulé : *Romanæ Historiæ scriptores græci minores.* L'Abrégé de Xiphilin se trouve tom. III, p. 137-452, et les notes p. 917-944. Francfort, chez les héritiers de Wechel, 1590, in-fol.

An 1592. — Édition de Henri Étienne : le texte est accompagné de la version latine de G. Blancus, corrigée par Xylander. Elle porte pour titre : Ἐκ τῶν Δίωνος ἐκλογαὶ Ἰωάννου τοῦ Ξιφιλίνου. Genève, 1592, in-fol.

2° *Traductions.*

An 1551. — *Traduction latine* de G. Blancus avec ce titre : Dionis Nicæi rerum romanarum a Pompeio magno ad Alexandrum Mamææ filium Epitome, Ioanne Xiphilino authore, et Guillelmo Blanco Albiensi interprete, ad Georgium Armeniacum, Cardinalem Ampliss. Paris, 1551, in-4° (1).

---

(1) La même traduction fut corrigée par G. Xylander et réimprimée en 1557. Sur la traduction de plusieurs parties de Xiphilin par Georges Merula et sur celle d'un petit nombre de pages du même abréviateur par Bonif. Bembo, cf. Sturz, l. l. p. 567-568.

An 1562. — *Traduction italienne* de Fr. Baldelli, avec ce titre : Epitome della Historia Romana di Dione Niceo di XXV Imper. Romani, da Pompeio magno fino ad Alessandro, figliuolo di Mammea, tradotto per M. Francesco Baldelli. allo Illustriss. et Reverendiss. Monsignore, il Signor Cardinale da Este, con Privilegii, in Venegia appresso Gabriel Giolito de Ferrari. 1562, in-4°.

An 1610. — *Traduction française* par Anthoine de Bandole (1). Paris, chez J. Richer, 1610, in-4°.

An 1678. — *Autre traduction française* par Louis Cousin, avec ce titre : Histoire Romaine écrite par Xiphilin, par Zonare et par Zosime, traduite sur les originaux grecs par M. Cousin, président en la Cour des Monnayes. Paris, chez la veuve de Damien Foucault, 1678, in-4° (2).

AVIS SUR LA PRÉSENTE ÉDITION.

Après l'étude de Xiphilin, de ses manuscrits et des travaux dont il a été l'objet, il n'en est pas de plus importante pour un éditeur de Dion Cassius que celle de Zonaras, qui peut être regardé comme un second abréviateur de cet historien ; surtout pour les fragments des XXXVI premiers livres. Aussi me suis-je fait un devoir de rapprocher souvent Zonaras de Dion, comme on le verra dans les notes.

J'ai placé tous les fragments, y compris ceux de M. A. Mai, d'après l'ordre chronologique ; mais j'ai eu soin d'indiquer la source de chaque fragment (3).

---

(1). Barbier le met au nombre des pseudonymes, dans son *Dictionnaire des Anonymes et Pseudonymes*, n° 7387 : son nom est Jean Baudoin.

(2) Elle fut réimprimée, en 1685, à Amsterdam et à la Haye ; 2 vol. in-12. Fabricius, bib. gr., l. l., cite aussi une traduction anglaise : « Anglica Manningi. Londini, 1704, 8. »

(3) Cf. la note 1, p. 2.

INTRODUCTION.

Je donne sous le titre de *Fragments* tous les extraits, jusqu'au livre XXXVIIe. Mes devanciers ont attribué au livre XXXVe le fragment qui commence par les mots καὶ ὅτι ἰσχυρᾷ τῇ τύχῃ, p. 77, éd. Reimar, et au liv. XXXVIe celui qui commence par les mots φείδεται. Δυναστείας τε ἐρῶν, l. l. p. 87. J'ai supprimé ces désignations: elles ne sont pas autorisées par les manuscrits, où ces deux fragments se trouvent sans aucune indication de livre. Les indications de livre ne commencent dans les manuscrits qu'à partir du liv. XXXVIIe.

Quand je serai arrivé à ces deux fragments, qui appartiennent l'un et l'autre au liv. XXXVIe, je ferai connaître les raisons qui m'ont déterminé à m'écarter de l'ordre adopté par Reimar et par Sturz (1).

Dans les morceaux détachés dont se composent le premier volume et la plus grande partie du second; mais surtout dans les Extraits du Vatican, le texte est souvent altéré, la pensée incertaine et difficile à saisir. Malgré tous mes efforts pour arriver à des leçons correctes, à un sens clair et précis, j'aurai besoin plus d'une fois d'être jugé avec indulgence.

E. G—s.

---

(1) En attendant, le lecteur pourra consulter les notes de l'édition de Sturz, t. I, p. 180-181; et p. 206-207.

ΔΙΩΝΟΣ

ΡΩΜΑΙΚΗΣ ΙΣΤΟΡΙΑΣ

ΛΕΙΨΑΝΑ

ΕΚ ΤΩΝ ΠΡΟΤΕΡΩΝ ΒΙΒΛΙΩΝ Α-ΛϚ.

ΔΙΩΝΟΣ

ΡΩΜΑΙΚΗΣ ΙΣΤΟΡΙΑΣ

ΛΕΙΨΑΝΑ

ΕΚ ΤΩΝ ΠΡΟΤΕΡΩΝ ΒΙΒΛΙΩΝ Α-ΑϚ [1].

I. ... [Ἀνέγνωκα] [2] πάντα ὡς εἰπεῖν τὰ περὶ αὐτῶν τισι γεγραμμένα· συνέγραψα δὲ οὐ πάντα, ἀλλ' ὅσα ἐξέκρινα. Μὴ μέντοι μηδ' ὅτι κεκαλλιεπημένοις [3], ἐς ὅσον γε καὶ τὰ πράγματα ἐξεπέτρεψε [4], λόγοις κέχρημαι, ἐς τὴν ἀλήθειαν αὐτῶν διὰ τοῦτό τις ὑποπτεύσῃ, ὅπερ ἐπ' ἄλλων τινῶν συμβέβηκεν· ἐγὼ γὰρ ἀμφότερα, ὡς οἷόν τε ἦν,

1. L'ordre, d'après lequel j'ai classé ces fragments, ne m'a point permis de conserver les numéros qu'ils portent dans l'édition de Reimar, suivie par Sturz, et dans celle de M. A. Mai, publiée à Rome en 1827. Afin de faciliter les comparaisons, j'indique par un renvoi le numéro et la page de ces éditions pour chaque fragment. R. = l'édition de Reimar; A. M. = celle de M. A. Mai. De plus, j'appelle :
Exc. Val., les Extraits de H. de Valois.
Exc. Peir., ceux de Peiresc.
Exc. Urs., ceux de F. Orsini.
Exc. Vat., ceux de M. A. Mai.
2. (Exc. Vat. I. A. M. p. 135, éd. Rom.).
3. D'après l'Éditeur de Leipzig, au lieu de καλλιεπημένοις, donné par M. A. Mai. Une locution semblable se trouve dans Platon, Apol. de Socr. I,

HISTOIRE ROMAINE

DE DION.

FRAGMENTS DES LIVRES I-XXXVI.

I. ... J'ai lu à peu près tout ce que divers historiens ont écrit sur les Romains ; mais je n'ai pas tout inséré dans mon ouvrage : j'ai dû choisir et me borner. Si j'ai fait usage des ornements du style, autant que mon sujet le comportait, ce n'est pas une raison pour révoquer en doute ma véracité, comme cela est arrivé à l'égard d'autres écrivains ; car je n'ai rien négligé

---

t. II Bekk. éd. Lond. p. 277-278 : Οὐ μέντοι, μὰ Δί', ὦ ἄνδρες Ἀθηναῖοι, κεκαλλιεπημένους γε λόγους, ὥσπερ οἱ τούτων, ῥήμασί τε καὶ ὀνόμασιν, οὐδὲ κεκοσμημένους· ἀλλ' ἀκούσεσθε εἰκῇ λεγόμενα τοῖς ἐπιτυχοῦσιν ὀνόμασι. Fischer explique les termes les plus importants : Κεκαλλιεπημένοι λόγοι ῥήμασι καὶ ὀνόμασι — *Orationes et sententiis pulcris et verbis lectis elegantibusque compositæ et illuminatæ.* Κεκοσμημένοι λόγοι — *orationes ornatæ tropis, figuris, etiam numero.* Ἐπιτυχόντα ὀνόματα — *verba vulgaria, trita, quæ usurpat vita communis et quotidiana consuetudo.* Εἰκῇ λεγόμενα — *quæ dicuntur temere et subito, non meditata ante et cogitata.* Pour plus de détails sur καλλιεπεῖσθαι, cf. Walkenar. Diatrib. in Eurip. Reliq. p. 291.

4. Mot à ajouter aux lexiques, comme l'a remarqué l'Éditeur de Leipzig.

ὁμοίως ἀκριβῶσαι ἐσπούδασα. Ἄρξομαι δὲ [1] ὅθενπερ τὰ σαφέστατα τῶν περὶ τήνδε τὴν γῆν, ἣν κατοικοῦμεν, συμβῆναι λεγομένων παρελάβομεν [2]· τὴν χώραν ταύτην, ἐν ᾗ τὸ τῶν Ῥωμαίων ἄστυ πεπόλισται.

II. Αὐσονία δὲ [3] κυρίως, ὡς Δίων γράφει ὁ Κοκκειανὸς [4], ἡ τῶν Αὐρούγκων [5] γῆ μόνη λέγεται, ἐν μέσῳ Καμπανῶν καὶ Οὐόλσκων [6] παρὰ θάλασσαν κειμένη. Συχνοὶ δὲ καὶ μέχρι τοῦ Λατίου Αὐσονίαν εἶναι ἐνόμισαν· ὥστε καὶ πᾶσαν Ἰταλίαν ἐκ τούτου Αὐσονίαν κληθῆναι [7].

III. Οἱ [8] γὰρ Λίγυες [9] τὴν παραλίαν ἀπὸ Τυρρηνίδος [10]

---

1. M. A. Mai a rapproché ce début de celui de Denys d'Hal. A. R. I, 8 : Ἄρχομαι οὖν τῆς ἱστορίας ἀπὸ τῶν παλαιοτάτων μύθων, κτλ.
2. Tout en donnant la leçon que j'adopte, M. A. Mai déclare qu'il a longtemps penché pour une autre, qui paraît assez probable : « Ita edidi ut dictio esset continua sensusque loci, uti nunc se habet, concinnior. Sed tamen valde arbitrabar statuendam esse pausam post παρελάβομεν. Tum ordiendum a capite τὴν χώραν ταύτην, κτλ., ita ut hoc revera sit initium historiæ Dionis post procemium, quanquam Eclogarius nonnisi imperfectum comma conservaverit. »
3. (Exc. Val. IV. R. p. 4), tiré des scholies d'Is. Tzetzès, sur la Cassandre de Lycophron, v. 44. Cf. les mêmes schol. v. 615, et J. Tzetzès, Chil. V, v. 580-582.
4. Comme dans Sébastien, d'après la plupart de ses Ms. G. Müller donne aussi l'article, quoiqu'il manque dans les siens : il a été suivi par Sturz. Reimar lit Κοκκειανός, d'après Selden et Potter. H. de Valois, qui omet aussi l'article, écrit Κοκκηϊανός, également admissible. Cf. Suidas au mot Δίων. Deux Ms. de G. Müller, Vit. 1 et Ciz., portent Κοκειανός, un autre, Vit. 2, Κοκκιανός, et un quatrième, Vit. 3, Κωκιανός.
5. Cf. Bochart, Chanaan, p. 651, C, la note de Reimar sur le changement de *Auson* en *Auron*, d'où *Auronci = Aurunci*, et les Auteurs cités.
6. D'après les Extraits du Vatican, xvi et xviii, A. M. p. 148-150. L'ancienne leçon Οὐόλκων a été maintenue par H. de Valois, Reimar et Sturz:

pour unir le mérite du style à l'exactitude historique. Je commencerai mon récit à l'époque où la lumière brille dans les traditions qui nous sont parvenues sur la terre que nous habitons ; je veux dire sur la contrée où Rome a été fondée.

II. Le nom d'Ausonie n'appartient proprement, comme l'écrit Dion Cocceïanus, qu'au pays des Aurunces, situé entre celui des Campaniens et celui des Volsques, le long de la mer. Plusieurs ont pensé qu'elle s'étendait jusqu'au Latium, ce qui fit appeler Ausonie l'Italie entière.

III. Les Liguriens habitent la côte maritime, depuis

---

elle a été justement changée en Οὐόλσκων par Kiessling, dans J. Tzetzès, Chil. V, v. 581. Cf. Strabon, V, p. 158, éd. Casaub. 1587. Βόλουσκοι, dans un autre fragment du Vatican, A. M. p. 528, et dans Appien II, 3-5, ne diffère que par la substitution du B à la diphthongue ου de Οὐόλουσκοι, adopté par Denys d'Hal. A. R. VIII, en plusieurs endroits, et par Plutarque, Coriol. VIII, XII, XXVI et suiv.

7. Les mots Αὐσονίαν κληθῆναι ont été ajoutés par Sébastien d'après deux de ses Ms. Ils ne se trouvent pas dans ceux de G. Müller : un de ces derniers, Vit. 2, omet même tout le passage ὥστε καὶ πᾶσαν — κληθῆναι. Ailleurs (schol. in v. 615), Tzetzès dit : Ὥστε ἐκ τούτου τινὲς καὶ πᾶσαν τὴν Ἰταλίαν [Αὐσονίαν κληθῆναί] φασιν, où il faut remarquer l'addition d'Αὐσονίαν κληθῆναι par Sébastien, d'après trois de ses Ms. Quoique cette addition ne soit pas confirmée par les siens, G. Müller adopte la même leçon.

A l'ancienne leçon ἀπ' αὐτῆς, je substitue, d'après le second passage de Tzetzès, ἐκ τούτου.

8. (Exc. Val. R. p. 5), tiré des scholies d'Is. Tzetzès sur la Cassandre de Lycophron, v. 1312.

9. Comme dans Sébastien, d'après le Ms. du Vatic. 972, et dans G. Müller, au lieu de οἱ δέ, donné par H. de Valois, Reimar et Sturz.

10. Au lieu de Τυρσηνίδος. Sur ce remplacement du σ par le ρ, cf. Fr. VIII, au mot Τυρῥηνία, et Fr. IX, au mot Τυρῥηνῶν.

μέχρι τῶν Ἄλπεων καὶ ἄχρι Γαλατῶν νέμονται, ὥς φησι [1] Δίων.

IV. Οἱ γὰρ Ἰάπυγες [2] καὶ Ἄπουλοι [3] περὶ τὸν Ἰόνιον κόλπον οἰκοῦσιν [4]. Ἀπούλων δὲ ἔθνη [5], κατὰ τὸν Δίωνα, Πευκέτιοι [6], Ποιδίκουλοι [7], καὶ Δαύνιοι, καὶ Ταραντῖνοι, καὶ Κάνναι. Διομήδους πεδίον [8] ἐστὶ περὶ τὴν Ἀπουλίαν [9] τῶν Δαυνίων. Ἡ δὲ Μεσσαπία καὶ Ἰαπυγία [10] ὕστερον Σαλεντία [11], εἶτα Καλαβρία ἐκλήθη. Ἡ δὲ Ἀργύριππα [12], πόλις τοῦ Διομήδους, μετεκλήθη Ἀπούλοις Ἄρποι [13].

V. Ἡ γὰρ [14] Μεσσαπία [15] καὶ Ἰαπυγία ὕστερον Σαλεντία,

---

1. Dans G. Müller, ὥς φασι, d'après deux de ses Ms., Vit. 1 et Ciz., à cause de ce qui suit : Δίων καὶ ἄλλοι ἀκριβέστατοι ἱστορικοί, συγγραφεῖς τε καὶ γεωγράφοι.
2. (Exc. Val. VIII, R. p. 5), tiré des scholies d'Is. Tzetzès sur la Cassandre de Lycophron, v. 603.
3. Ἀποῦλοι dans deux Ms. de G. Müller, Vit. 2 et 3, et dans Eudocie; Ἀπούλιοι dans deux autres, Vit. 1 et Ciz.
4. Au lieu de περὶ — οἰκοῦσιν, G. Müller, d'après deux de ses Ms., Vit. 1 et Ciz., lit : Περὶ τὸν Ἰόνιον κόλπον, περὶ τὴν Ἀπουλίαν οἰκοῦσιν.
5. Comme dans G. Müller, d'après deux de ses Ms., Vit. 2 et 3, au lieu de τὸ ἔθνος, donné par H. de Valois. Sébastien lit Ἀπούλων δὲ ἔθνος, ainsi qu'Eudocie.
6. Πευκέντιοι dans deux Ms. de G. Müller, Vit. 1 et Ciz.
7. Πεδίκουλοι dans les mêmes Ms. Strabon les appelle Ποίδικλοι, liv. VI, p. 191, éd. Casaub. 1587. J'adopte la leçon qui se rapproche le plus de celle de Strabon : elle est confirmée par Pline, H. N. II. 16.
8. Strabon, l. l. p. 196 : Καὶ τὸ πεδίον καὶ ἄλλα πολλὰ δείκνυται τῆς Διομήδου ἐν τούτοις τοῖς τόποις δυναστείας σημεῖα.
9. Ἄπουλαν, dans H. de Valois et Reimar. J'ai suivi Sébastien et G. Müller, d'après les meilleurs Ms. Cf. aussi Strabon, l. l.
10. Μεσαπύγη et Ἰαπύγη, dans H. de Valois, Reimar et Sturz. Sébastien, d'après trois de ses Ms., lit Μεσαπία καὶ Ἰαπυγία. Ceux de G. Müller, à l'exception d'un seul, Vit. 3, qui porte Ἰαπυγία, concordent avec l'ancienne leçon; il a pourtant adopté celle de Sébastien; mais en écri-

la Tyrrhénie jusqu'aux Alpes et au pays des Gaulois, comme le rapporte Dion.

IV. Les Iapyges et les Apuliens sont établis sur les bords du golfe Ionien. Les peuples de l'Apulie sont, suivant Dion, les Peucétiens, les Pœdicules, les Dauniens, les Tarentins et les habitants de Cannes. La plaine de Diomède est située aux environs de l'Apulie Daunienne. La Messapie et l'Iapygie reçurent plus tard le nom de Salentie et celui de Calabre. La ville de Diomède, Argyrippe, changea aussi le sien et fut appelée Arpi par les Apuliens.

V. La Messapie et l'Iapygie furent successivement ap-

---

vant, comme je le fais d'après Strabon, l. l., Μεσσαπία, au lieu de Μεσαπία.

11. Cette leçon, adoptée par Potter et Selden, est confirmée par les Ms. de G. Müller. H. de Valois donne Σαλατία, qui se rapproche beaucoup de Σαλαντία du Ms. Barocc. Sébastien lit : Σελεντία.

12. Tzetzès, schol. v. 592-594 : Τοῦτο θέλει εἰπεῖν, ὅτι Διομήδης ἀπ' Αἰτωλίας ἀπελασθείς, τῆς ἑαυτοῦ πατρίδος, τὴν Ἀργυρίππαν πόλιν, μεθερμηνευομένην Ἄργος Ἵππειον, δομήσεται καὶ κτίσει παγκληρίαν τῶν Δαυνίων καὶ τῶν Καλαβρῶν, κτλ.

13. Cf. Cluvier. Ital. Ant. liv. IV, 12, p. 1215. De même dans Sébastien, d'après ses meilleurs Ms., et dans G. Müller; quoique les siens s'accordent avec l'ancienne leçon Ἀπούλις Ἄρπους, conservée par H. de Valois et Reimar. Sturz donne Ἀπούλοις Ἄρπους. Il avait donc reconnu que Ἀπούλις provenait de Ἀπούλοις, par la confusion de οι et de ι. On ne voit pas pourquoi il a conservé Ἄρπους. « Ἄρποι — Arpi, plurium numero, dit Reimar. »

14. (Exc. Val. IX, R. p. 5), tiré des scholies d'Is. Tzetzès sur la Cassandre de Lycophron, v. 852.

15. Μεσαπυγία, dans H. de Valois, Reimar et Sturz; Μεσσαπία, dans Sébastien, d'après trois de ses Ms. G. Müller, malgré les siens qui portent l'ancienne leçon Μεσαπυγία, adopte la correction de Sébastien. Il ne serait pourtant pas éloigné de conserver Μεσαπυγία, en interprétant καὶ par ἤτοι — *hoc est*; suivant la remarque de Casaubon sur Strabon, Comment. et Castig. p. 106 : « Iapygiam sunt qui

εἶτα Καλαβρία ἐκλήθη, καθά [1] φησιν ὁ ἱστορικὸς Δίων, ὁ τὰς Ῥωμαίων πράξεις συντάξας [2]. Κεῖται δὲ ἡ Καλαβρία περὶ τὸν Ἰόνιον κόλπον καὶ τὸν Ἀδρίαν [3].

VI. Ἔνθα [4] νῦν ἡ Χώνη [5] ἐστὶ, χωρίον ἦν πρῶτον λεγόμενον Οἰνωτρία [6], ὅπου ὁ Φιλοκτήτης κατῴκησε, μετὰ τὴν τῆς Ἰλίου πόρθησιν [7]. καθὰ Διονύσιος καὶ Δίων ὁ Κοκκειανὸς [8] καὶ πάντες οἱ τὰ Ῥωμαίων γράψαντες [9] ἱστοροῦσι.

VII. Εὔανδρος [10] Ἀρκὰς ἀπὸ Παλλαντίου ἐστάλη μετὰ Ἀρκάδων εἰς ἀποικίαν, καὶ παρὰ τῷ ποταμῷ τῷ Θύβρι

---

composita voce Mesapygiam vocent. » Ici, comme plus haut, je lis : Μεσσαπία.

1. Καθώς, dans deux Ms. de G. Müller, Vit. 1 et Ciz.
2. Συγγράψας, dans les mêmes Ms.
3. D'après ces Ms., G. Müller lit : Τὸν καὶ Ἀδρίαν. Avec cette variante, il faudrait traduire : « Sur les côtes du golfe Ionien qu'on appelle aussi la mer Adriatique. »
4. (Exc. Val., V. R. p. 4), tiré des scholies d'Is. Tzetzès sur la Cassandre de Lycophron, v. 912.
5. Au lieu de Ῥώμη conservé par H. de Valois, Reimar, Sturz, et que Sébastien a remplacé par Χώμη, j'adopte la leçon de G. Müller, d'après Strabon VI, p. 175, éd. Casaub. 1587.

Les passages où Denys d'Hal. parle des OEnotriens n'ont pas toute la précision désirable, A. R. I, 11-13.

D'après le premier, l. l. 11, OEnotrus, peu satisfait du patrimoine qui devait lui échoir en partage, quitta le Péloponnèse, construisit une flotte et traversa la mer Ionienne, suivi de Peucétius, son frère, et d'un grand nombre de Grecs. A peine eurent-ils abordé en Italie, près du promontoire de l'Iapygie, que Peucétius débarqua ses troupes et donna son nom aux habitants du pays ; mais OEnotrus alla mouiller dans le golfe qui baigne l'Italie du côté de l'occident ; appelé le golfe Ausonien, et qui prit le nom de mer *Tyrrhénienne*, lorsque les Tyrrhéniens s'en furent rendus maîtres. OEnotrus chassa les barbares de ce pays et bâtit plusieurs villes sur les montagnes. La vaste contrée qu'il occupa fut nommée *OEnotrie*.

Plus loin, l. l. 12, Denys s'appuie sur l'autorité d'Antiochus de Syra-

pelées plus tard Salentie et Calabre, comme le raconte Dion, qui a écrit l'histoire des Romains. La Calabre est située sur les côtes du golfe Ionien et de la mer Adriatique.

VI. Là, où se trouve maintenant Chôné, était une contrée nommée primitivement OEnotrie : Philoctète vint s'y fixer après la destruction d'Ilion, comme le disent Denys, Dion Cocceïanus et tous ceux qui ont écrit l'histoire des Romains.

VII. Evandre, né en Arcadie, partit de Pallantium avec une troupe de ses compatriotes, pour aller établir une colonie; il fonda sur les bords du Tybre

Avant J. C. 1330.

---

cuse, qui range les OEnotriens parmi les peuples les plus anciens de l'Italie. Ailleurs, l. l. 13, il invoque celle de Phérécyde. De tous ces témoignages, il conclut que les OEnotriens ne s'emparèrent pas seulement de quelques endroits incultes et abandonnés; mais qu'ils envahirent une grande partie de l'Ombrie.

Il n'est pas impossible qu'ils aient pénétré dans les lieux où Rome fut bâtie; mais dans le fragment qui nous occupe, une circonstance particulière semble restreindre le χωρίον πρῶτον λεγόμενον Οἰνωτρία, au Brutium : je la trouve dans les mots ὅπου ὁ Φιλοκτήτης κατῴκησε. En effet, d'après Strabon VI, l. l. éd. Casaub. 1587, c'est dans le Brutium et la Lucanie que Philoctète fonda Pétilia, Crimissa et Chôné. Cf. p. 296 et suiv. de la traduction française, t. II.

6. Vit. 1 et Ciz. : Πρότερον καλούμενον Οἴνωτρον. Vit. 2 et 3 : Πρῶτον λεγόμενον Οἴνωτρον. G. Müller aimerait mieux Οἰνώτριον.

7. Le passage ὅπου — πόρθησιν manque dans deux Ms. de G. Müller, Vit. 2 et 3.

8. J'ai ajouté ὁ Κοκκειανός, comme Sébastien et G. Müller, d'après tous leurs Ms.

9. Comme dans Sébastien et G. Müller. Deux Ms. de ce dernier, Vit. 1 et Ciz., portent τὰ Ῥωμαϊκὰ γράφοντες. Reimar et Sturz ont conservé la leçon de H. de Valois τὰ Ῥωμαϊκὰ γράψαντες.

10. Je place ici un des trois fragments publiés par M. A. Mai en 1841, dans le Spicileg. Roman. t. V, p. 464. L'illustre Cardinal en fait ainsi connaître la source et l'authenticité : « In secundo volumine Scriptorum Veterum p. 527 sqq. seriem quamdam exhibui ineditorum Cassii Dionis fragmentorum quæ Max. Planudes excerpserat et Vaticanus Codex conserva-

πόλιν ᾤκισε ¹, Ῥωμαίων μέρος τῆς καθ' ἡμᾶς πόλεως· καὶ ὄνομα ἔσχε Παλλάντιον κατὰ μνήμην τοῦ ἐν Ἀρκαδία· χρόνῳ δὲ ὕστερον, μετέπεσε τὸ ὄνομα ἐν ἀναιρέσει γραμμάτων τοῦ τε λ καὶ τοῦ ν ².

VIII. Αἰνείας ³ γοῦν ⁴ ἀπὸ Μακεδονίας ἦλθεν εἰς Ἰταλίαν, ἣ πρὶν Ἄργεσσα ἐκαλεῖτο, εἶτα Σατουρνία ⁵, ἀπὸ τοῦ Κρόνου· Σατοῦρνος ⁶ γὰρ ὁ Κρόνος παρὰ Ῥωμαίοις· εἶτα ἀπό τινος Αὔσονος, Αὐσονία ⁷· εἶτα Τυῤῥηνία ⁸· εἶτα ἀπὸ Ἰταλοῦ τινος ⁹, ἢ ἀφ' ἑνὸς ταύρου τῶν Γηρυόνου ἀγο-

---

verat. Nunc vero in alio Vaticano Codice rursus mihi fragmenta illa occurrerunt; sed ex ipsis primum certe novum est, quia et a priore codice aberat et ad initium Cassianae Historiae pertinet. Duo reliqua continua in codice post primum sunt et cum aliis a me jam editis connectuntur; quare ejusdem Auctoris existimanda sunt. Nam et Batti mentio, qui fuit urbis Cyrenarum fundator, ab argumento fundationis Urbis Romanae non abhorret, et panicorum quoque timorum mentio cum Batti timore et cum Panis cultu conspirat quem Deum in situ vetere Urbis Romuleae fuisse revera adoratum tradunt Vaticana Dionis Excerpta, tom. cit., p. 137.

J'ai admis dans mon texte le premier de ces fragments, parce qu'il est relatif à l'arrivée d'Évandre, dont la tradition a été conservée par Denys d'Hal., A. R., I, 31 : Μετὰ δὲ οὐ πολὺν χρόνον στόλος ἄλλος ἑλληνικὸς εἰς ταῦτα τὰ χωρία τῆς Ἰταλίας κατάγεται, ἑξηκοστῷ μάλιστα ἔτει πρότερον τῶν Τρωϊκῶν, ὡς αὐτοὶ Ῥωμαῖοι λέγουσιν, ἐκ Παλαντίου πόλεως Ἀρκαδικῆς ἀναστάς. Ἡγεῖτο δὲ τῆς ἀποικίας Εὔανδρος κτλ. Cf. l'Auteur du livre sur l'Origine des Romains, V, éd. Arntzen.

1. Denys d'Hal., l. l. : Οἱ δὲ Ἀρκάδες, ὡς ἡ Θέμις αὐτοῖς ἐπιθυσιάζουσιν ἔφραζεν, αἱροῦνται λόφον, ὀλίγον ἀπέχοντα τοῦ Τιβέριος, ὅς ἐστι νῦν ἐν μέσῳ μάλιστα τῆς Ῥωμαίων πόλεως. La forme Θύβρις se trouve dans Appien, I, 2. Cf., Virg., Æn. VI, 87; Jos. A. J. XVIII, 4.

2. Le même, l. l. : Ὄνομα δὲ τῷ πολίσματι τούτῳ τίθενται Παλάντιον, ὡς ἀπὸ τῆς ἐν Ἀρκαδίᾳ σφῶν μητροπόλεως. Νῦν μέντοι Παλάτιον ὑπὸ Ῥωμαίων λέγεται, συγχέαντος τοῦ χρόνου τὴν ἀκρίβειαν.

Les fragments nᵒ 2 et 3 de M. A. Mai se rattachent fort indirectement aux temps primitifs de Rome : j'ai pensé qu'il suffirait de les transcrire dans cette note.

une ville qui, de nos jours, forme une partie de Rome : elle reçut le nom de Pallantium, en mémoire de la ville d'Arcadie qui s'appelait ainsi : dans la suite, ce nom perdit un λ et un ν.

VIII. Énée vint de la Macédoine dans l'Italie appelée primitivement Argessa, puis Saturnie, du nom de Cronos (Saturne chez les Romains); ensuite Ausonie, de celui d'un certain Auson, et plus tard Tyrrhénie. Enfin Italus, ou l'un des taureaux de Géryon, Avant J. C. 1270.

Fr. n° 2. Λέγεται τῆς φωνῆς γενέσθαι τῷ Βάττῳ τοιόνδε ἴαμα· ἐπιόντων Κυρηναίων τὴν χώραν ἐν τοῖς ἐσχάτοις αὐτοῖς ἐρήμοις οὖσι, θεᾶται λέοντα, καὶ αὐτὸν τὸ δεῖμα ἐκ τῆς θέας βοῆσαι σαφὲς καὶ μέγα ἠνάγκασεν.

3° Τὰ ἀπὸ αἰτίας οὐδεμιᾶς δείματα, Πανικὰ ὀνομάζουσιν. Suivant Denys d'Hal., V, 16, ces terreurs sans cause étaient attribuées au dieu Faune : Τούτῳ (sous-entendu Φαύνῳ) γὰρ ἀνατιθέασι τῷ δαίμονι Ῥωμαῖοι τὰ Πανικὰ καὶ ὅσα φάσματα. Or, Faune était le même qu'Inuus ou Pan. Cf. l'Auteur du livre sur l'Orig. des Rom. IV, et les autorités citées par Arntzen, p. 11.

3. (Exc. Val. III, R. p. 2), tiré des scholies d'Is. Tzetzès sur la Cassandre de Lycophron, v. 1232. Le scholiaste ne nomme pas Dion : probablement, comme le dit Reimar, les faits ont été résumés d'après Dion; mais le style est de Tzetzès.

4. Αὐτὸς δέ, dans Tzetzès ; parce qu'Énée est nommé quelques lignes plus haut.

5. Σατυρνία, dans deux Ms. de G. Müller, Vit. 1 et Ciz.; Σατορνία, dans Denys d'Hal. A. R. I, 45.

6. Σατύρνος, dans les mêmes Ms. de G. Müller.

7. Dans les mêmes Ms : Αὐσονία, ἀπό τινος Αὔσονος.

8. Comme G. Müller, d'après ses Ms., au lieu de Τυρσηνία, qui se trouve dans Sébastien, H. de Valois, Reimar et Sturz. La leçon que j'adopte est confirmée par Apollodore, II, 5, 10 : Οὓς κτείνας διὰ Τυρρηνίας ᾔει. Cf. J. Tzetzès, Chil. 11, v. 342. J'ai déjà donné Τυρρηνίδος, au lieu de Τυρσηνίδος. Fr. III. Dans le fragment IX, je lirai Τυρρηνῶν, au lieu de Τυρσηνῶν.

9. D'après deux Ms. de G. Müller, Vit. 1 et Ciz. Dans deux autres, Vit. 2 et 3, Ἰταλίας est une faute du copiste.

12 ΔΙΩΝΟΣ ΤΟΥ ΚΑΣΣΙΟΥ ΛΕΙΨΑΝΑ.-ΒΙΒΛ. Α'-ΛϚ'.

μένων [1] παρὰ Ἡρακλέους [2], καὶ [3] ἀπὸ Ῥηγίου διανηξαμένου εἰς Σικελίαν, εἰς πεδίον Ἔρυκος, Ἐλύμων μὲν βασιλέως [4], υἱοῦ δὲ Ποσειδῶνος, Ἰταλία ἡ χώρα ἐκλήθη. Ἰταλὸν γὰρ Τυρρηνοὶ τὸν ταῦρον καλοῦσιν. Οὕτως οὖν Ἰταλία ἡ χώρα ἐκλήθη [5], ἧς πρῶτος Πῖκος [6] ἐβασίλευσεν, εἶτα υἱὸς αὐτοῦ Φαῦνος· ὅτε καὶ Ἡρακλῆς [7] ἐκεῖσε [8], μετὰ τῶν λοιπῶν τοῦ Γηρυόνου βοῶν παρεγένετο. Καὶ γεννᾷ Λατῖνον ἐκ τῆς Φαύνου γυναικὸς [9], ὃς ἐβασίλευσε τῶν ἐκεῖ, καὶ ἀπ' αὐτοῦ Λατῖνοι πάντες ἐκλήθησαν.

Πεντηκοστῷ δὲ πέμπτῳ ἔτει [10] ἀφ' Ἡρακλέους, οὗτος ὁ Αἰνείας, μετὰ τὴν τῆς Τροίας ἅλωσιν, εἰς Ἰταλίαν, ὡς ἔφημεν, καὶ Λατίνους παρεγένετο [11]· παρὰ Λαύρεντον [12]

1. Vit. 2 et 3 : Τοῦ—ἀγομένου.
2. Παρ' Ἡρακλέους, dans G. Müller.
3. G. Müller, d'après deux de ses Ms., Vit 1 et Ciz. : Καὶ ἀποσκιρτάσαντος καὶ κτλ. Les mots ἀπὸ Ῥηγίου manquent dans ces deux Ms.
4. Dans Sébastien, comme dans Potter, d'après Selden : Σολύμων βασιλέως. La correction Ἐλύμων βασιλέως, adoptée par H. de Valois, est confirmée par deux Ms. de G. Müller, Vit. 1 et Ciz., et par Apollodore, 11, 5 : Ἦλθεν εἰς πεδίον Ἔρυκος, ὃς ἐβασίλευεν Ἐλύμων. Deux autres Ms. de G. Müller, Vit. 2 et 3, donnent ἐλυμήνατο βασιλείαν, leçon vicieuse, qui a été corrigée par H. de Valois. Sur celle de Potter Σολύμων βασιλέως, il faut remarquer 1° que le ς de Σολύμων peut provenir de la répétition du ς final de Ἔρυκος, ainsi le Ms. de Munich n° 1 porte Τῆς Σκίρτας, au lieu de τῆς Κίρτα; (Exc. Peir. n° CLXVIII, R. p. 71); 2° que O, dans le même mot, est pour Є. Rien n'est plus commun que la confusion de ces deux lettres. Cf. Bast. Comment. Palæogr. p. 1010.
5. Le passage Ἰταλὸν γὰρ—ἐκλήθη manque dans deux Ms. de G. Müller, Vit 1 et Ciz. Je l'aurais supprimé, d'abord à cause de la répétition des mots Ἰταλία ἡ χώρα ἐκλήθη, ensuite parce que les mots Ἰταλὸν—καλοῦσιν ont été probablement empruntés à J. Tzetzès, l. l. v. 345 :

Οἱ Τυρρηνοὶ γὰρ Ἰταλὸν καλοῦσί πως τὸν ταῦρον.

Toutefois, comme ce passage est nécessaire pour l'étymologie du mot *Italie*, je l'ai conservé.

enlevé par Hercule et qui de Rhégium passa en Sicile, en traversant la mer à la nage, et s'avança jusque dans les campagnes d'Eryx, roi des Élymes et fils de Neptune, donna le nom d'Italie à ce pays : les Tyrrhéniens appellent le taureau Ἰταλός. Telle est l'origine de cette dénomination. Le premier roi de l'Italie fut Picus ; le second, Faunus, son fils. Sous son règne, Hercule y arriva avec le reste des taureaux de Géryon : il eut, de la fille de ce roi, Latinus qui régna sur les peuples de cette contrée : ils reçurent tous de lui le nom de Latins.

Cinquante-cinq ans s'étaient écoulés depuis Hercule, lorsque Énée, après la prise de Troie, vint, comme nous l'avons dit, en Italie, dans le pays des Latins. Il aborda près de Laurente, appelée aussi Troie, sur les

6. Πίκος, dans deux Ms. de G. Müller, Vit. 1 et Ciz.

7. Dans G. Müller : καὶ ὁ Ἡρακλῆς.

8. D'après les Ms. de Sébastien et de G. Müller, au lieu de l'ancienne leçon ἐκεῖνος.

9. Sturz donne θυγατρός, adopté par Sébastien d'après deux de ses Ms. Tous ceux de G. Müller portent γυναικός, que j'ai maintenu pour cette raison, et parce que θυγατρός n'a d'autre fondement que l'autorité de Justin, XLIII, 1 : Ex filia Fauni et Hercule, qui eodem tempore, exstincto Geryone, armenta — per Italiam ducebat, stupro conceptus Latinus procreatur. La leçon γυναικός est confirmée par Denys d'Hal. A. R. I, 43 : Λατῖνον δὲ, ἔκ τινος ὑπερβορίδος κόρης, ἣν πατρὸς εἰς ὁμηρείαν δόντος ἐπήγετο... ἐπεὶ δὲ εἰς Ἰταλίαν ἔπλει, ἐρασθεὶς ἐγκύμονα ποιεῖ· ἦν καὶ, ὅτε δὴ ἀπαίρειν εἰς Ἄργος ἔμελλε, τῷ βασιλεῖ τῶν Ἀβοριγίνων Φαύνῳ γυναῖκα ποιήσασθαι δίδωσι.

10. Ἐνιαυτῷ, dans deux Ms. de G. Müller, Vit. 1 et Ciz.

11. D'après les mêmes Ms., au lieu de παραγίνεται, donné par Sébastien et qui se trouve aussi dans H. de Valois, Reimar, Sturz. L'aoriste s'accorde mieux avec ce qui suit.

12. Dans les mêmes Ms. : Λάβρεντον, par la confusion si fréquente du β et de l'υ. Denys d'Hal. A. R. I, 45, 53, 63, et Appien I, 1, écrivent Λωρεντόν. Au lieu de παρά, Sébastien et G. Müller, d'après deux de ses Ms., Vit. 1 et Ciz., lisent περί également admissible.

δὲ προσώκειλε ¹, τὸ καὶ Τροίαν καλούμενον ², παρὰ Νουμίκιον ³ ποταμόν· ἔχων καὶ τὸν ἐκ Κρεούσης υἱὸν αὐτοῦ ⁴
Ἀσκάνιον ἢ Ἴλον ⁵. Ὅπου φαγόντων τῶν μετ' αὐτοῦ τὰς
τραπέζας σελινίνας ⁶ οὔσας, ἢ ἐκ τῶν σκληροτέρων μερῶν
τῶν ἄρτων ⁷ (οὐ γὰρ εἶχον τραπέζας), ἔτι δὲ καὶ χοίρου
λευκῆς ἀπὸ τοῦ πλοίου αὐτοῦ ἀποσκιρτησάσης ἐπὶ τὸ ἀπ'
αὐτῆς ⁸ (ὠνομασμένον) ⁹ Ἀλϐανὸν ὄρος, καὶ τριάκοντα
τετοκυίας· ἅπερ ἐδήλουν ¹⁰ ὅτι τριακοστῷ ἔτει οἱ παῖδες
αὐτοῦ ¹¹ καὶ γῆν καὶ κράτος ἄμεινον ἕξουσιν, ἐπαύθη τῆς

---

1. Vit. 2 : Προσώκησε. Vit 3 : Κατῴκησε. Zonaras, VII, 1, p. 313, éd. Ducange : Καὶ προσέσχε Λαυρέντῳ.

2. Denys d'Hal. A. R. I, 53 : Καὶ τὸ χωρίον ἐν ᾧ κατεστρατοπεδεύσαντο, ἐξ ἐκείνου Τροία καλεῖται. La même tradition est dans Appien, l. 1.

3. G. Müller : Περὶ Νουμίκιον, d'après deux de ses Ms., Vit. 1 et Ciz. Dans deux autres, Vit. 2 et 3 : Νουβίκιον, par la confusion de μ et de β. L'ancienne leçon κιον est née de la suppression des deux premières syllabes.

4. D'après Sébastien et G. Müller, au lieu de αὐτοῦ.

5. Cette leçon, donnée par Potter d'après deux Ms., a été adoptée par Sébastien et G. Müller, au lieu de Ἴλιον. Deux Ms. de G. Müller portent Ἴλλον. Sur les mots écrits par deux λ, quand il n'en faudrait qu'un et réciproquement, cf. M. Boissonade, Notices des Ms., t. XII, p. 16, n° 4. H. de Valois donne Ἰουλον.

6. Cette leçon est confirmée par Denys d'Hal. A. R., I, 55 : Ἔπειτα ἄριστον αἱρουμένοις αὐτοῖς ἐπὶ τοῦ δαπέδου, σέλινα μὲν πολλοῖς ὑπέστρωτο, καὶ ἦν ταῦτα ὥσπερ τράπεζα τῶν ἐδεσμάτων· ὡς δὲ φασί τινες, ἴτρια καρποῦ πεποιημένα πυρίνου, καθαρότητος ταῖς τροφαῖς ἕνεκα. Ἐπεὶ δὲ αἱ παρατεθεῖσαι τροφαὶ κατανάλωντο, καὶ τῶν ὑπεστρωμένων αὐτοῖς σελίνων εἴτε ἰτρίων ἔφαγέ τις, καὶ αὖθις ἕτερος..... ἅπαντες ἀνεθορύβησαν, ὡς τὰ πρῶτα τοῦ μαντεύματος ἤδη σφίσι τέλος ἔχοι. Ἦν γάρ τι θέσφατον αὐτοῖς, ὡς μέν τινες λέγουσιν ἐν Δωδώνῃ γενόμενον· ὡς δ' ἕτεροι γράφουσιν, ἐν Ἐρυθραῖς σχεδίῳ τῆς Ἴδης, ἔνθα ᾤκει Σίϐυλλα ἐπιχωρία νύμφη χρησμῳδός, ἣ αὐτοῖς ἔφρασε πλεῖν ἐπὶ δυσμῶν ἡλίου, ἕως ἂν εἰς τοῦτο χωρίον ἔλθωσιν, ἐν ᾧ κατεδοῦνται τὰς τραπέζας.

L'Auteur du Liv. sur l'Orig. des Rom. rapporte aussi deux traditions ; l'une, ch. X, éd. Arntzen : « Navibus egressum, in littore accubuisse, con-

bords du fleuve Numicius, avec son fils Ascagne ou Ilus qu'il avait eu de Créuse. Là, tandis que ses compagnons mangeaient l'ache, ou la partie la plus dure des pains qui leur servaient de tables (ils n'en avaient pas une seule); une truie blanche s'élança de son vaisseau vers un mont, qui prit d'elle le nom de Mont Albain. Elle mit bas trente petits, présage certain qu'au bout de trente ans, les descendants d'Énée seraient maîtres de ce pays, où ils exerceraient une domination mieux établie. Guidé par ce présage, il mit un

---

sumtoque quod fuerat cibi, crustam etiam de farreis mensis quas sacratas secum habebat, comedisse; » l'autre, ch. XII : « At vero Domitius, non orbes farreos, ut supra dictum est, sed mensarum vice, sumendi cibi gratia, *apium cujus maxima erat ibidem copia fuisse substratum, quod ipsum consumtis aliis eduliis eos comedisse :* ac post subinde intellexisse illas esse mensas, quas illos comesturos prædictum esset. »

Il n'y a donc rien à changer dans le texte. Reimar propose pourtant σηλίνας τραπέζας, et Sturz : Σεληναίας τραπέζας — *placentas quæ lunæ formam referebant,* d'après Toup, *Emendat.* in Suid. I, p. 56, Oxon. 1790. Heyne combat cette conjecture, Excurs. II, ad Virg. Æn. VII, p. 117.

La seconde tradition, racontée par notre abréviateur, ἢ ἐκ τῶν σκληροτέρων μερῶν τῶν ἄρτων, concorde avec Denys d'Hal. l. l. : ἴτρια καρποῦ πεποιημένα πυρίνου, et avec Strabon, XIII, p. 418, éd. Casaub., 1587 : Ἄρτου μεγάλου τεθέντος ἀντὶ τραπέζης, κατὰ ἀπορίαν, καὶ ἅμα ἀναλωθέντος τοῖς ἐπ' αὐτῷ κρέασιν.

7. Τοῦ ἄρτου, dans deux Ms. de G. Müller, Vit. 2 et 3.

8. Comme dans Sébastien et G. Müller, s.-entendu χοίρου λευκῆς. Reimar préfère cette leçon à celle de H. de Valois, ἀπ' αὐτοῦ.

9. Ajouté par Sébastien, d'après trois de ses Ms.

10. Ἥπερ ἐδήλου, dans deux Ms. de G. Müller, Vit. 1 et Ciz. Denys d'Hal. rapporte le même fait, A. R. 1, 56 : Μετὰ δὲ τοσούτους ἐνιαυτοὺς ὅσους ἂν ἡ ὗς τέκῃ χοίρους, κτισθήσεσθαι πρὸς τῶν ἐξ ἐκείνου γενησομένων πόλιν ἑτέραν εὐδαίμονα καὶ μεγάλην.

11. Ce mot est omis dans les mêmes Ms.

ἀλητείας ¹, ἐκ χρησμοῦ τοῦτο προακηκοὼς, θύσας δὲ καὶ τὴν χοῖρον, παρεσκευάζετο κτίζειν πόλιν ².

Ὁ δὲ Λατῖνος τοῦτον οὐκ εἴα· ἡττηθεὶς δὲ πολέμῳ, δίδωσιν Αἰνείᾳ πρὸς γάμον Λαβινίαν ³ τὴν αὐτοῦ θυγατέρα. Αἰνείας δὲ κτίσας πόλιν, Λαβίνιον ⁴ ὠνόμασε. Λατίνου δὲ καὶ Τύρνου ⁵ τοῦ Ῥουτούλων ⁶ βασιλέως πολέμῳ ὑπ' ἀλλήλων ἀποθανόντων, Αἰνείας ἐβασίλευσεν. Ἀνῃρημένου δὲ καὶ Αἰνείου ἐν Λαβρεντίνῳ πολέμῳ ⁷ ὑπὸ τῶν αὐτῶν Ῥουτούλων καὶ Μεζεντίου ⁸ τοῦ Τυρρηνοῦ, ἐγκύου οὔσης τῆς Αἰνείου γυναικὸς Λαβινίας ⁹, Ἀσκάνιος ὁ ἐκ Κρεούσης παῖς βασιλεύει. Ὃς καὶ τὸν Μεζέντιον πολέμῳ συμβαλόντα ¹⁰ νικᾷ τελέως, μὴ δεχόμενον τὰς πρεσβείας, ἀλλὰ τὰ ¹¹ τοῦ Λατίνου πάντα εἰς ἐτήσιον δασμὸν ζητοῦντα ¹². Αὐξηθέντες δὲ οἱ Λατῖνοι, ἐπεὶ καὶ τὸ τριακοστὸν ἔτος ἐνέστη ¹³ [τὸ τῆς χοίρου αἴνιγμα], Λαβινίου μὲν ὑπερ-

---

1. Ἄλης dans un Ms. de G. Müller, Vit 3. Le même, au lieu de προακηκοώς, porte ἀκηκοώς, par l'omission de la préposition, suivant l'usage des copistes.
2. Dans deux Ms. de G. Müller, Vit. 1 et Ciz. : Παρεσκευάζετο κτίσαι. Dans deux autres, Vit. 2 et 3 : Παρεσκευάσατο κτίσκειν.
3. Λαβιννίαν, Vit. 1 et Ciz.; Λαβίναν, Vit. 3.
4. Au lieu de Λαβινίαν. Cf. Denys d'Hal. l. l. 45, et Zonaras l. l., p. 313, éd. Du C.
5. De même dans Denys d'Hal., A. R. I, 64. Τούρνου, dans deux Ms. de G. Müller, Vit. 1 et Ciz. Τουρήνου, dans deux autres, Vit. 2 et 3, variante fautive.
6. Ῥουτούλου, Vit. 2 et 3.
7. D'après deux Ms. de G. Müller, Vit. 1 et Ciz. Un autre Vit. 3 fournit une très-bonne variante, πολέμῳ ἐν Λαβρέντῳ — *bello ad Laurentum*. La leçon ἐν Λαυρέντῳ πολέμῳ, qui se trouve dans H. de Valois, Reimar et Sturz, est aussi dans Sébastien.
8. Μαξεντίου et Μεξεντίου, un peu plus loin, sont également fautifs dans Sébastien. La leçon que j'adopte avec G. Müller, d'après deux de ses

terme à sa vie errante, immola cette truie et se pré-
para à bâtir une ville.

Latinus ne le permit pas : il fit la guerre ; mais il
fut vaincu et donna la main de Lavinie, sa fille, à
Énée qui fonda une ville et la nomma Lavinium. Latinus et Turnus, roi des Rutules, s'arrachèrent mutuellement la vie, en combattant l'un contre l'autre :
Énée devint roi. A son tour, il succomba près de Laurente, dans une guerre contre ces mêmes Rutules et le
Tyrrhénien Mézence : Lavinie, son épouse, était alors
enceinte. Ascagne, fils de Créuse, régna : il remporta
une victoire décisive sur Mézence qui, après avoir refusé
de recevoir ses ambassadeurs, lui avait déclaré la guerre
et voulait soumettre à un tribut annuel tous les états de
Latinus. Les Latins grandirent en nombre et en puissance : lorsqu'arriva la trentième année, indiquée par
la truie mystérieuse, ils dédaignèrent Lavinium et bâ-

Ms. Vit. 1 et Ciz., correspond à *Mezentius* de Virgile. H. de Valois, Reimar et Sturz lisent aussi Μεζέντιος. Dans Denys d'Hal. A. R. 1, 64-65,
Sylburg donne Μεσέντιος.

9. Sébastien et G. Müller, avec tous leurs Ms., ajoutent τὸν Σίλβιον
après Λαβινίας, accusatif qui s'explique sans difficulté par l'emploi
de ἔγκυον εἶναι υἱόν — *in utero gestare filium.* Cf. Tzetzès, scholies sur le vers 401 : Ὕστερον δὲ τοῦ Διὸς συγγενομένου τῇ Λητοῖ καὶ
ποιήσαντος αὐτὴν ἔγκυον Ἄρτεμιν καὶ Ἀπόλλωνα κτλ. Au lieu de ἐγκύου,
trois Ms., Vit. 1, 3 et Ciz., portent ἐγγύου.

10. Συμβάλλοντα, Vit. 1 et Ciz., peut se défendre par les deux présents
δεχόμενον — ζητοῦντα, mais συμβαλόντι est une faute dans deux autres,
Vit. 2 et 3.

11. L'article τὰ est nécessaire : il manque dans les Ms. de G. Müller. L'un
de ces Ms., Vit. 3, omet en outre les mots πάντα εἰς.

12. J'aurais adopté volontiers αἰτοῦντα, donné par H. de Valois, si
cette leçon se trouvait dans quelque Ms.

13. Reiske avait deviné que l'ancienne leçon ἀνέστη doit être remplacée

εφρόνησαν [1], Ἄλβαν δὲ Λόγγαν ἑτέραν πόλιν ἔκτισαν ἀπὸ τῆς χοίρου [2], τουτέστι Λευκὴν Μακράν, καὶ τὸ ἐκεῖσε ὄρος Ἀλβανὸν ἐκάλεσαν ὁμοίως· τὰ δὲ ἐκ Τροίας ἀγάλματα μόνα πρὸς τὸ Λαβίνιον δεύτερον [3] ὑπεστράφησαν. Μετὰ δὲ τὴν [4] Ἀσκανίου τελευτὴν οὐχ ὁ Ἀσκανίου παῖς [5] Ἰοῦλος ἐβασίλευσεν, ἀλλ' ὁ ἐκ Λαβινίας Αἰνείου υἱὸς Σίλβιος, ἢ κατά τινας Ἀσκανίου υἱὸς Σίλβιος· Σιλβίου πάλιν ἄλλος Αἰνείας [6], οὗ Λατῖνος, οὗ Κάπυς· Κάπυος δὲ παῖς Τιβερῖνος, οὗ Ἀμούλιος, οὗ Ἀβεντῖνος [7].

Μέχρι τούτου τὰ περὶ Ἄλβης καὶ Ἀλβανῶν. Τὰ δὲ περὶ Ῥώμης ἐντεῦθεν. Ἀβεντῖνος γεννᾷ Νομήτορα [8] καὶ Ἀμούλιον [9]. Βασιλεύοντα δὲ τὸν Νομήτορα ὁ Ἀμούλιος

par ἐνέστη. Sa conjecture est confirmée par les Ms. de G. Müller. H. de Valois et Reimar donnent ἀνέστη, comme Sébastien. Sturz respecte cette leçon dans son texte; mais dans une note, il propose de lui substituer ἀνέστησε, ou ἀνίστη — *in memoriam revocavit*.

J'adopte ἐνέστη, très-bon pour le sens, et je place entre parenthèses les mots τὸ τῆς χοίρου αἴνιγμα que G. Müller regarde avec raison comme une glose, et qui manquent dans tous ses Ms. : je ne sais même, s'il ne vaudrait pas mieux les supprimer.

1. Zonaras, l. l. p. 313, éd. Du C. : Τὴν μὲν πόλιν τὸ Λαουΐνιον οἱ πλείονες ἐκλελοίπασιν.

2. Sébastien a eu tort d'omettre les mots ἑτέραν — χοίρου. Dans deux Ms., Vit. 2 et 3, ἑτέρας πόλεις est une leçon vicieuse. Je donne ce passage, comme H. de Valois, Reimar et Sturz; parce qu'il peut rigoureusement s'entendre. Zonaras, l. l., est plus explicite et plus clair : Ἑτέραν (sous-entendu πόλιν) δ' ἐν ἀμείνονι χώρᾳ ἀντῳκοδόμησαν, ἣν Ἄλβαν ἐκ τῆς λευκότητος, καὶ ἀπὸ τοῦ μήκους Λόγγαν ἐπωνόμασαν· εἴποιεν ἂν Ἕλληνες λευκὴν καὶ μακράν. Wagner l'a suivi dans sa traduction : *Sie bauten also eine andere Stadt*, Alba Longa *genannt, das ist, die weisse, von der Farbe des Mutterschweins, und die lange, von ihrer Lage*.

3. J'ajoute δεύτερον d'après Selden et cinq Ms. de Sébastien. Deux de G. Müller, Vit. 1 et Ciz., portent δευτέρως, deux autres, Vit. 2 et 3 : β.

tirent une autre ville, appelée Albe la Longue, c'est-à-dire Λευκὴν Μακρὰν, à l'occasion de cette truie qui fit donner aussi à une montagne voisine le nom de Mont Albain. Les statues des Dieux, emportées de Troie, retournèrent seules à Lavinium. Après la mort d'Ascagne régna, non pas Iule, son fils; mais Silvius, fils d'Énée et de Lavinie; ou suivant d'autres, Silvius, fils d'Ascagne. Silvius eut pour fils le second Énée; celui-ci Latinus; Latinus Capys; Capys Tiberinus; Tiberinus Amulius; Amulius Aventinus.

Jusqu'à présent il a été question d'Albe et des Albains : ici commence l'histoire de Rome. Aventinus eut deux fils, Numitor et Amulius, qui détrôna

---

4. Cet article est nécessaire ; je le donne avec Sébastien et G. Müller : il manque dans H. de Valois, Reimar et Sturz.

5. D'après deux Ms. de G. Müller, Vit. 2 et 3. Cependant, il lit ὁ αὐτοῦ παῖς, comme Sébastien.

6. Leçon de Sébastien et de G. Müller. Voici la note de ce dernier à propos des variantes de ses Ms. pour ce passage : Αἰνείου — Σίλβιος. Sic etiam Vit. 1 et Ciz. Sed Vit. 2 et Ciz. modo ὁ ἐκ Λαβινίας, omissis præterea sqq. ἢ κατὰ — ἄλλος Αἰνείας. Et. not. 64 : ἄλλος abest a Ciz. et Vit. 1.

7. Cette généalogie est incomplète. Appien I, 2, la donne plus exactement : Ἀσκανίου δὲ τελευτήσαντος ..... ἐκδέχεται τὴν ἀρχὴν Σιλούϊος. Καὶ Σιλουΐου παῖδα Αἰνείαν Σιλούϊόν φασιν, Αἰνείου δὲ Λατῖνον Σιλούϊον, τοῦ δὲ Κάπυν, Κάπυος δὲ Κάπετον γενέσθαι· Καπέτου δὲ Τιβερῖνον, τοῦ δὲ Ἀγρίππαν, τοῦ δὲ Ῥωμῦλον· καὶ τόνδε μὲν βληθῆναι κεραυνῷ· οὗ γενέσθαι παῖδα Ἀβεντῖνον, Ἀβεντίνου δὲ Προκᾶν γενέσθαι. Καὶ πᾶσι δὲ τὸ Σιλούϊον ἐπώνυμον ἦν. Τῷ δὲ Προκᾷ δύο ἐγενέσθην υἱοί · πρεσβύτερος μὲν Νεμέτωρ, νεώτερος δὲ Ἀμούλιος. Cf. Denys d'Hal. A. R. I, 71 : Σιλουΐου δ' ἑνὸς δέοντα — δύο καὶ τετταράκοντα ἔτη δυναστεύει, et le Catalogue des rois d'Albe par Sylburg, d'après Tite-Live, Ovide, Denys d'Hal. et Eusèbe, dans ses notes sur Denys, p. 11.

8. Comme dans Plutarque, Romulus, VII. Denys d'Hal. A. R. l. l., et suiv., l'appelle Νομίτωρ. Appien : Νεμέτωρ, l. l.

9. Sébastien et G. Müller, d'après Selden et Potter : Καὶ Ἀμούλιον, ἣ

20   ΔΙΩΝΟΣ ΤΟΥ ΚΑΣΣΙΟΥ ΛΕΙΨΑΝΑ. ΒΙΒΛ. Α-ΛϚ.

ἐξήλασε, καὶ Αἰγέστην [1] τὸν Νομήτορος υἱὸν ἐν κυνηγεσίῳ ἀναιρεῖ. Τὴν δὲ ἀδελφὴν Αἰγέστου, θυγατέρα δὲ τοῦ προρρηθέντος Νομήτορος Σιλουΐαν ἢ Ῥέαν Ἰλίαν [2], ἱέρειαν τῆς θεᾶς [3] Ἑστίας ποιεῖ, ὡς ἂν παρθένος διαμείνῃ. Ἐδεδίει γάρ τινα χρησμὸν λέγοντα, ὑπὸ τῶν Νομήτορος παίδων αὐτὸν ἀναιρεθήσεσθαι. Διά τοι τοῦτο τὸν μὲν Αἰγέστην ἀνεῖλε· τὴν δὲ, ἱέρειαν τῆς Ἑστίας ἐποίησεν, ὅπως παρθένος καὶ ἄπαις διαμείνῃ. Ἡ δὲ ἐν Ἄρεος ἄλσει ὑδρευομένη [4] ἔγκυος γίγνεται [5], καὶ γεννᾷ Ῥωμύλον καὶ Ῥῶμον. Καὶ τήνδε μὲν ἐξαιτεῖται μὴ ἀποθανεῖν ἡ τοῦ Ἀμουλίου θυγάτηρ [6]· τὰ δὲ βρέφη Φαυστύλῳ [7] ποιμένι, Λαυρεντίας [8] ἀνδρὶ, ἔδοντο [9] ῥῖψαι πρὸς τὸν Τίβεριν ποταμόν. Ἃ ἡ τούτου γυνὴ λαβοῦσα ἀνέτρεφεν · ἔτυχε γὰρ αὐτὴν τότε νεκρὸν βρέφος τεκεῖν.

Αὐξηθέντες δὲ ὁ Ῥωμύλος καὶ Ῥῶμος ἐποίμαινον κατὰ τοὺς Ἀμουλίου ἀγρούς. Ἀνελόντες δέ τινας τῶν τοῦ πάππου Νομήτορος ποιμένων, ἐπετηροῦντο. Κατασχεθέν-

---

κατά τινας, τὸν Πρόκαν (ou Προκᾶν). Τοῦ Πρόκα (ou Προκᾶ) δὲ τούτου λέγουσι παῖδας τούτων τὸν Νομήτορα καὶ Ἀμούλιον. C'est la généalogie, suivie par Appien. Toutefois, comme le passage ἢ κατά τινας — καὶ Ἀμούλιον n'est pas donné par les Ms., je n'ai pas cru devoir l'insérer dans le texte.

1. Ἀγέστην est une faute dans deux Ms. de G. Müller, Vit. 2 et 3. Denys d'Hal. A. R. I, 76 le nomme Αἴγεστον.

2. D'après Denys d'Hal. l. l., Plutarque, 1. l. 111, et les Ms. de G. Müller, au lieu de Ἰλείαν. Sébastien lit aussi Ἰλίαν.

3. Θεᾶς manque dans Denys d'Hal. et dans les Ms. de G. Müller.

4. Ἀρδευομένη dans deux Ms. de G. Müller, Vit. 1 et Ciz., variante qui ne manque pas de probabilité. J'ai conservé ὑδρευομένη d'après Denys d'Hal., l. l. 76 : Ὕδατος ἁγνοῦ κομιδῆς ἕνεκα.

Numitor et tua Ægeste, son fils, à la chasse. Quant à
la sœur d'Ægeste, fille du même Numitor et qui s'appelait Silvia ou Rhéa Ilia, il en fit une prêtresse de
Vesta, pour l'astreindre à la virginité : il craignait un
oracle qui avait prédit qu'il serait assassiné par les enfants du Numitor. Il fit donc périr Ægeste et consacra
sa sœur à Vesta, afin qu'elle restât fille et sans enfants ;
mais étant allée chercher de l'eau dans un bois consacré
à Mars, elle devint enceinte et mit au monde Romulus et Rémus. La fille d'Amulius sauva Ilia par ses
prières : les deux jumeaux furent remis au berger
Faustulus, mari de Laurentia, pour être jetés dans le
Tibre. Sa femme, récemment accouchée d'un enfant
mort, les recueillit et les nourrit.

Devenus grands, Romulus et Rémus gardaient des
troupeaux dans les terres d'Amulius : ils tuèrent quelques
bergers de leur aïeul Numitor et se virent, dès lors, en butte
à mille piéges. Rémus fut pris : aussitôt Romulus cou-

---

5. Sans entrer dans aucun détail sur γίνομαι et γίγνομαι, attendu que
la question est complétement traitée dans le *Thes. gr. ling.* de H. Etienne, t. I, p. 620 et suiv. de l'édition Didot, j'avertis une fois pour toutes
qu'ici et ailleurs j'adopte la forme γίγνομαι, donnée par les plus anciens
et les meilleurs Ms. de Dion.

6. Θυγατέρα est une faute dans les Ms. Vit. 1 et Ciz.

7. Ici et plus bas, d'après Denys d'Hal., Plutarque, l. l. IV, et deux Ms.
de G. Müller, je lis Φαυστύλῳ, au lieu de Φαιστύλῳ conservé par Sébastien,
H. de Valois, Reimar et Sturz.

8. Plutarque, l. l. l'appelle Ἄκκα Λαρεντία.

9. Ἔδωκε, sous-entendu Ἀμούλιος, dans les Ms. Vit. 1 et Ciz. : ἔδοντας
ῥίζας dans deux autres, Vit. 2 et 3, est une énorme faute du copiste.

22 ΔΙΩΝΟΣ ΤΟΥ ΚΑΣΣΙΟΥ ΛΕΙΨΑΝΑ. ΒΙΒΛ. Α-ΛϚ.

τος δὲ τοῦ Ῥώμου, δραμὼν ὁ Ῥωμύλος τῷ Φαυστύλῳ λέγει, καὶ ὃς δραμὼν τῷ Νομήτορι πάντα διηγεῖται. Τέλος ἔγνω Νομήτωρ τῆς θυγατρὸς αὐτοῦ παῖδας ὄντας [1] αὐτούς. Οἱ δὲ συναραμένων [2] πολλῶν ἀναιροῦσι τὸν Ἀμούλιον. Τῷ δὲ Νομήτορι πάππῳ αὐτῶν τὴν βασιλείαν τῆς Ἄλβης παρασχόντες [3], αὐτοὶ τὴν Ῥώμην κτίζειν ἀπήρξαντο, ὀκτωκαιδεκάτῳ [4] ἔτει τῆς Ῥωμύλου ἡλικίας. Πρὸ δὲ τῆς μεγάλης ταύτης Ῥώμης [5], ἣν ἔκτισε Ῥωμύλος περὶ τὴν Φαυστύλου οἰκίαν [6], ἐν ὄρει Παλατίῳ [7], τετράγωνος ἐκτίσθη Ῥώμη παρὰ Ῥώμου καὶ Ῥωμύλου [8] παλαιωτέρων [9] τούτων.

IX. Ὅτι [10] περὶ τῶν Τυρῥηνῶν [11] φησιν ὁ Δίων· Ταῦτα γὰρ καὶ προσῆκεν ἐνταῦθα τοῦ λόγου περὶ αὐτῶν γεγράφθαι· καὶ ἄλλο τι [12], καὶ αὖθις αὖ ἕτερον ὅτῳ ποτ' ἂν δι-

1. Omis dans deux Ms. de G. Müller, Vit. 2 et 3. Deux autres, Vit. 1 et Ciz., portent εἶναι.
2. Συνδραμόντων, Vit. 3.
3. Παραλαβόντες, Vit. 3.
4. Δωδεκάτῳ, Vit. 2 et 3, faute du copiste.
5. Omis dans deux Ms. de G. Müller, Vit. 2 et 3.
6. Οἰκείαν, dans Sébastien, par la perpétuelle confusion de ι et de ει.
7. Παλαντίῳ, Vit. 1 et Ciz., comme dans Denys d'Hal. A. R. 1, 31. Cf. Fr. VII, p. 8, et Virg. Æn. VIII, 54.
8. La leçon παρὰ Ῥώμου ἢ Ῥώμους de H. de Valois, conservée par Reimar et Sturz, n'était pas satisfaisante. J'adopte celle que G. Müller doit à deux de ses Ms., Vit. 1 et 2. Sébastien, d'après trois des siens, donne παρὰ Ῥωμύλου ἢ Ῥώμου, variante qui se rapproche beaucoup de ma leçon.
9. D'après les mêmes Ms. de G. Müller : deux autres, Vit. 2 et 3, portent παλαιοτέρα, qui peut s'admettre avec l'ellipse de Ῥώμη. Sébastien conserve l'ancienne leçon παλαιοτέρου, comme dans H. de Valois, Reimar et Sturz.
10. (Exc. Vat. II. A. M. p. 136, éd. Rom.)
11. Le Ms. du Vatic. porte Τυρσηνῶν, conservé par M. A. Mai, qui invo-

rut annoncer la captivité de son frère à Faustulus qui, à son tour, s'empressa de tout raconter à Numitor. Celui-ci finit par reconnaître en eux les enfants de sa fille. Romulus et Rémus, à la tête d'une troupe nombreuse, massacrèrent Amulius, rendirent à Numitor, leur aïeul, la royauté d'Albe, et commencèrent à bâtir Rome : Romulus alors était âgé de dix-huit ans. Avant cette grande Rome, élevée par Romulus, près de la demeure de Faustulus, sur le mont Palatin, une autre qui avait la forme d'un carré, fut fondée par Rémus et Romulus, beaucoup plus anciens.

IX. Dion dit au sujet des Tyrrhéniens : « Je devais « placer dans cette partie de mon ouvrage ce que je « viens de raconter sur ce peuple : je rapporterai de « même, dans le moment convenable, tels et tels au-

---

que en faveur de cette leçon Denys d'Hal. A. R. I, 26 : Τυῤῥηνοί : .... Τύρσεις γὰρ καὶ παρὰ Τυῤῥηνῶν αἱ ἐντείχιοι καὶ στεγαναὶ οἰκήσεις ὀνομάζονται, ὥσπερ παρ' Ἕλλησιν. Mais Denys, malgré cette étymologie, se sert toujours de la forme Τυῤῥηνοί. J'ai cru devoir l'imiter. Zonaras emploie indifféremment Τυῤῥηνοὶ et Τυρσηνοί.

12. M. A. Mai lit ἀλλ' ὅτι et traduit : *Immo rursus quidvis aliud historiæ contextus rerum copiam recte ordinans postulabit, suo tempore dicetur.* Je remplace ἀλλ' ὅτι par ἄλλο τι, d'après M. F. R. C. Krebs, *Lect. Diodor., Hadamariæ et Weilburgi*, 1842, p. 136-137. Cette correction me paraît indubitable. Ailleurs, Exc. Vat. p. 533, éd. Rom., M. A. Mai, dans un fragment tiré du *Floril. Vat.*, lit ἀλλ' ὅ τι ᾖ, là où l'Éditeur de Leipzig propose avec raison : ἄλλο τι ᾖ. Dans la version de M. Krebs, *Hæc enim hoc loco orationis meæ de illis scripta esse oportebat, et si quid est aliud, et rursum si quid aliud præterea, in quod fortasse oratio mea inciderit, id suo tempore narrabitur*, les mots τὸ λιπαρὸν εὐτρεπίζουσα ne sont pas traduits. De plus *oratio mea* ne rend pas διέξοδος τῆς συγγραφῆς dont le sens est déterminé par deux passages de Dion : 1° Liv. LIII, 12 : Καὶ τοῦτο μὲν καὶ ἐπ' ἄλλων ἐθνῶν μετὰ ταῦτα ἐπράχθη, ὥς που καὶ ἡ διέξοδος τοῦ λόγου δηλώσει — *sic ut id perspicuum faciet operis mei processus*; 2° Liv. LXVI, 26, à la fin : Οἷον ἡ διέξοδος τοῦ

ἔξοδος τῆς συγγραφῆς τὸ λιπαρὸν εὐτρεπίζουσα προστύχῃ, κατὰ καιρὸν εἰρήσεται· τὸ δ' αὐτὸ τοῦτο καὶ περὶ τῶν ἄλλων τῶν ἀναγκαίων ἀρκούντως ἔχει [1]· τὰ μὲν γὰρ τῶν Ῥωμαίων πάντα κατὰ δύναμιν ἐπέξειμι, τῶν δὲ δὴ λοιπῶν τὰ πρόσφορα αὐτοῖς μόνα γεγράψεται.

X. Οὐ γάρ ἐστιν [2] οὔτε προϊδέσθαι πάντα ἀνθρώπῳ ὄντι, οὔτ' ἀποτροπὴν τῶν ἀναγκαίως ἐσομένων εὑρεῖν· * τιμωρούς τινας τῆς ἀδικίας αὐτοῦ ἐκ τῆς κόρης ἐκείνης [3] γεννηθῆναι.

XI. Ὅτι [4] στασιάσαντες πρὸς ἀλλήλους Ῥέμος [5] καὶ Ῥωμύλος· *Ἔκδημον [6] ἐποίησαν.

Ὅτι τινὲς καὶ πάνυ ἀσφαλέστερον τοὺς κινδύνους τῶν εὐτυχιῶν συνδιαφέρουσιν.

Καὶ αὐτοί τε ἐξέμαθον καὶ τοὺς ἄλλους ἐξεδίδαξαν.

Ὅτι οὔθ' οἱ τιμωρούμενοί τινας κατορθοῦσι πάντως, ὅτι προηδίκηνται, οὔθ' οἱ παρὰ τῶν κρειττόνων ἀπαιτοῦντές τινα ἀπολαμβάνουσιν αὐτά, ἀλλὰ πολλάκις καὶ τὰ λοιπὰ προσαπολλύουσιν.

λόγου δηλώσει. Quant à τὸ λιπαρὸν εὐτρεπίζουσα, ces mots me semblent signifier tout simplement, *narrationis contextum valde exornans*.

1. Ἀρκούντως ἔχοντες, dans M. A. Mai : ce participe ne peut se construire avec le reste de la phrase. Je lis ἀρκούντως ἔχει — *id satis est*. Thucydide que Dion imite avec prédilection employe souvent cette locution; 1, 22 : Ὠφέλιμα κρίνειν αὐτὰ ἀρκούντως ἕξει, — VI, 100 : Ἐπειδὴ δὲ τοῖς Συρακοσίοις ἀρκούντως ἐδόκει ἔχειν ὅσα τε ἐσταυρώθη κτλ.

2. (Exc. Vat. II, A. M. p. 136, éd. Rom.)

3. Rhéa Silvia, mère de Romulus et Rémus, qui firent périr Amulius et rendirent le trône à Numitor, leur aïeul.

« tres faits qui, amenés par la suite de ma narration,
« pourront en orner le tissu. Il suffira d'en faire autant
« pour toutes les digressions qui seront nécessaires; car
« je compose, suivant mes moyens, une histoire com-
« plète des Romains : pour les autres peuples, je me
« bornerai à ce qui aura quelque rapport avec cette
« histoire. »

X. Il n'est donné à l'homme ni de tout prévoir, ni de trouver un moyen d'éviter ce qui doit nécessairement arriver.* De cette jeune fille naquirent les vengeurs du crime d'Amulius.

XI. La discorde éclata entre Rémus et Romulus *. Les Romains bannirent le meurtrier de Rémus.

Pour certains hommes, les positions les plus critiques sont moins dangereuses que la prospérité.

Ils s'instruisirent eux-mêmes et ils instruisirent les autres.

Ceux qui se vengent n'arrivent jamais à une satisfaction complète, à cause du mal qu'ils ont d'abord souffert; et ceux qui redemandent à un homme plus puissant qu'eux ce qu'il leur a ravi, bien loin de l'obtenir, perdent souvent même ce qui leur restait encore.

---

4. (Exc. Vat. II, A. M. p. 136, éd. Rom.) « Hæc, dit l'illustre Éditeur, et sequentes dictiones solitatim ab Eclogario delectæ fuerunt, non historiæ, sed sentenṭiæ ratione habita. »

5. Denys d'Hal. A. R. I, 79 et suiv.; Plutarque, Romul. VI et suiv.; Appien, 1, 2, l'appellent Ῥῶμος. L'écriture Ῥέμος, calquée sur le latin, est plus conforme à l'étymologie. « Alterum vero *Remum* dictum, videlicet a tarditate, quippe talis naturæ homines ab antiquis *remores* dicti, » dans l'Auteur du Liv. sur l'Orig. des Rom., ch. xxi, éd. Arntzen. Cf. Festus, au mot *Remores*.

6. Nul doute qu'il ne soit question de Celer, le meurtrier de Remus qui

XII. Ὅτι Ῥωμύλος [1] ἐπὶ τοῦ Παλλαντίου [2] τὸ τῆς μελλούσης ἔσεσθαι Ῥώμης σχῆμα διαγράφων [3], ταῦρον δαμάλει συνέζευξε [4]· τὸν μὲν ταῦρον ἔξω πρὸς τὸ πεδίον νεύοντα, τὴν δὲ δάμαλιν πρὸς τὴν πόλιν· συμβολικῶς διὰ τούτων εὐχόμενος, τοὺς μὲν ἄνδρας φοβεροὺς εἶναι τοῖς ἔξω, τὰς δὲ γυναῖκας γονίμους καὶ πιστὰς οἰκουρούς· εἶτα βῶλον λαβὼν ἔξωθεν ἔσω ῥίπτει τῆς πόλεως, εὐχόμενος ἀπὸ τῶν ἀλλοτρίων τὰ ταύτης αὔξειν.

XIII. Ὅτι ἡ Ἑρσιλία [5] καὶ αἱ ἄλλαι ὁμόφυλοι γυναῖκες τηρήσασαί ποτε ἀντιπαρατεταγμένους σφᾶς κατέδραμον ἀπὸ τοῦ Παλατίου μετὰ τῶν παιδίων· ἤδη γάρ τινα ἐγεγένητο· καὶ ἐς τὸ μεσαίχμιον ἐξαπίνης εἰσπεσοῦσαι πολλὰ καὶ οἰκτρὰ καὶ εἶπαν καὶ ἐποίησαν· ποτὲ μὲν γὰρ πρὸς τούτους, ποτὲ δὲ πρὸς ἐκείνους βλέπουσαι· τί ταῦτα, ἔφασαν, ποιεῖτε πατέρες; τί ταῦτα ἄνδρες; μέχρι ποῦ μαχεῖσθε; μέχρι ποῦ μισήσετε ἀλλήλους; καταλλάγητε τοῖς γαμβροῖς, καταλλάγητε τοῖς πενθεροῖς· φείσασθε πρὸς τοῦ Πανὸς [6] τῶν τέκνων, φείσασθε πρὸς τοῦ Κυρίνου [7] τῶν

---

fut contraint de s'éloigner de sa patrie. Plutarque, l. l. X : Τέλος δὲ, διαλλόμενον αὐτὸν, οἱ μὲν, αὐτοῦ Ῥωμύλου πατάξαντος, οἱ δὲ, τῶν ἑταίρων τινὸς Κέλερος, ἐνταῦθα πεσεῖν λέγουσιν.... Ὁ μὲν οὖν Κέλερ εἰς Τυρρηνίαν μετέστη, καὶ ἀπ' ἐκείνου τοὺς ταχεῖς οἱ Ῥωμαῖοι καὶ ὀξεῖς κέλερας ὀνομάζουσιν. Cf. Krebs, l. l. p. 137.

1. (Exc. Vat. A. M. p. 527-528, éd. Rom.)
2. Cf. le fragment VII, relatif à Évandre, p. 8.
3. Ce qui s'appelait *Primigenius sulcus*. Paul Diacre p. 236, Müll. : « Primigenius sulcus dicitur, qui in condenda nova urbe, tauro et vacca designationis causa imprimitur. »
4. D'après un usage venu de l'Etrurie, Varron L. L. V, 142, éd. de M. Egger : « Oppida condebant in Latio, Etrusco ritu, ut multa, id est junctis bo-

XII. Romulus, traçant sur le mont Palatin la figure de Rome qu'il allait fonder, attacha au même joug un taureau et une génisse : le taureau penchait hors de l'enceinte, du côté de la plaine ; la génisse penchait du côté de la ville. Par ce symbole, Romulus exprimait le vœu que les hommes fussent redoutables aux étrangers, les femmes fécondes et vouées aux soins domestiques. Il prit ensuite, hors de l'enceinte, une motte de terre qu'il jeta en dedans, et il demanda aux Dieux que Rome grandît aux dépens des autres peuples.

An de Rome 1.

XIII. Hersilie et les autres femmes de la même nation, à la vue des Romains et des Sabins rangés en bataille, accourent du mont Palatin, tenant leurs enfants dans leurs bras : plusieurs étaient déjà nés. Elles s'élancent soudain dans l'espace placé entre les deux armées : tout dans leurs paroles, tout dans leurs actions excite la pitié ; elles se tournent tantôt vers les uns, tantôt vers les autres, en s'écriant : « Que faites-vous, ô nos pères ? « que faites-vous, ô nos époux ? Jusques à quand com- « battrez-vous ? jusques à quand dureront vos haines « réciproques ? Réconciliez-vous avec vos gendres ; récon- « ciliez-vous avec vos beaux-pères ! Au nom de Pan,

An de Rome 7.

---

bus, tauro et vacca interiore, aratro circumagebant sulcum. Hoc faciebant religionis causa die auspicato, ut fossa et muro essent muniti. Terram unde exsculpserant fossam vocabant et introrsus jactam murum. » Plutarque, Romul. XI, donne les mêmes détails : Ὁ δ' οἰκιστὴς ἐμβαλὼν ἀρότρῳ χαλκῆν ὕννιν, ὑποζεύξας δὲ βοῦν ἄρρενα καὶ θήλειαν αὐτὸς μὲν ἐπάγει περιελαύνων αὔλακα βαθεῖαν τοῖς τέρμασι· τῶν δ' ἑπομένων ἔργον ἐστὶν ἃς ἀνίστησι βώλους τὸ ἄροτρον καταστρέφειν εἴσω καὶ μηδεμίαν ἔξω περιορᾶν ἐκτρεπομένην. Cf. Denys d'Hal. A. R. I, 88, et Zonaras, VII, 3, p. 316, éd. Du C.

5. (Exc. Vat. III, A. M. p. 136-137, éd. Rom.)

6. Sur Pan le même qu'Inuus ou Faunus des Romains, conf. note 2. p. 10-11.

7. Denys d'Hal. A. R. II, 48 : Τὸν δὲ Ἐνυάλιον οἱ Σαϐῖνοι καὶ' παρ'

28 ΔΙΩΝΟΣ ΤΟΥ ΚΑΣΣΙΟΥ ΛΕΙΨΑΝΑ. ΒΙΒΛ. Α-ΛϚ.

έκγόνων· έλεήσατε τὰς θυγατέρας, ἐλεήσατε τὰς γυναῖκας·
ὡς εἴγε ἀκαταλλάκτως ἔχετε καί τις ὑμᾶς σκηπτὸς [1] μανίας εἰσπεσὼν οἰστρεῖ, ἡμᾶς τε, δι' ἃς μάχεσθε, προαπο-
κτείνετε, καὶ τὰ παιδία ταῦτα τέμνετε [2], προαποσφάξατε·
ἵνα μηδὲν ἔτι μήτε ὄνομα μήτε σύνδεσμον συγγενείας πρὸς
ἀλλήλους ἔχοντες κερδάνητε τὸ μέγιστον τῶν κακῶν [3], τὸ
τούς τε πάππους τῶν παίδων [4] καὶ τοὺς πατέρας τῶν
ἐκγόνων φονεύειν. Ταῦτά γε ἔλεγον καὶ τὰ ἱμάτια καταρ-
ῥηξάμεναι· τούς τε μαστοὺς καὶ τὰς γαστέρας γυμνώσασαι,
αἱ μὲν τοῖς ξίφεσι σφῶν ἐνέχριμπτον· αἱ δὲ αὐτάς τε
καὶ τὰ παιδία αὐτοῖς προσερρίπτουν [5] · ὥστε ἐκείνους καὶ
ἐξ ὧν ἑώρων κλαῦσαι καὶ τῆς μάχης ἐπισχεῖν, καὶ ἐς λό-

ἐκείνων οἱ Ῥωμαῖοι μαθόντες, Κυρῖνον ὀνομάζουσιν, οὐκ ἔχοντες εἰπεῖν τὸ
ἀκριβὲς εἴτε Ἄρης ἐστὶν, εἴτε ἕτερός τις ὁμοίας Ἄρει τιμὰς ἔχων. Οἱ μὲν γὰρ,
ἀφ' ἑνὸς οἴονται Θεοῦ πολεμικῶν ἀγώνων ἡγεμόνος ἑκάτερον τῶν ὀνομάτων κα-
τηγορῆσθαι· οἱ δὲ, κατὰ δυοῖν τάττεσθαι δαιμόνων πολεμιστῶν τὰ ὀνόματα.

1. Le Ms. du Vatic. porte βασκηπὸς que M. A. Mai regarde comme une
faute de copiste : il lit βάσκανος — *Fascinus*, et traduit : *Quod si inex-
piabili odio flagratis, vosque deus aliquis Fascinus stimulet.* M. Krebs,
l. l. p. 175, donne une conjecture fort plausible que je substitue à la
leçon du Ms., évidemment fautive : la dernière syllabe de ὑμᾶς a pu facilement être répétée par le copiste, le β et le μ ayant presque la même
forme dans beaucoup de Ms., et entre ΣΚΗΠΟΣ et ΣΚΗΠΤΟΣ, la confusion est aisée. A la vérité l'expression σκηπτὸς μανίας peut paraître trop
hardie pour la prose : c'est peut-être une de ces locutions pour lesquelles Dion demande grâce dans sa préface. Eschyle en emploie une
semblable dans les Perses, V, 715 :

Τίνι τρόπῳ; λοιμοῦ τις ἦλθε σκηπτὸς ἢ στάσις πόλει;

2. M Krebs, l. l., propose de remplacer τέμνετε par τὰ νήπια d'après
Plutarque, l. l. XIX, ou bien par τὰ ἡμέτερα. Aucun changement ne m'a
paru nécessaire : il y a, dans cette accumulation de verbes, un mouvement très-bien assorti à la situation d'Hersilie.

« épargnez vos enfants ; au nom de Quirinus, épargnez
« vos petits-fils. Ayez pitié de vos filles, ayez pitié de vos
« femmes. Si votre haine ne peut s'éteindre, si le délire
« s'est emparé de vous et vous égare, commencez par
« nous massacrer, nous pour qui vous combattez ; frap-
« pez, égorgez d'abord ces enfants : quand les noms les
« plus saints, quand les liens du sang ne vous uniront
« plus, vous n'aurez pas à craindre le plus grand des
« malheurs ; celui de donner la mort, vous aux aïeux
« de vos enfants ; vous aux pères de vos petits-fils. » A
ces mots, elles déchirent leurs vêtements et décou-
vrent leur sein et leur flanc : les unes heurtent les
épées nues ; les autres se précipitent sur ces épées
avec leurs enfants. A ce spectacle, Romains et Sabins
versent des larmes : ils renoncent au combat et entrent

3. M. A. Mai traduit : *ut — malum maximum lucremini*, c'est-
à-dire, *ut — malum maximum effugiatis*, d'après l'interprétation
donnée par Forcellini pour un passage latin tout à fait analogue :
Auct. de Bell. Hispan. XXXVI : Illo beneficio suum maleficium existi-
mabant *se lucrifacere*, h. e. *pœnam effugere quam pro suo malefi-
cio meruerant*. Dans Josèphe, Ant. Jud. II, 3, p. t. I, p. 71, éd. Havercamp. : Ἠξίου γὰρ αὐτοὺς αὐτόχειρας μὲν μὴ γενέσθαι τἀδελφοῦ· ῥίψαντας
δὲ εἰς τὸν παρακείμενον λάκκον οὕτως ἀποθανεῖν ἐᾶσαι, καὶ τό γε μιανθῆναι
τὰς χεῖρας αὐτοὺς κερδαίνειν. Le savant Éditeur explique ainsi l'emploi de
κερδαίνειν : « Latine diceres, pollutas manus lucrifacere, quod est *fatrici-
dii crimen evitare....* Sensum illum obtinuisse dictionem græcam nos
docet D. Lucas ejus ævi scriptor : κερδῆσαι ὕβριν habet iste in Actis sacris. Non placet itaque manus *Big.* aut *Samb.* hoc in loco : Καὶ τό γε μὴ
μιανθῆναι τὰς χεῖρας αὐτοὺς κερδαίνειν, » leçon confirmée par le Ms. de
Tours, contenant les extraits περὶ ἀρετῆς καὶ κακίας. Elle peut se défen
dre par le sens ordinaire de κερδαίνειν — *aliquid lucro apponere; de
lucro esse putare.*
4. M. Krebs, l. l., propose παιδίων, sans doute à cause de τὰ παιδία
la leçon du Ms. peut être maintenue. Le même critique supprime, sans
nécessité, τε avant πάππους.
5. M. A. Mai lit : Αἱ μὲν αὐτοῖς ξίφεσι, ὑφ' ὧν ἐνέχριμπτον, αὐτάς τε καὶ

γους αὐτοῦ, ὥσπερ εἶχον, ἐν τῷ κομιτίῳ δι' αὐτὸ τοῦτο κληθέντι, συνελθεῖν [1].

XIV. Τρίβους [2], τριττὺς, ἢ τρίτον μέρος. Τρισχίλιοι γὰρ ὄντες ὁπλῖται Ῥωμύλου, ὥς φησι Δίων ἐν πρώτῳ λόγῳ [3] τῆς ἱστορίας, εἰς τρεῖς ἐνεμήθησαν [4] μοίρας, κληθείσας τρίβους, τουτέστι, τριττύας, ἃς καὶ φυλὰς ὠνόμασαν Ἕλληνες. Ἑκάστη δὲ τριττὺς εἰς δέκα διῃρέθη κουρίας [5], ἤτοι φροντιστήρια. Κοῦρα μὲν γὰρ ἡ φροντὶς λέγεται· καθ' ἑκάστην δὲ κουρίαν συνιόντες οἱ εἰς αὐτὴν τεταγμένοι [6] τινὰ τῶν καθηκόντων ἐξεφρόντιζον. Λέγονται δὲ καθ' Ἕλληνας αἱ κουρίαι φρατρίαι, καὶ φατρίαι [7] [οἱονεὶ ἑταιρεῖαι, ἀδελφότητες, συναλλάγματα, συστήματα] παρὰ τὸ τοὺς φρατριάζοντας φράζειν ἢ φαίνειν ἀτρέστως καὶ ἀφόβως [ἀλλήλοις] τὰ ἴδια βουλήματα. [Ὅθεν καὶ φράτορες οἱ πατέρες ἢ συγγενεῖς ἢ διδάσκαλοι, οἱ τῆς αὐτῆς φρατρίας μετ-

τὰ παιδία αὐτοῖς προσέρριπτον, en avertissant que le Ms. du Vatic. porte la forme attique προσερρίπτουν. Cette leçon est défectueuse : d'abord αἱ μὲν attend pour correspondant αἱ δέ. En second lieu, ὑφ' ὧν ne peut se construire avec ἐνέχριμπτον. Il faudrait le datif avec ou sans préposition. M. Krebs, l. l., restitue ainsi le passage : Αἱ μὲν τοῖς ξίφεσι σφῶν ἐνέχριμπτον· αἱ δὲ αὐτάς τε καὶ τὰ παιδία αὐτοῖς προέρριπτον, corrections que j'ai adoptées : seulement, au lieu de προέρριπτον, je maintiens la leçon du Ms. du Vatic., προσερρίπτουν.

1. Dans le Ms. du Vatic. : Καὶ ἔλεγον αὐτοῦ, ὥσπερ εἶχον, ἐν τῷ κομιτίῳ δι' αὐτὸ τοῦτο κληθέντι συνελθεῖν. M. A. Mai lit : Καὶ ἔλεγον αὐτοῦ, ὥσπερ εἶχον, ἐν τῷ κομιτίῳ δι' αὐτὸ τοῦτο κληθέντι κομίρε (lis. κομῖρε, suivant la remarque de M. Krebs, l. l. p. 174) γὰρ Ῥωμαῖοι τὸ συνελθεῖν καλοῦσι, d'après Plutarque, Romul. XIX.

J'adopte l'ingénieuse conjecture de M. Krebs, l. l. p. 175, qui par la simple substitution de εἰς λόγους à ἔλεγον, arrive à un sens très-raisonnable. Elle est confirmée par Plutarque, l. l. : Τοιαῦτα πολλὰ τῆς Ἑρσιλίας προ-

sur-le-champ en pourparlers, dans ce lieu même, qui reçut, à cette occasion, le nom de Comitium.

XIV. Tribu signifie le tiers, ou la troisième partie. Les gardes de Romulus, au nombre de trois mille, comme le rapporte Dion dans le premier livre de son histoire, furent divisés en trois parties, appelées *tribus* ou τριττύας que les Grecs nommaient aussi φυλάς. Chaque tribu fut partagée en dix curies ou phrontistéries. (*Cura*, chez les Latins, a la même signification que φροντίς.) Les citoyens, compris dans la même tribu, se réunissaient pour s'occuper de leurs intérêts communs. En grec, les Curies s'appellent φρατρίαι et φατρίαι, c'est-à-dire hétéries, confréries, associations, colléges, à cause du droit accordé à tous les membres d'exprimer ou de mettre au jour leur avis, en toute liberté et sans crainte. De là encore, le nom de φράτορες donné aux pères, aux parents et aux insti-

---

σαγορευούσης, καὶ τῶν ἄλλων δεομένων, ἐσπείσθησαν ἀνοχαὶ, καὶ συνῆλθον εἰς λόγους οἱ ἡγεμόνες.

2. (Exc. Val. I. R. p. 1.)
3. Dans Ch. Labbe : Ἐν τῷ προτέρῳ λόγῳ, leçon défecteuse. Cf. la note de Reimar.
4. Le même : Ἐνημήθη. Le copiste a omis la dernière syllabe; par une faute contraire, le Ms. de Tours περὶ ἀρετῆς καὶ κακίας, Exc. Peir. n° XXI. R. p. 8, donne ἐπεμελήθησαν pour ἐπεμελήθη.
5. Plutarque, Romul., XX : Ἑκάστη δὲ φυλὴ δέκα φρατρίας εἶχεν.
6. Ch. Labbe : Τεταλμένοι, par la confusion très-fréquente du γ et du λ. Cf. Bast. Comment. Palæogr., à la suite de Grégoire de Corinthe, p. 802.
7. La forme φράτρια que nous venons de voir dans Plutarque est aussi dans Denys d'Hal. A. R. VI, 89 ; mais il se sert de φατρία, IX, 41 : Καὶ τοῦ πλήθους κατὰ φατρίας τὰς ψήφους ἐνέγκαντος. On dit aussi φάτρα et φράτρα. Cf. les notes de Luc. Holsten. sur Étienne de Byzance, p. 342 et suiv. ; Duncan, Lexic. Homer. — Pindar., au mot φρήτρη.

ἔχοντες.] Τάχα δὲ καὶ ἀπὸ τῆς Ῥωμαϊκῆς μετηνέχθη λέξεως τοῦ φράτερ, ὃ δηλοῖ τὸν ἀδελφόν.

Πολὺ γὰρ ¹ διαφέρει ἐκ καινῆς τινας κατασταθῆναι ἢ καὶ πρότερον οὔσας ἐπικληθῆναι ².

XV. Ὅτι ³ ὁ Ῥωμύλος πρὸς τὴν γερουσίαν τραχύτερον διέκειτο καὶ τυραννικώτερον αὐτῇ προσεφέρετο ⁴, καὶ τοὺς ὁμήρους τοῖς Οὐηΐοις ἀπέδωκε ⁵ καθ' ἑαυτὸν καὶ οὐκ ἀπὸ κοινῆς γνώμης ⁶ · ὥσπερ τὰ πολλὰ ἐγίγνετο. Ἀγανακτούντων τε ⁷, ἐπὶ τούτῳ ἀχθόμενος ἄλλα τε ἐπαχθῆ καὶ τέλος εἶπεν, ὅτι ἐγὼ ὑμᾶς, ὦ πατέρες, ἐξελεξάμην, οὐχ ἵνα ὑμεῖς ἐμοὶ ἄρχοιτε ⁸, ἀλλ' ἵνα ἐγὼ ὑμῖν ἐπιτάττοιμι.

XVI. 1. Ὅτι ⁹ ὁ Νουμᾶς ¹⁰ ᾤκει ἐν κολωνῷ τῷ Κυριναλίῳ ὠνομασμένῳ, ἅτε καὶ Σαβῖνος ὤν ¹¹ · τὰ δὲ δὴ ἀρχεῖα ἐν

---

1. (Exc. Vat. IV. A. M., p. 137, éd. Rom.)
2. Sur les nouvelles tribus et les noms qui leur furent donnés, cf. Plutarque, Romul., XX.
3. (Exc. Vat. IV. A. M. p. 138. éd. Rom.)
4. Zonaras, VII, 4, p. 319, éd. Du C. : Εἶτα ἐπαρθεὶς ταῖς πιραλόγοις εὐτυχίαις, καὶ βαρυτέρῳ φρονήματι χρώμενος, ἐξίστατο τοῦ δημοτικοῦ καὶ παρήλλαττε, καὶ εἰς ἐπαχθῆ μοναρχίαν καὶ λυποῦσαν ἀπὸ τοῦ σχήματος ἑαυτὸν ἐσχημάτιζεν.
5. Ajouté par M. A. Mai, d'après Plutarque, Romul., XXVII : Καὶ τοὺς ὁμήρους τοῖς Οὐηΐοις ἀποδούς. M. Krebs propose, ἀφῆκε. Denys d'Hal., comme on le verra dans la note suivante, autorise sa conjecture.
6. Cette conduite de Romulus fut la cause de sa mort; Denys d'Hal. A. R. 11, 56 : Αἰτίαν δὲ τῆς ἀναιρέσεως αὐτοῦ φέρουσι, τήν τε ἄφεσιν τῶν ὁμήρων οὓς παρὰ Οὐϊεντινῶν ἔλαβεν, ἄνευ κοινῆς γνώμης γενομένην παρὰ τὸ εἰωθός.
7. Dans M. A. Mai : Ἀγανακτοῦντες, mais il y a ici une lacune, comme le pense l'illustre Éditeur; ou plutôt c'est une confusion de cas, suivant la remarque de M. Krebs, l. l., dont j'adopte la conjecture, ἀγανακτούντων avec l'ellipse de γερόντων. En parlant de ces ressentiments des patriciens contre

tuteurs de la même tribu : peut-être aussi fut-il tiré du mot latin *Frater*, qui signifie frère.

Il y a une grande différence entre établir de nouvelles tribus et donner un nom particulier à celles qui existaient déjà.

XV. Romulus se montrait plein de dureté envers le Sénat et agissait en véritable tyran à son égard : il rendit aux Véiens leurs ôtages, de sa propre autorité et sans le consulter, ce qui arrivait souvent. Les Sénateurs en témoignèrent du mécontentement ; Romulus irrité leur adressa des reproches sévères et finit en disant : « Pères conscrits, je vous ai choisis, non pour me « commander, mais pour recevoir mes ordres. »

An de Rome 18-39.

XVI. Numa, en sa qualité de Sabin, avait sa demeure sur le mont Quirinal ; le siége de son gouver-

An de Rome 40.

Romulus, Dion se souvenait de Plutarque, l. l. : Οὐδὲ γὰρ οἱ καλούμενοι πατρίκιοι πραγμάτων μετεῖχον, ἀλλ' ὄνομα καὶ σχῆμα περιῆν ἔντιμον αὐτοῖς, ἔθους ἕνεκα μᾶλλον ἢ γνώμης ἀθροιζομένοις εἰς τὸ βουλευτήριον. Εἶτα σιγῇ προστάττοντος ἠκροῶντο· καὶ τὸ προτέρους τὸ πεπραγμένον ἐκείνους πυθέσθαι τῶν πολλῶν πλέον ἔχοντες, ἀπηλλάττοντο. Καὶ τἆλλα μὲν ἦν ἐλάττονα, τῆς δὲ γῆς τὴν δορύκτητον αὐτὸς ἀφ' ἑαυτοῦ δασάμενος τοῖς στρατιώταις, κτλ.

8. J'ai remplacé ἄρχητε de M. A. Mai, par l'optatif, comme le veulent l'Éditeur de Leipzig et M. Krebs, l. l. « Ἵνα, dit Ast, Lexic. Platon. t. II, p. 100, cum conjunctivo in re præsenti, eaque cujus certus est finis. » Ce principe d'une vérité incontestable exclut ici le subjonctif.

9. (Exc. Peir. XX. R. p. 8.)

10. J'adopte cette accentuation d'après Denys d'Hal., qui l'appelle Νομᾶς, A. R. II, 58 : Ταῦτα βουλευσάμενοι προὐχειρίσαντο γένους μὲν τοῦ Σαβίνων, υἱὸν δὲ Πομπιλίου Πόμπωνος, ἀνδρὸς ἐπιφανοῦς, κατ' ὄνομα Νομᾶν· χρὴ δὲ τὴν δευτέραν συλλαβὴν ἐκτείνοντας βαρυτονεῖν. La même accentuation est dans Plutarque, Numa, I et suiv., et dans Appien, I, 2.

11. Cf. Plutarque, Numa, XIV ; Solin, 11. Denys d'Hal., l. l. 50, raconte à quelle occasion le Quirinal fut assigné aux Sabins : Οἱ δὲ περὶ τὸν Ῥωμύλον καὶ Τάτιον τήν τε πόλιν εὐθὺς ἐποίουν μείζονα, προσθέντες ἑτέρους αὐτῇ δύο

τῇ ἱερᾷ ὁδῷ εἶχε, καὶ τάς τε διατριβὰς πλησίον τοῦ Ἑστι-
αίου ἐποιεῖτο· καὶ ἔστιν ὅτε καὶ κατὰ χώραν ἔμενεν.

Ὁ δὲ Δίων φησίν· ὅτι σπουδὴν ἔχω συγγράψαι πάνθ᾽
ὅσα τοῖς Ῥωμαίοις, καὶ εἰρηνοῦσι, καὶ πολεμοῦσι, ἀξίως
μνήμης ἐπράχθη, ὥστε μηδὲν τῶν ἀναγκαίων μήτε ἐκείνων
τινά, μήτε τῶν ἄλλων ποθῆσαι.

Ἔπειτα καί[1]· ὅτι δι᾽ ἑαυτῶν τότε κατέστησαν, πίστιν[2] τοῦ θείου λαβόντες, κἀκ τούτου αὐτοί τε ἐν εἰρήνῃ
καὶ πρὸς ἀλλήλους, καὶ πρὸς τοὺς ἀλλοφύλους παρὰ πᾶσαν
τὴν τοῦ Νουμᾶ ἀρχὴν διεγένοντο[3]. Καὶ ἐκεῖνος οὐκ ἀθεεὶ
σφίσιν ἐξ ἴσου τῷ Ῥωμύλῳ ὑπάρξαι ἔδοξεν. Φασὶ δὲ αὐτὸν
οἱ τὰ σαφέστατα Σαβίνων εἰδότες, ἐν τῇ αὐτῇ ἡμέρᾳ, ἐν
ᾗ ἡ Ῥώμη ἐκτίσθη, γεγεννῆσθαι[4]. Οὕτω μὲν δὴ δι᾽ ἀμφοτέρους αὐτοὺς καὶ ἰσχυρὰ ταχὺ καὶ εὔκοσμος ἡ πόλις
ἐγένετο· τοῦ μὲν τὰ πολεμικὰ αὐτὴν ἀναγκαίως, ἅτε
καὶ νεόκτιστον οὖσαν, ἀσκήσαντος· τοῦ δὲ τὰ εἰρηνικὰ

λόφους, τόν τε Κυρίνιον κληθέντα καὶ τὸν Καίλιον· καὶ διελόμενοι τὰς οἰκήσεις
χωρὶς ἀλλήλων, δίαιταν ἐν τοῖς ἰδίοις ἑκάτεροι χωρίοις ἐποιοῦντο. Ῥωμύλος
μὲν τὸ Παλάτιον κατέχων καὶ τὸ Καίλιον ὄρος· ἐστὶ δὲ τῷ Παλατίῳ προσεχές·
Τάτιος δὲ τὸ Καπιτώλιον, ὅπερ ἐξ ἀρχῆς κατέσχε, καὶ τὸν Κυρίνιον ὄχθον.

1. H. de Valois lit : Ἔπειτα καὶ ὅ τι, et traduit *præterea in animo est
cuncta memorare*, comme si c'étaient les paroles de Dion lui-même.
C'est le Compilateur qui parle, suivant la remarque de Reimar. Nic.
Falco donne le même sens et la même leçon que H. de Valois, *Q. Cassii
Dionis Cocc. Rom. Hist.* t. I. Neap. 1747, et Dion. III post. Lib. Rom.
1724. Reimar l'en blâme avec raison.

2. Πύστιν dans Sturz, d'après les notes de Reimar et de Reiske : j'ai suivi
cette variante dans la traduction.

3. Zonaras, d'après Plutarq. l. l. XX, dit la même chose, VII, 5, p. 323. éd.
Du C. : Οὐ γὰρ μόνον ὁ Ῥωμαίων δῆμος ἡμεροῦτο τῇ τοῦ βασιλέως εὐνομίᾳ καὶ
τῇ πρᾳότητι, ἀλλὰ καὶ τὰς κύκλῳ πόλεις ἀρχὴ μεταβολῆς ἔλαβε, καὶ πόθος

nement était situé dans la voie Sacrée. Il se tenait souvent dans le voisinage du temple de Vesta : quelquefois il habitait la campagne.

Dion dit : « Je m'applique à écrire toutes les actions mémorables des Romains, en temps de paix et en temps de guerre; de telle manière qu'eux-mêmes et les autres peuples n'aient à regretter l'absence d'aucun fait important. »

Cet historien ajoute : « Les Romains se civilisèrent d'eux-mêmes, aussitôt qu'ils connurent le culte des Dieux. Par là, ils vécurent entre eux et avec les autres peuples dans une paix profonde, durant tout le règne de Numa. Ce prince et Romulus furent regardés comme un présent du ciel : ceux qui connaissent à fond l'histoire des Sabins affirment qu'il naquit le jour même de la fondation de Rome. Grâce à ces deux rois, cette ville fut bientôt puissante et sagement constituée : le premier (il devait en être ainsi dans un État nouveau) lui apprit les arts de la guerre, le second les

εἰσερρύη πάντας εἰρήνης καὶ τοῦ δικαίου, γῆν φυτεύειν καὶ τέκνα τρέφειν ἐν ἡσυχίᾳ, καὶ σέβεσθαι θεούς. Plutarque, l. l. VIII, peint en termes énergiques la révolution morale, opérée par Numa, Ὁ Νουμᾶς.... εὐθὺς ἐπεχείρει τὴν πόλιν, ὥσπερ σίδηρον, ἐκ σκληρᾶς καὶ πολεμικῆς, μαλακωτέραν ποιῆσαι καὶ δικαιοτέραν. Ἀτεχνῶς γάρ, ἣν Πλάτων ἀποκαλεῖ φλεγμαίνουσαν πόλιν, ἐκείνη τότ' ἦν, συστᾶσα μὲν εὐθὺς ἐξ ἀρχῆς τόλμῃ τινὶ καὶ παραβόλῳ θρασύτητι, τῶν θρασυτάτων καὶ μαχιμωτάτων ἐκεῖ πανταχόθεν ὠσαμένων, ταῖς δὲ πολλαῖς στρατείαις καὶ τοῖς συνεχέσι πολέμοις τροφῇ χρησαμένη καὶ αὐξήσει τῆς δυνάμεως, καί, καθάπερ τὰ καταπηγνύμενα τῷ σείεσθαι μᾶλλον ἑδράζεται, ῥώννυσθαι δοκοῦσα διὰ τῶν κινδύνων.

4. Plutarque, l. l. III : Ἡμέρᾳ δὲ γεγονὼς, κατὰ δή τινα θείαν τύχην, ἐν ᾗ τὴν Ῥώμην ἔκτισαν οἱ περὶ Ῥωμύλον αὕτη δέ ἐστι πρὸ δέκα μιᾶς καλανδῶν Μαΐων, au lieu de προδεκαμιᾶς. Cf. la note de M. L. Dindorf, dans le Trésor de H. Étienne, t. II, 969, éd. Didot.

3.

36 ΔΙΩΝΟΣ ΤΟΥ ΚΑΣΣΙΟΥ ΛΕΙΨΑΝΑ. ΒΙΒΛ. Α-ΛϚ.

προσεκδιδάξαντος· ὥστ' αὐτὴν ἐν ἑκατέρῳ ὁμοίως διαπρέψαι [1].

XVII. Ἐπειδὴ [2] γὰρ εὖ ἠπίστατο τούς γε [3] πολλοὺς τῶν ἀνθρώπων τὸ μὲν ὁμοφυές σφισι καὶ σύννομον ἐν ὀλιγωρίᾳ, ὡς μηδὲν βέλτιον ἑαυτῶν ὂν ποιουμένους· τὸ δὲ ἀφανὲς καὶ ἀλλοῖον, ὡς καὶ κρεῖσσον, δέει [4] τοῦ θείου θεραπεύοντας, χωρίον τι [5] ταῖς Μούσαις ἱέρωσεν [6].

XVIII. Δίων [7] ὁ Ῥωμαῖος ἀρχαῖόν τινα ἥρωα Ἰανὸν λέγει διὰ τὴν τοῦ Κρόνου ξένισιν λαβόντα [8] τὴν γνῶσιν τῶν μελλόντων καὶ τῶν προϋπαρχόντων, καὶ διὰ τοῦτο διπρόσωπον ὑπὸ Ῥωμαίων πλάττεσθαι. Ἐξ οὗ τόν τε μῆνα κληθῆναι Ἰανουάριον, καὶ τὴν τοῦ ἔτους ἀρχὴν ἀπὸ τοῦ αὐτοῦ μηνὸς γίγνεσθαι.

XIX. Ὅτι [9] ὁ Τοῦλλος καὶ ὁ Μέττιος οὐδέτεροι συνε-

---

1. Tite-Live, I, 21 : « Ita duo deinceps reges, alius alia via, ille bello, hic pace, civitatem auxerunt. »
2. (Exc. Vat. IV. A. M. p. 138. éd. Rom.)
3. D'après M. Krebs, l. l. p. 198. au lieu de ἐνηπίστατο τούς τε, donné par M. A. Mai, par la confusion du ν et de l'υ, de τε et γε. Dion affectionne l'expression εὖ ἠπίστατο. Cf. Exc. Vat. VII. A. M. p. 140. éd. Rom.; Liv. XXXVII, 7, 55, 56, etc.
4. M. A. Mai lit πίστει, mais avec incertitude : « Ita, dit-il, mihi legere videor in obscurata valde pagina. » J'adopte la conjecture de M. Krebs, l. l., qui donne un sens fort probable.
5. Χωρίον τέ τι, dans M. A. Mai : j'ai effacé, d'après l'Éditeur de Leipzig, l'enclitique τε dont rien ne justifiait la présence.
6. Plutarque, Numa, VIII : Τῷ δὲ Νουμᾷ.... κοιναὶ μετὰ Μουσῶν διατριβαί. Τὰ γὰρ πλεῖστα τῶν μαντευμάτων εἰς Μούσας ἀνῆγε, καὶ μίαν Μοῦσαν ἰδίως καὶ διαφερόντως ἐδίδαξε σέβεσθαι τοὺς Ῥωμαίους, Ταχίταν προσαγορεύσας, οἷον σιωπηλὴν, ἢ ἐνεάν.

arts de la paix, et Rome excella également dans les uns et dans les autres. »

XVII. La plupart des hommes méprisent les choses qui se rapprochent de leur nature, ou qui sont sans cesse auprès d'eux; parce qu'ils ne les croient pas au-dessus de leur propre mérite. Au contraire, ils montrent une crainte religieuse pour celles qui, placées loin de leurs regards ou s'écartant de leur nature, paraissent avoir une grande supériorité. Numa le savait bien : aussi consacra-t-il aux Muses un lieu particulier.

XVIII. Suivant Dion, historien de Rome, un ancien héros, appelé Janus, reçut pour prix de son hospitalité envers Saturne la connaissance de l'avenir et du passé : voilà pourquoi les Romains le représentent avec deux visages. Ils ont donné son nom au mois de janvier et placé dans ce mois le commencement de l'année.

XIX. Tullus et Mettius ne consentaient ni l'un ni

An de Rome 84.

---

7. (Exc. Val. II, R. p. 2), tiré de la Chronique de George Cédrenus. J'ai placé cet extrait ici, parce qu'il se rattache à la réforme du Calendrier par Numa. Plutarque, Numa, XVIII : Μετεκίνησε δὲ καὶ τὴν τάξιν τῶν μηνῶν· τὸν γὰρ Μάρτιον πρῶτον ὄντα, τρίτον ἔταξε, πρῶτον δὲ τὸν Ἰανουάριον κτλ. Plus loin, l. l. XIX, il fait connaître les motifs qui déterminèrent Numa à donner le nom de Janus au mois de Janvier : Ὁ δὲ πρῶτος Ἰανουάριος, ἀπὸ τοῦ Ἰανοῦ .... Ὁ γὰρ Ἰανὸς ἐν τοῖς παλαιοῖς πάνυ, εἴτε δαίμων, εἴτε βασιλεὺς γενόμενος, πολιτικὸς καὶ κοινωνικός, ἐκ τοῦ θηριώδους καὶ ἀγρίου λέγεται μεταβαλεῖν τὴν δίαιταν. Καὶ διὰ τοῦτο πλάττουσιν αὐτὸν ἀμφιπρόσωπον, ὡς ἑτέραν ἐξ ἑτέρας τῷ βίῳ περιποιήσαντα τὴν μορφὴν καὶ διάθεσιν.

8. C'est la tradition suivie par l'Auteur du Liv. sur l'Orig. des Romains, III, éd. Arntzen. : Igitur Jano regnante apud indigenas rudes incultosque, Saturnus regno profugus, quum in Italiam venisset, benigne exceptus hospitio est.

9. (Exc. Vat. V. A. M. p. 138-139, éd. Rom.)

38 ΔΙΩΝΟΣ ΤΟΥ ΚΑΣΣΙΟΥ ΛΕΙΨΑΝΑ. ΒΙΒΛ. Α-Λϛ.

χώρουν τήν μετανάστασιν [1], άμφότεροι δὲ τὰ σφέτερα περιέστελλον · ὅ τε γὰρ Τοῦλλος πρός τε τὴν φήμην τὴν περὶ Ῥωμύλου [2] καὶ πρὸς τὴν δύναμιν τὴν παροῦσαν [3]· καὶ ὁ Φουφήτιος πρός τε τὴν ἀρχαιότητα τῆς Ἄλβης καὶ ὅτι καὶ μητρόπολις ἄλλων τε πολλῶν [4] καὶ αὐτῶν τῶν Ῥωμαίων ἦν [5], ἐπαιρόμενοι μικρὸν οὐδὲν ἐφρόνουν· δι' οὖν ταῦτα τῆς ἀμφισβητήσεως ἐκείνης ἀπέστησαν [6], περὶ δὲ τῆς ἡγεμονίας διηνέχθησαν · ἀστασίαστοι γὰρ ἐπὶ τοῖς ἴσοις ἀσφαλῶς συμβιοῦν σφᾶς ἑώρων. — Τὸν ἐκ τῆς ἐμφύτου τοῖς ἀνθρώποις πρός τε τὸ ὅμοιον φιλανθρωπίας καὶ πρὸς τὸ ἄρχειν ἑτέρων ἐπιθυμίας [7]. — Πολλάς τε καὶ περὶ τούτου δικαιώσεις ἀλλήλοις προσήνεγκαν [8], εἴ πως ἐκείνης γε οἱ ἕτεροι ὁπότεροι οὖν ἐθελούσιοι τοῖς ἑτέροις παραχωρή-

1. M. A. Mai traduit : Tullus atque Mettius *loco invicem non cedebant*. Le sens de μετανάστασιν est déterminé par Zonaras, VII, 6, p. 323, éd. Du C. : Ἁρπαγῆς γοῦν γενομένης παρὰ Ῥωμαίων ἐξ Ἀλβανῶν, ὥρμησαν πρὸς μάχην ἑκάτεροι. Πρὸ δὲ τοῦ συμβαλεῖν κατηλλάγησαν, καὶ ἐς μίαν πόλιν ἀμφοῖν ἐδόκει συνοικῆσαι τοῖς γένεσιν. Ἑκάστου δὲ τῆς οἰκείας ἐχομένου, καὶ τὸ ἕτερον εἰς ταύτην ἀξιοῦντος μεταναστεῦσαι, ἀπέστησαν τοῦ σκοποῦ.
2. « Hoc loco, dit M. A. Mai, Tullus suam quoque fortasse cum Romulo cognationem jactat. Namque, ut ego ad Cic. De Rep. II, 17, demonstravi, Romuli nepos, Tullus erat. »
3. Cicéron, l. l., dit en parlant de Tullus : Cujus excellens in re militari gloria, magnæque exstiterunt res bellicæ. Cf. Virg. Énéid. VI, 812 et suiv.; Dion Cassius dit un peu plus loin, p. 40 : Ὁ Τοῦλλος πρὸς τοὺς πολεμίους κράτιστος ἐνομίζετο.
4. Virgile, l. l., 773-775, nomme les principales : Nomentum, Gabies, Fidènes, Collatie, Pométie, Castrum Inui, Bola, Cora.
5. Zonaras, l. l., p. 324 : Καὶ ἡ πόλις αὐτῶν Ἄλβα κατεσκάφη, πεντακόσιά που ἔτη Ῥωμαίοις νομισθεῖσα μητρόπολις.
6. M. A. Mai lit : Δι' οὖν ταῦτα τῆς ἀμφισβητήσεως ἐκείνης ἀπήντησαν — *atque adeo ad contentionem illam exarserunt*. Ἀπήντησαν ne peut se construire avec le génitif : je l'ai remplacé par ἀπέστησαν, d'après Zona-

l'autre à quitter leur patrie et soutenaient leurs droits
avec opiniâtreté. Tullus s'appuyait sur la célébrité de
Romulus et sur sa puissance présente; Fuffetius sur l'antiquité d'Albe, métropole de nombreuses colonies et de
Rome même : tous deux, pleins de fierté, affichaient de
hautes prétentions. Ils renoncèrent donc à ce point du
débat et la discussion s'engagea sur la suprématie : ils
voyaient bien que les deux peuples vivaient l'un auprès
de l'autre, sans danger et sans trouble, par la jouissance
des mêmes droits. Des deux côtés, on mit en avant des
considérations tirées des sentiments que la nature inspire
aux hommes pour leurs semblables et de leur désir de
dominer; on fit valoir tour à tour de nombreux argu-
ments, en apparence fondés sur la justice, pour s'amener
mutuellement à céder ; mais le débat n'aboutit à rien ,

---

ras, l. l., p. 323 : Ἀπέστησαν τοῦ σκοποῦ. Εἶτα περὶ τῆς ἡγεμονίας διηνέχθησαν — *Id consilium repudiarunt. Post etiam de principatu orta
controversia.*

7. D'après le Ms. du Vatic., reproduit par M. A. Mai : seulement, il
porte πρός τε ἄρχειν, au lieu de πρὸς τὸ ἄρχειν que je donne avec l'Éditeur
de Leipzig. Il y a ici une lacune : peut-être le compilateur a-t-il voulu
indiquer vaguement le sujet développé par les chefs des deux peuples ; ou
bien Τον = Γον [Λόγον], par la confusion du Τ et du Γ. Cet accusatif
serait alors le complément d'un verbe à insérer à la fin de la phrase,
προύτειναν par exemple ; à moins qu'il ne dépende de προσήνεγκαν, qui se
trouve dans la phrase suivante. J'ai traduit littéralement d'après cette
hypothèse.

8. Προσήνεγκον, dans M. A. Mai : j'adopte la forme la plus usitée. Un
passage tout à fait analogue est dans Dion, XLI, 54 : Καίπερ πολλὰς δικαιώσεις προτεινάμενοι, καὶ ἐς χεῖρας τελευτῶντες ἦλθον. Cf. XLIV, 25. Il
imite Thucydide, V, 17 : Καὶ ἐπειδὴ ἐκ τῶν συνόδων ἅμα πολλὰς δικαιώσεις
προενεγκόντων ἀλλήλοις ξυνεχωρεῖτο, ὥστε ἃ ἑκάτεροι πολέμῳ ἔσχον ἀπο-
δόντας τὴν εἰρήνην ποιεῖσθαι. Le scholiaste de Thucydide explique δικαιώσεις
par αἰτήματα δίκαια. J'ai suivi l'interprétation de Reimar, *justitiæ obten-
tus*. Cf. l'Index de Dion, au mot Δικαίωσις.

σειαν, οὐδὲν ἐπέρανον, ἀλλ' ὑπὲρ αὐτῆς ἀγωνίσασθαι συνέθεντο [1].

XX. Ὅτι [2] ὁ Τοῦλλος πρὸς τοὺς πολεμίους κράτιστος ἐνομίζετο. Τοῦ δὲ δὴ θείου πάνυ καταφρονήσας παρημέλει [3], μέχρις οὗ νόσου λοιμώδους γενομένης, καὶ αὐτὸς ἠῤῥώστησε. Τότε γὰρ τῶν τε ἄλλων θεῶν δι' ἀκριβείας ἐπεμελήθη [4], καὶ τοὺς Σαλίους [5] τοὺς Κολλίνους προσκατέστησε.

XXI. Ὅτι [6] συνεὶς ὁ Μάρκιος ὡς τοῖς βουλομένοις εἰρηνεῖν οὐκ ἐξαρκεῖ τὸ μηδὲν ἀδικεῖν [7], οὐδέ ἐστι τὸ ἄπραγμον ἄνευ τοῦ δραστηρίου σωτήριον [8], ἀλλ' ὅσῳ τις αὐτοῦ ὀριγνᾶται, εὐεπιθετώτερος [9] τοῖς πολλοῖς γίγνεται, μετ-

---

1. Zonaras, l. l., abrége Dion, en conservant plusieurs de ses expressions : Ὡς δὲ οὐδεὶς τῷ ἑτέρῳ παρεχώρει αὐτῆς, ἀγωνίσασθαι συνέθεντο περὶ τῆς ἀρχῆς.
2. (Exc. Peir. XXI, R. p. 8.)
3. Zonaras, l. l. p. 324, éd. Du C. : Πρὸς μὲν οὖν τοὺς πολεμίους ὁ Τοῦλλος κράτιστος ἔδοξε, τοῦ Θείου δὲ παρημέλει.
4. Ἐπεμελήθησαν, dans le Ms. de Tours, variante fautive, déjà citée. Plutarque, Numa, XXII : Ὁστίλλιος δὲ Τύλλος, ὃς μετὰ Νουμᾶν ἐβασίλευσε, καὶ τὰ πλεῖστα τῶν ἐκείνου καλῶν, ἐν δὲ πρώτοις καὶ μάλιστα τὴν περὶ τὸ Θεῖον εὐλάβειαν ἐπιχλευάσας καὶ καθυβρίσας, ὡς ἀργοποιὸν καὶ γυναικώδη, πρὸς πόλεμον ἔτρεψε τοὺς πολίτας· οὐδ' αὐτὸς μὲν οὖν ἐνέμεινε τοῖς νεανιεύμασι τούτοις, ἀλλ' ὑπὸ νόσου χαλεπῆς καὶ πολυτρόπου τὴν γνώμην ἀλλασσόμενος, εἰς δεισιδαιμονίαν ἐνέδωκεν, οὐδέν τι τῇ κατὰ Νουμᾶν εὐσεβείᾳ προσήκουσαν.
Zonaras, l. l., abrége Dion et Plutarque : Νόσου δ' ἐνσκηψάσης λοιμώδους, καὶ αὐτὸς νοσήσας, εἰς δεισιδαιμονίαν ἀπέκλινεν.
Les deux historiens grecs avaient puisé dans Tite-Live, I, 31 : Nulla tamen quies dabatur ab bellicoso rege.... donec ipse quoque longinquo morbo est implicitus. Tunc adeo fracti simul cum corpore sunt spiritus illi feroces, ut qui nihil ante ratus esset minus regium quam sacris dedere animum, repente omnibus magnis parvisque superstitionibus obnoxius degeret, religionibusque etiam populum impleret. »
5. Numa avait établi douze *Saliens*, choisis dans l'ordre des patriciens et qui furent appelés *Palatins*, à cause du lieu où était leur temple;

et il fut convenu que la suprématie serait disputée les armes à la main.

XX. Tullus était regardé comme plein de courage dans les combats ; mais il professait un souverain mépris pour les Dieux et négligea leur culte, jusqu'au moment où survint une peste dont il fut atteint lui-même. Alors il se montra fort religieux et créa de nouveaux prêtres, appelés Saliens Collins.

XXI. Il ne suffit pas à ceux qui veulent conserver la paix de ne pas causer de dommage aux autres, et le repos, qui ne s'appuie point sur une grande aptitude pour agir, ne saurait sauver un peuple; plus on le désire, plus on est ex-

An de Rome 115.

Denys d'Hal. A. R. 11, 70. Les nouveaux *Saliens*, créés par Tullus Hostilius, furent appelés *Agonales* et *Collins*, Denys d'Hal. l. l. : Οἱ μὲν γὰρ Ἀγωναλεῖς, ὑπὸ δέ τινων καλούμενοι Κολλῖνοι Σάλιοι, ὧν τὸ ἱεροφυλάκιόν ἐστιν ἐπὶ τοῦ Κολλίνου λόφου κτλ. Ils furent institués pendant la guerre contre les Sabins, suivant Denys d'Hal. l. l. : Μετὰ Νομᾶν ἀπεδείχθησαν ὑπὸ βασιλέως Ὁστιλλίου, κατ' εὐχὴν ἣν ἐν τῷ πρὸς Σαβίνους εὔξατο πολέμῳ. Cf. III, 32. Ou bien, pendant la guerre contre les Fidénates; Tite-Live, I, 27.

6. (Exc. Vat. VI, A. M. p. 139, éd. Rom.)

7. Zonaras, VII, 7, p. 324, éd. Du C. : Συνεὶς δ' ἐκεῖνος εἰρήνης εἶναι τὸν πόλεμον αἴτιον, ἐπιτίθεται τοῖς ἐπιθεμένοις.

8. M. A. Mai, qui conserve la leçon du Ms. du Vatic., οὐδέ ἐστι τὸ ἄπραγμον ἄνευ τοῦ σωτηρίου δραστήριον, propose dans une note d'ajouter ὅπλων après ἄνευ — *neque quietem sine armis salutem parere;* mais alors τοῦ σωτηρίου serait le complément de δραστήριον, et je ne connais pas d'exemple de cet adjectif avec le génitif. J'ai adopté une conjecture de mon savant ami, M. Egger, fort ingénieuse et d'autant plus probable qu'elle rappelle un passage analogue de Dion, XXXVIII, 36 : Δεῖ μὲν γὰρ ἐν τοῖς ἰδίοις δραστηρίους εἶναι· τὸ γὰρ ἐπιεικὲς οὐκ ἐθέλει μὴ καὶ ἐκ τούτου (lis. d'après Reimar, οὐκ ἐθέλει μὴ ἄνευ τούτου) σώζεσθαι. Denys d'Hal. A. R. V, 71 ; Plutarque, Camill. XXXVI ; Fab. XIX ; fournissent des exemples de τὸ δραστήριον employé substantivement.

9. Εὐπιθετώτερος est une faute d'impression dans M. A. Mai. L'Éditeur de Leipzig a lu avec raison εὐεπιθετώτερος, correction confirmée par Zo-

ἐβάλετο· οὐ γὰρ τὸ ἐπιθυμοῦν ἡσυχίας ἰσχυρὰν προφυλακὴν [1] ἄνευ τῶν πρὸς τὸν πόλεμον παρασκευῶν ἑώρα ὄν, καὶ τὸ τερπνὸν τῆς ἀπραγμοσύνης τάχιστα καὶ ῥᾷον τοῖς πέρα τοῦ καιροῦ σπουδάζουσιν αὐτὴν ἀπολλύμενον ᾐσθάνετο· διὰ ταῦτα καὶ καλλίω καὶ ἀσφαλεστέραν καὶ παρασκευὴν καὶ φροντίδα τῆς εἰρήνης τὸν πόλεμον νομίσας εἶναι, πάνθ' ὅσα παρ' ἑκόντων τῶν Λατίνων μηδὲν σφᾶς ἀδικῶν οὐκ ἠδυνήθη κομίσασθαι, παρὰ ἀκόντων στρατεύσας ἀπέλαβεν [2].

XXII. Ὅτι [3] Ταρκύνιος [4] πλούτῳ καὶ συνέσει, καὶ εὐτραπελίᾳ πολλῇ πανταχοῦ κατὰ καιρὸν χρώμενος, οὕτω τὸν Μάρκιον διέθηκεν, ὥστε καὶ ἐς τοὺς εὐπατρίδας καὶ ἐς τὴν βουλὴν ὑπ' αὐτοῦ καταλεχθῆναι, στρατηγός τε πολλάκις ἀποδειχθῆναι, καὶ τὴν ἐπιτροπείαν τῶν παίδων αὐτοῦ καὶ τῆς βασιλείας πιστευθῆναι [5]. Καὶ γὰρ τοῖς ἄλλοις προσφιλὴς οὐδὲν ἧττον ἦν, καὶ διὰ τοῦτο καὶ ἑκόντων αὐτῶν ἐπρώτευσεν.

Αἴτιον δὲ ὅτι πάντα ἀφ' ὧν ἰσχύειν ἔμελλε πράττων οὐκ ἐξεφρόνει, ἀλλ' ἐν τοῖς πρώτοις ὢν συνεστέλλετο. Καὶ τὰ μὲν ἐπίπονα καὶ ἀνθ' ἑτέρων καὶ ἐν τῷ φανερῷ ὑπέμενε·

---

naras, l. l. : Τὸν δὲ Μάρκιον εὐεπίθετον ἡγησάμενοι διὰ τὸ εἰρηναῖον τῆς γνώμης, τῇ τε χώρᾳ ἐπῆλθον, καὶ αὐτὴν ἐλῄσαντο. Cf. Denys d'Hal. A. R., III, 37 ; Tite-Live I, 32.

1. Dans M. A. Mai : Ἰσχυρὸν προφυλακῆς — ὄν. La syntaxe exige la leçon que je donne.

2. Denys d'Hal. l. l. : Ὁ Μάρκιος ἐξάγει στρατιὰν ἐπ' αὐτούς· καὶ προσκαθεζόμενος τῇ πόλει, πρὶν ἐπικουρίαν τινὰ τοῖς πολιορκουμένοις ἐκ τῶν ἄλλων ἐφικέσθαι Λατίνων, παραλαμβάνει τὴν πόλιν καθ' ὁμολογίας· οὐ μέντοι διέ-

posé à toutes les attaques : Marcius le comprit et changea de conduite. Il reconnut que l'amour de la paix n'est pas une puissante sauvegarde, sans toutes les ressources nécessaires pour la guerre ; il sentit aussi que les douceurs du repos sont bientôt et facilement perdues pour ceux qui les recherchent à contre-temps. La guerre lui parut donc un moyen plus honorable et plus sûr de préparer la paix, de s'en occuper efficacement ; il se mit en campagne et il recouvra, malgré les Latins, ce qu'ils avaient refusé de lui rendre, avant qu'il leur eût fait aucun mal.

XXII. Tarquin fit toujours à propos usage de ses richesses, de sa prudence, de son esprit fin et enjoué : il se concilia si bien la faveur de Marcius, que celui-ci l'éleva au rang de patricien et de sénateur, le nomma souvent chef de son armée et lui confia la tutelle de ses enfants et de son royaume. Les citoyens ne lui témoignaient pas moins d'affection que le Roi : c'est ainsi qu'il parvint au premier rang avec l'assentiment de tous.

An de Rome 138.

Voici par quels moyens : ne négligeant rien de ce qui devait assurer sa puissance, il ne montrait aucun orgueil ; bien au contraire, modeste dans la po-

---

θηκε τοὺς ἀνθρώπους δεινὸν οὐδὲν, ἀλλ' ἔχοντας τὰ σφέτερα πανδημεὶ κατήγαγεν εἰς Ῥώμην, καὶ κατένειμεν εἰς φυλάς.

3. (Exc. Peir. XXII, R. p. 9.)
4. Tarquin l'Ancien. Je donne la date du commencement de son règne.
5. Zonaras, l. l. 8, p. 325, éd. Du C. : Τῷ δὲ γὰρ πλούτῳ χρώμενος ἀφειδέστερον, συνέσει τε καὶ εὐτραπελίᾳ τοὺς δυνατοὺς οἰκειούμενος, ἐς τοὺς εὐπατρίδας καὶ τὴν βουλὴν κατελέχθη παρὰ Μαρκίου, καὶ στρατηγὸς ἀπεδείχθη, καὶ τὴν τῶν παίδων ἐκείνου ἐπιτροπείαν καὶ τῆς βασιλείας πεπίστευτο.

τῶν δὲ δὴ ἡδέων τοῖς τε ἄλλοις ἐθελοντὴς παρεχώρει [1]. Καὶ γὰρ αὐτὸς ἢ οὐδὲν, ἢ ὀλίγα, καὶ ταῦτα λανθάνων, ἐκαρποῦτο. Καὶ τῶν μὲν ἀμεινόνων τήν τε αἰτίαν ἐς πάντας μᾶλλον ἢ ἐς αὐτὸν ἀνῆγε, καὶ τὴν ἀπόλαυσιν ἐς τὸ μέσον τῷ δεομένῳ κατετίθει. Τὰ δὲ ἀτοπώτερα οὔτ' ἀνέφερεν ἔς τινα, οὔτε ἐκοινοῦτό τινι.

Πρὸς δὲ τούτοις, ἐχαρίζετο μὲν πᾶσι τοῖς ἀμφὶ τὸν Μάρκιον ὡς ἑκάστοις, καὶ τῷ ἔργῳ καὶ τοῖς λόγοις. Τῶν τε γὰρ χρημάτων ἀφειδῶς ἀνήλισκε, καὶ ταῖς σπουδαῖς, εἴ τίς τι αὐτοῦ δεηθείη, ἑτοίμως ἐχρῆτο [2]. Φαῦλον δέ τι ἐς οὐδένα οὔτε ἔλεγεν, οὔτε ἔπραττεν [3]. Οὐδὲ ἐς ἀπέχθειαν ἑκὼν οὐδενὶ καθίστατο. Καὶ προσέτι, ἃ μὲν εὖ ὑπό τινων ἔπασχεν, ἐπὶ τὸ μεῖζον διελάμβανε. Τὰ δὲ δυσχερέστερα ἤτοι τὴν ἀρχὴν οὐδὲ προσεποιεῖτο, ἢ καὶ φαυλίσας παρ' ἐλάχιστον ἦγε [4]· καὶ οὐχ ὅσον οὐκ ἡμύνετό τινα ἐπ' αὐτοῖς, ἀλλὰ καὶ εὐηργέτει [5], μέχρι περ καὶ ἐκεῖνον ἐξενίκησεν.

Ἐκ μὲν οὖν τούτων σοφίας τινὸς δόξαν, ἅτε καὶ τὸν Μάρκιον καὶ τοὺς περὶ αὐτὸν πάντας χειρωσάμενος, ἐκτήσατο [6]. Ἐκ δὲ δὴ τῶν ἔπειτα, ἀπιστεῖσθαι τοὺς πολλοὺς τῶν ἀνθρώπων ἐποίησεν, ὡς ἤτοι δολεροὺς φύσει ὄντας, ἢ

---

1. Reiske propose : Παρεχώρει καὶ αὐτός. Sturz combat ce changement comme inutile. J'ai maintenu l'ancienne leçon.
2. Zonaras, l. l. : Ἐδείκνυε γὰρ ἑαυτὸν ἀγαθὸν ἄνδρα, χρημάτων τε τοῖς δεομένοις μεταδιδοὺς, καὶ ἑαυτὸν ἕτοιμον παρέχων, εἴ τις δέοιτο αὐτοῦ εἰς βοήθειαν.
3. D'après le même, l. l. : au lieu de l'ancienne leçon, φαῦλον δὲ ἐς κτλ.
4. Le même, l. l. : Καὶ εἴ τι πρός τινων εὖ ἔπασχεν, ἐξῇρε τὸ γινόμενον· εἰ δέ τι καὶ ἐπαχθέστερον αὐτῷ γένοιτο, ἢ οὐδ' ἐλογίζετο τὸ λυποῦν, ἢ καὶ

sition la plus élevée, il se chargeait ouvertement pour les autres de tout ce qui était pénible : quant aux choses agréables, il les leur abandonnait volontiers; ne gardant rien pour lui, ou presque rien, et jouissant en secret du peu qu'il s'était réservé. Une entreprise réussissait-elle, il attribuait le succès au premier venu plutôt qu'à lui-même, laissant chacun en recueillir le fruit, suivant ses besoins. Éprouvait-il un échec, il ne l'imputait jamais à un autre et n'en faisait partager à personne la responsabilité.

De plus, il sut plaire à toute la cour et à chacun des amis de Marcius, par ses actions comme par ses paroles. Libéral dans l'emploi de ses richesses, prêt à servir ceux qui réclamaient son appui, ses discours et ses actes n'avaient jamais rien de blessant : jamais il ne se déclara spontanément l'ennemi de personne. Enfin, recevait-il un service, il le grossissait ; avait-il essuyé un mauvais procédé, il le dissimulait complétement, ou il s'efforçait de l'atténuer, loin d'en tirer vengeance : il n'avait de cesse qu'après avoir gagné par ses bienfaits celui dont il avait à se plaindre.

Par cette manière d'agir, qui lui attira l'amitié de Marcius et de sa cour, il acquit une grande réputation de sagesse : plus tard, sa conduite fit voir que la plupart des hommes ne méritent aucune confiance à

φαυλίσας παρελογίζετο. Dans le texte de Dion, au lieu de l'ancienne leçon ὑπὸ τὸ μεῖζον, j'adopte ἐπὶ τὸ μεῖζον d'après Saumaise.

5. Le même, l. l. : Οὐ μόνον τε οὐκ ἠμύνατο τὸν λελυπηκότα · ἀλλὰ καὶ εὐηργέτει. A la place de l'aoriste ἠμύνατο, qui se trouve dans Dion comme dans Zonaras, j'écris ἠμύνετο, à cause de l'imparfait εὐηργέτει.

6. Le même, l. l. : Τούτοις αὐτόν τε τὸν Μάρκιον καὶ τοὺς περὶ αὐτὸν ἐχειρώσατο, καὶ δόξαν ἀνδρὸς ἐκτήσατο σοφοῦ τε καὶ ἀγαθοῦ · ἀλλ' οὐ προσέμεινε μέχρι τέλους αὐτῷ ἡ ὑπόληψις.

καὶ πρὸς τὰς δυνάμεις τάς τε τύχας καὶ τὴν γνώμην ἀλλοιουμένους [1].

XXIII. Ὅτι [2] ὁ Ταρκύνιος, ἐπεὶ ἱκανῶς ὡς καὶ ἀκόντων τυραννήσων παρεσκευάσατο, τοὺς δυνατωτάτους πρῶτον μὲν τῶν βουλευτῶν, ἔπειτα καὶ τῶν ἄλλων συλλαμβάνων, πολλοὺς μὲν φανερῶς, οἷς γε αἰτίαν τινὰ εὐπρεπῆ ἐπενεγκεῖν ἐδύνατο, πολλοὺς δὲ καὶ λάθρα ἀπεκτίννυε, καί τινας ὑπερώριζεν [3]. Οὐ γὰρ ὅτι τὸν Τούλλιόν τινες αὐτῶν [4] μᾶλλον ἢ ἐκεῖνον ἠγάπησαν, οὐδ᾽ ὅτι γένη καὶ πλούτους, καὶ φρόνημα εἶχον, ἀνδρείᾳ τε ἐπιφανεῖ ἢ καὶ σοφίᾳ διαπρεπεῖ ἐχρῶντο, τοὺς μὲν ἀμυνόμενος, τοὺς δὲ προκαταλαμβάνων, φθόνῳ τε καὶ ὑποψίᾳ ἅμα μίσους [5] ἐκ τοῦ μὴ ὁμοήθους ἔφθειρεν· ἀλλὰ καὶ τοὺς πάνυ φίλους [6], πρός τε [7] τὴν μοναρχίαν οἱ σπουδάσαντας, οὐδὲν ἧττον τῶν

---

1. H. de Valois, Reimar et Sturz lisent : Ἐκ δὲ δὴ τῶν ἔπειτα, ἀπιστεῖσθαι τοὺς πολλοὺς τῶν ἀνθρώπων ἐποίησεν, ὡς ἤτοι δολεροῦ φύσει ὄντος, ἢ καὶ πρὸς τὰς δυνάμεις τάς τε τύχας καὶ τὴν γνώμην ἀλλοιουμένου. H. de Valois traduit : *Sed ex iis quae postea gessit, suspicandi ansam plerisque praebuit se aut doloso ingenio, aut pro fortuna atque opibus mutabili praeditum fuisse.* La version latine qui accompagne le texte de Reimar, un peu modifiée dans les mots, donne le même sens. Reiske propose de substituer ἀπιστῆσαι οἱ à ἀπιστεῖσθαι, correction ingénieuse, mais inutile : j'adopte la leçon du Ms. de Tours, qui est probablement la leçon primitive et qui fournit un très-bon sens.

2. (Exc. Peir. XXIII, R. p. 10-11.) Je donne la date du commencement du règne de Tarquin le Superbe.

3. Zonaras, l. l. 10, p. 329, éd. Du C. : Ἐπεὶ δὲ ὡς τυραννήσων παρεσκευάσατο, τοὺς δυνατωτάτους τῶν βουλευτῶν καὶ τῶν ἄλλων συλλαμβάνων ἐκτίννυεν, οἷς μὲν αἰτίαν εἶχεν ἐπενεγκεῖν, φανερῶς ἀναιρῶν· οὓς (lisez, d'après Dion, πολλοὺς) δὲ λάθρα· ἐνίους δὲ καὶ ὑπερώριζεν. Au lieu de ἀπεκτίννυε, le Ms. de Tours porte ἀπεκτείννυε, par la permutation de ει et de ι.

cause de la duplicité de leur caractère, et parce qu'ils laissent leur âme se corrompre par la puissance et la prospérité.

XXIII. Tarquin, aussitôt qu'il fut en mesure d'imposer le joug aux Romains, même malgré eux, fit arrêter d'abord les membres les plus considérables du Sénat, puis ceux des autres ordres. Il ordonna ouvertement la mort de ceux qui pouvaient être l'objet d'une accusation spécieuse, et ils étaient en grand nombre : d'autres furent massacrés en secret, quelques-uns envoyés en exil. Ce n'était point, parce que plusieurs avaient montré plus d'affection pour Tullius que pour lui; parce qu'ils se distinguaient par la naissance, les richesses, l'élévation des sentiments, ou bien par un courage éclatant et une sagesse remarquable, que Tarquin les fit périr, pour se venger ou pour prévenir leurs attaques; soit par envie, soit à cause de la haine qu'il croyait leur inspirer, par cela même que leurs mœurs étaient différentes des siennes. Il n'épargna pas davantage ses plus fidèles amis,

An de Rome 220.

4. Dans H. de Valois τινὲς αὐτὸν avait justement choqué Reimar, qui remplaça cette leçon par τινὲς αὐτῶν, correction confirmée par le Ms. de Tours.

. 5. Suivant Reimar, il faudrait lire ἅμα μίσει, ou faire dépendre μίσους de ὑποψίᾳ. Sturz donne avec raison la préférence à la seconde conjecture. Reiske a voulu justifier la construction ἅμα μίσους par une grécité, qui n'a aucun rapport avec celle de Dion. Le Ms. de Tours ne donne pas et ne devait pas donner de variante : ἅμα correspond à τε, et μίσους est le déterminatif de ὑποψίᾳ. Seulement, à l'ancienne version *alios — præ invidia simul ac suspicione, tum et odio morum dissimilium interfecit*, il faut substituer *alios — præ invidia simul ac suspicione odii in semetipsum propter dissimiles mores interfecit*. Zonaras, l. l., abrége ainsi ce passage : Οὐ γὰρ τοὺς τῷ Τουλλίῳ προκειμένους μόνους, ἀλλὰ καὶ τοὺς πρὸς τὴν μοναρχίαν συναραμένους αὐτῷ προσαπώλλυε.

6. Πανυφίλους, dans le Ms. de Tours.

7. Τε manque dans le même Ms.

48 ΔΙΩΝΟΣ ΤΟΥ ΚΑΣΣΙΟΥ ΛΕΙΨΑΝΑ. ΒΙΒΛ. Α-ΛϚ.

ἑτέρων ἀπώλλυεν, νομίζων σφᾶς ὑπό τε τῆς θρασύτητος, καὶ ὑπὸ τῆς νεωτεροποιΐας, ὑφ' ἧς ἑαυτῷ τὴν ἀρχὴν συγκατέπραξαν, κἂν ἄλλῳ τινὶ αὐτὴν δοῦναι.

Κἀκ τούτου τὸ κράτιστον τῆς βουλῆς καὶ τῆς ἱππάδος ἀπανάλωσεν· οὐδ' ἀντικαθίστη τὸ παράπαν ἐς αὐτοὺς ἀντὶ τῶν ἀπολλυμένων οὐδένα· μισεῖσθαί τε γὰρ ὑπὸ παντὸς τοῦ δήμου ἐπίστευε, καὶ τὰ τέλη ἐκεῖνα ἀσθενέστατα ἐκ τῆς ὀλιγανθρωπίας ποιῆσαι ἐπεθύμει. Καὶ τήν γε γερουσίαν καὶ καταλῦσαι παντελῶς ἐπεχείρησεν· πᾶν ἄθροισμα ἀνθρώπων, ἄλλως τε καὶ ἐπιλέκτων καὶ πρόσχημα προστατείας τινὸς ἀπὸ παλαιοῦ ἐχόντων, πολεμιώτατον τυράννῳ [1] νομίζων εἶναι.

Δείσας δὲ μήπως οἱ τὸ πλῆθος ἢ καὶ αὐτοὶ οἱ δορυφόροι, οἷά που πολῖται ὄντες, ἀγανακτήσει τοῦ τὴν πολιτείαν σφῶν μεθίστασθαι, ἐπαναστῶσιν, ἐκ μὲν τοῦ προφανοῦς οὐκ ἐποίησε τοῦτο [2], ἐν τρόπῳ δέ τινι ἐπιτηδείῳ καὶ πανούργῳ κατέπραξεν [3]. Οὔτε γὰρ ἀντεισῆγεν ἐς αὐτὴν οὐδένα, οὔτε τοῖς καταλοίποις λόγου τι ἄξιον ἐπεκοίνου. Συνεκάλει μὲν γὰρ αὐτούς· οὐ μὴν ὥστε καὶ συνδιοικεῖν τι τῶν ἀναγκαίων. Ἀλλὰ καὶ αὐτὸ τοῦτο πρός τε τὸν ἔλεγχον

1. Τύραννον, dans le Ms. de Tours. Pour justifier cette variante, il faudrait donner à τύραννον un sens figuré, et dire que Tarquin voulait briser le sénat, parce qu'à ses yeux une réunion d'hommes d'élite, revêtus d'une autorité consacrée par le temps, était un obstacle incommode, un véritable tyran, qui opposerait à ses projets son influence, ses lumières et une volonté d'autant plus redoutable qu'elle était permanente.
2. Οὐκ ἐποίησεν τοῦτο, dans le même Ms.
3. Dans le même Ms. : Καὶ πάνυ αὐτῷ que H. de Valois a remplacé par

ceux dont le dévouement lui avait frayé le chemin du trône; persuadé que leur audace et leur désir d'innover, qui lui avaient donné l'empire, pourraient le faire passer dans d'autres mains.

Tarquin détruisit ainsi la fleur du sénat et des chevaliers. Il ne remplaça pas ceux qui avaient péri : convaincu qu'il était détesté de toute la nation, il voulait affaiblir ces deux ordres, en les réduisant à quelques membres : il chercha même à faire complétement disparaître le sénat; regardant toute réunion d'hommes, et surtout une réunion d'hommes d'élite, depuis longtemps revêtus d'une sorte de magistrature, comme l'ennemi le plus redoutable pour un tyran.

Il craignit que la multitude, ou même ses propres satellites qui eux aussi étaient citoyens, ne se révoltassent; indignés du changement de la Constitution. Il n'exécuta donc pas son projet ouvertement; mais il parvint à ses fins par un manége habile : il ne comblait pas les vides du sénat et ne communiquait rien d'important aux membres survivants. Il les convoquait bien encore, mais ce n'était pas pour les faire participer au maniement des intérêts publics; il voulait seule-

---

καὶ πάνυ αὐτό. Cette correction donne un sens assez plausible, si l'on fait dépendre ces mots de κατέπραξεν. Reimar et Sturz l'adoptent; mais ce dernier pense que καὶ et πάνυ se rapportent à ἐπιτηδείῳ qui précède : les exemples, cités à l'appui de son opinion, ne m'ont point paru justifier cette construction. Reiske propose trois conjectures : 1° καὶ πάνυ ἀσυνόπτῳ —*et valde clandestina ratione;* 2° καὶ ἀσυνόπτῳ — *et non suspecta;* 3° καὶ πάνυ ἀνυτικῷ — *et valde efficaci.* Elles manquent de vraisemblance : celle que je donne d'après Wagner est la plus probable.

τῆς ὀλιγότητος σφῶν, καὶ διὰ τοῦτο, καὶ ταπεινότητα καὶ καταφρόνησιν, ἐξεπίτηδες ἐποίει. Τὰ δὲ δὴ πλεῖστα καθ' ἑαυτὸν ἢ καὶ μετὰ τῶν υἱέων, τοῦτο μὲν ὅπως μηδεὶς τῶν ἄλλων μηδὲν δύναιτο, τοῦτο δὲ καὶ κατοκνῶν δημοσιεύειν ἐν οἷς ἐκακούργει, ἔπραττεν [1].

Δυσπρόσοδός τε καὶ δυσπροσήγορος ἦν· καὶ τῇ ὑπεροψίᾳ τῇ τε ὠμότητι τοσαύτῃ πρὸς πάντας ὁμοίως ἐχρῆτο, ὥστε καὶ ὑπερήφανος ἀπ' αὐτῶν ἐπικληθῆναι. Τά τε γὰρ ἄλλα καὶ αὐτός, καὶ οἱ παῖδες αὐτοῦ τυραννικώτερον ἔπραττον [2]· καί ποτε πολιτῶν τινας ἐν τῇ ἀγορᾷ καὶ ἐν τοῖς τοῦ δήμου ὄμμασι σταυροῖς τε γυμνοὺς προσέδησεν, καὶ ῥάβδοις αἰκισάμενος ἀπέκτεινεν. Καὶ τοῦθ' ὑπ' ἐκείνου τότε ἐξευρεθὲν καὶ πολλάκις ἐγένετο.

XXIV. Ὅτι [3] Λεύκιος Ἰούνιος ἀδελφῆς Ταρκυνίου παῖς [4] φοβηθείς, ἐπειδὴ τόν τε πατέρα ἀπεκτόνει καὶ προσέτι καὶ τὰς οὐσίας αὐτῷ ἀφῄρητο, μωρίαν προσεποιήσατο [5], εἴ πως αὐτός γε περιγένοιτο· καὶ γὰρ εὖ ἠπίστατο, ὅτι πᾶν τὸ ἔμφρον, ἄλλως τε καὶ ὅταν ἐν λαμπρότητι γένους ᾖ, δι' ὑποψίας τοῖς τυραννοῦσι γίγνεται· καὶ ἐπειδή γε ἅπαξ ἐπὶ τοῦτο ὥρμησεν, ἀκριβέστατα αὐτὴν ὑπεκρίνετο, καὶ διὰ τοῦτο καὶ Βροῦτος ἐκλήθη· τοὺς γὰρ εὐήθεις οὕτω πως οἱ

---

1. Cf. Zonaras, l. l., où le passage κἀκ τούτου — ἔπραττεν est résumé.
2. Le même, l. l. : Δυσπρόσιτός τε καὶ δυσπροσήγορος ἦν, καὶ τῇ ὑπεροψίᾳ καὶ τῇ ὠμότητι ὁμοίως ἐχρῆτο πρὸς ἅπαντας· καὶ τυραννικώτερον αὐτός τε καὶ οἱ παῖδες αὐτοῦ προσεφέροντο ἅπασι.
3. (Exc. Vat. VII, A. M. p. 139-140, éd. Rom.)

ment leur montrer combien ils étaient peu nombreux, et par cela même faibles et méprisables. Quant aux affaires, il les expédiait presque toutes seul ou avec ses fils ; afin qu'aucun citoyen n'eût de l'influence, ou dans la crainte de divulguer ses iniquités.

Il était difficile d'arriver jusqu'à lui et de l'entretenir : sa fierté et sa cruauté envers tous les citoyens indistinctement furent telles, qu'on lui donna le surnom de Superbe. Entre autres actes de barbarie, commis par Tarquin et par ses fils, on cite celui-ci : un jour il fit attacher à des poteaux, sur la place publique, en présence du peuple, plusieurs citoyens nus, qui furent battus de verges et mis à mort ; genre de supplice alors inventé par ce tyran et souvent mis en usage dans la suite.

XXIV. Lucius Junius, fils de la sœur de Tarquin, en proie à de vives craintes après que son oncle, peu content d'avoir mis son père à mort, l'eût dépouillé lui-même de ses biens, feignit d'être fou pour conserver la vie : il savait bien que les hommes d'une raison élevée, alors surtout qu'ils ont une illustre origine, font ombrage aux tyrans. Cette résolution une fois prise, il joua parfaitement son rôle et fut appelé Brutus, nom

An de Rome 221.

---

4. Il y a deux légères variantes dans Zonaras l. l. p. 332, éd. Du C. : Ἦν δὲ Λούκιος Ἰούνιος ἀδελφῆς τοῦ Ταρκυνίου υἱός. Plutarque, Public. I, et Denys d'Hal. A. R. IV, 67, l'appellent Λεύκιος.
5. Zonaras, l. l. : Μωρίαν προσεποιήσατο, ταύτην ἑαυτοῦ προστησάμενος σώτειραν.

Λατῖνοι προσηγόρευον [1]. Τῷ τε Τίτῳ καὶ Ἀρροῦντι ὥς τι ἄθυρμα συμπεμφθείς [2], βακτηρίαν τινὰ ἀνάθημα τῷ Θεῷ φέρειν ἔλεγεν μηδὲν μέγα ὥς γε ἰδεῖν ἔχουσαν [3].

Ὅτι τοῦ Βρούτου τό τε δῶρον, τουτέστι τὴν βακτηρίαν, ἔσκωπτον· καὶ ὅτι τοῦ Θεοῦ τοῖς θεωροῖς περὶ τῆς τοῦ πατρὸς βασιλείας, ὅστις αὐτὴν διαδέξεται ἐπερωτήσασι, θεσπίσαντος τὸν πρῶτον τὴν μητέρα φιλήσαντα τὸ κράτος τὸ τῶν Ῥωμαίων ἕξειν, τὴν γῆν ὡς καὶ καταπεσὼν ἄλλως κατεφίλησε, νομίσας αὐτὴν μητέρα ἁπάντων τῶν ἀνθρώπων εἶναι [4].

XXV. Ὅτι [5] ἐν Ῥώμῃ θεμελίων ὀρυσσομένων ναοῦ, κεφαλὴ νεοσφαγοῦς ἀνθρώπου εὑρέθη λελυθρωμένη· πρὸς ὅπερ Τυρρηνὸς μάντις ἔφη τὴν πόλιν κεφαλὴν πολλῶν ἐθνῶν ἔσεσθαι, πλὴν δι' αἵματος καὶ σφαγῶν· κἀντεῦθεν ὁ Ταρπήϊος λόφος μετωνομάσθη Καπιτωλῖνος [6].

Ὅτι [7] σημεῖον τὸ μίλιον λέγεται χιλίοις βήμασι μετρούμενον· μίλια γὰρ τὰ χίλια.

1. Zonaras. l. l.: Διὸ καὶ Βροῦτος ἐπεκλήθη· τοὺς γὰρ εὐήθεις οὕτω τοῖς Λατίνοις ἔθος καλεῖν. Cf. Denys d'Hal. l. l.
2. Le même, l. l.: Πλαττόμενος οὖν τὸν μωραίνοντα, τοῖς τοῦ Ταρκυνίου παισὶν εἰς Δελφοὺς ἀπιοῦσι συμπαρελήφθη ὡς ἄθυρμα. Cf. Denys d'Hal. l. l. 69.
3. Le Compilateur abrége trop : je complète le passage, à l'aide de Zonaras, l. l.: Ὁ δὲ καὶ ἀνάθημα φέρειν ἔλεγε τῷ Θεῷ· τὸ δ' ἦν βάκτρον τι, μηδὲν ἐκ τοῦ φαινομένου ἔχον χρηστόν, ὅθεν καὶ ἐπὶ τούτῳ ὠφλίσκανε γέλωτα· τὸ δ' ἦν οἷον εἰκών τις τῆς κατ' αὐτὸν προσποιήσεως. Κοιλάνας γὰρ αὐτὸ, λάθρα χρυσίον ἐνέχεεν· ἐνδεικνύμενος δι' αὐτοῦ, ὡς καὶ τὸ φρόνημα αὐτῷ τῷ τῆς μωρίας ἀτίμῳ σῶον καὶ ἔντιμον κατακρύπτεται. Cf. Denys d'Hal l. l.; Tite-Live, I, 56.
4. Zonaras, l. l.: Ἐρομένων δὲ τοῦ Ταρκυνίου υἱῶν, τίς τὴν βασιλείαν τοῦ

que les Latins donnaient aux insensés. Envoyé à Delphes avec Titus et Aruns, pour leur servir de jouet, il disait qu'il offrirait au dieu un bâton, qui semblait ne signifier rien d'important.

Le présent de Brutus, je veux dire ce bâton, devint pour Titus et Aruns un sujet de plaisanteries. Un jour ils demandèrent à l'oracle quel serait l'héritier de la puissance de leur père. Il répondit : celui qui le premier baisera sa mère, règnera dans Rome. Aussitôt Brutus se laissa tomber, comme par hasard, et baisa la terre ; la regardant comme la mère de tous les hommes.

XXV. En creusant à Rome les fondements d'un temple, on trouva la tête d'un homme tué récemment, toute souillée de sang et de poussière. Un devin de Toscane, consulté à ce sujet, dit que cette ville deviendrait la capitale d'un grand nombre de nations ; mais que ce serait par le sang et les massacres. Le nom de Capitole fut donné, à cette occasion, au mont Tarpéïen.

An de Rome 242.

On appelle Borne milliaire celle qui indique une mesure de mille pas : *Millia* signifie la même chose que Χίλια.

πατρὸς διαδέξεται, ἔχρησεν ὁ Θεὸς τὸν πρῶτον τὴν μητέρα φιλήσαντα τὸ κράτος ἕξειν. Ὁ συνεὶς ὁ Βροῦτος, ὡς τυχαίως καταπεσὼν, τὴν γῆν κατεφίλησεν, αὐτὴν μητέρα πάντων ὑπάρχειν κρίνας ὀρθῶς. Cf. Denys d'Hal. l. l.

5. (Exc. Vat. A. M. p. 528, éd. Rom.)

6. Ce fragment n'est probablement pas de Dion : peut-être n'est-ce qu'un résumé fait d'après Zonaras, qui avait abrégé lui-même Dion. Cf. l. l. p. 331-332, éd. Du C. : Τῆς δὲ γῆς εἰς τὴν τῶν θεμελίων καταβολὴν ἀναρρηγνυμένης — Κάπιτα γὰρ τῇ Ῥωμαίων διαλέκτῳ ἡ κεφαλὴ ὀνομάζεται, et Denys d'Hal. A. R. IV, 59-61.

7. J'ai mis ce fragment à la suite du précédent, quoiqu'il n'y ait aucun rapport entre eux. Rien n'indiquant sa véritable place, je me suis décidé à lui laisser celle qu'il a dans le Ms. du Vatican.

54 ΔΙΩΝΟΣ ΤΟΥ ΚΑΣΣΙΟΥ ΛΕΙΨΑΝΑ. ΒΙΒΛ. Α-ΑϚ.

XXVI. Ὅτι [1] ὁ Βροῦτος τοὺς Ταρκυνίους ἐκ τοιᾶσδε αἰτίας κατέλυσε [2]. συνδειπνοῦντές ποτε ἐν τῇ τῶν Ἀρδεατῶν πολιορκίᾳ οἵ τε τοῦ Ταρκυνίου παῖδες, καὶ Κολλατῖνος καὶ Βροῦτος, ἅτε καὶ ἡλικιῶται καὶ συγγενεῖς αὐτῶν ὄντες, ἐς λόγον τινὰ περὶ τῆς σωφροσύνης τῶν γυναικῶν σφῶν, κἀκ τούτου καὶ ἐς ἔριν, τὴν ἑαυτοῦ γαμετὴν ἑκάστου προκρίνοντος, ἦλθον. Καὶ (ἐτύγχανον γὰρ πᾶσαι ἀπὸ τοῦ στρατοπέδου ἀποῦσαι) ἔδοξεν αὐτοῖς αὐτίκα τῆς νυκτὸς, πρὶν καταγγέλτους σφᾶς γενέσθαι, πρὸς πάσας ἅμα αὐτὰς ἀφιππεῦσαι. Ποιήσαντες δὲ τοῦτο, τὰς μὲν ἄλλας ἐν λόγῳ τινὶ εὗρον, Λουκρητίαν [3] δὲ τὴν τοῦ Κολλατίνου γυναῖκα ἐριουργοῦσαν κατέλαβον.

Περιβόητον οὖν ἐπὶ τούτῳ γενομένην ὁ Σέξτος αἰσχῦναι ἐπεθύμησε. Τάχα μὲν γὰρ καὶ ἔρωτα αὐτῆς ἔσχεν ὑπερκάλου οὔσης· ἐπὶ πλέον δὲ ὅμως τὴν δόξαν μᾶλλον ἢ τὸ σῶμα διαφθεῖραι ἠθέλησε [4]. Καί ποτε τηρήσας τὸν Κολλατῖνον πρὸς τοῖς Ῥουτούλοις ὄντα, ἠπείχθη μὲν ἐς τὴν Κολλατίαν. Καὶ νυκτὸς πρὸς αὐτὴν ὡς καὶ πρὸς οἰκείαν γυναῖκα ἐλθὼν, καὶ σίτου καὶ καταλύσεως ἔτυχε [5].

Καὶ τὰ μὲν πρῶτα ἀναπείθειν αὐτὴν ἐπειρᾶτο συγ-

---

1. (Exc. Peir. XXIV. R. p. 11-12.)
2. Zonaras, l. l., p. 332 : Οὗτος γὰρ ὁ Βροῦτος τοὺς Ταρκυνίους κατέλυσεν, αἰτίαν τὸ περὶ τὴν Λουκριτίαν (sic) συμβεβηκὸς προστησάμενος, καὶ ἄλλως μισουμένους παρὰ πάντων διὰ τὸ τυραννικόν τε καὶ βίαιον.
3. Λουκριτίαν dans H. de Valois et Reimar, comme dans Zonaras. J'adopte l'écriture de Denys d'Hal. A. R. IV, 64 et suiv. ; Diodore de Sic. X, 20; Plutarque, Public. I.
4. Zonaras, l. l p. 332-333, éd. Du C. : Ἡ δὲ Λουκριτία.... ἐπί τε κάλλει

XXVI. Voici à quelle occasion Brutus détrôna les Tarquins : un jour, pendant le siége d'Ardée, les fils de Tarquin soupaient avec Collatin et Brutus, qui étaient de leur âge et leurs parents. La conversation tomba sur la vertu de leurs femmes, et chacun donnant la palme à la sienne, une dispute éclata. Elles étaient toutes loin du camp : il fut donc convenu qu'ils monteraient à cheval pour se rendre incontinent auprès d'elles, cette nuit même, avant qu'elles fussent informées de leur visite. Ils partent sur-le-champ et trouvent leurs femmes occupées à discourir : Lucrèce seule, épouse de Collatin, travaillait à la laine. *An de Rome 244.*

Son nom vole aussitôt de bouche en bouche : cette célébrité allume dans Sextus le désir de la déshonorer. Peut-être aussi fut-il épris de sa rare beauté ; mais il voulut flétrir sa réputation, encore plus que sa personne. Il épia le moment où Collatin était dans le pays des Rutules, pour aller à Collatie : arrivé, de nuit, auprès de Lucrèce, il fut reçu comme il devait l'être par une parente, et trouva chez elle sa table et un logement.

D'abord il employa la persuasion pour l'entraîner

καὶ σωφροσύνῃ τυγχάνουσα περιβόητος. Ταύτην Σέξτος ὁ τοῦ Ταρκυνίου υἱὸς αἰσχῦναι σπούδασμα ἔθετο, οὐχ οὕτω τοῦ κάλλους αὐτῆς ἐρασθείς, ὡς ἐπὶ τῷ σώφρονι ἐπιβουλεύων αὐτῆς. Cf. Denys d'Hal. l. l.

5. Le même, l. l. p. 333 : Τηρήσας οὖν τὸν Κολλατῖνον τῆς οἰκίας ἀποδημοῦντα, νυκτὸς ἐλθὼν πρὸς αὐτήν, ὡς πρὸς γαμετὴν συγγενοῦς, κατέλυσε παρ' αὐτῇ. Denys d'Hal. l. l. : Ὁ μὲν οὖν Κολλατῖνος ἐπὶ στρατοπέδου τότε ὢν ἐτύγχανεν· ἡ δὲ συνοικοῦσα αὐτῷ γυνὴ Ῥωμαία.... ἐξένιζεν αὐτόν, ὡς συγγενῆ τοῦ ἀνδρός, πολλῇ προθυμίᾳ τε καὶ φιλοφροσύνῃ.

γενέσθαι οἱ. Ὡς δὲ οὐδὲν ἐπέραινεν, ἐβιάζετο. Ἐπειδὴ δὲ οὐδὲν οὐδὲ οὕτως αὐτῷ προεχώρει, καινὸν δή τινα τρόπον ἐξεῦρεν, ὑφ' οὗ τὸ παραδοξότατον ἠνάγκασεν αὐτὴν ἑκοῦσαν ὑβρισθῆναι. Ὅτι μὲν γὰρ ἀποσφάξειν αὐτὴν εἶπε, παρ' οὐδὲν ἔθετο. Καὶ ὅτι καὶ τῶν οἰκετῶν τινα προσκαταχρήσεσθαι [1] ἔφη, καὶ τοῦτο ὀλιγώρως ἤκουσεν. Ἐπεὶ μέν τοι παρακατακλινεῖν τε αὐτῇ τὸ τοῦ δούλου σῶμα, καὶ λόγον ὡς καὶ συγκαθεύδοντας σφᾶς εὑρὼν ἀποκτείνειε διαδώσειν ἐπηπείλησεν, οὐκέτ' ἀνεκτὸν ἐποιήσατο. Ἀλλὰ φοβηθεῖσα μὴ καταπιστευθῇ οὕτω γεγονέναι, εἵλετο μιχθεῖσα αὐτῷ καὶ τὸ πραχθὲν ἐξειποῦσα ἀποθανεῖν μᾶλλον, ἢ παραχρῆμα τελευτήσασα ἀδοξῆσαι. Διὰ μὲν οὖν ταῦτ' οὐκ ἄκουσα δὴ ἐμοιχεύθη.

Παρασκευάσασα δὲ ἐκ τούτου ξιφείδιον [2] ὑπὸ τὸ προσκεφάλαιον, μετεπέμψατο τόν τε ἄνδρα καὶ τὸν πατέρα· καὶ ἐπειδὴ τάχιστα ἦλθον, κατεδάκρυε. Καὶ μετὰ τοῦτ' ἀναστενάξασα· πάτερ, εἶπε, (τὸν γὰρ ἄνδρα μᾶλλον ἢ σὲ αἰσχύνομαι) οὐδέν μοι χρηστὸν ἐν τῇ νυκτὶ ταύτῃ πέπρακται. Ἀλλά με Σέξτος ἐβιάσατο ἀπειλήσας δούλῳ

---

1. H. de Valois, Reimar et Sturz lisent προσκαταστήσεσθαι. Dans le Ms. de Tours προσκαταστήσασθαι provient de la fréquente confusion du futur et de l'aoriste. Avec l'une ou l'autre leçon, le passage ne peut s'entendre. J'ai donc adopté la correction de Reiske προσκαταχρήσεσθαι. Elle est justifiée par les paroles de Lucrèce elle-même, un peu plus bas : Ἀλλά με Σέξτος ἐβιάσατο ἀπειλήσας δούλῳ τινὶ συναποκτενεῖν, ὡς καὶ μετ' αὐτοῦ καθεύδουσαν εὑρών, et par Diodore de Sicile, l. l. : Ἐπιστὰς δὲ ταῖς θύραις ἄφνω καὶ σπασάμενος τὸ ξίφος, παρασκευάσασθαι μὲν ἔφησεν οἰκέτην ἐπιτήδειον εἰς ἀναίρεσιν, συγκατασφάξειν δὲ κἀκείνην, ὡς ἐπὶ μοιχείᾳ κατειλημμένην καὶ τετευχυῖαν τῆς

à l'adultère : n'ayant rien obtenu, il recourut à la violence ; et comme il ne réussit pas davantage, il imagina, (qui pourrait le croire !) un moyen de la faire consentir à son propre déshonneur. Il la menaça de l'égorger ; mais Lucrèce resta impassible. Sextus ajouta qu'il tuerait aussi un de ses esclaves : elle ne fut pas plus émue. Alors il la menaça, en outre, de placer le cadavre de cet esclave dans son lit et de répéter partout que les ayant surpris dans la même couche, il leur avait donné la mort. A ces mots, Lucrèce ne résista plus : dans la crainte que cette calomnie ne fût accueillie, elle aima mieux s'abandonner à Sextus et quitter la vie, après avoir tout révélé, que de mourir sur-le-champ couverte d'infamie : elle se résigna donc à un crime volontaire.

A peine est-il consommé, qu'elle place un poignard sous son oreiller, et mande son père et son époux : ils accourent en toute hâte. Lucrèce fond en larmes et poussant un profond soupir : « Mon père, dit-elle (je « rougirais bien plus de m'ouvrir à mon époux qu'à « toi), cette nuit n'a pas été heureuse pour ta fille ! « Sextus m'a fait violence, en me menaçant de me don-

προσηκούσης τιμωρίας ὑπὸ τοῦ συγγενεστάτου τῷ συνοικοῦντι. Le verbe καταχράομαι est souvent employé, dans le même sens, par Dion. Cf. l'*Index*, et rapprochez de ce passage celui de Denys d'Hal., l. 1. 65 : Ἀποκτενῶ σε, καὶ τῶν θεραπόντων ἐπικατασφάξας ἕνα, θήσω τὰ σώματα ὑμῶν ἅμα, καὶ φήσω κατειληφὼς ἀσχημονοῦσάν σε μετὰ τοῦ δούλου τετιμωρῆσθαι, τὴν τοῦ συγγενοῦς ὕβριν μετερχόμενος κτλ.

2. D'après le Ms. de Tours, comme dans H. de Valois, Reimar et Sturz. Denys d'Hal., Diodore de Sic., et Zonaras portent ξιφίδιον.

τινὶ συναποκτενεῖν, ὡς καὶ μετ' αὐτοῦ καθεύδουσαν λαβών. Αὕτη γάρ με ἡ ἀπειλὴ ἁμαρτεῖν ἠνάγκασεν, ἵνα μὴ καὶ πιστεύσητε τοῦθ' οὕτω γεγονέναι [1]. Καὶ ἐγὼ μὲν (γυνὴ γάρ εἰμι) τὰ πρέποντα ἐμαυτῇ ποιήσω. Ὑμεῖς δ' εἴπερ ἄνδρες ἐστὲ, καὶ τῶν γαμετῶν τῶν τε παίδων ὑμῶν προορᾶσθε, τιμωρήσατε μὲν ἐμοί· ἐλευθερώθητε [2] δὲ αὐτοὶ, καὶ δείξατε τοῖς τυράννοις, οἵων ἄρα ὑμῶν ὄντων οἵαν γυναῖκα ὕβρισαν. Τοιαῦτα ἄττα εἰποῦσα οὐκ ἀνέμεινεν ἀντακοῦσαί τι, ἀλλ' εὐθέως τὸ ξιφείδιον ὑφελκύσασα αὐτὴ ἑαυτὴν ἐφόνευσεν [3].

XXVII. Ὅτι [4] οἱ ὅμιλοι πάντες τὰ πράγματα πρὸς τοὺς μεταχειρίζοντας αὐτὰ κρίνουσι, καὶ ὁποίους ἂν τούτους αἰσθάνωνται ὄντας, τοιαῦτα καὶ ἐκεῖνα νομίζουσιν εἶναι [5].

Πᾶς γάρ τις τὸ ἀπειρότατον πρὸ τοῦ κατεγνωσμένου προαιρεῖται [6], μεγάλην ἐς τὸ ἄδηλον ἐλπίδα παρὰ τὸ μεμισημένον ποιούμενος.

Πᾶσαι γὰρ μεταβολαὶ σφαλερώταταί εἰσι, μάλιστα δὲ αἱ ἐν ταῖς πολιτείαις· πλεῖστα δὴ καὶ μέγιστα καὶ ἰδιώτας καὶ πόλεις βλάπτουσι· διὸ οἱ νοῦν ἔχοντες ἐν τοῖς αὐτοῖς

---

1. Le passage παρασκευάσασα — τοῦθ' οὕτω γεγονέναι est ainsi résumé dans Zonaras, l. l. : Καὶ μοιχευθεῖσα ξιφίδιον ὑπὸ τὸ προσκεφάλαιον ἔθετο, καὶ μεταπεμψαμένη τόν τε ἄνδρα καὶ τὸν πατέρα, συνεπομένων αὐτοῖς τοῦ τε Βρούτου καὶ Ποπλίου Οὐαλλερίου (sic), κατεδάκρυσε, καὶ στενάξασα τὸ δρᾶμα πᾶν διηγήσατο. Εἶτα ἐπήγαγε κτλ.
2. H. de Valois lit ἐλευθερώσατε, comme dans le Ms. de Tours. J'adopte ἐλευθερώθητε, d'après Zonaras, Reimar et Sturz.
3. Zonaras, l. l. : Τοιαῦτα εἰποῦσα, εὐθὺς τὸ ξιφίδιον ὑφελκύσασα κατέκτεινεν ἑαυτήν.

« ner la mort, ainsi qu'à un de mes esclaves, comme s'il
« l'avait surpris dans mon lit. Par là, il m'a réduite à de-
« venir criminelle, pour que vous ne me crussiez pas
« capable d'une pareille infamie. Je suis femme et je rem-
« plirai mon devoir; mais vous, si vous êtes hommes, si
« vous veillez sur vos épouses et sur vos enfants, vengez-
« moi ; recouvrez votre liberté et montrez aux tyrans qui
« vous êtes et quelle femme ils ont déshonorée. » A ces
mots, sans attendre leur réponse, elle saisit le poignard
qu'elle a caché et se tue.

XXVII. Le vulgaire juge toujours des choses d'après
ceux qui les font : tels il les a reconnus, tels il estime
leurs actes.

Tout homme préfère les choses qu'il ne connaît pas à
celles dont il a fait l'expérience : il attend plus de ce
qui est encore incertain que de ce qui lui inspire de l'a-
version.

Tous les changements sont pleins de dangers, surtout les changements politiques : souvent ils causent les
plus grands malheurs aux simples citoyens, comme aux

---

4. (Exc. Vat. VIII et IX. A. M. p. 140-141, éd. Rom.)
5. M. A. Mai rapproche de cette pensée un passage analogue de Cicéron,
Rép. I, 31 : Talis est quæque Respublica, qualis ejus aut natura aut vo-
luntas qui illam regit.
6. J'adopte, d'après l'Éditeur de Leipzig, πᾶς et προαιρεῖται exigés par
le sens, au lieu de πᾶν et προσαίρεται donnés par M. A. Mai.

ἀεὶ, κἂν μὴ βέλτιστα ᾖ, ἀξιοῦσιν ἐμμένειν, ἢ μεταλαμβάνοντες ἄλλοτε ἄλλα ἀεὶ πλανᾶσθαι [1].

Ὅτι καὶ τὰ βουλήματα καὶ τὰς ἐπιθυμίας πρὸς τὰς τύχας ἕκαστοι κτῶνται, καὶ ὁποῖα ἂν τὰ παρόντα αὐτοῖς ᾖ, τοιαῦτα καὶ τὰ οἰήματα λαμβάνουσιν.

Ὅτι τὸ τῆς βασιλείας πρᾶγμα οὐκ ἀρετῆς μόνον, ἀλλὰ καὶ ἐπιστήμης καὶ συνηθείας εἴπερ τι ἄλλο πολλῆς δεῖται, καὶ οὐχ οἷόν τε ἐστὶν ἄνευ ἐκείνων ἁψάμενόν τινα σωφρονῆσαι· πολλοὶ γοῦν ὥσπερ ἐς ὕψος τι μέγα παράλογον ἀρθέντες οὐκ ἤνεγκαν τὴν μετεώρισιν, ἀλλ' αὐτοί τε καταπεσόντες ὑπ' ἐκπλήξεως ἔπταισαν καὶ τὰ τῶν ἀρχομένων πάντα συνηλόησαν [2].

Καὶ [3] περὶ τῶν μελλόντων ἐξ ὧν ἔπραξαν τεκμήρασθε [4], ἀλλὰ μὴ ἐξ ὧν πλάττονται ἱκετεύοντες, ἵνα μὴ ἀπατηθῆτε [5]· τὰ μὲν γὰρ ἀνόσια ἔργα ἀπὸ γνώμης ἀληθοῦς ἑκάστῳ γίγνεται, συλλαβὰς δ' ἄν τις εὐπρεπεῖς συμπλάσειε· καὶ διὰ τοῦτ' ἀφ' ὧν ἐποίησέ τις, ἀλλ' οὐκ ἀφ' ὧν φησι ποιήσειν, κρίνεται.

XXVIII. Ὅτι [6] δύο κατὰ τὴν Ῥώμην προεχειρί-

---

1. Ce fragment paraît tiré des réflexions inspirées à Dion par la révolution, qui substitua le gouvernement démocratique à la monarchie dont il se montre partout le partisan.
2. C'est probablement une allusion aux causes de la chute de Tarquin.
3. Suivant M. A. Mai, c'est un extrait d'un discours contre Collatin ou contre Valérius Publicola. Je crois qu'il renferme une attaque dirigée contre ce dernier, à cause de son rapport avec le fragment où est indiquée la réponse de Publicola à ses accusateurs. Cf. n° xxviii.

empires. Aussi les hommes sages aiment-ils mieux rester dans le même état, quelque imparfait qu'il puisse être, que de se voir en butte à de continuelles vicissitudes.

Les vues et les désirs de l'homme varient, suivant les événements : les dispositions de son esprit dépendent de sa situation présente.

La royauté n'exige pas seulement du courage : elle demande, avant tout, beaucoup de savoir et d'expérience. L'homme qui, sans en être pourvu, approcherait de ce poste redoutable ne saurait se conduire avec sagesse. Aussi plusieurs rois, comme s'ils étaient montés à un rang pour lequel ils n'étaient pas faits, n'ont pu s'y maintenir : ils sont tombés, frappés de vertige et entraînant dans leur chute les peuples soumis à leurs lois.

Jugez de ce que les hommes doivent faire d'après leurs actes passés, et non par les dehors dont ils se couvrent, quand ils vous adressent des prières ; et vous ne serez point trompés : les actions condamnables dérivent véritablement des dispositions du cœur ; tandis qu'il est facile d'emprunter un langage spécieux. Un homme doit donc être apprécié d'après ce qu'il a fait, et non d'après ce qu'il promet de faire.

XXVIII. Deux consuls étaient élus à Rome, afin *An de Rome 245.*

---

4. Τεκμήρασθαι, dans M. A. Mai, peut à la rigueur se défendre par l'ellipse de δεῖ. Cf. M. Boissonade, Notic. des Ms., t. XI, p. 30. Cependant, il m'a paru plus simple de lire τεκμήρασθε, à cause de la fréquente confusion d'ε et d'αι.

5. M. A. Mai ajoute οὐκ avant ἀπατηθῆτε. Le sens et la grammaire demandent ἵνα μή.

6. (Exc. Vat. A. M. p. 528, éd. Rom.)

ζοντο ὕπατοι· ὡς, εἰ συμβαίη τὸν ἕτερον φαῦλον εἶναι, καταφεύγειν ἐπὶ τὸν ἕτερον ¹.

Ὅτι ² Οὐαλέριον τὸν συνάρχοντα ³ Βρούτου, καίπερ δημοτικώτατον ἀνδρῶν γενόμενον, ὅμως αὐτοεντίᾳ μικροῦ ὁ ὅμιλος κατεχρήσατο· ἐπιθυμεῖν γὰρ αὐτὸν μοναρχίας ὑπετόπησαν ⁴. καὶ ἐφόνευσαν ἂν, εἰ μὴ σφᾶς διὰ ταχέων φθάσας ἐθώπευσεν· εἰσελθὼν γὰρ ἐς τὴν ἐκκλησίαν τάς τε ῥάβδους ἔκλινεν, ὀρθαῖς πρότερον ταύταις χρώμενος, καὶ τοὺς πελέκεις τοὺς συνδεδεμένους σφίσι περιεῖλε ⁵· σχηματίσας δὲ ἐπὶ τούτοις ἑαυτὸν ἐς τὸ ταπεινότατον ἐπὶ πολὺ μὲν ἐσκυθρώπασε καὶ κατεδάκρυσεν· ἐπεὶ δὲ καὶ ἐφθέγξατό ποτε, σμικρᾷ καὶ δεδυίᾳ τῇ φωνῇ ὑποτρέμων εἶπεν....
ΤΙΘΕΙ ΤΙΤΛΟΝ ΠΕΡΙ ΔΗΜΗΓΟΡΙΩΝ ⁶.

Ὅτι τὸ κρύφιον τῶν βουλευμάτων καὶ τὸ καίριον τῶν πράξεων, τό τε ἰδιοβουλεῖν τινα, καὶ τὸ μηδ' ἀναχώρησιν ⁷ ἐς μηδένα ἄλλον μηδεμίαν ἔχειν, καὶ τῶν συμβαινόντων αὐτὸν ἐφ' ἑκάτερα ⁸ τὴν αἰτίαν λαμβάνειν, μέγα μέρος ἐς τὸ κατορθωθῆναί τι συμβάλλεται.

---

1. Plutarque, Public. I, donne une autre raison de la création de deux consuls, après l'expulsion de Tarquin : Δυσχεραινομένου δὲ τοῦ τῆς μοναρχίας ὀνόματος, καὶ δοκοῦντος ἂν ἁλιπότερον τοῦ δήμου μερισθεῖσαν ὑπομεῖναι τὴν ἀρχὴν κτλ. Cf. Zonaras, VII, 12. p. 333, éd. Du C.
2. (Exc. Vat. X. A. M. p. 141-142, éd. Rom.)
3. Dans le Ms. du Vatic., ἄρχοντα. La préposition est omise, suivant l'habitude des copistes.
4. M. A. Mai fait observer que telle est la leçon du Ms. du Vatic. Ce pluriel est justifié par le sujet ὅμιλος, nom collectif.
5. Plutarque, l. l., X : Τούς τε πελέκεις ἀπέλυσε τῶν ῥάβδων, αὐτάς τε ῥάβδους εἰς ἐκκλησίαν παριὼν ὑφῆκε τῷ δήμῳ καὶ κατέκλινε, μέγα ποιῶν τὸ

que si, par hasard, l'un n'était pas bon, on pût recourir à l'autre.

Malgré toute sa popularité, Valérius, collègue de Brutus, fut près de périr par les mains de la multitude, qui le soupçonna d'aspirer à la royauté. Il aurait été massacré, s'il ne se fût hâté de prévenir le danger, en la flattant. A son entrée dans l'assemblée du peuple, il ordonna d'abaisser ses faisceaux qu'on avait portés droits jusqu'alors, et fit ôter les haches qui y étaient attachées. Enfin dans l'extérieur le plus humble, le front triste et abattu, il versa des larmes abondantes ; puis il prit la parole, tout tremblant, et dit d'une voix faible et craintive.... *Voyez le titre des Harangues.*

Délibérer secrètement, agir à propos, tout décider par soi-même, ne point recourir à autrui, accepter la responsabilité des événements, qu'ils soient heureux ou non ; tels sont les plus puissants moyens de réussir.

πρόσχημα τῆς δημοκρατίας. Cf. Cic. Rép. II, 31, et Zonaras, l. l. 13, p. 336. éd. Du C.

6. M. A. Mai propose dans ses notes, p. 142 : Ζήτει ἐν τῷ περὶ δημηγοριῶν, et renvoie aux extraits de Polybe p. 86, éd. de H. de Valois. J'ajouterai que la leçon de H. de Valois est tirée du Ms. de Tours. Du reste, je ne vois aucun inconvénient à conserver τίθει τίτλον.

7. J'adopte μηδ' ἀναχώρησιν, proposé par l'Éditeur de Leipzig, au lieu de μήτ' ἀναχώρησιν, donné par M. A. Mai.

8. Je conserve la leçon de M. A. Mai, satisfaisante pour le sens. M. Krebs, l. l. p. 176, voudrait αὐτὸν ἐφ' ἑαυτόν, conjecture ingénieuse, et qui se rapproche beaucoup d'un passage de Plutarque, l. l. : Οὑτοσὶ δ', ἔφασαν, εἰς αὑτὸν ἅπαντα συνενεγκάμενος κτλ. Mais aucun changement ne paraît nécessaire.

64 ΔΙΩΝΟΣ ΤΟΥ ΚΑΣΣΙΟΥ ΛΕΙΨΑΝΑ. ΒΙΒΛ. Α-ΛϚ.

XXIX. Ὅτι [1] τὸν τοῦ Διὸς νεὼν ἐθείωσεν ἀπὸ κλήρου ὁ Ὁράτιος [2], καίτοι τοῦ Οὐαλερίου τόν τε υἱὸν αὐτοῦ τεθνηκέναι φήσαντος, καὶ τοῦτο παρ' αὐτὴν αὐτῷ τὴν ἱερουργίαν ἀγγελθῆναι παρασκευάσαντος [3]· ἵν' ὑπό τε τοῦ πάθους, καὶ ὅτι οὐδ' ἄλλως ὅσιον ἦν ἐν πένθει τινὰ ὄντα ἱεροποιεῖν, παραχωρήσειέν οἱ τῆς τοῦ ἔργου ἀφιερώσεως [4]. Ἐκεῖνος γὰρ οὐκ ἠπίστησε μὲν τῷ ῥηθέντι, καὶ γὰρ ὑπὸ πολλῶν καὶ ἀξιοπίστων ἐθρυλλήθη [5]. Οὐ μέντοι καὶ τῶν ἱερῶν ἐξέστη· ἀλλ' ἄταφον τὸ σῶμα τοῦ παιδὸς ὡς καὶ ἀλλότριον (ὅπως μηδὲν τῇ περὶ αὐτοῦ ὁσίᾳ προσήκειν δόξῃ [6]) κελεύσας τισὶν ἐᾶσαι, πάνθ' οὕτω τὰ καθήκοντα διετέλεσεν [7].

XXX. Πρὸς [8] στάσεις [9] ἐτράποντο· αἴτιον δ' ὅτι οἵ τε

1. (Exc. Peir. XXV, R. p. 12.)
2. Plutarque, Publicola, XIV : Ἦν τῷ Ποπλικόλᾳ φιλοτιμία πρὸς τὴν καθιέρωσιν. Ἐφθόνουν δὲ πολλοὶ τῶν δυνατῶν .... Γενομένης οὖν τῷ Ποπλικόλᾳ στρατείας ἀναγκαίας, ψηφισάμενοι τὸν Ὁράτιον καθιεροῦν, ἀνῆγον εἰς τὸ Καπιτώλιον κτλ.
3. Valerius fut donc l'inventeur de la nouvelle que Marcus, son frère, se chargea d'annoncer à Horatius : Plutarque, l. l. : Ὁ μὲν Ὡράτιος, σιωπῆς γενομένης, τά τ' ἄλλα δράσας, καὶ τῶν θυρῶν ἁψάμενος, ὥσπερ ἔθος ἐστὶν, ἐπεφθέγγετο τὰς νενομισμένας ἐπὶ τῇ καθιερώσει φωνάς· ὁ δ' ἀδελφὸς τοῦ Ποπλικόλα Μάρκος, ἐκ πολλοῦ παρὰ τὰς θύρας ὑφεστὼς, καὶ παραφυλάττων τὸν καιρόν· Ὦ ὕπατε, εἶπεν, ὁ υἱός σου τέθνηκεν ἐν τῷ στρατοπέδῳ νοσήσας.
4. H. de Valois lit ἱδρύσεως, comme dans le Ms. de Tours, mot que Reimar voulait remplacer par ἱερώσεως. J'ai adopté le composé, d'après Plutarque, l. l. XV : Τοσοῦτον εὐτυχίᾳ Σύλλαν παρῆλθεν, ὅσον ἐκεῖνον μὲν τῆς ἀφιερώσεως τοῦ ἔργου, τοῦτον δὲ τῆς ἀναιρέσεως προαποθανεῖν.
5. D'après le Ms. de Tours qui, à la vérité, porte ἐθρυλήθη, écriture adoptée particulièrement pour ce mot dans les plus anciens Ms. de Dion. Cf. la note de M. Boissonade sur les mots écrits par λ, au lieu de λλ, déjà citée, p. 14. L'imparfait ἐθρυλλεῖτο, dans l'ancienne leçon, ne correspond pas aussi bien à l'aoriste ἠπίστησε.
6. Ce passage est correct et présente un très-bon sens, en faisant de

XXIX. Horatius, désigné par le sort, fit la dédicace du temple de Jupiter, quoique Valérius lui eût annoncé la mort de son fils, en prenant soin que cette nouvelle lui parvînt pendant la cérémonie. Il espérait qu'Horatius le chargerait de cette dédicace, à cause de sa douleur et parce que les lois interdisaient les fonctions religieuses à un magistrat en deuil. Horatius ne refusa pas de croire à un malheur attesté par des témoignages nombreux et dignes de foi; mais il n'interrompit point la cérémonie. Il ordonna, comme s'il se fût agi d'un étranger, de laisser le corps de son fils sans sépulture, afin que rien ne parût avoir trait à ses funérailles, et il remplit jusqu'au bout les devoirs de sa charge.

An de Rome 245.

XXX. Les Romains se jetèrent dans les séditions :

An de Rome 256.

μηδὲν le sujet de δόξῃ. Cependant il a donné lieu à de nombreuses conjectures. H. de Valois propose προσέχειν, en prenant μηδὲν adverbialement et en faisant dépendre δόξῃ de Ὁράτιος sous-entendu — *Ut nequaquam filii sui obsequiis curam impendere videretur.* Sturz voulait substituer περὶ αὐτὸν à περὶ αὐτοῦ, avec l'une de ces deux interprétations : 1° *Ne videretur ad ea pertinere quæ ipsi defuncto ex religione præstanda erant;* — 2° *Ne defuncti corpus aliquam habere videretur propinquitatem cum sanctimonia, quæ tum penes Horatium erat, seu cum viro sanctum munus exercente.* Ni l'une ni l'autre n'est admissible. Reimar, sans rien changer au texte, le commente ainsi dans une note : Ὅπως (τὸ σῶμα) μηδὲν τῇ περὶ αὐτοῦ (scil. ναοῦ vel ἔργου) ὁσίᾳ προσήκειν δόξῃ. Cette explication n'est pas satisfaisante; de plus ὁσία signifie ici *obsequiæ*, et non pas *res sacra*, comme le porte la version qui accompagne son texte : *Ceterum quo minus curatio funeris rem sacram attingere videretur.*

7. Plutarque, l. l., XIV : Ὁ δὲ Ὡράτιος οὐδὲν διαταραχθείς, ἀλλ' ἢ τοσοῦτον μόνον εἰπών, Ῥίψατε τοίνυν τὸν νεκρόν, ὅποι βούλεσθε, ἐγὼ γὰρ οὐ προσίεμαι τὸ πένθος, ἐπέραινε τὴν λοιπὴν καθιέρωσιν.

8. (Exc. Vat. XI. A. M. p. 142-143, éd. Rom.). Il est question des troubles qui éclatèrent, à l'occasion des dettes. Cf. Denys d'Hal. A. R. V, 63 ; Tite-Live, II, 23 et suiv. ; Zonaras, l. l. 14, p. 338-339, où les faits sont résumés.

9. Dans le Ms. du Vatic., τάσεις. Le σ initial de στάσεις a été omis par le

ἰσχύοντες τοῖς χρήμασιν ἐν πᾶσι τῶν καταδεεστέρων ὡς καὶ βασιλεύοντες σφῶν προέχειν ἐβούλοντο, καὶ οἱ ἀσθενέστεροι οὐδὲν αὐτοῖς [1], οὐδὲ σμικρὸν, ὡς καὶ ἰσονομούμενοι, πειθαρχεῖν ἤθελον· ἀλλ' οἱ μὲν ἄπληστοι τῆς ἐλευθερίας ὄντες, καὶ ταῖς οὐσίαις ταῖς ἐκείνων [2]· οἱ δὲ ἀκράτως τῆς τιμήσεως ἔχοντες, καὶ τοῖς σώμασι τοῖς τούτων ἐχρῶντο· καὶ οὕτως ἐξ ὧν πρότερον τὰ πρόσφορα ἀνθυπουργοῦντες ἀλλήλοις συνεφρόνουν καταλύσαντες, οὐκέτι τὸ οἰκεῖον ἀπὸ τοῦ ὀθνείου διέκρινον, ἀλλὰ τό τε μέτριον ἀμφότεροι ὑπερορῶντες καὶ τὸ ἄκρον οἱ μὲν τῆς ἐπιτάξεως, οἱ δὲ τῆς οὐκ ἐθελοδουλείας προτιμῶντες, οὔτε ἐκεῖνα κατειργάσαντο [3], καὶ πολλὰ καὶ ἄτοπα, τὰ μὲν ἀμυνόμενοι, τὰ δὲ καὶ προκαταλαμβάνοντες ἀλλήλους ἔδρασαν· ὥστ' αὐτοὺς ἐπὶ πλεῖστον ἀνθρώπων, πλὴν ἐν τοῖς πάνυ κινδύνοις οὓς ἐκ τῶν ἀεὶ πολέμων δι' αὐτὰ ταῦτα μάλιστα ἔσχον, διχοστατῆσαι· ὅθενπερ συχνοὶ τῶν πρώτων καὶ ἐξεπίτηδες σφᾶς πολλάκις παρεσκεύασαν [4], καὶ ἐκεῖθεν ἀρξάμενοι πολλῷ πλείω [5] κακὰ πρὸς ἀλλήλων ἢ τῶν ἀλλοφύλων ἔπαθον· καί μοι καὶ τὸ μαντεύσασθαι ἐξ αὐτῶν ἐπέρχεται, ὅτι οὐκ

copiste à cause du ς final de πρός. Les fautes de ce genre sont fréquentes. Dans celui de Tours, σ à la fin des mots est quelquefois ajouté, quand les mots suivant commence par τ, et quelquefois supprimé devant les mots commençant par κ, λ, π, τ.

1. Αὐτῶν est une faute d'impression dans M. A. Mai.
2. Le Ms. du Vatic. porte : Ταῖς οὐσίαις ταῖς ἐκείνου. M. A. Mai a remplacé cette leçon par τῆς οὐσίας ἐπεθύμουν. Il suffisait de substituer, comme l'a très-bien vu M. Krebs, l. l., p. 181, ἐκείνων à ἐκείνου, en faisant dépendre ταῖς οὐσίαις de ἐχρῶντο, qui se trouve dans le second membre de

elles naissaient de ce que les riches voulaient dominer sur les pauvres qui, ayant les mêmes droits, leur refusaient toute obéissance. Les pauvres, insatiables de liberté, abusaient de la fortune des riches; ceux-ci, à leur tour, tenant à leur fortune au delà de toute mesure, exerçaient des droits rigoureux, même sur la personne des pauvres. Jusque-là, des services réciproques avaient entretenu la concorde; mais alors brisant tous les liens, ne distinguant plus le citoyen de l'étranger, foulant également aux pieds toute modération, ils plaçaient en première ligne, les riches une domination absolue; les pauvres la fuite d'un esclavage volontaire; et sans atteindre leur but, cherchant tantôt à se défendre, tantôt à attaquer les premiers, ils se firent mutuellement beaucoup de mal. La plupart des citoyens formaient deux camps, excepté dans les dangers extrêmes auxquels les exposaient surtout les guerres incessamment enfantées par ces divisions : souvent des hommes considérables se jetaient à dessein dans ces luttes. Dès ce moment, les Romains eurent bien plus à souffrir d'eux-mêmes que des autres peuples. Aussi oserai-je avancer qu'ils n'au-

---

phrase. Sur la confusion des désinences ου et ων cf. Bast. Comment. Palæogr., p. 774 et 778.

3. Καθειργάσαντες, dans le Ms. du Vatic. et dans le texte de M. A. Mai, d'où M. Krebs, l. l., a tiré καθειργάσαντο (lis. κατειργάσαντο), en insistant, p. 180, sur la confusion assez fréquente, dans ce Ms., du participe avec l'indicatif. J'ai adopté sa correction.

4. Il paraît manquer ici quelque chose : j'ai suivi la version de M. A. Mai : *Sponte se ad has contentiones comparabant*, en sous-entendant εἰς ταῦτα, après παρεσκεύασαν.

5. Dans le Ms. du Vatic. : Πολλοπλείω (sic).

ἔστιν ὅπως ἄλλως εἴτ' ἂν τῆς δυνάμεως εἴτ' ἂν τῆς ἀρχῆς στερηθεῖεν, εἰ μὴ δι' ἀλλήλων σφαλεῖεν [1].

Ἄλλως τε γὰρ ἐδυσχέραινον, ὅτι οὐ [2] τὰ αὐτὰ δεόμενοι σφῶν οἱ βουλευταὶ καὶ τυχόντες ἐφρόνουν, ἀλλ' ἐν μὲν τῷ κινδύνῳ πολλὰ καὶ μεγάλα αὐτοῖς ὑπέσχοντο· σωθέντες δὲ οὐδὲν οὐδὲ τῶν ἐλαχίστων [3] ἐποίησαν.

XXXI. Ἵνα [4] γὰρ δὴ μὴ καθ' ἓν μαχόμενοι [5], ἀλλ' ὑπὲρ τῆς οἰκείας χωρὶς ἕκαστοι ἀγωνιζόμενοι εὐχειρωτότεροί [6] σφισι γένωνται, διεῖλον τὴν στρατιάν.

XXXII. Ὅτι [7] ὁ δῆμος ἰδιωτεύσαντος τοῦ Οὐαλερίου τοῦ δικτάτορος [8] χαλεπώτατα ἐστασίασεν, ὥστε καὶ τὴν πολιτείαν νεοχμῶσαι· οἱ γὰρ ἐν ταῖς περιουσίαις ὄντες τοῦ πάνυ ἀκριβοῦς περὶ τὰ συμβόλαια ἀντεχόμενοι καὶ μηδοτιοῦν αὐτοῦ παριέντες καὶ ἐκείνου διήμαρτον καὶ ἄλλων

---

1. Cette pensée semble empruntée à Tite-Live, II, 44 : Æternas opes esse romanas, nisi inter semet ipsi seditionibus sæviant; id unum venenum, eam labem civitatibus opulentis repertam, ut magna imperia mortalia essent.
2. A cause de l'indicatif ἐφρόνουν, j'adopte οὐ substitué par M. Krebs, l. l. p. 262-263, à μὴ qu'avait donné M. A. Mai.
3. M. Krebs, l. l., propose τὸ ἐλάχιστον. J'ai conservé la leçon de M. A. Mai, aussi bonne pour le sens. Dion paraphrase Denys d'Hal. A. R. V, 69 : Οὐ γὰρ ὁμοίας εἶναι τὰς διανοίας τῶν ἀνθρώπων δεομένων τε καὶ ἀποπληρωθέντων ὅτου ἂν δεηθῶσιν.
4. (Exc. Vatic. XI. A. M. p. 144, éd. Rom.)
5. M. A. Mai incline à penser que ce fragment se rapporte à la bataille du lac Régille : je n'ai trouvé aucun fait à l'appui de cette conjecture. Je crois plutôt qu'il se rattache à des événements postérieurs à cette bataille; par exemple, à la guerre contre les Volsques, les Sabins et les Éques; Denys d'Hal. A. R. VI, 42 : Καὶ γίγνεται δέκα στρατιωτικὰ τάγματα, ἐξ ἀνδρῶν τετρακισχιλίων ἕκαστον. Τούτων τρία μὲν ἕκαστος τῶν ὑπάτων ἔλαβε.

raient perdu ni la puissance, ni l'empire, s'ils n'avaient travaillé les uns et les autres à leur ruine commune.

Les plébéiens d'ailleurs s'indignaient de ce que les patriciens, après avoir obtenu leur concours, n'étaient plus animés des mêmes sentiments qu'au moment où ils le réclamaient : prodigues de promesses en présence du danger, à peine y avaient-ils échappé qu'ils ne faisaient pas la moindre concession.

XXXI. Les généraux romains divisèrent leur armée, afin que les ennemis ne combattissent pas tous ensemble, et que leur défaite fût plus facile, quand ils seraient séparés pour défendre chacun leur propre territoire. *An de Rome 258.*

XXXII. A peine le dictateur Valérius fut-il rentré dans la vie privée, que de violentes séditions amenèrent une révolution dans l'État. Les riches exigèrent rigoureusement l'exécution des contrats, sans abandonner aucun de leurs droits; mais loin de l'obtenir, ils perdirent *An de Rome 261.*

καὶ τῶν ἱππέων ὅσον ἑκάστῳ προσεμερίσθη· τὰ δὲ τέτταρα, καὶ τοὺς λοιποὺς ἱππεῖς, ὁ δικτάτωρ. Καὶ αὐτίκα παρασκευασάμενοι ᾤχοντο διὰ τάχους, ἐπὶ μὲν Αἰκανοὺς Τῖτος Οὐετούριος, ἐπὶ δὲ Οὐολούσκους Αὖλος Οὐεργίνιος, αὐτὸς δὲ ὁ δικτάτωρ Οὐαλέριος ἐπὶ Σαβίνους. Cf. Tite-Live, II, 30-31.

6. La même locution est dans Dion, l. XXXVII, 7 : Ὅτι ὁπότερος ἂν αὐτῶν τοῦ ἑτέρου κρατήσειε, τῶν τε πραγμάτων, τοῖς Ῥωμαίοις προσκόψει, καὶ αὐτὸς εὐχειρωτότερός σφισι γενήσεται.

7. (Exc. Vat. XII. A. M. p. 143-144, éd. Rom.)

8. M. Valerius : sur sa dictature et sur son abdication, cf. Denys d'Hal. A. R. VI, 39-44, et Tite-Live II, 30-31. Je me borne à transcrire le résumé de Zonaras, VII, 14, p. 339, éd. Du C. : Ὁ δὲ θέλων τῷ δήμῳ χαρίσασθαι, πολλὰ διελέχθη τῇ Γερουσίᾳ, ἀλλ' οὐκ ἔσχε ταύτην πειθήνιον. Διὸ σὺν ὀργῇ ἐκπηδήσας τοῦ Συνεδρίου, δημηγορήσας τε πρὸς τὸν δῆμον τινὰ κατὰ τῆς Βουλῆς, τὴν ἡγεμονίαν ἀπείπατο.

Dans le Ms. du Vatic., δικάτωρος, au lieu de δικτάτωρος : ici et ailleurs, j'adopte δικτάτορος, d'après les meilleurs Ms. de Dion.

πολλῶν ἐστερήθησαν· οὐ γὰρ ἔγνωσαν, ὅτι ἥ τε πενία ἡ ἄκρατος βιαιότατον κακόν· ἥ τε ἐξ αὐτῆς ἀπόνοια, ἄλλως τε καὶ πλῆθος προσλαβοῦσα, δυσμαχώτατόν ἐστι [1]· καὶ οὐκ ὀλίγοι τῶν τὰ πολιτικὰ πρασσόντων ἐθελοντεῖς τὸ ἐπιεικὲς πρὸ τοῦ σφόδρα δικαίου προαιροῦνται· τοῦτο μὲν γὰρ τῆς τε ἀνθρωπείας φύσεως πολλάκις ἡττᾶται, καὶ ἔστιν ὅτε [2] παντελῶς καταλύεται· ἐκεῖνο δὲ σμικρόν τι αὐτοῦ καταθραῦσαν τὸ γοῦν λοιπὸν μεῖζον ὂν σώζει· πλείστων γοῦν δεινῶν τοῖς Ῥωμαίοις αἰτία ἡ τῶν δυνατωτέρων [3] ἐς τοὺς ὑποδεεστέρους ἀκρίβεια ἐγένετο· ἄλλα τε γὰρ [b] πολλὰ κατὰ τῶν ὑπερημέρων αὐτοῖς ἐδέδοτο· καὶ εἰ δή τινες πλείους δεδανεικότες ἔτυχον, κρεουργηδὸν αὐτοῦ τὸ σῶμα πρὸς τὸ μέρος ὧν ὤφειλε ἐξουσίαν εἶχον κατανέμεσθαι· καὶ τοῦτο μὲν εἰ καὶ τὰ μάλιστα ἐνενόμιστο, ἀλλ' οὔτι γε καὶ ἔργῳ ποτὲ ἐγεγόνει [5]· πῶς γὰρ ἂν πρὸς τοσαύτην τὴν ὠμότητα προεχώρησαν οἱ καὶ τοῖς ἐπ' ἀδικήματί τινι [6] διά-

---

1. Zonaras, l. l. : Καὶ ὁ δῆμος ἔτι μᾶλλον εἰς στάσιν ἠρέθιστο. Οἱ γὰρ δανεισταὶ τῆς περὶ τὰ συμβόλαια ἀκριβείας ἐχόμενοι, καὶ μηδὲν τοῖς ὀφλουσιν ἐνδιδόντες, τοῦ ἀκριβοῦς τε διήμαρτον, καὶ πολλῶν ἑτέρων ἀπέτυχον. Ἡ γὰρ πενία, καὶ ἡ ἐκ ταύτης ἀπόνοια, κακόν ἐστι βίαιον· εἰ δὲ καὶ τὸ πλῆθος προσλάβοι, καὶ δυσμαχώτατον. Πλείστων γοῦν δεινῶν τοῖς Ῥωμαίοις αἰτία ἡ τότε τῶν δυνατωτέρων πρὸς τοὺς ὑποδεεστέρους ἀκρίβεια γέγονεν.

2. Dans M. A. Mai, ὅτι ὅτε ne présente aucun sens. J'ai changé ὅτι en ἔστιν. Cf. M. Krebs, l. l. p. 199, qui propose cette variante, tout en adoptant ἐνίοτε.

3. Ce passage a été copié par Zonaras, comme on vient de le voir : je n'ai donc pas hésité à substituer τῶν δυνατωτέρων à τοῦ δυνατωτέρου, donné par M. A. Mai. Nous avons déjà remarqué, p. 67, la confusion des désinences ου et ων.

4. D'après M. Krebs, l. l., au lieu de καὶ de M. A. Mai. Le philologue

de nombreux priviléges. Ils ne considérèrent pas que l'excessive pauvreté est un mal qui pousse à la violence ; que le désespoir, qui en est la conséquence, alors surtout qu'il s'est emparé de la multitude, ne peut être dompté. Aussi la plupart de ceux qui dirigent les affaires publiques préfèrent-ils spontanément l'équité à une justice absolue : celle-ci, en effet, est souvent vaincue, quelquefois même complétement détruite par les droits de l'humanité ; l'équité, au contraire, en cédant sur un point sauve ce qui a le plus d'importance. La dureté des riches envers les pauvres devint pour Rome la source de maux infinis. La loi donnait divers droits contre ceux qui ne se libéraient pas au jour fixé : en vertu de ces droits, lorsqu'un débiteur était engagé envers plusieurs créanciers, ils pouvaient, suivant la somme qu'il devait à chacun, mettre son corps en pièces et se le partager. Cette faculté existait réellement ; mais on n'en fit jamais usage. Et comment les Romains se seraient-ils portés à un tel excès de cruauté, eux qui souvent ménageaient aux crimi-

allemand voudrait ajouter ἑνὶ avant δεδανεικότες. Cette addition n'est pas absolument nécessaire : αὐτοῦ et ὦν ὤφειλεν indiquent assez qu'il s'agit d'un débiteur *unique* sur lequel *plusieurs* créanciers avaient des droits.

5. A. Gelle, XX, 1 où le texte de cette loi est cité, dit aussi qu'elle ne fut jamais exécutée. Τόσαν, un peu plus bas, est une faute dans le Ms. du Vatic. M. A. Mai l'a remplacé par τόσην. J'ai préféré τοσαύτην avec M. Krebs, l. l. : τόσην exigerait ὅσην pour corrélatif.

6. Il manque quelque chose après ἐπ᾽ ἀδικήματί τινι. Peut-être οὖσι, ou bien δικασθεῖσι proposé par M. Krebs, l. l. : ce passage renferme une allusion à un usage mentionné par Polybe, VI, 14 : Τοῖς γὰρ θανάτου κρινομένοις, ἐπὰν καταδικάζωνται, δίδωσι τὴν ἐξουσίαν τὸ παρ᾽ αὐτοῖς ἔθος ἀπαλλάττεσθαι φανερῶς, κἂν ἔστι μία λείπηται ψυλὴ τῶν ἐπικυρουσῶν τὴν κρίσιν ἀψηφοφόρητος, ἑκούσιον ἑαυτοῦ καταγνόντα φυγαδείαν.

φευξιν ἐπὶ σωτηρίᾳ πολλάκις δόντες· τοῖς τε ἀπὸ τῶν πετρῶν τοῦ Καπιτωλίου ὠσθεῖσι ζῆν, εἰ περιγένοιντο, ἐπιτρέποντες [1].

XXXIII. Ὅτι [2] οἱ χρεωστοῦντες τὰ δανεῖα κολωνόν τινα κατέλαβον, καὶ Γάϊόν τινα [3] προστησάμενοι, τὴν τροφὴν ἐκ τῆς χώρας ὥσπερ ἐκ πολεμίας ἐλάμβανον [4], κἀκ τούτου τούς τε νόμους τῶν ὅπλων καὶ τὸ δίκαιον τῆς ἀπονοίας σφῶν ἀσθενέστερα ἀπέφηναν· οἱ δὲ βουλευταὶ φοβηθέντες, μὴ ἐπὶ πλεῖον οὗτοί τε ἐκπολεμηθῶσι, καὶ οἱ περίοικοι πρὸς τὰ παρόντα συνεπιθῶνταί σφισι [5], διεκηρυκεύσαντο αὐτοῖς πάνθ' ὅσα καθ' ἡδονὴν ἤλπιζον ἔσεσθαι προτείνοντες [6]. οἱ δὲ τὸ πρῶτον ἐθρασύνοντο, ἀλλὰ θαυμασίῳ [7] τινὶ τρόπῳ κατέστησαν· ἐπειδὴ γὰρ ἀτάκτως διεβόων, Ἀγρίππας εἷς τῶν πρέσβεων μύθου τινὸς ἐπακοῦσαι [8] σφᾶς ἠξίωσε, καὶ τυχὼν εἶπεν, ὅτι πρὸς τὴν γαστέρα ποτὲ τἄλλα μέλη τοῦ σώματος [9] ἐστασίασε, λέγοντα αὐτὰ μὲν καὶ ἄσιτα καὶ ἄποτα πονεῖν καὶ ταλαιπω-

---

1. Cf. Senec. Controv. I, 3.
2. (Exc. Vat. XIII. A. M. p. 144-145, éd. Rom.)
3. Caïus Sicinius. Cf. Tite-Live II, 33, et Denys d'Hal. A. R. VII, 33.
4. Zonaras, l. l. : Καὶ ἐκ τῆς χώρας, ὡς πολεμίους, τὰς τροφὰς ἐρανίζεσθαι.
5. M. A. Mai lit : Οἱ δὲ βουλευταὶ φοβηθέντες, μὴ ἐπὶ πλεῖον πολεμηθῶσι, καὶ τοὺς περιοίκους πρὸς τὰ παρόντα συνεπιθῶνταί σφισι. Il traduit : Tum senatus veritus, ne *hi gravius bellum forte denunciarent, et ne finitimos præsenti occasione sibi adjungerent*. L'incertitude de son texte paraît avoir déterminé l'illustre Éditeur à chercher un sens en dehors des mots. Heureusement Zonaras, l. l., nous vient en aide pour arriver à la véritable leçon, l. l. : Δείσαντες οἱ βουλευταὶ, μὴ ἐπὶ πλέον οὗτοί τε ἐκπολεμωθῶσι, καὶ τῇ στάσει συνεπιθῶνται οἱ περίοικοι. D'après ce passage, je lis : Οἱ δὲ βουλευταὶ φοβηθέντες, μὴ ἐπὶ πλεῖον οὗτοί (les débiteurs) τε ἐκπολεμωθῶσι,

nels quelque moyen de salut et laissaient la vie aux condamnés qui respiraient encore, après avoir été précipités de la roche tarpéïenne?

XXXIII. Les citoyens accablés de dettes s'emparèrent d'une hauteur : sous la conduite d'un certain Caïus, ils exigèrent des vivres de la campagne voisine, comme d'un pays ennemi; montrant par là combien les lois et la justice étaient plus faibles que les armes et leur désespoir. Le Sénat, dans la crainte qu'ils ne s'exaspérassent davantage, et qu'à la faveur de ces divisions les peuples voisins ne vinssent attaquer Rome, envoya aux rebelles une députation chargée de leur promettre tout ce qu'ils demanderaient. D'abord mutins indomptables, ils s'apaisèrent comme par miracle, lorsque Agrippa, arrivé au milieu de mille cris confus, les eut priés d'écouter un apologue. Ils y consentirent : alors le chef de la députation raconta qu'un jour les membres se révoltèrent contre l'estomac sous prétexte que, privés de nourriture et de boisson, ils supportaient mille tourments

καὶ οἱ περίοικοι πρὸς τὰ παρόντα συνεπιθῶνταί σφισι — *Senatus veritus ne et hi magis ad bellum concitarentur et finitimi, arrepta hujus præsentis seditionis occasione, Romanos invaderent.* Zonaras l. l. 16, p. 342, éd. Du C. vient à l'appui de cette explication : Ἐκ δὲ τῶν περιοίκων σφίσι διὰ τὴν στάσιν πολλῶν κατ' αὐτῶν κινηθέντων.

6. Zonaras, l. l. : Ὅσα πρὸς βουλῆς ἦσαν αὐτοῖς ποιεῖν ὑπισχνούμενοι.

7. L'Editeur de Leipzig regarde avec raison comme fautif δὴ donné par M. A. Mai. J'adopte ἀλλά. Zonaras, l. l., dit : Ὡς δὲ μάλιστα ἐθρασύνοντο.... εἷς τῶν πρέσβεων κτλ.

8. Zonaras, l. l., ἀκοῦσαι par le retranchement de la préposition.

9. D'après le même, l. l., j'ai remplacé ἀνθρώπου de M. A. Mai par σώματος.

ρεῖν, ἅτε καὶ ἅπαντα αὐτῇ διακονούμενα [1], ἐκείνην δὲ δὴ οὔτε τινὰ πόνον ἔχειν καὶ τῆς τροφῆς μόνην ἐμπίμπλασθαι· καὶ τέλος ἐψηφίσαντο μηκέτι μήτε τὰς χεῖρας τῷ στόματι προσφέρειν μήτε ἐκεῖνο λαμβάνειν, ὅπως ὅτι μάλιστα ἡ γαστὴρ ἐνδεὴς καὶ σίτου καὶ πότου γενομένη φθαρείη· ὡς δὲ ἔδοξε ταῦτα καὶ ἐγένετο, τὸ μὲν πρῶτον ἐξισχνάνθη τὸ σῶμα σύμπαν, ἔπειτα ὑπέδωκε καὶ ἐξέκαμε· πονηρῶς οὖν τὰ μέλη σφῶν ἔχοντα συνέγνω τότε ἐκείνην [2] καὶ τὴν σφετέραν σωτηρίαν εἶναι, καὶ ἀπέδωκεν αὐτῇ τὴν τροφήν· ἀκοῦσαν δὲ τούτων τὸ πλῆθος συνῆκεν, ὅτι καὶ τὰ τῶν πενήτων αἱ τῶν εὐπόρων περιουσίαι ἀνέχουσι [3], καὶ διὰ τοῦτ' ἠπιώτεροι ἐγένοντο καὶ κατηλλάγησαν, ἄφεσιν τῶν τε δανεισμάτων καὶ τῶν ὑπερημεριῶν εὑρόμενοι[4]· ταῦτα μὲν οὖν καὶ πρὸς τῆς βουλῆς ἐψηφίσθη.

Ὅτι [5] τριβοῦνος ὁ δήμαρχος λέγεται· ὁ δὲ δικτάτωρ εἰσηγητής· ὁ δὲ πραίτωρ στρατηγός· ὁ δὲ κήνσωρ τιμητής· κῆνσος γὰρ ἡ τοῦ πλήθους ἀπαρίθμησις [6].

1. Comme M. A. Mai. Le Ms. du Vatic. porte αὐτῷ διακονουμένοις.
2. M. A. Mai lit : Συνέγνω τε ἐκεῖ, au lieu de ἐκεῖνοι, fautif dans le Ms. du Vatic. ; mais τε ne pouvait se justifier ici : je l'ai remplacé par τότε , d'après Zonaras , l. l. p. 340 : Καὶ τότε συνῆκαν ὅτι κτλ. Quant à ἐκεῖνοι du Ms. du Vatic. , je lui substitue ἐκείνην d'après le même Zonaras , l. l. : Τά τε γαστρὶ προσφερόμενα, οὐ μᾶλλον ἐκείνῃ, ἀλλ' αὐτοῖς κεχορήγηνται, καὶ αὐτῶν ἕκαστον ἐκείνῃ προσαγομένων παραπολαύει.
3. Zonaras complète ce passage, l. l. : Τούτοις· τοῖς λόγοις τὸ πλῆθος συνῆκεν, ὡς αἱ τῶν εὐπόρων οὐσίαι καὶ τοῖς πένησιν εἰσὶν εἰς ὠφέλειαν. Καὶ εἰ κἀκεῖνοι ὠφελοῖντο ἐκ δανεισμάτων καὶ τὰς οὐσίας αὔξουσιν, οὐκ εἰς βλάβην τοῦτο τῶν πολλῶν ἀποβαίνει· ὡς, εἴ γε μὴ ἔχοιεν οἱ πλουτοῦντες, οὐδ' οἱ πένητες ἂν ἐν καιροῖς ἀναγκαίοις ἕξουσι τοὺς δανείσοντας , καὶ ἀπολοῦνται χρείας κατεπειγούσης.

et mille fatigues, pour servir l'estomac qui, sans se donner aucun mal, absorbait tous les aliments : ils résolurent que désormais les mains ne porteraient rien à la bouche qui, à son tour, ne recevrait plus rien, afin que l'estomac dépérît, faute de nourriture et de boisson. L'exécution ne se fit pas attendre : le corps perdit son embonpoint, bientôt il tomba en langueur, et ses forces disparurent. Les membres, reconnaissant enfin, par leurs souffrances, que leur salut dépendait de l'estomac, lui donnèrent de nouveau des aliments. A ce récit, toute cette multitude comprit que l'opulence des riches soulage les pauvres : devenue plus traitable, elle fit sa paix avec les patriciens, après avoir obtenu la remise des intérêts et des saisies corporelles contre les débiteurs en retard : elle fut accordée par un décret du Sénat.

Les Romains appellent Tribun le δήμαρχος, Dictateur l'εἰσηγητής, Préteur le στρατηγός, Censeur le τιμητής, du mot *Census* qui signifie dénombrement du peuple.

4. Zonaras, l. l. : Ἐντεῦθεν ἠπιώτεροι γενόμενοι κατηλλάγησαν, κουφισμὸν τῶν ὀφειλῶν, καὶ τῶν ὑπερημεριῶν ἄφεσιν τῆς Βουλῆς ψηφισαμένης αὐτοῖς. Ici ὀφειλῶν et ὑπερημεριῶν se correspondent : pour avoir deux substantifs dans l'extrait du Vatican, il a fallu substituer δανεισμάτων à δεινεισάντων. J'aurais pu conserver ce participe ; mais alors ὑπερημεριῶν aurait dû être remplacé par ὑπερημέρων.

5. (Exc. Vat. A. M. p. 528, éd. Rom.)

6. Je place ce fragment ici, parce qu'il se rattache à la création des Tribuns. Nous trouvons un passage analogue dans Zonaras, à propos de l'établissement du Tribunat, l. l. 15, p. 340, éd. Du C : Καὶ προστάτας αὐτίκα ἐξ ἑαυτῶν δύω προεχειρίσαντο .... Καὶ τοῦτο οὐχ ἅπαξ ἐποίησαν, ἀλλ' ἔκτοτε τὸ πρᾶγμα ἀρξάμενον οὕτω προέβαινε, καὶ ἐπ' ἐνιαυτὸν τοὺς προστά-

XXXIV. Καὶ ¹ ἐδόκει μήτ' ἀπὸ τοῦ ἀνθρωπείου εἶναι·
καὶ πολλοῖς καὶ ἄλλως ², τοῖς μὲν ἑκοῦσι, τοῖς δὲ ἄκουσιν.

Ὅτι ὅταν πολλοὶ καθ' ἓν γενόμενοι πλεονεκτήσωσι βια-
σάμενοι, παραχρῆμα μὲν ὁμολογίᾳ τινὶ ἐπιεικεῖ θρασύνον-
ται· διαλυθέντες δὲ ἄλλος κατ' ἄλλην πρόφασιν δικαιοῦνται ³.

Κατά τε τὸ φύσει τοῖς πλείστοις πρὸς τοὺς συνάρ-
χοντας διάφορον· χαλεπὸν γὰρ πολλοὺς ἄλλως τε καὶ ἐν
δυνάμει τινὶ συμφρονῆσαι· πᾶσα αὐτῶν ἡ ἰσχὺς διεσπᾶτο
καὶ κατετέμνετο· οὐδὲν γὰρ ὄφελος ὡς ἐγίγνωσκον ἦν, εἰ
καὶ εἰς σφῶν ἀντεῖπεν ⁴· τῷ γὰρ τὴν ἀρχὴν αὐτοὺς μὴ
ἐπ' ἄλλο τι ἢ τοῖς βιαζομένοις τινὰς ἐναντιοῦσθαι λαμβάνειν, ἰσχυρότερος ὁ κωλύων τι πραχθῆναι τῶν σπουδαζόν-
των αὐτὸ ἐγίγνετο.

τας ὡς ἀρχήν τινα ἀπεδείκνυσαν, τῇ μὲν τῶν Λατίνων γλώσσῃ καλουμένους
Τριβούνους (οὕτω δὲ οἱ Χιλίαρχοι κέκληνται), δημάρχους· δὲ προσαγορευομένους
τῇ Ἑλληνίδι φωνῇ · Ἵνα δὲ διαστέλληται ἡ τῶν Τριβούνων προσηγορία, τοῖς μὲν
τὸ τῶν στρατιωτῶν, τοῖς δὲ τὸ τοῦ πλήθους προσέθεντο πρόσρημα.

1. (Exc. Vat. XIV. A. M. p. 145-146, éd. Rom.)
2. L'écriture du Ms. du Vatic. a paru douteuse à M. A. Mai : il laisse le
choix entre ἄλλως et ἄλλοις, mais en montrant de la préférence pour ἄλλως,
qui m'a paru meilleur pour le sens, fort difficile à préciser à cause de la
brièveté de cet extrait.
3. Le passage ὅτι ὅταν — δικαιοῦνται est éclairci par Zonaras, l. l. 15,
p. 340, éd. Du C : Φοβηθέντες δὲ, μὴ σχεδασθείσης αὐτοῖς τῆς συστάσεως, ἢ
τὰς συνθήκας οὐκ ἐπιτελεῖς ἕξουσιν, ἢ κακωθῶσι διαλυθέντες, καὶ ἄλλος κατ'
ἄλλην πρόφασιν κολάζοιτο συνεχόμενος, συνέθεντο ἐπαρήγειν ἀλλήλοις, ἄν τις

XXXIV. Cette réconciliation ne paraissait point conforme à la marche des choses humaines : elle fut diversement accueillie ; les uns l'acceptèrent volontiers, les autres malgré eux.

Lorsque des hommes, qui se sont ligués, ont réussi par la violence, une union prudemment concertée leur inspire de l'audace dans le moment ; mais dès qu'ils se divisent, ils sont châtiés ; les uns sous un prétexte, les autres sous un autre. Par suite de cette inimitié naturelle chez la plupart de ceux qui exercent le même pouvoir (la concorde règne difficilement entre plusieurs hommes, surtout s'ils sont revêtus d'une charge publique), l'autorité des tribuns était tiraillée, démembrée. Leurs résolutions restaient sans effet, lorsqu'un seul n'était pas de l'avis de ses collègues : comme ils n'avaient été institués que pour faire obstacle à quiconque tenterait d'employer la violence, celui qui s'opposait à une mesure était plus fort que ceux qui voulaient la faire prendre.

τι ἀδικοῖτο· καὶ ὅρκους ἐπὶ τούτῳ ὑπέσχον, καὶ προστάτας αὐτίκα ἐξ ἑαυτῶν δύω προεχειρίσαντο, εἶτα καὶ πλείους, ἵν' εἶεν αὐτοῖς κατὰ συμμορίαν βοηθοί τε καὶ τιμωροί.

4. Zonaras, l. I. p. 341, éd. Du C., est beaucoup plus explicite : Φύσει γὰρ ὥσπερ, φθόνῳ δὲ μᾶλλον, ἀλλήλοις οἱ συνάρχοντες διαφέρονται· καὶ χαλεπὸν πολλοὺς, ἐν δυνάμει μάλιστα ὄντας, συμφρονῆσαι. Ἅμα δὲ καὶ οἱ ἄλλοι διασπᾶν τὴν αὐτῶν μηχανώμενοι δύναμιν, ὅπως ἀσθενέστεροι διχογνωμονοῦντες ὦσιν, ἐστασίαζον· καὶ οἱ μὲν τοῖσδε, οἱ δὲ τοῖσδε προσετίθεντο. Εἰ δὲ καὶ εἷς σφῶν ἀντεῖπε, τὰς τῶν ἄλλων διαγνώσεις ἀπράκτους ἀπέρχινε.

Dans le fragment de Dion, le Ms. du Vatic. porte σωφρονῆσαι. J'adopte συμφρονῆσαι, d'après Zonaras : M. A. Mai, en transcrivant dans ses notes une partie du même passage, lit συμφωνῆσαι, sans dire d'après quelle édition.

XXXV. Ὅτι [1] Μάρκιός τις κατὰ Οὐόλσκων [2] ἀριστεύσας, ἐφ' ᾧ πολλοῖς μὲν χρήμασι, πολλοῖς δὲ σώμασιν αἰχμαλώτοις πρὸς τοῦ ὑπάτου [3] τιμώμενος, τὰ μὲν ἄλλα διωθήσατο· ἠρκέσθη δὲ στεφάνῳ καὶ ἵππῳ πολεμιστηρίῳ· καὶ αἰχμαλώτων ἕνα τῶν αὐτοῦ φίλων αἰτήσας, ἀφῆκεν ἐλεύθερον [4].

XXXVI. Οὐ [5] γάρ ἐστι ῥᾴδιον οὔτε ἐν πᾶσί τινα ἰσχὺν ἔχειν, οὔτε ἐν ἑκατέροις ἅμα τοῖς τε πολεμικοῖς καὶ τοῖς εἰρηνικοῖς πράγμασιν ἀρετὴν ἔχειν· οἵ τε γὰρ τοῖς σώμασιν ἐγχειριζόμενοι ἀνοηταίνουσιν [6], ὡς πλήθει, καὶ τῷ ἀθρόῳ εὐτυχήσαντα οὐκ ἐπὶ πᾶν ὡς ἐπὶ πολὺ ἀνθεῖ. Δι' οὖν ταῦτ' εἰς τὰ πρῶτά ποθ' ὑπὸ τῶν πολιτῶν ἀρθείς, εἶτα πρὸς αὐτῶν οὐ πολλῷ ὕστερον ἐξέπεσεν, καὶ τὴν πόλιν τὴν τῶν Οὐόλσκων τῇ πατρίδι δουλώσας τὴν οἰκείαν [7] μετ' ἐκείνων ἐς πᾶν κινδύνου κατέστησεν.

XXXVII. Ὅτι [8] ὁ Κοριολάνος στρατηγῆσαι [9] θελήσας καὶ μὴ τελεσθεὶς ἠγανάκτησε τῷ ὁμίλῳ· καὶ ἐκ τούτου

---

1. (Exc. Vat. p. 528-529, éd. Rom.)
2. M. A. Mai lit Βολούσκων, d'après le Ms. qui contient les extraits de Planude. Ici et ailleurs, j'adopte la forme Οὐόλσκων que nous avons déjà vue.
3. Cette leçon, donnée par M. A. Mai au lieu de μονάρχου qui se trouve dans son Ms., est confirmée par Plutarque, Coriol. X : Τῇ δ' ὑστεραίᾳ τοῦ Μαρκίου παραγενομένου, καὶ τῶν ἄλλων ἀθροιζομένων πρὸς τὸν ὕπατον κτλ.
4. Cf. pour les détails Plutarque, l. l. Je me borne à transcrire les mémorables paroles, mises dans la bouche du héros par son biographe : Ἐξαίρετον δὲ μίαν αἰτοῦμαι χάριν, ἔφη, καὶ δέομαι λαβεῖν. Ἦν μοι ξένος ἐν Οὐολούσκοις καὶ φίλος, ἀνὴρ ἐπιεικὴς καὶ μέτριος. Οὗτος ἑάλωκε νῦν, καὶ γέγονεν ἐκ πλουσίου καὶ μακαρίου δοῦλος. Πολλῶν οὖν αὐτῷ κακῶν παρόντων, ἓν ἀφελεῖν ἀρκεῖ, τὴν πρᾶσιν.

XXXV. Un certain Marcius s'était couvert de gloire en combattant contre les Volsques : le Consul lui offrit pour récompense beaucoup d'argent et un grand nombre de prisonniers. Marcius refusa tout, à l'exception d'une couronne et d'un cheval de guerre : quant aux prisonniers, il n'en demanda qu'un seul, qui était son ami, et lui rendit la liberté.

An de Rome 261.

XXXVI. Il n'est pas facile au même homme d'exceller en tout et d'unir les qualités que demande la guerre à celles qu'exige la paix : celui-ci a la force physique en partage, mais il est souvent dépourvu de raison ; celui-là obtient coup sur coup les plus heureux succès ; mais sa prospérité est rarement durable. Ainsi, élevé au premier rang par ses concitoyens, Coriolan en fut bientôt précipité par leurs mains : après avoir soumis les Volsques à Rome, il se mit à leur tête et fit courir à sa patrie les plus grands dangers.

An de Rome 262-266.

XXXVII. Coriolan brigua le consulat ; mais il ne put l'obtenir et fut vivement courroucé contre le peuple :

---

5. (Exc. Vat. XIV. A. M. p. 146-147, éd. Rom.)
6. D'après l'Éditeur de Leipzig, au lieu de ἀνοητάνουσιν, faute d'impression dans M. A. Mai.
7. M. A. Mai donne : Τὴν οἰκείαν ἄν, mais cet ἄν est la répétition de la dernière syllabe de οἰκείαν, suivant l'Éditeur de Leipzig : il est contraire au sens ; je l'ai effacé.
8. (Exc. Vat. XV. A. M. p. 147. éd. Rom.) Je remplace αὐτὸς du Ms. par Κοριολάνος.
9. Στρατηγός, dans le Ms. du Vatic. est une faute du copiste. M. A. Mai donne la véritable leçon στρατηγῆσαι, d'après Zonaras, l. l. 16. p. 342, éd. Du C. : Οὐ πολλῷ δ' ὕστερον στρατηγῆσαι σπεύδων, καὶ μὴ τυχὼν, ἠγανάκτησε κατὰ τοῦ ὁμίλου. Cf. Plutarque, Coriol. XV.
Il faut remarquer, en passant, que στρατηγῆσαι signifie ici *ambire con-*

80 ΔΙΩΝΟΣ ΤΟΥ ΚΑΣΣΙΟΥ ΛΕΙΨΑΝΑ. ΒΙΒΛ. Λ–ΛϚ.

καὶ ἐκ τοῦ ¹ τοῖς δημάρχοις πολὺ δυναμένοις βαρύνεσθαι, παρρησίᾳ πλείονι πρὸς αὐτὸν παρὰ τοὺς ἄλλους, τοὺς ὁμοίους οἱ ἐκ τῶν κατειργασμένων, ἐχρῆτο· καὶ λιμοῦ γενομένου ἰσχυροῦ, καὶ Νώρβης πόλεως ἀποικίζεσθαι βουλομένης ², τὸ πλῆθος ἐπ᾽ ἀμφοτέροις αὐτοῖς τοὺς δυνατοὺς ᾐτιάσατο, ὡς καὶ δι᾽ ἐκείνους καὶ τῆς τροφῆς στερισκόμενοι καὶ ἐς τοὺς πολέμους ἐπίτηδες ἐπ᾽ ὀλέθρῳ προὖπτῳ ἐκδιδόμενοι· ὅταν γὰρ ἐς ὑποψίαν τινὲς ἀλλήλων ἔλθωσι, πάντα καὶ τὰ ὑπὲρ σφῶν γιγνόμενα ἀλλοίως, κατὰ τὸ στασιωτικόν, λαμβάνουσι· καὶ ὁ Κοριολάνος ἄλλως τε ἐν ὀλιγωρίᾳ αὐτοὺς ἐποιήσατο, καὶ σίτου πολλαχόθεν κομισθέντος καὶ τοῦ γε πλείστου προῖκα παρὰ τῶν ἐν Σικελίᾳ βασιλέων πεμφθέντος ³, οὐκ ἐπέτρεψέ σφισι διαλαχεῖν αὐτόν, ὥσπερ ᾔτουν ⁴. Οἱ οὖν δήμαρχοι, οὕσπερ που καὶ τὸ μάλιστα καταλῦσαι ἐγλίχετο, τυραννίδος αὐτὸν ὑπὸ τὸ πλῆθος εἰσαγαγόντες ἐξήλασαν ⁵, καίτοι πάντων βοώντων καὶ δεινὸν ποιουμένων, ὅτι καὶ περὶ σφῶν τὰ τοιαῦτα κρίνειν ἐτόλμων.

sulatum, et non pas *prœturam* : jusqu'à l'an de Rome 305, les consuls s'appelaient *prœtores*, en grec στρατηγοί. Zonaras, l. l., 19, p. 348, éd. Du C. : Τότε γὰρ λέγεται πρῶτον Ὑπάτους αὐτοὺς προσαγορευθῆναι, Στρατηγοὺς καλουμένους· τὸ πρότερον.

1. Au lieu de καὶ ἐκ τούτοις, donné par le Ms. du Vatic., M. A. Mai lit : Καὶ ἐκ τούτου καὶ τοῖς. La leçon du Ms. doit être conservée, mais en coupant les mots de cette manière : Καὶ ἐκ τοῦ τοῖς, comme l'a bien vu M. Krebs, l. l. p. 200.

2. Cf. Tite-Live, II, 34.

3. Plutarque, l. l. XVI : Ἐν τούτῳ δὲ σῖτος ἧκεν εἰς Ῥώμην, πολὺς μὲν ὠνητὸς ἐξ Ἰταλίας, οὐκ ἐλάττων δὲ δωρητὸς ἐκ Συρακουσῶν, Γέλωνος τοῦ τυράννου πέμψαντος.

4. Le même, l. l. : Ὥστε τοὺς πλείστους ἐν ἐλπίσι γενέσθαι χρησταῖς ἅμα

cet échec et sa haine pour les tribuns dont la puissance était redoutable le poussaient à parler contre les plébéiens, plus hardiment que tous ceux qui pouvaient lui être comparés par leur mérite. Une violente famine survint, en même temps qu'une colonie devait être établie à Norba. Le peuple, à cette occasion, accusa les riches de le faire manquer de vivres et de l'engager à dessein dans des guerres continuelles, où il devait trouver une perte certaine : les hommes, quand ils se défient les uns des autres, prennent par esprit de parti tout en mauvaise part, même ce qui a leur salut pour objet. Coriolan, déjà plein de mépris pour le peuple, ne permit pas que le blé, transporté à Rome de plusieurs pays et en grande partie envoyé gratuitement par les rois de Sicile, fût distribué comme on le demandait. Les tribuns, dont il désirait la ruine avant tout, l'accusèrent de tyrannie auprès de la multitude et le firent condamner à l'exil, malgré les unanimes réclamations des patriciens, indignés de ce que le peuple osait rendre un pareil jugement contre leur ordre.

τῆς ἀπορίας καὶ τῆς διαφορᾶς τὴν πόλιν ἀπαλλαγήσεσθαι προσδοκῶντας. Εὐθὺς οὖν Βουλῆς ἀθροισθείσης, περιχυθεὶς ὁ δῆμος ἔξωθεν ἐκαραδόκει τὸ τέλος, ἐλπίζων ἀγορᾷ τε χρήσεσθαι φιλανθρώπῳ, καὶ προῖκα τὰς δωρεὰς νεμήσεσθαι. Καὶ γὰρ ἔνδον ἦσαν οἱ ταῦτα τὴν Βουλὴν πείθοντες. Ὁ μέντοι Μάρκιος ἀναστὰς, σφόδρα καθήψατο τῶν χαριζομένων τοῖς πολλοῖς κτλ. Cf. Tite-Live, II, 32.

5. Dans M. A. Mai : Τυραννίδος αὐτὸν ὑπὸ τοῦ πλήθους ἀγαγόντες ἐξήλασαν. Les exemples du génitif avec l'ellipse de δίκην sont nombreux. Cf. L. Bos, Ellips. gr. p. 111. Je n'en citerai qu'un tout à fait analogue au passage de Dion; il est tiré de Xénoph. Hist. gr. V. 4. 24 : Οἱ δ' ἔφοροι ἀνεκάλεσάν τε τὸν Σφοδρίαν καὶ ὑπῆγον θανάτου. Les verbes ὑπάγειν et εἰσάγειν sont également employés dans les locutions de ce genre; le simple ἄγειν est rare. Cf. *Thes. gr. ling.* t. I. p. 561, éd. Didot, et L. Bos, l. l. Enfin, au

XXXVIII. Ἐκπεσὼν¹ οὖν πρὸς τοὺς Οὐόλσκους, καίπερ ἐχθίστους ὄντας ὀργῇ τῆς συμφορᾶς, ἦλθε²· καὶ ἑαυτὸν, ἔκ τε τῆς ἀνδρείας ἧς ἐπεπείραντο καὶ ἐκ τοῦ θυμοῦ τοῦ πρὸς τοὺς πολίτας, ἀσμένως [σφᾶς] δέχεσθαι προσεδόκησεν³· ἀντίπαλα ἢ καὶ μείζω δι' αὐτὸ τοὺς Ῥωμαίους ὧν ἔπαθον δράσειν ἐπελπίσας⁴· ὑφ' ὧν γὰρ ἄν τις σφόδρα κακοπαθῇ, πρὸς τῶν αὐτῶν καὶ εὖ πείσεσθαι, βουλομένων γε καὶ δυναμένων τι ποιῆσαι, οὐκ ἐλάχιστα πιστεύει.

Πάνυ γὰρ περιθύμως ἔφερεν, ὅτι καὶ περὶ τῆς οἰκείας κινδυνεύοντες, οὐδ' ὡς⁵ τῶν ἀλλοτρίων ἀφίσταντο. Ὡς οὖν καὶ ταῦτα ἀνηγγέλθη σφίσιν, οἱ μὲν ἄνδρες οὐδὲν μᾶλλον ἐκινήθησαν· οὕτω πως κακῶς ἐστασίαζον, ὥστε μηδ' ὑπὸ τῶν κινδύνων καταλλαγῆναι⁶.

XXXIX. Αἵ τε γυναῖκες⁷, ἥ τε γαμετὴ τοῦ Κοριολά-

lieu de ὑπὸ τοῦ πλήθους donné par M. A. Mai, j'écris ὑπὸ τὸ πλῆθος avec M. Krebs, l. l. p. 201, à cause de l'idée de mouvement, exprimée par εἰσαγαγόντες.

1. (Exc. Vat. XVI. A. M. p. 148, éd. Rom.)
2. Plutarque, l. l. XXI : Ὥρμησεν οὖν διαπειρᾶσθαι πρῶτον Οὐολούσκων, ἀκμάζοντας μὲν εἰδὼς ἔτι καὶ σώμασι καὶ χρήμασι· ταῖς δὲ γεγενημέναις ἐναγχος ἥτταις οὐ τοσοῦτον ἀπολωλέναι τῆς δυνάμεως, ὅσον ἐγγεγονέναι φιλονεικίας αὐτοῖς καὶ ὀργῆς, οἰόμενος.
3. M. A. Mai donne : Καὶ ἑαυτὸν ἔκ τε τῆς ἀνδρείας ἐπεπείσατο qu'il traduit ainsi : *quippe quum ipse fortitudinis suæ documenta edidisset;* mais ἑαυτὸν ne peut être que le complément de δέχεσθαι. Cf. M. Krebs dont j'adopte la leçon, l. l. p. 201 ; mais en intercalant σφᾶς : « Tum propter totius sententiæ vim, tum vero concinnitatis caussa singulorum incisorum scribo : Καὶ ἑαυτὸν ἔκ τε τῆς ἀνδρείας ἧς ἐπεπείραντο, ut his verbis respondeant καὶ ἐκ τοῦ θυμοῦ τοῦ πρὸς τοὺς πολίτας, et ad utrumque incisum referantur postrema ἀσμένως δέχεσθαι. Pour la construction propre à ἐπεπείραντο, cf. Fr. LII, p. 104 : Οὗ γε καὶ πολεμίου οὕτω δικαίου ἐπεπείραντο.

XXXVIII. Chassé de sa patrie, Coriolan se retira chez les Volsques, malgré la haine qu'ils lui portaient à cause de leurs désastres. Il se flatta qu'à raison de son courage dont ils avaient fait l'expérience et de sa colère contre ses concitoyens, les Volsques le recevraient volontiers dans l'espoir que, pour se venger, il ferait à Rome autant et même plus de mal qu'ils en avaient souffert. Et, en effet, nous sommes tous portés à croire que ceux qui nous ont causé de grands dommages les compenseront par autant de bien, s'ils en ont la volonté et le pouvoir.

Coriolan s'indignait de ce que les Romains, au moment où leur pays était menacé, n'abandonnaient pas dans une position aussi critique le territoire d'un autre peuple. La nouvelle de la marche des Volsques ne fit aucune impression sur les hommes : en proie aux plus vives dissensions, le danger même ne put les réconcilier.

XXXIX. Le femmes, je veux dire Volumnie, épouse

---

4. M. A. Mai lit ἀντελπίσας qu'il traduit par *injecta spe, fore ut*. Pour conserver ce sens, le seul probable, j'ai remplacé ἀντελπίσας par ἐπελπίσας, d'après Dion lui-même, liv. XL, 60 : Καὶ αὐτὸν μὲν πολλὰ ἐπελπίσας,.... ἀνηρτήσατο. — *Eum ad magnas spes erectum Cæsar..... sibi adjunxit*. Cf. Bekker, Anecd. gr. I, p. 140, 10.

5. Au lieu de μηδ' ὡς donné par M. A. Mai, je lis οὐδ' ὡς, à cause du mode indicatif. Zonaras, l. l. p. 343, éd. Du C., confirme cette correction : Ὁ δὲ περιθύμως ἔφερεν, ὅτι καὶ περὶ τῆς ἑαυτῶν κινδυνεύοντες, οὐδ' οὕτω τῶν ἀλλοτρίων ἀφίστανται.

6. Zonaras, l. l. : Καὶ τούτων δὲ ἀγγελθέντων αὐτοῖς, οὐδ' ἔτι κεκίνηντο, οὐδ' ὑπὸ τῶν κινδύνων οἱ ἄνδρες τοῦ στασιάζειν ἐξίσταντο. Dans le Ms. du Vatic. le passage οὕτω πως — καταλλαγῆναι est répété deux fois. La seconde leçon porte : Ὅτι οὕτω κακῶς ἐστασίαζον οἱ περὶ τὸν Κοριολάνον, ὥστε μηδ' ὑπὸ τῶν κινδύνων καταλλαγῆναι.

7. (Exc. Vat. XVII. A. M. p. 148-149, éd. Rom.)

νου Βουλουμνία καὶ ἡ μήτηρ Βετουρία[1] παραλαβοῦσαι καὶ τὰς ἄλλας τὰς ἐπιφανεστάτας[2] ἦλθον πρὸς αὐτὸν εἰς τὸ στρατόπεδον[3] τὰ παιδία αὐτοῦ ἄγουσαι[4]· καὶ μὴ ὅτι ἐπὶ τῇ χώρᾳ, ἀλλὰ μηδὲ ἐπὶ τῇ καθόδῳ καταλύσασθαι ἐποίησαν αὐτόν[5]· προσήκατο γὰρ αὐτὰς εὐθύς, ἐπειδὴ τάχιστα παρούσας ᾔσθετο, καὶ λόγους σφίσι μετέδωκεν. Ἐπράχθη τε ὧδε· αἱ μὲν ἄλλαι σιωπῶσαι ἔκλαον[6], ἡ δὲ δὴ Βετουρία· τί θαυμάζεις, ἔφη, τέκνον; τί δὲ ἐκπέπληξαι; οὐκ ηὐτομολήκαμεν· ἀλλ' ἡμᾶς ἥ τε πατρὶς ἔπεμψέ σοι, εἰ μὲν πείθοιο, μητέρα καὶ γυναῖκα καὶ τέκνα· εἰ δὲ μή, λάφυρα· ὥστ' εἰ καὶ νῦν[7] ἔτι ὀργίζῃ, πρώτας ἡμᾶς ἀπόκτεινον. Τί

---

1. Cf. Appien, II, 5. Plutarque, Coriol. XXXIII, appelle Volumnie la mère de Coriolan, et Vergilie sa femme. Zonaras, l. l. 16, p. 343, éd. Du C., suit Dion qu'il abrége ; mais il nomme Véturie Οὐετουρίνα.
2. Zonaras, l. l. : Καὶ τὰς λοιπὰς τὰς ἐπιφανεστάτας παραλαβοῦσαι.
3. Le même, l. l. : Ἦλθον ἐς τὸ στρατόπεδον πρὸς αὐτόν.
4. Le même, l. l. : Καὶ τὰ παιδάρια αὐτοῦ ἐπαγόμεναι.
5. M. A. Mai lit : Καὶ ἐποίησαν αὐτὸν μὴ ὅτι ἐπὶ τῇ χώρᾳ μηδὲ ἐπὶ τῇ καθόδῳ καταλύσασθαι. Il traduit : *Neque tamen permoverunt eum, ut vel patriæ reconciliaretur, vel redeundo operam daret*. D'abord ἐπὶ τῇ χώρᾳ ne doit pas se rendre par *patriæ* : il s'agit du territoire que les Romains avaient enlevé aux Volsques et dont ceux-ci demandèrent la restitution par l'organe de Coriolan lui-même; Plutarque, l. l. XXX : Ἀπεκρίνατο τὰ μὲν πικρῶς ὑπὲρ αὑτοῦ καὶ πρὸς ὀργὴν ὧν ἔπαθε· τὰ δ' ὑπὲρ τῶν Οὐολούσκων, ὡς στρατηγός, ἀποδοῦναι τὰς πόλεις καὶ τὴν χώραν, ὅσην ἀπετέμοντο πολέμῳ, κελεύων κτλ. Quant aux mots ἐπὶ τῇ καθόδῳ, ils doivent s'appliquer au fait rapporté par Plutarque, l. l. : Ἔδοξεν οὖν πᾶσι πρέσβεις ἀποστεῖλαι πρὸς τὸν Μάρκιον, ἐκείνῳ τε κάθοδον διδόντας εἰς τὴν πατρίδα κτλ. Zonaras, qui paraît avoir suivi tout à la fois Plutarque et Dion, résume ainsi les faits, l. l. : Ὡς γὰρ ἡ Γερουσία κάθοδον τῷ Κοριολάνῳ ἐψηφίσατο [dans Du C. ἐψηφήσατο], καὶ ἐπὶ τούτῳ πρέσβεις πρὸς ἐκεῖνον ἐστάλησαν, ἐκεῖνος καὶ τὴν χώραν τοῖς Οὐολούσκοις ἀποδοθῆναι ἀπῄτει, ἧς ἐν τοῖς πρὶν πολέμοις ἐστέρηντο. Τὸ δὲ πλῆθος τῆς χώρας οὐ μεθίετο. Πάλιν οὖν ἑτέρα πρεσβεία κτλ. De plus, μὴ ὅτι a exigé l'insertion de ἀλλά

de Coriolan, Véturie sa mère et les dames romaines les plus illustres se rendirent dans son camp avec ses propres enfants ; mais loin de l'amener à transiger au sujet du pays conquis sur les Volsques, elles ne purent même le faire consentir à son retour. A peine instruit de leur arrivée, il les admit en sa présence et leur permit de parler. Voici comment l'entrevue se passa : toutes les femmes gardaient le silence et fondaient en larmes. Véturie s'écria :
« Que signifient, mon fils, ton étonnement et ta surprise ?
« Nous ne sommes pas venues en transfuges : c'est la
« patrie qui nous envoie : nous serons toujours ta mère,
« ta femme, tes enfants, si tu te laisses fléchir ; sinon, nous
« ne serons plus que ton butin. Si ta colère tient ferme en-
« core, massacre-nous donc les premières. Pourquoi dé-

---

avant μηδέ, dans le second membre. Cf. Viger, De gr. Idiotism. et les notes, p. 458, éd. Hermann. Enfin, pour donner à la phrase une marche plus facile et plus nette, je me suis permis un léger déplacement des mots ἐποίησαν αὐτόν. Je lis donc : Καὶ μὴ ὅτι ἐπὶ τῇ χώρᾳ, ἀλλὰ μηδὲ ἐπὶ τῇ καθόδῳ καταλύσασθαι ἐποίησαν αὐτόν, — *atque tantum abfuit, ut ad pactionem de agro eum adducerent, ut contra ne de reditu quidem [quidquam impetraverint]*. Οὐχ ὅπως et οὐχ ὅτι se rencontrent dans plusieurs passages analogues de Dion : je me contente d'en citer deux :
1° Liv. XLIV, 50 : Οὐ γὰρ ὅπως ἐπεβούλευσε τῷ Καίσαρι, ἀλλὰ καὶ ἐν τοῖς μάλιστα αὐτὸν ἠγάπα — tantum abfuit ut Cæsari insidiaretur, ut contra inter eos qui Cæsarem maxime diligebant primas teneret ; 2° Liv. XLVI, 40 : Τὸν δὲ δὴ Καίσαρα οὐχ ὅτι μεγάλου τινὸς ἔτ' ἠξίωσαν, ἀλλὰ καὶ καταλύειν ἐπεχείρησαν — tantum abfuit ut magnum aliquid Cæsari jam præterea tribuendum censerent, ut contra eum deprimere potius conarentur.

6. Forme attique, donnée par le Ms. du Vatic., au lieu de ἔκλαιον. Eustathe, sur l'Iliad. I, tom. 1, p. 25, éd. de Leipzig, 1827 : Ἀθηναῖοι μὲν τὸ Κλαίει Κλάει λέγουσιν· οὕτω δὲ καὶ Καίει κάει, αἰεὶ ἀεί. Cf. Bekker, Anecd. gr. t. II, p. 600, 27.

7. Ce passage est littéralement dans Zonaras, l. l. : seulement, au lieu de ὥστ' εἰ καὶ νῦν, il dit : Καὶ εἰ καὶ νῦν. La leçon de M. A. Mai est la véritable.

86   ΔΙΩΝΟΣ ΤΟΥ ΚΑΣΣΙΟΥ ΛΕΙΨΑΝΑ. ΒΙΒΛ. Α–ΛϚ.

δ' ἀκούεις; τί δ' ἀποστρέφῃ ¹ ; ἢ ἀγνοεῖς ὅπως τ' ἐν τῇ
πόλει ἡμεῖς αἱ ἄρτι ὀδυρόμεναι ² ἐπαυσάμεθα, ἵνα σε ἴδω-
μεν; καταλλάγηθι γοῦν ἡμῖν καὶ μηκέτι ὀργίζου τοῖς πολίταις, τοῖς φίλοις, τοῖς ἱεροῖς, τοῖς τάφοις · μηδ' ἐπεμ-
πέσῃς ἐς τὸ ἄστυ θυμῷ πολεμίῳ, μηδὲ ἐκπολιορκήσῃς τὴν
πατρίδα ³, ἐν ᾗ καὶ ἐγεννήθης καὶ ἀνετράφης ⁴, καὶ τὸ
μέγα τοῦτο ὄνομα Κοριολάνος ἐγένου ⁵. πείσθητί μοι,
παιδίον, μηδέ με ἄπρακτον ἀποπέμψῃς, ἵνα μὴ καὶ νεκρὰν
με ὑπ' αὐτοχειρίας ἴδῃς ⁶.

XL. Ταῦτ' ⁷ εἰποῦσα ⁸ ἀνέκλαυσε, καὶ τὴν ἐσθῆτα καταρ-
ρηξαμένη καὶ τοὺς μαστοὺς προδείξασα, τῆς τε γαστρὸς
ἁψαμένη · ἰδοῦ, ἔφη, τέκνον, αὕτη σε ἔτεκεν ⁹, οὗτοί σε
ἐξέθρεψαν · εἰπούσης δὲ αὐτῆς ταῦτα καὶ ἡ γαμετὴ αὐτοῦ
τά τε παιδία ¹⁰ καὶ αἱ ἄλλαι γυναῖκες συνεθρήνησαν, ὥστε
καὶ ἐκεῖνον ἐς πένθος ἐμβαλεῖν ¹¹· μόλις τέ ποτε ἀνενεγκὼν
περιέπτυξε ¹² τὴν μητέρα, καὶ φιλῶν ἅμα αὐτήν · ἴδε, ἔφη,
μῆτερ, πείθομαί σοι· σὺ γάρ με νικᾷς καὶ σοὶ ¹³ ταύτην τὴν
χάριν καὶ οἱ ἄλλοι πάντες ἐχέτωσαν · ἐγὼ γὰρ οὐδ' ἰδεῖν

---

1. « Num Hendiadys, » dit M. A. Mai. J'ai traduit comme si le texte
portait : Τί δ' ἀκούων ἀποστρέφῃ;

2. Nul doute qu'il ne faille adopter cette leçon avec l'Éditeur de Leipzig,
au lieu de τ' ἄν τῇ πόλει, donné par M. A. Mai. Dans le Ms. du Vatic.,
ὀδυρόμενοι pour ὀδυρόμεναι provient probablement de la mauvaise écriture
du copiste : dans plusieurs Ms. de Dion Cassius, souvent l'ο est fait de
telle manière qu'il est facile de le confondre avec l'α.

3. Zonaras, l. l. : Μηδὲ ἐκπολιορκήσεις (lis. ἐκπολιορκήσῃς) τὴν πατρίδα.

4. Le même, l. l. : Ἐν ᾗ ἐγεννήθης καὶ ἐτράφης.

« tourner ton front, à ces paroles? Ignores-tu que naguère
« livrées, dans Rome, à la douleur et aux larmes, nous les
« avons interrompues pour venir te voir? Réconcilie-toi
« avec nous, et ne poursuis plus de ta haine tes concitoyens,
« tes amis, nos temples, nos tombeaux. Ne marche plus
« contre ta patrie avec un cœur ennemi ; ne va pas assié-
« ger une ville où tu es né, où tu as été élevé, où tu
« as reçu le glorieux surnom de Coriolan. Cède à mes
« paroles, mon fils : ne me congédie point sans avoir
« exaucé ma prière ; si tu ne veux me voir tomber à tes
« pieds, frappée de ma main. »

XL. Ainsi parle Véturie, et des larmes coulent de ses
yeux. Elle déchire ensuite ses vêtements, découvre son
sein et portant ses mains sur son flanc : « Voilà, s'écrie-
« t-elle, mon fils, le flanc qui t'a mis au jour et le sein qui
« t'a nourri. » A ces mots, la femme de Coriolan, ses enfants, toutes les dames romaines pleurent ensemble. Il
partage leur douleur : à peine peut-il résister encore, et,
prenant sa mère dans ses bras et la couvrant de baisers :
« Oui, ma mère, dit-il, je t'obéis : tu triomphes de ton fils ;
« c'est toi que les Romains devront remercier. Pour moi,

---

5. D'après Plutarque, l. l. XI, et Zonaras, l. l. Denys d'Hal. A. R. VI,
94 : Ἐκ τούτου Κοριολάνος ἐπεκλήθη τοῦ ἔργου. M. A. Mai lit : Κοριόλαις.

6. Zonaras, l. l. : Ἵνα μὴ νεκράν με αὐτοχειρίᾳ θεάσῃ.

7. (Exc. Vat. XVIII. A. M. p. 149-150, éd. Rom.)

8. Zonaras, l. l. : Ἐπὶ τούτοις.

9. D'après Zonaras, l. l. p. 344, éd. Du C., je substitue à τέτοχεν, donné
par M. A. Mai, ἔτεκεν qui s'accorde mieux avec ἐξέθρεψαν.

10. Zonaras, l. l. : Παιδάρια.

11. Le même, l. l. : Ὥστε κἀκεῖνον εἰς πένθος κινῆσαι.

12. Le même, l. l. : Μόλις δ' ἀνενεγκὼν περιέπλεξε τὴν μητέρα κτλ.

13. Dans M. A. Mai : Καὶ σοὶ δὲ ταύτην. J'ai effacé δὲ qui ne se trouve
pas dans Zonaras, l. l., et qui embarrasse la phrase.

88 ΔΙΩΝΟΣ ΤΟΥ ΚΑΣΣΙΟΥ ΛΕΙΨΑΝΑ. ΒΙΒΛ. Α-ΛϚ.

αὐτοὺς ὑπομένω, οἵτινες τηλικαῦτα [1] ὑπ' ἐμοῦ εὐεργετηθέντες τοιαῦτα μετέδρασαν [2]. οὐκοῦν οὐδ' ἀφίξομαί ποτε ἐς τὴν πόλιν· ἀλλὰ σὺ μὲν καὶ ἀντ' ἐμοῦ τὴν πατρίδα ἔχε, ἐπειδὴ τοῦτο [3] ἠθέλησας, ἐγὼ δὲ ἐκ ποδῶν ἀπαλλαγήσομαι [4]. Ταῦτ' εἰπὼν ἀπανέστη [5]. τῷ τε γὰρ δέει τῷ τοῦ ὁμίλου καὶ τῇ αἰσχύνῃ τῶν ὁμοίων, ὅτι καὶ τὴν ἀρχὴν ἐπ' αὐτοὺς ἐπεστράτευσεν, οὐδὲ τὴν κάθοδον διδομένην οἱ ἐδέξατο [6], ἀλλ' ἐς τοὺς Οὐόλσκους ἀναχωρήσας ἐνταῦθα ἐξ ἐπιβουλῆς [7] ἢ καὶ γεράσας [8] ἀπέθανεν.

XLI. Ὅτι [9] Κάσσιος τοὺς Ῥωμαίους εὐεργετήσας ὑπ' αὐτῶν ἐκείνων ἐθανατώθη· ὥστε καὶ ἐκ τούτου διαδειχθῆναι, ὅτι πιστὸν οὐδὲν ἐν τοῖς πλήθεσίν ἐστιν, ἀλλὰ καὶ τοὺς πάνυ σφίσι προσκειμένους οὐχ ἧττον τῶν τὰ μέγιστα ἀδικούντων ἀπολλύουσι· πρὸς μὲν γὰρ τὸ ἀεὶ παρὸν μεγάλους τοὺς αἰτίους τῶν ὠφελημάτων ἄγουσιν, ἐπειδὰν δὲ σφᾶς ἐκκαρπώσωνται, οὐδὲν ἔτ' αὐτοὺς οἰκειοτέρους τῶν ἐχθίστων νομίζουσι· τὸν γὰρ Κάσσιον καὶ περιχαριζόμενόν σφισιν, ὅμως ἐπ' αὐτοῖς οἷς ἐσεμνύνετο ἀπέκτειναν, καὶ ἔκδηλόν γε ὅτι ζηλοτυπηθείς, ἀλλ' οὐκ ἀδικήσας τι ἀπώλετο.

1. D'après Zonaras, l. l. Dans M. A. Mai, τηνικαῦτα provient de la confusion si fréquente du Λ et du Ν.
2. Le même, l. l. : Τοιαῦτά μοι ἀνταπέδωκαν.
3. Le même, l. l. : Ὅτι τοῦτο.
4. Ὑμῖν ἀπαλλοιήσομαι, dans M. A. Mai. Comme Zonaras, je supprime ὑμῖν, qui ne peut se construire avec ἀπαλλαγήσομαι que j'adopte d'après lui, l. l. Entre ΑΠΑΛΛΑΓΗΣΟΜΑΙ et ΑΠΑΛΛΟΙΗΣΟΜΑΙ, la confusion est facile.
5. D'après Zonaras, l. l. : Ταῦτα εἰπὼν ἀπανέστη. M. A. Mai lit ἐπανέστη.

« je ne saurais supporter les regards de ceux qui ont
« payé de l'exil les plus grands services ; jamais je ne
« rentrerai dans Rome. Que la patrie te tienne lieu de
« fils ; tu l'as voulu : moi, je vivrai loin de vous. »
En prononçant ces mots, il se leva ; soit qu'il craignît
la foule qui l'entourait, soit qu'il eût honte d'avoir pris
les armes contre ses concitoyens. Il refusa de retourner
dans sa patrie, comme on le lui proposait, et se retira
dans le pays des Volsques où il finit ses jours, victime
d'un piége ou accablé par les ans.

XLI. Cassius fut mis à mort par les Romains, après leur avoir rendu de signalés services. Son exemple prouva qu'il ne faut pas compter sur la multitude : elle sacrifie ses meilleurs amis, comme les hommes qui lui ont fait le plus de mal. Toujours dominée par l'intérêt du moment, elle exalte ses bienfaiteurs ; disposée, dès qu'elle en a tiré tout ce qu'elle pouvait attendre, à ne pas leur témoigner plus d'attachement qu'à ses plus grands ennemis. Ainsi Cassius, après avoir tout fait pour le peuple, fut massacré pour les actes qui lui avaient procuré tant de gloire : sa mort fut évidemment l'œuvre de l'envie et non la peine d'une conduite coupable.

An de
Rome
269.

---

6. Zonaras, l. l. : Κατεδέξατο.

7. Plutarque, l. l., XXXIX : Οὐκέτ' οὖν ἔδοξε διαμέλλειν, οὐδὲ πειρᾶσθαι τῶν πολλῶν· ἀλλ' ἐγκραγόντες οἱ θρασύτατοι τῶν συνεστώτων, ὡς οὐκ ἔστιν ἀκουστέον, οὐδὲ περιοπτέον Οὐολούσκοις τὸν προδότην τυραννοῦντα, καὶ μὴ κατατιθέμενον τὴν ἀρχήν, προσπεσόντες ἀθρόοι διέφθειραν αὐτόν, καὶ προσήμυνεν οὐδεὶς τῶν παρόντων. Cf. Appien, l. l.

8. Zonaras, l. l. : Ἀναχωρήσας δὲ εἰς τοὺς Οὐολόσκους, ἐκεῖ γηράσας, ἀπήλλαξεν. Tite-Live, II, 40 : Apud Fabium, longe antiquissimum auctorem, usque ad senectutem vixisse eumdem invenio.

9. (Exc. Vat. XIX. A. M. p. 150, éd. Rom)

XLII. Οἱ γὰρ ¹ ἐν τοῖς πράγμασιν ἀεὶ γιγνόμενοι, ἐπειδὴ μηδένα ἄλλον τρόπον κατέχειν σφᾶς ἐδύναντο, πολέμους ἐκ πολέμων ἐξεπίτηδες ἐκίνουν, ὅπως πρὸς ἐκείνους ἀσχολίαν ἄγοντες, μηδὲν περὶ τῆς γῆς πολυπραγμονῶσιν ².

XLIII. Ὅτι ³ συνεχέσιν ἀτυχήμασι Ῥωμαῖοι χρησάμενοι, καὶ δαιμονικὸν τοῦτο νομίσαντες, μίαν τῶν ἑστιάδων κατὰ τὰ πάτρια ζῶσαν κατορύττουσιν ⁴, ὡς αἰτίαν γενομένην τῆς θεοβλαβείας, διὰ τοῦ προέσθαι τὴν παρθενίαν, μιᾶναί ⁵ τε μίξει παρανόμῳ τὰ ἱερά.

XLIV. Οὕτω ⁶ γοῦν ὑφ' ἑκατέρου παρωξύνθησαν ⁷, ὥστε καὶ τὴν νίκην ἔνορκον τοῖς στρατηγοῖς ὑποσχέσθαι· πρὸς γὰρ τὴν αὐτίκα ὁρμὴν κύριοι καὶ τῆς τύχης εἶναι ἐνόμισαν.

Ὅτι ἔοικε ⁸ τὸ πλεῖστον τοῦ ἀνθρωπίνου πρὸς μὲν τὸ ἀνθιστάμενον καὶ παρὰ τὸ συμφέρον φιλονεικεῖν ⁹, τοῖς δὲ ὑπείκουσι καὶ παρὰ δύναμιν ἀνθυπουργεῖν.

---

1. (Exc. Vat. XX. A. M. p. 150, éd. Rom.)
2. Zonaras, l. I. 17, p. 344, éd. Du C. : Οἱ γὰρ δυνατοὶ μὴ ἄλλως κατέχειν αὐτοὺς δυνάμενοι, πολέμους ἐκ πολέμων ἐξεπίτηδες ἐκίνουν, ἵν' αὐτοῖς ἀσχολούμενοι, μηδὲν περὶ τῆς γῆς πολυπραγμονῶσι.
3. (Exc. Vat. A. M. p. 529, éd. Rom.)
4. Denys d'Hal. A. R. VIII, 89, raconte les mêmes faits et donne le nom de cette vestale : Καὶ σὺν χρόνῳ μήνυσις ἀποδίδοται τοῖς ἱεροφάνταις, ὅτι τῶν παρθένων μία τῶν φυλαττουσῶν τὸ ἱερὸν πῦρ, Ὀπιμία ὄνομα αὐτῇ, τὴν παρθενίαν ἀφαιρεθεῖσα, μιαίνει τὰ ἱερά κτλ. Tite-Live, II, 42, l'appelle Oppia.
5. Dans M. A. Mai μιαῖναι est une faute d'impression, pour μιᾶναι, proposé par l'éditeur de Leipzig, ou μιῆναι. Sur cette dernière forme, cf. Lobeck, in Phrynich. p. 24.
6. (Exc. Vat. XX. A. M. p. 150-151, éd. Rom.)
7. Cet extrait se rapporte à la guerre contre les Véiens et les Étrusques.

XLII. Ceux qui se succédaient dans les charges publiques faisaient à dessein naître guerres sur guerres. Ils n'avaient pas d'autre moyen de contenir la multitude, et ils espéraient qu'occupée par ces guerres, elle ne susciterait aucun trouble au sujet des terres.

XLIII. Frappés de revers continuels, les Romains les attribuèrent à la vengeance des Dieux. D'après les lois de leur pays, ils enterrèrent toute vivante une vestale accusée d'avoir provoqué la colère céleste, en profanant son vœu de chasteté et en souillant son ministère par un commerce illégitime. An de Rome 271.

XLV. Les soldats, ainsi excités par les deux consuls, jurèrent de remporter la victoire. Dans leur ardeur, ils allèrent jusqu'à s'imaginer qu'ils étaient maîtres de la fortune. Ans de Rome 274-275.

La plupart des hommes ont coutume de lutter aux dépens de leur intérêt contre ceux qui résistent, et de tenter plus qu'ils ne peuvent, pour rendre service à ceux qui cèdent.

Les soldats romains voulaient attaquer l'ennemi : les consuls Fabius et Manlius s'y opposaient, pour les exciter davantage, et l'armée fit serment de remporter la victoire. Cf. Tite-Live, II, 45.

8. Le fragment Ὅτι ἔοικε — ἀνθυπουργεῖν se trouve aussi dans les extraits d'Arsenius, réimprimés par M. A. Mai, p. 561, où il commence ainsi : Ὁ αὐτὸς (s.-ent. Δίων) εἶπε. Suivant M. Krebs, l. l. p. 148, dont l'opinion paraît fort probable, ce passage est relatif aux faits rapportés dans Tite-Live, II, 48 (An de R. 275) : Igitur non patrum magis quam plebis studio, Cæso Fabius cum T. Virginio consul factus, neque bella, neque delectus, neque ullam aliam priorem curam agere, quam ut, jam aliqua ex parte inchoata concordiæ spe, primo quoque tempore cum Patribus coalescerent animi plebis. Itaque principio anni censuit, priusquam quisquam agrariæ legis auctor exsisteret, occuparent Patres ipsi suum munus facere : captivum agrum plebi quam maxime æqualiter darent; verum esse, habere eos quorum sanguine ac sudore partus sit.

9. Φιλονικεῖν, dans M. A. Mai, par la confusion de ει et d'ι.

XLV. Ὅτι [1] οἱ Φάβιοι ἐπί τε [2] τῷ γένει καὶ τῷ πλούτῳ ὅμοια τοῖς ἀρίστοις φρονοῦντες, ὡς τάχιστα [3] αὐτοὺς ἀθυμοῦντας εἶδον [4]· ὅταν γάρ τινες ἐς πολλὰς ἅμα καὶ δυσχερεῖς πράξεις ἐμπέσωσιν, οὔτε τι βούλευμα πρός τε τὸ πλῆθος καὶ πρὸς τὸ ἄθροον τῶν κινδύνων ἐξευρεῖν δύνανται, καὶ τῶν ἔργων καὶ τὰ πάνυ ῥᾴδια ἀπογιγνώσκουσι· κἀκ τούτου ταῖς τε γνώμαις καὶ παρὰ τὸ εἰκὸς ταῖς δόξαις ἀναπίπτουσι, καὶ τὰ πράγματα ἑκόντες ὡς καὶ μάτην πονήσαντες προΐενται, καὶ τέλος ἐπιτρέψαντες [5] σφᾶς τοῖς ἐκ τοῦ δαιμονίου παραλόγοις, ἀναμένουσι πάνθ' ὅσα ἂν ἡ συντυχία ἐνέγκῃ.

Ὅτι [6] οἱ Φάβιοι ἓξ καὶ τριακόσιοι ὄντες ὑπὸ Τυῤῥηνῶν ἀνῃρέθησαν [7]· καὶ γάρ [8] πως τὸ δι' ἀνδρείαν πίστιν ὀγκούμενον ὑπ' αὐτοῦ τοῦ θράσους πολλάκις φθείρεται [9], τό τε δι' εὐτυχίαν αὐχοῦν ἐς τοὐναντίον ἐκφρονῆσαν ἐκπίπτει.

1. (Exc. Peir. XXVI. R. p. 12-13, et Exc. Vat. XXI. A. M. p. 151, éd. Rom.) J'ai fondu les deux Extraits en un seul : j'aurai soin d'indiquer les passages qui appartiennent à l'un et à l'autre.
2. Τε manque dans l'Exc. Vat. : je l'ajoute d'après l'Exc. Peir.
3. Ὡς τάχιστα — ἐνέγκῃ, passage nouveau, fourni à M. A. Mai par le Ms. du Vatican.
4. M. A. Mai traduit *brevi se exanimatos* senserunt. En conséquence, l'Éditeur de Leipzig lit αὐτοὺς, au lieu de αὐτοὺς qui est la bonne leçon dans le Ms. du Vatic. ; mais qui doit s'entendre du peuple romain, et non des Fabius, comme on le voit par Zonaras, VII, 17. p. 344, éd. Du C. : Ὁ δὲ ὅμιλος Στρατηγὸν ἕτερον εἵλετο, καὶ πόλεμος αὖθις αὐτοῖς ἐπενήνεκτο πρὸς τῶν Τυρσηνῶν. Ἀθυμοῦσι δὲ Ῥωμαίοις, καὶ ἀποροῦσι πῶς τοῖς ἐχθροῖς ἀντικαταστῶσιν, οἱ Φάβιοι ἐπεκούρησαν. Ἓξ γὰρ ὄντες καὶ τριακόσιοι, ὡς ἀθυμοῦντας εἶδον αὐτοὺς, καὶ μήτε τι βουλευομένους λυσιτελές, καὶ ἀπογινώσκοντας ἅπαντα, τὸν πρὸς τοὺς Τυρσηνοὺς ὑπεδέξαντο πόλεμον, αὐτοὶ δι' ἑαυτῶν προθυμηθέντες μαχέσασθαι καὶ τοῖς σώμασι καὶ τοῖς χρήμασι.
Le Compilateur a laissé la pensée incomplète après εἶδον : « Perspicuum

XLV. Les Fabius qui, par leur naissance et leurs richesses, pouvaient se croire les égaux des premiers citoyens, virent sur-le-champ à quel point les Romains étaient découragés. Certains hommes, dans une position embarrassante et difficile à surmonter, loin de pouvoir prendre une résolution contre les dangers accumulés autour d'eux, désespèrent de triompher même des moindres : perdant ainsi toute fermeté et toute assurance par un abattement inopportun, ils tombent dans une inaction volontaire, comme si leurs efforts avaient toujours été impuissants ; enfin ils s'abandonnent à un destin aveugle et attendent avec résignation tous les coups de la fortune.

Les Fabius, au nombre de trois cent six, furent massacrés par les Étrusques : souvent les hommes que leur courage remplit de hardiesse trouvent leur perte dans cette audace même, et ceux qui tirent vanité de leur bonheur sont précipités dans l'adversité par un or-

An de Rome 277.

---

est, dit M. Krebs, l. l., p. 178, Epitomatorem illum prima verba paullo contractius protulisse, ut pauca quædam præmitteret parenthesi illi, cujus caussa verba illa descripsit, quæ est ὅταν γάρ τινες — ἡ συντυχία ἐνέγκῃ. Quæ post parenthesin posita erant apud Dionem ad continuandam sententiam ipsam, quæ est οἱ Φάβιοι — ὡς — εἶδον, ea Epitomator omisit ; videntur autem fere item se habuisse, ut apud Zonaram qui pergit τὸν πρὸς τοὺς Τ. κτλ. »

5. Dans le Ms. du Vatic. ἐπιθρέψαντες est une faute du copiste.

6. Comme dans l'Exc. Vat.

7. Dans l'Exc. Peir. : Ὑπὸ Τυρσηνῶν διεφθάρησαν, ἓξ καὶ τριακόσιοι ὄντες. Ici, comme dans le Fr. IX. p. 22, je lis Τυρρηνῶν, au lieu de Τυρσηνῶν.

8. Καὶ γάρ — ἐκπίπτει, passage nouveau, fourni à M. A. Mai par le Ms. du Vatican.

9. Zonaras exprime cette pensée en d'autres termes, l. l. p. 345, éd. Du C. : Καὶ ἀφυλάκτους ἐπελθόντας αὐτοῖς τοὺς Φαβίους ὑπὸ τοῦ πάντα νικᾷν, περιεστοίχισαν, καὶ πάντας ἐφόνευσαν.

Οὓς οἱ Ῥωμαῖοι μειζόνως ἢ κατὰ ἀριθμὸν τῶν ἀπογενομένων καὶ ἰδίᾳ καὶ κοινῇ ἐπένθησαν. Ἦν μὲν γὰρ ἐκεῖνος ἄλλως τε καὶ ἐν εὐπατρίδαις οὐ σμικρός. Πρὸς δὲ δὴ τὴν ἀξίωσιν τό τε φρόνημα αὐτῶν, πᾶσαν σφῶν ἀπολωλέναι τὴν ἰσχὺν ἐνόμιζον. Καὶ διὰ τοῦτο τήν τε ἡμέραν, ἐν ᾗ διεφθάρησαν, ἐς τὰς μιαρὰς ἐνέγραψαν. Καὶ τὰς πύλας δι' ὧν ἐξεστράτευσαν ἐν ἀτιμίᾳ ἐποιήσαντο, ὥστε μηδένα δι' αὐτῶν ἄρχοντα διϊέναι. Καὶ Τίτου Μενηνίου τοῦ στρατηγοῦ, ἐπὶ γὰρ τούτου τὸ πάθος ἐγένετο, κατηγορηθέντος ὕστερον ἐν τῷ δήμῳ ὅτι μὴ ἐκείνοις ἤμυνε [1], καὶ μάχῃ μετὰ τοῦθ' ἡττήθη, κατεψηφίσαντο.

XLVI. Ὅτι [2] οἱ εὐπατρίδαι [3] φανερῶς μὲν οὐ πάνυ πλὴν βραχέων ἐπιθειάζοντές τινα ἀντέπραττον, λάθρα δὲ συχνοὺς τῶν θρασυτάτων ἐφόνευον [4]· ἀλλ' οὔτε [5] τοῦτο τοὺς λοιποὺς ἐπέσχεν, οὔθ' ὅτι ποτὲ ἐννέα δήμαρχοι πυρὶ

---

1. L'ancienne leçon ὅτι μὴ μετ' ἐκείνοις ἤμυσσε ne présente aucun sens. Palmerius, pour la conserver, a donné à ἀμύσσειν la signification de *dolere*; interprétation justement réprouvée par Reimar. La conjecture de H. de Valois est très-probable : il propose ὅτι μὴ ἐκείνοις ἤμυνεν, mais sa version *quod castra cum Fabiis non conjunxisset* ne rend pas avec précision la valeur d'ἤμυνεν. Reimar et Sturz, tout en conservant l'ancienne leçon, ont adopté l'interprétation de H. de Valois : je traduirais, *quod Fabiis non auxiliatus fuisset*. Le consul Titus Ménénius n'était séparé du théâtre de la défaite des Fabius que par une distance d'environ XXX stades ; on ne douta pas à Rome qu'il n'eût eu connaissance de tous leurs dangers ; mais il ne marcha pas à leur secours, par jalousie pour leur courage et pour leur gloire. Cf. Denys d'Hal. A. R. IX, 23 : Ἔτυχε δ' οὐ μακρὰν.... τῆς τ' ἀρετῆς καὶ δόξης τοῖς ἀνδράσι φθονῶν. J'adopte la conjecture de H. de Valois : le Ms. de Tours ne fournit aucune variante

2. (Exc. Vat. XXII. A. M. p. 151-152, éd. Rom.)

3. M. A. Mai a mis la date, A. U. C. 281, en regard de ces mots et de ἐννέα γάρ ποτε. Sa scrupuleuse exactitude a été jugée par M. Krebs, l. l. p. 264,

gueil insensé. A Rome, la mort des Fabius fit éclater, en public et en particulier, une douleur qui pouvait paraître exagérée eu égard à leur nombre, quoique ce nombre fût considérable, alors qu'il s'agissait de patriciens; mais tels étaient leur rang et leur grandeur d'âme que Rome crut avoir perdu toute sa force, en les perdant. Le jour où ils avaient péri fut donc inscrit parmi les jours néfastes, et la porte par laquelle ils étaient partis pour cette expédition fut marquée d'infamie : jamais général ne sortit plus par cette porte. Titus Ménénius, chef de l'armée au moment de ce désastre, fut accusé devant le peuple et condamné, pour n'avoir point secouru les Fabius et pour avoir perdu une bataille après leur défaite.

XLVI. Il arrivait rarement aux Patriciens de résister à force ouverte et avec des imprécations; mais ils faisaient souvent massacrer en secret les tribuns les plus audacieux : les autres ne furent arrêtés ni par leur mort, ni par le souvenir des neuf tribuns que le peuple livra

Ans de Rome 277-296.

avec une sévérité excessive : « Maius quum singula singulis annis adscribere studeat, explicare se non potest. » Les troubles dont il est ici question éclatèrent entre le massacre des Fabius (An de R. 277) et l'élection de Q. Cincinnatus, comme dictateur (An de R. 296). Zonaras, qui résume les faits, l. 1. p. 345, éd. Du C., commence par les excès commis contre les consuls : Τραπόμενοι δ' ἐπ' ἀλλήλους ἔπραξαν πολλὰ δεινὰ, ὡς μηδὲ τῶν στρατηγῶν ἀποσχέσθαι τὸ πλῆθος. Τούς τε γὰρ ὑπηρέτας αὐτῶν ἔπαιον, καὶ τὰς ῥάβδους κατέκλων, αὐτούς τε τοὺς Στρατηγοὺς ὑπ' εὐθύνην ἦγον, ἐπὶ πάσῃ προφάσει καὶ μείζονι καὶ ἐλάττονι κτλ. jusqu'à προϊσταμένους ἔχωσι. Le récit de Zonaras prouve que les plébéiens avaient donné l'exemple de la violence.

4. Zonaras, l. l. : Πραττομένων δὲ τούτων, οἱ Εὐπατρίδαι φανερῶς μὲν οὐ πάνυ ἀντέπραττον, πλὴν βραχέων · λάθρα δὲ συχνοὺς τῶν θρασυτάτων ἐφόνευον.

5. M. A. Mai commence un nouveau paragraphe au mot ἐννέα, et lit, d'après le Ms. du Vatic. : Ἐννέα γάρ ποτε δήμαρχοι πυρὶ ὑπὸ τοῦ δήμου

96   ΔΙΩΝΟΣ ΤΟΥ ΚΑΣΣΙΟΥ ΛΕΙΨΑΝΑ. ΒΙΒΛ. Α–ΛϚ.

ὑπὸ τοῦ δήμου ἐδόθησαν· ἐπ' ἄλλα, πλείονα μὲν ἐλπίδα οἱ μετὰ ταῦτα ἀεὶ δημαρχοῦντες ἐκ τῆς ἑαυτῶν φιλονεικίας [1], ἢ δέος ἐκ τῆς ἐκείνων συμφορᾶς λαμβάνοντες, οὐ μόνον οὐκ ἠμβλύνοντο [2], ἀλλὰ καὶ ἔτι [3] μᾶλλον ὑπ' αὐτῶν τούτων ἐθρασύνοντο· τούς τε γὰρ ἀπολλυμένους ἐς δικαίωμα τῆς ὑπὲρ ἑαυτῶν τιμωρίας προεβάλλοντο. Καὶ αὐτοὶ μεγάλην ἡδονὴν ἐκ τοῦ καὶ παρὰ δόξαν ἀκινδύνως περιέσεσθαι νομίζειν προσετίθεντο, ὥστε καὶ τῶν εὐπατριδῶν τινας, ἐπειδὴ μηδὲν ἄλλως ἤνυτον, ἐς τὰ τοῦ πλήθους νομίσματα μεταστῆναι· τὴν γὰρ ταπεινότητα αὐτοῦ πολὺ [κρείττω] [4] πρὸς τὰς τῆς δημαρχικῆς ἰσχύος ἐπιθυμίας τῆς τῶν σφετέρων καλλωπισμάτων ἀσθενείας ἐνόμιζον εἶναι· καὶ μάλισθ' ὅτι καὶ δεύτερον καὶ τρίτον, ἐπὶ πλεῖόν τε ἔτι, καίπερ κωλυθὲν τό τινα τὴν ἀρχὴν λαμβάνειν, συχνοὶ καὶ ἐφεξῆς ἐδημάρχουν.

XLVII. Ὅτι [5] ἐς τοῦτο ὁ ὅμιλος [6] ὑπ' αὐτῶν τῶν εὐπατριδῶν προήχθη· ὃ γάρ τοι ὑπὲρ ἑαυτῶν ἡγοῦντο ποιεῖν, τὸ πολέμους τινὰς ἀεὶ παρασκευάζειν σφίσιν, ὅπως

ἐδόθησαν, ἀλλ' οὔτε τοῦτο τοὺς λοιποὺς ἐπέσχεν. La conjonction γὰρ exprime la conséquence d'un fait antérieur, omis par le compilateur, et οὔτε que l'éditeur de Leipzig a eu tort de remplacer par οὐδὲ annonce qu'il manque un second membre, dans lequel se trouvait un autre οὔτε. J'ai supprimé γὰρ, et donné le passage tel qu'il est dans Zonaras, l. l.

1. Φιλονικείας dans M. A. Mai, d'après le Ms. du Vatic., par la confusion d'ι et d'ει.

2. Dans le Ms. du Vatic. : Οὐκ ἠμβλύνοντο. Pour rendre l'opposition plus vive, j'ai ajouté οὐ μόνον, d'après Zonaras, l. l. : Οὐ μόνον γὰρ οἱ μετὰ ταῦτα δημαρχοῦντες· οὐκ ἠμβλύνοντο, ἀλλὰ μᾶλλον καὶ ἐθρασύνοντο

3. Au lieu de ἐπὶ donné par M. A. Mai et maintenu par M. Krebs, l. l. p. 263, j'écris ἔτι. Le τ et le π sont très-souvent confondus.

jadis aux flammes. Tous ceux qui, plus tard, se succédèrent dans la même charge, puisant dans leurs vues ambitieuses plus de confiance pour de nouvelles tentatives que de crainte dans la fin tragique de leurs devanciers, s'enhardissaient davantage; loin de laisser leur vigueur s'émousser. Ils faisaient valoir la mort de leurs prédécesseurs comme un droit pour leur vengeance personnelle, et trouvaient un grand plaisir à penser qu'ils échapperaient au danger, contre toutes les apparences. Aussi plusieurs patriciens, qui n'avaient pu réussir autrement, se firent-ils inscrire dans la classe des plébéiens dont l'obscurité leur paraissait beaucoup plus propre à servir leurs prétentions au tribunat que l'éclat impuissant du patriciat ; alors surtout qu'un grand nombre de plébéiens, par une violation manifeste des lois, étaient élus deux ou trois fois tribuns, quelquefois même davantage, sans aucune interruption.

XLVII. Le peuple en vint là par la faute des patriciens : ils avaient cru travailler dans leur intérêt, en lui suscitant des guerres continuelles ; afin de le forcer par

---

4. Dans le Ms. du Vatic. : Τὴν γὰρ ταπεινότητα αὐτοῦ — τῆς τῶν σφετέρων καλλωπισμάτων ἀσθενείας ἐνόμιζον εἶναι. Suivant la remarque de M. A. Mai, il manque ici un comparatif, ἱκανωτέραν proposé par l'illustre éditeur, ou bien κρείττω que je place entre crochets, d'après M. Krebs, l. l. p. 263 : le génitif ἀσθενείας est nécessairement le complément d'une idée de comparaison.

5. (Exc. Vat. XXIII. A. M. p. 152-153, éd. Rom.)

6. Dans M. A. Mai : Ἐς τοῦτο ὅμιλος. L'article est nécessaire ; je l'ai ajouté d'après Zonaras, l. l. : Εἰς τοῦτο ὑπὸ τῶν Εὐπατριδῶν προήχθη ὁ ὅμιλος. M. Krebs le donne aussi, l. l. p. 195.

ὑπό γε τῶν ἔξωθεν κινδύνων σωφρονεῖν ἀναγκάζωνται¹, καὶ τοῦτο θρασυτέρους αὐτοὺς ἀπειργάζετο· οὔτε γὰρ στρατεύειν, εἰ μὴ λάβοιεν ὧν ἑκάστοτε ἐπωρέγοντο, βουλόμενοι². καὶ ἀπροθύμως εἴ ποτε ἐξῆλθον³ ἀγωνιζόμενοι, εἰ μὴ πάνθ᾽ ὅσ᾽ ἤθελον ἔπραττον⁴· κἀν τούτῳ καὶ ἀληθῶς οὐκ ὀλίγοι τῶν πλησιοχώρων σφίσι τῇ ἐκείνων διχοστασίᾳ πλέον ἢ τῇ ἑαυτῶν δυνάμει θαρσοῦντες ἐνεωτέριζον⁵.

XLVIII. Οἱ Αἴκουοι⁶ τό τε Τούσκουλον λαβόντες, καὶ Μάρκον Μινούκιον νικήσαντες, ἐν φρονήματι ἐγένοντο, ὥστε καὶ τοῖς πρέσβεσι τοῖς τῶν Ῥωμαίων⁷ οὓς ἐπὶ τῇ τοῦ χωρίου καταλήψει αἰτιώμενοι σφᾶς⁸ ἔπεμψαν, πρὸς μὲν τὸ ἐπίκλημα μηδὲν ἀποκρίνασθαι· δρῦν δέ τινα διὰ τοῦ στρατηγοῦ σφῶν Κλοιλίου⁹ Γράκχου¹⁰ δείξαντας¹¹, πρὸς ἐκείνην, εἴ τι βούλοιντο, λέγειν αὐτοὺς κελεῦσαι.

---

1. Ἀναγκαῖον καί dans M. A. Mai, d'après le Ms. du Vatic. : je lis ἀναγκάζωνται proposé par M. Krebs, l. l. p. 198. Je préfère cette correction à ses deux autres conjectures ἀναγκασθῶσι et ἀναγκασθεῖεν. Aussi bonne, au point de vue grammatical, elle se rapproche davantage du Ms. du Vatican.

2. Zonaras, l. l. : Οὔτε γὰρ στρατεύειν ἐπείθοντο, πολέμων ἐπικειμένων, εἰ μὴ ὧν ὠρέγοντο ἔτυχον.

3. M. A. Mai lit : Ὁπότε ἐξέλθοιεν. Avec cet optatif, ὁπόταν serait nécessaire ; mais nul doute que εἴ ποτε ἐξῆλθον ne soit la véritable leçon, d'après Zonaras, l. l. : Καὶ εἴ ποτε δ᾽ ἐξῆλθον, ἀπροθύμως ἐμάχοντο.

4. Dans M. A. Mai, la leçon πάνθ᾽ ὅσα ἤθελον ἔπραττον ne donne pas un sens complet ; je l'ai corrigée d'après Zonaras, l. l. : Εἰ μὴ πάνθ᾽ ὅσα ἐβούλοντο, ἤνυσαν.

5. Zonaras, l. l. : Κἀντεῦθεν πολλοὶ τῶν προσοίκων αὐτοῖς τῇ ἐκείνων διχοστασίᾳ, ἢ τῇ ἑαυτῶν θαρρούντες ἰσχύϊ, ἐνεωτέρισαν. L'absence de πλέον ou de μᾶλλον avant ἢ n'a rien de choquant. Dion, Fr. LXIX : Τί τῶν λογίων ἀσάφειαν, ὦ Ῥωμαῖοι, ἢ ἀμαθίαν ἡμῶν αὐτῶν καταψηφιζόμεθα. Liv. XLI, 34 : Ἑκὼν ἂν ἀποθανεῖν εἱλόμην, ἢ τὸ ἀξίωμα τῆς ἡγεμονίας καταλῦσαι. Cf. l. l. 35.

FRAGM. DE DION CASSIUS, L. I-XXXVI.

les dangers du dehors à se montrer plus modéré ; mais le peuple n'en était que plus mutin. Il ne consentait à se mettre en campagne qu'après avoir obtenu ce qu'il désirait ; s'il marchait quelquefois contre les ennemis, il combattait sans ardeur, à moins que toutes ses exigences ne fussent satisfaites. Aussi plusieurs nations voisines, comptant réellement plus sur les divisions de Rome que sur leurs propres forces, tentaient de nouveaux mouvements.

XLVIII. Les Èques, maîtres de Tusculum et vainqueurs de M. Minucius, furent si fiers de ce succès, que, sans répondre aux ambassadeurs venus de Rome pour se plaindre de la prise de cette ville, ils chargèrent leur général Clœlius Gracchus de les engager, en leur montrant un chêne, à raconter, s'ils le voulaient, leurs griefs à cet arbre.

An de Rome 296.

---

6. (Exc. Urs. α'. CXL. R. p. 58.) Cet extrait manque dans le Ms. de Munich n° 1 ; le n° 3, au lieu de οἱ Αἴκουοι, porte Ὅτι οἱ Αἴκουοι, comme celui du Vatic. n° 1418.

7. C'étaient, suivant Tite-Live, III, 25, Q. Fabius, P. Volumnius et A. Postumius.

8. F. Orsini propose d'ajouter πρὸς avant σφᾶς, leçon qui changerait le sens : je maintiens l'ancienne d'après les Ms. ; elle est confirmée par Dion lui-même, Fr. LVI, p. 110 : Αἰτιώμενοι τοὺς πρέσβεις.

9. Les Ms. portent Κοιλίου, comme Denys d'Hal. A. R. X. 22, leçon attaquée par Sigonius. Cf. la note de Sylburg sur ce passage. Je donne Κλοιλίου d'après les meilleures éditions de Tite-Live, III, 25, et S. Aur. Victor, De Vir. illustr. XVII, éd. Arntzen, où sont rassemblées toutes les variantes pour ce nom.

10. Δράχχου dans le Ms. de Munich n° 3 : à propos de la confusion du Δ et du Γ, cf. la note de M. Boissonade sur Planude, Mélam. p. 20.

11. Δείξαντος dans le Ms. du Vatic. n° 1418 et dans celui de Munich, n° 3. Cette variante concorde avec Denys d'Hal., l. l., qui, après avoir

7.

XLIX. Ὅτι ¹ πυθόμενοι ² οἱ Ῥωμαῖοι τὸν Μινούκιον ἐν κοίλῳ τινὶ καὶ λοχμώδει τόπῳ μετά τινων ἀπειλῆφθαι ³, δικτάτορα ⁴ ἐπ' αὐτοὺς Λούκιον Κοΐντιον ⁵, καίπερ πένητα ὄντα, τό τε γῄδιον, ὃ μόνον αὐτῷ ὑπῆρχεν, αὐτοχειρίᾳ τότε γεωργοῦντα, προεχειρίσαντο. Ἔς τε γὰρ τὰ ἄλλα ὅμοιος τοῖς πρώτοις ἀρετὴν ἦν, καὶ σωφροσύνῃ διέπρεπε. Καί τοι τὰς κόμας ἐς πλοκάμους ἀνιεὶς, ἀφ' οὗ δὴ καὶ Κικινάτος ἐπωνομάσθη ⁶.

L. Ὅτι ⁷ καὶ τὰ ἐν τοῖς στρατοπέδοις καὶ τὰ ἐν τῷ ἄστει ⁸ ἐταράχθη· οἵ τέ γε στρατευόμενοι φιλονεικίᾳ τοῦ μηδὲν τοῖς τὴν δυναστείαν ἔχουσι προσχαρίσασθαι ⁹, καὶ τὰ κοινὰ καὶ τὰ οἰκεῖα ἐθελονταὶ προΐεντο· καὶ ἐκεῖνοι οὐχ ὅτι τοῖς ὑπὸ τῶν ἐναντίων ἀπολλυμένοις σφῶν ἔχαιρον, ἀλλὰ

---

rapporté les paroles de Gracchus, ajoute : Φηγὸν δείξας αὐτοῖς τινα πλησίον πεφυκυῖαν. Je l'ai suivie dans la traduction, et je l'aurais adoptée volontiers dans le texte, si la phrase était ainsi construite : Διὰ δὲ τοῦ στρατηγοῦ σφῶν Κλοιλίου Γράχχου δρῦν τινα δείξαντος κτλ.

1. (Exc. Peir. XXVII. R. p. 13.)
2. Ποιθόμενοι, dans le Ms. de Tours, par la confusion d'οι et d'υ.
3. Ἀπειλῆφθαι, dans le même Ms., qui le plus souvent ne porte qu'un λ, là où il en faudrait deux ; tandis qu'il en a deux, quand il en faudrait un seul.
4. Comme je l'ai déjà dit, j'adopte l'écriture δικτάτορα, qui est la plus fréquente dans les meilleurs Ms. de Dion, au lieu de δικτάτωρα. De même pour δικτατορία et δικτατορεύειν.
5. Λούχον Κόϊντον, dans le Ms. de Tours où les noms propres sont souvent très-altérés.
6. Zonaras, l. l. p. 346, donne ce fragment avec quelques variantes : Μαθόντες δὲ τὸν Μινούκιον ἡττημένον οἱ ἐν τῇ Ῥώμῃ, Δικτάτορα Λούκιον Κόϊντον εἵλοντο, πένητα μὲν ἄνδρα, καὶ γεωργίᾳ συνεζηκότα, ἐς ἀρετὴν δὲ καὶ σωφροσύνην διαπρεπῆ, καί τοι τὰς κόμας ἐς πλοκάμους ἀνιέντα, ὅθεν καὶ Κικινάτος (sic) ὠνόμαστο.

XLIX. Les Romains, instruits que Minucius avait été surpris avec une partie de l'armée dans une gorge remplie de broussailles, élurent dictateur, pour marcher contre les Èques, L. Quintius, pauvre et cultivant de ses mains un petit champ, sa seule propriété, mais qui égalait en mérite les citoyens les plus recommandables et l'emportait sur tous par la modération de ses désirs: toutefois il fut surnommé Cincinnatus, parce qu'il bouclait ses cheveux.

An de Rome 296.

L. Les troubles régnaient dans les camps et à Rome : sous les drapeaux chacun, dominé par le désir de ne rien faire d'agréable pour ceux qui étaient revêtus du pouvoir, trahissait volontiers les intérêts publics et ses intérêts propres. Dans Rome, non-seulement les magistrats se réjouissaient de la mort de leurs adversaires,

An de Rome 305.

---

7. (Exc. Vat. XXIII. A. M. p. 153, éd. Rom.)
Zonaras, l. l. 18. p. 347, éd. Du C., abrége cet extrait en peu de mots : je transcris, avec ce résumé, quelques lignes qui fixent la date des événements : Αἱ μὲν οὖν λεγόμεναι Δώδεκα δέλτοι οὕτως τότε ἐγένοντο· οἱ δὲ νομοθέται ἐκεῖνοι οὐ μόνον ταῦτ' ἔπραξαν, ἀλλὰ καὶ τοῦ ἐνιαυτοῦ τῆς ἀρχῆς αὐτοῖς διελθόντος, ἔτι τοῖς πράγμασιν ἐνέμειναν, βίᾳ τὴν πόλιν κατέχοντες, καὶ μηδὲ τὴν βουλὴν ἢ τὸν δῆμον ἀθροίζοντες, ἵνα μὴ συνελθόντες παύσωσιν αὐτούς. Αἰκουῶν δὲ καὶ Σαβίνων πόλεμον αἱρομένων κατὰ Ῥωμαίων, τότε τοὺς ἐπιτηδείους αὐτοῖς παρασκευάσαντες, διεπράξαντο σφίσι τοὺς πολέμους ἐπιτραπῆναι. Ἐκ γοῦν τῆς Δεκαρχίας αὐτῶν Σερούϊος μὲν Ὅππιος καὶ Ἄππιος Κλαύδιος κατὰ χώραν ἔμειναν, οἱ δὲ ὀκτὼ ἐπὶ τοὺς πολεμίους ἐστράτευσαν. Πάντα μὲν ἁπλῶς καὶ τὰ ἐν τῷ ἄστει καὶ τὰ ἐν τοῖς στρατοπέδοις τετάρακτο· κἀντεῦθεν στάσις αὖθις συνηνέχθη. Les troubles dont il est ici question semblent donc se rapporter à l'an 305.

8. Ἄστυ, dans M. A. Mai, est pour ἄστει, par la confusion de l'υ et d'ει : l'éditeur de Leipzig a tort de regarder ce mot comme indéclinable : j'adopte la leçon de Zonaras, l. l.

9. D'après l'éditeur de Leipzig, au lieu de προσχαρῆσαι, leçon fautive dans le Ms. du Vatic.

καὶ αὐτοὶ πολλοὺς τῶν δραστηρίων τῶν τὰ τοῦ πλήθους πραττόντων ἐκ τρόπου δή τινος ἐπιτηδείου ἔφθειρον· κἀκ τούτου στάσις οὐ σμικρὰ σφῶν συνηνέχθη [1].

LI. Ἐς γὰρ [2] τοῦτο φιλοτιμίας [3] κἀκ τούτου καὶ φιλονεικίας ἀλλήλοις ἀφίκοντο, ὥστε μηκέτι καθ' ἓν πάντας, ὥσπερ εἰώθεσαν, ἀλλ' ἐκ περιτροπῆς ἰδίᾳ ἕκαστον αὐτῶν ἄρχειν, ἀφ' οὗ οὐδὲν χρηστὸν ἐγίγνετο· τό τε γὰρ οἰκεῖον, οὐ τὸ κοινὸν ἑκάστου αὐτῶν σκοποῦντος, καὶ βλαβῆναί πη τὸ δημόσιον μᾶλλον ἢ τὸν συνάρχοντα εὐδοκιμῆσαι ἐθέλοντος, πολλὰ καὶ [4] δυσχερῆ συνέβαινεν.

Ὅτι δημοκρατία ἐστὶν οὐ τὸ πάντας τῶν αὐτῶν ἁπλῶς τυγχάνειν, ἀλλὰ τὸ κατ' ἀξίαν ἕκαστον φέρεσθαι [5].

LII. Ὅτι [6] τὴν τῶν Φαλίσκων πόλιν πολιορκοῦντες οἱ Ῥωμαῖοι, ταύτῃ προσκαθήμενοι διετρίβησαν ἂν [7], εἰ μὴ τοιόνδε τι ἐγένετο. Γραμματιστής τις ἐν αὐτῇ παῖδας οὔτ'

---

1. Dans M. A. Mai, συνεπήχθη, forme douteuse, ou du moins rare. Comme M. Krebs, l. l., je lis συνηνέχθη d'après Zonaras.
2. (Exc. Vat. XXIV. A. M. p. 153-154, éd. Rom.)
3. M. A. Mai dit à propos de ce fragment : « Agitur de tribunorum discordia. Quodsi liceret de consulum potius cogitare discidio, consulatus quidem haud ante annum CCCLXI restitutus fuit, neque ultra CCCLXXII mansit. » En conséquence, il le laisse à la place qu'il occupe dans le Ms. du Vatican. Mais de l'an 361 à l'an 372, je ne vois aucun événement auquel cet extrait puisse s'appliquer; tandis qu'il me paraît concorder avec ce que raconte Tite-Live, IV, 45-46, sur les différends survenus, l'an 337, entre les tribuns L. Sergius Fidenas, M. Papirius Mugillanus et C. Servilius, à l'occasion de la guerre contre Lavicum; différends qui se prolongèrent, alors même que C. Servilius eût accepté le gouvernement de Rome : « Cœpta inter eos in urbe certamina, cupiditate eadem imperii, multo im-

tombés sous les coups des ennemis, mais ils faisaient adroitement périr plusieurs des plus actifs partisans du peuple : de là naissaient des séditions violentes.

LI. Leur ambition et les rivalités qu'elle enfantait grandirent au point que les chefs de l'armée ne commandèrent plus en même temps, comme c'était l'usage; mais séparément et chacun à son tour. Innovation funeste : dès lors chacun eut en vue son intérêt personnel et non l'intérêt général, aimant mieux voir la République essuyer un échec que son collègue se couvrir de gloire; et des maux sans nombre affligeaient la patrie.

An de Rome 337.

La démocratie ne consiste pas à tout donner également à tous; mais à faire obtenir à chaque citoyen ce qu'il mérite.

LII. Les Romains auraient été longtemps retenus au siége de la ville des Falisques, sans l'événement que je vais raconter : un maître d'école avait un assez grand

An de Rome 361.

---

pensius in castris accendi : nihil sentire idem, pro sententia pugnare : sua consilia velle, sua imperia sola rata esse ; contemnere in vicem et contemni ; donec, castigantibus legatis, tandem ita comparatum est, ut alternis diebus summam imperii haberent. » J'ai donc changé la place de cet extrait et je lui donne la date 337.

4. Suivant M. A. Mai, καί est inutile, ou bien il manque un mot après πολλά. Le passage me paraît correct : *multa eademque incommoda* proveniebant.

5. Dion définit la démocratie à peu près de même, Liv. XXXVI, p. 95, éd. Reim. : Καὶ γὰρ εἴτε τιμὴν τοῖς ἀξιουμένοις αὐτοῦ φέρει, πᾶσιν αὐτῆς, οἷς γε ἐπιβάλλει, προσήκει τυγχάνειν · (τοῦτο γάρ ἐστιν ἡ Δημοκρατία) κτλ.

6. (Exc. Peir. XXVIII. R. p. 13-14.)

7. Reiske propose πολὺν χρόνον διετρίβησαν ἄν : je me contente de l'addition de ἄν, exigée par le sens.

ὀλίγους, οὔτ' ἀφανεῖς παιδεύων, ἔπειθ' ὑπ' ὀργῆς. ἢ καὶ κέρδους ἐλπίδι, πάντας σφᾶς ἔξω τε τοῦ τείχους ὡς καὶ ἐπ' ἄλλο τι ἐξήγαγεν [1] (τοσοῦτον γάρ τι τῆς ἀδείας αὐτοῖς περιῆν, ὥστε καὶ τότε συμφοιτᾶν [2])· καὶ πρὸς τὸν Κάμιλλον ἐκόμισε [3], πᾶσάν οἱ τὴν πόλιν δι' αὐτῶν παραδιδόναι λέγων. Οὐ γὰρ περιοίσειν ἔτι τοὺς ἔνδον, τῶν φιλτάτων σφίσιν ἐχομένων.

Οὐ μέν τοι καὶ ἐπέρανέ τι. Ὁ γὰρ Κάμιλλος τῆς τε ἀρετῆς ἅμα τῆς τῶν Ῥωμαίων καὶ τῶν συμπτωμάτων τῶν ἀνθρωπίνων ἐνθυμηθείς, οὐκ ἠξίωσεν ἐκ προδοσίας αὐτοὺς ἑλεῖν. Ἀλλὰ καὶ τὼ χεῖρε [4] ἐς τοὐπίσω τοῦ προδότου δήσας, παρέδωκεν αὐτὸν αὐτοῖς τοῖς παισὶν ὀπισθόχειρα ἀγαγεῖν οἴκαδε [5]. Γενομένου δὲ τούτου οἱ Φαλίσκοι οὐκέτ' ἀντέσχον. Ἀλλὰ καίτοι καὶ δυσάλωτοι ὄντες, καὶ ἐκ περιουσίας τὸν πόλεμον διαφέροντες, ὅμως ἐθελονταὶ ὡμολόγησαν αὐτῷ, θαυμαστήν τινα φιλίαν παρ' αὐτοῦ προσδοκήσαντες ἕξειν, οὗ γε καὶ πολεμίου οὕτω δικαίου ἐπεπείραντο [6].

---

1. Zonaras, l. l. 22. p. 354, éd. Du C. : Οὗτος γὰρ ὁ διδάσκαλος ἐπιβουλεύων τοῖς πολίταις, ἢ δι' ὀργήν τινα, ἢ κέρδους ἐλπίδι, ἡμέρας ἑκάστης ἐξῆγε τοὺς παῖδας ἐπὶ τὸ τεῖχος ἐγγὺς τὸ πρῶτον, καὶ εἰσῆγεν αὖθις αὐτοὺς γυμνασαμένους εὐθύς. Cf. Plutarque, Camill. X, reproduit en grande partie par Zonaras.

2. Plutarque, l. l. : Οὕτως δὲ τῆς πολιορκίας κατεφρόνουν οἱ Φαλέριοι, τῷ πανταχόθεν ἐξωχυρῶσθαι πιστεύοντες, ὥστε πλὴν τῶν τὰ τείχη φυλαττόντων, τοὺς ἄλλους ἐν ἱματίοις κατὰ τὴν πόλιν ἀναστρέφεσθαι· τοὺς δὲ παῖδας αὐτῶν εἴς τε τὰ διδασκαλεῖα φοιτᾶν κτλ. Dans le texte de Dion, au lieu de τοσοῦτον γάρ τι, le Ms. de Tours donne τοσοῦτον γάρ που, variante inconnue à H. de Valois.

nombre d'élèves, appartenant tous à des familles distinguées. Entraîné par quelque ressentiment ou par l'espoir du gain, mais dissimulant ses intentions, il les emmena loin de la ville (les Falisques vivaient dans une si parfaite sécurité que les écoles étaient fréquentées, même pendant le siége), et il les conduisit à Camille, disant qu'avec ces enfants il lui livrait Faléries; car les assiégés ne résisteraient plus, dès que les plus chers objets de leur tendresse seraient au pouvoir de l'ennemi.

Sa tentative échoua : guidé par la probité romaine et réfléchissant sur les vicissitudes humaines, Camille regarda comme indigne de lui de s'emparer de Faléries par une trahison. Il fit lier à ce traître les mains derrière le dos et l'abandonna aux enfants, pour être ainsi ramené dans la ville. A l'instant les Falisques cessèrent toute résistance; et quoique leur ville fût difficile à emporter, quoiqu'ils fussent pourvus de toutes les ressources nécessaires pour soutenir longtemps la guerre, ils capitulèrent spontanément; persuadés qu'ils trouveraient l'amitié la plus sincère chez celui dont ils avaient éprouvé la justice, alors même qu'il était leur ennemi.

3. Zonaras, l. l., copie Plutarque, l. l. et Dion : Τέλος δ' εἰς τοὺς προφύλακας τῶν Ῥωμαίων ἐνέβαλεν ἅπαντας, καὶ ἄγειν ἐκέλευσε πρὸς τὸν Κάμιλλον. Καὶ παραστὰς αὐτῷ, πᾶσαν εἶπε παραδιδόναι τὴν πόλιν διὰ τῶν παίδων.

4. De même, dans le Ms. de Tours. Cependant ce même Ms. porte τὰ χεῖρε, dans le passage de Nicolas de Damas, p. 433, éd. de H. de Valois : Καὶ ὁ Νάναρος κροτήσας τὰ χεῖρε ἐγέλα ἐπὶ πολὺν χρόνον, καὶ εἶπε.

5. Plutarque, l. l. : Προσέταξε τοῖς ὑπηρέταις τοῦ μὲν ἀνθρώπου καταρρηγνύναι τὰ ἱμάτια, καὶ τὰς χεῖρας ὀπίσω περιάγειν, τοῖς δὲ παισὶ διδόναι ῥάβδους καὶ μάστιγας, ὅπως κολάζοντες τὸν προδότην, ἐλαύνωσιν εἰς τὴν πόλιν. Zonaras, l. l., le copie à peu près littéralement.

6. Cf. Plutarque, l. l. et Zonaras qui l'abrége, l. l.

LIII. Ὅτι [1] πρὸς τοὺς Φαλίσκους οἱ Ῥωμαῖοι πολλὰς μάχας μαχεσάμενοι καὶ πολλὰ καὶ παθόντες καὶ δράσαντες, τῶν μὲν πατρίων ἱερῶν ὠλιγώρησαν, πρὸς δὲ τὰ ξενικὰ ὡς καὶ ἐπαρκέσοντά σφισιν ὥρμησαν [2]. Φιλεῖ γάρ πως τὸ ἀνθρώπειον ἐν ταῖς συμφοραῖς τοῦ μὲν συνήθους, κἂν θεῖον ᾖ, καταφρονεῖν, τὸ δὲ ἀπείρατον θαυμάζειν· παρ' ἐκείνου μὲν γὰρ ἅτε μηδὲν ἐς τὸ παρὸν ὠφελεῖσθαι νομίζοντες οὐδὲ ἐς τὸ ἔπειτα χρηστὸν οὐδὲν προσδέχονται· παρὰ δὲ δὴ τοῦ ξένου πᾶν ὅσον οὖν ἂν ἐθελήσωσιν [3] ὑπὸ τῆς καινοτομίας ἐλπίζουσιν.

LIV. Ὁ οὖν [4] Κάμιλλος ἐπιφθονώτερος ἔτι καὶ μᾶλλον ἐκ τούτων τοῖς πολίταις γενόμενος ἐγράφη τε ὑπὸ τῶν δημάρχων, ὡς μηδὲν ἐκ τῆς λείας τῆς τῶν Βείων δημόσιον ὠφελήσας· καὶ ἑκουσίως πρὸ τῆς δίκης ὑπεξέσχεν [5].

LV. Οὕτω [6] γὰρ αὐτὸν οὐ τὸ πλῆθος μόνον, οὐδ' ὅσοι φιλοτιμίαν τινὰ πρὸς τὴν ἀξίωσιν αὐτοῦ εἶχον, ἀλλὰ καὶ οἱ πάνυ φίλοι συγγενεῖς τε αὐτῷ ὄντες ἐβάσκαινον, ὥστε μηδ' ἀποκρύπτεσθαι· δεομένου γὰρ αὐτοῦ τῶν μὲν καὶ συναγωνίσασθαι, τῶν δὲ τήν γε ἀπολύουσαν [7] θέσθαι, [ἐκεῖ-

---

1. (Exc. Vat. XXIV. A. M. p. 153, éd Rom.)
2. D'après Dion, les Romains, à l'occasion de la guerre contre les Falisques, célébrèrent des sacrifices en l'honneur des dieux étrangers; comme Camille avait fait vœu, pendant la guerre contre les Véiens, de consacrer un temple à Junon; Tite-Live, V, 21 : Te simul, Juno regina, quae nunc Veios colis, precor, ut nos victores in nostram, tuamque mox futuram, urbem sequare : ubi te dignum amplitudine tua templum accipiat.

LIII. Les Romains s'étaient souvent mesurés avec les Falisques : tantôt vaincus, tantôt vainqueurs, ils abandonnèrent les sacrifices usités dans leur pays pour ceux des autres peuples, espérant qu'ils leur seraient favorables. Telle est, en effet, la nature de l'homme : dans l'adversité, il méprise les choses consacrées par le temps, même quand elles se rapportent à la divinité, et il réserve son admiration pour celles qu'il ne connaît pas encore. Les premières, par cela même qu'elles ne lui sont d'aucun secours dans le présent, lui paraissent inutiles pour l'avenir; les autres, au contraire, semblent, à raison de leur nouveauté, devoir remplir toutes ses espérances.

LIV. Camille devint plus odieux encore à ses concitoyens : accusé par les tribuns, pour n'avoir déposé dans le trésor public aucune partie du butin enlevé aux Véiens, il s'exila volontairement avant d'être condamné.

LV. Ce n'était pas seulement le peuple et ceux qu'offusquait le rang où Camille était monté qui lui portaient envie, c'étaient ses amis intimes, ses proches parents, et ils ne dissimulaient pas leurs sentiments. En vain conjura-t-il les uns de le défendre, les autres de

---

3. L'addition de ἄν, proposée par l'éditeur de Leipzig, est indispensable.

4. (Exc. Peir. XXVIII, à la fin. R. p. 14.)

5. Plutarque, Camill. X et IX : Χρήματα λαβὼν παρὰ τῶν Φαλερίων, καὶ φιλίαν πρὸς ἅπαντας Φαλίσκους θέμενος, ἀνεχώρησεν. Οἱ δὲ στρατιῶται διαρπάσειν προσδοκήσαντες τοὺς Φαλερίους, ὡς ἐπανῆλθον εἰς Ῥώμην κεναῖς χερσὶ, κατηγόρουν τοῦ Καμίλλου πρὸς τοὺς ἄλλους πολίτας ὡς μισοδήμου, καὶ φθονήσαντος ὠφεληθῆναι τοῖς πένησιν. Cf. Zonaras, l. l. p. 354, éd. Du C.

6. (Exc. Vat. XXV. p. 154, éd. Rom.)

7. Avec l'ellipse de ψῆφον. Cf. L. Bos, Ellips. gr. p. 568-569.

νοι προς μεν την ψήφον αύτω βοηθήσειν άπείπαντο ·] άλόντι δ' αύτω ¹ χρημάτων τε τίμησιν και την καταδίκην συνεκτίσειν ύπέσχοντο ². Διά μεν δη ταύτα εύχήν τε υπέρ γης εποιήσατο ³, χρείαν αύτου την πόλιν σχείν, και προς τους Ρουτούλους πριν κατηγορηθήναι μετέστη ⁴.

LVI. Της ⁵ στρατείας ⁶ των Γαλατων αίτία αύτη εγένετο· οί Κλουσίνοι ⁷ πολέμω ύπ' αύτων κακωθέντες ⁸, προς τους Ρωμαίους κατέφυγον, ελπίδα ούκ ελαχίστην εχοντες,

---

1. Dans M. A. Mai : Τήν γε άπολύουσαν θέσθαι, άλόντι δ' αύτω — ύπέσχοντο. Avec cette leçon, le sens reste suspendu après θέσθαι, et la conjonction δὲ après άλόντι marque une opposition qui n'existe plus dans le texte. Par ces deux raisons, j'ai cru devoir ajouter entre crochets, avec Zonaras, l. l. p. 355, éd. Du C., εκείνοι προς μεν την ψήφον αύτω βοηθήσειν άπείπαντο. De cette manière, le sens est complet et l'adversative δὲ est amenée très-naturellement. Plutarque. Camill. XII, justifie cette addition : Άπεκρίναντο προς μεν την κρίσιν αύτω μηδεν οίεσθαι βοηθήσειν, την δε ζημίαν οφείλοντι συνεκτίσειν.
2. Zonaras, l. l., copie le passage de Plutarque transcrit à la fin de la note précédente; seulement, au lieu de οφείλοντι, il se sert de οφλοντι. D'un autre côté, au lieu de ζημίαν mis seul dans Plutarque, Dion Cassius emploie χρημάτων τε τίμησιν et καταδίκην, expressions qui semblent rentrer l'une dansl l'autre. Χρημάτων τίμησιν signifie *multa qua lis æstimatur*, ou *quæ irrogatur*, comme on le voit par une foule de passages très-connus et qu'on trouvera dans H. Étienne, *Thes. gr. ling.* t. III, p. 1563-1564, ancienne édition. Quant à καταδίκη, sa signification la plus ordinaire est *Condemnatio, judicatum, res judicata*; mais ce mot a aussi le sens de *multa*; par exemple dans Thucydide, liv. V, 49 : Ή δε καταδίκη δισχίλιαι μναί ησαν, κατα τον οπλίτην έκαστον δύο μναί, ώσπερ ο νόμος έχει. Le simple δίκη a la même signification; Thucyd. l. l. : Ούκ έκτίνοντες την δίκην αύτοίς, ήν εν τω Όλυμπιακω νόμω Ήλείοι κατεδικάσαντο αύτων. J'explique le passage de Dion, comme s'il y avait : Άλόντι δ' αύτω, χρημάτων τίμησιν, ήν αύτου καταδικάσεται ο όμιλος, συνεκτίσειν ύπέσχοντο. — « *Eidem, multam quam damnato populus irrogabit, se persoluturos esse polliciti fuerunt.* » Plutarque, l. l. XIII, fait connaître le chiffre exact de cette amende : Ώστε την δίκην ερήμην, τίμημα μυρίων και πεντακισχι-

déposer un suffrage en sa faveur : ils répondirent qu'ils ne le secourraient point par leur vote; mais ils promirent, s'il était condamné, de payer l'amende qui lui serait infligée. Aussi Camille forma-t-il contre sa patrie le vœu qu'elle eût besoin de lui, et il se retira chez les Rutules avant sa condamnation.

LVI. Voici à quelle occasion eut lieu l'expédition des Gaulois : les Clusiens, qui avaient souffert de leur part tous les maux de la guerre, s'adressèrent aux Romains dans l'espoir d'en obtenir quelques secours,

An de Rome 364.

λίων ἀσσαρίων ἐχουσαν· ὃ γίνεται πρὸς ἀργυρίου λόγον, χίλιαι δραχμαὶ καὶ πεντακόσιαι.

3. Ἐποιήσαντο, dans le Ms. du Vatic., est une faute du copiste. Zonaras, l. l. p. 355, éd. Du C. : Οὐκ ἀνασχόμενος ἔγνω φυγεῖν ἐκ τῆς πόλεως, καὶ ἐξιὼν ηὔξατο, εἰ μὴ δικαίως, ὕβρει δὲ δήμου ἐκπίπτει καὶ φθόνῳ, ταχὺ τοὺς αὐτοὺς πολίτας αὐτοῦ δεηθῆναι, καὶ ζητῆσαι αὐτόν. Cf. Plutarque, l. l. XII.

4. Zonaras, l. l. : Ἐκεῖνος μὲν οὖν πρὸς Ῥουτούλους μετέστη, ἐρήμην δ' ἑάλω. Cf. Plutarque, l. l. XIII.

5. (Exc. Urs. β'. CXLI. R. p. 58.) Cet Extrait manque dans le Ms. de Munich n° 1; mais il se trouve dans le n° 3 et dans celui du Vatican n° 1418.

6. Dans le Ms. de Munich n° 3 : Ὅτι τῆς στρατείας. Celui du Vatic. n° 1418 porte : Ὅτι τῆς στρατιᾶς, par la perpétuelle confusion de ι et d'ει.

7. Κλούσιοι dans F. Orsini, d'après le Ms. du Vatic. n° 1418, comme dans Strabon, V. p. 152, éd. Casaub. 1587. Κλουσινοί, dans Appien, IV, 2; Κλουσῖνοι dans Diodore de Sic. XIV, 113, et dans Plutarque, Camill. XVII. Le Ms. de Munich n° 3 donne ici Κλούσιοι, et un peu plus bas Κλοσινούς (sic), faute évidente pour Κλουσινούς, comme dans Appien. Quant à Zonaras, l. l. 23, p. 355, éd. Du C., sa leçon Κλουσηνοί provient de la confusion de l'ι et de l'η. J'ai adopté Κλουσῖνοι, d'après Diodore et Plutarque.

8. Appien, l. l., fixe la date de cet événement : Ὅτι Ὀλυμπιάδων τοῖς Ἕλλησιν ἑπτὰ καὶ ἐνενήκοντα γεγενημένων, τῆς γῆς τῶν Κελτῶν οὐκ ἀρκούσης αὐτοῖς διὰ τὸ πλῆθος, ἀνίσταται μοῖρα Κελτῶν τῶν ἀμφὶ τὸν Ῥῆνον ἱκανή, κατὰ ζήτησιν ἑτέρας γῆς· οἵ τό τε Ἄλπιον ὄρος ὑπερέθησαν, καὶ Κλουσίνοις εὐδαίμονα γῆν ἔχουσι Τυῤῥηνῶν ἐπολέμουν. Diodore de Sic. donne leur nombre avec précision : Εἰσβαλόντες οὖν εἰς Τυῤῥηνίαν, καὶ τὸν ἀριθμὸν ὄντες περὶ τρισμυρίους, τὴν τῶν Κλουσίνων χώραν ἐπόρθουν.

ΔΙΩΝΟΣ ΤΟΥ ΚΑΣΣΙΟΥ ΛΕΙΨΑΝΑ. ΒΙΒΛ. Α–ΑϚ.

ἐπειδὴ τοῖς Βεϊένταις [1] καίπερ ὁμοφύλοις οὖσιν οὐ συνήραντο, πάντως τινὰ ὠφέλειαν παρ' αὐτῶν εὑρήσεσθαι [2]. Ὡς δὲ ἐκεῖνοι τὴν ἐπικουρίαν οὐκ ἐψηφίσαντο, πρέσβεις δὲ πρὸς τοὺς Γαλάτας πέμψαντες [3], εἰρήνην αὐτοῖς ἔπραττον· ταύτην παρὰ μικρὸν (ἐπὶ γὰρ μέρει τῆς χώρας προετείνετο) σφίσιν ἐποιήσαντο.

Συμπεσόντες [4] δὲ τοῖς βαρβάροις ἐκ τῶν λόγων ἐς μάχην τοὺς τῶν Ῥωμαίων πρέσβεις προσπαρέλαβον. Οἱ οὖν Γαλάται, χαλεπῶς ἐπὶ τῇ ἀντιτάξει αὐτῶν ἐνεγκόντες, τὸ μὲν πρῶτον ἀνταπέστειλάν τινας ἐς τὴν Ῥώμην, αἰτιώμενοι τοὺς πρέσβεις. Εἶτ', ἐπειδὴ μήτε τιμωρία σφίσιν ἐγένετο, καὶ χιλίαρχοι πάντες ἀπεδείχθησαν, θυμοῦ τε ἐπληρώθησαν, ὄντες καὶ ἄλλως ὀργὴν ἄκροι, καὶ Κλουσίνους ἐν ὀλιγωρίᾳ θέμενοι, πρὸς τὴν Ῥώμην ὥρμησαν [5].

LVII. Ὅτι [6] τοῖς Ῥωμαίοις δεξαμένοις τὴν τῶν Γαλατῶν ἔφοδον οὐδ' ἀναπνεῦσαι ὑπῆρξεν· ἀλλ' αὐθήμερον ἐς τὴν μάχην ἐκ τῆς πορείας, ὥσπερ εἶχον, καταστάντες ἔπται-

---

1. Βένταις, faute du copiste dans le Ms. du Vatic. n° 1418 et dans celui de Munich n° 3.
2. Plutarque, l. l. : Οἱ δὲ Κλουσῖνοι καταφυγόντες ἐπὶ τοὺς Ῥωμαίους, ᾐτήσαντο πρέσβεις παρ' αὐτῶν καὶ γράμματα πρὸς τοὺς βαρβάρους. Cf. Appien, l. l. et Zonaras, l. l.
3. Plutarque, l. l. : Ἐπέμφθησαν δὲ τοῦ Φαβίων γένους τρεῖς ἄνδρες εὐδόκιμοι, καὶ τιμὰς μεγάλας ἔχοντες ἐν τῇ πόλει. Cf. Appien et Zonaras, l. l.
4. Le Ms. du Vatic. n° 1418 et celui de Munich n° 3 portent συμπεσόν, mot incomplet auquel F. Orsini a substitué συμπεσόντας, adopté par Reimar. L'enchaînement des idées m'a déterminé à préférer συμπεσόντες, proposé par Reiske : les négociations eurent lieu entre les ambassadeurs de Rome et les chefs des Gaulois; ils ne purent s'entendre, et ce fut alors que les ambassadeurs engagèrent les Clusiens à faire une sortie contre les

parce qu'ils n'avaient pas embrassé le parti des Véïens, malgré leur communauté d'origine. Les Romains ne leur en accordèrent point, mais ils envoyèrent des députés aux Gaulois, pour traiter de la paix en faveur des Clusiens : la contestation ne portait que sur une petite portion du territoire, et la paix fut bien près de se conclure.

Mais les Clusiens passèrent des négociations à un combat, où ils eurent pour auxiliaires les ambassadeurs romains. Les Gaulois, indignés de les trouver dans les rangs ennemis, commencèrent par envoyer, à leur tour, des députés aux Romains pour se plaindre : ceux-ci, loin de punir leurs ambassadeurs, les nommèrent tous tribuns militaires. Alors le courroux des Gaulois, d'ailleurs très-prompts à s'emporter, fut à son comble : ils ne s'occupèrent plus des Clusiens et coururent droit à Rome.

LVII. Les soldats romains, envoyés à la rencontre des Gaulois, n'eurent pas le temps de respirer : le même jour, après une marche forcée, ils engagèrent immédia-

---

Barbares, en leur offrant de combattre avec eux ; Plutarque, l. l. : Ἐκ τούτων τῶν λόγων ἔγνωσαν οἱ Ῥωμαῖοι τὸν Βρέννον ἀσυμβάτως ἔχοντα· καὶ παρελθόντες εἰς τὸ Κλούσιον, ἐθάρρυνον καὶ παρώρμων τοὺς ἄνδρας ἐπεξελθεῖν τοῖς βαρβάροις μετ' αὐτῶν... Ἐκδρομῆς δὲ τῶν Κλουσίνων καὶ μάχης παρὰ τὰ τείχη γενομένης, εἷς τῶν Φαβίων, Κόϊντος Ἄμβουστος κτλ. Appien, l. l. n'est pas moins formel : Οἱ πρέσβεις οἱ Φάβιοι τοὺς Κλουσίνους ἐνῆγον ἐπιθέσθαι τοῖς Κελτοῖς, τὴν χώραν ληλατοῦσιν ἀπερισκέπτως. Cf. Diodore de Sic. l. l. et Tite-Live, V, 36.

5. Diodore de Sic., l. l. 14 : Μεγάλως ἀγανακτήσαντες, καὶ προσλαβόμενοι παρὰ τῶν ὁμοεθνῶν δύναμιν, ἐπ' αὐτὴν ἐπείγοντο τὴν Ῥώμην, ὄντες πλείους τῶν ἑπτακισμυρίων.

6. (Exc. Vat. XXVI. A. M. p. 154-155, éd. Rom.). Ce fragment paraît avoir trait à la bataille d'Allia.

σαν. Πρὸς γὰρ τὸ ἀδόκητον τῆς ἐπιστρατείας αὐτῶν, καὶ τὸ πλῆθος καὶ τὸ μέγεθος τῶν σωμάτων, τήν τε φωνὴν ξενικόν τέ τι καὶ φρικῶδες φθεγγομένην ἐκπλαγέντες, τῆς τε ἐμπειρίας ἅμα τῆς τῶν τακτικῶν ἐπελάθοντο, καὶ ἐκ τούτου καὶ τὰς ἀρετὰς προήκαντο. Πλεῖστον γάρ τοι πρὸς ἀνδρείαν ἐπιστήμη φέρει, ὅτι καὶ παροῦσά τισι τὴν ῥώμην τῆς γνώμης σφῶν βεβαιοῖ, καὶ ἐλλείπουσα καὶ ἐκείνην προσδιαφθείρει πολλῷ [1] μᾶλλον ἢ εἰ μηδὲ τὴν ἀρχὴν αὐτῆς προσαπῆλθεν· ἀπειρίᾳ μὲν γὰρ πολλὰ θυμῷ βιαίως κατορθοῦσιν· οἱ δὲ δὴ τῆς εὐταξίας, ἣν ἂν μάθωσιν [2], ἁμαρτάνοντες, καὶ τὴν τοῦ φρονήματος ἰσχὺν προσαπολλύουσιν· ὑφ' ὧν Ῥωμαῖοι ἐσφάλησαν.

LVIII. Ὅτι [3] οἱ Ῥωμαῖοι ἐν τῷ Καπιτωλίῳ ὄντες, καὶ πολιορκούμενοι, ἐλπίδα σωτηρίας πλὴν παρὰ τοῦ δαιμονίου οὐδεμίαν εἶχον. Τὸ γὰρ δὴ θεῖον καίπερ ἐν παντὶ κακῷ ὄντες ἐθεράπευον οὕτως, ὥστε ἐπειδή τι τῶν ἱερῶν [4] ἐχρῆν ὑπὸ τῶν ποντιφίκων ἄλλοθί που τῆς πόλεως γενέσθαι, Καίσων Φάβιος [5], οὗ ἡ ἱερουργία ἱκνεῖτο [6], κατέβη τε ἐπ' αὐτὴν ἐκ τοῦ Καπιτωλίου στειλάμενος [7] ὥσπερ

---

1. Dans le Ms. du Vatic. πολλά. J'ai adopté la correction de M. A. Mai, à cause du comparatif μᾶλλον.
2. Μάθωσι dans M. A. Mai, d'après le Ms. du Vatic. : souvent le ν final manque dans les anciens Ms., devant les mots qui commencent par une voyelle. Celui de Tours en fournit de nombreux exemples.
3. (Exc. Peir. XXIX. R. p. 14-15.)
4. Suivant Tite-Live, V, 46, c'était un sacrifice annuel, institué par la famille Fabia et qui devait être célébré sur le mont Quirinal.
5. Tite-Live, l. l. et Appien, IV, 6, l'appellent Fabius Dorso.

tement le combat et furent battus. L'attaque inattendue des barbares, leur grand nombre, leur corpulence gigantesque, leur voix dont les sons étrangers inspiraient l'effroi, frappèrent les Romains d'épouvante : ils oublièrent les règles de la tactique militaire et perdirent ainsi toute leur bravoure. La connaissance de la tactique, par la fermeté qu'elle donne, contribue puissamment au courage de ceux qui l'ont acquise; mais fait-elle défaut, leur cœur faiblit bien plus facilement que si elle leur avait toujours manqué. Sans elle, une fougue impétueuse emporte souvent le succès, tandis que ceux qui s'écartent de ses lois, après les avoir étudiées, perdent jusqu'à leur énergie naturelle : telle fut la cause de la défaite des Romains.

LVIII. Les Romains, renfermés et assiégés dans le Capitole, n'avaient d'espoir de salut que dans les dieux. Ils se montrèrent si fidèles à leur culte, même dans ce danger extrême, que les pontifes ayant eu à célébrer un sacrifice dans un lieu déterminé de Rome, Fabius Cæson appelé à remplir cet office pieux descendit du Capitole dans la ville, revêtu de ses ornements, comme dans les temps ordinaires. Il traversa l'armée ennemie,

---

6. « Pontifices et sacerdotes, dit H. de Valois, apud Romanos per vices ministrabant. »

7. Tite-Live, l. l. : Gabino cinctu, sacra manibus gerens. Appien, I. l. : Στέλλων τὰ ἱερὰ διὰ τῶν πολεμίων, αἰδεσθέντων ἢ καταπλαγέντων κτλ.

Le Ms. de Tours donne ce passage d'une manière beaucoup plus complète : je place entre crochets les mots nouveaux dont pourra profiter le futur éditeur d'Appien : Στέλλων τὰ ἱερὰ διὰ τῶν πολεμίων [εὐσταθῶς · τὸν δὲ νεὼν ἐμπεπρησμένον (dans le Ms. ἐμπεπρισμένον) ἰδών, ἔθυσεν ἐπὶ τοῦ συνήθους τόπου · καὶ ἐπανῆλθεν αὖθις διὰ τῶν πολεμίων] αἰδεσθέντων ἢ καταπλαγέντων κτλ.

εἰώθει, καὶ διὰ τῶν πολεμίων διεξελθὼν, τά τε νομιζόμενα ἐποίησε, καὶ αὐθημερὸν ἀνεκομίσθη.

Θαυμάζω μὲν οὖν καὶ τῶν βαρβάρων, ὅτι αὐτοῦ, εἴτ' οὖν διὰ τοὺς θεοὺς, εἴτε καὶ διὰ τὴν ἀρετὴν, ἐφείσαντο. Πολύ γε μὴν μᾶλλον αὐτὸν ἐκεῖνον ἐν θαύματι ποιοῦμαι καθ' ἑκάτερον, ὅτι τε ἐς τοὺς πολεμίους μόνος κατελθεῖν ἐτόλμησε, καὶ ὅτι δυνηθεὶς ἀναχωρῆσαί ποι ἀσφαλῶς οὐκ ἠθέλησεν, ἀλλ' ἐς τὸ Καπιτώλιον αὖθις ἑκὼν ἐπὶ προῦπτον κίνδυνον ἀνεχώρησεν· ἐπιστάμενος μὲν ὀκνοῦντας αὐτοὺς τὸ χωρίον, ὃ μόνον ἔτι τῆς πατρίδος εἶχον, ἐκλιπεῖν· ὁρῶν δὲ μηδ' εἰ πάνυ ἐπεθύμουν ἐκφυγεῖν δυναμένους ὑπὸ τοῦ πλήθους τῶν πολιορκούντων τοῦτο ποιῆσαι.

LIX. Ὅτι[1] ὁ Κάμιλλος παρακαλούμενος τὴν ἡγεμονίαν ἐγχειρισθῆναι[2], οὐχ ὑπήκουσεν, ὅτι φεύγων τε ἦν, καὶ οὐκ ἔμελλε κατὰ τὰ πάτρια αὐτὴν λήψεσθαι. Οὕτω γάρ που νόμιμος ἀκριβής τε ἀνὴρ ἐγένετο, ὥστε καὶ ἐν τηλικούτῳ τῆς πατρίδος κινδύνῳ διὰ φροντίδος τὰ καθήκοντα ποιεῖσθαι, καὶ μὴ δικαιοῦν παράδειγμα τοῖς ἔπειτα παρανομίας καταλιπεῖν.

LX. Ὅτι[3] τῶν Ῥωμαίων ἁλούσης ὑπὸ Γαλατῶν τῆς πόλεως εἰς τὸ Καπιτώλιον ἀνασκευασαμένων, ὁ Κάμιλλος φυγὰς ὢν, εἰσπέμπει πρὸς αὐτοὺς, ὡς ἐπιθέσθαι βούλεται

---

1. (Exc. Peir. XXX. R. p. 15.)
2. Plutarque, Camill., XXIV : Ταῦτ' ἔδοξε, καὶ πέμψαντες ἐδέοντο τοῦ Καμίλλου δέχεσθαι τὴν ἀρχήν. Ὁ δ' οὐκ ἔφη πρότερον, ἢ τοὺς ἐν τῷ Καπι-

fit le sacrifice prescrit, et rentra, le même jour, dans le Capitole.

J'admire les barbares qui, par respect pour les Dieux ou par déférence pour la vertu de Cæson, épargnèrent ses jours; mais j'admire bien davantage Cæson lui-même pour deux motifs : il osa s'avancer seul au milieu des ennemis, et loin de chercher, comme il l'aurait pu, une retraite sûre, il aima mieux rentrer dans le Capitole et s'exposer volontairement à un danger manifeste. Cependant il savait que les Romains n'oseraient pas abandonner la seule place qui leur restait sur le sol de la patrie, et il ne pouvait se dissimuler que s'ils voulaient fuir, ils trouveraient un obstacle dans le grand nombre des assiégeants.

LIX. Pressé de prendre en main le commandement de l'armée, Camille refusa. Exilé, il ne pouvait l'accepter en respectant les lois qu'il observa toujours avec une religieuse fidélité. Aussi, dominé par le sentiment du devoir, au moment même où sa patrie courait un si grand danger, regarda-t-il comme indigne de lui de laisser à la postérité un exemple de leur violation.

LX. Rome était au pouvoir des Gaulois, et ses habitants avaient cherché un asile dans le Capitole. Camille, alors en exil, leur écrivit qu'il était prêt à attaquer les

---

τωλίῳ πολίτας ἐπιψηφίσασθαι κατὰ τὸν νόμον. Zonaras, l. I. 23. p. 356, éd. Du C., copie Plutarque en l'abrégeant.
3. (Exc. Vat. A. M. p. 529, éd. Rom.)

τοῖς Γαλάταις. Ὡς δὲ ὁ διακομίζων [1] τὰ γράμματα [2] εἰς τὸ φρούριον ἀφίκετο, οἱ βάρβαροι τὰ ἴχνη διεσημαίνοντο [3]. Καὶ μικροῦ δεῖν καὶ τὸ καταφύγιον ἔλαβον ἂν [4], εἰ μὴ ἱεροὶ χῆνες βοσκόμενοι τὴν τῶν βαρβάρων ἔφοδον διεθρύλλησαν, καὶ τοὺς ἔνδον Ῥωμαίους διυπνίσαντες τοῖς ὅπλοις [5] παρέστησαν [6].

LXI. Ὅτι [7] Σιβύλλης χρησμὸς ἐφάσκετο Καπιτώλιον κεφάλαιον ἔσεσθαι τῆς οἰκουμένης μέχρι τῆς τοῦ κόσμου καταλύσεως.

LXII. Ὅτι [8] Φευρουάριος φθονήσας Καμίλλῳ [9] μελέτην

1. M. A. Mai lit : Ὡς δὲ διακομίζων. J'ai ajouté l'article, exigé par la grammaire. Il est question de Pontius Cominius. Cf. Plutarque, Camill., XXV.
2. Plutarque, l. l., suit une autre tradition : Καὶ γράμματα μὲν οὐκ ἔλαβε πρὸς τοὺς ἐν τῷ Καπιτωλίῳ, μὴ ληφθέντος αὐτοῦ φωράσωσιν οἱ πολέμιοι δι' αὐτῶν τοῦ Καμίλλου τὴν διάνοιαν· ἐσθῆτα δὲ φαύλην ἔχων, καὶ φελλοὺς ὑπ' αὐτῇ κομίζων, τὴν μὲν ἄλλην ὁδὸν ἡμέρας ἀδεῶς διῆλθεν κτλ. Appien, IV, 43, d'après un passage conservé par Suidas au mot ὑφίσταται, avait rapporté le fait, comme Dion : Ὁ δὲ ὑφίσταται, γράμματα διοίσειν διὰ τῶν ἐχθρῶν ἐς τὸ Καπιτώλιον.
3. Plutarque, l. l. XXVI : Ἐν δὲ τῇ Ῥώμῃ τῶν βαρβάρων τινὲς ἐκείνῃ κατὰ τύχην παρεξιόντες, ᾗ διὰ νυκτὸς ὁ Πόντιος προσέβη τῷ Καπιτωλίῳ, καταμαθόντες πολλαχῇ μὲν ἴχνη καὶ ποδῶν καὶ χειρῶν, οἷς ἀντελαμβάνετο καὶ περιεδράττετο, πολλαχῇ δὲ τῶν ἐπιπεφυκότων τοῖς κρημνοῖς ἀποτριβὰς καὶ περιολισθήσεις τῶν γεωδῶν, φράζουσι τῷ βασιλεῖ κτλ.
4. Dans M. A. Mai : Ἔλαβον, εἰ μή. Le sens et la grammaire exigent ἔλαβον ἄν. Zonaras, d'après Plutarque, l. l. 23. p. 357, éd. Du C., présente une construction identique : Καὶ δυσχερῶς μέν, ἀνήεσαν δ' ὅμως, καὶ ἔλαβον ἂν ἡμμένοι τοῦ προτειχίσματος, ... εἰ μὴ χῆνες ἦσαν περὶ τὸν νεὼν τῆς Ἥρας τρεφόμενοι.
5. Plutarque, l. l. XXVII : Ἐκεῖνοι δὲ... ταχὺ τὴν εἴσοδον ᾐσθόντο τῶν Γαλατῶν, καὶ μετὰ δρόμου καὶ κλαγγῆς φερόμενοι πρὸς αὐτούς, ἀνήγειραν ἅπαντας, ἤδη καὶ τῶν βαρβάρων διὰ τὸ μὴ λανθάνειν ἀφειδούντων θορύβου, καὶ βιαιότερον ἐπιτιθεμένων. Ἁρπάσαντες οὖν ὑπὸ σπουδῆς, ᾧ τις ἕκαστος ὅπλῳ προσετύγχανεν, ἐκ τοῦ παρόντος ἐβοήθουν.

barbares. L'émissaire, chargé de sa lettre, pénétra dans la forteresse; mais les Gaulois avaient observé la trace de ses pas, et ils se seraient probablement emparés du Capitole, si les oies sacrées qu'on y nourrissait n'avaient annoncé leur irruption par des cris. Elles arrachèrent au sommeil les Romains renfermés dans la citadelle et les firent courir aux armes.

LXI. D'après un oracle de la Sibylle, le Capitole devait être la capitale de l'univers jusqu'à la fin du monde.

LXII. Februarius, par jalousie contre Camille, l'ac-

---

6. M. A. Mai, Exc. Vat. p. 529, place ici un fragment tiré de Suidas au mot ὑπερμαζᾷ, mais il avoue que ce fragment peut être aussi bien de Denys d'Halicarnasse que de Dion Cassius. Rien ne faisant connaître le véritable auteur, je me borne à le transcrire ; il est d'ailleurs peu important : Οἱ δὲ Γαλάται καταπλαγέντες, ὡς ὑπερμαζώντων αὐτόχρημα τῶν Ῥωμαίων καὶ διὰ τὴν τρυφὴν ῥιπτούντων τοὺς ἄρτους, ἐσπείσαντο. Cf. Tite-Live, V, 48; Florus, I, 13.

7. (Exc. Vat. A. M. p. 530, éd. Rom.)

8. (Exc. Vat. A. M. p. 530, éd. Rom.) Suivant Georges Hamartolus dont je donne un fragment inédit, p. 118-119, note 5, le fait attribué ici à Camille et à Februarius se serait passé entre ce dernier et Manlius. Cf. G. Cedrenus, t. I. p. 150, éd. Paris, et Jean Malalas, Chronogr. Liv. VII. p. 186-187, éd. de M. L. Dindorf, Bonn, 1831 : ils adoptent la tradition suivie par G. Hamartolus. Suidas, aux mots Φεβρουάριος et Βρῆννος, est d'accord avec Dion.

A propos de *J. Malalas*, remarquons, en passant, qu'il est appelé *Malelas* dans le Ms. de Tours, qui renferme plusieurs fragments de ce chronographe, avec le titre : Ἐκ τῆς ἱστορίας Ἰωάννου τοῦ Μαλέλα. Cf. à ce sujet l'avertissement de l'édition précitée, p. IX-XV.

9. Suidas, l. l. : Ἡνίκα τὸν θρίαμβον ἀπὸ τῶν Τυρρηνῶν κατήγαγεν ὁ Κάμιλλος, ζηλοτυπήσας ὁ Φεβρουάριος ὕπατος, τοῦ γένους ὑπάρχων τῶν Γάλλων, ἐπὶ τοῦ βήματος ἐβόα, μὴ γεγονέναι τὸν Κάμιλλον αἴτιον τῆς νίκης, ἀλλὰ τὴν τύχην Ῥωμαίων· συνέπλαττε δὲ καὶ γράμματα καὶ ψευδομαρτυρίας κατ' αὐτοῦ ὡς τυραννίδα μελετῶντος.

118 ΔΙΩΝΟΣ ΤΟΥ ΚΑΣΣΙΟΥ ΛΕΙΨΑΝΑ. ΒΙΒΛ. Α–ΛϚ.

τυραννίδος αύτοῦ κατηγόρησε· τούτου δὲ διωχθέντος [1] καὶ
αὖθις καθόδου τυχόντος, ὡς [2] πολιορκουμένῃ τῇ πατρίδι
κατὰ τὴν φυγὴν ἐβοήθησεν, εἰς ἐξέτασιν Φευρουάριος ἄγεται καὶ διώκεται [3]. Κάμιλλος δὲ καὶ τὸν ἐπώνυμον αὐτῷ [4]
μῆνα παρὰ τοὺς ἄλλους ἐκολόβωσεν [5].

LXIII. Ὅτι [6] τοῦ Καπιτωλίνου κατέγνω ὁ δῆμος. Καὶ
ἥ τε οἰκία αὐτοῦ κατεσκάφη [7], καὶ τὰ χρήματα ἐδημεύθη,
τό τε ὄνομα, καὶ εἰ δή που εἰκὼν ἦν ἀπηλείφθη καὶ διεφθάρη. Καὶ νῦν δὲ, πλὴν τῆς κατασκαφῆς, πάντα γίγνεται
ἐπὶ τοῖς τῷ κοινῷ ἐπιβουλεύουσιν [8]. Ἔκριναν δὲ καὶ μηδένα εὐπατρίδην ἐν τῇ ἄκρᾳ κατοικεῖν [9], ὅτι καὶ ἐκεῖνος

---

1. Suidas, l. 1 : Ἐντεῦθεν δὲ τὸν δῆμον ἐπαναστήσας ἀπελαύνει τοῦτον τῆς πόλεως.
2. Οἷς, faute du copiste dans le Ms. du Vatic.
3. Suidas, l.l. : Ὡς οὖν μετὰ τὴν ἅλωσιν τῆς Ῥώμης ἐπανῆλθεν ὁ Κάμιλλος, καὶ τοὺς περὶ τὸν Βρέννον βαρβάρους ἀνεῖλεν, εἰς κρίσιν ἀγαγὼν τὴν ὑπόθεσιν, ἀπέδειξε πάντων γεγονέναι τῶν πεπραγμένων αἴτιον τὸν Φεβρουάριον· καὶ διὰ τοῦτο γυμνωθέντα αὐτὸν τῆς ἐσθῆτος καὶ θρύῃ περιβληθέντα ψιάθῳ ὑπὸ τῶν ὑπηρετούντων τῷ δημάρχῳ, τῶν καλουμένων Βερνάκλων, τυπτόμενον νεύροις τῆς πόλεως ἀπεδίωξε.
4. Au lieu de αὐτοῦ donné par M. A. Mai, je lis αὐτῷ d'après Suidas, l. l. : Καὶ τὸν ἐπώνυμον αὐτῷ μῆνα παρὰ τοὺς ἄλλους ἐκολόβωσε.
5. Le fragment de G. Hamartolus sur le même sujet est dans les Ms. de la Bibliothèque du Roi n° 1704, fol. 9, R°, et 1705, fol. 13, V°, tous deux du xiiie siècle. J'ai mis entre parenthèses les variantes tirées de l'un et de l'autre : Μετὰ δὲ Ῥώμον συνέβη τὴν Ῥώμην ὑπὸ ὑπάτων διοικεῖσθαι καὶ στρατηγῶν ἔτη τετρακόσια ἑξήκοντα ἕξ· ἐξ ὧν γέγονέ τις στρατηγὸς ὀνόματι Μάλλιος (Μάλιος, n° 1704 et 1705)· καὶ φθονηθεὶς διὰ τὴν ἀνδρείαν αὐτοῦ ὑπό τινος συγκλητικοῦ τοὔνομα Φευρουαρίου (omis dans le n° 1705), ἐκδιώκεται τῆς πόλεως ὁ Μάλλιος (dans le n° 1704 : παρεσκεύασε τοὺς συγκλητικοὺς ἐκδιόξαι [sic. pour ἐκδιῶξαι] τῆς πόλεως τὸν Μάλιον). Εἶτα ἐλθόντες οἱ Γάλλοι παρέλαβον νυκτὸς τὴν πόλιν (τὴν Ῥώμην, n° 1704) καὶ πολλοὺς κατέσφαξαν, τῇ εἰκάδι τοῦ λεγομένου Σεξτιλίου (ici et plus

cusa d'aspirer à la tyrannie. Le héros fut banni : plus tard rappelé dans sa patrie qu'il avait secourue durant son exil, au moment où elle était assiégée par les Gaulois, il poursuivit Februarius, qui fut condamné à son tour. Camille rendit le mois auquel Februarius a donné son nom plus court que les autres.

LXIII. Le peuple condamna M. Capitolinus : sa maison fut rasée et son patrimoine vendu aux enchères; son nom et ses images furent effacés et détruits partout où ils se trouvaient. De nos jours, les mêmes peines, sauf la destruction des maisons, sont infligées à ceux qui conspirent contre l'État. On décréta aussi qu'aucun patricien n'aurait sa demeure au

An de Rome 371.

---

bas Σεξστηλίου, n° 1705) μηνός· οἱ δὲ συγκλητικοὶ γνόντες (γνῶντες, n° 1704) τὴν παράληψιν τῆς πόλεως καὶ φυγόντες προσκαλοῦνται πάλιν μετὰ παρακλήσεως τὸν στρατηγὸν Μάλλιον εἰς ἐπικουρίαν· ὃς καὶ συναγαγὼν πλῆθος στρατοῦ, καὶ παραλαβὼν τοὺς Γάλλους ἀνεῖλε πάντας (dans le n° 1704, ἀνεῖλεν πάντας). Καὶ κρατήσας αὖθις τῆς πόλεως ὁ Μάλλιος (le même ὁμάλος (sic); dans le n° 1705, ὁ Μάλιος), καὶ λυπηθεὶς διὰ τὴν παράληψιν αὐτῆς ἐν τῷ Σεξτιλίῳ μηνί, ἐκολόβωσε τὰς ἡμέρας τοῦ μηνός· ὡς δυστυχοῦς γενομένου τῇ Ῥώμῃ· ἀποχαράξας τὸ ὄνομα αὐτοῦ μηκέτι λέγεσθαι οὕτως. Κατασχὼν δὲ τὸν ἐχθρὸν αὐτοῦ Φευρουάριον, καὶ ἀφελόμενος αὐτοῦ τὰ ὑπάρχοντα, καὶ γυμνὸν ἀποδύσας (ἀπολύσας, n° 1705), καὶ περιειλήσας ψιάθιον δρύϊνον, καὶ σχοινίον περιζώσας ἐκέλευσε τοῖς ῥαβδούχοις τύπτειν αὐτὸν καὶ λέγειν· ἔξελθε, Φευρουάριε. Καὶ οὕτως ἀτίμως ἐκβληθεὶς τῆς Ῥώμης ἀνῃρέθη· τὸν δὲ Σεξτίλιον μῆνα, Φευρουάριον ἐκάλεσαν, ὡς ἀξίου ὄντος (dans le n° 1704, ὄντως) τοῦ δυστυχοῦς μηνὸς τὸ ὄνομα Φευρουαρίου καλεῖσθαι.

6. (Exc. Peir. XXXI. R. p. 15.)

7. Plutarque, Camill. XXXVI : Οἱ δὲ Ῥωμαῖοι τὴν οἰκίαν αὐτοῦ κατασκάψαντες, ἱερὸν ἱδρύσαντο Θεᾶς ἣν Μονήταν καλοῦσι.

8. D'après le Ms. de Tours. Le ν final manque dans H. de Valois et Reimar.

9. Plutarque, l. l. : Καὶ τὸ λοιπὸν ἐψηφίσαντο μηδένα τῶν Πατρικίων ἐπὶ τῆς ἄκρας κατοικεῖν. Cf. Tite-Live, VI, 20.

ἐνταυθοῖ οἰκῶν ἐτύγχανεν. Ἡ δὲ δὴ συγγένεια ἡ τῶν Μαλλίων ἀπεῖπε μηδένα σφῶν Μάρκον, ἐπείπερ οὕτως ὠνομάζετο [1], προσκαλεῖσθαι.

Καπιτωλῖνος μὲν οὖν τοσοῦτον τὸ διαλλάσσον κἀν τοῖς τρόποις, κἀν τῇ τύχῃ ἔσχε. Τά τε γὰρ πολέμια ἀκριβώσας, εἰρηνεῖν οὐκ ἠπίστατο. Καὶ τὸ Καπιτώλιον ὃ ἐσεσώκει κατέλαβεν ἐπὶ τυραννίδι. Εὐπατρίδης τε ὢν οἰκέτου ἔργον ἐγένετο, καὶ πολεμικὸς νομισθεὶς, ἐν ἀνδραπόδου τρόπῳ συνελήφθη· κατά τε τῆς πέτρας αὐτῆς, ἀφ' ἧς τοὺς Γαλάτας ἀπεώσατο, ἐρρίφη [2].

LXIV. Ὅτι [3] ὁ Καπιτωλῖνος κατεκρημνίσθη ὑπὸ τῶν Ῥωμαίων· οὕτως οὔτ' ἄλλο τι κατὰ χώραν, ὡς πλήθει, τοῖς ἀνθρώποις μένει· καὶ εὐπραγίαι συχνοὺς ἐς συμφορὰς ἀντιρρόπους προάγουσιν· ἐξαίρουσαι γὰρ αὐτοὺς πρὸς τὰς ἐλπίδας τῶν ὁμοίων, τοῦ τε πλείονος ἀεὶ ποιοῦσιν ἐπορέγεσθαι, καὶ ἐς τὸ ἐναντιώτατον σφαλέντας καταβάλλουσι.

LXV. Ὅτι [4] πρὸς Τουσκουλανοὺς ἐστράτευσε Κάμιλλος [5]· θαυμαστῇ δέ τινι προσποιήσει δεινὸν οὐδὲν ἔπαθον [6]. Καθάπερ γὰρ οὔτ' αὐτοί τι πλημμελήσαντες, οὔτε τῶν Ῥωμαίων ὀργὴν σφίσιν ἐχόντων, ἀλλ' ἤτοι ὡς φίλων παρὰ

---

1. D'après le Ms. de Tours, qui confirme la correction que j'adopte avec Reimar, au lieu de l'ancienne leçon οὗτος ὠνομάζετο. Sturz voulait οὗτος, ou bien αὐτὸς, τοῦτο ὄνομα ὠνομάζετο. Cf. Tite-Live, l. l.
2. Zonaras, l. l. 24, p. 359, éd. Du C. : Καὶ καταψηφισθεὶς ὁ Καπιτωλῖνος ἐκεῖ, ἀπήχθη τε εἰς τὸ Καπιτώλιον, καὶ κατὰ τῆς πέτρας ὠσθεὶς ἀπώλετο καθ' ἧς ἐκεῖνος τὸν Κελτὸν κατεκρήμνισεν.

Capitole où il avait habité, et les membres de sa famille décidèrent que nul d'entre eux ne prendrait le prénom de Marcus que Capitolinus avait porté.

Pour s'être montré si différent de lui-même dans sa conduite, il vit sa fortune subir le plus grand changement. Guerrier accompli, mais incapable de se modérer en temps de paix, il s'empara, pour établir la tyrannie, du Capitole qu'il avait sauvé. Patricien, il périt par la main d'un mercenaire ; réputé grand capitaine, il fut arrêté comme un esclave et précipité du rocher d'où il avait renversé les Gaulois.

LXIV. Les Romains précipitèrent M. Capitolinus de la roche tarpéienne. Ainsi presque jamais rien n'est stable dans les choses humaines, et les événements heureux enfantent souvent des revers qui les égalent : ils font naître dans le cœur de l'homme l'espoir de succès semblables, et ils y allument incessamment de plus grands désirs ; jusqu'à ce que, jouet de mille illusions, il tombe enfin dans les malheurs les plus opposés à ses prévisions.

LXV. Camille conduisit son armée contre les habitants de Tusculum ; mais ils détournèrent le danger par une ruse digne d'être citée : comme s'ils n'avaient rien eu à se reprocher, comme si les Romains n'étaient animés d'aucun ressentiment et venaient en amis chez des amis, ou ne faisaient que traverser le terri-

An de Rome 374.

---

3. (Exc. Vat. XXVII. A. M. p. 155, éd. Rom.)
4. (Exc. Peir. XXXII. R. p. 15.)
5. Plutarque, Camill. XXXVIII : Διὸ καὶ Τουσκλάνων ἀφεστάναι λεγομένων, ἐκέλευον ἐξιέναι τὸν Κάμιλλον ἐπ' αὐτοὺς, ἕνα τῶν πέντε συστρατήγων προσελόμενον.
6. Ἔπαθεν dans le Ms. de Tours, par la confusion de l'Ε et de l'Ο. Cf. Schæfer. Meletem. p. 29, 90.

φίλους [1] ἰόντων, ἢ καὶ ἐφ' ἑτέρους τινὰς διὰ τῆς ἐκείνων στρατευόντων, οὔτε τι μετέβαλον τῶν καθεστηκότων, οὔθ' ὅλως ἐταράχθησαν. Ἀλλὰ καὶ πάνυ πάντες ἐπί τε ταῖς δημιουργίαις, καὶ ἐπὶ τοῖς ἄλλοις ἔργοις ὡς καὶ ἐν εἰρήνῃ κατὰ χώραν μείναντες, εἴσω τε τὸν στρατὸν εἰσεδέξαντο, καὶ ξένια αὐτοῖς ἔδοσαν, τά τε ἄλλα ὡς φίλους ἐτίμησαν [2]. Ἐξ οὗπερ καὶ οἱ Ῥωμαῖοι οὐχ ὅτι κακὸν αὐτοὺς ἔδρασαν, ἀλλὰ καὶ ἐς τὴν πολιτείαν μετὰ ταῦτ' ἐσεγράψαντο [3].

LXVI. Ὅτι [4] χιλιαρχοῦντος Ῥούφου, καὶ πράττοντος ἐν τῇ ἀγορᾷ δημόσιον, [πρὸς τὴν γυναῖκα αὐτοῦ ἡ ἀδελφὴ αὐτῆς παραγέγονεν [5]]· ἐπειδὴ [δὲ] [6] ἔκ τινος ἀφίκετο, καὶ [τὴν] θύραν [7] ὁ ῥαβδοῦχος κατά τι ἔθος ἀρχαῖον ἔκρουσεν, ἐξεταράχθη πρὸς τοῦτο [ἡ γυνὴ [8]] οὔπω πρότερον τοιούτου τινὸς πεπειραμένη καὶ διεπτοήθη· γέλωτος οὖν ἐπ' αὐτῇ

---

1. D'après Reiske, au lieu de l'ancienne leçon παρὰ φίλοις conservée par H. de Valois, Reimar, Sturz.
2. Plutarque, l. l. : Οἱ δὲ Τουσχλᾶνοι τὴν ἁμαρτίαν ἐπανορθούμενοι πανούργως, ἤδη βαδίζοντος ἐπ' αὐτοὺς τοῦ Καμίλλου, τὸ μὲν πεδίον ἀνθρώπων ὡς ἐν εἰρήνῃ γεωργούντων καὶ νεμόντων ἐνέπλησαν, τὰς δὲ πύλας εἶχον ἀνεῳγμένας, καὶ τοὺς παῖδας ἐν τοῖς διδασκαλείοις μανθάνοντας. Τοῦ δὲ δήμου τὸ μὲν βάναυσον ἐπὶ τῶν ἐργαστηρίων ἑωρᾶτο περὶ τὰς τέχνας, τὸ δ' ἀστεῖον ἐπὶ τῆς ἀγορᾶς ἐν ἱματίοις· οἱ δ' ἄρχοντες περιῄεσαν σπουδῇ καταλύσεις τοῖς Ῥωμαίοις ἐπαγγέλλοντες, ὡς οὐδὲν κακὸν προσδοκῶντες, οὐδὲ συνειδότες. Cf. Tite-Live, VI, 25-26.
3. Le même, l. l. : Τούτων δὲ πραττομένων, ἀπιστεῖν μὲν οὐκ ἐπῄει τῷ Καμίλλῳ τὴν προδοσίαν, οἰκτείρας δὲ τὴν ἐπὶ τῇ προδοσίᾳ μετάνοιαν αὐτῶν, ἐκέλευσε πρὸς τὴν σύγκλητον ἐλθόντας παραιτεῖσθαι τὴν ὀργήν· καὶ παραιτουμένοις συνέπραξεν αὐτός, ἀφεθῆναί τε τὴν πόλιν αἰτίας ἁπάσης, καὶ μεταλαβεῖν ἰσοπολιτείας.
4. (Exc. Vat. XXVII. A. M. p. 155-156, éd. Rom.) Je transcris un passage de Zonaras, l. l. p. 359, éd. Du C., utile pour l'intelligence de ce

toire de Tusculum pour marcher contre un autre peuple, ils ne changèrent rien à leurs habitudes et ne montrèrent aucune inquiétude. Ils vaquèrent aux travaux manuels et à leurs autres occupations ordinaires, comme en pleine paix : ils ouvrirent la ville aux Romains, leur donnèrent l'hospitalité et les traitèrent en amis. Ceux-ci, à leur tour, loin de leur faire aucun mal, leur accordèrent bientôt les droits de citoyens romains.

LXVI. Le tribun Rufus s'occupait des affaires publiques dans le forum, lorsque sa femme reçut la visite de sa propre sœur. Il ne tarda pas à rentrer chez lui : le licteur, suivant un ancien usage, frappa de sa verge à la porte de la maison. A ce bruit, la belle-sœur de Rufus, qui n'avait jamais entendu rien de pareil, se trouble et s'étonne : sa sœur et toutes les personnes

An de Rome 378.

---

fragment : Μάρκος γάρ τις Φάβιος Εὐπατρίδης, θυγατέρων δύο τυγχάνων πατήρ, τὴν μὲν πρεσβυτέραν Λικιννίῳ τινὶ Στόλωνι κατηγγύησε, πολὺ αὐτοῦ καταδεεστέρῳ· τὴν δὲ νεωτέραν Σουλπικίῳ Ῥούφῳ ἀνδρὶ ὁμοτίμῳ συνῴκισε. Cf. Tite-Live, VI, 34.

5. M. A. Mai lit : Ὅτι ἡ Ῥούφου γυνὴ χιλιαρχοῦντος καὶ πράττοντος ἐν τῇ ἀγορᾷ δημόσιον, mais comme ce texte ne fournit aucun sens raisonnable, il s'en est écarté dans sa version : *Licinii Stolonis* uxor, quum tribunatum gereret Rufus (*sororis vir*), etc. J'ai refait le texte à l'aide de Zonaras, l. l., en mettant entre crochets les mots que je lui emprunte.

6. Dans A. Mai, ἐπειδὴ ἔκ τινος. L'addition de δὲ est justifiée par le sens, comme par le texte de Zonaras, l. l. : Ἀφικομένου δ' ἐκείνου.

7. J'ajoute l'article τὴν, d'après Zonaras, l. l. : Τὴν θύραν ὁ Ῥαβδοῦχος κατά τι ἔθος ἀρχαῖον ἔκρουσε. Dans le Ms. du Vatic., le copiste par distraction a répété le mot ῥαβδοῦχος après ἀρχαῖον.

8. Mots insérés, d'après Zonaras, l. l. : Διεπτοήθη δὲ πρὸς τὸν πάταγον ἡ γυνὴ οὔπω τούτου πεπειραμένη.

συχνοῦ καὶ παρὰ τῆς ἀδελφῆς καὶ τῶν ἄλλων γενομένου, καὶ σκωφθεῖσα ὡς ἰδιῶτις τῶν ἀρχικῶν πραγμάτων, διὰ τὸ τὸν ἄνδρα αὐτῆς μήποτε ἐν ἡγεμονίᾳ τινὶ ἐξητᾶσθαι, οὖσα, δεινὸν ἐποιήσατο· οἷά που ἄλλως τε καὶ ταῖς γυναιξὶν ἐκ μικροψυχίας συμβαίνειν πέφυκεν· καὶ οὐ πρότερον ἀνῆκε δυσκολαίνουσα πρὶν πᾶσαν τὴν πόλιν θορυβῆσαι [1]· ὥς που σμικρὰ καὶ τὰ τυχόντα πολλῶν τισι καὶ μεγάλων κακῶν αἴτια [2] γίγνεται, ὅταν φθόνῳ τέ τις αὐτὰ καὶ ζηλοτύπως λαμβάνῃ.

LXVII. Ὅτι δεινὸν [3] ἐν κακοῖς προσδοκία σωτηρίας ἀναπεῖσαί τινα πιστεῦσαι καὶ τοῖς παραλόγοις.

Ἀεὶ γάρ τι τοῦ [4] τῆς πολιτείας κόσμου στασιάζοντες παρέλυον· ὥσθ' ὑπὲρ ὧν τοὺς πολέμους πρὶν τοὺς μεγίστους ἀνῃροῦντο, ταῦτ' ἐν τῷ χρόνῳ σύμπαντα ὡς εἰπεῖν οὐκ ἀστασιάστως μέν, οὐ μέντοι καὶ χαλεπῶς κατακτήσασθαι [5].

LXVIII. Ὅτι [6] Πούπλιος, τῶν πολιτῶν Ῥωμαίων στασιαζόντων πρὸς ἀλλήλους, ὀλίγου τούτους συνήλλαξε. Λικίννιον γὰρ Στόλωνα προσείλετο, καίπερ ἐκ τοῦ πλήθους ὄντα [7], ἵππαρχον. Ὅπερ καινοτομηθὲν τοὺς μὲν εὐπατρίδας

---

1. Dans le Ms. du Vatic., θεραπεῦσαι. M. A. Mai propose, dans une note, de le remplacer par θορυβῆσαι. Sa conjecture est excellente : je l'ai adoptée.
2. Ou bien αἰτία, comme dans M. A. Mai.
3. (Exc. Vat. XXVIII. A. M. p. 156, éd. Rom.)
4. Avec l'Éditeur de Leipzig je lis τοῦ τῆς, au lieu de που τῆς donné par M. A. Mai.
5. M. A. Mai pense avec raison que ce fragment se rapporte aux troubles suscités par L. Stolon, l'an de Rome 379 et suiv.
6. (Exc. Peir. XXXIII. R. p. 16.)

présentes rient aux éclats : on la tourne en ridicule, parce qu'unie à un homme qui n'a jamais été revêtu d'aucune dignité, elle ignore les prérogatives des magistrats. Ce fut pour elle un sanglant affront, et il n'en pouvait être autrement d'après la petitesse d'esprit naturelle aux femmes. Son ressentiment ne s'apaisa que lorsqu'elle eût rempli la ville de trouble : ainsi les incidents les plus légers et les plus vulgaires deviennent l'occasion de grands malheurs, quand ils sont exploités par des esprits envieux et jaloux.

LXVII. Dans le malheur, l'espérance du salut est toute-puissante pour faire croire à ce qu'il y a de plus invraisemblable. An de Rome 379 et suiv.

Les séditions altéraient incessamment la constitution de l'État : les plébéiens obtenaient alors, sinon sans tumulte, du moins sans trop de peine, les concessions pour lesquelles ils soutenaient auparavant les guerres les plus terribles.

LXVIII. Les Romains étaient agités par de violentes séditions : Publius parvint presque à les calmer, en choisissant pour maître de la cavalerie le plébéien Licinius Stolon. Cette innovation indisposa les patriciens ; mais An de Rome 386.

---

7. La leçon προσείλετο, ὄντα ἵππαρχον donnée par H. de Valois, Reimar, Sturz et confirmée par le Ms. de Tours, est défectueuse. J'ai adopté la conjecture de Reimar προσείλετο, καίπερ ἐκ τοῦ πλήθους ὄντα, ἵππαρχον — *Licinio Stolone magistro equitum de plebe dicto*, version de H. de Valois qui, à défaut d'un texte correct, interpréta ce passage d'après Tite-Live, VI, 39 : « P. Manlius deinde dictator rem in causam plebis inclinavit, C. Licinio, qui tribunus plebis fuerat, magistro equitum de plebe dicto. » Dion Cassius, Fr. Peir. LXXII. p. 30, éd. Reimar, emploie une locution semblable : Ὅτι ὁ Γράκχος ἄλλως τε ἐκ τοῦ πλήθους ἦν κτλ.

Peut-être aussi pourrait-on lire προσείλετο, τὸν ἡγεμόνα τῆς στάσεως;

ἐλύπησε, τοὺς δὲ ἄλλους οὕτως ὑπηγάγετο, ὥστε μηκέτι τῆς ὑπατείας τῷ ἑτέρῳ ἔτει ἀντιποιήσασθαι, ἀλλ' ἐᾶσαι τοὺς χιλιάρχους αἱρεθῆναι. Ἐκ γὰρ τούτου καὶ ἐς τἆλλα ἀνθυπείξαντές γέ τινα ἀλήλλοις ἴσως ἂν κατηλλάγησαν, εἰ μήπερ ὁ Στόλων ὁ δήμαρχος τοιοῦτόν τι εἰπών · ὡς οὐκ ἂν πίοιεν, εἰ μὴ φάγοιεν [1], ἀνέπεισεν αὐτοὺς μηδενὸς ἀφέσθαι, ἀλλ' ὡς καὶ ἀναγκαῖα πάντα ὅσα ἐνεχειρίσαντο κατεργάσασθαι.

LXIX. Ὅτι [2] σεισμοῦ κατὰ τὴν Ῥώμην συμβάντος καὶ χάσματος ἐν τῇ ἀγορᾷ γενομένου [3], σιβύλλειον λόγιον ἦν

ὄντα, ἵππαρχον, d'après Plutarque, Camill., XXXIX : Κἀκεῖνος ἀποδείξας ἵππαρχον αὑτὸν τὸν ἡγεμόνα τῆς στάσεως Στόλωνα, παρῆκεν ἐπικυρῶσαι τὸν νόμον τὸν μάλιστα λυποῦντα τοὺς πατρικίους κτλ. Cf. Tite-Live, VI, 39.

1. H. de Valois, qui a conservé l'ancienne leçon ὡς οὐκ ἀπίοιεν, εἰ μὴ φάγοιεν, avoue qu'il n'a pu en trouver le sens : « Haec, dit-il, mirum in modum obscura. Ego ita sum interpretatus quasi legeretur ἢ μὴ φάγοιεν — *potius a cibo quam perferendis rogationibus abstinere.*

Reimar a été plus heureux en proposant : Ὡς οὐκ ἂν πίοιεν, εἰ μὴ φάγοιεν — *Esse si nolint, etiam non bibituros,* interprétation adoptée par Wagner : *Wenn Sie nicht essen wollten, so sollten Sie auch nichts zu trinken bekommen.* Le peuple acceptait les lois sur l'usure et les terres : il se serait prononcé séparément sur l'une et sur l'autre, si les tribuns n'eussent demandé pour le tout une seule et même décision; cf. Tite-Live, VI, 40. Aussi Appius Claudius Crassus fait-il dire aux tribuns du peuple : « *Rogationes... nostras,* seu placent, seu displicent, seu utiles, seu inutiles sunt, *omnes conjunctim* accipiatis. » Et un peu plus loin : « Aut *omnia accipe,* aut *nihil fero.* » Entre ces paroles et celles que Dion met dans la bouche de L. Stolon toute la différence, suivant Reimar, consiste en ce que l'historien grec s'est servi d'une locution proverbiale, fondée sur les mœurs d'une époque où il n'était point d'usage de boire, avant d'avoir mangé, comme on le voit dans Plutarque, Quaest. Conviv. Liv. VIII, 9, 3 : Οὐδὲ γὰρ ὕδωρ οἱ παλαιοί, πρὶν ἐντραγεῖν, ἔπινον · οἱ δὲ νῦν ἄσιτοι προμεθυσθέντες, ἅπτονται τῆς τροφῆς διαβρόχῳ τῷ σώματι καὶ ζέοντι κτλ. L'usage de boire à jeûn ne s'établit à Rome que sous Tibère; Pline, XIV, 22 : « Tiberio Claudio principe, ante hos annos XL, institutum ut jejuni bibe-

elle plut tant aux plébéiens qu'ils ne briguèrent point le consulat, l'année suivante, et consentirent à l'élection des tribuns militaires. Dès lors, les deux partis se seraient peut-être réconciliés par quelques concessions réciproques, si le tribun Stolon n'eût dit aux plébéiens *qu'ils n'auraient pas à boire, s'ils ne commençaient par manger.* Par ces paroles, il leur persuada de ne rien céder et d'exiger, comme nécessaire, tout ce qu'ils avaient tenté d'obtenir.

LXIX. Un tremblement de terre avait eu lieu à Rome, et le sol s'était entr'ouvert dans le forum : un oracle de

An de Rome 393.

---

rent, potusque vini antecederet cibos : externis et hoc artibus ac medicorum placitis, novitate aliqua sese commendantium. » Je termine ces observations par la conclusion de Reimar : « Quoniam igitur solent homines intemperantes horum quæ natura conjuncta sunt alterum, nempe potum, unice anhelare, cibum nauseare ; negat Stolo potum se ministraturum iis qui esse nolint, h. e. ut Livius effert : *aut omnia accipite,* utramque scilicet rogationem a me conjunctam, *aut nihil fero,* neutram propono. » J'ai adopté la correction de Reimar.

Quirini, sans rien changer dans l'ancienne leçon, traduit : *illos* (h. e. plebeios) *ex concione non abituros, nisi quod ipsis appositum fuerat comederent* (subint. patricii) h. e., utramque scilicet rogationem probarent. Il prend φάγοιεν dans le sens figuré de *ærumnam devorare,* en latin; d'*inghiottire il boccone,* en italien ; d'*avaler le morceau,* en français. Cette explication, outre qu'elle est fort ingénieuse, a l'avantage de n'introduire aucune modification dans le texte : je l'aurais adoptée, si elle n'exigeait pour chaque verbe un sujet différent, ce qui ne paraît pas naturel.

2. (Exc. Vat. A. M. p. 531-534, où sont réunis quatre extraits : le premier est tiré du recueil de Planude, le second de Suidas, au mot Λίβερνος, le troisième du *Florileg. Vatic.*, le quatrième de Zonaras, VII. 25. p. 360-361, éd. Du C.) J'ai pris dans Suidas, pour l'insérer dans les notes, tout ce qui m'a paru avoir quelque intérêt ; quant aux trois autres fragments, je les ai fondus en un seul : j'aurai soin d'indiquer ce qui appartient à chacun.

3. Le passage Ὅτι σεισμοῦ — Κούρτιός τις est tiré du recueil de Pla-

128 ΔΙΩΝΟΣ ΤΟΥ ΚΑΣΣΙΟΥ ΛΕΙΨΑΝΑ. ΒΙΒΛ. Α-ΛϚ.

συνελθεῖν τὸ χάσμα, τοῦ τιμιωτάτου ἐν ἀνθρώποις ἐμβλη-
θέντος ἐν αὐτῷ· πολλῶν δὲ πολλὰ τῶν τιμίων ἐκεῖσε ῥι-
πτομένων, καὶ τοῦ χάσματος μηδαμῶς συνιόντος [1], Κούρτιός τις, ἀνὴρ [2] εὐπατρίδης, νέος τὴν ἡλικίαν, ὡραιότατος
τὴν μορφὴν, ῥωμαλεώτατος τὴν ἰσχὺν, ἀνδρειότατος τὴν
ψυχὴν, φρονήσει διαπρεπὴς, τὸν νοῦν συνεὶς τοῦ χρησμοῦ,
περιελθὼν εἰς μέσον, ἐδημηγόρησε λέγων· Τί τῶν λογίων
ἀσάφειαν, ὦ Ῥωμαῖοι, ἢ ἀμαθίαν ἡμῶν αὐτῶν καταψηφιζόμεθα; Ἡμεῖς ἐσμὲν τοῦτο δὴ τὸ ζητούμενόν τε καὶ ἀπο-
ρούμενον· οὐ γάρ τι ἄψυχον ἐμψύχου λογισθήσεται βέλτιον·
οὐδὲ τοῦ ἔννου καὶ ἔμφρονος καὶ λόγῳ κεκοσμημένου τὸ
ἄνουν, ἄλογόν τε καὶ ἄφρον προτιμηθήσεται. Τί γὰρ ἄν
τις ἀνθρώπου προκρίνοι, ἵνα τοῦτο ἐς τὴν τῆς γῆς βαλόντες
διάστασιν, αὐτὴν συναγάγοιμεν; Οὐκ ἔστιν οὐδὲν ζῶον
θνητὸν οὐδ' ἄμεινον, οὐδ' ἰσχυρότερον ἀνθρώπου [3]. Ἢ οὐχ
ὁρᾶτε, ὅτι τὰ μὲν ἄλλα πάντα κάτω κέκυφε καὶ ἐς τὴν
γῆν ἀεὶ βλέπει, πράττει τε οὐδὲν ὃ μὴ τροφῆς καὶ ἀφρο-

---

nude, Exc. Vat. A. M. p. 531, éd. Rom. Dans Suidas, l. l. : Ὑπατεύοντος
Κοΐντου τοῦ Σερβιλίου χάσμα κατὰ μέσην ἀγορὰν διαστάσης τῆς γῆς γέγονε.
Suivent Zonaras, l. l. p. 360, ce gouffre n'avait pas été formé par un tremblement de terre : Μετὰ δὲ ταῦτα καί τι συμβῆναι πάθος περὶ τὴν Ῥώμην
ἱστόρηται. Διαστῆναι γὰρ τὸ πεδίον λέγεται τὸ μεταξὺ τοῦ Παλατίου καὶ τοῦ
Καπιτωλίου ἐξάπινα, μήτε σεισμοῦ προηγησαμένου, μήτ' ἄλλου τινὸς οἷα
συμβαίνειν εἴωθε φυσικῶς ἐπὶ τοιούτοις παθήμασι. Tite-Live, VII, 6, ne se
prononce pas : Eodem anno, seu motu terræ, seu qua vi alia, Forum medium ferme specu vasto collapsum in immensam altitudinem dicitur.

1. Zonaras, l. l. : Καὶ ἦν τὸ χάσμα διαμένον ἐπὶ μακρὸν, οὔτε συνερχό-
μενον οἵως δή ποτε, οὔτε μέντοι πληρούμενον· καὶ ταῦτα χοῦν τε Ῥωμαίων ἐς
αὐτὸ συμφερούντων πολὺν, καὶ λίθους, καὶ ἄλλην ὕλην παντοδαπήν. Ἀποροῦσιν
οὖν τοῖς Ῥωμαίοις χρησμὸς ἐδόθη μὴ ἄλλως τὸ διεστὼς συνελθεῖν, εἰ μὴ τὸ

la sibylle déclara que l'abîme se comblerait, dès qu'on y aurait jeté ce qu'il y a de plus précieux parmi les hommes. Plusieurs s'empressèrent d'y porter divers objets d'une grande valeur; mais le gouffre ne se ferma pas. Curtius, patricien d'origine, à la fleur de l'âge, d'une beauté parfaite, d'une force extraordinaire, d'une âme énergique et d'une raison supérieure, comprit les paroles de l'oracle, et, s'avançant au milieu de ses concitoyens : « Pourquoi, dit-il, Romains,
« accuser l'obscurité de l'oracle plutôt que notre igno-
« rance? Cet objet que nous cherchons et qui nous
« cause une grande perplexité, c'est nous-mêmes :
« rien d'inanimé ne doit être préféré à ce qui est ani-
« mé; rien de ce qui est dépourvu d'intelligence, de
« raison et de sens ne peut être mis au-dessus de ce qui
« est doué d'intelligence, de sens et de raison. Que
« choisir plutôt qu'un homme, pour le jeter dans les
« flancs entr'ouverts de la terre et combler cet abîme?
« Parmi les êtres sujets à la mort, il n'en est pas de meil-

κρεῖττον αὐτῶν, καὶ δι' οὗ μάλιστα πλεῖστον ἰσχύουσιν, εἰς τὸ χάσμα ἐμβάλλουσιν· οὕτω γὰρ ἐκεῖνό τε παύσεται, καὶ τῇ πόλει ἔσεται δύναμις ἀκατάλυτος. Cf. Suidas, l. l.

2. Le passage ἀνὴρ εὐπατρίδης — συναγάγοιμεν est tiré de Zonaras, l. l. Le discours de Curtius n'est ni dans le recueil de Planude, ni dans Suidas. On lit dans le premier : Κούρτιός τις καὶ τὸ σῶμα καὶ τὴν ψυχὴν ἄριστος ἔφη συνιέναι βέλτιον τῶν ἄλλων τοῦ Σιβυλλείου · τιμιώτατον γὰρ εἶναι χρῆμα πόλει ἀνδρὸς ἀρετήν. Suidas après ἀρετήν ajoute : Καὶ ταύτην ἐπιζητεῖν τὰ ἐκ τῶν λογίων δηλούμενα.

3. Le passage Οὐκ ἔστιν — ἀνθρώπου se trouve dans le *Florileg. Vatic.* et dans Zonaras, l. l.; mais celui-ci a omis le passage Ἦ οὐχ ὁρᾶτε — καὶ γράφομεν καὶ πλάττομεν. Je le donne d'après le *Florileg.*

δισίων ἔχεται; Οὕτω καὶ ὑπ' αὐτῆς φύσεως ἐς ταῦτα κατακέκριται· μόνοι δὲ ἡμεῖς ἄνω τε ὁρῶμεν καὶ τῷ οὐρανῷ αὐτῷ ὁμιλοῦμεν, καὶ τὰ μὲν ἐπὶ τῆς γῆς ὑπερφρονοῦμεν, τοῖς δὲ δὴ Θεοῖς αὐτοῖς ὡς καὶ ὁμοίοις οὖσιν ἡμῖν σύνεσμεν, ἅτε καὶ φυτὰ καὶ ποιήματα αὐτῶν οὐ γήϊνα, ἀλλ' οὐράνια ὄντες· ὑφ' οὗ καὶ αὐτοὺς ἐκείνους πρὸς τὰ ἡμέτερα εἴδη καὶ γράφομεν καὶ πλάττομεν. Εἰ γὰρ [1] δεῖ δή τι καὶ [2] θρασυνόμενον εἰπεῖν, οὔτ' ἄνθρωπος οὐδὲν ἄλλο ἐστὶν ἢ θεὸς σῶμα θνητὸν ἔχων, οὔτε θεὸς ἄλλο τι ἢ ἄνθρωπος ἀσώματος· καὶ διὰ τοῦτο [3] καὶ ἀθάνατος. Ταῦτά τοι [4] καὶ συμπάντων τῶν ἄλλων ζώων προφέρομεν· καὶ οὔτε τι πεζόν ἐστιν ὃ μὴ τάχει καταληφθὲν ἢ ἰσχύει δαμασθὲν ἢ καὶ τέχναις τισὶ συλληφθὲν δουλούμεθα· οὔτ' ἔνυδρον οὔτ' ἀεροπόρον· ἀλλὰ καὶ ἐκεῖνα τὰ μὲν ἐκ τοῦ βυθοῦ μηδ' ὁρῶντες ἀνέλκομεν, τὰ δὲ καὶ ἐκ τοῦ οὐρανοῦ, μηδὲ ἐξικνούμενοι κατασύρομεν [5]· καὶ οὐ πόρρω τῆς θείας δυνάμεως ἀπηρτήμεθα. Ταῦτα ἐγὼ μὲν οὕτω φρονῶ· ἀξιῶ δὲ καὶ ὑμᾶς τῇ γνώμῃ προσθέσθαι ταύτῃ. Καὶ μή τις οἰήσαιτο, ὅτι κλῆρον ποιήσομαι, ἢ κόρην κελεύσω θανεῖν, ἢ μειράκιον [6]· αὐτὸς γὰρ ἐγὼ ἑκὼν ἐμαυτὸν ὑμῖν ἐπιδίδωμι, ἵνα σήμερον αὐτίκα κήρυκα πέμψητέ με καὶ πρεσβευτὴν

---

1. Le passage εἰ γὰρ — ἀθάνατος est tout à la fois dans le *Florileg. Vatic.* et dans Zonaras, l. l. p. 361, éd. Du C.
2. Zonaras, l. l. : Τι δεῖ καί.
3. Le même, l. l. : Κἀντεῦθεν.
4. Le passage ταῦτά τοι — κατασύρομεν est tiré du *Florileg. Vatic.* : il manque dans Zonaras, l. l.

« leur, ni de plus fort. Ne voyez-vous pas qu'ils ont
« tous la tête et les regards baissés vers la terre, ne
« s'occupant que de leur nourriture et des plaisirs sen-
« suels, seuls objets que la nature leur ait assignés en
« partage? Seuls nous élevons les yeux vers les régions
« supérieures; seuls nous avons commerce avec le ciel,
« et, méprisant les choses de la terre, nous habitons
« avec les dieux. Nous leur ressemblons, nous sommes
« leurs rejetons et leur ouvrage; non pas un ouvrage
« d'argile, mais un ouvrage divin : voilà pourquoi
« la peinture et la plastique leur donnent la forme
« humaine. S'il faut dire hardiment toute ma pensée,
« l'homme n'est qu'un dieu dans un corps mortel;
« Dieu n'est qu'un homme incorporel, et par cela même
« immortel. C'est là ce qui fait notre supériorité sur
« les animaux : parmi ceux qui foulent la terre, il n'en
« est pas qui, devancé par notre agilité à la course,
« dompté par notre force ou pris dans nos piéges, ne
« devienne notre esclave. Il en est de même de ceux qui
« vivent dans les eaux ou qui volent dans les airs : nous
« allons saisir les uns au fond des abîmes, même sans les
« voir; nous faisons descendre les autres des régions éthé-
« rées, où nous ne pouvons les suivre : nous touchons de
« près à la puissance divine. Tel est mon sentiment :
« vous le partagez tous, je pense. Et qu'on ne s'imagine
« pas que je consulterai le sort, que je demanderai la mort
« d'une jeune fille ou d'un jeune Romain. Je me livre
« volontiers à vous : aujourd'hui même et sur-le-champ

---

5. Ici finit le fragment dans le *Florileg. Vatic.* La suite, jusqu'aux mots ὁ Κούρτιος inclusivement, est tirée de Zonaras, l. l.

6. « Respicit ad fabulas græcas, dit M. A. Mai, puta Iphigeniæ et Minotauri. »

τοῖς χθονίοις Θεοῖς, ἐσόμενον ἀεὶ ὑμῶν προστάτην καὶ σύμμαχον. Ταῦτα εἰπὼν ὁ Κούρτιος τά τε ὅπλα [1] περιέθετο καὶ τὸν πολεμικὸν ἵππον ἀνέβη [2], καὶ ἀτρέπτῳ προσώπῳ ἐλαύνει κατὰ τοῦ χάσματος, καὶ συνῆλθεν ἡ γῆ· ὁ δὲ ἡρωϊκὰς καρποῦται τιμάς [3].

LXX. Ὁ Μάλλιος [4] τῷ βασιλεῖ μονομαχήσας Κελτῶν καὶ τοῦτον καταβαλὼν [5] τὸν νεκρὸν ἐσκύλευσε· καὶ τὸν περὶ τὸν τράχηλον στρεπτὸν ἀνελόμενος, ὃς ἐπιχώριός ἐστι Κελτοῖς κόσμος, αὐτὸς περιέθετο [6]· καὶ ἀπὸ τοῦδε Τορκουάτος πρὸς τῶν πολιτῶν ἐπεκλήθη, ὅπερ ἂν εἴη στρεπτοφόρος· καὶ τὴν ἐπίκλησιν ταύτην τοῖς ἀφ' ἑαυτοῦ κατέλιπε, μνημεῖον τῆς ἀριστείας [7].

LXXI. Ὅτι [8] Δίων φησί· διόπερ που, καίπερ οὐκ εἰωθὼς ἐκβολαῖς τοῦ λόγου χρῆσθαι, ἄλλως τε ἐπεμνήσθην αὐτοῦ καὶ τὴν ὀλυμπιάδα προσέγραψα, ἵν᾽ ἐπειδὴ λανθάνει τοὺς πολλοὺς ὁ χρόνος τῆς μετοικίσεως, ἐκφανέστερος ἐξ ἐκείνου γένηται [9].

1. La fin τά τε ὅπλα—τιμάς est tirée du recueil de Planude.
2. Cf. Suidas, l. l. Zonaras, l. l. : Τὰ ὅπλα ἐνεδιδύσκετο, εἶτα καὶ τοῦ ἵππου ἐπέβη. Οἱ δ᾽ ἄλλοι περιαλγεῖς ἐγίνοντο καὶ περιχαρεῖς, καὶ κοσμήματά τινα συμφρονήσαντες, οἱ μὲν αὐτὸν ἐκεῖνον αὐτοῖς ἐκόσμουν ὡς ἥρωα, οἱ δέ τινα καὶ ἐς τὸ χάσμα ἐνέβαλλον.
3. Suidas, l. l. : Πάντων δὲ θαυμαζόντων τὸ δρώμενον, ἀτρέπτως ἐλαύνει κατὰ τοῦ χάσματος. Συνελθούσης δὲ τῆς γῆς ἡρωϊκὰς τιμὰς τῷ ἀνδρὶ κατὰ μέσην ἀγορὰν Ῥωμαῖοι ἀνὰ πᾶν ἔτος ἐπιτελεῖν διέγνωσαν, τόν τε τόπον Λίβερνον ἐκάλεσαν, βωμὸν οἰκοδομήσαντες. Zonaras, l. l. : Ἄρτι δ᾽ ἐς αὐτὸ ἐνήλατο ὁ Κούρτιος ἔφιππος, καὶ ἡ τῆς γῆς συνήχθη διάστασις, καὶ οὐδεὶς οὐκέτι οὔτε τὸ χάσμα, οὔτε τὸν Κούρτιον ἐθεάσατο.
4. (Exc. Vat. A. M. p. 530, éd. Rom.)
Le même fait est rapporté par Suidas au mot Τορκουάτος, et par Zonaras, l. l. 23. p. 360, éd. Du C.

FRAGM. DE DION CASSIUS, L. I-XXXVI. 133

« envoyez-moi, comme un héraut, un ambassadeur
« chez les dieux infernaux, pour être sans cesse votre
« défenseur et votre allié. » A ces mots, Curtius revêt
ses armes, s'élance sur son cheval de bataille, et,
sans montrer la moindre émotion dans ses traits, il se
précipite au fond de l'abîme. Au même instant la terre
se referme, et Curtius obtient les honneurs réservés aux
héros.

LXX. Manlius combattit seul contre le roi des Gau- An de
Rome
394.
lois, l'étendit mort à ses pieds et le dépouilla. Il lui
enleva le collier dont ces barbares se parent, suivant la
coutume de leur pays, et le suspendit à son cou. A cette
occasion il fut surnommé par ses concitoyens Torquatus,
c'est-à-dire *porteur d'un collier*, et légua ce surnom à ses
descendants comme un souvenir de cet exploit.

LXXI. Dion dit : par ce motif, quoique je ne fasse
pas ordinairement usage de digressions, j'ai parlé de
lui en indiquant l'olympiade : l'époque de son arrivée
en Italie, généralement peu connue, deviendra ainsi
plus certaine.

5. Suidas, l. l. : Ἀντικαθεζομένων ἀλλήλοις τῶν στρατοπέδων, Μάλλιος τῶν
ἀπὸ βουλῆς ἐπιφανὴς τὸν βασιλέα τῶν Κελτῶν τά τε ἄλλα μεγαληγορούμενον,
καὶ προσιέναι οἱ τὸν ἄριστον τῶν Ῥωμαίων ἐς ἰδιάζουσαν συμπλοκὴν προ-
καλούμενον ὑποστὰς ἐπικαιρίῳ καταβάλλει τραύματι.
6. Suidas, l. l. : Σκυλεύσας τε τὸν νεκρὸν καὶ τὸν περὶ τὸν τράχηλον στρεπτὸν
ἀνελόμενος, ὃς ἐπιχώριός ἐστι κόσμος Κελτοῖς, αὐτὸς περιέθετο.
7. Le même : Μνημεῖον δὲ τῆς ἀριστείας τὴν ἐπίκλησιν ταύτην τοῖς ἀφ'
ἑαυτοῦ καταλέλοιπε.
8. (Exc. Vat. XXVIII. A. M. p. 156, éd. Rom.)
9. Il est difficile de déterminer à quel personnage ce passage se rapporte, et sous quelle date il doit être placé. M. A. Mai suppose que notre
historien a en vue l'arrivée du jeune Denys en Italie, lorsqu'il fut
chassé de Sicile par Dion, fils d'Hipparinus, ou l'expédition de Timoléon,
qui eut lieu vers l'an 409 de Rome ; ou bien encore l'arrivée en Italie

LXXII. Ἀγύλλαιοι [1], ἐπειδὴ ᾔσθοντο τοὺς Ῥωμαίους σφίσι πολεμῆσαι βουλομένους, πρέσβεις τε ἐς τὴν Ῥώμην ἀπέστειλαν [2], πρὶν καὶ ὁτιοῦν ψηφισθῆναι, καὶ εἰρήνης ἐπὶ τῷ ἡμίσει τῆς χώρας ἔτυχον [3].

LXXIII. Ὅτι [4] Οὐαλερίου [5] μέλλοντος ἡγεμόνι τῶν Κελτῶν μονομαχεῖν, κόραξ προσιζάνει τῷ δεξιῷ τούτου βραχίονι καὶ ἀντιπρόσωπος τῷ Κελτῷ [6]· τοῖς τε ὄνυξιν ἀμύττων τὸ πρόσωπον καὶ ταῖς πτέρυξι καλύπτων τοὺς ὀφθαλμοὺς ἀφύλακτον αὐτὸν τῷ Οὐαλερίῳ παρέδωκε [7]· καὶ ὁ Οὐαλέριος Κορβῖνος ἐπεκλήθη [8]· κόρβος γὰρ ὁ κόραξ.

LXXIV. Ταῦτά τε [9] καὶ ἄλλα τινὰ τοιούτῳ τρόπῳ προετείνοντο [10], οὐχ ὅτι καταπράξειν τι αὐτῶν ἤλπιζον· εὖ

---

d'Alexandre, roi d'Épire. Je pencherais volontiers pour la première de ces hypothèses : Dion n'aura pas été fâché de consigner dans son histoire, sous forme de digression, un fait relatif à un de ses homonymes.

1. (Exc. Urs. γ′. CXLII. R. p. 59.)
Cet extrait manque dans le Ms. du Vatic. n° 1418 et dans celui de Munich n° 3; mais il se trouve dans le n° 1.
J'adopte Ἀγύλλαιοι, comme Reimar, d'après Strabon V. p. 152, éd. Casaub. 1587, et Leunclavius. F. Orsini dit dans ses notes qu'il faut lire Ἀγυλλαι. Probablement son Ms. portait Ἀγυλλαῖ, comme celui de Munich n° 1, pour Ἀγύλλαιοι. Le trait placé sur la dernière syllabe aura échappé à son attention.

2. Ἔστειλαν dans le Ms. de Munich n° 1, par l'omission de la préposition, suivant l'usage des copistes.

3. Dans le même Ms., comme dans F. Orsini, on lit après ἔτυχον, sans indication d'un nouveau § : Καὶ ὁ Πτολεμαῖος κτλ., fragment dont la place ne peut être ici et que nous retrouverons plus tard, Fr. CXXXVIII.

4. (Exc. Vat. A. M. p. 534, éd. Rom.)

5. Dans Suidas, qui raconte le même fait au mot ἀμύσσειν, ce fragment commence ainsi : Ποτὲ μὲν τοῖς ὄνυξιν ἀμύττων τὰς παρειάς, ποτὲ δὲ τῷ ῥύγχει τοὺς ὀφθαλμοὺς ἔκοπτεν. C'est une interpolation empruntée à Denys d'Hal., Liv. XV, 1, comme le prouvent les fragments publiés par

LXXII. A la nouvelle que les Romains se disposaient à leur faire la guerre, les habitants d'Agylla envoyèrent des députés à Rome, avant qu'elle fût déclarée : ils obtinrent la paix en cédant la moitié de leur territoire. An de Rome 401.

LXXIII. Valérius était près de combattre contre un chef des Gaulois, lorsqu'un corbeau vint se poser sur son bras droit, le bec tourné contre le barbare. Il lui déchira le visage avec ses serres, et, lui couvrant les yeux avec ses ailes, il le livra sans défense à Valérius, qui fut surnommé Corvinus : *Corvus* a la même signification que Κόραξ. An de Rome 405.

LXXIV. Les Latins mettaient en avant ces exigences et d'autres semblables, sans espoir de les voir satisfaites, An de Rome 415.

M. A. Mai, p. 65-66, éd. de Milan : Ὡς δὲ συνῄεσαν ὁμόσε, κόραξ καθεζόμενος ἐπὶ τοῦ κράνους αὐτοῦ ἐκεκράγει τε δεινὸν εἰς τὸν βάρβαρον ὁρῶν, καὶ ὁπότε μέλλοι πληγὴν ἐκφέρειν, πηδῶν ἐπ' αὐτὸν, τότε μὲν τοῖς ὄνυξιν ἤμυττε τὰς παρειάς, τότε δὲ τῷ ῥύγχει τοὺς ὀφθαλμοὺς ἔκοπτεν· ὥστε τὸν Κελτὸν ἔξω γίνεσθαι τῶν φρενῶν κτλ. Cf. Zonaras, l. l. 25. p. 361-362, éd. Du C.

Dans le recueil de Planude, on lit Βαλλερίου — Βαλλερίῳ — Βαλλέριος. J'adopte l'écriture de Denys d'Halicarnasse et de Plutarque.

6. Suidas, l. l. : Ἐπεὶ δὲ προῆλθε τοῦ οἰκείου τάγματος, κόραξ ἐφιζάνει τῷ δεξιῷ τοῦ ἀνδρὸς βραχίονι ἀντιπρόσωπος τῷ Κελτῷ κατὰ τὸν ἀγῶνα φερόμενος.

7. Le même, l. l. : Καὶ τοῖς τε ὄνυξιν ἀμύττων τὸ πρόσωπον καὶ ταῖς πτέρυξιν ἐπικαλύπτων τοὺς ὀφθαλμοὺς ἀφύλακτον τῷ Βαλερίῳ τὸν πολέμιον παραδέδωκε, τήν τε νίκην καὶ ἐπωνυμίαν χαρισάμενος.

8. Le même, l. l. : Κόρβιος γὰρ ἐντεῦθεν ἐκλήθη.

9. (Exc. Vat. XXIX. A. M. p. 156-157, éd. Rom.)

10. M. A. Mai indique avec justesse les faits auxquels ce fragment se rapporte : « Præcesserat apud Dionem oratio latini legati in senatu romano superbe multa postulantis, quæ nullo modo impetrari poterant. Deperditam Dionis orationem sarcit utique Livius VIII, 5 : *Consulem alterum Roma, alterum ex Latio creari oportere; senatus partem æquam ex*

γὰρ εἴπερ τινὲς ἄλλοι τὰ τῶν Ῥωμαίων φρονήματα ἠπίσταντο· ἀλλ' ὅπως ἀποτυχόντες ¹ αὐτῶν πρόφασιν ἐγκλημάτων ὡς ἀδικούμενοι λάβωσιν.

LXXV. Ὅτι ² Μάλλιος ὁ ὕπατος τὸν ἑαυτοῦ παῖδα μονομαχήσαντα ³ Ποντίῳ τῷ Λατίνῳ καὶ καταβαλόντα τοῦτον ὡς μὲν ἀριστέα ἐστεφάνωσεν, ὡς δὲ ὑπερβάντα τὰ ἐξ αὑτοῦ τεταγμένα ἐπελέκισεν ⁴· ὃ δὴ σὺν ὠμότητι πραχθὲν εὐπειθεστάτους τοῖς ἄρχουσι Ῥωμαίους κατέστησεν.

LXXVI. Ἦν ⁵ μὲν δὲ παντὶ καταφανὲς, ὅτι περισκοπήσαντες τὴν ἔκβασιν τῆς τύχης πρὸς τὸ κρατοῦν ἔστησαν ⁶. Οὐ μὴν ἐξήλεγξεν ὁ Τορκουάτος, μή τι δούντων σφίσιν ἔτι τῶν πρὸς τοὺς Λατίνους πραγμάτων νεωτερήσωσι ⁷· οὐ γάρ τοι τὰ πάντα τραχὺς, οὐδ' οἷος ἐς τὸν υἱὸν ἐγένετο, καὶ ἐς τἆλλα ἦν ⁸· ἀλλὰ καὶ εὔβουλος καὶ εὐπόλεμος ὡμολόγητο

---

utraque gente esse; unum populum, unam Rempublicam fieri, etc. Recusatis, ut par erat, pacis talibus conditionibus, bellum indictum est. » Cf. Zonaras, l. l. 26. p. 362, éd. Du C.

1. D'après M. A. Mai, au lieu d'ἐπιτυχόντες donné par le Ms. du Vatic. Le sens exige cette correction : la confusion de ἐπί et de ἀπό dans les mots composés est fréquente.

2. (Exc. Vat. A. M. p. 535, éd. Rom)

3. Zonaras, l. l. : Τοὺς γὰρ Λατίνους οἱ ὕπατοι καὶ ὁμοσκεύους καὶ ὁμοφώνους τοῖς Ῥωμαίοις ὁρῶντες, ἐφοβήθησαν μὴ τῶν στρατιωτῶν τινες σφαλῶσι, τό τε οἰκεῖον καὶ τὸ πολέμιον μὴ ῥᾷστα διαγινώσκοντες. Καὶ διὰ τοῦτο προεῖπόν σφισι τά τε ἄλλα παρατηρεῖν ἀκριβῶς, καὶ καθ' ἑαυτὸν μηδένα μηδενὶ τῶν ἐναντίων συμβαλεῖν. Τοῦτο δὴ τὸ παράγγελμα οἱ μὲν ἐτήρησαν· ὁ δὲ τοῦ Τουρκουάτου (sic, cf. p. 139, note 6.) παῖς, στρατευόμενος ἐν τοῖς ἱππεῦσι, καὶ πεμφθεὶς πρὸς κατασκοπὴν τῶν ἐναντίων, παρεῖδεν οὐκ αὐθαδείᾳ, ἀλλὰ μέντοι φιλοτιμίᾳ κτλ.

4. Ce fragment est tiré du VIIᵉ livre de Dion. Cf. Bekker, Anecd. gr. t. I.

car ils connaissaient mieux que personne l'orgueil des Romains; mais afin de trouver dans leur refus un prétexte de se plaindre, comme s'ils avaient reçu une injustice.

LXXV. Le fils du consul Manlius, dans un combat singulier contre le latin Pontius, terrassa son adversaire. Son père lui décerna une couronne pour prix de sa victoire; mais il lui trancha la tête d'un coup de hache, pour avoir transgressé ses ordres. Cet acte de cruauté rendit les Romains tout à fait soumis à leurs chefs.

LXXVI. Il était évident pour tout le monde qu'ils avaient attendu l'issue du combat, afin d'embrasser le parti du vainqueur. Cependant Torquatus ne leur fit aucun reproche : il craignit qu'à la faveur de la guerre du Latium, ces peuples ne tentassent un nouveau coup de main. Il n'était pas toujours inflexible, et ne se montrait pas dans toutes les occasions tel qu'il avait été à l'égard de son fils. Bien au contraire, chacun vantait sa prudence dans les conseils et sa bravoure sur le

---

p. 133, 19, où sont rapportées les paroles du père de Manlius : Δίωνος ἑβδόμῳ βιβλίῳ· « καὶ διὰ τοῦτό σε δικαιώσω, ἵνα ὥσπερ τὸ τῆς ἀριστείας ἆθλον, οὕτω τὸ τῆς ἀνηκουστίας τίμημα ἀπολάβῃς. » Zonaras, l. l., est plus explicite : Γενναίως μὲν, ἔφη, ὦ Παῖ ἐμαχέσω, καὶ διὰ τοῦτό σε στεφανώσω· ὅτι δὲ τὸ προσταχθὲν οὐ παρετήρησας, καί τοι καὶ ὡς υἱὸς πειθαρχεῖν καὶ ὡς στρατιώτης ἀναγκαζόμενος, διὰ τοῦτό σε δικαιώσω, ἵνα καὶ τὸ τῆς ἀριστείας ἆθλον, καὶ τὸ τῆς ἀνηκουστίας τίμημα λήψῃ. Ταῦτ' εἰπὼν, ἅμα τόν τε στέφανον τῇ κεφαλῇ αὐτοῦ ἐπέθετο, καὶ αὐτὴν ἐκείνην ἀπέτεμε.

5. (Exc. Vat. XXIX. A. M. p. 157, éd. Rom. et Exc. Peir. XXXIV. R. p. 16.)

6. « Sine dubio, dit M. A. Mai, de Laviniensibus vel etiam de Samnitibus Dio loquitur, qui arcano quidem fœdere cum Latinis rebellantibus conspiraverant, sed tamen pugnæ eventum exspectabant. » Cf. Tite-Live, VIII, 11, et Denys d'Hal. XV, 9-11, éd. de Milan.

7. Le passage ἦν μὲν — νεωτερήσωσι est tiré des Exc. Vat.

8. Là finit ce fragment dans les Exc. Vat. Le passage οὐ γάρ τοι — τἄλλα

εἶναι, ὥστε καὶ πρὸς τῶν πολιτῶν καὶ πρὸς τῶν ἐναντίων ὁμοίως λέγεσθαι, ὅτι τό τε κράτος τοῦ πολέμου ὑποχείριον ἔσχε, καὶ εἰ καὶ τῶν Λατίνων ἡγεῖτο, πάντως ἂν αὐτοὺς νικῆσαι ἐποίησεν [1].

LXXVII. Γράφει [2] δὲ Δοῦρις [3], Διόδωρος καὶ Δίων· ὅτι Σαυνιτῶν [4], Τυρῥηνῶν καὶ ἑτέρων ἐθνῶν πολεμούντων Ῥωμαίοις, ὁ Δέκιος ὕπατος Ῥωμαίων, συστράτηγος [5] ὢν Τορχουάτου [6], ἐπέδωκεν [7] ἑαυτὸν εἰς σφαγήν. Καὶ ἀνῃρέθησαν τῶν ἐναντίων χιλιάδες ἑκατὸν αὐθημερόν.

LXXVIII. Ὅτι [8] Ῥωμαίων Λατίνοις πολεμούντων, καὶ τοῦ μάντεως εἰπόντος Ῥωμαίους νικᾶν [9], εἰ ὁ ἕτερος τῶν ὑπάτων χθονίοις ἑαυτὸν ἐπιδοίη δαίμοσι [10], Δέκιος ὁ ὕπατος [11] τὴν πολεμικὴν σκευὴν ἀποθέμενος καὶ τὴν ἱερὰν ἐσθῆτα ἀναλαβὼν [12] κατὰ τὸ καρτερικώτατον εἰσελαύνει τῶν

ἦν se trouve ainsi dans les Exc. Peir. : Ὅτι ὁ Τορχουάτος οὐ τὰ πάντα τραχὺς ἦν, οὐδ' οἷος ἐς τὸν υἱὸν ἐγένετο, καὶ ἐς τἆλλα ἦν. J'adopte cette leçon et je remplace ἄλλα du Ms. du Vatic. par τἆλλα. Dans le même Ms. τρυφῆς, au lieu de τραχὺς donné par M. Mai, est une faute du copiste.

1. Ce passage est presque traduit de Tite-Live, VIII, 10 : « Ea virtute eoque consilio in prælio fuit, ut facile convenerit inter Romanos Latinosque, qui ejus pugnæ memoriam posteris tradiderunt, utrius partis T. Manlius dux fuisset, ejus futuram haud dubie fuisse victoriam. »
2. (Exc. Val. XIV. R. p. 6.) Ce fragment est tiré des scolies d'Is. Tzetzès sur la Cassandre de Lycophron, v. 1378.
3. Dans Is. Tzetzès : Γράφει τοιοῦτόν τι Δοῦρις, c'est-à-dire un dévouement comparable à celui de Codrus dont le Scoliaste vient de parler. Au lieu de τοιοῦτόν τι, deux Ms. de G. Müller, Vit. 2 et 3, portent τοιοῦτό τι.
4. J'adopte l'écriture Σαυνιτῶν, d'après les Exc. Vat. A. M. p. 162-164, éd. Rom., et les meilleures éditions de Polybe, Denys d'Hal., Plutarque, Appien. Ailleurs M. A. Mai, d'après les Ms. du Vatic., lit Σαμνιτῶν, p. 161 et 535, éd. Rom., écriture qui se trouve toujours dans Diodore de Sicile, excepté liv. XXI, 6. t. I, p. 426. Coll. Didot, et dans Zonaras.

champ de bataille. Aussi ses concitoyens et ses ennemis disaient-ils également qu'il tenait dans sa main la fortune des combats, et que s'il avait été à la tête des Latins, il leur aurait donné la victoire.

LXXII. Duris, Diodore et Dion racontent qu'à l'époque où les Samnites, les Toscans et d'autres peuples faisaient la guerre aux Romains, le consul Décius, qui commandait l'armée avec Torquatus, se dévoua spontanément à la mort : cent mille ennemis furent massacrés le même jour.

LXXVIII. Pendant la guerre entre les Romains et les Latins, un devin annonça que les premiers remporteraient la victoire, si l'un des deux consuls se vouait aux dieux infernaux. Aussitôt Décius, dépouillant l'appareil militaire, prend le vêtement sacré, se précipite dans les rangs les plus épais des ennemis et périt frappé

---

5. Στρατηγός par l'omission de la préposition, dans deux Ms. de G. Müller, Vit. 2 et 3.

6. Τουρκουάτου, dans les mêmes Ms.

7. Comme dans Sébastien : G. Müller adopte ἔδωκεν, d'après les mêmes Ms.

8. (Exc. Vat. A. M. p. 534-535, et n° XXX. p. 157-158, éd. Rom.)

9. Zonaras, l. l. p. 363, éd. Du C., indique une autre cause : Ὄναρ ἀμφοῖν τοῖς ὑπάτοις ἐν τῇ αὐτῇ νυκτὶ ὁμοίως φανὲν ἔδοξε λέγειν, τῶν ἐναντίων κρατήσειν κτλ.

10. Le même, l. l. : Ἂν ὁ ἕτερος τῶν ὑπάτων ἑαυτὸν ἐπιδῷ.

11. Le même, l. l., donne plus de détails : Μεθ' ἡμέραν οὖν ἀλλήλοις τὸ ὄναρ διηγησάμενοι, συνέθεντο θεῖον εἶναι, καὶ πεισθῆναι δεῖν αὐτῷ ὡμολόγησαν. Ἡμφισβήτησαν δὲ πρὸς ἀλλήλους, οὐχ ὃς ἂν σωθείη, ἀλλ' ὃς ἂν μᾶλλον ἑαυτὸν ἐπιδῷ. Καὶ παρὰ τοῖς πρώτοις τοῦ στρατοπέδου ἐδικαιολογήσαντο. Καὶ τέλος ἤρεσε σφίσι, τὸν μὲν ἐπὶ τοῦ δεξιοῦ κέρως, τὸν δὲ ἐπὶ τοῦ λαιοῦ παρατάξασθαι, καὶ ὁπότερον ἂν ἐκείνων ἐλαττωθῇ, τὸν ἐπ' αὐτῷ τεταγμένον ἀποθανεῖν κτλ.

12. Le même, l. l. : Εἶτα τὸ κατὰ τὸν Δέκιον κέρας μικρόν τι τοῖς Λατίνοις ἐνέκλινεν· ὃ γνοὺς ὁ Δέκιος, ἑαυτὸν ἐπιδέδωκε, καὶ τὰ ὅπλα ἐκδὺς τὴν ἐσθῆτα ἐνέδυ τὴν περιπόρφυρον.

πολεμίων· καὶ ὁ μὲν πανταχόθεν βαλλόμενος θνήσκει [1], Ῥωμαίοις δὲ πρὸς τὸ εὐτυχὲς ὁ ἀγὼν ἐτελεύτα [2].

Ἡμεῖς δὲ θαυμάζομεν· εἰ [3] γὰρ ὁ θάνατος αὐτοῦ Δεκίου τὴν μάχην ἀνώρθωσε καὶ τοὺς μὲν νικῶντας ἥττησε, τοῖς δὲ δὴ κρατουμένοις νίκην ἔδωκεν, οὐ μὴ καὶ συμβαλεῖν ἔχω, δι' ὃ τοῦτ' ἐγένετο [4]. Ὅταν μὲν τὰ πραχθέντα τισὶν ἐπιλέξωμαι, πολλὰ γὰρ ἤδη πολλοῖς τοιαῦτα συνενεχθέντα ἴσμεν, οὐ δύναμαι τοῖς λεγομένοις ἀπιστῆσαι· ὅταν δὲ δὴ τὰς αἰτίας αὐτῶν ἐκλογίσαιμι, καὶ πάνυ ἐς ἀπορίαν καθίσταμαι· πῶς γὰρ ἂν πιστεύσειέ τις [5] ἐκ τοιαύτης ἑνὸς ἀνδρὸς ἐπιδόσεως τοσοῦτο πλῆθος ἀνθρώπων ἔς τε τὴν σωτηρίαν ὁμοίως καὶ ἐς τὴν ἐπικράτησιν μεταβαλέσθαι; Καὶ ταῦτα μὲν ὅπη ποτὲ καὶ δι' ἃς αἰτίας οὕτως ἔχει ζητεῖν ἄλλοις μελήσει [6].

LXXIX. Ὅτι [7] οἱ Ῥωμαῖοι καίπερ ἀχθόμενοι τῷ Τορκουάτῳ [8], διά τε τὸν υἱὸν αὐτοῦ, οὕτως ὥστε τὰ χαλεπώτατα τῶν ἔργων μαλλιανὰ [9] ἀπ' αὐτοῦ ὀνομάσαι, καὶ

---

1. Zonaras, l. l.: Καὶ οἱ μὲν οὕτω φασὶν ἐφ' ἵππον ἀναπηδῆσαι αὐτὸν, καὶ εἰσελάσαι πρὸς τοὺς πολεμίους, καὶ ὑπ' ἐκείνων ἀποθανεῖν· οἱ δὲ ὑπὸ τοῦ συστρατιώτου πολιτικοῦ σφαγῆναι.

2. Le même, l. l.: Τέως δὲ τελευτήσαντος τοῦ Δεκίου τοῖς Ῥωμαίοις ἡ νίκη καθαρῶς συνηνέχθη.

3. Je place ici le fragment qui porte le n° XXX dans M. A. Mai, p. 157-158, où il commence ainsi : Ὅτι φησὶν ὁ Δίων. L'illustre éditeur reconnaît que cet extrait doit être mis immédiatement après le précédent. « Sic, dit-il, copula fiet : Πρὸς τὸ εὐτυχὲς ὁ ἀγὼν ἐτελεύτα· ἡμεῖς δὲ θαυμάζομεν· εἰ γὰρ κτλ. » L'enchaînement des idées exige cet ordre : je l'ai adopté, en supprimant les mots ὅτι φησὶν ὁ Δίων.

4. Zonaras lui-même va au delà du doute, l. l.: Καὶ οἱ Λατῖνοι πάντες ἐτράπησαν, οὐ πάντως δὲ διὰ τὸν θάνατον τοῦ Δεκίου.

de mille traits : le combat eut une heureuse issue pour les Romains.

J'admire une si belle action ; mais comment la mort de Décius rétablit-elle la fortune de leurs armes ; comment triompha-t-elle des vainqueurs et donna-t-elle la victoire aux vaincus? Je ne saurais le comprendre. Quand je passe en revue de tels exploits (et plusieurs historiens, nous le savons, en ont déjà recueilli un grand nombre), je ne puis refuser d'y croire; mais lorsque j'en examine les causes, je tombe dans une grande perplexité. Comment admettre, en effet, que par un changement subit la mort volontaire d'un seul pût sauver tant d'hommes et leur assurer la victoire? Je laisse à d'autres le soin de rechercher par quel moyen de tels événements ont pu s'accomplir.

LXXIX. Les Romains avaient pour M. Torquatus, à cause de sa dureté envers son fils, une haine si violente qu'ils donnaient son nom aux actes les plus

---

5. Dans M. A. Mai : Πῶς γὰρ καί. Au lieu de καί, je lis ἄν exigé par la grammaire et confirmé par Zonaras, l. l. : Πῶς γὰρ ἄν τις πιστεύσειεν, ἐξ ἑνὸς ἀνδρὸς τοιᾶσδε τελευτῆς τοσοῦτον πλῆθος ἀνθρώπων τὸ μὲν φθαρῆναι, τὸ δὲ σωθῆναι καὶ νικῆσαι περιφανῶς.

6. Μελλήσει est une faute dans le Ms. du Vatic. Sur la confusion de μέλλειν et μέλειν, cf. M. Boissonade, Notices des Ms. t. XI. p. 38.

7. (Exc. Vat. XXIX. A. M. p. 157, éd. Rom.)

8. Τορκουάτῃ dans M. A. Mai. Je lis Τορκουάτῳ, d'après les Fr. LXXVI et LXXVII, p. 136-138, et d'après Appien, III, 2 et 3.

9. Μαλλικανί, faute du copiste dans le Ms. du Vatic. La leçon que j'adopte est de M. A. Mai. Tite-Live, VIII, 7 : *Manlianaque imperia*, non in præsentia modo horrenda, sed exempli etiam tristis in posterum essent. Cf. VIII, 34.

διότι καὶ τὰ ἐπινίκια τεθνηκότος μὲν ἐκείνου, τεθνηκότος δὲ καὶ τοῦ συνάρχοντος ἑώρτασεν [1]· ὅμως, ἐπείξαντός ποτε ἑτέρου σφᾶς πολέμου, καὶ αὖθις αὐτὸν ἐς τετάρτην ὑπατείαν προεχειρίσαντο· οὐ μέντοι καὶ ἐκεῖνος ἄρξαι ἑαυτῶν ἐθέλησεν, ἀλλ' ἐξωμόσατο εἰπών, ὅτι οὔτ' ἂν ἐγὼ ὑμῶν ἀνασχοίμην, οὔθ' ὑμεῖς ἐμοῦ.

LXXX. Ὅτι [2] ἀνθυπαγόμενοι τοὺς Λατίνους εἰς εὔνοιαν οἱ Ῥωμαῖοι τὴν πολιτείαν αὐτοῖς ἔδωκαν, ὥστε καὶ τῶν ὁμοίων σφίσι μεταλαμβάνειν· ὧν γὰρ ἀπειλοῦσι τὸν πόλεμον οὐ μετέδοσαν, καὶ δι' ἃ [3] τοσούτους κινδύνους ὑπέστησαν, ταῦτα τότε κρατήσαντες αὐτῶν αὐτεπάγγελτοι τούτοις ἐψηφίσαντο· τοὺς μὲν τῆς συμμαχίας, τοὺς δὲ ὅτι μηδὲν ἐνεόχμωσαν ἀμειβόμενοι [4].

LXXXI. Ὅτι [5] διαγνώμην πρὸς Πριβερνάτας ἐποιήσαντο οἱ Ῥωμαῖοι ἐρωτήσαντες· τί παθεῖν τοιαῦτα δρῶντες ἄξιοι εἶεν; οἳ ἀπεκρίναντο θαρσούντως, ὅτι ὅσα χρὴ τοὺς ἐλευθέρους ὄντας τε καὶ ἐπιθυμοῦντας εἶναι· πυθομένου τε αὖθις τοῦ ὑπάτου· καὶ τί ποιήσετε [6], ἐὰν τῆς εἰρήνης τύχητε; ἔφασαν ὅτι ἂν μὲν ἐπὶ μετρίοις τισὶν αὐτὴν λάβωμεν, ἡσυχάσομεν· ἂν δὲ ἀφόρητόν τι προσταχθῶμεν, πολεμήσο-

---

1. Zonaras, l. l. p. 363, éd. Du C. : Ὁ δέ γε Τουρκουάτος καὶ τὸν υἱὸν ἀποκτείνας, καὶ τοῦ συνάρχοντος τεθνηκότος, ἑώρτασεν ὅμως τὰ ἐπινίκια.
2. (Exc. Vat. XXXI. A. M. p. 158, éd. Rom.)
3. Διὰ est une faute d'impression dans M. A. Mai.
4. L'illustre Cardinal suppose avec raison qu'il y a ici quelque lacune.
 ‑ Haud scio an, dit-il, aliquid heic desit ; nam illi certe Latini qui bellum

inhumains : elle s'accrut encore, quand il eut célébré son triomphe, malgré la mort de ce fils et de son collègue. Cependant, pressés par une nouvelle guerre, ils n'hésitèrent pas à lui décerner un quatrième consulat; mais il ne l'accepta pas, et, accompagnant son refus d'un serment : « Je ne pourrais, dit-il, vous « supporter, et vous ne pourriez me supporter vous-« mêmes. »

LXXX. Les Romains, après s'être réconciliés avec les Latins, leur donnèrent le droit de bourgeoisie et tous les priviléges dont jouissaient les citoyens. Ce qu'ils avaient dénié en bravant les plus grands dangers, quand on les menaçait de la guerre, ils l'accordèrent de bon gré après la victoire; aux uns pour prix de leur alliance, aux autres parce qu'ils n'avaient tenté aucune nouvelle attaque. *An de Rome 416.*

LXXXI. Les Romains, délibérant sur le sort des Privernates, leur demandèrent comment ils croyaient devoir être traités, après la conduite qu'ils avaient tenue. Les Privernates répondirent avec fierté : en hommes qui sont libres et qui veulent rester libres. Le consul leur ayant demandé ensuite : « Que ferez-vous, si vous obtenez la paix ? » — « Nous nous tiendrons tranquilles, dirent-ils, si les « conditions sont modérées : si elles sont intolérables, *An de Rome 426.*

---

gesserant, neque societatis neque quietis causa gratiam a Romanis referre potuerunt. »

5. (Exc. Vat. XXXI. A. M. p. 158-159, éd. Rom.)

6. Dans M. A. Mai ποιήσητε — πολεμήσωμεν. L'indicatif est exigé par le sens : je l'adopte avec l'éditeur de Leipzig.

μεν¹. Θαυμάσαντες δὲ τὴν προθυμίαν οὐχ ὅπως τὰς σπονδὰς πολὺ βελτίους σφίσι παρὰ τοὺς ἄλλους ἔδοσαν²,...

LXXXII. ... Ἀλλ' εὖ ἴσθι³, ὅτι αἱ μὲν ἀνήκεστοι τοιούτοις τιμωρίαι αὐτούς τε τοὺς δικαιωμένους προσαπολλύουσι, δυνηθέντας ἂν ἀμείνους γενέσθαι· καὶ τοὺς ἄλλους οὐδὲν μᾶλλον σωφρονίζουσιν. Ἡ γὰρ ἀνθρωπίνη φύσις οὐκ ἐθέλει ἑαυτῆς πρὸς τὰς ἀπειλὰς ἐξίστασθαι, ἀλλ' ἢ δέους τινὸς ἀνάγκη, ἢ θάρσους ὕβρει, ἀπειρίας τε θρασύτητι καὶ ἐξουσίας προπετείᾳ, ἢ καθ' ἑτέραν τινὰ συντυχίαν, οἷα πολλὰ πολλοῖς καὶ παρ' ἐλπίδα συμβαίνει, τοὺς μὲν οὐδὲ ἐνθυμουμένους τῶν κολάσεων, ἀλλ' ἀλογίστως αὐτῶν ἐς τὸ προκείμενον φερομένους, τοὺς δὲ παρ' οὐδὲν αὐτοὺς πρὸς τὸ τυχεῖν ὧν ὀρέγονται ποιουμένους, ἁμαρτάνειν ἀναπείθει. Αἱ δὲ ἐμμελεῖς φιλανθρωπίαι τἀναντία αὐτῶν πάντα διαπράττουσιν· ὑπὸ γὰρ τῆς ἐγκαίρου συγγνώμης αὐτοί τε πολλάκις μεταβάλλονται, ἄλλως⁴ καὶ ὅταν⁵ ἐξ ἀνδρείας καὶ μὴ κακουργίας, ἐκ φιλοτιμίας καὶ μὴ πονηρίας ποιήσωσι (δεινὴ γάρ ἐστι καὶ δουλῶσαι καὶ σωφρονίσαι φρόνημα γενναῖον εὔλογος φιλανθρωπία)· καὶ τοὺς ἄλλους ἐθελοντὰς,

---

1. Tite-Live, VIII, 21 : « Interrogatus a quodam tristioris sententiæ auctore, quam pœnam meritos Privernates censeret? — Eam, inquit, quam merentur, qui se libertate dignos censent. » Et un peu plus loin : Quid, si pœnam, inquit, remittimus vobis, qualem nos pacem vobiscum habituros speremus? — Si bonam dederitis, inquit, et fidam et perpetuam; si malam, haud diuturnam. »

2. Le sens est interrompu : « Particulæ οὐχ ὅπως, dit M. A. Mai, postulant alterum orationis membrum. Existimo autem librarium oscitantem scripto quod mox sequitur ἀλλ', transiliisse ad alterius loci ἀλλ' (cf. le fragment suivant), mediis prætermissis. »

« nous ferons la guerre. » Pleins d'admiration pour tant de courage, les Romains ne se bornèrent pas à les traiter beaucoup mieux que les autres peuples,...

LXXXII. « ... Sachez-le bien : des peines trop sé- « vères, infligées à de tels hommes, les perdent quand « ils auraient pu devenir meilleurs, et ne rendent pas « les autres plus sages. La nature humaine ne se laisse « point détourner de ses voies par les menaces : une « crainte irrésistible, une audace insolente, la té- « mérité de l'inexpérience, l'aveugle confiance qu'ins- « pire un grand pouvoir; enfin un de ces hasards im- « prévus et si fréquents, poussent les hommes à mal « faire : ils marchent à leur but, tantôt sans penser « au châtiment ou sans s'en inquiéter, tantôt sans « tenir le moindre compte de la vie; pourvu qu'ils « atteignent l'objet de leurs désirs. Une humanité rai- « sonnée produit des résultats tout à fait contraires : « par un pardon accordé à propos, elle amène sou- « vent les coupables à de meilleurs sentiments; sur- « tout si leurs fautes dérivent du courage et non de la « lâcheté, de l'amour de la gloire et non d'un instinct « vicieux : l'indulgence éclairée est toute-puissante « pour dompter un orgueil généreux et le plier au « joug de la raison; d'autres se corrigent d'eux-mêmes,

An de Rome 430.

---

3. (Exc. Vat. XXXII. A. M. p. 159-160, éd. Rom.). Dans le Ms. du Vatic. cet extrait porte pour titre : Ἐκ τῆς δημηγορίας τοῦ πατρὸς 'Ρούλλου.

C'est un fragment de la défense du jeune Q. Fabius Rullianus, qui avait attaqué les Samnites, malgré le dictateur Papirius Cursor. Cf. Tite-Live, VIII, 30-36, et les notes de M. A. Mai, l. l.

4. Cette leçon peut être maintenue : toutefois j'aimerais mieux avec l'Éditeur de Leipzig, ἄλλως τε καί.

5. Ὅτ' ἄν dans M. A. Mai.

ἄτε καὶ σεσωσμένον ὁρῶντας, μεταρῥυθμίζουσι [1]. Πείθεται γὰρ πᾶς ἥδιον ἢ βιάζεται, καὶ ἑκούσιος ἀκούειν τὸν νόμον βούλεται μᾶλλον ἢ ἀνάγκῃ· ὅτι τὸ μὲν αὐθαίρετον ὡς καὶ οἰκεῖόν που δόξει, τὸ δὲ ἐξ ἐπιτάγματος ὡς καὶ ἀνελεύθερον ἀπωθεῖται· ὅτι τῆς μεγίστης καὶ ἀρετῆς καὶ ἐξουσίας ἐστὶν ἔργον οὐ τὸ φονεῦσαί τινα, τοῦτο μὲν γὰρ καὶ ὑπὸ τῶν κακίστων καὶ ἀσθενεστάτων πολλάκις γίγνεται· ἀλλὰ τὸ φείσασθαί τινος καὶ τὸ σῶσαί τινα, ὃ μηδεὶς ἄλλος ἡμῖν ἄκοντός γέ σου δύναται [2]. Βούλομαι μὲν ἤδη πεπαῦσθαι ἐλέγχων· τό τε γὰρ ψυχίδιόν μου κέκμηκε καὶ τὸ φθέγμα ἐνδίδωσι, τά τε δάκρυα τὴν φωνὴν ἀνίσχει, καὶ ὁ φόβος τὸ στόμα συνδεῖ· ἀλλ' οὐκ ἔχω πῶς ἀλλαγῶ· τὸ γὰρ πάθος (ἄν γε μὴ μᾶλλον δόξῃ σοι δεξιόν τι προφαινόμενον) οὐκ ἐπιτρέπει μοι σιωπῆσαι· ἄλλως καὶ παρὰ τοῦθ' ὅτι πόσον τελευταῖον εἴπω, τῆς σωτηρίας μοι τοῦ παιδὸς ἐσομένης, ἀναγκάζει με πλείω, ὥσπερ ἐν εὐχαῖς, λαλεῖν [3].

LXXXIII. Τότε γὰρ [a] καὶ τὸ σχῆμα τῆς ἀρχῆς ἧς

---

1. Μεταριθμίζουσι dans le Ms. du Vatic. est une faute du copiste : elle provient de la confusion de l'υ et de l'ι et de l'habitude d'écrire certains mots avec une seule consonne, quand il en faut deux, et réciproquement. J'en ai déjà parlé.

2. M. A. Mai dit, à propos de ces réflexions morales : « Satis apparet Eclogarium heic conservasse partem hanc orationis propter contentas in ea sententias. Titulo autem *de Concionibus* integram, puto, orationem reservavit.

3. Passage très-douteux. M. A. Mai lit : Ἄν γε μᾶλλον δόξῃ σοι μὴ δόξ[ει ἐπὶ] τι προφαινόμενον οὐκ ἐπιτρέπει μοι σιωπῆσαι· ἄλλως καὶ παρὰ τοῦθ' ὅτι πόσον τελευταῖον εἴπω κτλ. ; mais il n'est pas sûr du texte : « ita mihi legere

« en voyant un coupable sauvé. La persuasion a plus
« d'attrait que la violence : nous aimons mieux être les
« esclaves volontaires de la loi que de lui obéir par con-
« trainte ; car nous regardons tout acte spontané comme
« nous appartenant en propre, tandis que nous repoussons
« comme une bassesse celui qui nous est commandé. D'ail-
« leurs une grande vertu, une grande puissance ne se ré-
« vèlent point par l'effusion du sang : souvent la main la
« plus vile et la plus faible peut le répandre. Elles éclatent
« plutôt par la magnanimité qui épargne un homme
« et conserve ses jours; et personne ne peut nous
« sauver, malgré vous. Je voudrais terminer ici mes
« plaintes : mon faible cœur est abattu, ma parole s'é-
« teint, les larmes étouffent ma voix, la crainte enchaîne
« ma langue ; mais je ne sais comment finir. La douleur,
« à moins que vous ne soyez résolu à laisser entrevoir
« quelque indice d'une décision favorable, ne me per-
« met pas de garder le silence ; alors surtout qu'intercé-
« dant une dernière fois pour obtenir le salut de mon
« fils, je dois insister davantage, comme quand on
« adresse des prières aux dieux. »

LXXXIII. Dans ce moment, Papirius craignit de

---

videbar, dit-il, » et il traduit : *Nam dolor, nisi tua mihi sententia faustum aliquid portendat, haud me conticescere patitur, etc.* D'après cette version que j'ai suivie, je transporte μή avant μᾶλλον, et je substitue δεξιόν à δό[ξει ἐπί] : la confusion a pu être facile entre ΔΕΞΙΟΝ et ΔΟΞΕΙΕΙΙΙ. M. Tafel propose ἄν γε μὴ ἄλλο δόξῃ σοι, μὴ κτλ. et traduit : *Mein Unglück scheint mir, œnderst du nicht deinen Sinn, noch lange nicht geschildert, es erlaubt mir nicht zu schweigen.* Quant aux mots πόσον τελευταῖον εἴπω, je les ai laissés dans le texte ; mais je crois qu'on pourrait les remplacer par τὸ νῦν τελευταῖον εἰπεῖν : j'ai traduit d'après cette conjecture.
4. (Exc. Vat. XXXIII. A. M., p. 160-161, éd. Rom.)

148 ΔΙΩΝΟΣ ΤΟΥ ΚΑΣΣΙΟΥ ΛΕΙΨΑΝΑ. ΒΙΒΛ. Α-ΛϚ.

περιεβέβλητο ώκνει καταλΰσαι· και επειδή έμελλε Ρούλλου φείσασθαι (την γάρ σπουδήν τοϋ δήμου έώρα), έκείνω
τε χαρίσασθαι επί πλείον έπισχεϊν, και τόπον έαυτω
έπιτρέψαι μάλλον, ώστε εξαρκή [είναι], τω αύτω συγγνούς
έθέλησε [1]· τότε ούν πρόσωπον επιστρέψας καΐ τον δήμον
δριμύ [2] ύποβλέψας τήν φωνήν ένέτεινε και είπε [3]. . . .

Και σιωπή μεγίστη· ού μέν και ήσύχαζον, άλλ' οίον
τι φιλεϊ έν τοιούτω γίγνεσθαι, αύτω τε έπιστένοντες και
πρός αλλήλους τονθορύζοντες, έν μέν ούδέν λαλοϋντες έξ-
ηκούοντο, σωθήναι δέ δή τόν ίππαρχον έπιθυμείν ύπωπτεύ-
οντο · ίδών δέ ταΰθ' ό Παπίριος και φοβηθείς μή [4] νεο-
χμώσωσί τι, τοϋ τε πάνυ αρχικού, όπερ ές έπανόρθωσιν
αυτών έπι μείζον τοϋ καθήκοντος προσεπεποίητο, ύφήκε ·
και τά λοιπά μετριάζων ές τε φιλίαν έαυτοϋ και προθυμίαν
αύθις άντικατέστησεν, ώστε συμβαλόντες τοις έναντίοις
άνδρίσασθαι [5].

LXXXIV. Νικηθέντες [6] οί Σαυνίται ύπό Ρωμαίων έπ-

---

1. M. A. Mai lit: Και επειδή έμελλε διά 'Ρούλλου — έκείνω τε έπι πλείον
άντισχών χαρίσασθαι, και τόπον έαυτω έπιτρέψαι μάλλον, ώστε έξαρκή · τω
αύτω συγγνούς έθελήθη, mais sans garantir le texte, à cause de l'état du
manuscrit. Plusieurs changements m'ont paru indispensables.
1° Je lis : Και επειδή έμελλε 'Ρούλλου — έκείνω τε χαρίσασθαι έπι πλείον
έπισχεϊν, en faisant dépendre έπισχεϊν de έθέλησε. Pour des exemples de
l'emploi de έπισχεϊν, cf. Denys d'Hal. Fr. XVI, 11, XVIII, 11, éd. de
Milan, et Dion Fr. CLXII, p. 260-262. Quant à διά, qui rendait la construction de la phrase impossible, j'ai dû l'effacer : ce mot m'a paru provenir
d'une altération dans le manuscrit. Il n'y a pas loin de ΡΟΥΛΔΙΑΝΟΥ a
ΡΟΥΛΔΙΑΛΟΥ. M. A. Mai a lu ΔΙΑΡΟΥΛΛΟΥ, par respect pour le
surnom de Rullus, donné ordinairement à Q. Fabius, cf. Fr. XCIV, p.
164; quoique son surnom véritable soit Rullianus, comme dans la tra-

porter atteinte à la dignité dont il était revêtu. Résigné à épargner Rullianus qu'il voyait entouré de l'affection populaire, il voulut différer encore cette faveur et se donner tout le temps nécessaire pour bien réfléchir ; quoiqu'il eût déjà pardonné dans son cœur. Il se tourna donc vers le peuple et lui lança des regards perçants : puis élevant la voix, il parla en ces termes....

Il se fit un silence profond : cependant le peuple n'était pas tranquille. Comme il arrive dans de semblables conjonctures, on gémissait sur le sort de l'accusé, on murmurait à voix basse : aucune parole n'était proférée; mais on voyait que chacun désirait le salut du maître de la cavalerie. Papirius le comprit; et, par la crainte de nouveaux troubles, il fit fléchir l'autorité qu'il exerçait avec une rigueur excessive, sous prétexte de corriger les soldats. Plus modéré dans la suite, il regagna leur amitié et leur dévouement : aussi montrèrent-ils beaucoup de courage, lorsqu'ils en vinrent aux mains avec les ennemis.

LXXXIV. Les Samnites, vaincus par les Romains,

An de Rome 432.

---

duction. Cf. Pighius, Ann. Rom., t. I, p. 342, éd. Schott. ; le même, l. l., p. 347, 367, et les Éclaircissements, à la fin de ce volume, p. 367.

2° A la place de ὥστε ἐξαρχῇ, j'écris ὥστε ἐξαρχῆ, accusatif se rapportant à τόπον avec l'addition de εἶναι, et j'adopte le sens de M. Tafel : *Und nahm sich, nachdem er ihm bereits verziehen, noch Zeit zur Erwägung.*

3° Enfin, je remplace ἐθελήθη, qui n'est pas grec, par ἐθέλησε.

2. Δρυμά dans M. A. Mai : je lis δριμύ, d'après Dion lui-même. Cf. l'*Index*, à ce mot.

3. Le discours de Papirius a été supprimé par le Compilateur. Cf. celui que lui prête Tite-Live, VIII, 34.

4. Καί dans le Ms. du Vatic. J'emprunte μή à M. A. Mai.

5. Cf. Tite-Live, VIII, 36.

6. (Exc. Urs. δ'. CXLIII. R. p. 59.)

Ce fragment ne se trouve ni dans le Ms. du Vatic. n° 1418, ni dans celui

εκηρυκεύσαντο [1] τοῖς ἐν τῇ πόλει Ῥωμαίοις, τούς τε αἰχμαλώτους, ὅσους εἶχον αὐτῶν, πέμψαντές σφισι· καί τινος Παπίου [2], ἀνδρὸς ἔς τε τὰ πρῶτα παρ' αὐτοῖς ἀξιουμένου [3], καὶ τὴν αἰτίαν τοῦ πολέμου πᾶσαν φερομένου, τήν τε οὐσίαν καὶ τὰ ὀστᾶ, ἐπειδὴ φθάσας ἑαυτὸν προκατεχρήσατο, διέρριψαν [4].

Οὐ μέντοι καὶ [5] ἔτυχον τῆς εἰρήνης. Ἄπιστοί τε γὰρ δόξαντες εἶναι καὶ πρὸς τὰς συμφορὰς ἐς παράκρουσιν τοῦ ἀεὶ κρατοῦντος σφῶν σπένδεσθαι, οὐχ ὅσον οὐχ εὕροντό τι συμβατικόν, ἀλλὰ καὶ ἄσπονδον σφίσι τὸν πόλεμον παρεσκεύασαν. Οἱ γὰρ Ῥωμαῖοι, καί τοι τοὺς αἰχμαλώτους λαβόντες, ἀκηρυκτεὶ [6] πολεμεῖν αὐτοῖς ἐψηφίσαντο.

de Munich n° 3. Le Ms. n° 1 le donne ; mais au lieu de νικηθέντες, il porte : Ὅτι νικηθέντες. Dans Zonaras, l. l. 26. p. 363, éd. Du C., on lit : Ὑπὸ δὲ Κορνηλίου Αὔλου δικτάτορος, καὶ πάλιν πολεμηθέντες καὶ ἡττηθέντες.

1. Dans le Ms. de Munich n° 1, ἐκηρυχεύσαντο : la préposition a été omise, suivant l'usage des copistes. Zonaras , l. l. : Διεκηρυκεύσαντο πρὸς τοὺς ἐν τῇ Ῥώμῃ, τοὺς αἰχμαλώτους τε ὅσους εἶχον πέμψαντες αὐτοῖς.

2. Le Ms. de Munich n° 1 et le texte de F. Orsini portent Παπιρίου, leçon conservée par tous les éditeurs : celle que j'adopte repose sur Tite-Live, VIII, 39 : « Unum maxime nomen per consensum clamantium Brutuli Papii exaudiebatur : vir nobilis potensque erat, haud dubie proximarum induciarum ruptor. » D'après Reimar, nul doute que le nom de Papirius ne se soit glissé ici , parce qu'il se trouvait probablement un peu plus haut dans Dion Cassius, comme dans Zonaras, l. l. : Ὧν εἷς ἦν καὶ Λούκιος Παπείριος, ὁ καὶ Κούρσωρ ὀνομαζόμενος διά τε τὴν ἕξιν (ἦν γὰρ δρομικώτατος), καὶ διὰ τὴν ἄσκησιν τὴν τοῦ δρόμου.

3. La leçon du Ms. de Munich n° 1 et de F. Orsini, ἔσται τὰ πρῶτα τῶν παρ' αὐτοῖς ἀξιουμένων, ne fournit aucun sens. Aussi, F. Orsini proposa-t-il ἐς τὰ πρῶτα, correction juste; mais incomplète. Reimar a bien vu, en outre , que ται est pour τε et qu'il faut lire : Ἔς τε τὰ πρῶτα. De plus, au pluriel ἀξιουμένων il voulait avec raison substituer, comme dans Suidas, ἀξιουμένου, qui exige la suppression de τῶν devant παρ' αὐτοῖς. Je lis donc : Ἀνδρὸς ἔς τε τὰ πρῶτα παρ' αὐτοῖς ἀξιουμένου. Dion emploie une

envoyèrent une députation à Rome et rendirent tous les prisonniers tombés en leur pouvoir. De plus ils saccagèrent les biens et dispersèrent les ossements de Papius, l'un des premiers citoyens du Samnium, regardé comme le principal auteur de cette guerre, et qui s'était donné la mort.

Cependant ils n'obtinrent pas la paix ; comme ils avaient la réputation de manquer de bonne foi, de ne traiter que dans les revers et pour tromper le vainqueur, ils ne reçurent aucune réponse pacifique et suscitèrent contre eux une lutte sans fin : les Romains, après avoir recouvré leurs prisonniers, déclarèrent aux Samnites une guerre d'extermination.

locution analogue, XLI, 4 : Θαυμάσειε μὲν οὖν ἄν τις, ὅτι ἐς τὰ πρῶτα ὑπὸ τοῦ Καίσαρος ἀεί ποτε τιμηθείς..... ἄρχειν ἐποίησε τοῦτον. LIV, 3 : Οὐδὲ ἐπήρκεσαν τῷ Μουρήνᾳ οὔτε ὁ Προχούλιος ἀδελφὸς ὤν, οὔτε ὁ Μαικήνας τῇ ἀδελφῇ αὐτοῦ συνοικῶν, καίπερ ἐς τὰ πρῶτα ὑπὸ τοῦ Αὐγούστου τιμώμενοι.

4. Sturz voudrait lire διαρρίψαντες, qui s'accorderait mieux avec πέμψαντες. Je lis διέρριψαν, comme dans Zonaras, l. l. : Οὔ τὰ ὀστᾶ, ἐπεὶ φθάσας ἐκεῖνος διεχειρίσατο ἑαυτόν, διέρριψαν. Au lieu de διεχειρήσατο donné par F. Orsini j'adopte, d'après Reimar, προκατεχρήσατο souvent en usage dans Dion, cf. l'*Index;* mais étrangement défiguré dans le Ms. de Munich n° 1, qui porte πραπεχρήσατο.

5. Comme Reimar, j'ajoute les mots οὐ μέντοι καί d'après Zonaras, l. l. Ils manquent dans F. Orsini, ainsi que διέρριψαν. Pour justifier mon addition, je dois citer son texte : Τούς τε αἰχμαλώτους ὅσους εἶχον αὐτῶν πέμψαντές σφισι, καί τινος Παπιρίου..... τήν τε οὐσίαν καὶ τὰ ὀστᾶ, ἐπειδὴ φθάσας ἑαυτὸν διεχειρίσατο, ἔτυχον τῆς εἰρήνης. L'absence de διέρριψαν rend une partie de la phrase inintelligible, et les mots ἔτυχον τῆς εἰρήνης sont en contradiction avec ce qui suit : Οὐχ ὅσον οὐχ εὕροντό τι συμβατικόν. Au contraire, tout concorde dans la leçon que j'adopte avec Zonaras, l. l., qui nous rend la main de Dion : Οὐ μέντοι καὶ ἔτυχον τῆς εἰρήνης, ὡς ἄπιστοι· ἀλλ' ἄσπονδόν σφισιν ἐψηφίσαντο πόλεμον, καί τοι τοὺς αἰχμαλώτους λαβόντες.

6. Le Ms. de Munich n° 1 porte ἀκηρυκτί, adopté par Sturz d'après le principe, que les adverbes formés d'adjectifs en ος ont la terminaison

LXXXV. Πολλὰ [1] μὲν δὴ οὖν καὶ ἄλλα τοῦ ἀνθρωπείου γένους θαυμάσειεν ἄν τις, οὐχ ἥκιστα δὲ τὰ τότε γενόμενα· οἱ γὰρ Ῥωμαῖοι ὑπεραυχήσαντες, ὥστε μήτε κήρυκα ἔτι ἐπ᾽ εἰρήνῃ παρὰ τῶν Σαυνιτῶν [2] προσδέχεσθαι ψηφίσασθαι, καὶ προσελπίσαι καὶ αὐτομαχεὶ πάντας αὐτοὺς αἱρήσειν, [ἐν] δεινῷ [παθήματι] [3] περιέπεσον καὶ ἐν αἰσχύνῃ οἵᾳ [4] οὔπως ποτὲ ἐγένοντο· καὶ ἐκεῖνοι ἄλλως τε ὑπερδείσαντες καὶ ἐν μεγάλῃ συμφορᾷ τὸ μὴ σπείσασθαι ποιησάμενοι πανσυδίᾳ τε τὸ στρατόπεδον ἐζώγρησαν καὶ πάντας ὑπὸ τὸν ζυγὸν ὑπήγαγον [5]· ἐς τοῦτο γὰρ αὐτοὺς ἡ τύχη περιέστη.

LXXXVI. Αἱ εὐεργεσίαι [6] ἐν τῇ τῶν ἀνθρώπων μᾶλλον προαιρέσει εἰσί, καὶ οὐχ ὑπ᾽ ἀγνοίας [7], οὐκ ὀργῆς, οὐκ ἀπάτης, οὐκ ἄλλου τινὸς τῶν τοιούτων γίγνονται, ἀλλ᾽ αὐθαίρετοι παρ᾽ ἑκουσίας καὶ προθύμου τῆς ψυχῆς ἐκτελοῦνται· καὶ διὰ ταῦτα χρὴ τοὺς μὲν πλημμελήσαντάς τι ἐλεεῖν, νουθετεῖν, παιδεύειν, φιλεῖν, ἀμείβεσθαι· καὶ ὅταν γε ὑπὸ τῶν ἀνθρώπων ἑκάτερον γένηται, πολύ που μᾶλλον τοῖς

---

en ι et non pas en εί. J'ai maintenu l'ancienne forme, défendue par des critiques d'une autorité plus que suffisante pour contre-balancer l'opinion des philologues qui se prononcent pour la désinence en ι. Cf. dans le *Thes. gr. ling.*, t. I. p. 1200, éd. Didot, un article remarquable de M. Fix.

1. (Exc. Vat. XXXIV. A. M. p. 161, éd. Rom.)
2. Au lieu de Σαυνιτῶν, donné par le Ms. du Vatic. Cf. p. 138, 148, 156, 158, 160.
3. Δεινῷ, sans préposition et sans substantif, est insuffisant dans M. A. Mai : j'ajoute ἐν qui se trouve dans le second membre de la phrase, et παθήματι emprunté à Zonaras, l. I. p. 364, éd. Du C. : Ὑπεραυχήσαντες οὖν οἱ Ῥωμαῖοι, καὶ αὐτοβοεὶ πάντας αὐτοὺς αἱρήσειν ἐλπίσαντες, δεινῷ παθήματι περιέπεσον.

LXXXV. Les événements humains ont souvent un ca- ractère extraordinaire : tel fut surtout celui qui marqua cette époque. Les Romains, dans leur orgueil insensé, avaient décrété qu'ils ne recevraient plus les hérauts envoyés par les Samnites pour traiter de la paix : ils se croyaient même assez forts pour les détruire tous ; et ils reçurent un échec plus terrible et plus igno- minieux que ceux qu'ils avaient essuyés jusqu'alors. Les Samnites, au contraire, qui avaient éprouvé de vives alarmes et regardé le refus de la paix comme un grand malheur, forcèrent l'armée romaine à demander quartier et la firent passer sous le joug : la fortune la réduisit à cette extrémité.

An de Rome 433.

LXXXVI. Les bienfaits ont leur source dans la libre volonté de l'homme, et non dans l'ignorance, la colère, la fourberie, ou dans tel autre principe semblable : ils proviennent d'une détermination spontanée, d'un généreux mouvement de l'âme. Nous devons donc avoir pitié de ceux qui ont commis une faute, leur donner des conseils, les éclairer, les aimer, rivaliser de bons offices avec eux ; et puisque les hommes agissent tantôt bien,

4. Correction de l'Éditeur de Leipzig, au lieu de οἷα, donné par M. A. Mai.

5. Zonaras, l. l. : Ὑπερδείσαντες γὰρ οἱ Σαμνῖται καὶ ἐν συμφορᾷ ποιού- μενοι τὸ μὴ σπείσασθαι, καὶ ὡς ἀπεγνωσμένοι μαχόμενοι, καὶ λοχήσαντες ἔν τινι χώρᾳ κοιλοτέρᾳ καὶ στενῇ, τό τε στρατόπεδον εἷλον, καὶ τοὺς Ῥωμαίους ἐζώγρησαν πανσυδί, καὶ πάντας ὑπήγαγον ὑπὸ τὸν ζυγόν.

6. (Exc. Vat. A. M. p. 535, éd. Rom.) Ce fragment est tiré du *Florileg. Vatic.* Je le place ici, parce qu'il est comme le préambule naturel du paragraphe suivant ὅτι αἱ διαφοραί, qui porte le n° XXXV dans les Exc. Vat. A. M. p. 161-162, éd. Rom.

7. D'après l'Éditeur de Leipzig, au lieu de οὐδ' ὑπ' ἀγνοίας, donné par M. A. Mai.

ἤθεσιν ἡμῶν προσήκει τῶν ἀμεινόνων μνημονεύειν ἢ τῶν ἀτοπωτέρων.

Ὅτι αἱ διαφοραὶ [1] εὐεργεσίαις παύονται· καὶ ὅσῳ ἄν τις ἐπὶ μεῖζον ἔχθρας ἐλθών, σωτηρίας ἀντὶ τιμωρίας παρὰ δόξαν τύχῃ, πολὺ μᾶλλον ἐκείνην τε ἑκὼν καταλύει καὶ ταύτης ἄσμενος ἡττᾶται· ὅσῳ τε τῶν ἄλλως πως διενηχθέντων οἱ [2] ἐκ φιλίας εἰς ἔχθραν χωρήσαντες [μᾶλλον] μισοῦσιν ἀλλήλους, τόσῳ πλεῖον καὶ τῶν ἄλλως πως εὐεργετηθέντων οἱ ἐκ διαφορᾶς εὐπαθόντες φιλοῦσι τοὺς πεποιηκότας· καὶ Ῥωμαῖοι οὖν βούλονται καὶ ἅμα [3] πολέμῳ κρατιστεύειν· προσέτι δὲ δὴ καὶ ἀρετὴν τιμῶσι καὶ φιλοτιμίαν ἀσκοῦσι, σπουδάζοντες ἀεὶ τὰ ὅμοια τοῖς ὁμοίοις καθ᾽ ὑπερβολὰς ἀμύνεσθαι.

Μέγα [4] μὲν γὰρ καὶ ἐπὶ τῷ τοὺς ἀδικήσαντάς τι ἀμύνασθαι [5] δεῖ φρονεῖν· μείζω δὲ δόξαν ἐπὶ τῷ τοὺς εὐεργετήσαντάς τι ἀμείβεσθαι ἔχειν.

Ὅτι [6] πεφύκασι πάντες ἄνθρωποι πλέον ἀλγεῖν ᾧ ἂν ἀτιμασθῶσιν [7] ἢ χαίρειν ἐφ᾽ οἷς ἂν εὐεργετηθῶσιν [8], καὶ

---

1. Exc. Vat. XXXV. A. M. p. 161-162, éd. Rom.
2. Τοί dans M. A. Mai. La leçon que j'adopte avec l'Éditeur de Leipzig correspond mieux à ce qui suit : Οἱ ἐκ διαφορᾶς εὐπαθόντες κτλ. Avant μισοῦσιν, j'ajoute μᾶλλον exigé ici par le sens, comme πλεῖον dans la phrase suivante.
3. M. A. Mai lit : Βούλονται ἂν καὶ ἅμα κτλ. J'ai suivi l'Éditeur de Leipzig, qui conseille avec raison d'effacer ἂν.
4. Je place ici le fragment tiré du *Florileg. Vatic.*, qui se trouve dans M. A. Mai, p. 536. Deux raisons m'y déterminent : la première, c'est qu'il fait suite à τὰ ὅμοια τοῖς ὁμοίοις —ἀμύνεσθαι. La seconde, c'est que dans le *Florileg.* il précède le fragment πεφύκασι γὰρ κτλ

tantôt mal, il convient à notre nature de garder le souvenir des bonnes actions, plutôt que des mauvaises.

Les inimitiés s'apaisent par des bienfaits : plus un homme s'est abandonné à la haine, plus il est prêt à l'étouffer et à s'avouer vaincu ; si la main, qui devait le punir, le sauve contre son attente ; et de même que ceux qui ont passé de l'amitié à la haine se détestent davantage ; de même, entre plusieurs hommes qui ont reçu des bienfaits, ceux-là se montrent les plus reconnaissants qui, après avoir rompu avec un ami, sont l'objet de sa générosité. Les Romains aspirent au premier rang dans le métier des armes; mais ils honorent aussi la vertu ; ils sont animés d'une noble ambition et se montrent toujours empressés de payer un service avec usure.

Nous devons mûrement réfléchir, avant de nous venger de ceux qui nous ont fait du mal ; mais notre sollicitude doit être plus grande encore, quand il s'agit de reconnaître un bienfait.

Tous les hommes éprouvent naturellement plus de peine pour un affront que de contentement pour un bienfait. Ils sont plus portés à se venger de ceux qui

---

5. Ἀμείνασθαι dans le *Florileg. Vatic.* M. A. Mai propose deux corrections, ἀμύνασθαι ou ἀμείψεσθαι. J'adopte la première, très-bonne pour le sens et qui n'exige que le remplacement de ει par υ, si souvent confondus.

6. Ce fragment se trouve deux fois dans M. A. Mai : p. 162, et p. 536 d'après le *Florileg. Vatic.* Seulement, p. 536, il finit aux mots τοῖς εὖ ποιήσασιν.

7. Ὧν ἀτιμασθῶσιν dans M. A. Mai. La leçon que je donne, d'après le *Florileg. Vatic.* l. l., est la seule correcte.

8. Comme dans le *Florileg. Vatic.* — M. A. Mai. lit εὐεργηθῶσιν (sic) sans ἄν, p 162.

ῥᾷόν γε ἐπεξέρχονται τοῖς λυπήσασί τι [1] σφᾶς ἢ ἀνθυπουργοῦσι τοῖς εὖ ποιήσασι [2]· τὴν δὲ κακοδοξίαν τοῦ τὸν σώσαντα μὴ δι' εὐνοίας ποιήσασθαι παρ' οὐδὲν πρὸς τὰ συμφέροντα αὑτῶν τιθέμενοι, καὶ τῷ θυμουμένῳ καὶ παρὰ τὸ λυσιτελοῦν σφῶν χαριζόμενοι [3].

Τοιούτοις αὑτοῖς [4] παρά τε τῆς ἐμφύτου φρονήσεως καὶ παρὰ τῆς [τοῦ] γήρως [5] ἐμπειρίας οὐ τὸ αὐτίκα κεχαρισμένον, ἀλλὰ τὸ ἔπειτα ἀλγεινὸν προσκοπεῖν παρήνεσεν.

LXXXVII. Ὅτι [6] Σαυνῖται [7] Ῥωμαίους αὐλῶσι στενοῖς ἀπολαβόντες, εἰς διαλλαγὰς ἐλθεῖν αἰσχρὰς ἠνάγκασαν, γυμνοὺς ὅπλων ζυγῷ καθ' ἕκαστον ὑποδυομένους ἀφιέντες [8]· ἡ δὲ πόλις τὰς μὲν τοιαύτας σπονδὰς διέλυσε, τοὺς δὲ ταύτας ποιησαμένους ὑπάτους τοῖς πολεμίοις ἐκδίδωσιν, εἰς ἐκείνους τὸ τῆς παρασπονδήσεως ἄγος ἀποτριβομένη.

LXXXVIII. Ὅτι [9] οἱ Καπυηνοί, τῶν Ῥωμαίων ἡττηθέντων καὶ ἐς Καπύην ἐλθόντων, οὔτ' εἶπον αὐτοὺς δεινὸν μηδὲν οὔτ' ἔπραξαν, ἀλλὰ καὶ τροφὴν καὶ ἵππους αὐτοῖς ἔδωκαν [10], καὶ ὡς κεκρατηκότας ὑπεδέξαντο · οὓς γὰρ οὐκ

---

1. D'après le *Florileg*. l. l. Dans M. A. Mai, p. 162, τοῖς τε λυπήσασι est probablement pour τοῖς τι λυπήσασι. Sur la confusion de τε et τι, cf. Notices des Ms., t. I, p. 282.

2. Τοῖς εὐποιήσασι dans M. A. Mai, l. l.

3. Ces réflexions morales paraissent tirées d'un discours prononcé à l'occasion de la défaite des Fourches Caudines. Cf les notes de M. A. Mai, p. 535-536, éd. Rom.

4. M. A. Mai lit : Τοιαῦτα αὐτοῖς que je n'ai pu conserver, puisque l'action de παρήνεσεν retombe sur οὐ τὸ αὐτίκα — προσκοπεῖν κτλ. Le sens exige nécessairement τοιούτοις αὐτοῖς — παρήνεσεν.

5. Τῆς γήρως dans M. A. Mai. Je lis τῆς [τοῦ] γήρως, pour plus de netteté.

leur ont causé du dommage qu'à rendre la pareille à leurs bienfaiteurs. Ils ne comptent pour rien la honte de sacrifier à leur intérêt l'affection due à celui qui les a sauvés, et ils compromettent des avantages réels, pour satisfaire leur colère.

Guidé par sa prudence naturelle et par l'expérience de la vieillesse, il les engageait ainsi à songer moins à ce qui leur plaisait dans le moment qu'à ce qui pouvait les affliger un jour.

LXXXVII. Les Samnites surprirent les Romains dans un étroit défilé : ils les forcèrent d'accepter un traité honteux et les firent passer sous le joug, un à un et sans armes. Rome n'observa pas ce traité : elle livra aux ennemis les consuls qui l'avaient souscrit et les rendit responsables de sa violation.

LXXXVIII. Après leur défaite, les Romains vinrent à Capoue : les habitants ne les blessèrent, ni par leurs paroles, ni par leurs actions : bien au contraire, ils leur donnèrent des vivres, des chevaux, et les reçurent comme s'ils avaient été vainqueurs. Ils n'auraient pas voulu, à

---

6. (Exc. Vat. A. M. p. 535, éd. Rom.) Je place ce fragment ici, parce qu'il résume les faits relatifs aux Fourches Caudines.

7. Σαμνῖται, dans le Ms. du Vatic. Cf. p. 138, 148, 162, 158, 160.

8. Zonaras, l. l. p. 364, éd. Du C. : Οὐδένα μέντοι ἀπέκτειναν, ἀλλὰ τά τε ὅπλα καὶ τοὺς ἵππους, καὶ τὰ ἄλλα ὅσα εἶχον, πλὴν ἑνὸς ἱματίου, ἀφείλοντο· καὶ γυμνοὺς σφᾶς ἀφῆκαν ἐπὶ συνθήκαις, τοῦ τε τὴν χώραν αὐτῶν ἐκλιπεῖν, καὶ συμμάχους σφίσιν ἀπὸ τῆς ἴσης εἶναι.

9. (Exc. Vat. XXXVI. A. M. p. 162-163, éd. Rom.)

10. Dans M. A. Mai, d'après le Ms. du Vatic., οὔτ' εἶπον αὐτοὺς δεινὸν μηδὲν οὔτ' ἔπραξαν, et un peu plus bas, αὐτοὺς ἔδωκαν. Avec εἶπον et ἔπραξαν l'accusatif αὐτούς, comme complément indirect, peut être maintenu ; il n'en est pas de même avec ἔδωκαν : j'ai dû lire αὐτοῖς ἔδωκαν.

ἂν ἐβούλοντο διὰ τὰ προγεγονότα σφίσιν ὑπ' αὐτῶν νενικηκέναι, τούτους κακοτυχήσαντας [1] ἐλέησαν· Οἱ δὲ Ῥωμαῖοι, ὡς τὰ πεπραγμένα ἤκουσαν, ἄποροι πανταχόθεν ἐγένοντο, μήθ' ὅπως ἡσθῶσι τῇ τῶν στρατιωτῶν σωτηρίᾳ, μήθ' ὅπως ἀχθεσθῶσιν ἔχοντες [2]· πρὸς μὲν γὰρ τὸ δεινὸν τῆς αἰσχύνης ὅπερ ἤλγουν ἀπαξιοῦντες, ἄλλως τε τοῦτο καὶ ὑπὸ τῶν Σαυνιτῶν πεπονθέναι, ἐβούλοντο ἂν [3] πάντας αὐτοὺς ἀπολωλέναι· ἐκλογιζόμενοι δὲ ὅτι, εἴπερ τι τοιοῦτον συμβεβήκει σφίσι, καὶ περὶ λοιπῶν ἁπάντων ἂν ἐκινδύνευσαν [4], οὐκ ἀκουσίως ἤκουον ὅτι ἐσώθησαν.

Ὅτι τῆς σωτηρίας τῆς ἑαυτῶν πᾶσιν ἀνθρώποις καὶ ἀναγκαῖον καὶ ἀνεμέσητόν ἐστι προνοεῖσθαι, κἂν ἐν κινδύνῳ τινὶ καταστῶσι, πᾶν ὁτιοῦν σωθῆναι πράττειν [5].

Ὅτι συγγνώμη καὶ παρὰ θεῶν καὶ παρὰ ἀνθρώπων δίδοται τοῖς ἀκούσιόν τι πράξασιν.

LXXXIX. Ὅτι [6] οἱ Σαυνῖται ὁρῶντες μήτε τὰς συνθήκας σφίσι τηρουμένας μήτε ἄλλην χάριν ἀναδιδομένην, ἀλλ' ὀλίγους ἀντὶ πολλῶν εἰς παραγωγὴν τῶν ὅρκων ἐκδιδομέ-

---

1. Ἐλέησαν exige l'accusatif : j'ai donc substitué τούτους κακοτυχήσαντας à la leçon τούτοις κακοτυχήσασιν, donnée par M. A. Mai.
2. Zonaras, l. l. p. 364, éd. Du C. : Οἱ δ' ἐν τῇ πόλει τὰ πεπραγμένα μαθόντες, οὔτε ἡσθῆναι τῇ τῶν στρατιωτῶν σωτηρίᾳ, οὔτ' ἀχθεσθῆναι ἠδύναντο.
3. J'ai effacé καὶ qui précède ἐβούλοντο ἂν dans M. A. Mai. Avec sa leçon il faudrait ἀπηξίουν, au lieu de ἀπαξιοῦντες. La pensée renfermée dans les mots ἄλλως τε — πεπονθέναι est paraphrasée dans Zonaras, l. l. : Πρὸς μὲν γὰρ τὸ δεινὸν ὑπερήλγουν· καὶ ὅτι παρὰ τῶν Σαμνιτῶν τοιαῦτα πεπόνθασι, μεῖζον σφίσι τὸ ἄλγος ἐγίνετο.

cause de leurs désastres passés, que la victoire se fût déclarée pour les Romains ; mais ils compatirent à leur malheur. A Rome, lorsque la nouvelle de cette défaite se répandit, on ne savait s'il fallait se réjouir ou s'affliger du salut des soldats. On s'indignait de l'humiliation de la patrie, et plus encore de ce qu'elle était l'ouvrage des Samnites ; et alors on aurait voulu que tous les soldats eussent péri ; mais quand on réfléchissait que si un semblable malheur était arrivé, la République serait désormais en danger, on n'était pas fâché que l'armée eût été épargnée.

C'est un devoir pour tous les hommes de veiller à leur conservation ; ils le peuvent sans mériter des reproches : dans le danger il est permis de tout tenter pour en sortir.

Tout acte involontaire trouve grâce devant les dieux et devant les hommes.

LXXXIX. Les Romains n'observaient pas les traités et ne témoignaient aucune reconnaissance. Ils devaient livrer un grand nombre de soldats : à peine, au mépris de tous les serments, en envoyèrent-ils quel-

---

4. Dans M. A. Mai : Καὶ περὶ λοιποῖς ἅπασιν ἐκινδύνευσαν. L'Éditeur de Leipzig propose avec raison κἂν, au lieu de καί, mais cette correction ne suffisait pas : περὶ doit se construire ici avec le génitif, comme dans Zonaras, l. l. : Λογιζόμενοι δὲ ὡς, εἰ πάντας ἀπολέσθαι συνέβη, καὶ περὶ πάντων ἂν ἐκινδύνευσαν, ἐπὶ τῇ σφῶν ἥδοντο σωτηρίᾳ.

5. « Hoc et sequens fragmentum, dit M. A. Mai, pertinent ad Romanorum excusationem de pace Caudina. Hinc illud effatum : *Omnis honesta ratio est expediendæ salutis* ; quod dictum cum mica salis accipiendum erit, ne forte honestas aliquando ab honestate injuriam patiatur. »

6. (Exc. Vat. XXXVII. A. M. p. 163, éd. Rom.)

νους δεινῶς ἠγανάκτησαν· ἐπεθείαζόν τέ τινες [1], τοὺς θεοὺς ἐπιβοώμενοι καὶ τὰς πίστεις αὐτῶν προφερόμενοι καὶ ἀπήτουν τοὺς ἀλόντας [2], ἐκέλευόν τε αὐτοὺς εἰς αὐτὸν ζυγὸν γυμνοὺς εἰσελθεῖν, οὗπερ ἐλεηθέντες ἀφείθησαν, ἵνα καὶ τῷ ἔργῳ δοκῶσι τοῖς ἅπαξ ὁμολογηθεῖσιν ἐμμένειν· καὶ ἀντέπεμψαν τοὺς ἐκδοθέντας [3], εἴτ' οὖν ὅτι οὐκ ἠξίωσαν σφᾶς μηδὲν ἠδικηκότας ἀπολέσαι, εἴθ' ὅτι [4] τῷ δήμῳ τὴν ἐπιορκίαν προσάψαι ἠθέλησαν, καὶ μὴ δι' ὀλίγων ἀνδρῶν κολάσεως τοὺς ἄλλους ἀπολῦσαι. Ταῦτ' ἔπραξαν ἐλπίσαντες ἐκ τούτων ἐπιεικές τι εὑρήσασθαι.

XC. Ὅτι [5] γοῦν οἱ Ῥωμαῖοι τοῖς Σαυνίταις οὐχ ὅτι χάριν τινὰ τῆς τῶν ἐκδοθέντων [6] σωτηρίας ἔσχον, ἀλλ' ὥσπερ τι δεινὸν ἐκ τούτου παθόντες ὀργῇ τε τὸν πόλεμον ἐποιήσαντο, καὶ κρατήσαντες τὰ αὐτὰ αὐτοῖς ἀντειργάσαντο [7]· τὸ γὰρ δίκαιον οὐκ ἐκ τοῦ ὁμοίου τῷ νομιζομένῳ καὶ τοῖς ὅπλοις [8], ὡς πλήθει, κρίνεται· οὐδ' ἀνάγκη τίς ἐστι νικᾶν τοὺς ἀδικουμένους, ἀλλ' ὁ πόλεμος αὐτοκράτωρ ὢν τά τε ἄλλα πρὸς τὸ τοῦ κρατοῦντος συμφέρον τίθεται καὶ τὴν τοῦ δικαίου νόμισιν ἐς τοὐναντίον πολλάκις περιίστησιν.

1. Dans M. A. Mai, [ἐπωνόμ]αζόν τέ τῳας τοὺς θεοὺς ἐπιβοώμενοι. Le Ms. du Vatic. ne porte que αζον. L'Éditeur de Leipzig propose ἐπωνόμασαν à cause de l'aoriste ἠγανάκτησαν. La véritable leçon est ἐπεθείαζον, d'après Zonaras, l. l., p. 365, éd. Du C. : Καὶ τοὺς θεοὺς ἐπεβοῶντο καὶ ἐπεθείαζον. De plus avec τινάς il ne faudrait pas τούς. Je lis τινές.

2. Ce passage est plus clair, quand on le rapproche de Zonaras, l. l. p. 365, éd. Du C. : Ἀπήχθησαν οὖν καὶ ἄμφω οἱ Ὕπατοι, καὶ οἱ λοιποὶ ἄρχοντες, οἱ ἐπὶ ὅρκοις παρουσιάσαντες, εἰς τὸ Σάμνιον. Οὐ μέντοι αὐτοὺς οἱ Σαμνῖται ἐδέξαντο, ἀλλὰ τοὺς ἀλόντας ἀπήτουν ἅπαντας, καὶ τοὺς θεοὺς ἐπεβοῶντο κτλ.

3. Zonaras, l. l. : Καὶ τέλος τοὺς ἐκδοθέντας ἀντέπεμψαν.

ques-uns. Les Samnites furent indignés d'une pareille conduite : plusieurs invoquaient hautement la vengeance des dieux. Ils mettaient en avant la foi jurée, réclamaient les prisonniers et demandaient que les Romains, dont la fidélité aux traités devait être prouvée par des actes, passassent nus sous ce même joug dont la pitié seule les avait affranchis. En même temps, ils renvoyèrent les soldats qui leur avaient été livrés : ils ne crurent pas devoir faire périr des hommes auxquels ils n'avaient rien à reprocher, ou bien ils voulurent imprimer au nom romain la tache d'un parjure et ne pas absoudre tout un peuple par la mort de quelques malheureux. Ils espéraient, en agissant ainsi, amener leurs ennemis à des sentiments d'équité.

XC. Les Romains ne se montrèrent point reconnaissants de ce que les Samnites avaient épargné les soldats qui leur avaient été livrés : bien au contraire, ils leur firent une guerre acharnée, comme s'ils venaient de recevoir un affront. Vainqueurs, ils les soumirent à l'humiliation qu'ils avaient essuyée eux-mêmes : souvent les armes ne prononcent pas sur le bon droit, comme la loi ; la victoire ne se déclare pas nécessairement pour celui qui a souffert quelque dommage ; mais la guerre, arbitre suprême, arrange tout à l'avantage du vainqueur et bouleverse presque toujours les règles de la justice.

4. Dans M. A. Mai : Ἡ ὅτι. Je lis εἴθ' ὅτι, à cause de εἴτ' οὖν ὅτι qui précède : la confusion de εἰ et de ἤ est très-commune.

5. (Exc. Vat. XXXVIII. A. M. p. 163-164, éd. Rom.)

6. M. A. Mai lit : Τῆς γοῦν τῶν ἐκδοθέντων. La conjonction γοῦν était inutile ici ; je l'ai effacée pour la reporter au commencement du fragment : Ὅτι γοῦν οἱ Ῥωμαῖοι κτλ. Zonaras, l. l. : Οἱ δὲ Ῥωμαῖοι ἐκείνους μὲν ἀσμένως ἀπέλαβον, τοῖς δὲ Σαμνίταις ὀργῇ τὴν μάχην ἐπήγαγον.

7. Zonaras, l. l. : Καὶ κρατήσαντες τὰ ὅμοιά σφισιν ἐποίησαν.

8. Au lieu de ἐν τοῖς ὅπλοις, leçon de M. A. Mai, j'écris τοῖς ὅπλοις sans préposition, comme τῷ νομιζομένῳ.

XCI. Ὅτι [1] οἱ Ῥωμαῖοι Σαυνιτῶν κρατήσαντες τοὺς αἰχμαλώτους ὑπὸ τὸν ζυγὸν ἀνθυπήγαγον, ἐξαρκεῖν σφίσι νομίσαντες τὴν τῆς ὁμοίας αἰσχύνης ἀνταπόδοσιν [2]· οὕτω μὲν ἡ τύχη πρὸς τἀναντία τοῖς ἀμφοτέροις ἐς βραχύτατον περιστᾶσα καὶ τοὺς Σαυνίτας ὑπ' αὐτῶν τῶν ὑβρισθέντων τὰ αὐτὰ ἀντιποιήσασα, διέδειξε καὶ ἐν τούτῳ τὸ ὅλον αὐτὴ [3] δυναμένη.

XCII. Ὅτι [4] ὁ Παπίριος στρατεύσας ἐπὶ τοὺς Σαυνίτας καὶ καταστήσας αὐτοὺς εἰς πολιορκίαν προσέδρευέ σφισι· κἂν τούτῳ ὀνειδίσαντός τινος αὐτῷ ὅτι οἴνῳ πολλῷ ἐχρῆτο [5], ἔφη· ὅτι τὸ μὲν μὴ εἶναί με μεθυστικὸν παντί που δῆλον ἔκ τε τοῦ πρωϊαίτατά με ὀρθρεύεσθαι καὶ ἐκ τοῦ ὀψιαίτατα καταδαρθάνειν ἐστίν· διὰ δὲ τὸ κοινὰ ἀεὶ μεθημέραν καὶ νύκτωρ ὁμοίως ἐν φροντίδι ποιεῖσθαι καὶ ὑπὸ τοῦ μὴ δύνασθαι ῥᾳδίως ὕπνου λαχεῖν, τὸν οἶνον κατακοιμήσοντά [6] με παραλαμβάνω.

Ὅτι αὐτὸς ἐφοδεύων ποτὲ τὰς φυλακὰς καὶ μὴ εὑρὼν τῶν Πραινεστινῶν στρατηγὸν ἐν τῇ τάξει ὄντα ἠγανάκτησεν· εἶτα μεταπεμψάμενος αὐτὸν ἐκέλευσε τῷ ῥαβδούχῳ τὸν πέλεκυν προχειρίσασθαι· ἐκπλαγέντος τε αὐτοῦ πρὸς τοῦτο καὶ καταδείσαντος, τῷ τε φόβῳ αὐτοῦ ἠρκέσθη καὶ οὐδὲν ἔτι δεινὸν αὐτὸν ἔδρασεν, ἀλλὰ ῥίζας τινὰς παρὰ τὰ

---

1. (Exc. Vat. XXXVIII. A. M. p. 164, éd. Rom.)
2. Zonaras, l. l. : Καὶ ὑπὸ τὸν ζυγὸν αὐτοὺς ἀνθυπήγαγον, καὶ ἀφῆκαν μηδὲν ἄλλο κακὸν δράσαντες.
3. D'après l'Editeur de Leipzig, au lieu de αὕτη adopté par M. A. Mai.

XCI. Les Romains, vainqueurs des Samnites, firent à leur tour passer les prisonniers sous le joug, et se crurent assez vengés en les condamnant à l'opprobre qu'ils avaient subi les premiers. Ainsi, en très-peu de temps, la fortune fut également contraire à ces deux peuples : elle infligea aux Samnites, par les mains de l'armée qu'ils avaient déshonorée, la honte qu'ils lui avaient infligée eux-mêmes, et montra par ces vicissitudes sa suprême puissance.

XCII. Papirius marcha contre les Samnites, les cerna de toutes parts et se tint en observation auprès d'eux. Sur ces entrefaites quelqu'un lui reprocha d'aimer le vin avec excès. « Non, dit-il, je ne suis pas enclin à l'ivro-
« gnerie : ce qui le prouve, c'est que je me lève de bonne
« heure et que je me couche fort tard; mais comme les
« affaires publiques m'occupent sans relâche, la nuit et
« le jour, je ne puis trouver facilement le sommeil, et
« je fais usage du vin, pour m'endormir. »

Le même Papirius, inspectant les gardes, ne trouva pas le chef des Prénestins à son poste. Il en éprouva du mécontentement, le fit venir auprès de lui et commanda au licteur d'apprêter sa hache. Le Prénestin fut saisi de terreur et d'effroi : Papirius, désarmé par ses craintes, ne lui fit aucun mal; il se contenta d'ordonner au licteur de couper, auprès de sa tente,

An de Rome 435.

---

4. (Exc. Vat. XXXIX. A. M. p. 164, éd. Rom.)

5. Tite-Live dit en parlant de Papirius, IX, 16 : Ferunt.... cibi vinique eumdem capacissimum.

6. D'après la correction conseillée par M. A. Mai, au lieu de κατακοιμή-σαντα donné par le Ms. du Vatic.

σκηνώματα ούσας εκκόψαι τῷ ῥαβδούχῳ, ἵνα μὴ τοὺς παριόντας λυπῶσι, προσέταξεν [1].

XCIII. Ὅτι [2] αἱ εὐπραγίαι οὐ πάνυ τοῖς πολλοῖς παραμένουσιν, ἀλλὰ καὶ συχνοὺς ἐς ἀφυλαξίαν παραγάγουσαι φέρουσιν.

XCIV. Ὅτι [3] Παπίριον δικτάτορα προεβάλοντο οἱ ἐν τῷ ἄστει [4]. Καὶ δείσαντες μὴ ὁ Ῥοῦλλος οὐκ ἐθελήσῃ αὐτὸν διὰ τὰ συμβάντα οἱ ἐν τῇ ἱππαρχίᾳ εἰπεῖν, ἔπεμψαν πρὸς αὐτὸν δεόμενοι τὰ κοινὰ πρὸ τῆς ἰδίας ἔχθρας προτιμῆσαι [5]. Καὶ ὃς τοῖς μὲν πρέσβεσιν οὐδὲν ἀπεκρίνατο· ἐπειδὴ δὲ νὺξ ἐγένετο (νυκτὸς γὰρ πάντως ἐκ τῶν πατρίων τὸν δικτάτορα ἔδει λέγεσθαι), εἶπέ τε αὐτὸν [6], καὶ εὔκλειαν ἐκ τούτου μεγίστην ἔλαβεν [7].

XCV. Ὅτι [8] Ἄππιος ὁ τυφλὸς καὶ ὁ Βουλούμνιος διεφέροντο πρὸς ἀλλήλους [9]· ἀφ' οὗπερ Βουλούμνιος, τοῦ Ἀππίου προενεγκόντος ποτὲ αὐτῷ ἐν ἐκκλησίᾳ ὅτι σοφώτερος [10]

---

1. Tite-Live, l. l., raconte ainsi ce fait : Praenestinus praetor per timorem segnius ex subsidiis suos duxerat in primam aciem; quem quum inambulans ante tabernaculum vocari jussisset, lictorem expedire securim jussit; ad quam vocem exanimi stante Praenestino : « Agedum, lictor, excide radicem hanc, inquit, incommodam ambulantibus; » perfusumque ultimi supplicii metu, multa dicta, dimisit.
2. (Exc. Vat. XL. A. M. p. 165, éd. Rom.)
3. (Exc. Peir. XXXV. R. p. 16-17.)
4. Tite-Live, IX, 38 : Ingens terror Patres invasit, dictatoremque dici placebat : nec, quin Cursor Papirius diceretur, in quo tum summa rei bellicae ponebatur, dubium cuiquam erat.
5. Le même, l. l. : Alter consul Fabius infestus privatim Papirio erat : quae ne ira obstaret bono publico, legatos ex consularium numero mittendos ad eum senatus censuit; qui sua quoque eum, non publica solum, autoritate moverent, ut memoriam simultatum patriae remitteret.

FRAGM. DE DION CASSIUS, L. I.—XXXVI. 165

les racines de quelques arbres, afin qu'elles ne gênassent point les passants.

XCIII. La prospérité n'est pas durable pour la plupart des hommes : souvent aussi, elle les rend imprudents.

XCIV. A Rome, on voulait avoir Papirius pour dictateur; mais on craignit que Rullus, qui, à l'époque où il était maître de la cavalerie, avait eu des démêlés avec lui, ne refusât de le nommer. On lui envoya des députés, pour le prier de sacrifier ses inimitiés personnelles à l'intérêt public. Rullus ne leur adressa aucune réponse; mais aussitôt que la nuit fut venue, il nomma Papirius dictateur pour se conformer à l'usage qui exigeait que ce magistrat suprême fut désigné, la nuit : cette conduite lui fit beaucoup d'honneur. An de Rome 445.

XCV. Appius Cæcus et Volumnius vivaient en mauvaise intelligence. Un jour, en pleine assemblée, Appius se plaignit de ce que, devenu habile orateur An de Rome 457.

---

6. Tite-Live, l. l. : Consul, demissis in terram oculis, tacitus ab incertis, quidnam acturus esset, legatis recessit; nocte deinde silentio (ut mos est) L. Papirium dictatorem dixit.

7. Le même, l. l. : Cui quum ob animum egregie victum legati gratias agerent, obstinatum silentium obtinuit, ac sine responso ac mentione facti sui legatos dimisit, ut appareret ingentem dolorem ingenti comprimi animo.

8. (Exc. Vat. XL. A. M. p. 165, éd. Rom.)

9. Sur ces différents cf. Tite-Live, X, 18-19.

10. Tite-Live, X, 19 : Quum Volumnius, causa superior, ne infacundus quidem adversus eximiam eloquentiam collegæ visus esset, cavillansque Appius, « sibi acceptum referre, diceret, debere, quod ex muto atque elingui facundum etiam consulem haberent; priore consulatu, primis utique mensibus, hiscere eum nequisse, nunc jam populares orationes

ὑφ' ἑαυτοῦ γεγονὼς οὐδεμίαν οἱ χάριν εἴσατο, αὐτὸς μὲν καὶ γεγονέναι οὕτω σοφώτερος, καὶ ὁμολογεῖν τοῦτ' ἔφη· ἐκεῖνον δὲ μηδὲν πρὸς τὰ τοῦ πολέμου πράγματα ἐπιδεδωκέναι.

XCVI. Ὅτι[1] ὁ ὅμιλος περὶ τῆς μαντείας[2] παραχρῆμα μὲν οὔθ' ὅπως πιστεύσῃ οὔθ' ὅπως ἀπιστήσῃ αὐτῷ εἶχεν· οὔτε γὰρ ἐλπίζειν πάντα[3] ἐβούλετο, ὅτι μηδὲ γενέσθαι πάντα[4] ἤθελεν, οὔτ' αὖ[5] ἀπιστεῖν ἅπασιν ἐτόλμα, ὅτι νικῆσαι ἐπεθύμει· ἀλλ' οἷα ἐν μέσῳ τῆς ταραχῆς καὶ τοῦ φόβου ὢν χαλεπώτατα διῆγεν· συμβάντων δ' αὐτῶν ὡς ἑκάστων, καὶ τὴν ἑρμήνευσιν σφίσιν ἐκ τῆς τῶν ἔργων πείρας ἐφήρμοσαν, καὶ αὐτὸς σοφίας τινὰ δόξαν ἐς τὴν ἀφανοῦς[6] πρόγνωσιν προσποιεῖσθαι ἐπεχείρει[7].

XCVII. Ὅτι[8] οἱ Σαυνῖται ἀγανακτήσαντες ἐπὶ τοῖς γεγονόσι, καὶ ἀπαξιώσαντες ἐπὶ πολὺ ἡττᾶσθαι, πρὸς ἀποκινδύνευσιν καὶ πρὸς ἀπόνοιαν, ὡς ἤτοι κρατήσοντες ἢ παντελῶς ἀπολούμενοι, ὥρμησαν[9]. Καὶ τήν τε ἡλικίαν πᾶσαν ἐπελέξαντο, θάνατον μὲν προειπόντες, ὅστις ἂν αὐ-

---

serere : Quam mallem, inquit Volumnius, tu a me strenue facere, quam ego abs te scite loqui didicissem. » D'après ce passage, j'ai rendu σοφώτερος par *orateur plus habile*. M. A. Mai traduit par *sapientior*, qui ne m'a point paru assez précis.

1. (Exc. Vat. XL. A. M. p. 165, éd. Rom.)
2. Je crois devoir transcrire quelques détails tirés de Zonaras, VIII. 1. p. 365, éd. Du C. : Καὶ ἄλλοτε δὲ πολλάκις τοῖς Ῥωμαίοις πολεμήσαντες οἱ Σαμνῖται, καὶ ἡττηθέντες, οὐκ ἐφησύχασαν, ἀλλὰ καὶ συμμάχους, ἄλλους τε προσλαβόμενοι, καὶ Γαλάτας, ὡς καὶ πρὸς τὴν Ῥώμην αὐτὴν ἐλάσοντες ἡτοιμάζοντο. Ὁ οἱ Ῥωμαῖοι μαθόντες, ἐς δέος κατέστησαν, καὶ σημείων πολλῶν αὐτοὺς ἐναγόντων εἰς τοῦτο.... Μάνιος δέ τις Τυρσηνὸς τὸ γένος ἐθάρσυνεν αὐτούς κτλ. Cf. Tite-Live, X, 31 ; Denys d'Hal. Frag. XVI, 1, éd. Milan.

par ses conseils, il ne lui témoignait aucune reconnaissance. Volumnius répondit qu'en effet ses avis lui avaient été fort utiles, qu'il en convenait; mais qu'Appius, de son côté, n'avait fait aucun progrès dans l'art de la guerre.

XCVI. Dans le premier moment, la multitude ne savait si elle devait accueillir ou repousser les paroles du devin : elle ne voulait pas tout espérer, ne souhaitant pas que tout arrivât; mais elle n'osait pas non plus tout rejeter, parce qu'elle désirait vaincre. Elle était livrée à de vives anxiétés, comme il arrive au milieu du trouble et des alarmes; mais lorsque les prédictions se furent accomplies une à une, elle s'appliqua l'explication de Manius, d'après les événements qui l'avaient confirmée, et ce devin essaya de se donner une réputation d'habileté dans l'art de prédire les choses inconnues.

An de Rome 459.

XCVII. Les Samnites, affligés de l'échec qu'ils avaient reçu, et découragés par leurs longues défaites, se jetèrent dans des entreprises périlleuses et désespérées, pour trouver une occasion de vaincre ou de périr tous jusqu'au dernier. Ils firent une levée des citoyens en âge de porter les armes : la peine de mort fut dé-

3. Πάντων est une faute d'impression dans M. A. Mai.
4. Γενέσθω πάντων dans le Ms. du Vatic., variante fautive.
5. D'après la correction conseillée par M. A. Mai, au lieu de οὔτ' ἂν donné par le même Ms.
6. M. A. Mai lit : Ἐς τὴν ἀφανοῦς τε. L'Éditeur de Leipzig fait justement observer qu'il faut supprimer τε, ou supposer une lacune.
7. Zonaras, l. l. p. 366, éd. Du C. : Μάνιος οὕτω τὰ τῶν σημείων ἡρμήνευσε· καὶ ἐπὶ τῶν πραγμάτων δ'ἐσύστερον τῆς αὐτοῦ μαντείας ἐκβάσης, σοφίας ἐκομίσατο δόξαν καὶ προγνώσεως.
8. (Exc. Vat. XLI. A. M. p. 165-166, éd. Rom.)
9. Zonaras, l. l. p. 366, éd. Du C. : Σαμνῖται δὲ ἐπὶ τοῖς γεγονόσιν ἀγανακτήσαντες πρὸς ἀπόνοιαν ὥρμησαν, ὡς ἢ κρατήσοντες, ἢ παντελῶς ἀπολούμενοι.

τῶν οἴκοι καταμένοι [1], καὶ ὅρκοις σφᾶς φρικώδεσι πιστωσάμενοι μήτ' αὐτῶν τινα ἐκ μάχης φεύξεσθαι, καὶ τὸν ἐπιχειρήσοντα τοῦτο ποιῆσαι φονεύσειν.

XCVIII. Ὅτι [2] πυθόμενοι οἱ Ῥωμαῖοι, ὅτι ὁ ὕπατος Φάβιος ἡττήθη [3] ἐν τῷ πολέμῳ [4], δεινῶς ἠγανάκτησαν καὶ τοῦτον μεταπέμψαντες εὔθυνον [5]. Κατηγορίας τε αὐτοῦ πολλῆς ἐν τῷ δήμῳ γενομένης (καὶ γὰρ τῇ τοῦ πατρὸς δόξῃ ἐπιπλεῖον τῶν ἐγκλημάτων ἐβαρύνετο), ἐκείνῳ μὲν οὐδεὶς λόγος ἐδόθη. Ὁ δὲ γέρων ὑπὲρ τοῦ παιδὸς οὐκ ἀπελογήσατο· καταριθμήσας δὲ τά τε ἑαυτοῦ καὶ τὰ τῶν προγόνων ἔργα, καὶ προσυποσχόμενος μηδὲν ἀνάξιον αὐτῶν πράξειν, τῆς τε ὀργῆς σφᾶς παρέλυσεν, ἄλλως τε καὶ τὴν ἡλικίαν τοῦ υἱέος προβαλόμενος [6].

Καὶ συνεξελθὼν εὐθὺς αὐτῷ μάχῃ τοὺς Σαυνίτας καὶ πρὸς τὴν νίκην ἐπηρμένους κατέβαλε, καὶ τὸ στρατόπεδον καὶ λείαν πολλὴν εἷλεν [7]. Οἱ δὲ Ῥωμαῖοι διὰ τοῦτο ἐκεῖνόν τε ἐμεγάλυνον, καὶ τὸν υἱὸν αὐτοῦ καὶ ἐς τὸ ἔπειτα ἀντὶ ὑπάτου ἄρξαι ἐκέλευσαν, ὑποστρατήγῳ καὶ τότε τῷ

---

1. Zonaras, l. l. : Θάνατον ἀπειλήσαντες τῷ οἴκοι μενοῦντι.
2. (Exc. Peir. XXXVI. R. p. 17.)
3. Il est question de Q. Fabius Gurges. Zonaras, l. l. p. 367, éd. Du C., raconte cette défaite : Σπεύσας αὐτοῖς συμβαλεῖν — καὶ περιπεσὼν ἀθρόοις τοῖς πολεμίοις, πανσυδὶ ἂν διεφθάρη, εἰ μὴ νὺξ ἐγένετο.
4. Le même, l. l. : Φάβιος δὲ τῆς Ῥώμης πρὸ τοῦ πατρὸς ἐξελάσας — καὶ πάντως ἂν καὶ ἀπώλοντο τῆς ὑστεραίας, εἰ μὴ οἱ Σαμνῖται τὸν πατέρα αὐτοῦ ἐγγὺς εἶναι νομίσαντες, ἔδεισάν τε καὶ ἀνεχώρησαν.
5. Le même, l. l. : Πυθόμενοι δὲ ταῦθ' οἱ ἐν τῷ ἄστει, δεινῶς ἠγανάκτησαν· καὶ μεταπεμψάμενοι τὸν Ὕπατον, εὐθύνειν ἤθελον.
6. Le même, l. l. : Ὁ δὲ γέρων ὁ τούτου πατὴρ καταριθμήσας τά τε οἰκεῖα

crétée contre ceux qui resteraient dans leurs foyers : enfin ils s'engagèrent, par des serments terribles, à ne point déserter le champ de bataille et à massacrer quiconque tenterait de fuir.

XCVIII. Les Romains, à la nouvelle de la bataille perdue par le consul Q. Fabius, furent transportés de colère et lui ordonnèrent de venir à Rome, pour rendre compte de sa conduite. Mille voix s'élevèrent contre lui du milieu du peuple ; mais il était plus accablé par la gloire de son père que par ces accusations. On ne lui permit pas de prendre la parole, et son père n'entreprit point de le défendre : il se contenta d'énumérer tout ce qu'il avait fait, tout ce que ses ancêtres avaient fait eux-mêmes, et promit que son fils ne se montrerait jamais indigne de sa famille. Ces paroles, et plus encore la jeunesse du consul, invoquée pour excuse, apaisèrent le courroux du peuple.

Aussitôt le vieux Fabius se mit en marche avec son fils contre les Samnites enorgueillis de leur victoire : il les battit et s'empara de leur camp, où il trouva un butin considérable. Les Romains reconnaissants le comblèrent d'éloges : ils donnèrent pour l'année suivante le pouvoir proconsulaire à Quintus, en lui imposant son père

An de Rome 463.

καὶ τὰ τῶν προγόνων ἀνδραγαθήματα, καὶ ὑποσχόμενος μηδὲν αὐτῶν πράξειν ἀνάξιον τὸν υἱὸν, καὶ τὴν τούτου νεότητα πρὸς τὸ ἀτύχημα προβαλόμενος, τῆς ὀργῆς αὐτοὺς αὐτίκα παρέλυσε. D'après ce passage, je supprimerais volontiers la particule τε avant ὀργῆς, si elle ne se trouvait dans le Ms. de Tours, comme dans l'ancienne leçon. De plus, à προβαλόμενος donné par tous les éditeurs, je substitue, d'après Zonaras, προβαλόμενος qui s'accorde mieux avec καταριθμήσας et προυποσχόμενος.

7. Zonaras, l. l., donne quelques détails supprimés par le compilateur : Καὶ οἱ συνεξελθών, μάχῃ τοὺς Σαμνίτας ἐνίκησε, καὶ τὸ στρατόπεδον αὐτῶν εἷλε· τήν τε χώραν ἐπόρθησε, καὶ λείαν πολλὴν ἤλασε· καὶ τὰ μὲν αὐτῆς ἐδημοσίωσε, τὰ δὲ τοῖς στρατιώταις κατένειμε.

πατρὶ χρώμενον [1]. Καὶ ὃς πάντα μὲν αὐτῷ διῴκει καὶ διῆγεν, οὐδὲν τοῦ γήρως φειδόμενος. Καὶ τά γε συμμαχικὰ προθύμως οἱ, μνήμη τῶν παλαιῶν αὐτοῦ ἔργων, συνήρετο. Οὐ μέντοι καὶ ἔνδηλος ἦν δι' ἑαυτοῦ τὰ πράγματα ποιούμενος· ἀλλ' ὥσπερ ὄντως ἔν τε συμβούλου καὶ ἐν ὑπάρχου μέρει τῷ παιδὶ συνών, αὐτός τε ἐμετρίαζε, καὶ τὴν δόξαν τῶν ἔργων προσετίθει [2].

CXIX. Ὅτι [3] οἱ σὺν τῷ Ἰουνίῳ στρατιῶται ἅμα τῷ Ποστουμίῳ ἐξελθόντες κατὰ τὴν ὁδόν τε ἐνόσησαν, καὶ ἐδόκουν διὰ τὴν τοῦ ἄλσους τομὴν πονεῖσθαι· ἐπ' οὖν τούτοις ἀνακληθεὶς, ἐν ὀλιγωρίᾳ κἀνταῦθα αὐτοὺς ἐποιήσατο, λέγων τὴν Βουλὴν ἄρχειν τῶν ἰδιωτῶν, ἀλλ' αὐτὸν τῆς Βουλῆς [4].

C. Ὅτι [5] Κούριος ... τὰ πεπραγμένα μὲν ... ἔφη ... σε κατά ... [6]

... εἰσηγουμένων τῶν δημάρχων ... πολλάκις ...

---

1. De même dans Zonaras, l. l. p. 368, éd. Du C.
2. Zonaras, l. l. : Καὶ ὡς πάντα μὲν αὐτὸς διῴκει καὶ διῆγε, μηδὲν τοῦ γήρως φειδόμενος· οὐ μέντοι καὶ ἔνδηλος ἦν δι' ἑαυτοῦ τὰ πράγματα πράττων, ἀλλὰ τὴν δόξαν τῶν ἔργων τῷ πκιδὶ προσῆπτε.
3. (Exc. Vat. XLI. A. M. p. 166, éd. Rom.)
4. M. A. Mai lit : Λέγων [ὅτι ἡ Βουλὴ] τῶν ἰδιωτῶν, ἀλλ' [οὐ τῶν ὑπάτων ἄρχει]. Les mots renfermés entre crochets manquent dans le Ms. du Vatic. : ils ont été ajoutés par l'illustre Éditeur.
Denys d'Hal. Fr. XVI, 16, éd. Milan, rapporte les mêmes paroles de Postumius ; mais dans une circonstance différente : Ὑπερηφάνους καὶ τυραννικὰς ἔδωκεν ἀποκρίσεις· Οὐ τὴν Βουλὴν ἄρχειν ἑαυτοῦ, φήσας, ἕως ἐστὶν ὕπατος, ἀλλ' αὐτὸν τῆς Βουλῆς. J'ai adopté la leçon qui se rapproche le plus de ce texte.
La suite du fragment est tronquée : Καὶ ... ἀφθονώστερον μὲν ... ἀνδρῶν πολλ ... ἐπὶ φιλοτιμίᾳ ... Φαβρίκιος ... τὰ πράγματα ... τήν τε ἄλλην ἀρε-

pour lieutenant. Celui-ci, sans ménager son grand âge, régla tout, dirigea tout lui-même. Le souvenir de ses exploits lui assura le concours et le dévouement des alliés ; mais, loin de laisser voir que tout se faisait par ses mains, il agissait comme conseiller, comme simple lieutenant, et reportait sur son fils la gloire des succès, sans jamais sortir de ce rôle modeste.

CXIX. Les soldats, qui s'étaient mis en campagne avec Junius et Postumius, tombèrent malades en route : on attribua cet accident aux fatigues qu'ils avaient endurées, en abattant une forêt. Accusé pour ce fait, Postumius, même dans ce moment critique, se montra plein de dédain pour les sénateurs : il répétait qu'ils avaient autorité sur les simples citoyens; mais qu'il avait lui-même autorité sur le sénat.

C. Curius, racontant ses exploits, dit............ An de Rome 464, 468.
Une sédition éclata, à l'occasion des propositions sans cesse réitérées par les tribuns pour la réduction des

---

τὴν... καὶ προ... ἐστὶν ὑπὸ τοῦ πολίτου... ἢ ὑπὸ τῶν πολεμίων συλλεχθῆναι. L'état du Ms. du Vatic. laisse peu d'espoir de remplir les lacunes. « Exin, dit M. A. Mai, pagina in codice magnam partem oblitterata est, quam etsi sæpe conatus sum legere, oleum tamen et operam me denique perdere agnovi. »

Je crois néanmoins qu'il faut lire ἀφθονώτερον, au lieu de ἀφθονόστερον, et remplacer Φαϐρίκιος dont il ne peut être question ici par Φάϐιος, d'après Denys d'Hal, l. l. : Ἀπολύσας δὲ τοὺς πρέσϐεις, ἐπὶ τὸν Φάϐιον ἦγε τὴν στρατιάν, ὡς, εἰ μὴ βούλοιτο ἑκὼν παραχωρεῖν τῆς ἀρχῆς, τοῖς ὅπλοις προσαναγκάσων. Καταλαϐὼν δὲ τοῦτον Κομινίῳ πόλει προσκαθήμενον, ἐξήλασεν ἐκ τοῦ στρατοπέδου, κατὰ πολλὴν ὑπεροψίαν τῶν ἀρχαίων ἐθισμῶν καὶ δεινὴν ὑπερηφανίαν. Φάϐιος μὲν, αὐτοῦ εἴξας τῇ μανίᾳ, τῆς ἡγεμονίας ἐξεχώρησεν.

5. (Exc. Vat. XLII. A. M. p. 166-167, éd. Rom.)

6. J'ai traduit d'après la version de M. A. Mai, comme si le texte

... βουλομένων ¹· τῶν δὲ ... δυνατοῖς ἢ τοῦτον ...
... καὶ ἐκείνους τοὺς ... ετες ἰκονίσασθαι· καὶ ἐν μὲν
τῷ παραχρῆμα οἵ τ' ἀσθενέστεροι ἦσαν [θρασύτατοι] ²· καὶ
τοῦ παντὸς ἁμαρτήματος ... προσεχ ... το· καὶ οἱ
εὐπορώτεροι θαρσήσαντες, ὡς οὐδέτερον ἀναγκασθήσονται,
ἠχθρ[αίνοντο] ³. Ἐπειδὴ δὲ εὖ ἴσχειν τὸ μεταστάν τι ἔμελλε ⁴,
ἐς τοὐναντίον ἀμφοτέροις αὐτοῖς περιέστη· τοῖς τε γὰρ
ὀφείλουσιν οὐδέτερον ἔτ' αὐτῶν ἐξήρκησε· καὶ τοῖς δυνατοῖς ἀγαπητὸν εὐδοκεῖν, [ὡς] εἰώθ[εσαν] ⁵. καὶ τῶν ἀρχαίων
στερηθεῖεν ἄν ⁶· οὔτ' οὖν ἐν τῷ παρόντι [ἡ στάσις] ⁷ διεκρίθη, καὶ μετὰ τούτων ἐπὶ μακρότερον ἐς τὸ [φιλονεικεῖν]
συνέβαλεν ἀλλήλους ⁸. οὐκ ἀλλοῖον δέ [τι] ἐν τῷ καθεστῶτι [τρόπῳ] ἐποίουν ⁹· τελευτῶντες οὖν οὐδ', ἐθελόν-

---

portait : "Ότι Κούριος [διεξελθὼν] τὰ πεπραγμένα [αὐτῷ] ἔφη... σε κατὰ...
Les paroles de Curius avaient peut-être quelque analogie avec celles
que rapporte S. Aur. Victor, De Vir. illustr., XXX, 111, éd. Arntzen :
Tantum agri cepi, ut solitudo futura fuerit, nisi tantum hominum cepissem; tantum porro hominum cepi, ut fame perituri fuissent, nisi tantum
agri cepissem.

1. Il s'agit des troubles qui éclatèrent, à l'occasion des dettes, au
moment de la guerre contre les Tarentins. Zonaras, VIII. 2. p. 368,
éd. Du C. : Μετὰ δὲ ταῦτα Δημάρχων τινῶν χρεῶν ἀποκοπὴν εἰσηγησαμένων,
ἐπεὶ μὴ καὶ παρὰ τῶν δανειστῶν αὕτη ἐδίδοτο, ἐστασίασε τὸ πλῆθος.

J'ai traduit, comme si le texte portait : Ἐστασίασαν, εἰσηγουμένων τῶν
Δημάρχων [τῶν χρεῶν] πολλάκις [ἀποκοπήν]. Le reste jusqu'à ἰκονίσασθαι
m'a paru désespéré.

2. Dans M. A. Mai : Ἦσαν... J'intercale θρασύτατοι d'après ce qui est
dit plus loin : Ἐπὶ πλέον, ὡς καὶ δικαιώματί τινι περιγενόμενοι ἐθρασύνοντο,
mais je n'ai rien trouvé de probable pour... προσεχ... το. Quant à
Ἀσθενέστεροι, il signifie *les pauvres, les débiteurs*, par opposition à
δυνατοῖς — *les riches* que nous retrouverons plus bas ; comme καταδεεστέρων opposé à ἰσχύοντες τοῖς χρήμασιν, Fr. XXX, p. 66, et ὑποδεεστέρων
opposé à δυνατοτέρων, Fr. XXXII, p. 70.

dettes..
..........................Dans le moment, les débiteurs étaient pleins d'insolence et se portaient à tous les excès............ Les riches, de leur côté, affichant l'espoir qu'ils ne seraient forcés de souscrire à aucune des deux concessions réclamées par les débiteurs, s'attiraient de violentes haines. Un changement semblait devoir être avantageux ; mais le résultat fut tout différent pour les uns et les autres : les concessions ne satisfirent point les débiteurs, et les riches, qui tenaient à conserver une considération à laquelle ils étaient accoutumés, se virent près de perdre leurs anciennes prérogatives. Ainsi, ces querelles, loin de s'apaiser en ce moment, jetèrent les deux partis dans de longues rivalités. Ils ne changèrent rien à leur manière d'agir ; enfin la réconciliation fut impossible, alors même que les riches con-

3. Au lieu de ἤχθρ... donné par M. A. Mai.
4. Dans le Ms. du Vatic. : Ἐπειδὴ δὲ ἐνίσχειν τὸ μεταστάντι ἔμελλε, passage incertain et que j'aurais dû peut-être abandonner. Pour en tirer un sens, je lis εὖ ἴσχειν, comme j'ai lu εὖ ἠπίστατο, Fr. XVII, p. 36, au lieu de ἐνηπίστατο, et je remplace τὸ μεταστάντι par τὸ μεταστάν τι que j'explique comme s'il y avait μετάστασίς τις. On trouvera un exemple du participe neutre, employé substantivement, Fr. CXVII, p. 200, de cette édition : Καὶ κολουσθέντες αὖθις τὸ μάτην θαρσῆσαν.
5. Au lieu de εὐδοκεῖν.. εἰωθ.., donné par M. A. Mai.
6. Dans M. A. Mai : Στερηθεῖεν. L'addition de ἂν est nécessaire à cause de l'optatif. Cf. une construction analogue, Fr. XXX, p. 68 : Οὐκ ἔστιν ὅπως ἄλλως εἴτ' ἂν δυνάμεως, εἴτ' ἂν τῆς ἀρχῆς στερηθεῖεν κτλ.
7. J'ajoute ἡ στάσις au texte de M. A. Mai : Ἐν τῷ παρόντι.... διεκρίθη.
8. Dans M. A. Mai : Ἐς τὸ... συνέβαλλεν ἀλλήλοις. Outre l'addition de φιλονεικεῖν, j'ai dû substituer συνέβαλεν à συνέβαλλεν, à cause de l'aoriste διεκρίθη, et remplacer ἀλλήλοις par ἀλλήλους, pour rendre la construction correcte : les désinences οις et ους ont été souvent confondues par les copistes. Cf. M. Hase, Notices des Ms. t. IX. *Index* et p. 172.
9. La leçon donnée par M. A. Mai, οὐκ ἀλλοῖον δὲ ἐν] τῷ καθεστῶτι

των [1] τῶν δυνατῶν [2] πολλῷ πλείω τῶν κατ' ἀρχὰς ἐλπισθέντων σφίσιν ἀφεῖναι, συνελλάγησαν· ἀλλ' ὅσῳ μᾶλλον εἴκοντας αὐτοὺς ἔβλεπον, ἐπὶ πλέον ὡς καὶ δικαιώματί τινι περιγινόμενοι ἐθρασύνοντο· καὶ διὰ τοῦ ταῦτά τε ἀεὶ συγχωρούμενα αὐτοῖς, ὡς καὶ ἀναγκαῖα παρὰ μικρὸν ἐτίθεντο καὶ ἑτέρων ἐπωρέγοντο· ἐπιβασίαν ἐς αὐτὰ τινῶν ἤδη τετυχηκέναι [3] ποιούμενοι.

CI. Ὅτι [4] ὡς εἶδον οἱ ἐναντίοι καὶ ἕτερον στρατηγὸν ἐλθόντα, τοῦ μὲν κοινοῦ τῆς στρατείας σφῶν ἠμέλησαν [5], τὴν δὲ ἰδίαν ἕκαστοι σωτηρίαν διεσκόπουν, οἷά που φιλοῦσι ποιεῖν οἱ μήτε ἐξ ὁμοφύλων συνιόντες, μήτ' ἀπὸ κοινῶν ἐγκλημάτων [6] στρατεύοντες, μήτ' ἄρχοντα ἕνα ἔχοντες· ἐν μὲν γὰρ ταῖς εὐπραγίαις συμφωνοῦσιν, ἐν δὲ ταῖς συμφοραῖς τὸ καθ' ἑαυτὸν ἕκαστος μόνον προσορᾶται· καὶ ὥρμησαν ἐς φυγήν, ἐπειδὴ συνεσκότασε, μηδὲν ἀλλήλοις ἐπικοινωνήσαντες· ἀθρόοι μὲν γὰρ οὔτ' ἂν βιάσασθαι οὔτ' ἂν λαθεῖν τὴν ἀπόδρασιν ἐνόμισαν· ἂν δὲ αὐτοὶ ἰδίᾳ ἕκαστοι καὶ ὡς ᾤοντο μόνοι φεύγωσι, ῥᾷόν που διαπεσεῖν· καὶ οὕτω, τῷ οἰκείῳ ἕκαστος αὐτῶν, δόξουσιν ὅτι ἀσφαλέστατον τὴν φυγὴν ποιησάμενοι [7].

προσώπῳ ἐποίουν est altérée : pour en tirer un sens, en m'écartant le moins possible du texte primitif, j'ajoute τί entre crochets et je substitue τρόπῳ à προσώπῳ. Zonaras, VII, 26. p. 364, éd. Du C., emploie une locution analogue : Οὐδὲν ἐν τῷ καθεστηκότι τρόπῳ ἔπραξαν.

1. Ἠθελόντων dans M. A. Mai : j'adopte la correction de l'Éditeur de Leipzig.

2. Le Ms. du Vatic. porte δυναστῶν conservé par M. A. Mai : je donne δυνατῶν, comme plus haut. On pourrait aussi remplacer la leçon du Ms. par δανειστῶν tiré de Zonaras, l. l. p. 368, éd. Du C.

sentirent à faire plus que les débiteurs n'avaient d'abord espéré. Plus ceux-ci les voyaient céder, plus ils montraient d'audace, comme s'ils s'appuyaient sur un droit réel. Les priviléges, qui leur étaient incessamment accordés, leur paraissaient une concession nécessaire : ils n'en tenaient aucun compte et affichaient de nouvelles prétentions ; ce qu'ils avaient déjà obtenu leur frayait la route pour exiger davantage.

CI. Les ennemis, aussitôt qu'ils virent un second général s'approcher, négligèrent le but commun de l'expédition : chacun ne songea qu'à son propre salut, comme il arrive dans une armée qui ne se compose pas de soldats du même pays, qui n'est pas mue par les mêmes griefs, qui n'a pas un seul et même chef. Elle est unie dans la prospérité ; mais dans les revers, chacun ne pense qu'à soi. A peine fit-il nuit qu'ils prirent la fuite, sans s'être mutuellement confié leur projet : ils crurent que, s'ils fuyaient tous ensemble, ils ne pourraient ni s'ouvrir un chemin par la force, ni cacher leur départ ; tandis qu'en fuyant séparément et seuls, comme ils se l'imaginaient, il leur serait plus facile de se sauver, en même temps qu'ils paraîtraient, aux yeux de leurs concitoyens, avoir choisi la voie la plus sûre pour s'échapper.

An de Rome 469.

3. D'après l'Éditeur de Leipzig, au lieu de τετευχηκέναι donné par M. A. Mai.
4. (Exc. Vat. XLIII. A. M. p. 167, éd. Rom.)
5. Ἐμέλησαν est une faute d'impression dans M. A. Mai.
6. Ἀπὸ κοινοῦ ἐγκλημάτων, dans le Ms. du Vatic. Il faut ἀπὸ κοινοῦ ἐγκλήματος, ou bien ἀπὸ κοινῶν ἐγκλημάτων. J'ai préféré la dernière leçon, à cause de la fréquente permutation de ου et de ων. Cf. Bast. Comment. Palæogr. p. 774 et 778.
7. M. A. Mai lit : Ἂν δὲ αὐτοὶ ἰδίᾳ ἕκαστοι καὶ ὡς ᾤοντο μόνοι [ποιήσωσι],

CII. Πυθομένων [1] τῶν Ῥωμαίων ὡς Ταραντῖνοι καὶ ἄλλοι τινὲς πόλεμον ἀρτύουσι κατ' αὐτῶν [2], καὶ πρεσβευτὴν Φαβρίκιον ἐς τὰς πόλεις τὰς συμμαχίδας ὅπως μηδὲν νεωτερίσωσιν στειλάντων [3], οἵδε ἐκεῖνόν τε συνέλαβον, καὶ πέμψαντες πρὸς τοὺς Τυρρηνοὺς [4], καὶ Ὀμβρικοὺς, καὶ Γαλάτας, συχνοὺς αὐτῶν, τοὺς μὲν παραχρῆμα, τοὺς δὲ οὐ πολλῷ ὕστερον, προσαπέστησαν.

CIII. Ὅτι [5] τοῦ Δολοβέλλου [6] περαιουμένοις τὸν Τίβε-

ῥᾷόν που [διαπεσεῖ· ὅθεν καὶ οὕτω] τῷ οἰκείῳ ἕκαστος αὐτῶν [δόγματι ὅτι ἀσφαλέστατον] τὴν φυγὴν ποιησάμενοι — *verum si unusquisque sigillatim atque, ut credebant, solitatim exirent, facilius rem successuram. Sic igitur ex suo quisque mentis decreto, quod tutissimum putabant, fugæ se mandaverunt.* Mais ici encore l'illustre Editeur déclare qu'il n'est pas sûr de son texte : « Cod. videtur habere δόξουσι. Et quidem hæc quoque pagina adeo oblitterata in codice est, ut quod eam demum utcumque legerim ipse mirer. Ceteroquin dubias aliquot lectiones ac desperatas uncis inclusi. » La restitution de ce passage offre de grandes difficultés : je n'ose me flatter de les avoir résolues.

D'abord, à la place de ποιήσωσι j'écris φεύγωσι autorisé par le sens et par l'état du Ms. En second lieu, je ne saurais trouver dans διαπεσεῖ le sens de *facilius rem successuram*. Toutefois, la conjecture de M. A. Mai m'a conduit à lire διαπεσεῖν, comme dans Dion, Liv. XLI, 22 : Ὡς γὰρ πολλαχῇ πειράσαντες, οὐδαμῇ διαπεσεῖν ἠδυνήθησαν, en parlant d'Afranius et de son armée, qui voulaient échapper aux poursuites de César par une fuite nocturne. La version latine, en regard du texte de Reimar, *nam pluribus locis conati perrumpere*, nusquam id consequi valuerunt, n'est pas exacte : il fallait *nequaquam evadere potuerunt*. Témoin Plutarque, Quest. gr. LVI : Ἢ ὅτι φεύγουσαι Διόνυσον αἱ Ἀμαζόνες ἐκ τῆς Ἐφεσίων χώρας εἰς Σάμον διέπεσον — *Amazones Bacchum fugientes e ditione Ephesia in Samum evaserunt.*

De plus, je remplace δόγματι, purement conjectural dans M. A. Mai, par δόξουσι qu'il a entrevu dans le Ms. du Vatic., et je donne à τῷ οἰκείῳ la signification de *civibus suis*, comme dans le Fr. XXX, p. 66 : Οὐκέτι τὸ οἰκεῖον ἀπὸ τοῦ ὀθνείου διέκρινον Cf. Zonar. VII. 26. p. 362, éd. Du C.

CII. Instruits que les Tarentins et d'autres peuples se disposaient à leur faire la guerre, les Romains députèrent Fabricius à leurs alliés, afin de prévenir tout nouveau mouvement de leur part. Ces alliés arrêtèrent Fabricius, et par des émissaires répandus parmi les Étrusques, les Ombriens et les Gaulois, ils parvinrent immédiatement chez les uns, un peu plus tard chez les autres, à les entraîner presque tous dans leur défection.

An de Rome 471.

CIII. Dolobella tomba sur les Étrusques, au moment

An de Rome 471.

1. (Exc. Urs. ε'. CXLIV. R. p. 60.)
A propos de ce fragment, on lit dans les notes de M. Tafel, p. 37 : « Ich vermuthe, dass diese Gesandtschaft den Kriegen, welche hier benannt werden, voranging, und dass dieses Fragment vielleicht selbst in das Jahr 469 und dem Fragmente Maio's (Exc. Vat. XLIII, p. 167, éd. Rom. et n° CI de cette édition) vorzusetzen ist. Dann erklærte sich Nro. 95 (dans M. A. Mai n° XLIII) und 97 (dans M. A. Mai, p. 536, éd. Rom. n° KϚ'. et n° CIII de cette édition.). Die Umbrier, die Gallier und andere Vœlkerschaften bekriegten zusammen die Rœmer, und nach diesen.... die Etrusker oder Tyrrhener. »
2. Zonaras, VIII. 2. p. 368, éd. Du C. : Ἦρξαν δὲ τῶν πολέμων οἱ Ταραντῖνοι, Τυρσηνοὺς καὶ Γαλάτας καὶ Σαμνίτας καὶ ἄλλους προσεταιρισάμενοι πλείονας.
3. Ce passage parut tronqué et corrompu à F. Orsini. Leunclavius proposa πρεσβευτὴν — ἔστειλαν, leçon maintenue par Reimar et Sturz : je lis στειλάντων, comme dans les Ms., à cause du génitif absolu πυθομένων τῶν Ῥωμαίων. De plus, j'ajoute καί avant πρεσβευτήν d'après le Ms. du Vatic. n° 1418, et je substitue οἵδε à l'ancienne leçon οἱ δέ, mots omis dans le même Ms. : pour conserver πρεσβευτὴν — ἔστειλαν, il faudrait πυθόμενοι οἱ Ῥωμαῖοι.
4. Τυρσηνούς dans F. Orsini, comme dans Zonaras, l. l. J'écris Τυρρηνούς, cf. Fr. IX, p. 22, note 11.
5. (Exc. Vat. A. M. p. 536, éd. Rom.)
6. J'adopte cette forme d'après le Ms. du Vatic., au lieu de Δολαβέλλου, parce qu'elle est confirmée par les plus anciens et les meilleurs Ms. de Dion. Cf. Zonaras, IX. 6. p. 426, éd. Du C.

178 ΔΙΩΝΟΣ ΤΟΥ ΚΑΣΣΙΟΥ ΛΕΙΨΑΝΑ. ΒΙΒΛ. Α-ΛϚ.

ριν ἐπιθεμένου τοῖς Τυρῥηνοῖς, ὁ ποταμὸς αἵματός τε καὶ σωμάτων ἐπληρώθη, ὡς τοῖς κατὰ τὴν πόλιν Ῥωμαίοις τὴν ὄψιν τοῦ ποταμίου ῥείθρου σημᾶναι τὸ πέρας τῆς μάχης, πρὶν ἀφικέσθαι τὸν ἄγγελον.

Ὅτι ἀπὸ τῶν ἐκβολῶν Τιβέρεως μέχρι Ῥώμης στάδιοι [1] ναυσίποροι ὀκτωκαίδεκα.

CIV. Ὅτι [2] οἱ Ταραντῖνοι, καίπερ τὸν πόλεμον αὐτοὶ παρασκευάσαντες, ὅμως [οὔπω Φαβρικίῳ ἀντικατέστ]ησαν [3]. Οἱ γὰρ Ῥωμαῖοι ᾐσθάνοντο μὲν τὰ πραττόμενα ἀπ' αὐτῶν, οὐ μὴν [4] [κακῶς] ἐποιοῦντο διὰ τὰ παρόντα σφίσι. Μετὰ δὲ δὴ τοῦτο, νομίσαντες γὰρ ἢ διαρκεῖν ἢ πάντως λανθάνειν [5] ὅτι μηδ' ἔγκλημα ἐλάμβανον, ἐπὶ πλεῖον ἐξύβρισαν, καὶ ἄκοντας αὐτοῖς τοὺς Ῥωμαίους ἐξεπολέμησαν· ὥστε καὶ ἐπαληθεῦσαι, ὅτι αἱ εὐπραγίαι [6], ἐπειδὰν ἔξω τοῦ συμμέτρου τισὶ γένωνται, συμφορῶν [7] σφίσιν αἰτίαι

---

1. « Ergo, dit M. A. Mai, Dio *Stadium* ponit hoc loco pro Milliario. »
2. (Exc. Vat. XLIV. A. M. p. 167-168, éd. Rom.)
3. M. A. Mai lit : Ὅμως ἐν [σκέπῃ φιλίας] ἦσαν — *in amicitiæ specie perseverabant*, mais cette leçon lui paraît fort incertaine : il a soin d'avertir qu'au lieu de Φιλίας, le Ms. du Vatic. semble porter Φαβρίου (peut-être aussi Φαβρίῳ), abréviation pour Φαβρικίου, ou Φαβρικίῳ. Sur ου et ῳ confondus, cf. M. Hase, Notices des Ms. t. VIII, p. 277. Cette indication est précieuse, ainsi que le passage de Zonaras, l. l., p. 368, éd. Du C. : Οἱ δὲ Ταραντῖνοι, καί τοι αὐτοὶ τὸν πόλεμον παρασκευάσαντες, ὅμως οὔπω πρὸς μάχην ἀντικατέστησαν φανερῶς. A la leçon douteuse du Ms. du Vatic., je substitue Φαβρικίῳ. Nous avons vu, Fr. CII, que Fabricius avait été députe vers les villes alliées, à la nouvelle des menées des Tarentins. Ne peut-on pas supposer qu'il fut chargé de les observer et que c'est envers lui que les Tarentins employèrent une grande circonspection, jusqu'au

où ils traversaient le Tibre. Le fleuve regorgea de sang et de cadavres, et l'aspect de ses eaux fit connaître aux Romains l'issue du combat, avant que la nouvelle leur fût parvenue.

Des embouchures du Tibre à Rome, la navigation est de dix-huit stades.

CIV. Les Tarentins avaient été les moteurs de la guerre; cependant ils ne combattirent pas ouvertement contre Fabricius. Les Romains connaissaient bien leurs menées secrètes; mais, occupés par d'autres guerres, ils ne leur firent aucun mal. Bientôt, persuadés qu'ils avaient assez de forces pour tenir ferme, ou que leur conduite était ignorée, puisqu'il ne s'élevait contre eux aucune plainte, les Tarentins poussèrent plus loin l'insolence et contraignirent les Romains à prendre les armes, malgré eux. On put dire avec vérité qu'une prospérité excessive devient, pour certains hommes, une source de malheurs : elle

An de Rome 472.

moment favorable à une rupture ouverte? D'après cette hypothèse, et à l'aide de Zonaras, je lis : "Ὅμως [οὔπω Φαβρικίῳ ἀντικατέστ]ησαν.

4. D'après la correction conseillée par M. A. Mai, au lieu de οὐ μέν, donné par le Ms. du Vatic.

5. M. A. Mai lit : Μὴ διαρκεῖν ἢ πάντως λανθάνειν qu'il traduit ainsi : Quum jam Tarentini in eo statu permanere *non* possent, *neque* sua crimina clam fore sperarent. Pour que cette version pût être maintenue, il faudrait μήτε διαρκεῖν, μήτε πάντως λανθάνειν. Il m'a semblé plus naturel de substituer ἢ à μὴ devant διαρκεῖν — *Quum Tarentini arbitrarentur aut sufficere vires suas, aut delicta sua clam esse*, etc.

6. Le passage αἱ εὐπραγίαι — σφάλλουσιν se trouve deux fois dans les Exc. Vat. A. M. p. 168, et p. 536, éd. Rom. L'illustre éditeur a tiré son second texte du *Floril. Vatic.* : c'est celui que j'ai adopté.

7. D'après le *Floril. Vatic.* Συμφοράς dans M. A. Mai, p. 168.

καθίστανται ¹· προάγουσαι ² γὰρ αὐτοὺς ἐς τὸ ἐκφρὸν (οὐδὲ γὰρ ἐθέλει τὸ σῶφρον τῷ χαύνῳ συνεῖναι) τὰ μέγιστα σφάλλουσιν ³· ὥσπερ που καὶ ἐκεῖνοί περ ἀνθήσαντες ἀντίπαλον τῆς εὐπραγίας κακοπραγίαν ἀντέλαβον.

CV. Λούκιος ⁴ ἀπεστάλη παρὰ Ῥωμαίων ἐς Τάραντα. Οἱ δὲ Ταραντῖνοι Διονύσια ἄγοντες, καὶ ἐν τῷ θεάτρῳ, διακορεῖς οἴνου, δείλης ⁵ καθήμενοι, πλεῖν ἐπὶ σφᾶς αὐτὸν ὑπετόπησαν. Καὶ παραχρῆμα δι' ὀργῆς, καί τι καὶ τῆς μέθης αὐτοὺς ⁶ ἀναπειθούσης, ἀντανήχθησαν· καὶ προσπεσόντες αὐτῷ μήτε χεῖρας ἀνταιρομένῳ, μηθ' ὅλως πολέμιόν τι ὑποτοπουμένῳ, κατέδυσαν κἀκεῖνον καὶ ἄλλους πολλούς ⁷.

Πυθόμενοι δὲ ταῦθ' οἱ Ῥωμαῖοι, χαλεπῶς μὲν (ὥσπερ οὖν εἰκὸς) ἔφερον, οὐ μὴν καὶ στρατεῦσαι ἐπ' αὐτοὺς εὐθὺς ἠθέλησαν. Πρέσβεις μέντοι, τοῦ μὴ κατασεσιωπηκέναι δόξαι κἀκ τούτου θρασυτέρους αὐτοὺς ποιῆσαι, ἔστειλαν ⁸. Καὶ αὐτοὺς οἱ Ταραντῖνοι οὐχ ὅπως καλῶς ἐδέξαντο, ἢ τρόπον γέ τινα ἐπιτήδειον ἀποκρινάμενοι ἀπέπεμψαν, ἀλλ' εὐθὺς, πρὶν καὶ λόγον σφίσι δοῦναι, γέλωτα τά τε ἄλλα,

---

1. D'après le *Floril. Vatic.* Καθίσταντο dans M. A. Mai, l. l.
2. D'après le même *Floril.* Dans M. A. Mai, l. l. : Προαγαγοῦσαι.
3. D'après le même *Floril.* Dans M. A. Mai, l. l. : Ἐς τὸ ἐκφορὰν τῷ χαύνῳ συνεῖναι σφάλλουσιν, leçon vicieuse.
4. (Exc. Urs. ς' CXLV. R. p. 60-61.) Cet extrait manque dans le Ms. de Munich n° 1; mais il se trouve dans le n° 3 et dans le Ms. du Vatic. n° 1418, qui portent l'un et l'autre : Ὅτι ὁ Λούκιος.
Il est tiré du IX° livre de Dion. Bekker, Anecd. gr. t. I. p. 158, 25 : Δίων ἐνάτῳ βιβλίῳ· « Λούκιος Οὐαλέριος, ναυαρχῶν τε Ῥωμαίοις καὶ σταλεὶς ποι ὑπ' αὐτῶν. »
5. Reimar et Sturz conservent la leçon des Ms. : Τὸ δείλης. Leunclavius

les pousse hors des voies de la sagesse; car la raison ne saurait être la compagne de l'orgueil, et ils tombent dans un abîme de maux. Ainsi les Tarentins, après avoir été florissants, éprouvèrent des revers égaux à leur ancienne prospérité.

CV. Les Romains envoyèrent Lucius à Tarente : les habitants célébraient les fêtes de Bacchus. Vers le soir, noyés dans le vin et couchés sur le théâtre, ils s'imaginèrent que Lucius naviguait vers leur ville avec des intentions hostiles. A l'instant même, entraînés par la colère ou égarés par l'ivresse, ils allèrent à sa rencontre, l'accablèrent sans qu'il tentât de se défendre; sans qu'il soupçonnât même une attaque, et le firent disparaître sous les eaux avec un grand nombre de ses compagnons.

A cette nouvelle, les Romains furent saisis d'une juste indignation; mais ils ne voulurent pas se mettre immédiatement en campagne contre les Tarentins. Cependant, pour ne pas les rendre plus audacieux, en paraissant passer cet affront sous silence, ils leur envoyèrent des députés. Les Tarentins, loin de leur faire un bon accueil, ou de les renvoyer avec une réponse convenable, se mirent, même avant de leur avoir accordé la permission de parler, à rire de leurs

An de Rome 472.

propose ἀπὸ δείλης. J'adopte δείλης. — *Vesperi.* Cf. *Thes. gr. ling.* t. II, p. 943, éd. Didot; Viger, *De gr. Idiotism.* p. 84 et suiv. éd. Hermann.

6. Αὐτοῖς dans le Ms. du Vatic. n° 1418 et dans celui de Munich n° 3.

7. Zonaras, VIII. 2. p. 368, éd. Du C. : Ναυαρχοῦντος δὲ Λουκίου Οὐαλερίου, καὶ τριήρεσι προσορμίσαι βουληθέντος εἰς Τάραντα, ἐπεὶ ἀπῄει ὅπη (Du C. ὅτι) σὺν αὐταῖς ἀπεστάλη, φίλιον τὴν χώραν ἡγούμενος · οἱ Ταραντῖνοι κατ' αὐτῶν ὑποτοπήσαντες τὸν Οὐαλέριον πλεῖν, ἐκ τοῦ συνειδότος ὧν ἔδρων, μετ' ὀργῆς ἀντανήχθησαν, καὶ προσπεσόντες αὐτῷ μηδὲν πολέμιον ἐλπίσαντι, κατέδυσαν ἐκεῖνόν τε καὶ ἄλλους πολλούς.

8. Le même, l. l. : Πυθόμενοι δὲ ταῦθ' οἱ Ῥωμαῖοι, ἠγανάκτησαν μέν· πρέσ-

καὶ τὴν στολὴν αὐτῶν ἐποιοῦντο [1]· ἦν δὲ ἡ ἀστικὴ, ἡ κατ' ἀγορὰν χρώμεθα. Ταύτην γὰρ ἐκεῖνοι, εἴτ' οὖν σεμνότητος ἕνεκα, εἴτε καὶ διὰ δέος, ἵν' ἔκ τε τούτου αἰδεσθῶσιν αὐτοὺς, ἐσταλμένοι ἦσαν.

Κατὰ συστάσεις τε οὖν κωμάζοντες, ἐτώθαζον. Καὶ γὰρ καὶ τότε ἑορτὴν ἦγον ὑφ' ἧς, καί τοι μηδένα χρόνον σωφρονοῦντες, ἔτι καὶ μᾶλλον ὕβριζον. Καὶ τέλος, προστάς τις [2] τῷ Ποστουμίῳ, καὶ κύψας [3] ἑαυτὸν, ἐξέβαλε [4] καὶ τὴν ἐσθῆτα αὐτοῦ ἐκηλίδωσε. Θορύβου δὲ ἐπὶ τούτῳ παρὰ πάντων τῶν ἄλλων γενομένου, καὶ τῶν μὲν ἐπαινούντων ὥσπερ τι θαυμαστὸν εἰργασμένον, ἐς δὲ δὴ τοὺς Ῥωμαίους πολλὰ καὶ ἀσελγῆ ἀνάπαιστα ἐν ῥυθμῷ τοῦ τε κρότου καὶ τῆς βαδίσεως ᾀδόντων, ὁ Ποστούμιος· Γελᾶτε, ἔφη, γελᾶτε, ἕως ἔξεστιν ὑμῖν. Κλαύσεσθε γὰρ ἐπὶ μακρότατον, ὅταν τὴν ἐσθῆτα ταύτην τῷ αἵματι ὑμῶν ἀποπλύνητε [5]. Ἀκούσαντες τοῦτ' ἐκεῖνοι τῶν μὲν σκωμμάτων ἐπέσχον,

βεις δ' ὅμως ἀπέστειλαν, ἐπεγκαλοῦντες αὐτοῖς, καὶ δίκας ἀπαιτοῦντες. Cf. Appien, III, 7.

1. Appien, l. l. : Οἱ δὲ τοὺς πρέσβεις μόλις ποτὲ ἐπὶ τὸ κοινὸν ἐπήγαγον, καὶ ἐπελθόντας ἐχλεύαζον, εἴ τι μὴ καλῶς ἑλληνίσειαν· ἔσκωπτον δὲ καὶ τὴν στολὴν αὐτῶν καὶ τὸ ἐπιπόρφυρον. Cf. **Denys d'Hal. Fr. Liv.** XVII. 7-8, éd. Milan.

2. Appien et **Denys d'Hal.**, l. l., l'appellent **Philonidas.** Denys le fait connaître par quelques traits caractéristiques : Σπερμολόγος ἄνθρωπος, ὃς ἀπὸ τῆς οἰνοφλυγίας, ᾗ παρὰ πάντα τὸν βίον ἐπέχρητο, προσηγορεύετο Κοτύλη· μεστὸς ὢν ἔτι τῆς χθιζῆς μέθης κτλ.

3. Ἐπικύψας dans Appien, l. l.

4. Denys d'Hal. est plus réservé, l.l. : Καὶ σχηματίσας ἑαυτὸν ὡς αἰσχιστον ὀφθῆναι, τὴν οὐδὲ λέγεσθαι πρέπουσαν ἀκαθαρσίαν κατὰ τῆς ἱερᾶς ἐσθῆτος τοῦ πρεσβευτοῦ κατεσκέδασε. Cf. **Florus**, I, 18.

personnes et de leur costume ; et cependant ils portaient
la toge exigée à Rome, pour paraître dans le forum.
Les députés s'en étaient revêtus pour se montrer avec
plus de majesté; peut-être aussi, pour inspirer une
crainte qui semblait devoir leur attirer le respect des
Tarentins.

Ceux-ci, divisés par groupes, lançaient contre eux
des sarcasmes dictés par la joie du festin. Fort peu
retenus d'ordinaire, la fête qu'ils célébraient les rendait encore plus insolents. Enfin un d'entre eux s'ap-
procha de Postumius, se pencha pour satisfaire un besoin et salit la robe de l'ambassadeur. Aussitôt un
grand bruit s'éleva de toutes parts : on exalta cette insulte comme un acte admirable, on décocha contre les
Romains mille traits injurieux, sous la forme de vers ana-
pestiques, accompagnés d'applaudissements et de pas
cadencés. « Riez, s'écria Postumius : riez, il en est temps
encore ; mais vous verserez bien des larmes, quand vous
laverez dans votre sang la tache faite à cette robe. » A ces
mots, les Tarentins mirent fin à leurs moqueries ; mais

---

5. Le passage τὴν ἐσθῆτα — ἀποπλύνητε se trouve aussi dans les Exc.
Vat. XLV. A. M. p. 168, éd. Rom. Le voici tel qu'il est dans l'illustre
Éditeur : Ὅτι ὁ Ποστούμιος τῶν Ταραντίνων τὴν ἐσθῆτα αὐτοῦ κατακηλιδών-
των καὶ ἀνὰ παιστά (au lieu de ἀνάπαιστα, donné par le Ms. du Vatic., comme
dans l'Exc. Urs.) τινὰ γενομένων τοῦ τε κρότου καὶ τῆς βαδίσεως (lis. τινὰ
ᾀδόντων, καὶ γενομένων τοῦ τε κρότου καὶ τῆς βαδίσεως), ταῦτ' ἔφη· γελᾶτε,
ἐπεὶ ἔξεστιν ὑμῖν· κλαύσεσθε γὰρ ἐπὶ μακρότατον, ὅταν τὴν ἐσθῆτα ταύτην
τῷ αἵματι ὑμῶν ἀποπλύνητε.

Denys d'Hal., l. l., est plus explicite : Γέλωτος δὲ καταρραγέντος ἐξ ὅλου τοῦ
θεάτρου, καὶ συγκροτούντων τὰς χεῖρας τῶν ἀγερωχοτάτων, ἐμβλέψας εἰς τὸν
Φιλωνίδην ὁ Ποστόμιος εἶπεν .... Ἔπειτα εἰς τὸν ὄχλον ἐπιστραφείς,
καὶ τὴν ὑβρισμένην ἐσθῆτα δεικνὺς, ὡς ἔμαθεν ἔτι πλείονα γινόμενον ἐξ ἁπάντων γέλωτα, καὶ φωνὰς ἤκουεν ἐνίων ἐπιχαιρόντων καὶ τὴν ὕβριν ἐπαινούντων·
Γελᾶτε, ἔφησεν, ἕως ἔξεστιν ὑμῖν, ἄνδρες Ταραντῖνοι, γελᾶτε· πολὺν γὰρ τὸν

ἐς δὲ παραίτησιν τοῦ ὑβρίσματος οὐδὲν ἔπραξαν· ἀλλ' ὅτι γε σῶς αὐτοὺς ἀφῆκαν, ἐν εὐεργεσίας μέρει ἐτίθεντο [1].

CVI. Ὅτι [2] Μέτων ὡς οὐκ ἔπεισε Ταραντίνους τὸ μὴ [3] Ῥωμαίοις ἐκπολεμωθῆναι [4], ἔκ τε τῆς ἐκκλησίας ὑπεξῆλθε· καὶ στεφάνους ἀνεδήσατο, συγκωμαστάς τέ τινας καὶ αὐλητρίδα λαβὼν ὑπέστρεψεν [5]. ᾄδοντος δὲ αὐτοῦ καὶ χορδακίζοντος [6] ἐξέστησαν τῶν προκειμένων καὶ ἐπεβόων καὶ ἐπεκρότουν, οἷα ἐν τῷ τοιούτῳ φιλεῖ γίγνεσθαι· καὶ ὃς σιγάσας αὐτούς· νῦν μὲν καὶ μεθύειν, ἔφη [7], καὶ κωμάζειν ἔξεστιν ἡμῖν [8]· ἂν δ' ὅσα βουλεύεσθε ἐπιτελήσητε, δουλεύσομεν [9].

CVII. Ὅτι [10] Γάϊος Φαβρίκιος ἐν μὲν τοῖς ἄλλοις ὅμοιος ἦν Ῥουφίνῳ [11]· ἐν δὲ δὴ τῇ ἀδωροδοκίᾳ πολὺ προέχων. Ἦν γὰρ ἀδωρότατος, καὶ διὰ τοῦτο καὶ ἐκείνῳ οὔτ' ἠρέσ-

---

μετὰ ταῦτα χρόνον κλαύσετε. Ἐπικρανθέντων δέ τινων πρὸς τὴν ἀπειλήν· καὶ ἵνα γε μᾶλλον, ἔφησεν, ἀγανακτήσητε, καὶ τοῦθ' ὑμῖν λέγομεν, ὅτι πολλῷ τὴν ἐσθῆτα ταύτην αἵματι ἐκπλυνεῖτε.

Appien, au contraire, est très-succinct, l. l. : Ποστούμιος δὲ προτείνας τὸ μεμολυσμένον· ἐκπλυνεῖτε, ἔφη, τοῦτο αἵματι πολλῷ τοιούτοις ἀρεσκόμενοι γέλωσι. Quant à Zonaras, il a copié Dion.

1. Nous devons à M. A. Mai le passage ἀκούσαντες — ἐτίθεντο, tiré du Ms. du Vatic. Cf. p. 168, éd. Rom.

2. (Exc. Vat. XLV. A. M. p. 168-169, éd. Rom.)

3. Au lieu de τοῦ μή, leçon donnée par M. A. Mai, et qui ne pourrait être maintenue qu'en remplaçant ἔπεισε par οὐκ ἀπέτρεψε, ou par telle autre expression analogue.

4. Suivant Denys d'Hal., l. l. 13, Méton agit ainsi dans une autre circonstance : Τῶν Ταραντίνων βουλομένων ἐκ τῆς ἠπείρου Πύρρον μετακαλεῖν ἐπὶ τὸν κατὰ Ῥωμαίων πόλεμον, καὶ τοὺς κωλύοντας ἐξελαυνόντων, Μέτων τις καὶ αὐτὸς Ταραντῖνος, ἵνα τύχοι προσοχῆς κτλ.

5. Le même, l. l. : Παρῆν εἰς τὸ θέατρον ἐστεφανωμένος ὥσπερ ἐκ συμ-

ils ne firent rien pour détourner la punition due à tant d'outrages : ils crurent même avoir des droits à la reconnaissance de Rome, parce qu'ils avaient laissé partir les députés sains et saufs.

CVI. Méton n'avait pu persuader aux Tarentins de ne pas faire la guerre aux Romains. Il sortit de l'assemblée ; mais il y rentra bientôt, le front ceint d'une couronne, et suivi de quelques débauchés et d'une joueuse de flûte. Il se mit à chanter et à exécuter une danse lascive : au même instant, les Tarentins cessent de délibérer, poussent des cris et applaudissent, comme il arrive en pareille occurrence. Méton fait faire silence : « Il nous est encore permis, dit-il, de nous livrer à l'ivresse et à l'orgie ; mais si vos résolutions s'accomplissent, nous tomberons dans l'esclavage. »

CVII. C. Fabricius, qui d'ailleurs ne le cédait sous aucun rapport à Rufinus, était beaucoup plus intègre. Inaccessible à la corruption, il n'éprouvait par cela

---

ποσίου, παιδίσκην περιειληφὼς αὐλητρίδα, κωμαστικὰ μέλη προσᾴδουσαν.

6. Κορδάζοντος est une faute d'impression dans M. A. Mai.

7. D'après M. A. Mai, au lieu de ἔδει que porte le Ms. du Vatic. Quant à ἔξεστιν qu'il regarde comme surabondant, je ne puis partager cette opinion, et je maintiens ce verbe.

8. Denys d'Hal., l. l. 14 : Περιβλέψας κύκλῳ καὶ τῇ χειρὶ διασημήνας ἡσυχίαν αὐτῷ παρασχεῖν, ἐπειδὴ κατέστειλε τὸν θόρυβον· Ἄνδρες, ἔφη, πολῖται, τούτων ὧν ἐμὲ ποιοῦντα ὁρᾶτε νῦν, οὐδὲν ὑμῖν ἐξέσται ποιεῖν, ἐὰν βασιλέα καὶ φρουρὰν εἰς τὴν πόλιν εἰσελθεῖν ἐάσητε.

9. Correction de M. A. Mai, au lieu de δουλεύσωμεν faute du copiste dans le Ms. du Vatic., par la confusion de l'ο et de l'ω. Cf. M. Boissonade, Notices des Ms. t. XII, p. 23, et les exemples qu'il donne.

10. (Exc. Peir. XXXVII. R. p. 18.)

11. P. Corn. Rufinus ; il en est question dans Plutarque, Sylla, I : Τῶν δὲ προγόνων αὐτοῦ λέγουσι Ῥουφῖνον ὑπατεῦσαι, καὶ τούτῳ δὲ τῆς τιμῆς ἐπιφανεστέραν γενέσθαι τὴν ἀτιμίαν. Εὑρέθη γὰρ ἀργυρίου κοίλου κεκτημένος

κετο, καὶ ἀεί ποτε διεφέρετο· ὅμως ἐχειροτονήθη. Ἐπιτηδειότατον γὰρ αὐτὸν ἐς τὴν τοῦ πολέμου χρείαν ἐνόμισαν [1] εἶναι· καὶ παρ' ὀλίγον τὴν ἰδίαν ἔχθραν πρὸς τὰ κοινῇ συμφέροντα ἐποιήσατο. Καὶ δόξαν γε καὶ ἐκ τούτου ἐκτήσατο, κρείττων καὶ τοῦ φθόνου γενόμενος, ὅσπερ που καὶ τῶν ἀρίστων ἀνδρῶν [2] πολὺς ὑπὸ φιλοτιμίας ἐγγίγνεται. Φιλόπολίς τε γὰρ ἀκριβῶς ὢν, καὶ οὐκ ἐπὶ προσχήματι ἀρέσκων [3], ἐν τῷ ἴσῳ τό τε ὑφ' ἑαυτοῦ καὶ δι' ἑτέρου τινὸς, κἂν διάφορός οἱ ᾖ, εὖ τι τὴν πόλιν παθεῖν ἐτίθετο.

CVIII. Ὅτι [a] ὁ Πύρρος ὁ βασιλεὺς τῆς τε Ἠπείρου καλουμένης ἐβασίλευσε, καὶ τοῦ Ἑλληνικοῦ τὸ πλεῖστον, τὸ μὲν εὐεργεσίαις, τὸ δὲ φόβῳ προσεπεποίητο [5]. Αἰτωλοί τε πολὺ τότε δυνάμενοι, καὶ Ἀλέξανδρος [6] ὁ Μακεδὼν, καὶ οἱ ἐν τῷ Ἰλλυρικῷ δυνάσται ἐθεράπευον αὐτόν. Καὶ γὰρ φύσεως λαμπρότητι, καὶ παιδείας ἰσχύι, καὶ ἐμπειρίᾳ πραγμάτων πολὺ πάντων προέφερεν· ὥστε καὶ ὑπὲρ τὰς δυ-

---

ὑπὲρ δέκα λίτρας, τοῦ νόμου μὴ διδόντος. Cf. Zonaras, l. l., p. 378-379, éd. Du C.; Cic. De Orat. II, 66 ; A. Gelle, IV, 8.

1. H. de Valois propose de substituer ἐνόμισεν à ἐνόμισαν, et un peu plus haut ἐχειροτόνησε à ἐχειροτονήθη. Je maintiens l'ancienne leçon d'après le Ms. de Tours, Reimar et Sturz, qui la défend ainsi : Mihi nihil mutandum videtur, sed omnia negligentiæ scriptoris tribuenda, qui, quum prius ἐχειροτονήθη et ἐνόμισαν scripsisset, quæ patet ad populum referenda esse, deinceps de Fabricio, quem meminisset inprimis creationem Rufini effecisse, verba fecerit.

2. Cette leçon peut être conservée : toutefois la construction de la phrase serait plus nette en ajoutant, avant τῶν ἀρίστων ἀνδρῶν, ou πολλοῖς proposé par Reimar, ou bien τισί proposé par Sturz.

3. Reiske voulait lire ἀρετὴν ἀσκῶν, au lieu d'ἀρέσκων, et ajouter μόνον. « Conjectura illa non displicet, dit Sturz : saltem desiderabam locum in quo ἀρέσκειν esset se alicui probare studere. » Le Ms. de Tours ne

même aucune sympathie pour lui, et ils étaient toujours en mésintelligence. Cependant Rufinus, regardé comme l'homme le plus propre à faire face à tous les besoins de la guerre, fut élu consul. Fabricius sacrifia ses inimitiés personnelles à l'intérêt public ; il acquit une nouvelle gloire, en triomphant même de l'envie que l'ambition rend souvent implacable chez les hommes éminents. Vraiment ami de son pays, il ne recherchait pas l'estime par des vertus d'emprunt : tout ce qui contribuait à la prospérité de sa patrie lui était cher, soit qu'il en fût l'auteur, soit qu'elle en fût redevable même à un de ses ennemis.

CVIII. Pyrrhus, roi d'Épire, étendit sa domination sur la plus grande partie de la Grèce, non moins par ses bienfaits que par la terreur de ses armes. Les Étoliens, alors très-puissants, Alexandre de Macédoine et les petits souverains de l'Illyrie recherchaient son amitié. Les dons les plus brillants de la nature, une vaste instruction, une profonde expérience lui donnaient sur tous les hommes

---

fournit aucune variante : je conserve l'ancienne leçon avec H. de Valois, Reimar, Sturz, et je donne à ἀρέσκω le sens de *probor*. Cf. Ast., Lexic. Platon. I, p. 272.

4. (Exc. Peir. XXXIX. R. p. 18-19.)

5. Zonaras, l. l. 2. p. 369, éd. Du C. : Ὁ γὰρ Πύρρος τῆς καλουμένης βασιλεύων Ἠπείρου, φύσεώς τε δεξιότητι, καὶ παιδείας ἰσχύϊ, καὶ ἐμπειρίᾳ πάντων προέφερε· καὶ τοῦ Ἑλληνικοῦ τὸ πλεῖστον τὸ μὲν εὐποιΐαις, τὸ δὲ φόβῳ προσεπεποίητο.

6. L'ancienne leçon Φίλιππος a été respectée par H. de Valois, Reimar et Sturz : elle se trouve aussi dans le Ms. de Tours. Je n'hésite pourtant pas à la remplacer par Ἀλέξανδρος. Il ne peut être question ici que d'Alexandre, fils de Cassandre, et qui dans sa lutte contre Antipater, son frère, eut recours à Pyrrhus; Plutarque, Pyrrh. VI : Τῶν Κασσάνδρου παίδων ὁ πρεσβύτερος — περιέκοπτε τὸν Ἀντίπατρον.

νάμεις καὶ τὰς ἑαυτοῦ [1] καὶ τῶν συμμάχων, καίπερ μεγάλας οὔσας, ἀξιοῦσθαι.

CIX. Ὅτι Πύρρος [2] ὁ βασιλεὺς τῆς Ἠπείρου τό τε φρόνημα πολλῷ μεῖζον ἔσχεν, ἅτε καὶ ὑπὸ τῶν ἀλλοφύλων ἀντίπαλος τοῖς Ῥωμαίοις εἶναι νομιζόμενος· καὶ ἐν τύχῃ οἱ ἡγήσατο ἔσεσθαι τοῖς τε πρὸς αὐτὸν καταφυγοῦσιν, ἄλλως τε καὶ Ἕλλησιν οὖσιν, ἐπικουρῆσαι, καὶ ἐκείνους σὺν προφάσει τινὶ εὐπρεπεῖ προκαταλαβεῖν, πρίν τι δεινὸν ὑπ' αὐτῶν παθεῖν· οὕτω γάρ που καὶ τῆς εὐδοξίας αὐτῷ ἔμελεν, ὥστε καὶ ἐκ πολλοῦ χρόνου Σικελίας ἐφιέμενος καὶ τὰ τῶν Ῥωμαίων ὅπῃ χειρώσαιτο διασκοπῶν, ὀκνεῖν τῆς πρὸς αὐτοὺς ἔχθρας, ἐπειδὴ μηδὲν ἠδίκητο, προκατάρξασθαι.

CX. Ὅτι [3] ὑπὸ τοῦ Κινέου ἐλέγετο Πύρρος ὁ βασιλεὺς πλείονας πόλεις, ἢ ὑπὸ τοῦ αὐτοῦ ἐξελεῖν δόρατος [4]. Καὶ γὰρ ἦν δεινός, ὥς φησι [5] Πλούταρχος, ἐν τῷ λέγειν, καὶ τῷ Δημοσθένει μόνος ἐν τῇ δεινότητι παρισούμενος [6]. Ἀμέλει καὶ τὸ ἄτοπον τῆς ἐκστρατείας οἷα ἔμφρων εἰδὼς ἀνήρ,

---

1. Je substitue, d'après Saumaise, cette leçon à l'ancienne : Καὶ τὰς ἑαυτῶν καὶ τῶν συμμάχων, qui ne fournissait aucun sens. Sturz l'a également adoptée. Nous avons déjà parlé de la confusion des désinences ων et ου.
2. (Exc. Vat. XLVI. A. M. p. 169, éd. Rom.)
3. (Exc. Peir. XXXVIII. R. p. 18.)
4. Plutarque, Pyrrh. XIV : Ὁ γοῦν Πύρρος ἔλεγε πλείονας πόλεις ὑπὸ Κινέου τοῖς λόγοις, ἢ τοῖς ὅπλοις ὑφ' ἑαυτοῦ προσῆχθαι. Himerius dit la même chose, en d'autres termes, dans Photius, Bib. p. 1119 : Τοσοῦτον ἰσχύσας τοῖς λόγοις, ὅσον καὶ τὸν Θετταλὸν ἀκούω τὸν Κιννέαν (sic), ὃς σὺν βασιλεῖ Πύρρῳ γῆν ἐπιὼν πᾶσαν καὶ θάλασσαν, πρὸ τῶν μηχανημάτων τοῖς λόγοις τὰς πόλεις ἔκλινεν.

une incontestable supériorité. Aussi fut-il honoré au delà de ce qui était dû à sa puissance et à celle de ses alliés, quelque grande qu'elle fût.

CIX. Pyrrhus, roi d'Épire, fut très-fier d'être regardé par les nations étrangères comme capable de tenir tête aux Romains. Il pensa qu'il serait heureux pour lui de secourir les peuples qui sollicitaient son appui (alors surtout que c'étaient des Grecs), et de pouvoir sous un prétexte spécieux attaquer les Romains, avant d'en avoir reçu quelque dommage : il était si jaloux de sa réputation, que, convoitant la Sicile depuis longtemps, et cherchant une occasion de s'emparer des pays soumis aux Romains, il n'aurait osé se déclarer leur ennemi ; lorsqu'ils ne lui avaient fait aucun mal.

CX. On disait du roi Pyrrhus qu'il avait pris plus de villes par l'éloquence de Cinéas qu'avec sa propre lance. Suivant Plutarque, Cinéas, orateur plein de véhémence, mérita seul, par la vigueur de ses discours, d'être mis sur la même ligne que Démosthène. Sa haute raison lui fit comprendre la témérité de l'expédition contre les

---

5. Reimar, qui croit ce passage altéré, lit : Καὶ γὰρ ἦν δεινὸς εἶναι φησί. Sturz a placé εἶναι entre deux crochets ; il propose même de supprimer ce verbe, substitué probablement par un copiste à un mot qu'il ne pouvait lire. Je l'ai remplacé par ὡς, d'après Reiske.

6. Allusion à ce passage de la vie de Pyrrhus, l. l. : Ἦν δέ τις Κινέας.... Δημοσθένους δὲ τοῦ ῥήτορος ἀκηκοώς, ἐδόκει μόνος μάλιστα τῶν τότε λεγόντων, οἷον ἐν εἰκόνι, τῆς ἐκείνου δυνάμεως καὶ δεινότητος ἀναμιμνήσκειν τοὺς ἀκούοντας. Συνὼν δὲ τῷ Πύρρῳ, καὶ πεμπόμενος ἐπὶ τὰς πόλεις, ἐβεβαίου τὸ Εὐριπίδειον, ὅτι πᾶν ἐξαιρεῖ λόγος,

Ὅ καὶ σίδηρος πολεμίων δράσειεν ἄν.

ἐμποδὼν τῷ Πύρρῳ εἰς λόγους ἐλθὼν καθίστατο. Ὁ μὲν γὰρ ἄρξειν διὰ τὴν ἀνδρείαν [1] πάσης διενόει τῆς γῆς· ὁ δὲ ἀρκεῖσθαι ἱκανοῖς οὖσι τοῖς οἰκείοις πρὸς εὐδαιμονίαν προέτρεπεν [2]. Ἀλλὰ τὸ φιλοπόλεμον τοῦ ἀνδρὸς καὶ φιλόπρωτον τὴν τοῦ Κινέου νικῆσαν παραίνεσιν, αἰσχρῶς ἀπαλλάξαι αὐτὸν καὶ Σικελίας καὶ Ἰταλίας πεποίηκεν, πολλὰς τῶν αὐτοῦ δυνάμεων μυριάδας ἐν ταῖς μάχαις ἁπάσαις ἀποβεβληκότα.

CXI. Ὅτι [3] Πύρρος πέμψας ἐς Δωδώνην ἐμαντεύσατο περὶ τῆς στρατείας. Καί οἱ χρησμοῦ ἐλθόντος· Ἂν ἐς τὴν Ἰταλίαν περαιωθῇ, Ῥωμαίους νικήσειν [4], συμβαλὼν αὐτὸν πρὸς τὸ βούλημα (δεινὴ γὰρ ἐξαπατῆσαί τινα ἐπιθυμία ἐστίν), οὐδὲ τὸ ἔαρ ἔμεινεν [5].

CXII. Ὅτι [6] οἱ Ῥηγῖνοι φρουρὰν ᾐτήσαντο παρὰ Ῥωμαίοις· ἡγεῖτο δὲ αὐτῆς Δέκιος. Τούτων οὖν οἱ πλείους ἔκ τε τῆς περιουσίας τῶν ἐπιτηδείων, καὶ ἐκ τῆς ἄλλης ῥα-

---

1. Dans le Ms. de Tours : Ἀρξειν ἀνδρείαν.
2. D'après Reimar, au lieu de ἔτρεπεν. Cf. Schweighæuser, Specimen I. Emend. in Suid. p 47. Je n'oserais, comme Reiske, pour maintenir l'ancienne leçon ἐπέτρεπεν, donner à ce verbe le sens d'*exhorter*.
3. (Exc. Vat. XLVI. A. M. p. 169, éd. Rom.)
4. S. Aur. Victor, De Vir. Illustr. XXXV, éd. Arntzen : Pyrrhus, rex Epirotarum.... Apollinem de bello consuluit. Ille ambigue respondit :

Aio te Æacida Romanos vincere posse.

Cf. Les notes d'Arntzen, 1. 1., p. 164 ; les Fragments d'Ennius auquel ce vers est attribué, Annal. VI, p. XV, éd. de Mérula et p. 366-368. Je me contente de transcrire un passage de Priscien, XVIII, p. 1137, éd. Putsch: Auctores frequentissime ὑπερβατοῖς, id est, transitionibus utuntur, ut....
Il cite le vers *Aio te* etc., et continue en ces termes : Est enim ordo : Aio Romanos vincere te Æacida posse, id est, quod Romani te possunt vincere:

Romains, et il la combattit dans ses entretiens avec Pyrrhus : ce roi se croyait appelé par son courage à soumettre toute la terre à sa puissance ; Cinéas, au contraire, l'engageait à se contenter de ses États, qui pouvaient suffire à son bonheur. L'amour de la guerre, le désir de s'élever au premier rang l'emportèrent sur les conseils de Cinéas, et réduisirent Pyrrhus à se voir honteusement chassé de la Sicile et de l'Italie, après avoir perdu des milliers de soldats sur tous les champs de bataille.

CXI. Pyrrhus envoya consulter l'oracle de Dodone sur son expédition. Le dieu répondit : *S'il passe en Italie, Pyrrhus le Romain pourra vaincre.* Le roi, interprétant ces paroles d'après ses vues (rien ne fait mieux illusion à l'homme que ses propres désirs), n'attendit pas le printemps.

CXII. Rhégium avait demandé une garnison aux Romains : elle fut placée sous les ordres de Décius. La plupart des soldats qui la composaient, vivant au sein de l'abondance et de la mollesse (la discipline

An de Rome 474.

---

quod et naturaliter passiones secundæ sunt actionum, et actio in Romanis, passio vero in Pyrrho significatur ; sed aptissimum maxime fuit responso, etiam in confusione ordinis propriam oraculi obliquitatem servare. »

Quant à la traduction, j'emprunte celle du savant M. J. V. Le Clerc, Cic. De Divin., II, 56, où le vers attribué à Ennius est cité. Elle rend fort heureusement, et en style d'oracle, ce que Fontenelle déclarait intraduisible.

5. Dans le Ms. du Vatic. : Τουτέστιν. M. A. Mai, qui conserve ce mot conseille néanmoins de lire simplement ἐστίν, et de transporter après ce verbe la virgule, placée dans son texte après ἐπιθυμία. J'ai adopté les divers changements qu'il indique ; mais en renfermant entre parenthèses les mots δεινὴ — ἐπιθυμία ἐστίν. Zonaras, VIII. 2. p. 369, éd. Du C., rapporte le même fait, sans faire mention de l'oracle : Ὁ δὲ Πύρρος οὐδὲ τὸ ἔαρ ἀναμείνας ἀπῄει.

6. (Exc. Peir. XI.. R. p. 19.)

στώνης, ἅτε καὶ ἀνειμένῃ παρὰ πολὺ διαίτῃ πρὸς τὰ οἴκοι χρώμενοι, ἐπεθύμησαν, ἐνάγοντος αὐτοὺς [1] τοῦ Δεκίου, τοὺς πρώτους Ῥηγίνων ἀποκτείναντας [2] τὴν πόλιν κατασχεῖν. Ἄδεια γὰρ αὐτοῖς πολλὴ ἐφαίνετο, τῶν Ῥωμαίων περὶ τοὺς Ταραντίνους καὶ περὶ τὸν Πύρρον ἀσχόλων ὄντων, πάνθ᾽ ὅσα ἐβούλοντο πρᾶξαι. Προσανέπειθον δὲ αὐτοὺς, ὅτι καὶ τὴν Μεσσήνην ὑπὸ τῶν Μαμερτίνων ἐχομένην ἑώρων. Οὗτοι γὰρ Καμπανοί τε ὄντες, καὶ φρουρεῖν αὐτὴν ὑπ᾽ Ἀγαθοκλέους τοῦ ἐν Σικελίᾳ δυναστεύοντος [3] ταχθέντες, σφαγάς τε τῶν ἐπιχωρίων ἐποιήσαντο, καὶ τὴν πόλιν κατέσχον [4].

Οὐ μέν τοι ἐκ τοῦ προφανοῦς τὴν ἐπιχείρησιν ἐποιήσαντο. Πολὺ γὰρ ἠλαττοῦντο τῷ πλήθει· ἀλλ᾽ ἐπιστολὰς ὁ Δέκιος, ὡς καὶ τῷ Πύρρῳ ἐπὶ προδοσίᾳ [5] σφῶν ὑπό τινων γεγραμμένας, πλάσας ἤθροισε τοὺς στρατιώτας· καὶ ἐκείνας τε αὐτοῖς ὡς καὶ ἑαλωκυίας ἀνέγνω, καὶ προσπαρώξυνεν αὐτοὺς, εἰπὼν οἷα εἰκὸς ἦν. Ἄλλως τε καὶ ἐσαγγείλαντός τινος ἐκ κατασκευασμοῦ, ὅτι ναυτικόν τέ τι τοῦ Πύρρου κατῆρέ που τῆς χώρας, καὶ ἐς λόγους τοῖς προδόταις ἀφικνεῖται. Οἱ δὲ παρεσκευασμένοι ἐμεγάλυνον, καὶ διεβόων προκαταλαβεῖν τοὺς Ῥηγίνους, πρίν τι δεινὸν παθεῖν· ἀγνο-

---

1. D'après Reimar, au lieu de l'ancienne leçon αὐτοῖς, donnée par H. de Valois et confirmée par le Ms. de Tours. Cette correction est nécessaire: pour des exemples de la confusion des désinences οις et ους, cf. M. Hase, Notices des Ms. t. IX, p. 172 et l'*Index*.

2. Comme dans le Ms. de Tours : l'ancienne leçon ἀποκτείναντες a été conservée par H. de Valois et Reimar.

3. L'ancienne leçon τῶν ἐν Σικελίᾳ, confirmée par le Ms. de Tours, parut justement incorrecte à Reiske : il proposa τοῦ τῶν — δυναστεύοντος, ou

était bien plus relâchée dans cette résidence que dans leur patrie) conçurent, à l'instigation de Décius, le dessein de faire périr les principaux citoyens et de s'emparer de la ville. Au moment où Rome était occupée par la guerre contre Tarente et contre Pyrrhus, ils croyaient pouvoir tout oser impunément : leur confiance fut d'autant plus grande, qu'ils voyaient Messine entre les mains des Mamertins qui, originaires de la Campanie et chargés par Agathocle, roi de Sicile, de défendre cette ville, s'en étaient rendus maîtres par le massacre des habitants.

Mais, trop inférieurs en nombre, ils n'osèrent exécuter ouvertement leur projet. Décius supposa entre quelques citoyens et Pyrrhus une correspondance qui avait pour but de livrer la garnison. Il rassembla les soldats, leur lut les lettres qu'il disait avoir interceptées et enflamma leur colère par un discours approprié à la circonstance. En même temps, un de ses affidés annonça, comme ils en étaient convenus, que des vaisseaux de Pyrrhus venaient d'arriver sur les côtes, pour s'aboucher avec les traîtres. Plusieurs soldats, d'accord avec leur chef, exagèrent le danger et s'écrient qu'il vaut mieux le prévenir que d'être victime d'un

---

bien : Τοῦ ἐν Σικελίᾳ δυναστεύοντος. J'ai adopté la seconde conjecture qui est la plus naturelle : τῶν et τοῦ sont fréquemment confondus.

4. Il sera bon de rapprocher de ce récit celui de Polybe, I, 7.

5. Ἐπὶ προδοσίαν, variante fautive dans le Ms. de Tours : elle provient de ce que les copistes ont souvent pris pour un ν l'ι qui, dans les anciens Ms., se trouve à la fin des mots et dont on a fait plus tard l'ι souscrit : d'autres fois, au contraire, ils confondent avec cet ι le ν final. Cf. M. Boissonade, Notices des Ms., t. X, p. 240, note 1.

οῦντας δὲ τὸ πρασσόμενον χαλεπῶς ἂν ἀντισχεῖν[1]. Καὶ οἱ μὲν ἐς τὰς καταγωγὰς σφῶν, οἱ δὲ ἐς τὰς οἰκίας ἐσπηδήσαντες ἐφόνευσαν πολλούς, πλὴν ὀλίγων οὓς ὁ Δέκιος καλέσας ἐπὶ δεῖπνον ἔσφαξεν.

Ὅτι[2] ὁ Δέκιος ὁ φρούραρχος τοὺς Ῥηγίνους ἀποσφάξας φιλίαν πρὸς Μαμερτίνους ἐσπείσατο, νομίζων αὐτοὺς ἐκ τοῦ ὁμοιοτρόπου τῶν τολμημάτων[3] πιστοτάτους σφίσι συμμάχους ἔσεσθαι· ἅτε καὶ εὖ εἰδὼς ὅτι συχνοὶ τῶν ἀνθρώπων ἰσχυροτέραις δή τισιν ἀνάγκαις ὑπὸ τοῦ τῶν ὁμοίων τι παρανομῆσαι[4] τοῦ τε κατὰ νόμους ἑταιρικοῦ καὶ τοῦ κατὰ γένους οἰκείου συνίστανται.

Ὅτι διαβολὴν ὑπ' αὐτῶν οἱ Ῥωμαῖοί τινα ἔσχον[5], μέχρις οὗ[6] ἐπεξῆλθον αὐτοῖς[7]· πρὸς γὰρ τὰ μείζω καὶ πρὸς τὰ μᾶλλον κατεπειγόμενα[8] ἀσχολίαν ἄγοντες παρὰ μικρόν τισιν αὐτὰ ποιεῖσθαι ἔδοξαν.

CXIII. Ὅτι[9] οἱ Ῥωμαῖοι μαθόντες ἥξειν τὸν Πύρρον κατέδεισαν, ἐκεῖνόν τε αὐτὸν εὐπόλεμον εἶναι μαθόντες καὶ δύναμιν πολεμικὴν καὶ ἀνανταγώνιστον ἔχειν· οἷα συμβαί-

---

1. D'après Sturz, j'ajoute ἂν avant ἀντισχεῖν. L'ancienne leçon ἀντισχεῖν est confirmée par les Ms.
2. (Exc. Vat. XLVII. A. M. p. 169-170, éd. Rom.).
3. Cf. Polybe, I. 7 ; Denys d'Hal. Fr. XIX. 1, éd. Milan ; Diodore de Sic., XXII. 1, 2, 3.
4. Dans le Ms. du Vatic., παρανομίσαι par la confusion de l'η et de l'ι.
5. Au lieu d'ἔσχατον, donné par le Ms. du Vatic. et qui n'offre aucun sens, j'adopte la leçon de M. A. Mai : seulement, aux mots ἀπ' αὐτῶν qu'il donne je substitue ὑπ' αὐτῶν, comme complément de διαβολὴν — ἔσχον = διεβάλλοντο.
6. M. A. Mai lit : Μέχρι οὗ. Comme nous le verrons plus tard, les meil-

piége : surpris par une attaque imprévue, les habitants pourront difficilement résister. Au même instant, ils s'élancent, ceux-ci dans les maisons où ils logeaient, ceux-là dans les autres demeures des citoyens et les massacrent, à l'exception d'un petit nombre que Décius avait invités à sa table, et qui furent égorgés par ses mains.

Après cette sanglante exécution, le commandant de la garnison romaine fit amitié avec les Mamertins; persuadé qu'ayant les mêmes violences à se reprocher, ils seraient des alliés très-fidèles. Les hommes souillés des mêmes crimes, Décius le savait bien, sont ordinairement unis par un lien plus puissant, que si leurs relations étaient fondées sur les lois ou sur la parenté.

Les habitants de Rhégium se plaignirent de Rome, jusqu'au jour où elle punit leurs assassins. Engagés dans des affaires plus graves et plus urgentes, les Romains paraissaient ne point se préoccuper assez des excès commis dans cette ville.

CXIII. Instruits de la prochaine arrivée de Pyrrhus, les Romains furent saisis de crainte : ils avaient ouï dire que, redoutable lui-même dans les combats, il avait une armée aguerrie et qui passait pour invinci-

---

leurs Ms. de Dion évitent l'hiatus et portent μέχρις οὗ que j'adopte ici et partout ailleurs.

7. Thucydide, III, 38 : Ὁ γὰρ παθὼν τῷ δράσαντι ἀμβλυτέρᾳ τῇ ὀργῇ ἐπεξέρχεται — *qui enim injuriam accepit, eum qui fecit ira languidiore persequitur.* Cf. le même, l. l. 40, et V, 89. Je n'ai donc pu adopter l'interprétation de M. A. Mai, *donec tandem suppetias tulerunt.* Par αὐτοῖς j'entends la garnison romaine, et je donne à ἐπεξῆλθον le sens de *persecuti sunt.*

8. Leçon de M. A. Mai, au lieu de κατιπεγγόναι, altération grave dans le Ms. du Vatic.

9. (Exc. Vat. XLVII. A. M. p. 170, éd. Rom.)

νει περί τε τῶν ἀγνώστων, [φησὶ]¹, καὶ περὶ τῶν διὰ πλείστου μάλιστα ὄντων, τῷ θρυλλεῖσθαι πυνθανομένοις².

CXIV. Ἀδύνατον³ γάρ ἐστι μήτε ἐν τοῖς αὐτοῖς ἤθεσι τεθραμμένους τινὰς, μήτε τὰ αὐτὰ αἰσχρὰ καὶ καλὰ νομίζοντας εἶναι, φίλους ποτὲ ἀλλήλοις γενέσθαι⁴.

Ὅτι ἥ τε φιλοτιμία⁵ καὶ ἡ ἀπιστία ἀεὶ τοῖς τυράννοις πάρεστιν⁶, ἐξ ὧν ἀνάγκη μηδένα αὐτοὺς⁷ ἀκριβῆ φίλον⁸ ἔχειν· ἀπιστούμενος γὰρ καὶ φθονούμενός τις οὐδένα ἂν καθαρῶς ἀγαπήσειε· πρὸς δ' ἔτι καὶ⁹ ἡ τῶν τρόπων ὁμοιότης ἥ τε τοῦ βίου ἰσότης καὶ τὸ τὰ αὐτά τισι καὶ¹⁰ σφαλερὰ καὶ σωτήρια εἶναι καὶ ἀληθεῖς καὶ βεβαίους φίλους¹¹ μόνα ποιεῖ· ὅπου δ' ἂν τούτων τι ἐνδεήσῃ, προσποίητον μὲν τὸ σχῆμα¹² ἑταιρίας ὁρᾶται, ἕρμα δ' οὐδὲν αὐτῆς ἐχέγγυον εὑρίσκεται.

1. L'Éditeur de Leipzig propose σφίσι, au lieu de φησί donné par M. A. Mai d'après le Ms. du Vatic., et que je maintiens en mettant ce verbe entre deux crochets, avec l'ellipse de ὁ Δίων.
2. Dans Zonaras, l. l. 3. p. 370, éd. Du C. : Οἱ δ' ἐν τῇ Ῥώμῃ κατέδεισαν, μαθόντες τὸν Πύρρον ἐλθόντα εἰς Τάραντα, τῷ τε ἐκπεπολεμῶσθαι τὰ ἐν τῇ Ἰταλίᾳ αὐτοῖς, καὶ τῷ θρυλλεῖσθαι ἐκεῖνον εὐπόλεμόν τε τυγχάνειν, καὶ δύναμιν ἔχειν ἀνανταγώνιστον. Je ne doute pas que θρυλλεῖσθαι, donné tout à la fois par Zonaras et par le Ms. du Vatic., n'ait été tiré du texte de Dion ; mais la fin de l'extrait est altérée dans M. A. Mai qui lit : Καὶ περὶ τῶν διὰ πλείστου μάλιστα ὄντων θρυλλεῖσθαι πυνθανομένοις. (Dans le Ms. du Vatic. πυνθανεμόνοις est une faute du copiste). Au lieu de περὶ τῶν διὰ πλείστου μάλιστα ὄντων θρυλλεῖσθαι πυνθανομένοις, j'adopte : Περὶ τῶν διὰ πλείστου μάλιστα ὄντων, τῷ θρυλλεῖσθαι πυνθανομένοις.
3. (Exc. Vat. A. M. p. 537, éd. Rom., et Exc. Vat. XLVII. A. M. p. 170, éd. Rom.)
Je place ici le fragment ἀδύνατον γὰρ κτλ, parce qu'il précède, p. 537, celui qui commence par les mots ὅτι ἡ φιλοτιμία.

ble; comme il arrive, ajoute Dion, quand on apprécie par la renommée seule les hommes qu'on ne connaît pas et dont chacun exalte le mérite.

CXIV. Ceux qui n'ont pas été façonnés aux mêmes mœurs, ou qui n'ont pas les mêmes idées sur le mal et sur le bien, ne peuvent être unis par l'amitié.

L'ambition et la défiance siégent sans cesse à côté des tyrans : aussi n'ont-ils pas d'ami véritable. Et comment l'homme, en butte aux soupçons et à l'envie, pourrait-il aimer sincèrement? Pour que l'amitié soit réelle et solide, il faut avoir les mêmes mœurs et le même genre de vie, craindre les mêmes dangers, disposer des mêmes moyens de salut : là où une de ces conditions manque, on rencontrera bien le simulacre de l'amitié; mais pas un seul de ses appuis véritables.

Suivant M. A. Mai, ces deux extraits sont probablement une critique de la conduite de Pyrrhus : « Loquitur fortasse Dio de Pyrrho, qui neque Tarentinis neque Siculis amicum se vel comem, sed dominum acerbum præbuit. » Cf. Diodore de Sic. Exc. Vat. lib. XXII, 1.

4. Ce fragment est tiré du *Florileg. Vatic.* A. M. p. 537, éd. Rom.

5. Ἡ φιλοτιμία, dans le même *Florileg.* l. l., où cet extrait se trouve en partie.

6. Σύνεστιν, dans le *Florileg. Vatic.*

7. Ce mot manque dans le *Florileg. Vatic.*

8. Φιλίαν dans M. A. Mai, p. 170, d'après le Ms. du Vatic., est une faute du copiste : je donne la leçon fournie par le *Florileg.* l. l.

9. Les mots πρὸς δ' ἔτι καὶ ne sont pas nécessaires : ils manquent dans le *Florileg.*

10. Καί est omis, l. l.

11. Ἀληθεῖς καὶ βεβαίας φιλίας, l. l.

12. Comme dans M. A. Mai, l. l. p. 170, éd. Rom. : l'article τὸ est omis dans le *Florileg. Vatic.*

CXV. Ὅτι [1] στρατηγία ἂν μὲν καὶ δυνάμεις ἀξιοχρέως [2] λάβῃ, πλεῖστον καὶ πρὸς σωτηρίαν σφῶν καὶ πρὸς ἐπικράτησιν φέρει· αὐτὴ δὲ καθ' ἑαυτὴν [3] οὐδενὸς ἐν μέρει· οὐδὲ γὰρ οὐδ' ἄλλη τις τέχνη χωρὶς τῶν συμπραξόντων καὶ συνδιοικησόντων αὐτῇ ἰσχύει.

CXVI. Ὅτι [4] Πόπλιος Οὐαλέριος [5] ἄνδρας ἐπὶ τὸ κατασκοπεῖν [6] πρὸς τοῦ Πύρρου σταλέντας ἐχειρώσατο, οὓς περινοστῆσαι κελεύσας τὸ στρατόπεδον, ἀφῆκεν ἀπαθεῖς [7], ἀπαγγελοῦντας τῷ Πύρρῳ τόν τε κόσμον τῆς στρατιᾶς καὶ πρὸς οἵους καὶ ὅπως ἠσκημένους ἄνδρας ἀγωνιεῖται.

CXVII. Ὅτι [8] τοῦ Μεγακλέους τελευτήσαντος καὶ τοῦ Πύρρου τὸν πῖλον ἀποῤῥίψαντος, ἐς τὸ ἐναντίον ἡ μάχη περιέστη [9] · τοῖς μὲν γὰρ ἡ σωτηρία αὐτοῦ πολὺ πλεῖον, ἐκ τοῦ παρὰ τὴν ἐλπίδα σφῶν αὐτὸν περιεῖναι [10], ἢ εἰ μηδ' ἀρχὴν τεθνηκέναι ἐνενόμιστο, θάρσος ἐνεποίησεν.

---

1. (Exc. Vat. XLVIII. A. M. p. 171, éd. Rom.)
2. Correction conseillée par l'Éditeur de Leipzig, au lieu d'ἀξιοχρέας faute d'impression dans M. A. Mai.
3. Dans le Ms. du Vatic. : Αὐτὴ καθ' δὲ ἑαυτὴν est une faute du copiste. M. A. Mai l'a reproduite : j'adopte la correction de l'Éditeur de Leipzig.
4. (Exc. Vat. A. M. p. 537-538, éd. Rom.)
5. Βαλλέριος dans le Ms. du Vatic. Je lis Οὐαλέριος, comme p. 134, Fr. LXXIII et note 5.
6. L'article τὸ manque dans le Ms. du Vatic. : je l'ai ajouté d'après la remarque de M. A. Mai.
7. Zonaras, l. l. p. 371, éd. Du C., raconte le même fait en d'autres termes : Κατασκόπους τε τινὰς συλλαβών, δείξας τὴν δύναμιν αὐτοῖς, καὶ ἐπειπὼν πολλαπλασίαν (Sic. Lisez πολλαπλάσιον) ἄλλην ἔχειν, ἀπέπεμψεν.
8. (Exc. Vat. XLVIII. A. M. p. 171, éd. Rom.)
9. Ce récit est trop abrégé pour être clair; Zonaras donne plus de détails, l. l. p. 371-372, éd. Du C. : Φεύγουσιν οὖν τοῖς ἑαυτοῦ ὁ Πύρρος

CXV. La science du général, quand elle possède de suffisants moyens d'action, peut beaucoup pour sauver ceux qui la secondent et leur donner la victoire; mais elle n'est rien par elle-même. De même un art, quel qu'il soit, n'a aucune puissance sans le concours de ceux qui doivent le mettre en pratique.

CXVI. Publius Valérius arrêta les espions de Pyrrhus : après leur avoir fait faire le tour de son camp, il les renvoya sains et saufs, afin qu'ils pussent dire à leur maître quel ordre régnait dans l'armée romaine, quels ennemis il aurait à combattre et par quelle discipline ils étaient formés.

CXVII. Mégaclès tomba mort : aussitôt Pyrrhus jeta son casque loin de lui, et le combat prit une face nouvelle. Le salut du roi, délivré du danger contre toute attente, donna à une partie de ses soldats beaucoup plus de confiance, que s'ils ne l'avaient pas cru mort dès le principe.

ἐπικουρήσας, τρωθέντα τὸν ἵππον ἀπέβαλε, καὶ ἔδοξεν αὐτοῖς τεθνηκέναι. Κἀκ τούτου τῶν μὲν ἀθυμησάντων, τῶν δὲ καταφρονησάντων, τὸ ἔργον ἠλλοίωτο. Συνεὶς δὲ τοῦτο τὴν μὲν στολὴν ἐκπρεπεστέραν τῶν ἄλλων οὖσαν ἔδωκε Μεγακλεῖ, κελεύσας ἐνδῦναι αὐτὴν, καὶ πανταχόσε περιελαύνειν, ὅπως σώζεσθαι αὐτὸν νομίσαντες, οἱ μὲν ἐναντίοι πρὸς δέος, οἱ δ' οἰκεῖοι πρὸς θάρσος ἀφίκωνται· αὐτὸς δὲ στειλάμενος ἰδιωτικῶς συνέμιξεν αὐτοῖς παντὶ τῷ στρατῷ, πλὴν ἐλεφάντων, καὶ τοῖς ἀεὶ πονουμένοις ἀπαμύνων, πλεῖστον τοὺς σφετέρους ὠφέλησε. Τὰ μὲν οὖν πρῶτα ἐπὶ πολὺ τῆς ἡμέρας ἰσορρόπως ἐμάχοντο· ὡς δὲ τὸν Μεγακλέα τις ἀποκτείνας ᾠήθη τὸν Πύρρον ἀπεκτονέναι, καὶ τοῖς ἄλλοις δόκησιν τούτου παρέσχεν, οἵ τε Ῥωμαῖοι ἐπερρώσθησαν, καὶ οἱ ἐναντίοι ἐνέδοσαν. Γνοὺς δὲ ὁ Πύρρος τὸ γινόμενον, τὸν πῖλον ἀπέρριψε, καὶ γυμνῇ τῇ κεφαλῇ περιῄει, καὶ ἐς τοὐναντίον περιέστη ἡ μάχη. Cf. Plutarque, Pyrrh. XVI et XVII.

10. M. A. Mai lit : Ἐκ τοῦ πάθους τὴν ἐλπίδα κτλ., et traduit : *Regis enim salus* multo majorem spem audaciamque *suis injecit post periculum, quam si antea non fuisset creditus obiisse.* Je n'ai pu concilier cette ver-

Οἱ δὲ ἀπατηθέντες [1] δεύτερον, καὶ κολουσθέντες αὖθις τὸ μάτην θαρσῆσαν, οὐδὲν ἔτι πρόθυμον ἔσχον· καὶ ἐκ τῆσδ' ὀλίγου μεταβολῆς σφῶν ἐς τὴν χείρονος δόκησιν, οὐδ' ὕστερον [2] ποτε αὐτὸν θαρσήσεσθαι ἐλπίσαντες.

CXVIII. Ὅτι [3] συγχαιρόντων τινῶν τῷ Πύρρῳ τῆς νίκης, τὴν μὲν δόξαν τοῦ ἔργου ἐδέχετο· εἰ δὲ δὴ καὶ αὖθίς ποτε ὁμοίως κρατήσειεν, ἀπολεῖσθαι ἔφη [4]· καὶ τοῦτο ἔτ' αὐτοῦ φερόμενόν ἐστιν, ὅτι τοὺς [5] Ῥωμαίους καίτοι νικηθέντας ἐθαύμασε καὶ προέκρινε τῶν ἑαυτοῦ στρατιωτῶν εἰπών, ὅτι τὴν οἰκουμένην ἂν ἤδη πᾶσαν ἐχειρωσάμην, εἰ Ῥωμαίων ἐβασίλευον [6].

CXIX. Ὅτι [7] Πύρρος τοὺς κατὰ τὴν μάχην πεπτωκότας Ῥωμαίους ἐπιμελῶς ἔθαψε· καὶ θαυμάζων τὸ φοβερὸν τοῦ εἴδους τῶν ἀνδρῶν ἔτι διασωζόμενον καὶ ὅπως ἐναντία πάντες ἔφερον τραύματα, λέγεται ἀνατείνας εἰς οὐρανὸν τὰς χεῖρας τοιούτους εὔξασθαί οἱ γενέσθαι συμμάχους· ῥᾳδίως γὰρ ἂν κρατήσειε τῆς οἰκουμένης.

---

sion avec le texte : pour arriver à un sens probable, je fais dépendre ἐκ τοῦ de περιεῖναι, et je lis παρά, au lieu de πάθους qui ne peut être la bonne leçon ; car ἡ σωτηρία αὐτοῦ et ἐκ τοῦ πάθους — περιεῖναι forment dans M. A. Mai une sorte de tautologie. Je dois ma conjecture à l'interprétation de M. Tafel : *Denn den Einen gab die Rettung des Kœnigs, und dass er gegen ihre Hoffnung, nach solcher Gefahr noch am Leben war, weit mehr Muth*, als etc.

1. Les mots οἱ δὲ ἀπατηθέντες me semblent correspondre à τοῖς μέν du § précédent, et devoir s'entendre de ceux d'entre les soldats de Pyrrhus, qui n'étaient pas originaires de l'Épire. M. A. Mai donne ainsi ce passage : Οἱ δὲ ἀπατηθέντες δεύτερον οὐδὲν ἔτι πρόθυμον ἔσχον, κολουσθέντες τε αὖθις τὸ μάτην θαρσῆσαν. Avec cette leçon il faut supposer une lacune après θαρσῆσαν, ou quelque perturbation dans l'arrangement des mots. Sans cela, il serait difficile de se rendre compte de l'indicatif ἔσχον, jeté entre les participes

Les autres, trompés une seconde fois, et voyant de nouveau tout leur espoir déçu, ne montraient plus d'ardeur : par un changement subit, ils s'attendaient à des revers, et n'osaient se flatter que la confiance renaîtrait plus tard dans le cœur de Pyrrhus.

CXVIII. Plusieurs félicitaient Pyrrhus de sa victoire : il se montra heureux de la gloire qu'il venait de recueillir; mais il ajouta que sa perte serait assurée, s'il remportait encore une victoire semblable. On raconte aussi que, plein d'admiration pour les Romains, malgré leur défaite, il les mit au-dessus de ses soldats. « J'aurais « déjà conquis l'univers, disait-il, si j'étais leur roi. »

CXIX. Pyrrhus fit rendre avec soin les honneurs funèbres aux Romains morts dans ce combat. Transporté d'admiration pour l'air menaçant qui respirait encore dans leurs traits et pour leurs blessures, placées toutes sur la poitrine, il éleva, dit-on, ses mains au ciel, en souhaitant d'avoir de tels alliés; car alors il lui serait facile de devenir le maître du monde.

ἀπατηθέντες et κολουσθέντες τε. La leçon que j'adopte donne à la phrase une marche convenable, par une simple transposition et par la substitution de καί à τε.

2. D'après l'Éditeur de Leipzig, au lieu de οὔθ' ὕστερον, leçon de M. A. Mai.

3. (Exc. Vat. XLVIII. A. M. p. 171, éd. Rom.)

4. Zonaras, l. l. : Πολλοὶ δὲ καὶ τῶν τοῦ Πύρρου στρατιωτῶν καὶ τῶν ἡγεμόνων πεπτώκασιν, ὥστε συγχαιρόντων αὐτῷ τῆς νίκης τινῶν· Εἰ καὶ αὖθίς ποτε ὁμοίως, ἔφη, κρατήσομεν, ἀπολούμεθα. Cf. Plutarque, Pyrrhus, XXI.

5. Dans M. A. Mai : Καὶ ὅτι τούς. J'ai supprimé καί, qui embarrassait la phrase.

6. Zonaras, l. l. : Τοὺς μέντοι Ῥωμαίους καὶ νικηθέντας ἐθαύμασεν, εἰπὼν ὅτι τὴν οἰκουμένην ἂν πᾶσαν ἐχειρωσάμην, εἰ Ῥωμαίων ἐβασίλευον.

7. (Exc. Vat. p. 538, éd. Rom.)

CXX. Ὅτι [1] Πύρρος λαμπρὸς ἐπὶ τῇ νίκῃ ἦν καὶ ὄνομα ἀπ' αὐτῆς μέγα ἔσχεν, ὥστε πολλοὺς μὲν τῶν ἐκ τοῦ μέσου καθημένων προσχωρῆσαι [2], πάντας δὲ τοὺς περιορωμένους τῶν συμμάχων ἀφικέσθαι· οὐ μὴν οὔτε ἐμφανῆ ὀργὴν αὐτοῖς ἐποιήσατο, οὔτ' αὖ παντελῶς τὴν ὑποψίαν ἀπεκρύψατο, ἀλλ' ὀλίγα σφίσιν ἐπὶ τῇ διαμελλήσει ἐπιτιμήσας ἔδεισεν, μὴ εἰς [3] φανερὰν αὐτοὺς ἀλλοτρίωσιν προσαγάγῃ· καὶ ἐκ τοῦ μηδὲν ἐνδείξασθαι ἐνόμισεν ἤτοι καταγνωσθῆναι ὑπ' αὐτῶν εὐήθειαν, ὡς οὐ συνιεὶς ὧν ἔπραξαν, ἢ ὑποπτευθήσεσθαι [4] ὀργὴν κρυφαίαν ἔχειν, καὶ ἀπ' αὐτῶν καταφρόνησιν ἢ μῖσος πρὸς ἐπιβουλὴν ἐς αὐτὸν [5], ὅπως μὴ προπάθωσί τι ἐγγενήσεσθαί σφισι, προσεδόκησε· δι' οὖν ταῦτα πρᾴως τε αὐτοῖς διελέχθη καὶ τῶν σκύλων τινὰ ἔδωκεν [6].

CXXI. Ὅτι [7] Πύρρος τοὺς τῶν Ῥωμαίων αἰχμαλώτους συχνοὺς ὄντας, τὸ μὲν πρῶτον πεῖσαι ἐπεχείρησεν ἐπὶ τὴν Ῥώμην συστρατεῦσαι. Ὡς δὲ οὐκ ἠθέλησαν, ἰσχυρῶς ἐθεράπευσε [8]· μήτε δήσας τινὰ, μήτ' ἄλλο τι κακὸν δράσας· ὡς καὶ προῖκα αὐτοὺς ἀποδώσων, καὶ ἀμαχεὶ [9] δι' αὐτῶν τὸ ἄστυ προσποιησόμενος.

---

1. (Exc. Vat. XLIX. A. M. p. 171-172, éd. Rom.)
2. Zonaras, l. l. p. 372, éd. Du C. : Ὁ μὲν οὖν Πύρρος ἐπὶ τῇ νίκῃ μέγα ἔσχηκεν ὄνομα, καὶ πολλοὶ αὐτῷ προσεχώρησαν.
3. D'après l'Editeur de Leipzig, au lieu de μηδ' εἰς donné par M. A. Mai.
4. L'illustre Cardinal lit : Καὶ ὑποπτευθήσεσθαι. J'ai remplacé καὶ par ἢ, comme l'exige l'enchaînement des idées.
5. Le même lit : Πρὸς ἐπιβουλήν τε ἐς αὐτόν. J'ai supprimé la particule τε dont la présence ne pouvait se justifier.

CXX. La victoire de Pyrrhus le couvrit d'éclat et porta très-haut sa renommée : plusieurs peuples neutres se déclarèrent pour lui, et tous les alliés, qui avaient observé les événements, embrassèrent sa cause. Sans leur témoigner du mécontentement, il ne cacha pas tout à fait sa défiance. Il dut se borner à quelques reproches sur leur hésitation, dans la crainte de les pousser à une défection ouverte; mais il pensa que, s'il ne leur faisait point connaître ses sentiments, ils l'accuseraient d'une simplicité excessive pour ne s'être point douté de leur conduite, ou lui supposeraient de la rancune, et que de là naîtraient peut-être le mépris ou la haine qui les porteraient à l'attaquer, afin de ne pas être attaqués les premiers. Ces considérations le déterminèrent à leur parler avec modération et à leur accorder une partie du butin.

CXXI. Pyrrhus chercha d'abord à persuader aux nombreux soldats romains, tombés en son pouvoir, de marcher avec lui contre leur patrie; mais ils refusèrent. Alors, s'efforçant de les gagner, il ne les fit point charger de chaînes et n'employa envers eux aucun mauvais traitement : il voulut même les rendre sans rançon, espérant pouvoir, avec leur concours, s'emparer de Rome sans combattre.

An de Rome 475.

---

6. Zonaras, l. l. : Οἵ τε σύμμαχοι ἀφίκοντο πρὸς αὐτόν· οἷς ὀλίγα ἐπιτιμήσας διὰ τὴν μέλλησιν, τῶν σκύλων μετέδωκεν.

7. (Exc. Peir. XLI. R. p. 19-20.)

8. A l'ancienne leçon ἐθεράπευε je substitue, d'après le Ms. de Tours, ἐθεράπευσε qui s'accorde mieux avec ἐπεχείρησεν et ἠθέλησαν. L'aoriste et l'imparfait ont été souvent confondus. Cf. M. Boissonade, Notices des Mss. t. X, p. 246, et Not. ad Marin. p. 84.

9. Reiske propose : Τέλος καὶ προῖκα αὐτοὺς ἀπέδωκεν ὡς ἀμαχεί. Cette

CXXII. Ὅτι [1] οἱ Ῥωμαῖοι ἐν ἀπόρῳ γενόμενοι διὰ τοὺς ἐλέφαντας, ἅτε μὴ πώποτε τοιοῦτο θηρίον ἰδόντες [2]· τὴν μέντοι θνητὴν φύσιν [3] ἐνθυμούμενοι, καὶ ὅτι θηρίον οὐδὲν ἀνθρώπου κρεῖττόν ἐστιν, ἀλλὰ πάντα δὴ πάντως ἦν, εἰ καὶ μὴ κατ' ἰσχὺν, ταῖς γοῦν σοφίαις σφῶν ἐλαττοῦντα, ἐθάρσουν.

CXXIII. Ὅτι [4] καὶ οἱ στρατιῶται οἱ τοῦ Πύρρου, οἵ τε οἴκοθεν καὶ οἱ σύμμαχοι [5], δεινῶς πρὸς τὰς ἁρπαγὰς, ὡς καὶ ἑτοίμους καὶ ἀκινδύνους σφίσιν οὔσας, ἠπείγοντο.

Ὅτι οἱ Ἠπειρῶται τὴν φιλίαν (ἀγανακτήσει ὅτι ἐπὶ μεγάλαις δή τισιν ἐλπίσιν στρατεύσαντες οὐδὲν ἔξω τῶν πραγμάτων εἶχον) ἐλυμαίνοντο· καὶ πάνυ γε ἐν καιρῷ τούτῳ τοῖς Ῥωμαίοις ἐγένοντο· συνεσταμένοι γὰρ πρὸς αὐτὸν οἱ τὴν Ἰταλίαν οἰκοῦντες ἀνεκόπησαν, ἐξ ἴσου τὰ τῶν συμμάχων καὶ τῶν πολεμίων πορθοῦντας αὐτοὺς ὁρῶντες· τὰ γὰρ ἔργα αὐτοῦ μᾶλλον ἢ τὰς ὑποσχέσεις ἐσκόπουν.

CXXIV. Ὅτι [6] ὁ Πύρρος ἐφοβήθη μὴ καὶ πανταχῶς ὑπὸ τῶν Ῥωμαίων ἐν χωρίοις ἀγνώστοις ἀποληφθῇ [7], χα-

---

conjecture est ingénieuse ; mais j'ai conservé l'ancienne leçon, qui fournit un sens très-plausible. Sturz, au lieu de ἀμαχεὶ lit ἀμαχί, comme dans plusieurs Ms. de Dion, ainsi qu'on le verra plus tard.

1. (Exc. Vat. XLIX. A. M. p. 172, éd. Rom.)
2. Florus, I, 18 : Actum erat, nisi elephanti conversi in spectaculum belli procurrissent : quorum quum magnitudine, tum deformitate et novo odore sibi belluas amplius quam erant suspicarentur, fugam stragemque late dederunt.
3. Le même, l. l. : In Apulia deinde apud Asculum melius dimicatum est, Curio Fabricioque consulibus : jam quippe belluarum terror exoleverat, et Caius Minucius, quartæ legionis hastatus, unius proboscide abscissa, mori posse belluas ostenderat.

CXXII. Les Romains, qui n'avaient jamais vu des éléphants, effrayés d'abord à l'aspect de ces monstres, réfléchirent bientôt qu'ils étaient sujets à la mort, que parmi les animaux il n'en est point de supérieur à l'homme, qu'ils sont même tous au-dessous de lui, sinon pour la force, du moins pour l'intelligence ; et ils reprirent courage.

CXXIII. Les soldats de Pyrrhus, Épirotes et alliés, se livraient avec acharnement à un pillage facile et sans danger.

Les Épirotes, indignés de ne rencontrer que des fatigues, eux qui s'étaient mis en campagne avec les plus belles espérances, ravagèrent un pays ami. Par là, ils servirent les intérêts de Rome : les peuples de l'Italie, qui avaient embrassé la cause de Pyrrhus, se refroidirent, quand ils virent les Épirotes piller les terres des alliés, comme celles des ennemis. Ils tinrent compte de ses actes bien plus que de ses promesses.

CXXIV. Pyrrhus craignit d'être cerné par les Romains dans des lieux inconnus : ses alliés lui témoignè-

---

4. (Exc. Vat. L. A. M. p. 172, éd. Rom.)
5. M. A. Mai lit : Ἄτε οἴκοθεν καὶ οἱ σύμμαχοι. Il croit qu'au lieu de οἱ il faudrait οἷα, et il traduit : Pyrrhi milites, *tum suopte ingenio*, tum quia militiam socialem exercebaut. Il ajoute qu'en conservant οἱ, il faudrait dire *et socii* : dans aucun cas, οἴκοθεν ne peut signifier *suopte ingenio*. J'ai remplacé ἄτε par οἵ τε. Cette simple substitution ne laisse plus le moindre embarras : Pyrrhi milites, *tum qui erant Epiro oriundi, tum et socii*. Οἴκοθεν est souvent employé dans un sens analogue ; je me borne à un exemple de Zonaras, l. I. 5. p. 376, éd. Du C. : Ὁ δὲ Πύρρος τἄλλα τε ἡτοιμάζετο, καὶ οἴκοθεν στρατιώτας καὶ χρήματα μετεπέμψατο.
6. (Exc. Vat. L. A. M. p. 172-173, éd. Rom.)
7. Zonaras, l. I. 4. p. 373, éd. Du C. : Ἐφοβήθη μὴ ὑπ' αὐτῶν πανταχόθεν ἐν χωρίοις ἀγνώστοις ἀποληφθῇ, καὶ περαιτέρω οὐ προεχώρησεν.

206 ΔΙΩΝΟΣ ΤΟΥ ΚΑΣΣΙΟΥ ΛΕΙΨΑΝΑ. ΒΙΒΛ. Α-ΛϚ.

λεπῶς δ' ἐπὶ τούτῳ τῶν συμμάχων αὐτοῦ φερόντων, εἶπέ σφισιν ὅτι σαφῶς ἐξ αὐτῆς τῆς χώρας ὁρώη, ὅσον τῶν Ῥωμαίων διαφέρουσι· τὴν μὲν γὰρ ἐκείνων ὑπήκοον καὶ δένδρα παντοδαπὰ καὶ ἀμπελουργίας καὶ γεωργίας κατασκευὰς [τῶν ἀγρῶν][1] πολυτελεῖς ἔχειν· τὰ δὲ δὴ τῶν ἑαυτοῦ φίλων οὕτω πεπορθῆσθαι, ὥστε μηδ' εἰ κατῳκήθη ποτὲ γιγνώσκεσθαι.

Ὅτι[2] ὁ αὐτὸς, ἐπειδή γε ἀναχωροῦντι αὐτῷ ὁ Λαιβῖνος ἐπεφάνη, ὡς τὸ στράτευμα αὐτοῦ πολλῷ πλεῖον τοῦ πρόσθεν εἶδεν[3]· ὕδρας, ἔφη, δίκην τὰ στρατόπεδα τῶν Ῥωμαίων κοπτόμενα ἀναφύεσθαι. Οὐ μέντοι παρὰ τοῦτ' ἀγαγεῖν[4] ἐθάρσησεν· ἀντιπαρετάξατο μέν, οὐκ ἐμαχέσατο δέ[5].

CXXV. Ὁ[6] Πύρρος[7] πρέσβεις ὑπὲρ τῶν αἰχμαλώτων ἄλλους τε, καὶ τὸν Φαβρίκιον προσιέναι πυθόμενος, φρουράν τέ σφισι πρὸς τὰ μεθόρια, μὴ καὶ βίαιόν τι ὑπὸ τῶν

---

1. Je mets entre crochets les mots τῶν ἀγρῶν qui me paraissent à peu près inutiles à cause de γεωργίας. Peut-être vaudrait-il mieux les faire disparaître complétement. M. Tafel a eu raison de ne pas en tenir compte dans sa traduction : *Denn das Jenen unterthane Land habe allerlei Bäume, Weinpflanzungen und kostbare Landbauarbeiten.*
2. (Exc. Vat. LI. A. M. p. 173, éd. Rom.)
3. Dans M. A. Mai : Ὅτι ὁ αὐτὸς, ἐπειδή γε ἀναχωροῦντι αὐτῷ, ὡς τὸ στράτευμα τοῦ Λαβινίου πολλῷ πλεῖον τοῦ πρόσθεν εἶδεν. Cette leçon rend toute construction impossible. Zonaras donne le moyen de la corriger, l. l. 4. p. 373, éd. Du C. : Ὡς δὲ ἀναχωροῦντι καὶ γενομένῳ περὶ Καμπανίαν ὁ Λαουΐνιος ἐπεφάνη, καὶ τὸ στράτευμα αὐτοῦ πολλῷ πλεῖον τοῦ πρόσθεν ἦν κτλ., mais Λαουΐνιος de Zonaras et Λαβινίου de M. A. Mai doivent être remplacés par Λαιβῖνος et Λαιβίνου. Il s'agit ici de Lævinus, cf. Plutarque, Pyrrh. XVI et XVIII. Je lis donc : Ὅτι

rent du mécontentement. Par le seul aspect du pays, leur dit Pyrrhus, je vois bien à quel point vous différez des Romains. Les terres soumises à leur domination sont couvertes de toute espèce d'arbres et de vignobles ; l'agriculture y étale ses merveilles : celles de mes amis, au contraire, sont tellement dévastées qu'on ne peut reconnaître si elles ont jamais été habitées.

Pyrrhus, dans sa retraite, rencontra Lævinus. A la vue de son armée beaucoup plus nombreuse qu'auparavant, il s'écria : taillés en pièces, les bataillons des Romains renaissent comme l'hydre. Il n'osa pas avancer davantage : il mit bien son armée en ordre de bataille ; mais il ne combattit pas.

CXXV. Instruit que des députés, parmi lesquels se trouvait Fabricius, venaient traiter du rachat des prisonniers, Pyrrhus envoya une garde au-devant d'eux jus-

ὁ αὐτὸς, ἐπειδή γε ἀναχωροῦντι αὐτῷ ὁ Λαιβῖνος ἐπεφάνη, ὡς τὸ στράτευμα αὐτοῦ πολλῷ πλεῖον εἶδεν, κτλ.

4. Le Ms. du Vatic. porte : Παρὰ τοῦτ' ἤγαγον. J'adopte la correction de M. A. Mai.

5. Zonaras, l. l. : Καὶ ἀντιπαρετάξατο μὲν, οὐκ ἐμαχέσατο δέ. Il fait connaître les motifs de la conduite de Pyrrhus : Ὅτι ἐκέλευσεν, ὡς καταπλήξων πρὸ τῆς συμπλοκῆς τοὺς Ῥωμαίους, τοὺς ἑαυτοῦ στρατιώτας τὰς ἀσπίδας τοῖς δόρασι πλήξαντας ἐκβοῆσαι, καὶ τοὺς σαλπιγκτὰς καὶ τοὺς ἐλέφαντας συνηχῆσαι. Ἐπεὶ δὲ κἀκεῖνοι πολὺ μεῖζον ἀντεβόησαν, ὡς ἐκπλαγῆναι τοὺς τοῦ Πύρρου, οὐκ ἔτ' ἠθέλησε συμμίξαι, ἀλλ' ὡς δυσιερῶν ἐπανήγαγε, καὶ ἀφίκετο εἰς Τάραντα.

6. (Exc. Urs. ζ. CXLVI. R. p. 61.) Cet extrait manque dans le Ms. de Munich n° 1 ; mais il se trouve dans le n° 3 et dans le Ms. du Vatic. n° 1418.

7. Ὅτι ὁ Πύρρος, dans les deux Ms. et dans F. Orsini.

Ταραντίνων πάθωσιν, ἔπεμψε· καὶ μετὰ τοῦτο καὶ ἀπήντησεν. Ἔς τε τὴν πόλιν αὐτοὺς εἰσαγαγὼν, καὶ ἐξένισε λαμπρῶς καὶ τἄλλα ἐδεξιώσατο· ἐλπίσας [1] σπονδῶν τε δεῖσθαι, καὶ ὁμολογίαν, οἵαν ἡττηθέντας εἰκὸς [2] ἦν, ποιήσεσθαι [3].

CXXVI. Ὅτι [4] τοῦ Φαβρικίου αὐτὸ τοῦτο μόνον εἰπόντος, ὅτι Ῥωμαῖοι ἡμᾶς ἔπεμψαν τούς τε ἑαλωκότας ἐν τῇ μάχῃ κομιουμένους καὶ λύτρα ἀντ' αὐτῶν ἀντιδώσοντας, ὅσα ἂν ἀμφοτέροις ἡμῖν συμβῇ, διηπορήθη τε ὅτι μὴ περὶ τῆς εἰρήνης πρεσβεύειν ἔφη [5], καὶ μεταστησάμενος αὐτοὺς ἐβουλεύετο μετὰ τῶν φίλων, ὥσπερ εἰώθει [6]· τὸ μέντοι καὶ περὶ τῆς ἀντιδόσεως τῶν αἰχμαλώτων, τὸ δὲ δὴ πλεῖστον περί τε τοῦ πολέμου καὶ περὶ τῆς διαχειρίσεως αὐτοῦ· εἴτε κατὰ τὸ ἰσχυρὸν, εἴτε καὶ ἄλλως πως αὐτὸν [προσκατεργάσεται] [7].

CXXVII. . . [8] μεταχειρίσασθαι [ἢ] ἐς μάχας καὶ παρα-

1. Ἐλπίδας dans le Ms. de Munich n° 3, par la confusion du σ et du δ. Zonaras, l. l., reproduit fidèlement ce passage : Οὓς φιλοτίμῳ· ἐξένισε καὶ ἐδεξιώσατο, ἐλπίσας αὐτοὺς σπείσασθαι, καὶ ὁμολογίαν ὡς ἡττημένους ποιήσασθαι.

2. Εἰκώς est une faute du copiste dans le Ms. du Vatican n° 1418 et dans celui de Munich n° 3 : elle se trouve aussi dans le texte de F. Orsini, qui propose εἰκός en marge.

3. D'après la correction de Leunclavius, qui voulait aussi δεήσεσθαι, au lieu de δεῖσθαι. Les Ms. et F. Orsini donnent ποιήσασθαι, comme Zonaras, l. l. Cf. note 1.

4. (Exc. Vat. LI. A. M. p. 173, éd. Rom.)

5. Zonaras, l. l. p. 373, éd. Du C. : Τοῦ δὲ Φαβρικίου τοὺς ἑαλωκότας ἐν τῇ μάχῃ κομίσασθαι αἰτοῦντος ἐπὶ λύτροις τοῖς ἀμφοῖν συναρέσκουσι, διηπορήθη ὅτε μὴ καὶ περὶ εἰρήνης πρεσβεύειν ἔφη.

6. Le même, l. l. : Καὶ ἰδίᾳ μετὰ τῶν φίλων ἐβουλεύετο, ὡς εἰώθει, περὶ

qu'aux frontières, pour les mettre à l'abri de toute violence de la part des Tarentins. Bientôt il alla même à leur rencontre, les introduisit dans Tarente, leur offrit une somptueuse hospitalité et les combla de témoignages d'amitié, dans l'espoir qu'ils demanderaient à traiter et souscriraient à toutes les conditions, comme il convenait à des vaincus.

CXXVI. Fabricius s'était borné à dire : « les Ro-
« mains nous ont envoyés pour redemander leurs con-
« citoyens tombés dans vos mains par le sort des com-
« bats, et payer la rançon qui aura été fixée entre
« nous. » Pyrrhus, inquiet de ce qu'il n'avait pas ajouté que sa mission avait aussi la paix pour objet, ordonna aux députés de se retirer et délibéra avec les amis qui formaient son conseil ordinaire, sur l'échange des prisonniers, mais plus encore sur la guerre et sur la manière dont il fallait la conduire. Devait-on y consacrer des forces considérables, ou recourir à un autre moyen?

CXXVII. « .... ou de nous précipiter

τῆς τῶν αἰχμαλώτων ἀποδόσεως, καὶ περὶ τοῦ πολέμου, καὶ ὅπως τοῦτον μεταχειρίζεται.
Dans le texte de Dion, M. A. Mai lit, d'après le Ms. du Vatic., ὧν περ εἰώθει. L'attraction n'étant pas admissible ici, j'adopte ὥσπερ εἰώθει, correction justifiée par ὡς εἰώθει de Zonaras.

7. La phrase est incomplète dans le Ms. du Vatic. et dans M. A. Mai, où elle finit par αὐτόν. J'ajoute entre crochets προσκατεργάσεται, d'après Zonaras, l. l. : Ὁ μὲν οὖν Μίλων μήτε τοὺς αἰχμαλώτους ἀποδόσθαι, μήτε σπείσασθαι συνεβούλευεν· ἀλλ' ἤδη τῶν Ῥωμαίων ἡττημένων, καὶ τὰ λοιπὰ πολέμῳ προσκατεργάσασθαι.

8. (Exc. Vat. LII. A. M. p. 173-174, éd. Rom.)
Il manque ici quatre pages dans le Ms. du Vatic. Ce fragment contient une partie de la réponse de Cinéas à Milon, qui avait soutenu qu'il ne fallait ni rendre les prisonniers romains, ni faire la paix, comme nous

τάξεις ἀσταθμήτους ἀναρρῖψαι ¹· ὥστε πεισθεὶς, ὦ Μίλων, ἐμοὶ καὶ τῷ παλαιῷ λόγῳ, μηδὲ ἐς ἄλλο τι βίᾳ μᾶλλον ἢ σοφίᾳ, ὅπου γε καὶ ἐνδέχεται, χρήσῃ· ἐπεὶ Πύρρος γε πάντα τὰ πρακτέα οἷα ἀκριβῶς οἶδε, καὶ οὐ τῶν αὐτῶν δεῖται παρ' ἡμῶν μαθεῖν. Ταῦτ' εἶπε καὶ πάντες ὁμογνώμονες ἐγένοντο ², καὶ μάλισθ' ὅτι ἐκ μὲν τούτων οὔτε ζημιωθήσεσθαι οὔτε κινδυνεύσειν, ἐκ δὲ τῶν ἑτέρων ἑκάτερον πείσεσθαι ἔμελλον· καὶ ὁ Πύρρος οὕτω φρονῶν εἶπε πρὸς τοὺς πρέσβεις· οὔτε πρότερον ἑκὼν ὑμῖν, ὦ Ῥωμαῖοι, ἐπολέμησα, οὔτε ἂν νῦν πολεμήσαιμι ³· φίλος τε γὰρ ὑμῶν γενέσθαι περὶ παντὸς ποιοῦμαι, καὶ διὰ τοῦτο τούς τε αἰχμαλώτους πάντας ἄνευ λύτρων ἀφίημι καὶ τὴν εἰρήνην σπένδομαι ⁴. Καὶ ἰδίᾳ τούτους ἐθεράπευεν ⁵, ὅπως μάλιστα μὲν τὰ ἑαυτοῦ ἂν θέλωνται, εἰ δὲ μὴ, τήν γε φιλίαν οἱ πρυτανεύσωσιν.

CXXVIII. Ὁ δὲ Πύρρος ⁶ τούς τε ἄλλους προσηταιρίσατο καὶ τῷ Φαβρικίῳ διελέχθη ὧδε· Ἐγὼ, ὦ Φαβρίκιε, πολεμεῖν μὲν ὑμῖν οὐδὲν ἔτι δέομαι· ἀλλὰ καὶ ὅτι τὴν ἀρχὴν

---

venons de le voir, dans la note 7. Zonaras résume ainsi cette réponse, l. l. : Ὁ δὲ Κίννεας (sic) τοὐναντίον ἄπαν αὐτῷ συνεβούλευε· τούς τε γὰρ αἰχμαλώτους προῖκα ἀποδοῦναι συνῄνει, καὶ πρέσβεις εἰς Ῥώμην κτὶ χρήματα πέμψαι τῆς εἰρήνης ἕνεκα καὶ σπονδῶν.

1. M. A. Mai lit : ... Μεταχειρίσασθαι ἐς μάχας καὶ παρατάξεις ἀσταθμίτους (au lieu de ἀσταθμήτους) ἀναρρῖψαι, et traduit : *Pax utique potior est quam* dare operam, ut in prœlia ac dimicationes incerti exitus conjiciamur. Μεταχειρίσασθαι ne peut retomber sur ἀναρρῖψαι. Il se rapporte à ce qui précède : c'est pour cela que j'ajoute la disjonctive ἢ, entre crochets, avant les mots ἐς μάχας καὶ παρατάξεις ἀσταθμήτους ἀναρρῖψαι.

« dans des combats et dans des luttes dont l'issue est in-
« certaine. Ainsi, Milon, persuadé par mes paroles et par
« une ancienne maxime, garde-toi, même dans d'autres
« conjonctures, de préférer la violence à la sagesse, là
« où celle-ci peut aussi trouver place. Pyrrhus sait très-
« bien ce qu'il doit faire, et n'a pas besoin de l'apprendre
« de nous. » Tel fut le langage de Cinéas : tout le monde
partagea son opinion qui ne devait pas, comme les
avis contraires, causer du dommage et du danger.
Pyrrhus pensa de même et dit aux députés : « jusqu'à
« présent, Romains, je ne vous ai pas fait volontiers
« la guerre; je ne vous la ferais pas volontiers aujour-
« d'hui. J'attache le plus grand prix à devenir votre ami :
« pour mériter ce titre, je vous rends vos prisonniers
« sans rançon, et je veux faire la paix. » Il prodigua
les égards à chaque député, afin qu'ils prissent ses intérêts à cœur, ou du moins pour qu'ils lui ménageassent
l'amitié des Romains.

CXXVIII. Pyrrhus s'efforça de gagner tous les députés et dit à Fabricius : « Je n'ai plus besoin,
« Fabricius, de vous faire la guerre, et malgré toutes

2. Zonaras, l. l. : Οὐ τῇ γνώμῃ καὶ οἱ λοιποὶ συνετίθεντο· οὕτω δὲ φρονῶν
καὶ ὁ Πύρρος ἐτύγχανε.
3. Le même, l l. : Καλέσας οὖν τοὺς πρέσβεις· Οὔτε πρώην, ὦ Ῥωμαῖοι,
ἔφη, ἑκὼν ὑμῖν ἐπολέμησα, οὔτε νῦν πολεμήσαιμι.
4. Le même, l. l. : Φίλος γὰρ ὑμῖν γενέσθαι βεβούλημαι· διὸ καὶ τοὺς
αἰχμαλώτους ὑμῖν ἄνευ λύτρων ἀφίημι, καὶ σπείσασθαι ἀξιῶ.
5. Le même, l. l. : Ταῦτα μὲν πᾶσιν εἰρήκει τοῖς πρέσβεσι, καὶ χρήματά
σφισι τὰ μὲν ἔδωκε, τὰ δὲ ἐπηγγείλατο.
Dans le texte de Dion, au lieu de τούτοις donné par M. A. Mai, je lis
τούτους, l'accusatif étant le cas le plus usité avec le verbe θεραπεύειν,
surtout dans le sens qu'il a ici.
6. (Exc. Vat. LIII. A. M. p. 174-175, éd. Rom.)

τοῖς Ταραντίνοις ἐπείσθην, καὶ δεῦρο ἦλθον, μεταγινώσκω· καίπερ πολὺ ὑμᾶς ἐν τῇ μάχῃ κρατήσας. Φίλος δὲ δὴ καὶ πᾶσι μὲν Ῥωμαίοις [1] ἡδέως ἂν ἐγενόμην, μάλιστα δὲ δὴ σοί [2]· πάνυ γάρ σε ἀγαθὸν ἄνδρα ὁρῶ ὄντα· τήν τε οὖν εἰρήνην συμπρᾶξαί σέ μοι ἀξιῶ [3], καὶ προσέτι καὶ οἴκαδέ τε καὶ ἐς τὴν Ἤπειρον ἐπισπέσθαι· ἐπί τε γὰρ τὴν Ἑλλάδα στρατεύσειω καὶ συμβούλου στρατηγοῦ τέ σου δέομαι [4].

CXXIX. Ὁ οὖν Φαβρίκιος [5], ἐπαινῶ μέν σε, εἶπεν, ὅτι καὶ ἐπὶ τῇ στρατείᾳ μεταγινώσκεις καὶ τῆς εἰρήνης ἐπιθυμεῖς, καί σοι πρὸς αὐτὴν, εἴγε συμφέρει ἡμῖν, σπουδάσω· οὐ γάρ που καὶ κατὰ τῆς πατρίδος τι πρᾶξαί με ἀγαθὸν, ὡς φῇς, ἄνδρα ὄντα, ἀξιώσεις [6]· σύμβουλον δὲ δὴ καὶ στρατηγὸν μηδένα ποτὲ ἐκ δημοκρατίας παραλάβῃς· ἐμοί γ' οὖν δή τι οὐ σχολή [7]· οὐ μήν τοι οὐδὲ τούτων τι λάβοιμι ἂν [8]· ὅτι οὐ προσήκει τὸ παράπαν πρεσβευτὴν δωροδοκεῖν· πυνθάνομαι γοῦν πότερον ἐλλόγιμόν με ὡς ἀληθῶς νομίζεις ἄνδρα εἶναι ἢ οὔ; εἰ μὲν γὰρ φαῦλός εἰμι, πῶς με δώ-

---

1. J'adopte le datif, au lieu de Ῥωμαίων, donné par M. A. Mai. L'adjectif πάντες ne peut être suivi d'un génitif ici : cette construction ne serait possible qu'avec un adjectif partitif.
2. Zonaras, l. l. p. 374, éd. Du C. : Τῷ δὲ Φαβρικίῳ κατὰ μόνας διαλεχθείς· Φίλος, εἶπεν, ἡδέως καὶ πᾶσιν ἂν Ῥωμαίοις γενοίμην, μάλιστα δὲ σοί.
3. Le même, l. l. : Ὁρῶ γάρ σε ἀγαθὸν ἄνδρα, καὶ τὴν εἰρήνην συμπρᾶξαί μοι ἀξιῶ. Dans M. A. Mai : πάνυ γάρ σε καὶ ἀγαθὸν ἄνδρα. J'ai effacé la conjonction καὶ, qui embarrassait la phrase.
4. Plutarque, Pyrrh., XX : Κἀκεῖνον ἰδίᾳ παρεκάλει, ποιησάμενον τὰς διαλύσεις ἕπεσθαι καὶ συζῆν μετ' αὐτοῦ, πρῶτον ὄντα πάντων τῶν ἑταίρων καὶ τῶν στρατηγῶν.

« mes victoires sur vous, je me repens d'avoir, dès
« le principe, suivi les conseils des Tarentins et de
« m'être avancé jusqu'ici. Oui, je serais heureux d'être
« l'ami des Romains, et surtout le vôtre; car j'ai trouvé
« en vous l'homme de bien. Je vous conjure donc de
« travailler avec moi à la conclusion de la paix et de
« m'accompagner en Épire, où vous vivrez dans mon
« palais. Je médite une expédition contre la Grèce :
« vous m'êtes nécessaire comme conseiller et comme
« général. »

CXXIX. Fabricius répondit : « Vous vous repentez
« d'avoir entrepris cette guerre, vous désirez la paix :
« je vous en félicite et je vous aiderai à l'obtenir,
« si elle est utile aux Romains; mais je ne trahirai pas
« les intérêts de ma patrie : vous ne le voudriez pas,
« vous qui me proclamez homme de bien. Du reste, ne
« prenez ni conseiller ni général dans une démocratie :
« pour moi, je ne saurais occuper un tel poste, et je
« ne puis rien accepter de ce que vous m'offrez : un
« député doit être inaccessible aux présents. Je vous
« le demande : me regardez-vous véritablement, oui
« ou non, comme homme de bien ? Si je suis un

---

5. (Exc. Vat. LIV. A. M. p. 175-176, éd. Rom.)
6. Zonaras, l. l., p. 374, éd. Du C. : Ὁ δὲ, Ἐπαινῶ σε, εἶπεν, ὦ Πύῤῥε, ὅτι τῆς εἰρήνης ἐπιθυμεῖς καί σοι αὐτὴν, ἄν γε συμφέρῃ ἡμῖν, καταπράξομαι. Οὐ γὰρ κατὰ τῆς πατρίδος τι πρᾶξαί με, ἀγαθὸν, ὡς φῇς, ἄνδρα ὄντα, ἀξιώσεις.
7. Leçon de l'Éditeur de Leipzig, au lieu de ἐμοί γ' οὖν δή τι οὖν σχολή, donné par M. A. Mai : le second οὖν est évidemment une faute d'impression, pour οὐ.
8. Le Ms. du Vatic. porte ἀλλ', au lieu de λάβοιμι, adopté par M. A. Mai. Je lis λάβοιμι ἄν, d'après Zonaras, l. l. : Ἀλλ' οὐδὲ τούτων ὧν δίδως τι λάβοιμι ἄν.

ρων ἄξιον κρίνεις[1]; εἰ δὲ χρηστὸς, πῶς με λαβεῖν αὐτὰ κελεύεις; εὖ τοίνυν ἴσθ' ὅτι ἐγὼ μὲν καὶ πάνυ πολλὰ ἔχω, καὶ οὐδὲν δέομαι πλειόνων[2]· ἀρκεῖ γάρ μοι τὰ ὄντα κοὐδενὸς τῶν ἀλλοτρίων ἐπιθυμῶ· σὺ δ', εἰ καὶ σφόδρα πλουτεῖν νομίζεις[3], ἐν πενίᾳ μυρίᾳ καθέστηκας· οὐ γὰρ ἂν οὔτε τὴν Ἤπειρον οὔτε ἄλλα ὅσα κέκτησαι καταλιπὼν δεῦρ' ἐπεραιώθης, εἴγε ἐκείνοις τε ἠρκοῦ καὶ μὴ πλειόνων ὠρέγου[4]· ὅταν γάρ τις ταῦτα πάσχῃ καὶ μηδένα ὅρον τῆς ἀπληστίας ποιῆται, πτωχότατός ἐστι· διατί; ὅτι πᾶν τὸ μὴ ὑπάρχον αὐτῷ ὡς καὶ ἀναγκαῖον ποθεῖ, καθάπερ ἄνευ ἐκείνου μὴ δυνάμενος ζῆσαι· ὡς ἔγωγε ἡδέως ἄν σοι, ἐπειδὴ καὶ φίλος μοι φῂς εἶναι, ἐκ τοῦ ἐμαυτοῦ τι πλούτου χαρισαίμην· πολλῷ γάρ τοι καὶ ἀσφαλέστερος καὶ ἀθανατώτερός ἐστι τοῦ σοῦ· καὶ οὔτε τις αὐτῷ φθονεῖ οὔτε τις ἐπιβουλεύει, οὐ δῆμος, οὐ τύραννος· καὶ τὸ μέγιστον, ὅσῳ τις ἂν αὐτοῦ πλείοσι μεταδιδῷ, καὶ αὐτὸς ἐπὶ μεῖζον αὔξεται. Τίς οὖν οὗτός ἐστιν; Τὸ τοῖς ὑπάρχουσί τινι ὡς καὶ παμπληθέσιν οὖσιν ἡδέως χρῆσθαι, τὸ τῶν ἀλλοτρίων ὡς καὶ μέγα τι κακὸν ἐχόντων ἀπέχεσθαι, τὸ μηδένα ἀδικεῖν, τὸ πολλοὺς εὐεργετεῖν· ἄλλα μυρία ἃ σχολὴν ἄν τις ἄγων εἴποι· ὡς ἔγωγε βουλοίμην ἂν, εἴπερ που πάντως ἀναγκαῖον

---

1. Πρότερον ἐλλόγισμόν τε ὡς ἀληθῶς νομίζειν, dans le Ms. du Vatic. M. A. Mai lit, l. l. p. 175 : Πότερον ἐλλόγιμόν τε ὡς ἀληθῶς νομίζεις, mais p. 538, où se trouve le passage ἐλλόγιμον — κελεύεις d'après le *Florileg. Vatic.*, il donne la leçon que j'adopte. Elle est confirmée par Zonaras, l. l. : seulement, au lieu de κρίνεις ἄξιον, leçon du *Florileg.*, le texte de Zonaras porte ἄξιον κρίνεις, comme celui de l'illustre cardinal, p. 175.

« mauvais citoyen, comment me jugez-vous digne de
« vos dons? Si je suis honnête homme, pourquoi m'en-
« gager à les recevoir? Sachez-le bien : moi aussi, je
« possède beaucoup et je n'ambitionne rien de plus :
« satisfait de ce que j'ai, je ne convoite pas le bien
« d'autrui. Vous, au contraire, vous vous croyez très-
« riche, et vous êtes dans la plus grande pauvreté. Vous
« n'auriez abandonné ni l'Épire, ni vos autres posses-
« sions pour venir en ces lieux, si, content de ce que vous
« avez, vous ne vouliez pas avoir davantage : celui qui
« éprouve de tels désirs, celui qui ne met aucune borne
« à sa cupidité, est très-pauvre, et voici pourquoi : tout
« ce qu'il n'a pas, il le recherche comme un bien néces-
« saire, s'imaginant qu'il ne peut vivre sans l'avoir.
« Je serais heureux, puisque vous vous dites mon ami,
« de vous donner une partie de mes richesses, bien plus
« sûres, bien plus impérissables que les vôtres. Personne
« ne les regarde d'un œil d'envie, personne n'ourdit de
« coupables trames pour s'en emparer; ni le peuple, ni
« les tyrans; et ce qui est le plus important, plus
« on les partage avec d'autres, plus on les augmente.
« En quoi donc consistent ces richesses ? A se contenter
« de ses propres biens, comme s'ils étaient considé-
« rables, à s'abstenir du bien d'autrui comme d'un
« poison, à ne nuire à personne, à faire beaucoup
« de bien; enfin, en mille autres choses semblables
« dont l'énumération exigerait beaucoup de temps. Pour

2. Zonaras, l. l. : Ἴσθι γοῦν, ὡς ἐγὼ καὶ πάνυ πολλὰ ἔχω, τοῖς παροῦσιν ἀρκούμενος, καὶ πλειόνων οὐ δέομαι.

3. Le même, l. l. : Εἰ καὶ σφόδρα πλουτεῖς.

4. Le même, l. l. : Οὐ γὰρ ἂν οὔτε τὴν Ἤπειρον, οὔτε τὰ ἄλλα ἃ ἔχεις καταλιπὼν, δεῦρο ἐπεραιώθης, εἴγε ἐκείνοις ἤρκου, καὶ μὴ πλειόνων ὠρέγου. Ici finit le discours de Fabricius dans Zonaras.

εἴη θάτερον αὐτῶν παθεῖν, βιασθεὶς ἂν μᾶλλον ἢ φενακισθεὶς ἀπολεῖσθαι· τὸ μὲν γὰρ τῆς τύχης ἀξιώσει φιλεῖ τισι συμβαίνειν, τὸ δὲ ἔκ τε ἀνοίας καὶ ἐξ αἰσχροκερδείας πολλῆς, ὥσθ' αἱρετώτερον εἶναί τι τῇ τοῦ θείου πλεονεξίᾳ μᾶλλον ἢ τῇ ἑαυτοῦ κακίᾳ σφαλῆναι· ἐν ἐκείνῳ μὲν γὰρ τὸ σῶμά τινος ἡττᾶται, ἐν δὲ τούτῳ καὶ ἡ ψυχὴ προσδιαφθείρεται· ἐνταῦθα δ' αὐτοέντης τρόπον τινὰ αὐτός τις ἑαυτοῦ γίγνεται, ὅτι ὁ τὴν ψυχὴν ἅπαξ τὴν ἑαυτοῦ τὸ μὴ τοῖς παροῦσιν ἀρκεῖσθαι διδάξας ἀόριστον τὴν τῆς πλεονεξίας ἐπιθυμίαν λαμβάνει.

CXXX. Καὶ[1] προθυμότατα ἐς τοὺς καταλόγους ἀπήντησαν[2], τὸ καθ' ἑαυτὸν ἕκαστος ἐλλιπὲς ἀνάστασιν τῆς πατρίδος νομίζοντες ἔσεσθαι.

Τοιαύτη μὲν ἡ τοῦ λόγου φύσις ἐστὶ καὶ τοσαύτην ἰσχὺν ἔχει[3]· ὥστε καὶ ἐκείνους ὑπ' αὐτοῦ τότε μεταβαλεῖν ἐς ἀντίπαλον καὶ μῖσος καὶ θάρσος τοῦ Πύρρου, καὶ τῆς ἐκ τῶν δώρων αὐτοῦ ἀλλοιώσεως ἀποστῆναι[4].

1. (Exc. Vat. LV. A. M. p. 176-177, éd. Rom.)
2. Plutarque, l. l. : Ἀναπληροῦντες δὲ τὰς τάξεις, καὶ συντάττοντες ἑτέρας προθύμως, καὶ λόγους ἀδεεῖς καὶ σοβαροὺς περὶ τοῦ πολέμου λέγοντες, ἔκπληξιν τῷ Πύρρῳ παρεῖχον.
3. Allusion au discours d'Appius Cæcus. Zonaras, l. l. p. 375, éd. Du C., en constate l'effet : Ταῦτα ὁ Ἄππιος συνεβούλευσεν· ἡ δὲ Γερουσία οὐκέτι ἐμέλλησεν, ἀλλ' εὐθὺς ὁμοθυμαδὸν ἐψηφίσαντο, αὐθημερὸν τὸν Κιννέαν (sic) ἔξω τῶν ὅρων ἐκπέμψαι, καὶ τῷ Πύρρῳ πόλεμον ἀκήρυκτον, ἕως ἂν ἐν τῇ Ἰταλίᾳ διάγῃ, ποιήσασθαι. Cf. Plutarque, l. l. XIX.
4. Ce passage n'est pas sans difficultés. M. A. Mai lit : Ὑπ' αὐτοῦ τότε μετακαλεῖν καὶ ἐς ἀντίπαλον καὶ μῖσος καὶ θάρσος τοῦ Πύρρου καὶ τῆς ἐκ τῶν δώρων αὐτοῦ ἀλλοιώσεως ἀντιστῆναι. Il traduit : *Ut a sententia suscepta revocati fuerint, atque ad luctam et odium et audaciam adversus Pyrrhum atque ejus dona aversanda concitati.* Pour justifier *revocati*

FRAGM. DE DION CASSIUS, L. I-XXXVI.   217

« moi, si je devais inévitablement périr par la violence,
« ou victime de mes propres erreurs ; la première mort,
« par cela même qu'elle est d'ordinaire l'œuvre de la
« fortune, me paraîtrait préférable à la seconde, qui
« provient toujours de la folie et d'une basse cupi-
« dité; et il vaut mieux succomber par la puissance du
« destin que par sa perversité. Dans le premier cas, le
« corps seul est vaincu ; dans le second l'âme aussi
« trouve sa perte : l'homme alors devient en quelque
« sorte son bourreau ; car apprendre à l'âme à ne pas
« se contenter des biens présents, c'est l'ouvrir à tous
« les appétits d'une cupidité sans bornes. »

CXXX. Les Romains coururent s'enrôler avec la plus   An de
grande ardeur : chacun aurait craint, en y manquant,   Rome
de causer la ruine de sa patrie.   476.

Telle est la nature de l'éloquence et tel est son pouvoir; le discours d'Appius les amena à des dispositions contraires : pleins de haine et d'assurance à l'égard
de Pyrrhus, ils revinrent de l'égarement où ses présents
les avaient jetés.

---

fuerint, il faudrait que le texte portât μετακαλεῖσθαι. Le β et le κ étant
souvent confondus, cf. Bast, Comment. Palæogr. p. 708 ; 721 ; 816 ; 906,
je ne crois pas être loin de la vérité en remplaçant μετακαλεῖν par μεταβαλεῖν, dans le sens du passif. Cf. *Thes. gr. ling.* t. V, p. 843, éd. Didot.

En second lieu, avant ἐς ἀντίπαλον j'efface καί qui gênait la phrase,
et je rapporte ἀντίπαλον à μῖσος et à θάρσος.

Enfin, je remplace ἀντιστῆναι par ἀποστῆναι, et je donne à ἀλλοιώσεως
la signification de *égarement de l'esprit, entraînement aveugle;*
allusion aux sénateurs qui, gagnés par les présents de Pyrrhus, étaient
près de sacrifier l'honneur de la patrie, en traitant avec lui.

Zonaras, l. l. p. 374, éd. Du C., raconte comment Cinéas était parvenu à en séduire un grand nombre : Ἐλθὼν δὲ πρὸς τὴν πόλιν ὁ
Κιννέας (sic), οὐ προσῄει τῇ Γερουσίᾳ, ἀλλὰ διῆγεν ἄλλοτε ἄλλην αἰτίαν
σκηπτόμενος. Περιφοιτῶν δὲ καὶ τὰς τῶν δυνατῶν οἰκίας, λόγοις τε σφᾶς καὶ

CXXXI. Ὅτι [1] Κινέας ὁ ῥήτωρ πρεσβευτὴς ἐς Ῥώμην παρὰ Πύρρου σταλεὶς, ὡς ἐπανῆλθεν, ἐρωτώμενος παρ' αὐτοῦ περὶ τοῦ τῆς Ῥώμης κόσμου καὶ τῶν ἄλλων, ἀπεκρίνατο, πολλῶν πατρίδα βασιλέων ἑωρακέναι [2]· δεικνὺς τῷ λόγῳ τοιούτους ἅπαντας εἶναι Ῥωμαίους, οἷος αὐτὸς παρὰ τοῖς Ἕλλησιν τὰ ἐς ἀρετὴν ὑπείληπται.

CXXXII. Ὅτι [3] πᾶν τὸ τῇ γνώμῃ παρὰ δόξαν ταπεινωθὲν καὶ τῆς ῥώμης ὑποδίδωσιν.

Ὅτι [4] τῷ Δεκίῳ ὁ Πύρρος προσπέμψας, οὔτε [5] προχωρήσειν οἱ τοῦτο πρᾶξαι ἐθελήσαντι ἔφη [τουτέστι τὸ μὴ συλληφθέντα ἀποκτανθῆναι] [6]· καὶ ζωγρηθέντα κακῶς ἀπολεῖσθαι ἐπηπείλησεν· οἱ δὲ ὕπατοι πρὸς ταῦτα ἀπεκρίναντο μηδενὸς τοιούτου ἔργου σφᾶς δεῖσθαι [7]· πάντως γὰρ αὐτοῦ καὶ ἄλλως κρατήσειν.

CXXXIII. Ὅτι [8] ἀντικαθεζομένων μετὰ στρατευμάτων

δώροις ὑπήγετο· καὶ ἐπειδὴ πολλοὺς ᾠκειώσατο, εἰσῆλθεν εἰς τὸ συνέδριον κτλ. Et un peu plus loin : Ἐπὶ τούτοις οἱ πλείους τῶν βουλευτῶν ἠρέσκοντο διὰ τὰ δῶρα κτλ.

1. (Exc. Vat. A. M. p. 538, éd. Rom.)
2. Plutarque, l. l., XIX : Λέγεται δὲ Κινέαν — διὰ λόγων ἐλθόντα τοῖς ἀρίστοις, τά τ' ἄλλα τῷ Πύρρῳ φράσαι, καὶ εἰπεῖν ὡς ἡ σύγκλητος αὐτῷ βασιλέων πολλῶν συνέδριον φανείη κτλ.
3. (Exc. Vat. LV. A. M. p. 177, éd. Rom.)
4. Les détails fournis par Zonaras, l. l. 5, p. 375, éd. Du C., jettent du jour sur ce fragment. Je me borne aux plus importants : Κἂν τούτῳ λογοποιούντων τινῶν ὅτι ὁ Δέκιος ἐπιδοῦναι ἑαυτὸν κατὰ τὸν πατέρα καὶ τὸν πάππον ἑτοιμάζοιτο, καὶ τοὺς τοῦ Πύρρου δεινῶς ἐκφοβούντων, ὡς ἐκ τοῦ θανεῖν ἐκεῖνον πάντως ἀπολουμένους, συνήγαγε τοὺς στρατιώτας ὁ Πύρρος, καὶ διελέχθη περὶ τούτου, συμβουλεύων μήτ' ἀθυμεῖν, μήτ' ἐκπλήττεσθαι τοιούτοις λόγοις. Μήτε γὰρ ἕνα ἄνθρωπον δύνασθαι θνήσκοντα πολλοὺς καταγωνίσασθαι, μήτ' ἐπῳδὴν ἢ μαγγανείαν τινὰ κρείττω τῶν ὅπλων καὶ τῶν ἀνδρῶν γενέσθαι. Ταῦτ' εἰπών, καὶ λογισμοῖς ἐπικρατύνας τοὺς λόγους ὁ Πύρρος τὸ οἰκεῖον

CXXXI. L'orateur Cinéas avait été député à Rome ; à son retour, Pyrrhus l'interrogea sur l'organisation de cette ville et sur tout ce qui l'y avait frappé : j'ai vu, répondit-il, la patrie de beaucoup de rois ; faisant entendre par ces paroles qu'il avait trouvé tous les Romains tels que Pyrrhus était lui-même dans l'opinion des Grecs, par la supériorité de son mérite.

CXXXII. L'homme dont le moral a été abattu, contre son attente, sent aussi ses forces physiques affaiblies.

Pyrrhus envoya un messager à Décius pour lui représenter qu'il ne réussirait pas, c'est-à-dire, qu'il ne serait pas tué sans être pris. En même temps, il le fit menacer d'une mort cruelle, s'il était pris vivant. Les consuls répondirent que Décius n'aurait pas besoin de se dévouer et qu'ils sauraient vaincre Pyrrhus par d'autres moyens.

CXXXIII. Fabricius et Pyrrhus étaient campés en

ἐκράτυνε στράτευμα· καὶ πολυπραγμονήσας τὴν στολὴν ᾗ ἐχρήσαντο οἱ Δέκιοι ἐπιδιδόντες ἑαυτοὺς, παρήγγειλε τοῖς οἰκείοις, ἄν τινα οὕτως ἐσκευασμένον ἴδωσι, μὴ κτεῖναι αὐτὸν, ἀλλὰ ζωὸν συλλαβεῖν· τῷ δὲ Δεκίῳ πέμψας ἔφη οὔτε προχωρήσειν αὐτῷ τοῦτο πρᾶξαι θελήσαντι, καὶ ζωγρηθέντα κακῶς ἀπολεῖσθαι ἠπείλησε.

5. L'Éditeur de Leipzig propose οὐδέ, à la place de οὔτε donné par M. A. Mai, et que je conserve d'après le passage de Zonaras, transcrit dans la note précédente.

6. Les mots τουτέστι — ἀποκτανθῆναι ne sont pas dans Zonaras : je les mets entre crochets ; parce qu'ils peuvent être regardés comme une interpolation du compilateur, qui les a sans doute ajoutés pour expliquer le sens de τοῦτο πρᾶξαι.

7. Zonaras, l. l. : Πρὸς ἅπερ οἱ ὕπατοι ἀπεκρίναντο, μηδενὸς τοιούτου σφᾶς ἔργου δεῖσθαι κτλ.

8. (Exc. Vat. A. M. p. 539, éd. Rom.). Ce trait est rapporté à peu près dans les mêmes termes par Suidas, aux mots ἀποστυγοῦντες et Φαβρίκιος. Cf. Plutarque, l. l. XXI.

ἀλλήλοις ¹ Φαβρικίου καὶ Πύρρου, ἀνήρ τις τῶν περὶ τὴν θεραπείαν τοῦ βασιλέως ² ὡς τὸν Φαβρίκιον ἀφίκετο ³ δηλητηρίοις φαρμάκοις ἀνελεῖν τὸν Πύρρον ὑφιστάμενος, εἰ οἵ τις δοθείη παρ' αὐτοῦ χρημάτων ὠφέλεια ⁴· ὃν ὁ Φαβρίκιος ἀποστυγήσας, ἀποπέμπει ⁵ τῷ Πύρρῳ δέσμιον· ὁ δὲ Πύρρος ἀγασθεὶς ἀναβοῆσαι λέγεται ⁶· οὗτός ἐστι καὶ οὐκ ἄλλος Φαβρίκιος, ὃν δυσχερέστερον ἄν τις παρατρέψειε ⁷ τῆς οἰκείας ἀρετῆς, ἢ τῆς συνήθους πορείας τὸν ἥλιον ⁸.

CXXXIV. Οὔθ' ⁹ ὅπως τὸν ἕτερον αὐτῶν πρότερον, οὔθ' ὅπως ἀμφοτέρους ἅμα ἀμύναιτο ἔσχεν, καὶ ἐν ἀμηχανίᾳ ἦν ¹⁰· τό τε γὰρ διελεῖν τὸ στράτευμα ἔλαττον ὂν τῶν ἐναντίων ἐδεδίει καὶ τὸ τῷ ἑτέρῳ τὴν χώραν ἀδεῶς κακοῦν ἀφεῖναι δεινὸν ἐποιεῖτο.

CXXXV. Ἐπεὶ ¹¹ μέντοι ἄλλως τε δι' ἀκριβείας αὐτοὺς ¹² ἐποιεῖτο, μεῖζον μέρος ἐς ἀσφάλειαν τοῦ μηδὲ ἐπιθυμῆσαί τινα κακῶς αὐτὸν δρᾶσαι τὸ μηδ', ἂν ἐθελήσῃ, [δύνασθαι] νέμων ¹³· καὶ διὰ τοῦτο πολλοὺς τῶν ἐν τέλει, καὶ τοὺς ἐπι-

---

1. Suidas, l. l. : Ἀντικαθεζομένων τῶν στρατοπέδων ἀλλήλοις.
2. Le même : Νύκτα (d'autres lisent νυκτός) φυλάξας ἀνήρ τις, εἴτε ἰατρός, εἴτε ἕτερος τῶν περὶ τὴν τράπεζαν τοῦ βασιλέως τεταγμένων. Zonaras, l. l. p. 376, éd. Du C., donne son nom : Νικίας τις τῶν Πύρρῳ πιστῶν δοκούντων, ἦλθε πρὸς τὸν Φαβρίκιον. Cf. Aulu-Gelle, III, 8.
3. Suidas, l. l. : Ἀφικνεῖται.
4. Le même : Ἢν οἵ τις δοθείη πρὸς αὐτοῦ χρημάτων ὠφέλεια.
5. Le même : Ὃν ὁ Φαβρίκιος ἀποστυγήσας τῆς ἐπιχειρήσεως (suivant d'autres ἐγχειρήσεως) ἀποπέμπει.
6. Le même : Ἀγασθεὶς οὖν (ou bien δὲ) τὸ πραχθὲν ὁ Πύρρος ἀναβοῆσαι λέγεται.
7. Le même : Παρατρέψοι.
8. Après les mots τὸν ἥλιον, Suidas ajoute : Ὁ δὲ Πύρρος τὸν περὶ τοῦ παντὸς ἀναρρίψας κύβον τοῖς ὅλοις ἐσφάλη.

face l'un de l'autre : un des médecins du roi se rendit auprès de Fabricius et lui offrit de l'empoisonner, pour une somme d'argent. Fabricius, plein d'horreur pour cette proposition, le renvoya chargé de chaînes à Pyrrhus qui s'écria, dit-on, dans un transport d'admiration : « Je reconnais là Fabricius et non pas un autre : il serait plus difficile de le détourner du chemin de la vertu, que le soleil de sa route ordinaire. »

CXXXIV. Pyrrhus ne savait quel consul il attaquerait le premier, ni s'il les attaquerait tous les deux à la fois. Il était dans une grande perplexité, par la crainte de diviser son armée moins nombreuse que celle des ennemis, et il s'indignait à la pensée de laisser l'un des consuls dévaster le pays en toute sécurité.

An de Rome 477.

CXXXV. Pyrrhus se montrait dur envers les Syracusains ; persuadé qu'il valait mieux pour sa sûreté leur ôter le pouvoir de lui nuire, alors même qu'ils le voudraient, que d'en étouffer le désir. Il condamna donc à l'exil ou à la mort un grand nombre de

---

9. (Exc. Vat. LVI. A. M. p. 177, éd. Rom.)
10. Comme le pense l'illustre Éditeur, il est question des consuls P. Corn. Rufinus et C. Junius qui, après avoir divisé leur armée, ravageaient les terres des alliés de Pyrrhus ; le premier dans le Samnium, le second dans la Lucanie et le Brutium. Cf. Zonaras, l. l. 8, p. 377-378, éd. Du C.
11. (Exc. Vat. LVI. A. M. p. 178, éd. Rom.)
12. C'est-à-dire, les Syracusains. Il m'a semblé utile de transcrire quelques détails empruntés à Zonaras, l. l. 5, p. 376-377, éd. Du C : Συρρακουσίων τινὲς .... ἐπεκαλέσαντο αὐτὸν, παραδιδόντες οἳ καὶ ἑαυτοὺς καὶ τὴν πόλιν .... Καὶ τῶν Συρρακουσίων δεξαμένων αὐτὸν, καὶ πάντα αὐτῷ ἀναθεμένων, μέγας ἐν βραχεῖ αὖθις ἐγένετο, ὥστε τοὺς Καρχηδονίους φοβηθέντας μισθοφόρους ἐκ τῆς Ἰταλίας προσβαλεῖν · ἀλλὰ ταχὺ πρὸς τοὐναντίον αὐτῷ περιέστη τὰ πράγματα.
13. Ce passage est incomplet dans M. A. Mai, qui lit d'après le Ms. du Vatic. : Τὸ μηδ' ἂν ἐθελήσῃ νέμων. J'ajoute entre crochets δύνασθαι exigé par

καλεσαμένους αὐτὸν [1], τὸ μέν τοι βαρυνόμενός σφισιν ὅτι ὑπ' αὐτῶν ἐν κράτει τῆς πόλεως γεγονέναι ἐλέγετο, τὸ δὲ καὶ προσυποπτεύων σφᾶς μὴ, ὥσπερ αὐτῷ, οὕτω καὶ ἄλλῳ τινὶ προσχωρήσωσιν, ἐξήλασε καὶ διέφθειρεν.

CXXXVI. Ὅτι [2] τοῦ Πύρρου ἐκεῖνο δὴ πάντες ἐθαύμαζον, ὅτι, νεανίσκων τινῶν ἐν συμποσίῳ σκωψάντων αὐτὸν, τὰ μὲν πρῶτα ἐξελέγξαι σφᾶς ἠθέλησεν, ὅπως τιμωρήσηται· ἔπειτ' εἰπόντων αὐτῶν ὅτι πολὺ πλείω καὶ χαλεπώτερα ἂν εἰρήκειμεν [3], εἰ μή περ ὁ οἶνος ἡμᾶς ἐπελελοίπει, ἐγέλασε καὶ ἀφῆκεν αὐτούς.

CXXXVII. Ὅτι [4] τῷ Πύρρῳ ὡς οὐδὲν οἱ σύμμαχοι συντελέσαι ἐβούλοντο, ἐτράπετο πρὸς τοὺς θησαυροὺς τῆς Φερρεφάττης, δόξαν πλούτου μεγάλην ἔχοντας. Καὶ τούτους συλήσας [5] ἐς τὸν Τάραντα τὰ σῦλα ἐπὶ νεῶν ἔπεμψε. Καὶ οἵ τε ἄνθρωποι ὀλίγου πάντες ὑπὸ χειμῶνος ἐφθάρησαν, καὶ τὰ χρήματα τά τε ἀναθήματα ἐς τὴν γῆν ἐξέπεσεν.

CXXXVIII. Ὁ [6] Πτολεμαῖος ὁ τῆς Αἰγύπτου βασιλεὺς, ὁ Φιλάδελφος ἐπικληθεὶς, ὡς τόν τε Πύρρον κακῶς ἀπ-

---

l'enchainement des idées et qui concorde avec la version de M. A. Mai : *Ut ne quis, vel volens*, posset.

1. Zonaras, l. l., p. 377 : Τῷ τε πολλοὺς τῶν ἐν τέλει τοὺς μὲν ἐξελάσαι, τοὺς δὲ διαφθεῖραι ὑποπτευομένους αὐτῷ.
2. (Exc. Vat. LVI. A. M. p. 178, éd. Rom.)
3. Dans M. A. Mai : Ἃν εἰρήκαμεν, mais il conseille ἂν εἰρήκειμεν. J'adopte cette leçon, d'après Plutarque, l. l., VIII : Καὶ τοὺς παρ' οἶνον λοιδορήσαντας, εἶτ' ἐλεγχομένους, ἠρώτησεν εἰ ταῦτα εἶπον. Ἀποκριναμένου δὲ τῶν νεανίσκων ἑνός· « ταῦτα, ὦ Βασιλεῦ· πλείονα δ' ἂν ἔτι τούτων εἰρήκειμεν, εἰ πλείων παρῆν οἶνος ἡμῖν, » γελάσας ἀφῆκε.

La même leçon est dans Zonaras qui reproduit ainsi le fragment de

magistrats et les citoyens qui l'avaient appelé à Syracuse; soit qu'il fût mécontent de leur entendre dire qu'il leur devait d'être le maître de la ville, soit dans la crainte qu'ils n'embrassassent la cause d'un autre, comme ils avaient embrassé la sienne.

CXXXVI. Tout le monde admira Pyrrhus pour le fait que je vais raconter : dans un banquet, des jeunes gens avaient plaisanté à ses dépens. Il ordonna d'abord une enquête, pour punir les coupables ; mais ces jeunes gens ayant osé lui dire : nous aurions lancé contre vous des traits plus nombreux et plus piquants, si le vin ne nous eût manqué; il se mit à rire et les renvoya absous.

CXXXVII. Les alliés refusaient toute espèce de contributions : Pyrrhus alors tourna ses vues vers les trésors de Proserpine qu'on disait fort considérables. Il les pilla et dirigea vers Tarente des vaisseaux chargés de ces riches dépouilles ; mais une tempête fit périr presque tout l'équipage : l'or et les offrandes enlevées du temple furent jetés sur les côtes.

An de Rome 478.

CXXXVIII. Ptolémée, roi d'Égypte, surnommé Philadelphe, à peine instruit des revers de Pyrrhus et de l'ac-

An de Rome 481.

Dion, l. l., p. 378, éd. Du C. : Νεανίσκους δέ τινας ἐν συμποσίῳ σκώψαντας αὐτὸν τιμωρήσασθαι ἔμελλεν. Ἐρωτήσας δ' αὐτοὺς, διὰ τί ἔσκωπτον; ἐπεὶ ἀπεκρίθησαν ὅτι πολὺ πλείω καὶ χαλεπώτερα εἰρήκειμεν ἄν, εἰ μὴ ὁ οἶνος ἡμᾶς ἐπιλέλοιπε, γελάσας ἀφῆκεν αὐτούς.

4. (Exc. Peir. XLII. R. p. 20.)
5. Αὐτοὺς συλήσας, dans le Ms. de Tours.
6. (Exc. Urs. ή. CXLVII. R. p. 61.)

Dans le Ms. de Munich n° 1 et dans F. Orsini, ce fragment se trouve sans indication d'un nouveau paragraphe, après celui que j'ai placé p. 134, n° LXXII. Cf. l. l. note 3. Il manque dans le Ms. du Vatic. n° 1418 et dans celui de Munich n° 3.

ηλλαχότα, καὶ τοὺς Ῥωμαίους αὐξανομένους ἔμαθε, δῶρά τε αὐτοῖς ἔπεμψε, καὶ ὁμολογίαν ἐποιήσατο. Οἱ οὖν Ῥωμαῖοι ἡσθέντες [1], ὅτι καίτοι διὰ πλείστου ὢν, περὶ πολλοῦ σφᾶς ἐπεποίητο, πρέσβεις πρὸς αὐτὸν ἀνταπέστειλαν. Ἐπειδή τε ἐκεῖνοι, δῶρα παρ᾽ αὐτοῦ μεγαλοπρεπῆ λαβόντες, εἰς τὸ δημόσιον [ταῦτα] ἀπέδειξαν, οὐκ ἐδέξαντο αὐτά [2].

CXXXIX. Ὅτι [3] τοιαῦτα πράττοντες οἱ Ῥωμαῖοι καὶ ἐπὶ μεῖζον διαιρόμενοι [4] οὐδέπω ὑπερεφρόνουν· ἀλλὰ Κύϊντον Φάβιον βουλευτὴν Ἀπολλωνιάταις τοῖς ἐν τῷ Ἰονίῳ κόλπῳ ὑπὸ Κορινθίων ἀποικισθεῖσιν [5] ἐξέδωκαν, ὅτι τινὰς πρέσβεις [6] αὐτῶν ὕβρισεν. Οὐ μέντοι καὶ ἐκεῖνοι δεινόν τι ἔδρασαν αὐτὸν, ἀλλὰ καὶ ἔπεμψαν οἴκαδε [7].

---

1. Comme dans Zonaras, l. l. p. 379, éd. Du C., au lieu de ἡσθέντες, donné par le Ms. de Munich n° 1 et par F. Orsini.
2. Zonaras, l. l. : Καὶ Πτολεμαῖος καὶ ὁ Φιλάδελφος, ὁ τῆς Αἰγύπτου βασιλεὺς, τόν τε Πύρρον κακῶς ἀπηλλαχότα μαθὼν καὶ τοὺς Ῥωμαίους αὐξανομένους, δῶρά τε αὐτοῖς ἔπεμψε καὶ ὁμολογίαν ἐποιήσατο. Καὶ οἱ Ῥωμαῖοι ἐπὶ τούτῳ ἡσθέντες πρέσβεις πρὸς αὐτὸν ἀντεπέστειλαν, οἳ μεγαλοπρεπῆ δῶρα παρ᾽ ἐκείνου λαβόντες, εἰς τὸ δημόσιον ταῦτα εἰσῆγον. Ἡ δὲ Βουλὴ οὐ προσήκατο, ἀλλ᾽ εἴασεν αὐτοὺς ταῦτα ἔχειν.

F. Orsini s'étonne de trouver les expressions εἰς τὸ δημόσιον ταῦτα εἰσῆγον dans Zonaras qui, dit-il, reproduit ordinairement Dion avec exactitude. Il pense d'après Justin, XVIII, 2, que les députés romains n'acceptèrent pas les présents de Ptolémée. Reimar conserve l'ancienne leçon ἐπειδή τε — εἰς τὸ δημόσιον σφᾶς ἀπέδειξαν, οὐκ ἐδέξαντο αὐτά, et pour mettre d'accord Dion et Zonaras, il explique ainsi ce passage : « Οὐκ ἐδέξαντο αὐτά, « scilicet οἱ Ῥωμαῖοι, quod præcesserat. Non acceperunt Romani dona, quæ « legatis data erant quum hi ea vellent εἰς τὸ δημόσιον ἀποδεῖξαι. » Il ne dit rien de σφᾶς qui précède ἀπέδειξαν. Suivant Sturz, il vaudrait bien mieux que ce pronom ne fût pas dans le texte : aussi l'ai-je remplacé par ταῦτα. Dion se sert de la même expression, Fr. CCIV : Ὁ Σκηπίων συχνὰ μὲν τοῖς στρατιώταις ἀπέδωκε, συχνὰ δὲ καὶ ἐς τὸ δημόσιον ἀπέδειξε. — Scipio

croissement de la puissance des Romains, leur fit apporter des présents et désira traiter avec eux. Heureux de voir un roi si estimé attacher tant de prix à leur amitié, ils lui envoyèrent aussi une ambassade. A leur retour, les députés voulurent déposer dans le trésor public les magnifiques dons qu'ils avaient reçus de Ptolémée; mais les Romains ne les acceptèrent pas.

CXXXIX. Par ces exploits, les Romains augmentèrent leur puissance; mais, loin d'en concevoir de l'orgueil, ils livrèrent aux habitants d'Apollonie, colonie des Corinthiens dans la mer Ionienne, le sénateur Q. Fabius qui avait insulté quelques-uns de leurs ambassadeurs. Les Apolloniates le renvoyèrent dans sa patrie, sans lui avoir fait aucun mal.

An de Rome 488.

magnam militibus prædæ partem divisit, licet non minorem *ærario servavisset*. Dans le passage qui nous occupe, je traduirais de même : Illi quum munera — *ærario servavissent*. La version *in ærarium retulissent*, dans Reimar, semble faite moins d'après le texte de Dion que d'après Valère Maxime, IV, 3, 9 : « Munera.... *in ærarium*, et quidem prius « quam ad senatum legationem referrent, *detulerunt*. »

Peut-être aussi, pour conserver σφᾶς, pourrait-on intercaler, d'après Zonaras, ταῦτα εἰσάγειν et lire : Ἐπειδή τε — εἰς τὸ δημόσιον [ταῦτα εἰσάγειν] σφᾶς ἀπέδειξαν — quum *munera* .... in ærarium *se referre ostendissent*, *palam dixissent*.

3. (Exc. Peir. XLIII. R. p. 20.)

4. Reimar lit αἱρόμενοι, comme Zonaras, l. l. 7. p. 380, éd. Du C. : Ταῦτα δὲ πράττοντες, καὶ ἐπὶ μεῖζον αἱρόμενοι, οὐχ ὑπερεφρόνουν. D'après Saumaise, j'adopte διαιρόμενοι, d'où s'éloigne bien peu la leçon du Ms. de Tours, διαιρούμενοι.

5. Κύντον dans le même Ms., variante fautive. Les mots ὑπὸ Κορινθίων ἀποικισθεῖσιν ont été omis par Zonaras, l. l.

6. Zonaras, l. l. : Ὅτι πρέσβεις κτλ. L'*Epitome* de Tite-Live, Liv. XV, attribue cette insulte à quelques jeunes romains : Quum legatos Apolloniatium ad Senatum missos quidam juvenes pulsassent, dediti sunt Apolloniatibus.

7. Zonaras, l. l. : Οἱ δὲ λαβόντες αὐτὸν ἀπέπεμψαν οἴκαδε ἀπαθῆ.

CXL. Ὅτι [1] αἰτίαι ἐγένοντο τῆς πρὸς ἀλλήλους διαφορᾶς τοῖς μὲν Ῥωμαίοις, ὅτι Καρχηδόνιοι τοῖς Ταραντίνοις ἐβοήθησαν· τοῖς δὲ Καρχηδονίοις, ὅτι Ῥωμαῖοι φιλίαν τῷ Ἱέρωνι συνέθεντο· ἀλλὰ ταῦτα μὲν, οἷά που πεφύκασι, οἱ τῷ μὲν ἔργῳ πλεῖον ἐκείνου βουλόμενοι, τὴν δὲ δόξαν αὐτοῦ αἰσχυνόμενοι σκήψεις ἐποιοῦντο· ἡ δὲ ἀλήθεια ἄλλως ἔχει· δυνάμενοι γὰρ ἐκ πολλοῦ οἱ Καρχηδόνιοι, αὐξανόμενοι δὲ ἤδη οἱ Ῥωμαῖοι, ἀλλήλους τε ὑφεωρῶντο· καὶ τὰ μὲν ἐπιθυμίᾳ τοῦ ἀεὶ πλείονος, κατὰ τὸ πολλοῖς τῶν ἀνθρώπων, καὶ μάλισθ᾽ ὅταν εὖ πράττωσιν, ἔμφυτον· τὰ δὲ καὶ φόβῳ προήχθησαν εἰς τὸν πόλεμον· καὶ τὴν αὐτὴν ἑκάτεροι τῶν οἰκείων σωτηρίαν ἀσφαλῆ, τὸ τὰ τῶν ἑτέρων προσκτήσασθαι νομίζοντες εἶναι [2]· τά τε γὰρ ἄλλα καὶ χαλεπώτατον ἀδύνατόν τε ἦν δύο δήμους ἔν τε ἐλευθερίᾳ καὶ ἐν δυνάμει φρονήματί τε ὄντας καὶ, βραχύτατον εἰπεῖν, ταῖς τῆς ναυτιλίας ὀξύτησι διεστηκότας, ἄλλων μέν τινων ἄρχειν, ἀλλήλων δὲ ἀπέχεσθαι ἐθελῆσαι· τοιοῦτον κατὰ τύχην συμπεσὸν τάς τε σπονδὰς σφῶν διέλυσε καὶ ἐς τὸν πόλεμον αὐτοὺς συνέρρηξεν [3].

Ὅτι τὸ ἀγώνισμα λόγῳ μὲν περὶ Μεσσήνης [4] καὶ Σικελίας, ἔργῳ δὲ καὶ περὶ τῆς οἰκείας ἑκάτεροι ἐκεῖθεν ἤδη

---

1. (Exc. Vat. LVII. A. M. p. 178-179, éd. Rom.)
2. Zonaras, l. l. 8. p. 381-382, éd. Du C. : Σκήψεις δὲ τοῦ πολέμου ἐγένοντο, Ῥωμαίοις μὲν ὅτι Καρχηδόνιοι τοῖς Ταραντίνοις ἐβοήθησαν· Καρχηδονίοις δὲ, ὅτι φιλίαν Ῥωμαῖοι συνέθεντο τῷ Ἱέρωνι. Τὸ δ᾽ ἀληθὲς, ὅτι ἀλλήλους ὑφεωρῶντο· καὶ μίαν σωτηρίαν τῶν οἰκείων ἑκάτεροι ᾤοντο, εἰ τὰ τῶν ἄλλων προσκτήσαιντο.

CXL. Les différents entre les deux peuples venaient pour les Romains de ce que les Carthaginois avaient secouru Tarente, pour les Carthaginois de ce que les Romains avaient fait alliance avec Hiéron. Mais ces griefs, plus ou moins fondés, ne servaient que de prétexte : voulant plus qu'ils ne disaient, ils n'osaient dévoiler leurs vues, et la réalité était loin des apparences. Les Carthaginois puissants depuis longtemps, et les Romains dont l'empire était déjà agrandi, se regardaient d'un œil jaloux. D'une part, le désir de posséder sans cesse davantage, désir naturel à beaucoup d'hommes surtout dans la prospérité, et de l'autre la crainte les précipitèrent dans la guerre. Aux yeux de chacun, le plus sûr moyen de conserver ses possessions était d'envahir celles de l'autre : il paraissait d'ailleurs bien difficile, et même impossible, que deux peuples libres, puissants, fiers, et, pour tout dire en un mot, rivalisant d'habileté sur la mer, consentissent à respecter mutuellement leur indépendance, en s'efforçant de subjuguer les autres; un événement fortuit déchira les traités et fit éclater brusquement la guerre.

An de Rome 489.

La lutte semblait avoir pour objet Messine et la Sicile; mais, en réalité, chacun sentait bien que, partie de ce point, elle mettrait en jeu les destinées de sa patrie.

---

3. Zonaras, l. l. p. 382, éd. Du C. : Οὕτω διανενοημένοις αὐτοῖς συμπεσόν τι τὰς σπονδάς τε διέλυσε, καὶ εἰς τὸν πόλεμον αὐτοὺς ἐξηρέθισε.

4. Ici et plus loin, Fr. CXLI et Fr. CXLIII, au lieu de Μεσήνης donné par M. A. Mai, j'écris Μεσσήνης.

κινούμενον ἠσθάνοντο· καὶ τὴν νῆσον ἅτε ἐν μέσῳ σφῶν κειμένην, ἐπίβασιν τοῖς κρατήσασιν αὐτῆς ἐπὶ τοὺς ἑτέρους ἀσφαλῆ παρέξειν ἐνόμιζον.

CXLI. Ὅτι [1] Γάϊος Κλαύδιος ἐλθὼν εἰς ἐκκλησίαν ἄλλα τε ἐπαγωγὰ εἶπε καὶ ὅτι ἐπ' ἐλευθερώσει τῆς πόλεως ἥκει (οὐ γὰρ δεῖσθαί γε Ῥωμαίους Μεσσήνης [2] οὐδὲν), καὶ ὅτι εὐθὺς, ἐπειδὰν τὰ πράγματα αὐτῶν καταστήσῃ [3], ἀποπλεύσει [4]. κἀκ τούτου καὶ τοὺς Καρχηδονίους ἢ ἀποχωρῆσαι ἐκέλευσεν, ἢ δ' εἴ τι δίκαιον εἰπεῖν ἔχουσιν, εἰς κρίσιν καταστῆσαι [5]· ὡς δ' οὔτε τῶν Μαμερτίνων τις ὑπὸ δέους ἐφθέγγετο καὶ οἱ Καρχηδόνιοι, ἅτε καὶ βίᾳ τὴν πόλιν κατέχοντες, βραχὺ αὐτοῦ ἐφρόντιζον· αὔταρκες, ἔφη, μαρτύριον ἡ σιωπὴ παρ' ἀμφοτέρων ἔχει, τῶν μὲν ὅτι ἀδικοῦσιν (δεδικαιολογῆσθαι γὰρ ἄν, εἴπερ τι ὑγιὲς ἐφρόνουν)· τῶν δὲ ὅτι τῆς ἐλευθερίας ἐπιθυμοῦσιν [6]· παρρησίᾳ γὰρ ἄν, εἴπερ τὰ τῶν Καρχηδονίων ᾑροῦντο [7], ἄλλως τε καὶ ἰσχύος αὐτῶν

---

1. (Exc. Vat. LVIII. A. M. p. 179, éd. Rom.)
2. Leçon préférée à Μεσήνης par M. Krebs, l. l. p. 137, et confirmée par le Ms. du Vatic. Cf. p. 226, et la note 4, p. 227.
3. J'emprunte à Zonaras, l. l. p. 382, éd. Du C., quelques détails qui complètent les faits : Κἂν τούτῳ Γάϊος Κλαύδιος χιλιαρχῶν ναυσὶν ὀλίγαις ὑπὸ Ἀππίου Κλαυδίου προπεμφθεὶς, εἰς τὸ Ῥήγιον ἀφίκετο. Διαπλεῦσαι δὲ οὐκ ἐθάρρησε, πολὺ πλεῖον τὸ τῶν Καρχηδονίων ὁρῶν ναυτικόν. Ἀκατίῳ δ' ἐμβὰς προέσχε τῇ Μεσήνῃ (lis. Μεσσήνῃ), καὶ διελέχθη αὐτοῖς ὅσα ὁ καιρὸς ἐδίδου. Ἀντειπόντων δὲ τῶν Καρχηδονίων, τότε μὲν μηδὲν πράξας ἀνεκομίσθη. Μετὰ ταῦτα δὲ γνοὺς τοὺς Μαμερτίνους ἐν στάσει ὄντας (οὔτε γὰρ τοῖς Ῥωμαίοις ὑπείκειν ἐβούλοντο, καὶ τοὺς Καρχηδονίους ἐβαρύνοντο) ἔπλευσεν αὖθις, καὶ ἄλλα τε εἰπὼν ἐπαγωγά, καὶ ὡς ἐπ' ἐλευθερώσει τῆς πόλεως ἥκει καὶ, ἐπειδὰν κατασταῖεν τὰ πράγματα, ἀποπλεύσει.
4. Au lieu d'ἀποπλεύσεσθαι donné par M. A. Mai. L'indicatif est indis-

FRAGM. DE DION CASSIUS, L. I–XXXVI.   229

Dans leur opinion, la Sicile, placée entre les deux nations belligérantes, servirait à coup sûr de marchepied au vainqueur pour soumettre les autres peuples.

CXLI. Caius Claudius, introduit dans l'assemblée, fit entendre un langage propre à lui concilier les esprits : il dit, entre autres choses, que venu pour délivrer Messine dont la possession n'était pas nécessaire aux Romains, il s'embarquerait aussitôt qu'il lui aurait rendu la liberté. Puis, il somma les Carthaginois de se retirer, ou bien, s'ils avaient de bonnes raisons à faire valoir, de les produire à l'instant. La crainte empêcha les Mamertins de proférer une parole, et les Carthaginois, qui occupaient la ville par la force, ne tinrent pas compte de ses injonctions. Alors Claudius s'écria : le silence des uns et des autres est un témoignage suffisant. Oui, les Carthaginois ont des vues blâmables (ils se seraient défendus, si leurs intentions étaient droites), et les Mamertins désirent la liberté : s'ils voulaient se déclarer pour les Carthaginois, ils le diraient franchement, lorsque ceux-ci sont maîtres de

An de Rome 490.

---

pensable à cause de ὅτι. La leçon que je donne est tirée de Zonaras. Cf. la note précédente et M. Krebs, l. l.

5. Zonaras, l. l. : Καὶ τοὺς Καρχηδονίους ἢ ἀποχωρῆσαι ἐκέλευεν, ἢ εἴ τι δίκαιον ἔχοιεν, τοῦτο εἰπεῖν.

6. Le même, l. l. et p. 383, éd. Du C. : Ὡς δὲ οὔτε τῶν Μαμερτίνων τις ὑπὸ δέους ἐφθέγγετο, καὶ οἱ Καρχηδόνιοι βίᾳ τὴν πόλιν κατέχοντες, οὐδὲν αὐτοῦ ἐφρόντιζον· Αὐταρκες, ἔφη, μαρτύριον παρ' ἀμφοτέρων ἡ σιωπή, τῶν μὲν ὅτι ἀδικοῦσιν (εἰ γάρ τι ὑγιὲς ἐφρόνουν, ἐδικαιολογήσαντο ἄν)· τῶν δὲ ὅτι τῆς ἐλευθερίας ἐφίενται.

D'après ce passage, j'ai remplacé, dans le texte de Dion, ἀδικοῖεν et ἐπιθυμοῖεν par ἀδικοῦσιν et ἐπιθυμοῦσιν.

7. Le texte de M. A. Mai porte : Παρρησίᾳ γὰρ ἂν ὑπὲρ τὰ τῶν Καρχηδονίων ἤροῦντο. Évidemment ὑπὲρ est une faute du copiste : M. Krebs, l. l. p. 138, l'a remplacé par εἴπερ, conjecture que j'adopte d'après

παρούσης, κεχρῆσθαι· καὶ προσυπέσχετό σφισι βοηθήσειν [1], καὶ διὰ τὸ γένος αὐτῶν τῆς Ἰταλίας ὂν καὶ διὰ' τὴν αἴτησιν τῆς ἐπικουρίας ἣν ἐπεποίηντο.

CXLII. Ὅτι [2] Γάιος Κλαύδιος τῶν τε τριηρῶν τινὰς ἀπέβαλε καὶ χαλεπῶς ὑπεσώθη [3]· οὐ μέντοι παρὰ τοῦθ' ἧττον οὔτε ἐκεῖνος οὔτε οἱ ἐν τῷ ἄστει [4] Ῥωμαῖοι ἀντελάβοντο τῆς θαλάσσης, ὅτι πρῶτόν τι ἐγχειρισάμενοι καὶ σφαλέντες ποιεῖν, πρὸς οἰωνοῦ τὸ πρόσθεν τιθέμενοι καὶ μηδ' αὖθίς ποτε κατορθώσειν νομίζοντες· ἀλλὰ καὶ προθυμότερον αὐτῆς διά τε τἆλλα καὶ διὰ φιλοτιμίαν, ἵνα μὴ καὶ ὑπὸ τῆς συμφορᾶς ἀποτετράφθαι δόξωσι, μετεποίησαν.

CXLIII. Ὅτι [5] ὁ Ἄννων οὐχ [6] ἄλλως ἐπ' ἐλαφρῷ τὸν πόλεμον ποιούμενος, εἴ τε καὶ δέοι γενέσθαι, τὴν γοῦν αἰτίαν τῆς διαλύσεως τῶν σπονδῶν ἐς ἐκεῖνον τρέψαι (μὴ κατάρχειν αὐτῆς νομισθείη) θέλων, προσέπεμψέ τε αὐτῷ τὰς ναῦς καὶ τοὺς αἰχμαλώτους· πρός τε εἰρήνην προὐκαλεῖτο [7] καὶ προσπαρῄνει μὴ πολυπραγμονεῖν τὴν θάλατταν· ἐπεὶ δ' οὐδὲν [8] ἐδέξατο, ἀπειλὴν ὑπέρφρονα καὶ νεμεσητικὴν

Zonaras, l. l. p. 383 : Ἐπαρρησιάσαντο γὰρ ἄν, εἰ τὰ τῶν Καρχηδονίων προῄρηντο.

1. Zonaras, l. l. : Καὶ ἐπηγγέλλοντο βοηθήσειν αὐτοῖς. Le pluriel ἐπηγγέλλοντο est certainement fautif. Il faut lire : Καὶ ἐπηγγέλλετο, comme le propose M. Krebs, l. l., puisque c'est C. Claudius qui promit des secours.

2. (Exc. Vat. LIX. A. M. p. 180, éd. Rom.)

3. Zonaras, l. l. : Τινάς τε τῶν τριηρῶν ἀπέβαλε, καὶ ταῖς λοιπαῖς μόλις εἰς τὸ Ῥήγιον ἀπεσώθη.

leurs murs. En même temps, il promit l'appui de Rome aux Mamertins, qui étaient d'origine italique et avaient réclamé son assistance.

CXLII. C. Claudius perdit plusieurs galères et parvint difficilement à se sauver; mais le goût pour la mer ne s'affaiblit ni chez lui, ni dans Rome, malgré cet échec. Loin de le regarder comme un présage et d'en conclure qu'ils n'obtiendraient jamais de succès dans les batailles navales, les Romains montrèrent plus d'ardeur pour les luttes de ce genre : ils y furent portés par divers motifs; mais surtout par un vif désir de ne point paraître en avoir été détournés par un revers.

CXLIII. Hannon, qui d'ailleurs regardait la guerre comme une dure nécessité, si elle devenait inévitable, voulut rendre Claudius responsable de la violation des traités et ne pas être accusé d'en avoir donné l'exemple : il lui renvoya donc les vaisseaux et les prisonniers romains, l'invita à faire la paix et lui conseilla de renoncer à la mer; mais Claudius n'écouta rien. Alors Hannon adressa

---

4. Ἐν τῷ ἄστυ, dans le Ms. du Vatic., par la confusion de ει avec υ.
5. (Exc. Vat. LIX. A. M. p. 180, éd. Rom.)
6. J'adopte la correction conseillée par M. A. Mai. Le Ms. du Vatic. porte οὔτ' ἄλλως.
7. Zonaras, l. l. 9. p. 383, éd. Du C. : Ἄννων δὲ τὴν αἰτίαν τῆς τῶν σπονδῶν διαλύσεως εἰς τοὺς Ῥωμαίους τρέψαι βουλόμενος, καὶ τὰς ἁλούσας τριήρεις τῷ Κλαυδίῳ ἔπεμψε, καὶ τοὺς αἰχμαλώτους ἀπεδίδου, καὶ πρὸς τὴν εἰρήνην προεκαλεῖτο αὐτόν.
8. D'après Zonaras, cf. p. 232, note 1, au lieu de ὅτι ἐπεὶ οὐδέν, donné par M. A. Mai : cet ὅτι embarrassait la phrase.

ἠπείλησεν· ἔφη τε γὰρ μηδ' ἀπονίψαι ποτὲ τὰς χεῖρας ἐν τῇ θαλάσσῃ τοῖς Ῥωμαίοις ἐπιτρέψειν [1]. καὶ μετὰ ταύτης [2] ἀπέβαλε καὶ τὴν Μεσσήνην.

CXLIV. Ὅτι [3] ὁ Κλαύδιος καταλαβὼν τοὺς Μαμερτίνους ἐν τῷ λιμένι συνεστραμμένους, ἐκκλησίαν τε αὐτῶν ἐποίησε· καὶ εἰπὼν, ὅτι οὐδὲν δέομαι τῶν ὅπλων, ἀλλ' αὐτοῖς ὑμῖν διαγνῶναι πάντα ἐπιτρέπω, ἔπεισε [4] σφᾶς μεταπέμψασθαι τὸν Ἄννωνα· μὴ βουληθέντος δὲ αὐτοῦ καταβῆναι [5], πολὺς ἐνέκειτο κατατρέχων, καὶ λέγων ὅτι εἰ δή τι καὶ τὸ βραχύτατον δικαίωμα εἶχον [6], πάντως ἀντελόγουν [ἂν] [7] οἱ ἀφίκετοι καὶ οὐκ ἐν βίᾳ τὴν πόλιν κατεῖχον.

Ὅτι ὁ ὕπατος Κλαύδιος τοὺς στρατιώτας προσπαραινέσας θαρρεῖν μηδὲ ἐπὶ τῇ τοῦ χιλιάρχου ἥττῃ καταπεπλῆχθαι, διδάσκων αὐτοὺς ὅτι καὶ αἱ νῖκαι τοῖς ἄμεινον παρεσκευασμένοις γίγνοιντο καὶ ὅτι ἡ σφετέρα ἀρετὴ πολὺ τῆς τῶν ἐναντίων τέχνης προέχουσα εἴη· ἑαυτοὺς μὲν γὰρ τὴν ἐπιστήμην τῶν ναυτικῶν δι' ὀλίγου προσλήψεσθαι, τοῖς τε δὴ Καρχηδονίοις μηδέποτε τὴν ἀνδρείαν ἐκ τοῦ ἴσου σφίσιν ὑπάρξειν ἔφη· τὸ μὲν [8] γὰρ κτητὸν διὰ βραχέος [9]

---

1. Zonaras, l. l. : Ἐπεὶ δ' οὐδὲν ἐδέξατο, ἠπείλησε μηδ' ἀπονίψασθαι τὰς χεῖράς ποτε ἐν τῇ θαλάσσῃ τοὺς Ῥωμαίους ἐᾶσαι.
2. Je sous-entends τῆς θαλάσσης. Cf. les éclaircissements. M. A. Mai traduit : *Sed enim post hæc Messanam quoque amisit*, comme s'il y avait μετὰ ταύτην (s.-ent. ἀπειλήν), ou bien μετὰ ταῦτα.
3. (Exc. Vat. LX. A. M. p. 180-181, éd. Rom.)
4. L'Éditeur de Leipzig propose καὶ ἔπεισε, correction nécessaire, si l'on maintient εἶπεν donné par M. A. Mai. Il m'a paru plus simple de remplacer l'indicatif par le participe, comme dans Zonaras, l. l. 9 p. 383 : Καὶ διαλεχθεὶς αὐτοῖς ἔπεισε κτλ.

aux Romains une menace insolente et dictée par la colère : il dit qu'il ne leur permettrait pas de laver leurs mains dans la mer. Bientôt il perdit la mer et Messine.

CXLIV. C. Claudius forma une assemblée des Mamertins qu'il avait trouvés réunis dans le port, et leur dit : « je n'ai nullement besoin des armes, et je vous confie « le soin de tout régler. » Ces paroles les décidèrent à mander Hannon ; mais il refusa de descendre de la citadelle. Claudius alors s'emporta vivement contre lui et s'écria : « si ces étrangers pouvaient alléguer le moin- « dre droit en leur faveur, ils prendraient la parole pour « me confondre, et ne régneraient pas dans la ville par « la force. »

Le consul A. Claudius exhorta les soldats à prendre confiance, au lieu de se laisser abattre par la défaite du tribun : il rappela que la victoire appartient à l'armée la mieux préparée, et qu'ils étaient, par leur courage, bien au-dessus de l'habileté de leurs ennemis. Il ajouta qu'en peu de temps les Romains seraient aussi habiles que les Carthaginois, qui ne les égaleraient jamais en bravoure. En effet, dit-il, la science maritime s'acquiert vite, quand on s'y applique, et peut s'obtenir

---

5. Il faut sous-entendre ἐκ τῆς ἀκροπόλεως, d'après Zonaras, l. l. : Ὁ γὰρ Ἄννων..... ἐν τῇ ἀκροπόλει καθῆστο, φυλάττων αὐτήν.... Ὁ δὲ καταβῆναι οὐκ ἤθελε.

6. Dans le Ms. du Vatic., εἶχεν, par la confusion de l'ε et de l'o. J'adopte ici la correction de M. A. Mai, et je lis κατεῖχον un peu plus bas, au lieu de κατεῖχεν.

7. L'enchainement des idées exige l'addition de ἄν, qui agit tout à la fois sur ἀντελόγουν et sur κατεῖχον.

8. Τὸν μὲν γὰρ est une faute d'impression dans M. A. Mai.

9. D'après M. A. Mai : διὰ βραχέως dans le Ms. du Vatic.

τοῖς τὸν νοῦν αὐτῷ προσέχουσι, καὶ καθαιρετὸν [1] μελέτῃ εἶναι· τὸ δὲ, εἰ μὴ φύσει τῳ προσείη, οὐκ ἂν διδαχῇ [2] πορισθῆναι.

CXLV. Ὅτι [3] θαρσήσαντες οἱ Λίβυες οὐ τῇ φύσει τοῦ χωρίου, ἀλλὰ τῇ σφετέρᾳ ἀρετῇ κεκρατηκότες, τὴν ἔξοδον ἐποιήσαντο· ὁ δὲ Κλαύδιος οὕτως αὐτοὺς δεδιέναι ἐποίησεν, ὡς μηδ' ἐξ αὐτοῦ στρατοπέδου παρακύψαι [4].

Συμβαίνει [5] γὰρ ὡς ἐπὶ πλήθει τοῖς μὲν ἐκ λογισμοῦ τι δεδιόσιν [6], ὀρθοῦσθαι διὰ προφυλακὴν αὐτοῦ· τοῖς δ' ἀπρονοήτως θρασυνομένοις φθείρεσθαι δι' ἀφυλαξίαν.

Τὸ μὲν σωφρονοῦν καὶ κτᾶται τὰς νίκας καὶ γενομένας φυλάσσει, τὸ δ' ἀσελγαῖνον οὔτε περιγίγνεταί τινος· κἂν ἄρα εὐτυχήσῃ ποτὲ ἔν τισι [7], ῥᾷστα αὐτὰ ἀπόλλυσι· κἂν μὲν διασώσῃ τι, χεῖρον ὑπ' αὐτοῦ τοῦ παρὰ λόγον εὐπραγῆσαι γενόμενον, οὐχ ὅσον οὐκ ἐκείνου τι ὀνίναται, ἀλλὰ καὶ αὐτῷ προσδιαφθείρεται· καὶ γὰρ πᾶν πως [8] τὸ παρὰ

---

1. Καθ' αἱρετόν, dans le même Ms. : j'adopte καθαιρετόν, leçon proposée d'après ce fragment, par M. L. Dindorf, au lieu de καθαιρετέον, pour un passage analogue de Thucydide, Liv. I, 121 : Ὁ γὰρ ἡμεῖς ἔχομεν φύσει ἀγαθὸν, ἐκείνοις οὐκ ἂν γένοιτο διδαχῇ· ὃ δ' ἐκεῖνοι ἐπιστήμῃ προύχουσι, καθαιρετέον (lis. καθαιρετὸν) ἡμῖν ἐστι μελέτῃ. Cf. Thes. gr. ling. t. IV, p. 758-759, éd. Didot.
2. Διδαχθῇ, dans le Ms. du Vatic. La leçon que je donne, d'après M. A. Maï, est confirmée par Thucydide. Cf. note 1.
3. (Exc. Vat. A. M. p. 181 et p. 539, éd. Rom.)
4. Zonaras, l. l. p. 384, éd. Du C., donne quelques détails qui rendent ce passage plus clair : Ὁ οὖν Κλαύδιος, ἀποχωρήσαντος τοῦ Ἱέρωνος, καὶ τῶν Μαμερτίνων διὰ τὴν παρουσίαν αὐτοῦ ἀναθαρσησάντων, ἐπῆλθε τοῖς Καρχηδονίοις μονωθεῖσιν ἤδη· καὶ τῷ σφῶν προσέβαλε χαρακώματι, ὄντι οἷον ἐν χερρονήσῳ. Ἐντεῦθεν μὲν γὰρ ἡ θάλασσα τοῦτο συνεῖχεν· ἐντεῦθεν δ' ἕλη τινὰ δυσδιάβατα· ἐπὶ δὲ τὸν αὐχένα, δι' οὗπερ μόνου εἰσῄεσαν,

par l'exercice, tandis qu'aucune leçon ne saurait donner la bravoure à ceux qui ne l'ont pas reçue de la nature.

CXLV. Les Africains, moins confiants dans la disposition naturelle des lieux que bien secondés par leur courage, avaient fait une sortie; mais Claudius leur inspira tant de terreur, qu'ils n'osèrent plus se montrer hors de leur camp.

Souvent les hommes que la réflexion rend timides réussissent, parce qu'ils se tiennent en garde contre le danger : ceux, au contraire, qui s'abandonnent à une confiance inconsidérée, trouvent dans leur imprévoyance une perte certaine.

C'est la prudence qui remporte les victoires et en garde les fruits; mais la témérité n'obtient aucun avantage. Si, par hasard, elle réussit quelquefois, elle compromet facilement les succès; ou si elle les conserve, égarée par ce bonheur immérité, elle court à sa ruine, loin d'en retirer du profit. Et en effet, une confiance irréfléchie est sujette à des craintes insen-

στενοτάτου τυγχάνοντος, ἐπεποίητο διατείχισμα. Βιαζόμενοι οὖν πρὸς ταῦτα οἱ Ῥωμαῖοι, ἐταλαιπώρησαν, καὶ βαλλόμενοι ἀνεχώρησαν. Οἱ δὲ Λίβυες θαρσήσαντες ἐπεξῆλθον· καὶ ὡς φεύγοντας ἐπιδιώκοντες, ἔξω προεληλύθασι τῶν στενῶν. Κἀνταῦθα ἐπιστραφέντες οἱ Ῥωμαῖοι αὐτοὺς ἐτρέψαντο, καὶ πολλοὺς ἀπέκτειναν, ὥστε αὐτοὺς μηκέτι τοῦ στρατοπέδου προελθεῖν, παρ' ὅσον ἦν ἐν Μεσήνῃ (lis. Μεσσήνῃ) ὁ Κλαύδιος.

5. J'insère ici deux extraits tirés du *Florileg. Vatic.* et donnés par M. A. Mai, p. 539, éd. Rom., où ils précèdent le passage καὶ γὰρ πᾶν πως — ἐξομοιουμένη, lig. 16 et suiv.

6. Dans le Ms. du Vatic. δεδιῶσιν. L'o et l'ω sont souvent confondus : nous l'avons déjà remarqué, et le Ms. de Tours en offre beaucoup d'exemples.

7. M. A. Mai lit ἔν τινι que je remplace par ἔν τισι, comme l'exige αὐτὰ ἀπόλλυσι.

8. Ce mot est omis dans le *Florileg. Vatic.*

λόγον θρασυνόμενον καὶ δεδιέναι ἀλόγως πέφυκεν· ὁ μὲν γὰρ [1] λογισμὸς τήν τε γνώμην τῇ προνοίᾳ βεβαίαν, καὶ τὴν ἐλπίδα πιστὴν ἐκ τοῦ ἐχεγγύου αὐτῆς ἔχων, οὔτε καταπτήσσειν τινὰ, οὔθ᾽ ὑπερφρονεῖν [2] ἐᾷ· ἡ δ᾽ ἀλόγιστος ἐμπληξία [3] πολλοὺς ἔν τε ταῖς εὐπραγίαις [4] ἐξαίρει καὶ ἐν ταῖς [5] συμφοραῖς ταπεινοῖ, οἷα μηδὲν ἔρυμα ἔχουσα, ἀλλ᾽ ἀεὶ τῷ συμπίπτοντι [6] ἐξομοιουμένη.

CXLVI. Ὅτι [7] Ῥωμαῖοι καὶ Καρχηδόνιοι πρὸς ναυμαχίαν ἐλθόντες τῷ μὲν ἀριθμῷ τῶν νηῶν καὶ ταῖς προθυμίαις ἀντίρροποι ἦσαν· ὕστερον δὲ πράττοντες ναυμαχίαν, ἀπ᾽ ἀντιπάλου παρασκευῆς καθιστάμενοι, καὶ ἐλπίζοντες καὶ τὸν πάντα πόλεμον ὑπ᾽ αὐτῆς κριθήσεσθαι, τό τε ἆθλον τὴν Σικελίαν ἐν τοῖς ὀφθαλμοῖς ἔχοντες, καὶ περὶ δουλείας [8] καὶ περὶ ἀρχῆς (τῆς μὲν μὴ πειραθῆναι νικηθέντες [9], τὴν δὲ προσκτήσασθαι κρατήσαντες) ἀγωνιζόμενοι, προέφερον οἱ μὲν τῇ ἐμπειρίᾳ τῶν τριηριτῶν, ἅτε ἀπὸ παλαιοῦ ναυκρατοῦντες, οἱ δὲ τῇ τε ῥώμῃ τῶν ἐπιβατῶν καὶ ταῖς τόλμαις· ὅσῳ γὰρ ἀπειρότεροι τῶν ναυτικῶν ἦσαν, τόσῳ καὶ προ-

---

1. D'après le *Florileg. Vatic*. La conjonction γὰρ manque dans M. A. Mai, p. 181; mais il la donne, p. 539.
2. Ὑπερφρονέειν, sans contraction, dans le *Florileg. Vatic*.
3. Dans M. A. Mai, p. 181, éd. Rom. : Ἔκπληξία ἡ πολλούς. L'article est inutile : je l'ai supprimé d'après le *Florileg. Vatic*.
4. L'article ταῖς est omis mal à propos dans le *Florileg. Vatic*. Je l'ai rétabli d'après M. A. Mai, p. 181, éd. Rom.
5. M. A. Mai, p. 181, éd. Rom., lit κἀν ταῖς. J'adopte la leçon du *Florileg. Vatic*.

sées. La raison, au contraire, dirigée par la prévoyance, adopte des résolutions et des espérances qui, appuyées sur un fondement solide, ne sauraient tromper. Elle ne permet ni de s'abattre ni de s'enorgueillir ; tandis que la sottise rend beaucoup d'hommes arrogants dans la prospérité, humbles dans les revers : privée de soutien, elle change sans cesse au gré des événements.

CXLVI. Un combat sur mer allait s'engager entre les Romains et les Carthaginois : ils avaient le même nombre de vaisseaux et montraient une égale ardeur. Bientôt la bataille fut livrée : des deux côtés les préparatifs avaient été les mêmes. Chaque peuple espérait qu'elle déciderait du sort de la guerre : le prix de la victoire devait être la Sicile qu'ils avaient sous les yeux ; la servitude et l'empire étaient en jeu ; il s'agissait de ne pas tomber dans l'une par une défaite, et d'obtenir l'autre par une victoire. Les Carthaginois, depuis longtemps maîtres de la mer, l'emportaient par l'habileté de leurs rameurs ; les Romains par la bravoure et l'audace de leurs soldats : moins ils étaient faits aux combats sur mer, plus ils avaient de fougue

An de Rome 494.

---

6. Τὰ συμπίπτοντα, dans M. A. Mai, p. 181, d'après le Ms. du Vatic., est une faute du copiste. La leçon véritable, à cause de ἐξομοιουμένη, est celle que je donne avec le *Florileg. Vatic.*

7. (Exc. Vat. LXI. A. M. p. 181-182, éd. Rom.)

8. Δούλων dans le Ms. du Vatic., autre faute du copiste. La leçon que j'adopte avec M. A. Mai est exigée par ce qui suit : Τῆς μὲν μὴ πειραθῆναι κτλ.

9. Correction de M. A. Mai : le Ms. du Vatic. porte νικήντες. Le copiste a omis deux lettres.

πετέστερον καὶ θρασύτερον ἐμάχοντο· τὸ μὲν γὰρ ἔμπειρον σφίσιν ἀκριβῶς [1] πάντες ὡς εἰπεῖν ἐκλογίζονται, καὶ ὀκνοῦσιν, ἄν γε καὶ ταύτῃ σφᾶς ἡ γνώμη φέρῃ· τὸ δὲ ἀπειρότατον ἀλογίστως τε θαρσοῦσι καὶ ἐς χεῖρας ἐξ ἀπροβουλίας ἄγονται.

CXLVII. Ὅτι.[2] ἡττηθέντων Καρχηδονίων κατὰ τὴν ναυμαχίαν ὑπὸ Ῥωμαίων, ὀλίγου καὶ τὸν Ἀννίβαν ἀπέκτειναν ἄν [3] (πᾶσι γὰρ ὡς εἰπεῖν τοῖς στρατεύματά ποι πέμπουσι πρόσεστι φύσει τῶν μὲν πλεονεξιῶν προσποιεῖσθαι, τὰς δὲ ἐλαττώσεις ἐπὶ τοὺς στρατηγήσαντας ἀνωθεῖν· καὶ οἱ Καρχηδόνιοι προχειρότατα τοὺς πταίσαντάς τι ἐκόλαζον), εἰ μὴ φοβηθεὶς εὐθὺς μετὰ τὴν ἧτταν ἐπηρώτησεν [4] αὐτοὺς, ὡς καὶ ἀκεραίων ἔτι τῶν πραγμάτων ὄντων, πότερον ναυμαχῆσαί οἱ κελεύουσιν ἢ μή; Συνεπαινεσάντων αὐτῶν, ὥσπερ που καὶ προσεδοκᾶτο, καὶ τοσοῦτον τῷ ναυτικῷ προέχειν ἐπαιρομένων [5], ὑπεῖπε διὰ τῶν αὐτῶν ἀγγέλων, ὅτι οὐδὲν ἄρα ἠδίκησα, ὅτι τὰ αὐτὰ ὑμῖν ἐλπίσας συνέβαλον [6]· τῆς γὰρ γνώμης, ἀλλ' οὐ τῆς τύχης ἦν κύριος [7].

---

1. M. A. Mai lit : Ἂν ἀκριβῶς. Avec l'Éditeur de Leipzig, j'efface ἂν qui ne peut trouver sa place ici.
2. (Exc. Vat. LXII. A. M. p. 182, éd. Rom.)
3. J'ajoute ἂν, d'après Zonaras, l. l. 11. p. 387, éd. Du C. : Τὸν δ' Ἀννίβαν οἱ Καρχηδόνιοι διὰ τὴν ἧτταν ἀπέκτειναν ἄν, εἰ μὴ εὐθὺς ἐπηρώτησε κτλ., et je mets entre parenthèses le passage πᾶσι γὰρ — ἐκόλαζον, qui renferme une réflexion sur le fait principal et la mention d'un usage établi chez les Carthaginois : l'une et l'autre ont été omises par Zonaras. Le complément de la pensée ὀλίγου καὶ τὸν Ἀννίβαν ἀπέκτειναν ἄν, est dans εἰ μὴ φοβηθεὶς κτλ. Sur Annibal, cf. Polybe, I, 21 ; 23.

et de hardiesse. Et, en effet, l'homme guidé par l'expérience agit avec réflexion ; il hésite quand la raison l'exige : celui, au contraire, qui en est dépourvu, obéit à une confiance aveugle et se jette témérairement dans la mêlée.

CXLVII. Les Carthaginois, vaincus par les Romains dans ce combat naval, auraient probablement mis Annibal à mort (car tous ceux qui chargent une armée d'une expédition sont portés à s'attribuer le succès et à rejeter les revers sur les chefs, et les Carthaginois étaient plus enclins que les autres peuples à punir les généraux qui avaient essuyé un échec); mais inspiré par une crainte salutaire, il se hâta, après sa défaite, de leur faire demander en laissant croire que rien n'était compromis, s'ils lui ordonnaient de combattre, oui ou non. Les Carthaginois, comme on l'avait prévu, répondirent qu'il fallait combattre, et se montrèrent pleins du sentiment de leur supériorité sur mer. Alors il leur fit dire par ses émissaires : « je n'ai donc « rien à me reprocher ; en attaquant les Romains, « j'ai cédé aux espérances que vous avez vous-mêmes : « j'étais bien maître de mes résolutions, mais non pas « de la fortune. »

4. M. A. Mai, d'après le Ms. du Vatic., lit ἐπερώτων qui ne peut se défendre. J'adopte ἐπηρώτησεν, d'après Zonaras, l. l. Cf. la note 3.

5. Zonaras, l. l. : Συνθεμένων γὰρ αὐτῶν ναυμαχῆσαι, ὡς τῷ ναυτικῷ προέχειν ἐπαιρομένων.

6. Le même, l. l. : Ὑπεῖπεν, ὅτι οὐδὲν ἄρα ἠδίκηκα, ὅτι ταῦτα ὑμῖν ἐλπίσας συνέϐαλον. D'après ce passage, j'ai substitué συνέϐαλον à συνέϐαλλον donné par M. A. Mai : l'aoriste est exigé par l'enchaînement des idées.

7. Le même, l. l. : Ἐτύγχανον κύριος. Après ce fragment, le compilateur a laissé de côté des faits importants : ils sont résumés d'après Dion Cassius par Zonaras, l. l. 11, D — 12, A, p. 387-390, Du C.

240 ΔΙΩΝΟΣ ΤΟΥ ΚΑΣΣΙΟΥ ΛΕΙΨΑΝΑ. ΒΙΒΛ. Α–ΑϚ.

CXLVIII. Ἀλλ' ἐν τῷ ἴσῳ [1] τὴν οἰκείαν μὴ προέσθαι [a] καὶ τὸ τὴν ἀλλοτρίαν προσκτήσασθαι τιθέμενοι, θυμῷ καὶ ῥώμῃ ἠγωνίζοντο· τῶν γὰρ πολλῶν τὰ μὲν σφέτερα καὶ παρὰ δύναμιν περιστελλόντων, τῶν δὲ ἀλλοτρίων οὐκ ἐθελόντων μετὰ κινδύνων ἀντιποιεῖσθαι, ἐκεῖνοι ἐν τῷ ὁμοίῳ τό τε κεχειρωμένον καὶ τὸ προσδοκώμενον ποιούμενοι πρὸς ἀμφότερα ὁμοίως ἔρρωντο· οἱ δὲ δὴ Ῥωμαῖοι ἄμεινον εἶναι νομίσαντες μηκέτι πόρρω τὸν πόλεμον ποιεῖσθαι, μηδὲ ἐν ταῖς νήσοις προκινδυνεύειν, ἀλλ' ἐν τῇ οἰκείᾳ τῇ τῶν Καρχηδονίων ἀγωνίζεσθαι· πταίσαντες γὰρ οὐδενὸς στερήσεσθαι, καὶ κρατήσαντες οὐκ ἐν ἐλπίσιν ἔσεσθαι· καὶ διὰ τοῦτ' ἀκόλουθον τῇ διανοίᾳ σφῶν παρασκευὴν ποιησάμενοι ἐξεστράτευσαν ἐπὶ Καρχηδόνα [3]. Ἡγοῦντο δὲ αὐτῶν ὅ τε Ῥηγοῦλος καὶ Λούκιος, ἀπ' ἀρετῆς προκριθέντες. Ὁ γὰρ Ῥηγοῦλος ἐν τοσαύτῃ πενίᾳ ἦν, ὥστε μήτε τὴν ἀρχὴν ῥᾳδίως ἐθελῆσαι δι' αὐτὴν ἀποστῆναι [4], καὶ τῇ γυναικὶ τοῖς

[a] Hinc, dit M. A. Mai, usque ad Hannonis legationem interjacent apud Zonaram duo, et paulo amplius, prælonga latercula, quorum materiam e deperdito Dione carptim desumtam arbitror. Noster porro Eclogarius fragmentum quod heic sequitur, conservavit ob sententias titulo, quem præ manibus habebat, accommodatas. Id ipsum vero fragmentum apud Zonaram non legitur, quia is contrario operis instituto utens, historiam nudam sibi vindicat, prætermissis sententiosis historici egressionibus. »

1. (Exc. Vat. LXIII. A. M. p. 183, éd. Rom., et Exc. Peir. XLIV. R. p. 20.)

2. M. A. Mai, d'après le Ms. du Vatic., donne προσέσθαι qui ne fournit aucun sens probable : je lis προέσθαι. Les prépositions πρός et πρό sont souvent confondues. Cf. D'Orville, sur Chariton, p. 266; 286 et suiv.; Bast. Comment. Palæogr. p. 789; 837.

3. Dans les Exc. Vat., ce fragment finit au mot ἐξεστράτευσαν. J'ajoute ἐπὶ Καρχηδόνα d'après les Exc. Peir., l. l. : "Ὅτι οἱ Ῥωμαῖοι ἐστράτευσαν,

CXLVIII. Les Carthaginois, non moins jaloux de ne point perdre leurs possessions que de conquérir celles des autres, combattaient avec ardeur et énergie : ainsi, tandis que la plupart des hommes défendent leurs biens plus que leurs forces ne le permettent, mais ne veulent pas s'exposer au danger pour s'emparer de ceux d'autrui ; ce peuple, mettant sur la même ligne ce qu'il convoitait et ce qu'il avait déjà, déployait pour l'un et pour l'autre les mêmes efforts. Quant aux Romains, le parti le plus sage, à leurs yeux, était de ne plus faire la guerre loin de Carthage, de ne plus affronter le danger dans les îles, et de combattre les Carthaginois sur leur propre territoire : alors un échec ne ferait rien perdre, et une victoire donnerait plus que des espérances. Ils firent leurs préparatifs d'après cette conviction, et marchèrent contre Carthage, sous la conduite de Régulus et de Lucius : un mérite éminent les fit préférer aux autres généraux. Régulus vivait dans une si grande pauvreté, qu'il ne consentit à quitter sa famille qu'en se faisant violence : un décret

An de Rome 498.

ἀκόλουθον τῇ διανοίᾳ σφῶν τὴν παρασκευὴν ποιησάμενοι, ἐπὶ Καρχηδόνα. Le rapprochement des deux extraits fournit une nouvelle preuve que les Exc. Vat. appartiennent réellement à Dion.

4. H. de Valois propose dans ses notes de remplacer cette leçon par διετῇ ἀποστῆναι, mais ailleurs, Annot. ad Amm. Marcell. XIV. 6. p. 27, il maintient δι' αὐτήν et se borne à lire ὑποστῆναι au lieu d'ἀποστῆναι — *Ut ejus causa* (sous-ent. *paupertatis*) *magistratum sibi delatum suscipere vix sustinuerit* : cette correction a été approuvée par Saumaise. Palmerius voulait διετῆ ἀποφῆναι — *Ut non facile consenserit, imperium sibi in biennium prorogatum declarari*, conjecture et interprétation réprouvées par Sturz, qui maintient justement l'ancienne leçon et la commente ainsi : « τὴν ἀρχήν est *omnino* apud Dionem ; δι' αὐτήν scilicet πενίαν, *propter illam paupertatem*, propter quam et conjugi ac liberis alimenta data sunt, *ægre voluit* ἀποστῆναι — *domo*

τε παισὶν αὐτοῦ τὴν τροφὴν ἐκ τοῦ δημοσίου δίδοσθαι ψηφισθῆναι [1].

CXLIX. Ὅτι [2] Ἄννωνα πρὸς Ῥωμαίους λόγῳ μὲν ὑπὲρ εἰρήνης, ἔργῳ δὲ τριβῆς ἕνεκα ἔπεμψεν Ἀμίλκας [3]· καὶ ὅς, ἐπιβοώντων τινῶν συλλαβεῖν αὐτὸν, ὅτι Καρχηδόνιοι τὸν Κορνήλιον ἀπάτῃ συνέλαβον [4]· ἂν τοῦτο ποιήσητε, εἶπεν, οὐδὲν ἔτι κρείττους τῶν Λιβύων ἔσεσθε. Ἐκεῖνος μὲν οὖν εὐκαιρότατα θωπεύσας αὐτοὺς οὐδὲν ἔπαθεν [5].

CL. Οἱ [6] Καρχηδόνιοι [7] φοβηθέντες μὴ ἁλῶσι, προεκηρυκεύσαντο πρὸς τὸν ὕπατον, ὅπως ὁμολογίᾳ τινὶ ἐπιεικεῖ ἀποπέμψαντες αὐτὸν τὸ παραχρῆμα δεινὸν ὑπεκφύγωσιν. Ἐπειδή τε οὐκ ἠθέλησαν Σικελίας τε πάσης καὶ Σαρδοῦς ἀποστῆναι, καὶ τοὺς μὲν τῶν Ῥωμαίων αἰχμαλώτους προῖκα ἀφεῖναι, τοὺς δὲ σφετέρους λύσασθαι, τά τε δαπα-

---

abesse vel *discedere*. » Cf. les autorités qu'il cite à l'appui de cette signification d'ἀποστῆναι. Quant à τὴν ἀρχὴν employé dans le sens de *omnino*, Dion en fournit de nombreux exemples : on pourra consulter son *Index*.

J'ai adopté la leçon et l'interprétation de Sturz.

1. Le passage ἡγοῦντο — ψηφισθῆναι est tiré des Exc. Peir. l. l.
2. (Exc. Vat. LXIII. A. M. p. 183, éd. Rom.)
3. Zonaras, l. l. 12. p. 390, éd. Du C. : Ἀμίλκας δὲ ἀντιστῆναι αὐτοῖς οὐκέτι ἐτόλμα· Ἄννωνα δὲ πρὸς αὐτοὺς ἔπεμψεν, ὡς ὑπὲρ εἰρήνης, βουλόμενος τὸν καιρὸν τρίβειν (ἤλπιζε γὰρ στράτευμά οἱ πεμφθήσεσθαι οἴκοθεν). Ἄννων δὲ, βοώντων τινῶν συλλαβεῖν αὐτὸν κτλ.
4. Le même, l. l. : Ὅτι καὶ Καρχηδόνιοι ἀπάτῃ συνέλαβον τὸν Κορνήλιον. Il s'agit du consul Cn. Corn. Scipion Asina, collègue de C. Duilius, l'an de Rome 494. Cf. Polybe, I, 21 ; Diodore de Sic. Exc. Vat. XXIV, 2, et Zonaras, VIII. 10. p. 386, éd. Du C.
5. M. A. Mai a complété la fin de cet extrait, à l'aide de Zonaras, l. l.

dut assurer l'entretien de sa femme et de ses enfants aux dépens du trésor public.

CXLIX. Amilcar députa Hannon aux consuls romains, sous prétexte de négocier la paix; mais, en réalité, pour gagner du temps. A son arrivée, quelques voix demandèrent qu'on l'arrêtât, comme les Carthaginois avaient arrêté Cornélius, en le trompant. « Si vous les « imitez, répondit Hannon, vous n'aurez désormais rien « qui vous mette au-dessus des Africains. » Grâce à cette flatterie employée à propos, on ne lui fit aucun mal.

CL. Les Carthaginois, craignant que leur ville ne fût prise, envoyèrent un héraut au consul, pour obtenir son départ à des conditions raisonnables et pour détourner le danger présent; mais, n'ayant voulu ni abandonner toute la Sicile et toute la Sardaigne, ni rendre sans rançon les prisonniers romains, ni racheter leurs propres captifs, ni rembourser à Rome tous les frais de la guerre, ni

An de Rome 499.

Dans le Ms. du Vatic., il y a une lacune de quatre pages après ἀπάτῃ. « Hactenus, dit l'illustre Éditeur, pertingit quaternio secundus, cujus non nisi folium intimum, ut diximus, desiderabatur. Sequitur tertius quaternio, a quo folia duo priora seu exteriora exciderunt, paginæ scilicet octo, quarum quatuor efficiunt hoc loco lacunam viginti circiter annorum, nempe ab anno 498 usque ad annum fere 522, ante consulatum Papirii, qui vir in quinta quaternionis pagina, id est prima ejusdem uti nunc se habet, commemoratur. » Dans cet intervalle s'accomplirent les derniers événements de la première guerre punique jusqu'à la paix, la guerre des mercenaires contre les Carthaginois, les guerres des Romains contre les Gaulois et les Liguriens ; enfin les événements dont la Corse et la Sardaigne furent le théâtre. Cf. Zonaras, l. l. 13-18.

6. (Exc. Urs. ϛ'. CXLVIII. R. p. 61-62.) Ce fragment ne se trouve pas dans le Ms. de Munich n° 3. Il est dans le n° 1.

7. Ὅτι οἱ Καρχηδόνιοι, dans le Ms. de Munich n" 1, et dans F. Orsini.

νηθέντα τοῖς Ῥωμαίοις ἐς τὸν πόλεμον πάντα διαλῦσαι, καὶ χωρὶς ἄλλα καθ' ἕκαστον ἔτος συντελεῖν, οὐδὲν ἤνυσαν [1].

Πρὸς γὰρ δὴ τοῖς εἰρημένοις καὶ ἐκεῖνα αὐτοὺς ἐλύπει, ὅτι μήτε πολεμεῖν [2], μήτε συμβαίνειν ἄνευ τῶν Ῥωμαίων [3], καὶ αὐτοὶ μὲν [4] μὴ πλείοσι μιᾶς ναυσὶ μακραῖς χρῆσθαι, ἐκείνοις δὲ πεντήκοντα τριήρεσιν ἐπικουρεῖν, ὁσάκις ἂν ἐπαγγελθῇ σφίσιν, ἄλλα τέ τινα οὐκ ἐκ τοῦ ὁμοίου ποιεῖν ἐκελεύοντο. Ἐξ οὖν τούτων ἅλωσιν σφῶν ἀκριβῆ τὰς σπονδὰς νομίσαντες ἔσεσθαι, πολεμεῖν αὐτοῖς μᾶλλον εἵλοντο.

CLI. Ὅτι [5] συμμαχίας ἐκ Λακεδαίμονος τοῖς Καρχηδονίοις ἀφικομένης, Ξάνθιππος [6] σπαρτιάτης ἀνὴρ τοὺς στρατηγοὺς τῶν ἐγχωρίων κατεμέμφετο, ὅτι δὴ στρατιὰν ἔν τε τοῖς ἱππόταις καὶ τοῖς θηρίοις τὸ κῦρος ἔχουσαν, ὄρεσί τε καὶ δυσχωρίαις ὑποστέλλουσι [7]· παραλαβὼν δὲ τὴν στρατιὰν αὐτὸς καὶ τάξας τοὺς Καρχηδονίους, πασσυδὶ μικροῦ τὸ τῶν Ῥωμαίων φθείρει στρατόπεδον [8].

CLII. Ἡγεῖτο [9] δεῖν [10] τόν τι δι' ἀποῤῥήτων πρᾶξαι

---

1. Ἐώνισαν dans le Ms. de Munich n° 1, variante fautive. Sturz en a tiré ὤνησαν qu'il propose comme conjecture : je maintiens ἤνυσαν.
2. Πολημεῖν τε, μήτε dans le même Ms. et dans F. Orsini.
3. Je donne cette leçon, d'après le même Ms. et F. Orsini, au lieu de l'ancienne, ἄνευ Ῥωμαίων.
4. J'ajoute μὲν d'après le même Ms., à cause d'ἐκείνοις δέ. L'ancienne leçon porte : Αὐτοὶ μή.
5. (Exc. Vat. A. M. p. 540, éd. Rom.)
6. M. A. Mai donne Ξάνθος et dit dans une note : « Ita Codices Planudei; quamquam vulgo scribitur Ξάνθιππος. » Dans les Ms., Ξάνθος ne peut être qu'une abréviation pour Ξάνθιππος, comme ΟΥΝΟΣ pour οὐρανός, et d'autres semblables. Cf. la Paléographie de Montfaucon, Liv. V, chap. 1, p. 341 et suiv.

lui payer en outre une indemnité annuelle, ils ne purent rien obtenir.

Ils trouvaient d'ailleurs fort dur de ne pouvoir faire la paix ou la guerre sans son consentement, de ne conserver pour leur propre usage qu'un seul grand vaisseau et d'être tenus de lui fournir, à la première réquisition, cinquante galères à trois rangs de rames ; enfin de souscrire à d'autres conditions contraires à l'équité : persuadés qu'un pareil traité consommerait leur ruine, ils aimèrent mieux continuer la guerre.

CLI. Lacédémone envoya des secours aux Carthaginois, sous la conduite du spartiate Xanthippe, qui blâma leurs généraux de retenir sur les montagnes et dans des lieux difficiles une armée à laquelle la cavalerie et les éléphants donnaient une incontestable supériorité. A peine investi du commandement, il disposa les troupes de Carthage d'après ses idées, et par un choc terrible, il détruisit presque l'armée romaine.

CLII. Suivant Amilcar, quand on veut exécuter se-

---

7. Zonaras, l. l. 13. p. 391, éd. Du C. : Τά τε ἄλλα παρεσκεύασεν εὖ, καὶ ἀπὸ τῶν μετεώρων τοὺς Καρχηδονίους, ἐν οἷς ὑπὸ δέους ἦσαν, κατήγαγεν εἰς τὸ ὁμαλὸν, ἐν ᾧ ἥ τε ἱππεία αὐτῶν καὶ οἱ ἐλέφαντες πλεῖστον ἰσχύσειν ἔμελλον. Cf. Polybe, I, 32.

8. Le même, l. l. : Πολλοὺς μὲν κατέκοψε, πολλοὺς δὲ καὶ ἐζώγρησε, καὶ αὐτὸν τὸν Ῥηγοῦλον.

9. (Exc. Vat. A. M. p. 540, éd. Rom.)

10. M. A. Mai n'ose pas affirmer qu'il est question ici d'Amilcar ; quoique Diodore de Sicile, *Excerpta Vatic.* p. 52, éd. Rom., lui prête le même caractère. Je pense que notre Historien a bien en vue Amilcar et sa conduite à l'égard des habitants de Lilybée, quand il eut connaissance de leurs projets de trahison. Zonaras, l. l. 15. p. 395, éd. Du C. : Ἐπεὶ δέ τινες τῶν συμμάχων (c'est-à-dire les habitants

246 ΔΙΩΝΟΣ ΤΟΥ ΚΑΣΣΙΟΥ ΛΕΙΨΑΝΑ. ΒΙΒΛ. Α-ΛϚ.

βουλόμενον μηδενὶ αὐτὸ τὸ παράπαν ἐμφαίνειν· οὐδένα γὰρ οὕτως ἰσχυρόφρονα εἶναι, ὡς ἀκούσαντά τι παρατηρῆσαι καὶ σιωπῆσαι αὐτὸ ἐθελῆσαι· ἀλλὰ καὶ πάνυ τοὐναντίον, ὅσῳ ἂν ἀπορρηθῇ τινι μὴ εἰπεῖν τι, τόσῳ μᾶλλον αὐτὸν ἐπιθυμεῖν αὐτὸ ἐκλαλῆσαι· καὶ οὕτως ἕτερον παρ' ἑτέρου τὸ ἀπόρρητον ὡς καὶ μόνον μανθάνοντα φημίζειν.

CLIII. Φασὶ [1] τοὺς Καρχηδονίους ἐπικηρυκεύσασθαι τοῖς Ῥωμαίοις [2], διά τε τἄλλα [3], καὶ διὰ τὸ πλῆθος τῶν αἰχμαλώτων· μάλιστα μὲν, εἴ πως καὶ τὴν εἰρήνην ἐπὶ μετρίοις τισὶ ποιήσαιντο· εἰ δὲ μὴ, ἵνα τούς γε ἑαλωκότας κομίσαιντο. Φασὶ δὲ καὶ τὸν Ῥηγοῦλον ἐν τοῖς πρέσβεσι πεμφθῆναι [4], διά τε τὸ ἀξίωμα αὐτοῦ καὶ τὴν ἀρετήν [5]. Ὑπέλαβον γὰρ πᾶν ὁτιοῦν τοὺς Ῥωμαίους, ἐπὶ τῷ κομίσασθαι αὐτὸν ἐλπίσαι σφᾶς, πρᾶξαι· ὥστε καὶ [6] μόνον ἀντὶ τῆς εἰρήνης, ἢ πάντως γε ἀντὶ τῶν αἰχμαλώτων ἀνταποδοθῆναι.

Ὥρκωσάν τε οὖν αὐτὸν [7] πίστεσι μεγάλαις, ἦ μὴν ἐπ-

---

de Lilybée) τῇ τε παρατάσει τῆς πολιορκίας ἀχθόμενοι, καὶ τῷ μὴ τὸν μισθὸν αὐτοῖς ἐντελῆ καταβάλλεσθαι, προδοῦναι τὸ χωρίον τοῖς Ῥωμαίοις διεκηρυκεύοντο, ἐφώρασεν ὁ Ἀμίλκας τὸ βουλευόμενον· οὐκ ἐξέφηνε δὲ, ἵνα μὴ πολεμώσῃ αὐτούς· χρήματα δὲ τοῖς ἄρχουσιν αὐτῶν παρασχὼν, καὶ τῷ πλήθει προσυποσχόμενος ἕτερα, οὕτως αὐτοὺς ᾠκειώσατο, ὥστε μηδὲ ἀρνήσασθαι τὴν προδοσίαν, ἀλλὰ καὶ τοὺς τελευταίους πρέσβεις ἐπανιόντας ἀπώσασθαι.

1. (Exc. Urs. c. CXLIX. R. p. 62-63.) Ce fragment manque dans le Ms. de Munich n° 3; mais il se trouve dans le n° 1, qui, au lieu de φασί, porte : Ὅτι φασί.

2. Zonaras, l. l. 15. p. 394, éd. Du C. : Οἱ Καρχηδόνιοι δὲ διεκηρυκεύσαντο τοῖς Ῥωμαίοις διά τε τἄλλα καὶ τὸ πλῆθος τῶν αἰχμαλώτων, κτλ.

3. Τὰ ἄλλα, dans le Ms. de Munich n° 1. Sur τἄλλα — τ' ἄλλα et τἄλλα,

crètement une entreprise, il ne faut en parler à personne ; car il n'est pas d'homme assez maître de lui-même, pour garder un secret et l'ensevelir dans le silence. Au contraire, plus vous recommandez de ne point le révéler, plus on désire le faire connaître : chacun croit l'avoir seul appris d'un autre, et il est bientôt divulgué.

CLIII. Les Carthaginois, ainsi qu'on le rapporte, envoyèrent des députés à Rome, par divers motifs ; mais surtout à cause du grand nombre des prisonniers. Ils avaient principalement en vue de conclure la paix à des conditions raisonnables, ou du moins d'obtenir que leurs captifs leur fussent rendus. Parmi ces députés se trouva, dit-on, Régulus choisi par les Carthaginois, à raison de sa vertu et de sa dignité. A leur avis, les Romains consentiraient à tout, par l'espérance de recouvrer un tel homme, et Carthage n'aurait que lui à restituer, pour obtenir la paix, ou tout au moins la remise des prisonniers.

An de Rome 504.

Ils lui firent promettre, par un serment solennel,

---

cf. M. Boissonade, Notices des Ms. t. X. p. 282. note 4, où il se prononce en faveur de l'écriture τἆλλα. Je l'ai adoptée.

4. Dans le même Ms., πρέσβεσιν πεμφθῆναι. Le ν paragogique est souvent ajouté devant les mots qui commencent par β, δ, θ, κ, λ, μ, ν, π, τ, φ : le Ms. de Tours en fournit beaucoup d'exemples.

5. Zonaras, l. l. : Καὶ τοῖς πρέσβεσι καὶ αὐτὸν τὸν Ῥηγοῦλον συνέπεμψαν, πᾶν δι' αὐτοῦ οἰηθέντες κατωρθωκέναι διὰ τὴν ἀρετὴν καὶ τὸ ἀξίωμα τοῦ ἀνδρός. Cf. Appien, VIII, 4.

6. Je rétablis, d'après le Ms. de Munich n° 1 et F. Orsini, la conjonction καί que Reimar a supprimée sans motif.

7. Αὐτῷ est une variante fautive, dans le même Ms. Il donne ensuite πίστεσί τε μεγάλαις, comme dans F. Orsini, au lieu de πίστεσι μεγάλαις.

ἀνήξειν[1], ἂν καὶ μηδέτερον αὐτῶν διαπράξηται, καὶ πρεσβευτὴν μεθ' ἑτέρων ἔστειλαν. Καὶ ὃς τά τ' ἄλλα[2], καθάπερ τις Καρχηδόνιος[3], ἀλλ' οὐ Ῥωμαῖος ὢν, ἔπραττε· καὶ οὔτε τὴν γυναῖκα ἐς λόγους ἐδέξατο, οὔτε εἰς τὴν πόλιν, καθάπερ[4] ἐκϐληθεὶς, ἐσῆλθεν· ἀλλ' ἔξω τοῦ τείχους τῆς βουλῆς ἀθροισθείσης, ὥσπερ τοῖς τῶν πολεμίων πρέσϐεσιν ἔθος εἶχον χρηματίζειν[5], τήν τε πρόσοδον μετὰ τῶν ἄλλων, ὥς γε καὶ ὁ λόγος ἔχει, ᾐτήσατο.

Οὐ[6] πρότερον αὐτοῖς ἐπείσθη ὁ Ῥηγοῦλος, πρὶν Καρχηδονίους οἱ ἐπιτρέψαι.

Οὔτε γὰρ πρὸς ἐμοῦ, οὔτε πρὸς ἄλλου ἀνδρὸς ἀγαθοῦ οὐδενός ἐστι προέσθαι τι τῶν κοινῇ συμφερόντων.

Ἄλλος ἄν τις παραμυθήσασθαι τὴν καθ' ἑαυτὸν συμφορὰν ἐθελήσας, ἐξῆρεν ἂν τὰ τῶν πολεμίων.

CLIV. Ὅτι[7] Ῥηγοῦλον τὸν στρατηγὸν Ῥωμαίων ἑαλωκότες Καρχηδόνιοι πρέσϐεσιν ἅμα οἰκείοις πρὸς τὴν Ῥώμην ἐξέπεμπον, οἰόμενοι μετρίαν τινὰ τοῦ πολέμου εὑρήσειν κατάθεσιν καὶ τῶν αἰχμαλώτων ἀντίδοσιν τῇ συμπράξει τοῦ ἀνδρός[8]· ὁ δ' ἐλθὼν τὰς μὲν συνήθεις τοῖς ὑπατικοῖς

---

1. Zonaras, l. l. : Ὥρκωσάν τε αὐτὸν, ἦ μὴν ἐπανήξειν.
2. Τά τε ἄλλα, dans le Ms. de Munich n° 1, qui porte un peu plus loin ἔπραττεν· καί. Cf. p. 247, note 4.
3. Zonaras, l. l. : Καὶ ὃς τά τε ἄλλα ὡς εἷς τῶν Καρχηδονίων ἔπραττε, καὶ οὔτε τὴν γυναῖκα εἰς λόγους ἐδέξατο, οὔτε τὴν πόλιν εἰσῆλθε.
4. Καίπερ est une faute dans le Ms. de Munich n° 1.
5. Zonaras, l. l. : Ἀλλ' ἔξω τοῦ τείχους τῆς βουλῆς ἀθροισθείσης (ὡς ἔθος ἦν χρηματίζειν τῶν πολεμίων τοῖς πρέσϐεσιν), εἰσαχθεὶς εἰς τὸ συνέδριον εἶπεν. L'Annaliste rapporte ensuite le discours de Régulus.

de revenir, s'il échouait dans le double objet de la négociation : puis ils lui ordonnèrent de partir avec les députés. Régulus agit en Carthaginois plutôt qu'en Romain : il ne permit pas à sa femme de venir conférer avec lui ; il n'entra pas dans Rome, comme s'il eût été proscrit ; mais lorsque le sénat s'assembla hors de la ville, d'après l'usage établi pour les pourparlers avec les envoyés d'un peuple ennemi, Régulus demanda, comme on le raconte, à être admis avec les autres députés.

Régulus ne se rendit pas à l'invitation des consuls, avant d'y avoir été autorisé par les ambassadeurs carthaginois.

Rien ne doit être préféré à l'intérêt public, ni par moi, ni par aucun autre bon citoyen.

Tout autre, pour se disculper de son échec, aurait exalté les ennemis.

CLIV. Les Carthaginois avaient fait prisonnier Régulus, général de l'armée ennemie. Ils l'envoyèrent à Rome avec leurs députés, espérant obtenir à des conditions raisonnables, par le concours de cet homme éminent, la fin de la guerre et l'échange des prisonniers. Arrivé près de sa ville natale, Régulus refusa les hon-

---

6. Je place ici trois petits fragments que j'emprunte à Bekker, Anecd. gr. t. I. p. 140, 20; p. 165, 23 et 30. Ils sont tirés du XI° livre de Dion.

7. (Exc. Vat. A. M. p. 541, ed. Rom.) Les mêmes faits sont racontés, mais plus en détail par Suidas, au mot Ῥηγοῦλος : j'aurai soin de noter les différences importantes.

8. Suidas, l. l. : Εὔρασθαί τινα μετρίαν τοῦ πολέμου κατάθεσιν καὶ τῶν αἰχμαλώτων ἀντίδοσιν τῇ συντάξει (lis. συμπράξει) τοῦ ἀνδρὸς οἰόμενοι.

τιμὰς διώσατο ¹, οὐ μετεῖναι τῆς πολιτείας αὐτῷ λέγων, ἀφ' οὗπερ ἡ τύχη δεσπότας αὐτῷ Καρχηδονίους ἐπέστησε· παρῄνει τε τὰς διαλλαγὰς ἀπείπασθαι, εἰς τὸ ἀνέλπιστον ἤδη ἀφιγμένων τῶν πολεμίων ². οἱ δὲ Ῥωμαῖοι ἀγασθέντες αὐτὸν τοὺς μὲν πρέσβεις ἀποπέμπουσιν, αὐτὸν δὲ κατέχειν ἠβούλοντο ³. ὁ δὲ οὐ μενετέον αὐτῷ φήσας ἐν πόλει, ἐν ᾗ τῆς ἴσης οὐ μεθέξει κατὰ τοὺς πατρίους θεσμοὺς πολιτείας, πολέμου νόμῳ ⁴ δουλεύειν ἑτέροις ἠναγκασμένος, εἵπετο τοῖς Καρχηδονίοις ἑκούσιος· ἔνθα πολλαῖς καὶ δειναῖς αἰκίαις καταναλωθεὶς ἐτελεύτησεν ⁵.

CLV. Ὅτι ⁶ ἐπὶ Μάρκου Κλαυδίου καὶ Τίτου Σεμπρωνίου ὑπάτων μόνῳ τῆς τοῦ πατρὸς ἐπωνυμίας τῷ πρεσβυτέρῳ τῶν παίδων μετέχειν Ῥωμαῖοι παρεκελεύσαντο ⁷.

CLVI. Ὅτι ⁸ οἱ Ῥωμαῖοι τὸν Κλαύδιον, ἐπειδὴ πρὸς τοὺς Λίγυας συνθήκας ἐποιήσαντο, πόλεμον ἀράμενον καὶ αὐτοὺς χειρωσάμενον, τὸ μὲν πρῶτον ὡς καὶ ἐκείνου τὸ παρασπονδηθὲν, ἀλλ' οὐχ ἑαυτῶν τὸ αἰτίαμα ὂν, ἔπεμψαν

---

1. Ou bien διωθήσατο, comme dans Suidas, l. l. : Ὁ δὲ πρὸς τὴν Ῥώμην ἅμα πρεσβείαις Καρχηδονίων ἀφικόμενος, ἔς τε τὸ συνέδριον παρελθὼν, τὰς μὲν συνήθεις τοῖς ὑπατικοῖς τιμὰς διωθήσατο. M. A. Mai traduit les mots ὁ δ' ἐλθὼν de Dion par *Urbem ingressus*. On a vu, Fr. CLIII, p. 248, que Régulus n'entra pas et ne dut pas entrer dans Rome.

2. Suidas, l. l. : Παρῄνει γε μὴν τοῖς ἐν τέλει τῆς βουλῆς· ἀπείπασθαι παντελῶς τὰς διαλλαγάς, καὶ μὴ ἀνεῖναι τοὺς ἐναντίους ἐς τὸ ἀνέλπιστον ἤδη ἀφιγμένους· οὐ γὰρ εἶναί πως ἄξιον ἀνδρὸς ἑνὸς μόνου, καὶ ἤδη γηραιοῦ, ὀλίγων τε ἄλλων τῶν ὑπολελειμμένων ἐς τὴν Καρχηδονίαν πολλὰς χιλιάδας ἀλλαξαμένους, αὐξῆσαι τὴν τῶν ἐναντίων δύναμιν. Ἐφ' οἷς ἀγασθέντες αὐτὸν οἱ Ῥωμαῖοι κτλ.

Dans Zonaras, l. l., Régulus s'exprime ainsi, à ce sujet : Καὶ Ῥωμαῖος εἰμὶ, καὶ φρονῶ τὰ ὑμέτερα, καὶ οὐδ' ἐξ ἑνὸς τρόπου λυσιτελεῖν ὑμῖν τὰς καταλλαγὰς νομίζω.

neurs dus aux consuls, et dit qu'il n'était plus citoyen, depuis le jour où la fortune lui avait donné les Carthaginois pour maîtres. Il engagea les Romains à ne point traiter avec des ennemis déjà réduits au désespoir. Ses concitoyens, pleins d'admiration, congédièrent les députés et voulurent le retenir auprès d'eux ; mais il répondit qu'il ne devait pas rester dans une ville où les lois ne lui permettaient plus de jouir de ses droits, puisque la guerre l'avait fait esclave d'un peuple étranger, et il suivit volontairement les députés à Carthage, où il finit sa vie dans des tortures longues et horribles.

CLV. Sous le consulat de Marcus Claudius et de Titus Sempronius, parut à Rome un décret qui n'autorisait que l'aîné des enfants à prendre le surnom de leur père. *An de Rome 514.*

CLVI. La paix avait été conclue avec les Liguriens, ce qui n'empêcha pas Claudius de leur faire la guerre. Il les vainquit ; mais les Romains rejetèrent sur lui l'infraction du traité. Ils ne voulurent pas en être responsables et livrèrent Claudius aux Liguriens *An de Rome 518.*

---

3. Suidas, l. l. : Τὴν μὲν πρεσβείαν ἄπρακτον τῶν Καρχηδονίων πέμπουσιν· αὐτὸν δὲ πρὸς βίαν ἀφαιρεῖσθαι τῶν ἀγόντων ἐπεχείρουν.

4. Zonaras, l. l. : Ἡμᾶς, ὦ Πατέρες, πρὸς ὑμᾶς Καρχηδόνιοι ἔπεμψαν (ἐκεῖνοι γάρ με ἐστάλκασι, ἐπεὶ δοῦλος αὐτῶν νόμῳ πολέμου γεγένημαι).

5. Suidas, l. l. : Ἑκούσιος, τά τε δάκρυα τῶν οἰκείων καὶ τοὺς ὀλοφυρμοὺς ἀκλινῶς διωθησάμενος. Ἐπανελθὼν δὴ οὖν ἐς τὴν Καρχηδόνα παντὶ κολάσεων εἴδει καταναλίσκεται.

6. (Exc. Vat. A. M. p. 541, éd. Rom.)

7. « Considerabunt, dit M. A. Mai, hunc locum philologi homines ac romanarum antiquitatum rituumque studiosi. Et quidem scribendum videtur : C. Claudio et M. Sempronio consulibus, qui reapse occurrunt in fastis anno Urbis DXIV. »

8. (Exc. Peir. XLV. R. p. 21.)

ἐκδιδόντες αὐτοῖς· μὴ προσδεξαμένων δὲ σφῶν, αὐτὸν ἐξήλασαν ¹.

CLVII. Οἱ ² Ῥωμαῖοι ³ τοὺς Καρχηδονίους χρήματα ἐπιπραξάμενοι, τὰς σπονδὰς ἀνενεώσαντο. Καὶ τὸ μὲν πρῶτον πρεσβείας αὐτῶν ἐλθούσης ⁴, ὅτι τε τῆς σφετέρας παρασκευῆς ᾔσθοντο, καὶ ὅτι αὐτοὶ τῷ πρὸς τοὺς ὁμόρους πολέμῳ ἔτι καὶ τότε κατείχοντο ⁵, μέτριον οὐδὲν ἀπεκρίναντο. Μετὰ δὲ τοῦτο Ἄννωνός τινος, νέου τῇ ⁶ ἡλικίᾳ καὶ δεινοῦ τῇ παρῥησίᾳ, πεμφθέντος, καὶ ἄλλα τε πολλὰ ἀπαρακαλύπτως, καὶ τέλος· ὅτι, εἰ μὴ βούλεσθε εἰρηνεῖν ⁷, ἀπόδοτε ἡμῖν καὶ Σαρδὼ καὶ Σικελίαν· οὐ γὰρ πρὸς καιρόν ⁸ τινα ἀνοχὴν, ἀλλ' ἀΐδιον φιλίαν ἀπ' αὐτῶν ἐπριάμεθα, εἰπόντος· ἠπιώτεροί τε ⁹ αἰσχυνθέντες ἐγένοντο.

CLVIII. ... οἱ δὲ ¹⁰ μὴ τὰ αὐτὰ ἀντιπάθωσιν· ὥστε καὶ πάνυ ἀσμένως οἱ μὲν τὴν ἐκ τοῦ πρόσθεν εὐτυχίαν διασώσασθαι· οἱ δ' ἐπὶ γοῦν τῶν ὑπαρχόντων ¹¹ σφίσι μεῖναι αἱρούμενοι διεμέλλησαν· αὐταῖς ἀπειλαῖς μηκέτι τὴν εἰρήνην ἄγοντες, τοῖς ἔργοις ἐπιδιασκοποῦντες περὶ τοῦ αὐτοῦ ἀνέσχον· ὥσθ' ἅπασι δῆλον γενέσθαι, ὅτι ὁποτέροις ¹²

---

1. Je suis Reimar pour le texte et pour le sens. Cf. les éclaircissements, à la fin du volume.
2. (Exc. Urs. ιαʹ. CL. R. p. 63.)
3. Ὅτι οἱ Ῥωμαῖοι, dans F. Orsini et dans le Ms. de Munich n° 1 : ce fragment ne se trouve pas dans le n° 3.
4. D'après Leunclavius. La leçon πρεσβεία αὐτῶν ἐλθοῦσα, donnée par F. Orsini, est évidemment fautive.
5. Κατέχοντο, dans le Ms. de Munich n° 1, est une faute du copiste.
6. Cet article est omis dans le même Ms.
7. Le même Ms. donne εἰρήνην, par la confusion d'η et d'ει.

qui refusèrent de le recevoir : les Romains alors le bannirent.

CLVII. Rome avait renouvelé ses traités avec les Carthaginois, moyennant une somme d'argent. Instruits qu'elle faisait des préparatifs de guerre, tandis qu'ils étaient occupés à combattre contre leurs voisins, ils y envoyèrent une ambassade, qui n'obtint aucune réponse satisfaisante. Bientôt Hannon, plein de franchise et à la fleur de l'âge, fut député aux Romains et leur adressa sans détour diverses plaintes. Il finit par ces mots : « si vous ne voulez point maintenir la paix, « rendez-nous la Sardaigne et la Sicile : ce n'est pas « une trêve d'un moment, mais une alliance éternelle « que nous avons achetée, en vous les donnant. » Ils rougirent et se montrèrent plus traitables.

CLVIII. ... ceux-là pour ne pas être traités de même, à leur tour : ils temporisèrent, résolus de tout cœur, les uns à jouir du fruit de leurs victoires passées, les autres à se contenter de leur état présent. Par cette attitude menaçante, la paix n'existait plus ; mais dans le fait, pendant qu'ils délibéraient, leur position restait la même : cependant on voyait que celui des deux

An de Rome 519.

---

8. Mieux πρόσκαιρόν τινα, proposé par Sturz.

9. Suivant Reiske, il faut remplacer τε par ἄτε, ou admettre qu'il manque ici quelque chose. J'ai maintenu l'ancienne leçon, mais j'ai traduit comme si le texte portait ἄτε.

10. (Exc. Vat. LXIV. A. M. p. 183-184, éd. Rom.) Avant ce fragment dont le commencement est incomplet, il y a une lacune de quatre pages dans le Ms. du Vatic.

11. Τῶν ὑπάρχων est une faute du copiste dans le Ms. du Vatic.

12. M. A. Maï lit : Ὁπότεροι ἂν αὐτῶν προτέροις παρακονῆσαί τι συνενέγκῃ καὶ τοῦ πολέμου προκατάρξουσιν. Je donne ὁποτέροις, datif exigé

ἂν αὐτῶν προτέροις παρακονῆσαί τι συνενέγκῃ, τοῦ πολέμου προκατάρξουσιν· ἐς γὰρ τοσοῦτον οἱ πολλοὶ ταῖς ὁμολογίαις ἐμμένουσιν, ἐς ὅσον αὐτοῖς καθήκει [1]. πρὸς δὲ δὴ τὸ μᾶλλον σφίσι συμφέρον, ἀσφαλὲς [2] καὶ τὸ μὴ παρασπονδῆσαί [3] τι νομίζουσιν εἶναι.

CLIX. Ἐπὶ [4] Φαβίου γὰρ Μαξίμου Βερουκώσσου [5], ἤτοι ἀκροχορδονώδους [6], οὐ Δαύνιοι, ἀλλὰ Ῥωμαῖοι [7] τοῦτο ἐποίησαν, Ἑλληνικὸν καὶ Γαλατικὸν [8] ἀνδρόγυνον κρύψαντες ἐν μέσῃ τῇ ἀγορᾷ, ἐκ χρησμοῦ τινος δειματωθέντες λέγοντος· Ἕλληνα καὶ Γαλάτην [9] καταλήψεσθαι τὸ ἄστυ [10].

CLX. Ὅτι [11] πρέσβεις ποτὲ ἐπὶ κατασκοπῇ Γαΐου Παπιρίου, καίπερ μηδὲν μηδέπω τῶν Ἰβηρικῶν σφίσι προσ-

---

par συνενέγκῃ. Ce n'est pas ce mot qui doit servir de sujet à προκατάρξουσιν, mais bien οὗτοι sous-entendu. De plus, avant τοῦ πολέμου, j'ai effacé καί : loin d'être nécessaire, cette conjonction gênait la marche de la phrase.

1. Pour conserver καθήκῃ, leçon du Ms. du Vatic., il faudrait, d'après la remarque de M. A. Mai, insérer ἄν. Il m'a paru plus simple de rétablir καθήκει, auquel le copiste a probablement substitué καθήκῃ par la confusion d'η et d'ει.

2. M. A. Mai met une virgule après ἀσφαλές, et dit dans une note : « Ita in Cod. interpungitur post ἀσφαλές. » J'ai transporté la virgule avant ce mot, qui dépend de καὶ τὸ μὴ παρασπονδῆσαι et ne doit pas en être séparé.

3. Dans le Ms. du Vatic. παρασπονδάσαι, faute du copiste, est un barbarisme.

4. (Exc. Val. XII. R. p. 6.), tiré des scholies d'Is. Tzetzès sur la Cassandre de Lycophron, v. 603.

Je donne ce fragment, comme tous les éditeurs, quoique suivant la remarque de Sébastien, rien n'indique qu'il soit de Dion : « Valesius hoc, Zonarae credo auctoritate nixus, tanquam Dionis Cocceiani fragmentum profert, licet auctor neque hic, neque ad v. 1026, ubi de hac re iterum, laudetur a Tzetza. »

5. D'après Sébastien et G. Müller, comme dans Plutarque, Fabius, I :

peuples qui aurait le premier quelque raison pour attaquer, donnerait le signal de la guerre : le plus souvent les hommes restent fidèles à la foi jurée tout autant qu'ils y trouvent leur intérêt, et parce qu'à leurs yeux, un sûr moyen d'accroître les avantages dont ils jouissent, c'est de ne porter aucune atteinte aux traités.

CLIX. Sous le consulat de Fabius Maximus Verrucosus, les Romains, et non les Dauniens, enterrèrent tout vivants, au milieu du forum, un Grec et une Grecque, un Gaulois et une Gauloise, par la crainte d'un oracle qui avait dit : un Grec et un Gaulois s'empareront de Rome.   An de Rome 521.

CLX. Ils envoyèrent des émissaires, chargés d'observer Papirius; quoique les affaires d'Espagne ne les   An de Rome 523.

Τέταρτος ἦν Φάβιος Μάξιμος περὶ οὗ τάδε γράφομεν. Ἦν δ' αὐτῷ σωματικὸν μὲν παρώνυμον, ὁ Βερούκωσσος · εἶχε γὰρ ἀκροχορδόνα μικρὰν ἐπάνω τοῦ χείλους ἐπιπεφυκυῖαν. L'ancienne leçon Βεροκόσσου n'est point confirmée par les Ms. Deux de G. Müller, Vit. 1 et Ciz., portent Βερεκόσσου ; un autre, Vit. 2, Βεροκήσσου, et un quatrième, Vit. 3, Βηροκίσσου.

6. C'est la seule leçon correcte. Cf. Is. Tzetzès, scholies sur le v. 1036. Les Ms. de G. Müller sont tous fautifs. Deux, Vit. 1 et Ciz., donnent ἀκροχορνώδους, un autre, Vit. 2, ἀκροχοδονώδους qui est bien près de la bonne leçon, et un quatrième, Vit. 3, ἀκροχορδονάδους.

7. Je donne οὐ Δαύνιοι, ἀλλὰ Ῥωμαῖοι, d'après Sébastien et G. Müller, au lieu de la leçon vulgaire Ῥωμαῖοι, adoptée par H. de Valois, Reimar et Sturz.

8. Γαλακτικόν dans deux Ms. de G. Müller, Vit. 1 et Ciz., variante fautive, ainsi que Γαλάτηνον dans deux autres, Vit. 2 et 3.

9. Λέγοντες Ἕλληνες καὶ Γαλάτιοι, dans deux Ms. de G. Müller, Vit. 2 et 3 : cette variante ne fournit aucun sens.

10. Zonaras, l. 1. 19. p. 403, éd. Du C., rapporte le même fait : Λογίου δέ ποτε τοῖς Ῥωμαίοις ἐλθόντος, καὶ Ἕλληνας καὶ Γαλάτας τὸ ἄστυ καταλήψεσθαι, Γαλάται δύω καὶ Ἕλληνες ἕτεροι ἔκ τε τοῦ ἄρρενος καὶ τοῦ θήλεος γένους ζῶντες ἐν τῇ ἀγορᾷ κατωρύγησαν, ἵν' οὕτως ἐπιτελὲς τὸ πεπρωμένον γενέσθαι δοκῇ, καί τι κατέχειν τῆς πόλεως κατορωρυγμένοι νομίζωνται.

11. (Exc. Vat. LXIV. A. M. p. 184, éd. Rom.)

Suivant ce fragment, C. Papirius Maso prit part aux affaires d'Espagne,

ηκόντων, ἀπέστειλαν¹· καὶ αὐτοὺς ἐκεῖνος τά τε ἄλλα ἐδεξιώσατο καὶ λόγοις ἐπιτηδείοις διήγαγεν, εἰπὼν ἄλλα τε καὶ ὅτι ἀναγκαίως τοῖς Ἴβηρσι πολεμεῖ, ἵνα τὰ χρήματα, ἃ τοῖς Ῥωμαίοις ἔτι πρὸς τῶν Καρχηδονίων ἐπωφείλετο, ἀποδοθῇ, διὰ τὸ μὴ δύνασθαι ἄλλοθέν ποθεν ἀπαλλαγῆναι· ὥστε τοὺς πρέσβεις ἀπορῆσαι ὅ τι οἱ ἐπιτιμήσωσιν.

CLXI. Ὅτι ² Ἴσσα νῆσος ἑκουσία ἑαυτὴν Ῥωμαίοις παρέδωκεν³. *Ἐπειδὴ γὰρ τότε πρῶτον πειρᾶσθαι σφῶν ἔμελλον, καὶ προσφιλοτέρους αὐτοὺς καὶ πιστοτέρους τῶν ἤδη φοβερῶν ἐνόμιζον εἶναι. *Κρείττους ἐς τὸ ἀφανὲς τοῦ προδήλου τῷ λογισμῷ⁴ γιγνόμενοι.

Ὅτι τὸ μὲν ἐκ τοῦ ἤδη προσκεῖσθαι σφίσιν ἀχθηδόνα· τὸ δὲ ἐκ τοῦ προσδοκᾶσθαι ἐλπίδα χρηστὴν, ἔφερον⁵.

CLXII. Οἱ⁶ Ῥωμαῖοι τοῖς Ἰσσαίοις προσχωρήσασιν αὐτοῖς ἀνθυπουργεῖν τι εὐθὺς προθύμως⁷, ὡς τοῖς πρὸς ἑαυ-

---

pendant les nouveaux différents survenus entre Rome et Carthage, et qui furent le prélude de la seconde guerre punique.

1. Il est difficile de préciser, d'après cet extrait seul, quels sont les peuples qui envoyèrent ces émissaires. Quant aux sommes dues par les Carthaginois, il s'agit probablement de celles qui furent stipulées par le traité de paix, à la fin de la première guerre punique, cf. Polybe, I, 62; ou bien de celles que les Romains exigèrent d'eux, pour les punir d'avoir poussé à la révolte les Liguriens, les Corses et les Sardes; Zonaras, l. I. 18. p. 401, éd. Du C.

M. A. Mai traduit : « Quanquam *Romanis* necdum aliquid negotii cum Hispanis intercedebat » : σφίσι me paraît se rapporter plutôt au sujet du verbe ἀπέστειλαν. Un peu plus loin, l'illustre Éditeur rend ὥστε οἱ ἐπιτιμήσωσιν par *quidnam Romanis persolverent*. Je n'ai pu adopter ce sens : les émissaires ont entendu Papirius expliquer sa conduite ; ils savent maintenant pour quel motif il fait la guerre aux Espagnols, et ils ne voient plus où trouver *un sujet de blâme contre lui*.

2. (Exc. Vat. LXIV. A. M. p. 184-185, éd. Rom.)

regardassent nullement. Papirius leur fit un bon accueil et les charma par l'à-propos de ses discours : il dit, entre autres choses, qu'il était forcé de faire la guerre aux Espagnols ; afin que les Romains fussent payés des sommes encore dues par les Carthaginois qu'il ne serait pas possible de contraindre autrement à se libérer. Les émissaires ne surent quels reproches ils pouvaient lui adresser.

CLXI. L'île d'Issa se livra spontanément aux Romains. * Ses habitants, qui allaient essayer de leur domination pour la première fois, espéraient trouver en eux des alliés plus dévoués et plus fidèles que les Illyriens qu'ils redoutaient déjà. * Leurs réflexions sur ce qu'ils connaissaient les disposaient mieux en faveur de ce qui leur était inconnu.

An de Rome 524.

Ils se résignaient, parce qu'affligés du présent, ils avaient d'heureuses espérances pour l'avenir.

CLXII. Les Romains désiraient vivement rendre sur-le-champ service aux Issæens qui s'étaient déclarés pour eux : ils voulaient tout à la fois paraître secourir

---

3. Zonaras, l. l. p. 402, éd. Du C. : Ἴσσα νῆσος ἐστὶν ἐν τῷ Ἰονίῳ κόλπῳ κειμένη κτλ.

4. M. A. Mai lit τῶν λογισμῶν et donne pour version définitive (not. p. 184), *fiduciam potiorem in incognitis quam in notis sociis collocabant.* L'impossibilité de construire la phrase avec τῶν λογισμῶν l'a déterminé sans doute à ne point rendre ces deux mots. Le ν et l'ι étant souvent confondus à la fin des mots, cf. p. 193, not. 5, je lis τῷ λογισμῷ, et j'en fais dépendre τοῦ προδήλου.

5. La brièveté de cet extrait le rend obscur. M. A. Mai traduit ainsi : *præsens quidem jam diu ipsis molestum erat, futurum autem spem bonam iis portendebat,* sans tenir compte de ἔφερον. Pour être plus exact, je sous-entends avant ce verbe πράως, ou bien οὐ χαλεπῶς.

6. (Exc. Urs. 16'. CLI. R. p. 63.) Le Ms. du Vatic., n° 1418, et celui de Munich, n° 3 portent : Ὅτι οἱ Ῥωμαῖοι. Ce fragment manque dans le n° 1.

7. Dans les manuscrits et dans F. Orsini : Τοὺς Ἰσσαίους προσχωρήσαν-

T. I. 17

τοὺς ἐσπουδακόσι βοηθεῖν δοκεῖν, καὶ τοὺς Ἀρδιαίους [1] ἀμύνεσθαι, διότι τοὺς ἐκ τοῦ Βρεντεσίου ἐκπλέοντας ἐκακούργουν, ἐθελήσαντες, ἔπεμψαν [2] πρὸς Ἄγρωνα, τοὺς μὲν παραιτούμενοι· τὸν δὲ, ὅτι μηδὲν προπαθὼν ἀδικοίη σφᾶς, αἰτιώμενοι. Καὶ ἐκεῖνον μὲν οὐκ ἔτι περιόντα εὗρον, ἀλλὰ παιδίον τι, Πίννην ὄνομα, καταλιπὼν ἐτεθνήκει. Τεῦτα δὲ ἡ γυνὴ αὐτοῦ, μητρυιὰ δὲ τοῦ Πίννου οὖσα, ἐκράτει τῶν Ἀρδιαίων [3], καὶ οὐδὲν μέτριον ὑπὸ θρασύτητος αὐτοῖς ἀπεκρίνατο· ἀλλ' οἷα γυνὴ, πρὸς τῇ ἐμφύτῳ προπετείᾳ καὶ ὑπὸ τῆς δυνάμεως ἧς εἶχε χαυνουμένη, τοὺς μὲν ἔδησε τῶν πρέσβεων, τοὺς δὲ καὶ ἀπέκτεινεν, ὅτι ἐπαρρησιάσαντο [4].

Καὶ τότε μὲν ταῦτα ἔπραξε [5], καὶ φρόνημα ἀπ' αὐτῶν, ὥσπερ τινὰ ἰσχὺν ἐν τῷ προχείρῳ τῆς ὠμότητος ἐπιδεδειγμένη, ἔλαβε· διήλεγξε δὲ δι' ἐλαχίστου τὴν τοῦ γυναικείου γένους ἀσθένειαν, ταχὺ μὲν ὑπὸ βραχύτητος

τας (le Ms. de Munich, n° 3, donne προσχωρίσαντας, par la confusion d'η et d'ι) τούτοις ἀνθυπουργεῖν τι εὐθὺς προθύμως. J'adopte la correction de Leunclavius; elle est exigée par la grammaire. Pour conserver τοὺς Ἰσσαίους προσχωρήσαντας κτλ., il faudrait substituer avec Reiske ἀντευεργετεῖν à ἀνθυπουργεῖν.

1. Comme dans Sturz, au lieu de l'ancienne leçon, Σαρδιαίους. Polybe, II, 12, ne laisse aucun doute sur la nécessité de ce changement : Ὁ δὲ Ποστούμιος....... παρεχείμαζε· συνεφεδρεύων τῷ τε τῶν Ἀρδιαίων ἔθνει, καὶ τοῖς ἄλλοις τοῖς δεδωκόσιν ἑαυτοὺς εἰς τὴν πίστιν. Ὑπὸ δὲ τὴν ἐαρινὴν ὥραν ἡ Τεύτα διαπρεσβευσαμένη πρὸς τοὺς Ῥωμαίους, ποιεῖται συνθήκας. Cf. le même, l. l. 11; Appien, Illyr. III; Strabon, VII, p. 217-218, éd. de Casaubon, 1587, et les notes, p. 118-119. La même correction doit être faite dans Zonaras, l. l. 19. p. 402, éd. Du C. : Ἰσσαῖοι..... τῷ σφῶν κρατοῦντι ἀχθόμενοι Ἄγρωνι τῷ τῶν Ἀρδιαίων (dans Du Cange, Σαρδιαίων) βασιλεῖ, γένους Ἰλλυρικοῦ.

2. Zonaras, l. l. : Πρὸς ὃν οἱ Ὕπατοι πρέσβεις ἔπεμψαν.

les peuples dévoués à leur cause et punir les Ardiæens du mal qu'ils faisaient à ceux qui s'embarquaient à Brindes. Ils envoyèrent donc une députation à Agron, pour intercéder en faveur d'Issa et se plaindre des dommages qu'il leur causait à eux-mêmes, sans rien avoir à leur reprocher. Les ambassadeurs, à leur arrivée, ne trouvèrent plus Agron : il était mort et avait laissé pour successeur un enfant, nommé Pinnès. Teuta, veuve d'Agron et belle-mère de Pinnès, gouvernait les Ardiæens. Son arrogance lui fit oublier toute mesure dans sa réponse : unissant à la témérité de son sexe un orgueil inspiré par la puissance dont elle était revêtue, elle fit charger de chaînes une partie des ambassadeurs et massacrer les autres, parce qu'ils avaient parlé avec liberté.

Tels furent alors ses actes : ils accrurent sa fierté, comme si, par cette cruauté imprudente, elle avait donné une preuve de force. Bientôt elle mit à nu toute la faiblesse d'un sexe qui se laisse entraîner avec la même promptitude à la colère par sa petitesse

---

3. Les manuscrits et le texte de F. Orsini portent 1° τι παιδίον, au lieu de παιδίον τι, 2° μητρυιὰ δὲ τοῦ Πίννου ἐκράτει τῶν Σαρδιανῶν (sic) ὑπὸ θρασύτητος οὖσα. Je donne le texte tel qu'il est dans Reimar, sauf Σαρδιαίων que je remplace par Ἀρδιαίων, comme plus haut. Zonaras, l. l. : Ἐκείνου δὲ τεθνεῶτος, ἐπὶ υἱῷ διαδόχῳ παιδὶ ἔτι, ἡ ἐκείνου γυνὴ, τοῦ δὲ παιδὸς μητρυιὰ, τὴν τῶν Ἀρδιαίων (dans Du Cange, Σαρδιαίων) διεῖπεν ἀρχήν. Cf. Appien, l. l. VII.

4. Zonaras, l. l. : Ἡ τοῖς πρέσβεσιν οὐδὲν μέτριον ἐχρημάτισε, παρρησιασαμένους δὲ τοὺς μὲν ἔδησε, τοὺς δὲ ἀπέκτεινε. Dans le texte de Dion, l'ancienne leçon ἧς ἦρχε — χαυνομένη, est confirmée par les manuscrits : j'adopte, d'après Leunclavius, ἧς εἶχε et χαυνουμένη. La seconde correction est indispensable. Quant à la première, le Ms. de Munich n° 3 l'indique; il porte ἧς ἦρχε. Reiske soutient néanmoins l'ancienne leçon ἧς ἦρχε, qu'il traduit par *copiis quibus imperabat*.

5. Ταῦτ' ἔπραξε, dans le Ms. de Munich, n° 3.

γνώμης ὀργιζομένου, ταχὺ δὲ καὶ ὑπὸ δειλίας φοβουμένου [1]. Ἐπειδὴ γὰρ [2] τάχιστα τοὺς Ῥωμαίους ἐψηφίσθαι οἱ ἐπύθετο, κατέπτηξε [3]· καὶ τούς τε ἄνδρας οὓς εἶχεν αὐτῶν, ἀποδώσειν ὑπέσχετο· καὶ ἐπὶ τοῖς τετελευτηκόσιν ἀπελογεῖτο λέγουσα, ὑπὸ λῃστῶν τινων αὐτοὺς πεφονεῦσθαι [4]. Τῶν δὲ Ῥωμαίων τὰ τῆς στρατείας διὰ τοῦτο ἐπισχόντων, τούς τε αὐτόχειρας ἐξαιτησάντων, κατεφρόνησέ τε αὖθις, ὅτι μηδέπω τὰ δεινὰ αὐτῇ παρῆν· καὶ οὔτε τινὰ ἐκδώσειν ἔφη, καὶ στράτευμα ἐπὶ τὴν Ἴσσαν ἀπέστειλεν [5]. Ἐπειδὴ δὲ τοὺς ὑπάτους παρόντας ᾔσθετο, κατέδεισεν αὖ καὶ τοῦ θυμοῦ ὑφῆκε, καὶ ἐς πᾶν ὁτιοῦν ἐπακοῦσαι σφῶν ἑτοίμη ἐγένετο [6].

Οὐ μέν τοι παντάπασιν ἐσωφρονίσθη. Τῶν γὰρ ὑπάτων πρὸς Κέρκυραν περαιωθέντων ἀνεθάρσησε, καὶ ἀποστᾶσα, ἐπὶ Ἐπίδαμνον στράτευμα ἀπέστειλε [7]. Τῶν δὲ Ῥωμαίων τὰς πόλεις ῥυσαμένων, καὶ πλοῖα [8] αὐτῆς μετὰ χρημάτων

---

1. Au lieu de l'ancienne leçon ὀργιζομένην — φοβουμένην, j'ai adopté la correction conseillée par Sturz, ὀργιζομένου — φοβουμένου. « Neque enim, dit-il, hæc participia pertinere possunt ad præcedentem accusativum ἀσθένειαν, sed referenda sunt ad genitivos τοῦ γυναικείου γένους. »
2. Γὰρ manque dans les manuscrits et dans F. Orsini.
3. Zonaras, l. l. : Τῶν δὲ Ῥωμαίων πόλεμον ψηφισαμένων αὐτῇ, κατέπτηξε. Dans le texte de Dion, au lieu de ἐπύθετο, le Ms. du Vatic. n° 1418 a ἐπείθετο par la confusion de ει et υ. Un peu plus bas, au lieu de τετελευτηκόσιν, le même manuscrit porte τετελεστηκόσιν, et celui de Munich τετελεστικόσιν, fautes nées de la prononciation moderne.
4. Le même, l. l. : Καὶ τούς τε σωζομένους τῶν πρέσβεων ἀποδώσειν ὑπέσχετο καὶ τοὺς θανόντας ἔλεγεν ὑπὸ λῃστῶν πεφονεῦσθαι.
5. Les manuscrits et le texte de F. Orsini sont défigurés par plusieurs fautes. Ils donnent : Τῶν τε Ῥωμαίων, pour τῶν δὲ Ῥωμαίων. Au lieu de ἐπισχόντων, le Ms. du Vatic. n° 1418 a ἐπισχόντες. Enfin, au lieu de οὔτε τινὰ, on lit dans celui de Munich n° 3, οὔτε τὴν (sic) τινὰ

d'esprit et à la peur par sa timidité. A peine instruite que Rome avait décrété de lui faire la guerre, elle fut consternée et promit de rendre les ambassadeurs qu'elle retenait captifs : quant à ceux qui avaient péri, elle dit pour sa défense qu'ils avaient été tués par des brigands. Touchés de ses protestations, les Romains diffèrent l'expédition et demandent que les assassins leur soient livrés. Teuta les brave de nouveau, parce que le danger n'est plus imminent : elle déclare qu'elle ne livrera aucun des meurtriers et envoie des troupes à Issa. Peu de temps après, informée de l'arrivée des consuls, elle tremble encore, comprime son orgueil et se montre prête à souscrire à leurs volontés.

Elle ne devint pourtant pas tout à fait raisonnable : les consuls ayant fait voile vers Corcyre, elle reprit courage, se sépara des Romains et fit partir des troupes pour Épidamne. Mais ils délivrent les villes de l'Épire, s'emparent de quelques vaisseaux de Teuta et de l'ar-

---

J'adopte τούς τε αὐτόχειρας, d'après le Ms. de Munich; F. Orsini lit τοὺς δέ, et je traduis αὐτόχειρας par *meurtriers*, quoiqu'il signifie bien plus souvent *ceux qui se tuent eux-mêmes*. Cf. la note de Sturz.

Zonaras, l. l. : Τῶν δὲ Ῥωμαίων τοὺς αὐτόχειρας ἐξαιτησαμένων, οὔτε τινὰ ἐκδώσειν ἔφη, καὶ ἐπὶ τὴν Ἴσσαν ἔστειλε στράτευμα.

6. Κατέδυσεν, dans le Ms. de Munich nº 3, faute du copiste : il a aussi ἀφῆκε et ἑτοίμην, au lieu de ὑφῆκε — ἑτοίμη. Dans Zonaras, l. l. : Εἶτα αὖθις δείσασα, Δημήτριόν τινα πρὸς τοὺς ὑπάτους ἔπεμψεν, ὡς ἑτοίμη πρὸς πᾶν ὑπακοῦσαι αὐτῶν.

7. Κέρκυρα, variante fautive dans les manuscrits. Zonaras, l. l., est plus explicite : Καὶ σπονδαὶ πρὸς τὸν πεμφθέντα ἐγένοντο, τὴν Κέρκυραν αὐτοῖς παρασχόμενον. Τῶν δὲ πρὸς τὴν νῆσον περαιωθέντων, ἀνεθάρσησεν αὖθις, οἷα γυνὴ κούφην ἔχουσα γνώμην καὶ εὐμετάβολον, καὶ πρὸς Ἐπίδαμνον καὶ Ἀπολλωνίαν ἐξέπεμψε στρατιάν.

8. Reimar lit τὰ πλοῖα. L'article ne se trouve ni dans les manuscrits, ni dans F. Orsini, ni dans Zonaras. J'adopte l'opinion de Reiske qui ne le croit pas nécessaire.

λαμβανόντων, ἐμέλλησεν αὖθις πειθαρχῆσαί σφισιν· ἐπεὶ δὲ ἀναβάντες ὑπὲρ θαλάσσης [1] κακῶς περὶ τὸν Ἀνδήτριον λόφον ἀπήλλαξαν, ἐπέσχεν [2]· ἐλπίσασα αὐτοὺς (ἤδη γὰρ καὶ χειμὼν ἦν) ἐπαναστήσεσθαι. Αἰσθομένη δὲ τὸν Ἀλβῖνον κατὰ χώραν μένειν καὶ τὸν Δημήτριον ἔκ τε τῆς [3] ἐμπληξίας ἐκείνης, καὶ ἐκ τοῦ τῶν Ῥωμαίων φόβου μεθεστηκότα, καί τινας ἄλλους αὐτομολῆσαι πεπεικότα, παντελῶς κατέδεισε, καὶ τὴν ἀρχὴν ἀφῆκεν [4].

CLXIII. Ὅτι [5] χρησμός τις τῆς Σιβύλλης τοὺς Ῥωμαίους ἐδειμάτου [6], φυλάξασθαι τοὺς Γαλάτας δεῖν κελεύων, ὅταν κεραυνὸς εἰς τὸ Καπιτώλιον πλησίον Ἀπολλωνίου κατασκήψῃ.

CLXIV. Ὅτι [7] οἱ Γαλάται τοὺς Ῥωμαίους ἰδόντες τὰ ἐπιτηδειότατα τῶν χωρῶν προκατειληφότας ἠθύμησαν [8].

---

1. Cette leçon parait justement suspecte à Reiske, qui propose : ἀναβάντες ὑπὲρ Σαλώνην. Sturz, sans la corriger, l'explique par cette glose : διαβάντες τὴν θάλασσαν καὶ ἀναβάντες — *trajecto mari, pergentes pedestri itinere*. A l'appui de cette interprétation que j'ai suivie, il cite Plutarque, Antoin., XVIII : Ὑπερέβαλε τὰς Ἄλπεις εἰς τὴν Ἰταλίαν, pour ὑπερβαλὼν τὰς Ἄλπεις ἦλθεν εἰς τὴν Ἰταλίαν. « Saltem, dit-il, Romani, navibus advecti, cladem in terra continente acceperunt. » Au lieu de Ἀτύριον, ancienne leçon maintenue par Reimar, je donne Ἀνδήτριον. Cf. les éclaircissements et Strabon, VI, p. 218, éd. Casaub. 1587.

2. Ἀπήλλαξεν, ἐπέσχε, dans le Ms. du Vatic. n° 1418. Ἀπήλλαξεν, ἐπέσχε dans celui de Munich, n° 3.

3. Dans le Ms. de Munich n° 3 ἐκ τοῦ τῆς est une faute, comme dans F. Orsini.

4. Le même manuscrit porte κατέδυσε que nous avons déjà signalé, p. 261, note 6, et ἀφῆκε, au lieu de ἀφῆκεν.

Zonaras, l. l. p. 402-403, éd. Du C., résume ce passage : Τῶν δὲ Ῥωμαίων τὰς πόλεις τε ῥυσαμένων, καὶ πλοῖα αὐτῆς κατασχόντων μετὰ

gent dont ils étaient chargés : elle semble de nouveau devoir se soumettre. Cependant les Romains, après une heureuse navigation, veulent à peine prendre terre qu'ils éprouvent un échec auprès du promontoire d'Andetrium. Alors Teuta hésite, espérant, par cela même que l'hiver régnait déjà, qu'ils ne tarderaient pas à s'éloigner; mais Albinus ne bouge pas, et Démétrius abandonne la reine, non moins à cause de sa conduite insensée que par la crainte des Romains : son exemple entraîne plusieurs défections. A cette nouvelle, en proie aux plus vives alarmes, elle dépose la souveraine puissance.

CLXIII. Un oracle de la sibylle effrayait les Romains : il leur ordonnait de se tenir en garde contre les Gaulois, lorsque la foudre serait tombée sur le Capitole, près du temple d'Apollon.

An de Rome 529.

CLXIV. Les Gaulois, voyant les Romains déjà maîtres des positions les plus avantageuses, perdirent cou-

---

χρημάτων ἐκ Πελοποννήσου προσπλέοντα, καὶ τὰ χωρία πορθησαμένων τὰ πάραλα, καὶ τοῦ Δημητρίου διὰ τὴν ἐμπληξίαν ἐκείνης πρὸς Ῥωμαίους μεθεστηκότος, καὶ ἄλλους αὐτομολῆσαι πεπεικότος, κατέπτηξε καὶ ἀπέσχετο τῆς ἀρχῆς.

5. (Exc. Vat. LXV. A. M. p. 185, éd. Rom.)

6. M. A. Mai a conservé dans son texte la leçon ἐδειμάτο, fournie par le Ms. du Vatic.; mais dans une note, il propose ἐδείματου que j'ai dû adopter sans hésitation.

7. (Exc. Vatic. A. M. LXV. p. 185-186, éd. Rom.)

8. M. A. Mai lit : "Ὅτι οἱ Γαλάται τοὺς Ῥωμαίους ἰδόντας τὰ ἐπιτηδειότατα τῶν χωρῶν προκατειληφότας ἠθύμησαν, en avertissant que le Ms. du Vatic. porte παρειληφότες. Il est à regretter qu'il n'ait pas, comme l'a fait plus tard l'éditeur de Leipzig, substitué ἰδόντες à ἰδόντας. Quant à προκατειληφότας, nul doute que ce ne soit la bonne leçon. Cf. Polybe, II, 27 : Οἱ δὲ Κελτοί, τὸ μὲν πρῶτον τὴν παρουσίαν τῶν περὶ τὸν Αἰμίλιον ἀγνοοῦντες, ἐκ δὲ τοῦ συμβαίνοντος ὑπολαμβάνοντες τοὺς περὶ τὸν Αἰμίλιον περιπεπορεῦσθαι τὴν νύκτα τοῖς ἱππεῦσι, καὶ προκαταλαμβάνεσθαι τοὺς τόπους, εὐθέως ἐξαπέστελλον τοὺς παρ' αὐτῶν ἱππεῖς καί τινας τῶν εὐζώνων, ἀντιποιησομένους τῶν κατὰ τὸν βουνὸν τόπων.

πάντες μὲν γὰρ ἄνθρωποι καὶ ἐπιτυχόντες ὧν ἂν ὀριγνηθῶσι πρῶτον, ἑτοιμότερον πρὸς τὰ λοιπὰ χωροῦσιν· καὶ διαμαρτόντες [1] ἐς πάντα ἀπαμβλύνονται· τὸ δὲ δὴ Γαλατικὸν πλέον τι ἢ κατὰ τοὺς ἄλλους ὀξύτατα μὲν ὧν ἂν ἐπιθυμήσωσιν ἀντιλαμβάνονται, καὶ ἐρρωμενέστατα τῶν προχωρούντων αὐτοῖς ἀντέχονται· ἂν δ' ἄρα τι βραχύτατον [2] ἐπισυγκρούσωσιν, οὐδὲν οὐδ' εἰς τὰ λοιπὰ ἐλπίζουσι· πρόχειροι μὲν ὑπ' ἀνοίας [3] πᾶν ὃ βούλονται προσδοκῆσαι, πρόχειροι δὲ ὑπὸ θυμοῦ [4] πᾶν ὃ ἂν ἐγχειρώσωνται [5] ἐπεξελθεῖν ὄντες· καὶ ὀργῇ ἀκρατῶς καὶ ὁρμῇ ἀπλήστως χρῶνται· καὶ δι' αὐτὰ οὐδέ τι διαρκὲς ἐν αὑτοῖς ἔχουσιν· ἀδύνατον γάρ ἐστιν ἐπιπολὺ τὸ προπετῶς θρασυνόμενον ἀνταρκέσαι· κἂν ἅπαξ ἀλλοιωθῶσιν, οὔτ' ἀναλαβεῖν ἑαυτούς, ἄλλως τε καὶ δέους τινὸς προσγενομένου, δύνανται· καὶ ἐς ἀντίπαλον ἔκπληξιν τῆς πρόσθεν ἀδεοῦς τόλμης καθίστανται [6]· δι' ὀλίγου γὰρ πρὸς τὰ ἐναντιώτατα ὀξυρρόπως, ἅτε μηδὲν ἐκ τοῦ λογισμοῦ ἐχέγγυον ἐς μηδέτερον αὐτῶν παρεχόμενοι, φέρονται.

CLXV. Ὅτι [7] Αἰμίλιος τοὺς Ἰνσούβρας νικήσας [8] τὰ

1. Διχμαρτῶντες dans le Ms. du Vat., par la confusion de l'ω et de l'o.
2. D'après une conjecture de M. Tafel, au lieu de l'ancienne leçon παχύτατον, qui ne fournissait pas un sens probable.
3. Ou mieux, ὑπ' ἀπονοίας, comme dans Polybe, l. I., 35 : Ὁ μὲν οὖν πρὸς τοὺς Κελτοὺς πόλεμος τοιοῦτον ἔσχε τὸ τέλος· κατὰ μὲν τὴν ἀπόνοιαν καὶ τόλμαν τῶν ἀγωνιζομένων ἀνδρῶν, ἔτι δὲ κατὰ τὰς μάχας καὶ τὸ πλῆθος τῶν ἐν αὐτοῖς ἀπολλυμένων καὶ παραταττομένων, οὐδενὸς καταδεέστερος τῶν ἱστορημένων. J'ai traduit d'après cette conjecture. Cf. p. 310.
4. Polybe, l. l. : Διὰ τὸ μὴ τὸ πλεῖον, ἀλλὰ συλλήβδην ἅπαν τὸ γιγνόμενον ὑπὸ τῶν Γαλατῶν θυμῷ μᾶλλον ἢ λογισμῷ βραβεύεσθαι.

rage ; car tous les hommes, quand ils ont obtenu ce qu'ils désiraient d'abord, montrent ensuite beaucoup plus d'ardeur ; reçoivent-ils un échec, leur énergie s'émousse. Les Gaulois, plus que les autres peuples, poursuivent avec chaleur le but qu'ils veulent atteindre, et lorsqu'une entreprise marche à leur gré, ils s'y attachent fortement. Rencontrent-ils le plus léger obstacle, ils perdent tout espoir du succès : portés par une folle présomption à se promettre ce qu'ils souhaitent, par un naturel bouillant à pousser une entreprise jusqu'à sa dernière limite, rien ne tempère leur fougue, rien ne maîtrise leurs élans. Aussi, jamais chez eux rien de durable ; car l'audace qui se précipite ne peut tenir ferme. Une fois abattus, ils sont incapables de se relever, surtout si la crainte se joint au découragement ; ils tombent alors dans une léthargie aussi grande que leur audace était naguère intrépide : un moment leur suffit pour passer brusquement d'un excès à l'excès contraire, la raison ne leur offrant jamais un point fixe où ils puissent s'arrêter.

CLXV. Æmilius, vainqueur des Insubres, reçut les

---

5. Ἐγχειρώσονται est une faute d'impression dans le texte de M. A. Mai.

6. Dans le Ms. du Vatic., καθίσταται et un peu plus bas αὐτὸν pour αὐτῶν sont des fautes du copiste.

7. (Exc. Vat. LXVI. A. M. p. 186, éd. Rom.)

8. Zonaras, l. l. 20. p. 403, éd. Du C. : Αἰμίλιος δὲ λόφον τινὰ κατασχὼν ἡσύχαζεν. Ἀντικατασχόντων δὲ καὶ τῶν Γαλατῶν ἕτερον, ἐπί τινας μὲν ἡμέρας ἠρέμουν. Ἔπειτα οἱ μὲν ὀργῇ τοῦ γεγονότος, αὐχήματι δὲ τῆς νίκης οἱ βάρβαροι, καταδραμόντες ἀπὸ τῶν μετεώρων, συνέβαλον. Καὶ ἐπὶ πολὺ μὲν ἰσορρόπως ἐμάχοντο. Τέλος δ' οἱ Ῥωμαῖοι τῷ ἱππικῷ περισχόντες, αὐτοὺς κατ-

ἐπινίκια ἤγαγε, καὶ ἐν αὐτοῖς τοὺς πρώτους τῶν ἁλόντων ἐς τὸ Καπιτώλιον ὡπλισμένους ἀνεκόμισεν [1] ἐπισκώπτων σφίσιν, ὅτι ὀμωμοκότας αὐτοὺς ᾔσθετο μὴ πρότερον τοὺς θώρακας ἀποδύσεσθαι [2], πρὶν εἰς τὸ Καπιτώλιον ἀναβῆναι.

CLXVI. Ὅτι [3] εἴ τι τῶν ἐν ταῖς πανηγύρεσι νομιζομένων καὶ τὸ βραχύτατον ἡμαρτήθη που, καὶ δεύτερον καὶ τρίτον, ἐπὶ πλεῖόν τε ἔτι, μέχρι περ καὶ ἀμέμπτως πάντα γεγονέναι σφίσιν ἔδοξεν [4], μιᾷ γέ τινι ἡμέρᾳ, ἀνεορτάζετο.

CLXVII. Ὅτι [5] οἱ Ῥωμαῖοι τὰ τοῦ πολέμου ἤκμαζον καὶ τῇ πρὸς ἀλλήλους ὁμονοίᾳ ἀκριβῶς ἐχρῶντο, ὥσθ' ἅπερ τοῖς πολλοῖς ἐκ μὲν ἀκράτου εὐπραγίας ἐς θάρσος, ἐκ δὲ ἰσχυροῦ δέους ἐς ἐπιείκειαν φέρει, ταῦτά γε [6] αὐτοῖς τότε διαλλαγῆναι· ὅσῳ γὰρ ἐπὶ πλεῖον εὐτύχησαν, ἐπὶ μᾶλλον ἐσωφρόνησαν, τὸ μὲν θάρσος [7], οὗ τὸ ἀνδρεῖον μετέχει, πρὸς τοὺς ἀντιπάλους ἐνδεικνύμενοι, τὸ δὲ ἐπιεικὲς ἐν εὐψυχίᾳ [8] κατ' ἀλλήλους παρεχόμενοι· τήν τε γὰρ ἰσχὺν πρὸς

ἔκοψαν. Καὶ τὸ στρατόπεδον αὐτῶν εἷλον, καὶ τὰ λάφυρα ἐκομίσαντο. Καὶ μετὰ ταῦτα τοῖς τῶν Βοουίων ὁ Αἰμίλιος ἐλυμήνατο, καὶ τὰ ἐπινίκια ἤγαγε.

1. Zonaras, l. l. : Τούς τε πρώτους τῶν ἁλόντων ὡπλισμένους ἐπὶ τὸ Καπιτώλιον ἀνεκόμισεν, ἐπισκώπτων αὐτοῖς, ὡς ὀμωμοκόσι, μὴ πρότερον τοὺς θώρακας ἀποδύσασθαι, πρὶν ἀνελθεῖν εἰς τὸ Καπιτώλιον.

2. A l'aoriste qui se trouve dans Zonaras, cf. note 1, je substitue ἀποδύσεσθαι. Le présent ἀποδύεσθαι, donné par M. A. Mai, ne pouvait être conservé.

3. (Exc. Vat. LXVI. A. M. p. 186, éd. Rom.)

4. Comme dans M. A. Mai, d'après le Ms. du Vatic. Celui de Tours fournit de nombreux exemples du ν final, conservé devant les mots qui commencent par un μ. Cf. p. 247, note 4.

5. (Exc. Vat. LXVI. A. M. p. 186-187, éd. Rom.)

6. M. A. Mai lit ταῦτά τε, mais il conseille dans une note τοῦτα δέ.

honneurs du triomphe. Là figurèrent les prisonniers les plus distingués : il les conduisit tout armés au Capitole et les accabla de sarcasmes; sachant qu'ils avaient juré de ne point se dépouiller de leurs cuirasses, avant d'être montés au Capitole.

CLXVI. Lorsque les usages, consacrés par le temps, avaient reçu l'atteinte la plus légère dans les comices, on les tenait sans aucune solennité deux ou trois fois, en un seul jour, et même davantage; jusqu'à ce que tout parût s'être régulièrement passé.

An de Rome 531.

CLXVII. Les Romains jouissaient de la gloire des armes et vivaient dans une parfaite union : tandis que chez la plupart des hommes une prospérité sans mélange engendre l'insolence, et une vive crainte la modération, il en fut alors tout autrement chez les Romains. Plus ils obtenaient de succès, plus ils étaient raisonnables : déployant contre leurs ennemis la fierté qui s'allie au courage, et montrant les uns envers les autres la douceur jointe à une grande fermeté, ils arrivaient

---

J'adopte ταῦτά γε qui s'accorde mieux avec le sens, outre que la confusion de γε et de τε est fréquente. Cf. Bast. Comment. Palæogr. p. 710.

7. Θράσος, dans M. A. Mai, d'après le Ms. du Vatic.; mais ici, comme plus haut, je lis θάρσος, d'après la note de [l]'illustre Éditeur : « Ita heic Cod. At supra et infra θάρσος, quorum verborum differentiam pulchre edisserit scholiastes a me editus ad Odyss. 1, 321, unde cognoscimus heic quoque scribendum θάρσος. »

8. Le Ms. du Vatic. porte : Οὐκ ἐν εὐψυχίᾳ. Pour tirer un sens de cette leçon, il faudrait non-seulement donner à εὐψυχία le sens de εὐτολμία, cf. Thes. gr. ling. t. III, p. 2530-2531, éd. Didot; mais encore faire retomber la négation οὐκ sur l'idée exprimée par εὐψυχία et traduire comme s'il y avait ἐν τῇ οὐκ εὐψυχίᾳ, à l'imitation de ἡ οὐ διάλυσις τῶν γεφυρῶν, et de ἡ μὴ ἐμπειρία. Cf. Burnouf, Méthod. grecq. p. 291. Il m'a paru beaucoup plus simple d'adopter la leçon de M. A. Mai.

μετριότητος εξουσίαν και το κόσμιον προς ανδρείας αληθοῦς κτῆσιν ελάμβανον, μήτε την ευπραγίαν εις ύβριν, μήτε την επιείκειαν εις δειλίαν εξάγοντες· ούτω μεν γαρ τότε εσωφρόνουν εξ ανδρείας· και το θαρσοῦν εκ θάρσους φθείρεσθαι, εκείνως δε το μέτριον υπ' ανδρείας ασφαλέστερον και το ευτυχοῦν υπ' ευταξίας βεβαιότερον γίγνεσθαι ενόμιζον· και διά τοῦτο και τα μάλιστα τούς τε προσπεσόντας σφίσιν πολέμους κράτιστα διήνεγκαν, και τα σφέτερα τά τε των συμμάχων άριστα επολίτευσαν.

CLXVIII. Ότι [1] Δημήτριος έκ τε της του Πίννου επιτροπεύσεως, και εκ του την μητέρα αυτοῦ Τρίτευταν της Τεύτας αποθανούσης γῆμαι, επαρθείς, τοῖς τε επιχωρίοις επαχθής ην, και τα των πλησιοίκων εκακούργει. Και, εδόκει γαρ τη των Ρωμαίων φιλία αποχρώμενος αδικεῖν αυτούς [2], αισθόμενοι [3] τοῦτο μετεπέμψαντο αυτόν. Ως δε ουχ υπήκουσεν, αλλά και της συμμαχίδος σφῶν ήπτετο, εστράτευσαν επ' αυτόν εν τη Ίσση όντα.

CLXIX. Ότι [4] όσοι εντός των Άλπεων [5] ενέμοντο τοῖς

Quant à sa traduction *Mansuetudinem in mutua humanitate ostentabant*, je n'ai pas osé la suivre : ευψυχία signifie le plus souvent *animi præstantia et fortitudo, magnanimitas*. Son emploi, dans le sens de *humanitas* laisse quelques doutes, quoique εύψυχος puisse s'expliquer par *animo miti præditus*. Cf. *Thes. gr. ling.* l. l. Je donne le sens littéral.

1. (Exc. Peir. XLVI. R. p. 21.)
2. Zonaras, l. l. p. 405, éd. Du C. : Και εδόκει τη Ρωμαίων φιλία αποχρώμενος αδικεῖν.
3. Ce participe se rapporte aux Consuls ; Zonaras, l l., donne leurs

par la force à la modération, par la modération au véritable courage, et ne laissaient point la prospérité dégénérer en insolence, ni la douceur en lâcheté. Ainsi, leur modération naissait alors du courage : ils étaient persuadés que l'audace trouve sa perte dans l'audace même, tandis qu'en suivant la ligne de conduite qu'ils avaient adoptée, le courage mettait leur modération à l'abri des revers, et leur prospérité était consolidée par la modération. Ce fut par là surtout qu'ils se tirèrent avec gloire des guerres qu'ils eurent à soutenir, et qu'ils dirigèrent avec un rare bonheur leurs propres affaires et celles de leurs alliés.

CLXVIII. Démétrius, fier d'être chargé de la tutelle de Pinnès et d'avoir obtenu la main de sa mère Triteuta après la mort de Teuta, s'attira la haine des habitants de la contrée et ravagea les terres voisines : il paraissait commettre ces excès, à la faveur de l'amitié des Romains. Les consuls, dès qu'ils en furent instruits, lui donnèrent l'ordre de se rendre auprès d'eux; mais loin d'obéir, il attaqua leurs alliés. Aussitôt ils firent voile avec leur armée vers Issa, où se trouvait Démétrius.

An de Rome 535.

CLXIX. Tous les peuples qui habitaient en deçà des

noms : Αἰσθόμενοι τοῦτο οἱ ὕπατοι Αἰμίλιος Παῦλος καὶ Μάρκος Λιούιος μετεπέμψαντο αὐτόν.

4. (Exc. Vat. LXVII. A. M. p. 187, éd. Rom. et Exc. Peir. XLVII. R. p. 21-23.)

Le passage ὅτι ὅσοι — οὕτω πράττειν ne se trouve que dans le Ms. du Vatic. : nous en sommes redevables à M. A. Mai. Le passage ὅτι πρὸς τῇ τῆς φύσεως — ἠπίστατο est tout à la fois dans les Exc. Vat. et dans les Exc. Peir. Dans les premiers, le fragment finit au mot ἠπίστατο. Le reste est tiré des Exc. Peir.

5. Ἀλσεων dans le Ms. du Vatic., faute du copiste.

270 ΔΙΩΝΟΣ ΤΟΥ ΚΑΣΣΙΟΥ ΛΕΙΨΑΝΑ. ΒΙΒΛ. Α-ΛϚ.

Καρχηδονίοις συνεπανέστησαν, ούχ ότι τοὺς Καρχηδονίους ἀντὶ τῶν Ῥωμαίων ἡγεμόνας ἀνθῃροῦντο, ἀλλ᾽ ὅτι τὸ μὲν ἄρχον σφῶν ἐμίσουν, τὸ δὲ ἀπείρατον ἠγάπων. Ἕκαστον τῶν μὲν δὴ τότε ἐθνῶν σύμμαχ[ον] [1] τοῖς Καρχηδονίοις ἐπὶ τοὺς Ῥωμαίους ὑπῆρξαν. Πρὸς ἅπαντας ὡς εἰπεῖν αὐτοὺς ἰσοστάσιος ὁ Ἀννίβας ἐγένετο· συνεῖναί τε γὰρ ὀξύτατα καὶ ἔτι φροντίσαι πάνθ᾽ ὅσα ἐπεθύμει [οὗτος] ἐδύνατο [2]· καίτοι πέφυκεν ὡς πλήθει τὸ μὲν βέβαιον ἐκ βραδύτητος [3], τὸ δὲ ὀξύρροπον ἐκ ταχείας [4] διανοίας ὑπάρχειν· τοῦτο γὰρ ἐκ τοῦ ὑπογυωτάτου· καὶ διαρκέστατος ἐς τὸ φερεγγυώτατον ἦν [5]· τό τε ἀεὶ παρὸν ἀσφαλῶς διετίθετο, καὶ τὸ μέλλον ἰσχυρ[ῶς]· συμβουλευτής τε τοῦ συνήθους ἱκανώτατος καὶ εἰκαστὴς τοῦ παραδόξου ἀκριβέστατος γενόμενος [6]. ἀφ᾽ ὧν τό τε ἤδη προσπῖπτόν οἱ ἑτοιμότατα καὶ δ᾽ ἔτι τάχιστα καθίστατο, καὶ τὸ μέλλον [7] πάλιν τοῖς λογισμοῖς προλαμβανόντως καὶ πρώην διεσκόπει· ἐκ τούτου καὶ τοῖς καιροῖς ἐπὶ πλεῖστον ἀνθρώπων καὶ τοὺς λόγους καὶ τὰς πράξεις ἐφήρμοζεν, ἅτε καὶ ἐν τῷ ὁμοίῳ τό τε ὑπάρχον καὶ τὸ ἐλπιζόμενον ποιούμενος· ἐδύνατο δὲ ταῦθ᾽ οὕτω

1. D'après M. A. Mai :.le même Ms. ne porte que συμμαχ.
2. L'illustre Éditeur lit ἐπεθύμει.. ἐδύνατο, et dit dans une note qu'il manque ici quelques mots : je me contente d'ajouter οὗτος entre crochets.
3. Dans le même : Τὸ μὲν μετά... βραδύτητος. J'ai restitué le passage, d'après Suidas, aux mots ὡς ἐπίπαν, où nous voyons que ce fragment est tiré du XIIIe livre : Δίων ὁ συγγραφεὺς, ἐν Ῥωμαίων τρισκαιδεκάτῳ· « καίτοι πέφυκεν κτλ. »
4. Ἐκ τάχους dans Suidas et dans M. A. Mai.
5. La même pensée se retrouve un peu plus loin, en d'autres termes : Ὥσθ᾽ ὅσα ἐνεχειρίζετο, ῥᾳδίως κατεργάζεσθαι. Au lieu de τῃ... τε γὰρ

Alpes se déclarèrent pour les Carthaginois : ce n'est pas qu'ils aimassent mieux être sous leurs ordres que sous ceux des Romains ; mais ils détestaient la domination de ces derniers et acceptaient volontiers celle qu'ils ne connaissaient pas. Chacun de ces peuples devint donc, en ce moment, un allié de Carthage contre Rome; mais Annibal seul pesait, autant qu'eux tous, dans la balance. Doué de la conception la plus vive, il savait arriver à ses fins par de sages ménagements ; et cependant les résolutions fermes exigent ordinairement de la lenteur ; tandis que les résolutions subites demandent un esprit prompt, par cela même qu'elles sont instantanées. Toujours en mesure de tenir ce qui engageait le plus sa responsabilité, il profitait du présent sans faillir et dominait fortement l'avenir. D'une prudence consommée dans les conjonctures ordinaires, il devinait avec sagacité quel était le meilleur parti à prendre dans les plus imprévues : par là, il se tirait avec bonheur et sur-le-champ des difficultés du moment; en même temps que sa raison lui révélait d'avance les besoins de l'avenir. Appréciant avec la même justesse ce qui était et ce qui devait être, il adaptait presque toujours aux circonstances et ses discours et ses actions. Il dut ces avantages non-

---

ἐκ τοῦ ὑπογυεστάτου καὶ διαρκέστατος ἐς τὸ φερεγγυώτατον ἦν, donné par M. A. Mai, je propose la conjecture qui m'a paru s'accorder le mieux avec l'enchaînement des idées.

6. Μέλλον conseillé par M. Tafel, au lieu de μᾶλλον que donne le Ms. du Vatic., est indiqué par τὸ ἀεὶ παρόν. J'emprunte ἰσχυρῶς à M. A. Mai : quant à συμβουλευτής τε, au lieu de ... βουλευτής τε du Ms., il s'offre de lui-même.

7. Comme plus haut, lig. 12 : M. A. Mai lit τὸ μελλό[μενον].

πράττειν, ὅτι πρὸς τῇ τῆς φύσεως ἀρετῇ [1], καὶ παιδείᾳ
πολλῇ μὲν Φοινικικῇ [2] κατὰ τὸ πάτριον, πολλῇ δὲ καὶ Ἑλ-
ληνικῇ ἤσκητο. Καὶ προσέτι καὶ μαντικῆς τι τῆς [3] διὰ
σπλάγχνων ἠπίστατο. Τοιοῦτος οὖν δή τις τὴν ψυχὴν γενόμενος, ἀντίῤῥοπον καὶ τὸ σῶμα, τὰ μὲν φύσει, τὰ δὲ
καὶ διαίτῃ παρεσκευάσατο· ὥσθ' ὅσα ἐνεχειρίζετο, ῥᾳδίως
κατεργάζεσθαι. Κοῦφόν τε γὰρ καὶ ἐμβριθὲς [4] ὅτι μάλιστα
αὐτὸ εἶχε. Καὶ διὰ τοῦτο καὶ θεῖν καὶ συνίστασθαι, ἱππεύειν
τε ἀνὰ κράτος [5] ἀσφαλῶς ἐδύνατο. Καὶ οὔτε πλήθει ποτὲ
τροφῆς ἐβαρύνετο, οὔτε ἐνδείᾳ ἔκαμνεν· ἀλλ' ἐν ἴσῳ καὶ
τὸ πλέον, καὶ τὸ ἔλαττον, ὡς καὶ αὐταρκὲς ἑκάτερον,
ἐλάμβανεν. Ταῖς τε ταλαιπωρίαις ἰσχυρίζετο, κἀν ταῖς
ἀγρυπνίαις ἐῤῥώννυτο.

Οὕτως οὖν δὴ καὶ τῆς ψυχῆς καὶ τοῦ σώματος ἔχων,
τοιᾷδε τῇ τῶν πραγμάτων διαχειρίσει ἐπίπαν ἐχρῆτο.
Τούς τε γὰρ πολλοὺς ἐς μόνον τὸ συμφέρον σφίσι πιστοὺς
ὁρῶν ὄντας, αὐτός τε τοῦτον τὸν τρόπον αὐτοῖς προσεφέρετο, καὶ ἐς ἐκείνους ταὐτὸν ὑπώπτευεν, ὥστε πλεῖστα μὲν
ἀπατήσας τινὰς κατορθῶσαι, ἐλάχιστα δὲ ἐπιβουλευθεὶς
σφαλῆναι [6]. Καὶ πολέμιον, πᾶν τὸ πλεονεκτεῖν δυνάμενον,

---

1. Ici commence l'Exc. Peir.; mais avec une légère différence : "Ὅτι
ὁ Ἀννίβας πρὸς τῇ τῆς φύσεως ἀρετῇ κτλ.
2. Φοινικῇ, dans Reiwar : Sturz, sans le secours des manuscrits, avait
deviné que Φοινικικῇ est la véritable leçon : je la donne d'après celui de
Tours. Dans le Ms. du Vatic., ἐν Φοινικὶ pour μὲν Φοινικικῇ est une faute.
3. Suivant Reiske, au lieu de μαντικῆς τῆς... ἠπίστατο, il faut lire
μαντικῆς τι τῆς... ἠπίστατο, ou substituer ἥψατο à ἠπίστατο. Sturz adopte
la première conjecture, d'après divers passages de Dion : j'ai abandonné

seulement à la nature qui l'avait comblé de ses dons, mais encore à une vaste instruction : initié, suivant la coutume de sa patrie, aux connaissances répandues parmi les Carthaginois, il y ajouta les lumières des Grecs : de plus, il possédait jusqu'à un certain point l'art de lire l'avenir dans les entrailles des victimes. A ces avantages intellectuels se joignaient des qualités physiques non moins précieuses et dont il fut redevable à sa manière de vivre autant qu'à la nature : aussi exécutait-il sans peine toutes les entreprises qui lui étaient confiées. Son corps unissait l'agilité à la force : il pouvait en toute sécurité courir, rester ferme à sa place, lancer rapidement un coursier. Jamais il ne se trouvait mal d'avoir trop ou trop peu mangé, et il s'accommodait tout aussi bien de l'un que de l'autre. Les fatigues lui donnaient plus de vigueur, les veilles plus de force.

Tel était Annibal, au moral et au physique : passons à ses principes dans le maniement des affaires. Persuadé que la plupart des hommes ne sont fidèles qu'à leur intérêt, il prit ce mobile pour règle de conduite envers les autres et s'attendit toujours à ce qu'ils agiraient de même à son égard. Aussi, réussit-il souvent par la ruse et échoua-t-il rarement par les artifices d'autrui. Tous ceux qui pouvaient devenir plus puissants

l'ancienne leçon μαντικῆς τῆς, parce que le génitif avec ἐπίστασθαι ne se met guère que dans la poésie.

4. Reiske explique ἐμβριθές par *torosum, compactum, ubi nihil molle et fungosum, sed omnia in brevi mole solida.* Il propose en même temps de remplacer cet adjectif par ἀβριθές, ou par οὐκ ἐμβριθὲς — *carnium pondere non prægrave*, ou bien par εὔχρηστον. J'ai conservé ἐμβριθές — *firmum.* Cf. *Thes. gr. ling.* t. tom. III, p. 824, éd. Didot.

5. Au lieu de ἀνακράτος. Lisez aussi κατὰ κράτος, pour κατακράτος, d'après le même *Thes.* t. IV, p. 1932, éd. Didot.

6. Polybe, X, 33 : Ἔσφηλε μὲν τοὺς ὑπεναντίους πολλάκις ἐν ταῖς κατὰ

καὶ ἐν τοῖς ὀθνείοις καὶ ἐν τοῖς ὁμοφύλοις ὁμοίως ἡγούμενος, οὐκ ἀνέμενε τοῖς ἔργοις τὴν διάνοιαν αὐτῶν ἐκμανθάνειν, ἀλλ' ὡς καὶ σφᾶς βουλομένους ἀδικεῖν, ὅ τι ἐδύνατο τραχύτατα μετεχειρίζετο[1]· προποιῆσαί τέ τι μᾶλλον ἢ προπαθεῖν ἄμεινον ἡγεῖτο. Καὶ ἐφ' ἑαυτῷ τοὺς ἄλλους, ἀλλ' οὐκ ἐφ' ἑτέροις ἑαυτὸν εἶναι ἠξίου.

Τό τε σύμπαν εἰπεῖν, τῇ φύσει τῶν πραγμάτων, ἀλλ' οὐ τοῖς ἐς φήμην αὐτῶν εὐδοκιμοῦσιν, ὁσάκις γε μὴ κατ' αὐτὸ καὶ ἄμφω συνέπιπτε, προσέκειτο. Καὶ μέν τοι καὶ ἐτίμα καθ' ὑπερβολὴν ὅτου δέοιτο· δούλους τε γὰρ τοῦ τοιούτου τοὺς πλείστους ἡγεῖτο εἶναι, καὶ κινδυνεύειν ἐπ' αὐτῷ καὶ παρὰ τὸ συμφέρον σφίσιν ἐθελοντὰς ἑώρα. Καὶ διὰ ταῦτα καὶ τῶν κερδῶν καὶ τῶν ἄλλων τῶν ἡδίστων αὐτὸς μὲν πολλάκις ἀπείχετο, ἐκείνοις δὲ ἀφθόνως μετεδίδου. Καὶ ἀπ' αὐτοῦ κοινωνοὺς σφᾶς καὶ τῶν πόνων οὐκ ἀκουσίους ἐκτᾶτο. Καὶ τούτοις μὲν οὐχ ὅπως ἰσοδίαιτος, ἀλλὰ καὶ ἰσοκίνδυνος ἐγίγνετο, πάνθ' ὅσα ἀπῄτει παρ' αὐτῶν πρῶτος ἐκπονούμενος. Οὕτω γὰρ καὶ ἐκείνους ἀπροφασίστως καὶ προθύμως, ἅτε μήτε τοῖς λόγοις αὐτοῦ προσέχοντας [2], σύμπαντα οἱ συμπράξειν ἐπίστευε. Πρὸς δὲ δὴ τοὺς ἄλλους

μέρος χρείαις διὰ τὴν ἰδίαν ἀγχίνοιαν· ἐσφάλη δ' οὐδέποτε, τοσούτους καὶ τηλικούτους ἀγῶνας χειρίσας.

1. D'après le Ms. de Tours, au lieu de la ponctuation vulgaire : ἀδικεῖν ὅ τι ἐδύνατο, τραχύτατα μετεχειρίζετο. Reiske avait déjà signalé la nécessité de ce changement et traduit par *modis quam poterat sævissimis*, etc. Il dispense de recourir à diverses conjectures, comme l'ont fait H. de Valois, qui proposait ὅτε ἐδύνατο, et Reimar qui aimait mieux ὅτι ἐδύναντο.

2. Le Ms. de Tours ne fournit point de variante. Reiske, au lieu de

que lui, étrangers ou compatriotes, étaient à ses yeux autant d'ennemis : sans attendre que les faits eussent démasqué leur âme, il les poursuivait avec le plus grand acharnement, comme coupables de nourrir contre lui des pensées hostiles; convaincu qu'il vaut mieux attaquer qu'être attaqué soi-même. Enfin, il croyait que tout le monde devait dépendre de lui et qu'il ne devait pas dépendre des autres.

Pour tout dire en peu de mots, il s'attachait à la valeur réelle des choses, et non à la célébrité qui peut en revenir; quand l'une et l'autre n'étaient pas réunies. Avait-il besoin de quelqu'un, il lui prodiguait les honneurs; persuadé que la plupart des hommes en sont esclaves et que pour les obtenir, ils bravent spontanément le danger, même au détriment de leurs intérêts. Il s'abstenait donc souvent de tout gain et des plus douces jouissances, pour les procurer sans réserve à ceux dont le concours lui était nécessaire, et parvenait ainsi à leur faire partager volontiers ses fatigues. Prenant la même nourriture, affrontant les mêmes périls, il était le premier à faire ce qu'il exigeait d'eux, dans l'espoir qu'ils s'associeraient à toutes ses entreprises, sans réclamer et avec ardeur; parce qu'il ne les excitait pas seulement par des paroles. Quant aux autres, il se

---

ἄτε μήτε, propose ἀτρεμῆ τε, dans le même sens que ἀτρέπτως — *contanter*. D'après cette conjecture, il faudrait traduire : *constamment attentifs à ses paroles*. La version de Wagner, *Und ohne ein Wort von ihm desshalb zu erwarten*, s'écarte du texte et ne rend pas ἄτε. Reimar ne fait aucune remarque sur ce passage et conserve l'interprétation de H. de Valois, *non solis verbis incitatos*, qui a été reproduite par M. Teufel : *Nicht durch blosse Worte befeuert*. Elle présente un sens raisonnable : je l'ai adoptée.

πολλῷ τῷ φρονήματι ἀεὶ ἐχρῆτο· ὥστε τοὺς μὲν εὔνοιαν αὐτοῦ, τοὺς δὲ δέος, ἔκ τε τοῦ ὁμοδιαίτου, καὶ ἐκ τοῦ ὑπέρφρονος παμπληθεῖς ἔχειν. Ἐξ οὗπερ καὶ τὰ μάλιστα τό τε ὑπερέχον κολούειν [1], καὶ τὸ ταπεινούμενον ἐξαίρειν, καὶ τῷ μὲν ὄκνον, τῷ δὲ θάρσος, ἐλπίδα τε καὶ [2] ἀπόγνωσιν ὑπὲρ τῶν μεγίστων δι' ἐλαχίστου πᾶσιν οἷς ἐβούλετο ἐμποιεῖν ἐδύνατο.

Καὶ ὅτι ταῦτ' οὐκ ἄλλως περὶ αὐτοῦ λέγεται, ἀλλ' ἀληθῆ παραδέδοται, τεκμηριοῖ τὰ ἔργα. Τῆς τε γὰρ Ἰβηρίας πολλὰ διὰ βραχέος προσεκτήσατο, καὶ τὸν πόλεμον ἐκεῖθεν διὰ τῶν Γαλατῶν, οὐχ ὅτι ἀσπόνδων, ἀλλὰ καὶ ἀγνώστων οἱ τῶν πλείστων ὄντων, ἐς τὴν Ἰταλίαν ἐσήγαγε. Τάς τε Ἄλπεις πρῶτος ἀνθρώπων τῶν οὐκ Εὐρωπαίων, ὅσα γε ἡμεῖς ἴσμεν, σὺν στρατῷ διέβη· καὶ ἐπ' αὐτὴν τὴν Ῥώμην ἐπεστράτευσε, τά τε συμμαχικὰ αὐτῆς ὀλίγου πάντα, τὰ μὲν βίᾳ, τὰ δὲ καὶ πείθων ἀπέρρηξε. Καὶ ταῦτα μέν τοι αὐτὸς καθ' ἑαυτὸν ἄνευ τοῦ κοινοῦ τῶν Καρχηδονίων κατέπραξεν. Οὔτε γὰρ τὴν ἀρχὴν ὑπὸ τῶν οἴκοι τελῶν ἐξεπέμφθη, οὔθ' ὕστερον μεγάλης τινὸς βοηθείας παρ' αὐτῶν ἔτυχε. Τῆς γάρ τοι δόξης τῆς τε ὠφελείας οὐκ ἐλάχιστα ἀπολαύσειν ἀπ' αὐτοῦ μέλλοντες, μὴ ἐγκαταλιπεῖν αὐτὸν δόξαι μᾶλλον ἢ συναίρεσθαι ἔν τινι ἰσχυρῶς ἠθέλησαν.

---

1. D'après H. de Valois. Plutarque emploie la même expression dans un passage analogue, Fabius, X : Τὸν δὲ Μινούκιον ἐπὶ τὰς αὐτὰς δικτάτωρι πράξεις ἀποδείξαντες ᾤοντο κεκολοῦσθαι, καὶ γεγονέναι ταπεινόν.

montrait toujours arrogant à leur égard. Aussi plusieurs étaient-ils pleins de dévouement pour lui, et d'autres pleins de crainte; les premiers par suite de cette vie commune, les seconds à cause de sa fierté. Ce fut par là surtout qu'il put abaisser les superbes, élever les humbles, inspirer ici la terreur, ailleurs la confiance, l'espérance ou le désespoir; tout cela, en un moment, partout où il voulait, et pour les choses les plus importantes.

Ce ne sont pas de vaines assertions; c'est la vérité même attestée par les faits. Annibal soumit en peu de temps une grande partie de l'Espagne; puis, à travers le pays des Gaulois qui n'avaient fait aucun traité avec lui, qui lui étaient même presque tous inconnus, il porta la guerre en Italie. Il est le premier, du moins à ma connaissance, qui, né hors de l'Europe, franchit les Alpes avec une armée, marcha contre Rome même et lui enleva presque tous ses alliés, les uns par la force, les autres par la persuasion, opérant ces prodiges par son seul génie, sans le concours de Carthage; car dans le principe, elle ne le chargea point de cette guerre : plus tard, il n'en reçut aucun secours efficace, et quoiqu'elle dût retirer de ses exploits beaucoup de gloire et des avantages considérables, elle s'attacha bien plus à paraître ne pas l'abandonner qu'à le soutenir avec énergie.

Cf. Fr. CLXXI, p. 280, et Hérodien, 1, 8. L'ancienne leçon porte : Τό τε ὑπερέχον κωλύειν — *superbissimo cuique impedimento esse.*

2. Les mots τε καί manquent dans le Ms. de Tours.

278 ΔΙΩΝΟΣ ΤΟΥ ΚΑΣΣΙΟΥ ΛΕΙΨΑΝΑ. ΒΙΒΛ. Α-ΛϚ.

CLXX. Ὅτι [1] ἡ μὲν εἰρήνη καὶ πορίζει χρήματα καὶ φυλάσσει· ὁ δὲ δὴ πόλεμος καὶ διαναλίσκει καὶ διαφθείρει.

CLXXI. Ὅτι πέφυκε [2] πᾶν τὸ ἀνθρωπεῖον δεσπόζειν τε ἐπιθυμεῖν τῶν ὑπηκόων [3] καὶ τῇ παρὰ τῆς τύχης ῥοπῇ κατὰ τῶν ἐθελοδουλούντων χρῆσθαι.

Ἀλλ' ἡμῖν [συν]ειδότες [4] αὐτὰ, καὶ πεπειραμένοι αὐτῶν, ἐξαρκεῖν ὑμῖν πρὸς ἀσφάλειαν τήν τε ἐπιείκειαν καὶ τὴν φιλανθρωπίαν νομίζ[ετε] · καὶ ὅσα ἂν ἢ λαβόντες ἢ ἐξαρπαγήσαντες ἡμᾶς καὶ κομισάμενοι ...... εν .. με .. τίθεσθαι [5], μήτε παρορμᾶσθαι, μήτε προσαλλάττεσθαι, μήτε ἀμύνασθαι · καὶ μέντοι καὶ [ἔτι ἔδει ὑμᾶς] λογίσασθαι [6] τοῦθ', ὅτι τὰ τοιαῦτα πρὸς μὲν ἀλλήλους ὀρθῶς ὑμῖν ἔχει ποιεῖν · πρὸς δὲ Καρχηδονίους ἀνθρωπίνως καὶ καλῶς · τοῖς μὲν γὰρ πολίταις καὶ πρᾴως καὶ πολιτικῶς

---

1. (Exc. Vat. LXVIII. A. M. p. 187-188, éd. Rom.) Ce fragment paraît tiré d'un discours prononcé dans le sénat, suivant Dion, lorsqu'après la destruction de Sagonte et l'arrivée d'Annibal en Italie, cf. Zonaras, l. l. 21-22. p. 406-407, éd. Du C., on délibéra à Rome sur les mesures à prendre. Parmi les opinions émises, à cette occasion, les plus remarquables furent celle de L. Corn. Lentulus qui voulait faire déclarer immédiatement la guerre, et celle de Q. Fabius Maximus qui soutint, au contraire, qu'on devait employer tous les moyens de conserver la paix.

Zonaras a abrégé Dion, l. l. 22 : Καὶ δι' αὐτοὺς (s.-ent. τοὺς Ζακυνθίους) οἱ Ῥωμαῖοι καὶ οἱ Καρχηδόνιοι ἐπολέμησαν. Ὁ γὰρ Ἀννίβας καὶ συμμάχους συχνοὺς προσλαβὼν, εἰς τὴν Ἰταλίαν ἠπείγετο. Πυθόμενοι δὲ ταῦθ' οἱ Ῥωμαῖοι συνῆλθον εἰς τὸ συνέδριον, καὶ ἐλέχθη μὲν πολλὰ κτλ.

2. Exc. Vat. l. l. Le passage ὅτι πέφυκε — προαπόλλυσιν, p. 280, est tiré du discours de Lentulus que Zonaras résume ainsi, l. l. : Λούκιος δὲ Κορνήλιος Λέντουλος ἐδημηγόρησε καὶ εἶπε μὴ μέλλειν, ἀλλὰ πόλεμον κατὰ τῶν Καρχηδονίων ψηφίσασθαι, καὶ διχῇ διελεῖν καὶ τοὺς ὑπάτους καὶ τὰ στρατεύματα· καὶ τοὺς μὲν εἰς τὴν Ἰβηρίαν, τοὺς δὲ εἰς τὴν Λιβύην πέμψαι, ἵν' ὑπὸ

CLXX. La paix procure des richesses et les conserve: la guerre les dépense et les épuise.

CLXXI. Un penchant naturel porte l'homme à traiter en esclaves ceux qui lui sont soumis, et à abuser des faveurs de la fortune contre ceux qui plient sous sa volonté.

Vous le savez, comme moi, vous l'avez éprouvé vous-mêmes; et vous espérez pourtant vous mettre suffisamment à l'abri du danger par la douceur et l'humanité. Vous croyez juste de ne tenir aucun compte de tout ce qu'ils nous ont enlevé par la ruse ou à force ouverte. Vous ne voulez ni attaquer, ni rendre la pareille, ni vous venger : cependant vous deviez considérer encore que si une telle générosité est louable de citoyen à citoyen, il suffit, à l'égard des Carthaginois, de respecter les lois de l'humanité et de l'honneur. Et en effet, envers des concitoyens, il faut agir avec douceur, comme il convient aux

---

τὸν αὐτὸν χρόνον ἥ τε χώρα αὐτῶν πορθῆται, καὶ οἱ σύμμαχοι κακουργῶνται · καὶ μήτε τῇ Ἰβηρίᾳ βοηθῆσαι δύνωνται, μήτ' ἐκεῖθεν αὐτοὶ ἐπικουρηθῶσι.

3. En mentionnant la variante du Vatican ὑπεικόων née de la confusion d'η et d'ει, M. A. Mai ajoute : « Fortasse ab ὑπείκω. » Si cela était, il faudrait ὑπεικόντων.

4. Le texte est ici fort douteux. M. A. Mai lit : Ἀλλ' ἡμῖν [οἵ τε] εἰδότες — νομίζ[ετε] qu'il a pris pour un impératif, comme le prouve sa version. Il dit dans une note : « Verba dubia uncis includo. Tum aliquot præterea vocabula in oblitterata pagina prorsus legi nequeunt. » L'incertitude du texte m'a paru laisser assez de liberté pour lire [συν]ειδότες au lieu de [οἵ τε] εἰδότες, en prenant νομίζετε pour un indicatif.

5. Après κομισάμενοι, M. A. Mai remplace un mot douteux dans le Ms. du Vatic. par [δίκαιον] et laisse subsister εν.. με... τίθεσθαι. J'ai traduit comme si le texte portait : Καὶ ὅσα κομισάμενοι (s.-ent. εἰσὶν οἱ Καρχηδόνιοι), δίκαιον εἶναι (s.-ent. νομίζετε) παρ' οὐδὲν μετατίθεσθαι κτλ.

6. Ὅτι [οὐδέπω]... λογίσασθαι, dans M. A. Mai. Je propose : Ἔτι ἔδει ὑμᾶς λογίσασθαι κτλ.

χρῆσθαι (κἂν γὰρ ἀλόγως τις σωθῇ, ἡμέτερόν ἐστιν)· τοῖς δὲ δὴ πολεμίοις, ἀσφαλῶς· οὐ γὰρ ἐξ ὧν ἂν σφαλῶμεν φεισάμενοι αὐτῶν, ἀλλ' ἐξ ὧν ἂν κρατήσωμεν κολούσαντες αὐτοὺς, σωθησόμεθα.

Ὅτι [1] ὁ μὲν πόλεμος καὶ τὰ οἰκεῖά τισι σώζει καὶ τὰ ἀλλότρια προσκτᾶται [2]· ἡ δὲ εἰρήνη [3] οὐχ ὅπως τὰ πορισθέντα δι' ἐκεῖνον, ἀλλὰ καὶ ἑαυτὴν προαπόλλυσιν.

CLXXII. Ὅτι αἰσχρόν [4] ἐστι πρὸς τὰ ἔργα πρὸ τῶν λόγων περὶ αὐτῶν χωρεῖν, ἐν ᾧ κατορθώσαντες μὲν εὐτυχηκέναι μᾶλλον ἢ καλῶς βεβουλεῦσθαι δόξετε· σφαλέντες δὲ, τὴν σκέψιν ἀπρονόητοι, ὅτε οὐδὲν ὄφελός τι ποιεῖται [5]· καὶ μέντοι καὶ ἐκεῖνο τίς οὐκ οἶδεν, ὅτι τὸ μὲν ἐπιτιμῆσαι καὶ κατηγορῆσαί τινων προσπολεμησάντων ποτὲ ἡμῖν, ῥᾷστόν που καὶ παντός ἐστι· τὸ δ' αὐτῇ πόλει συμφέρον οὐ πρὸς [6] ὀργὴν ὧν πεποιήκασί τινες, ἀλλὰ πρὸς τὸ χρήσιμον αὐτῆς εἰπεῖν τῇ τοῦ συμβούλου τάξει προσήκει. — Μὴ παρόξυνε πρότερον ἡμᾶς, ὦ Λέντουλε, μηδ' ἀνάπειθε πολεμῆσαι πρὶν ὅ τι καὶ συνοίσει τοῦθ' ἡμῖν ἐπιδεῖξαι, σκο-

---

1. (Exc. Vat. LXIX. A. M. p. 189, éd. Rom.) Le passage "Ὅτι ὁ μὲν πόλεμος — προσαπόλλυσιν se trouve dans M. A. Mai, p. 188, éd. Rom. et p. 541, où il commence ainsi, ὁ μὲν πόλεμος, d'après le *Florileg. Vatic.*
2. Dans le même *Florileg.*; mais M. A. Mai donne προσάγεται, p. 188.
3. Ἡ δ' εἰρήνη dans le même *Florileg.*
4. (Exc. Vat. l. l.) C'est probablement un fragment de la réponse de Q. Fabius Maximus à L. Corn. Lentulus. Zonaras la résume, l. l. p. 407, éd. Du C. : Πρὸς ταῦτα Κύιντος Φάβιος Μάξιμος ἀντέθετο, μὴ οὕτως ἐκ παντὸς τρόπου τὸν πόλεμον δεῖν ψηφίσασθαι, ἀλλὰ πρεσβείᾳ χρήσασθαι πρότερον. Κἂν μὲν πείσωσιν ὅτι οὐδὲν ἀδικοῦσιν, ἡσυχίαν ἄγειν· ἂν δ' ἀδικοῦντες ἁλῶσι, τότε πολεμῆσαι αὐτοῖς, ἵνα καὶ τὴν αἰτίαν τοῦ πολέμου ἐς αὐτοὺς ἀπωσώμεθα.

enfants d'une même patrie. S'il en est que nous sauvions imprudemment, c'est notre affaire; mais quand il est question d'un peuple ennemi, nous devons penser à notre sûreté. Ce n'est pas en nous exposant au danger pour l'épargner; mais en comprimant sa puissance par la victoire que nous assurerons notre salut.

Par la guerre on conserve ses conquêtes et l'on s'empare des possessions d'autrui : la paix, au contraire, fait perdre ce que la guerre avait procuré et se perd elle-même.

CLXXII. Il est honteux d'en venir à l'action, avant d'avoir délibéré sur ce qu'on doit faire ; car vos succès paraîtront être l'œuvre d'un heureux hasard plutôt que d'une sage résolution : les revers, au contraire, vous feront accuser d'imprévoyance, si rien de profitable ne s'accomplit. Qui ne sait d'ailleurs qu'il est très-facile, et comme à la portée de tous, de blâmer et d'accuser ceux qui furent jadis nos adversaires ? Mais le devoir d'un homme d'état est de parler sur les intérêts publics, en prenant pour règle ce qui est utile à la patrie, et non ses ressentiments contre la conduite de certains hommes. — Ne cherche pas à nous exciter, Lentulus, et ne nous conseille pas la guerre, avant d'avoir prouvé qu'elle doit être

---

5. M. A. Mai lit : Σφαλέντες δὲ τὴν σκέψιν ἀπρονοήτως, ὅτι οὐδὲν ὄφελός τι ποιεῖσθαι, et traduit ainsi : *Sin malus* (s.-ent. *successus fuerit*), *vestra inconsiderantia nihil frugi fecisse* (s.-ent. *videbimini.*) Ne pouvant concilier ce sens avec sa leçon, j'ai dû tâcher d'arriver à un autre par de légers changements dans le texte. Je lis donc : Σφαλέντες δὲ, τὴν σκέψιν ἀπρονόητοι (s.-ent., δόξετε), ὅτε οὐδὲν ὄφελός τι ποιεῖται, à l'imitation de Plutarque, Sur l'éducation des enfants, VII : "Ότε οὐδὲν ὄφελος.

6. D'après M. A. Mai, au lieu de συμφέρει πρός, variante fautive dans le Ms. du Vatic.

πῶν τά τε ἄλλα καὶ μάλισθ' ὅτι οὐχ ὁμοίως ἐνταυθοῖ τε περὶ τῶν γε πολέμου πραγμάτων λέγεται, καὶ ἐν αὐτοῖς τοῖς ἔργοις πράττεται.

Συχνοὺς [1] γὰρ αἱ συμφοραὶ διορθοῦσι καὶ πολλοὶ καλῶς αὐταῖς χρησάμενοι κρεῖττον ἀπαλλάσσουσι τῶν εὖ καὶ τελείως πραττόντων, καὶ δι' αὐτὸ καὶ ὑβριζόντων· δοκεῖ γάρ πως ἡ κακοπραγία μέρος οὐκ ἐλάχιστον ἔχειν ὠφελείας, ὅτι μήτε ἐκφρονεῖν τοὺς ἀνθρώπους, μήτε ἐξυβρίζειν ἐᾷ· κράτιστον μὲν γάρ ἐστι φύσει πρὸς πάντα τὰ ἀμείνονα τετράφθαι, καὶ τῆς ἐπιθυμίας μέτρον μὴ τὴν ἐξουσίαν, ἀλλὰ τὸν λογισμὸν ποιεῖσθαι· ἂν δέ τις ἀδυνατῇ στέργειν τὸ κρεῖττον, λυσιτελεῖ αὐτῷ καὶ ἄκοντι σωφρονεῖν· ὥστε ἐν εὐδαιμονίᾳ καὶ τὸ μὴ πάντα εὖ πράττειν τίθεσθαι.

Φυλάξασθαι [2] χρὴ μὴ καὶ αὖθίς τι τῶν ὁμοίων παθεῖν· ὅπερ που καὶ μόνον ἄν τις ἐκ τῶν συμφορῶν ὠφεληθείη· αἱ μὲν γὰρ εὐπραγίαι [3] σφάλλουσιν ἔστιν ὅτε τοὺς ἀπερισκέπτως τι δι' αὐτὰς ἐλπίσαντας, ὡς καὶ αὖθις κρατήσοντας· τὰ δὲ δὴ πταίσματα ἀναγκάζει πάντα τινὰ ἐξ αὐτῶν ὧν πεπείραται [4] καὶ περὶ τοῦ μέλλοντος [5] ἀσφαλῶς προορᾶσθαι. — Ὅτι οὐκέτι σμικρὸν οὔτε πρὸς τὴν παρὰ τῶν θεῶν εὔνοιαν οὔτε πρὸς τὴν παρὰ τῶν ἀνθρώπων εὐδοκίαν

---

1. Le passage συχνοὺς γὰρ — ὠφεληθείη se trouve dans M. A. Mai, p. 542, éd. Rom. : il est tiré du *Florileg. Vatic.* Je le place ici, parce que dans ce *Florileg.* il précède le passage αἱ μὲν εὐπραγίαι que nous verrons un peu plus bas, l. 16.

2. Le passage φυλάξασθαι — ὠφεληθείη n'est que dans le *Florileg. Vatic.* A. M. p. 542, éd. Rom. ; mais le passage αἱ μὲν εὐπραγίαι —

avantageuse : considère avant tout qu'il y a une grande différence entre discuter sur la guerre dans le sénat et la soutenir sur les champs de bataille.

Souvent l'adversité corrige : bien des hommes, par le bon usage qu'ils ont su en faire, deviennent plus sages que ceux qui, obtenant des succès constants, se montrent pleins d'arrogance. A mon avis, ce n'est pas un mince avantage de l'adversité, que de ne point permettre d'oublier la raison et de s'abandonner à une vanité insolente. Sans doute la perfection consiste à être porté naturellement au bien, à régler ses désirs d'après les lois de la sagesse, et non d'après sa puissance; mais quand un homme n'a pas la force de les suivre volontairement, il est bon qu'il y soit ramené malgré lui. On doit donc regarder comme un bonheur de ne pas jouir d'une prospérité sans mélange.

Il faut prendre garde d'essuyer deux fois le même malheur : c'est le seul avantage que nous puissions retirer de nos revers. Et en effet, les succès égarent quelquefois l'homme et le portent à en espérer imprudemment de nouveaux. L'adversité, au contraire, le force par les échecs qu'il a éprouvés à être circonspect pour l'avenir. — Ce n'est pas un faible titre à la bienveillance des Dieux et à l'estime des hommes, que de ne point paraître provoquer la

---

προοράσθαι se trouve tout à la fois dans ce *Florileg.* et dans les Exc. Vat. A. M. p. 189, éd. Rom.

3. Comme dans le *Florileg.* — Ὅτι αἱ μὲν εὐπραγίαι, dans M. A. Mai, p. 189, l. l.

4. D'après le *Florileg.* — M. A. Mai, l. l., donne πεπείρασαι.

5. D'après le même *Florileg.* La préposition περί manque dans M. A. Mai, l. l. : elle n'est pas absolument nécessaire, à cause de celle qui est renfermée dans προοράσθαι.

τὸ μὴ δοκεῖν [1] πολεμοποιεῖν, ἀλλ' ἀναγκάζεσθαι τοὺς ὑπάρξαντας ἀμύνασθαι [2].

CLXXIII. Τοιούτων [3] δή τινων ἐπ' ἀμφότερα λεχθέντων [4], ἔδοξε σφίσι παρασκευάζεσθαι μὲν ὡς καὶ πολεμήσουσι, μὴ μέντοι τοῦτο ψηφίσασθαι, ἀλλὰ πρέσβεις εἰς τὴν Καρχηδόνα πέμψασθαι τοῦ Ἀννίβου κατηγορῆσαι [5]· καὶ εἰ μὲν μὴ ἐπαινοῖεν τὰ πραχθέντα ὑπ' αὐτοῦ, δικάσαι· εἰ δ' ἐς ἐκεῖνον [6] ἀναφέροιεν αὐτὰ [7], ἐξαίτησιν αὐτοῦ ποιήσασθαι [8]· κἂν μὲν ἐκδῶσιν αὐτὸν, [ἡσυχίαν ἄγειν·] εἰ δὲ μὴ, τὸν πόλεμόν σφισιν ἐπαγγεῖλαι [9].

CLXXIV. Ὅτι [10] ὡς οὐδὲν σαφὲς οἱ Καρχηδόνιοι τοῖς πρεσβεῦσιν ἀπεκρίναντο, ἀλλὰ καὶ ἐν ὀλιγωρίᾳ αὐτοὺς ἐποιοῦντο [11], ὁ Φάβιος ὁ Μάρκος [12] τάς τε χεῖρας ὑπὸ τὸ ἱμάτιον

---

1. Τῷ μὴ δοκεῖν est une faute d'impression dans M. A. Mai.
2. M. A. Mai, p. 190, éd. Rom., dit qu'il conviendrait peut-être de restituer à Dion, pour le placer ici, le fragment rapporté par Suidas au mot ἀμυνόμενοι, et attribué à Polybe par quelques critiques. Comme rien n'en fait connaître le véritable auteur, je me contente de le transcrire dans cette note : Οἱ δὲ Ῥωμαῖοι ἔθος εἶχον μὴ ἄρχοντες φαίνεσθαι χειρῶν ἀδίκων, ἀλλ' ἀεὶ δοκεῖν ἀμυνόμενοι καὶ κατ' ἀνάγκην ἐμβαίνειν εἰς τοὺς πολέμους.
3. (Exc. Vat. LXX. A. M. p. 190, éd. Rom.)
4. Zonaras, l. l. p. 408, éd. Du C. : Αἱ μὲν οὖν ἀμφοῖν δόξαι τοιαῦται ἦσαν, ὡς ἐν κεφαλαίῳ εἰπεῖν. Τῇ δὲ βουλῇ παρασκευάζεσθαι μὲν ἔδοξε πρὸς τὴν μάχην, πρέσβεις δὲ εἰς τὴν Καρχηδόνα στεῖλαι, καὶ τοῦ Ἀννίβου κατηγορῆσαι.
5. Je maintiens la leçon de M. A. Mai, sans recourir à l'ellipse de ἕνεκα, qui est pourtant fréquente. Cf. L. Bos, Ellip. gr. p. 704-709. On pourrait aussi lire καὶ τοῦ Ἀννίβου κατηγορῆσαι, d'après Zonaras, l. l.
6. Zonaras, l. l. : Εἰς ἐκεῖνον.
7. Αὐτάς est une faute dans le Ms. du Vatic.
8. Zonaras, l. l. : Ἐξαιτήσασθαι αὐτόν.
9. Le même, l. l. : Κἂν μὴ ἐκδῶσι, τὸν πόλεμον ἐπαγγεῖλαι αὐτοῖς. M. A. Mai,

guerre; mais de céder à la nécessité de se défendre contre ceux qui ont attaqué les premiers.

CLXXIII. Après ce débat, où les deux opinions furent discutées, on résolut de se préparer à la guerre sans la décréter, et d'envoyer des députés à Carthage pour se plaindre d'Annibal. Si ses actes n'étaient pas approuvés, ils demanderaient qu'il fût mis en jugement; s'il en était rendu responsable, ils exigeraient qu'il fût livré aux Romains; s'il était livré, on maintiendrait la paix; sinon, la guerre serait déclarée à Carthage.

CLXXIV. Les Carthaginois ne firent pas aux députés une réponse nette; ils ne leur témoignèrent même aucun égard. Alors Marcus Fabius, passant ses mains sous

---

dont j'adopte la leçon, dit à propos des mots ἡσυχίαν ἄγειν : « Sic suppleo e Zonara. » Ils ne se trouvent pas dans cet annaliste, à l'endroit qui nous occupe; mais bien, p. 407 vers la fin : Κἂν μὲν πείσωσιν, ὅτι οὐδὲν ἀδικοῦσιν, ἡσυχίαν ἄγειν.

J'avais d'abord pensé à donner ce passage tel qu'il est dans Zonaras : Κἂν μὴ ἐκδῶσι, τὸν πόλεμον ἐπαγγεῖλαι αὐτοῖς. Alors il aurait fallu supprimer les mots εἰ δὲ μή. J'ai mieux aimé les conserver, en ajoutant ἡσυχίαν ἄγειν, comme M. A. Mai; mais en indiquant la véritable place de ces deux mots dans Zonaras.

Ici, le même annaliste entre dans le détail de ce qui se passa à Carthage. Les ambassadeurs sortent de l'assemblée; Asdrubal se déclare pour la guerre : il opine pour que la direction en soit confiée à Annibal. Hannon prend la parole après lui et conjure ses concitoyens de ne pas attirer sur leur patrie de nouvelles calamités. Les sénateurs les plus âgés soutiennent Hannon; les plus jeunes, et surtout les amis d'Annibal, adoptent l'opinion contraire. Cf. Zonaras, l. l. p. 408, éd. Du C. : Τῶν γοῦν πρεσβέων — ἰσχυρῶς ἀντέλεγον.

10. (Exc. Vat. LXX. A. M. p. 190, éd. Rom.)

11. Zonaras, l. l. : Ὡς δ' οὐδὲν σαφὲς ἀπεκρίναντο καὶ ἐν ὀλιγωρίᾳ τοὺς πρέσβεις εἶχον.

12. Le même, l. l. : Ὁ Μάρκος ὁ Φάβιος. Tite-Live, XXI, 18, l'appelle Quintus Fabius.

ὑπέβαλε, καὶ ὑπτιάσας αὐτὰς ἔφη [1]· ἐγὼ μὲν ἐνταῦθα, ὦ Καρχηδόνιοι [2], καὶ τὸν πόλεμον καὶ τὴν εἰρήνην φέρω, ὑμεῖς δ' ὁπότερον αὐτῶν βούλεσθε, ἀντικρὺς ἑλέσθε· ἀποκριναμένων δὲ πρὸς τοῦτο καὶ τότε αὐτῶν αἱρεῖσθαι μὲν μηδέτερον, δέχεσθαι δὲ ἑτοίμως ὁπότερον ἂν σφίσι καταλιπῶσι [3], τὸν πόλεμον αὐτοῖς ἐπήγγειλε [4].

CLXXV. Ὅτι [5] οἱ Ῥωμαῖοι Ναρβωνησίους [6] πρὸς συμμαχίαν ἐκάλουν· οἱ δὲ οὔτε τι πρὸς τῶν Καρχηδονίων κακὸν οὔτ' αὖ πρὸς τῶν Ῥωμαίων ἀγαθὸν, ὥστε τοῖς μὲν πολεμῆσαι, τοῖς δὲ ἀμῦναι, πεπονθέναι πώποτε ἔφασαν· καὶ πάνυ δι' ὀργὴν αὐτοὺς ἔσχον, ἐπικαλοῦντές σφισιν ὅτι πολλὰ καὶ δεινὰ τοὺς ὁμοφύλους αὐτῶν ἐδεδράκεσαν.

CLXXVI. Δίων [7] δὲ ὁ Κοκκειανὸς [8] τοὺς Ναρβωνησίους Βέβρυκας [9] λέγει, γράφων οὕτω· « Τῶν πάλαι μὲν Βεβρύκων, νῦν δὲ Ναρβωνησίων [10] ἐστὶ τὸ Πυρηναῖον [11] ὄρος. Τὸ δὲ ὄρος τοῦτο χωρίζει Ἰβηρίαν καὶ Γαλατίαν. »

---

1. Zonaras, l. l. : Τὰς χεῖρας ὑπὸ τὸ ἱμάτιον ὑποβαλών, καὶ ὑπτιάσας αὐτὰς ἔφη.
2. Le même, l. l. ; M. A. Mai donne Καρχηδόνιοι, sans ὦ.
3. Le même, l. l. : Ἀποκριθέντων δὲ μηδέτερον μὲν αἱρεῖσθαι, δέχεσθαι δ' ἑτοίμως ὁπότερον καταλείψουσιν.
4. Le même, l. l. : Ἐπήγγειλεν αὐτοῖς αὐτίκα τὸν πόλεμον.
5. (Exc. Vat. LXX. p. 190-191, éd. Rom.)
6. Au lieu de Ἀρβωνησίους, donné par M. A. Mai, d'après le Ms. du Vatic. : cette faute s'explique par la suppression de la lettre initiale que les copistes omettent fréquemment dans les noms propres.
7. (Exc. Vat. VI. R. p. 5.) Ce fragment est tiré des scholies d'Is. Tzetzès sur la Cassandre de Lycophron, v. 516. Cf. le même, v. 1305.
8. Dans H. de Valois, Reimar et Sturz : Δίων Κοκκειανός, comme dans

sa robe, les retourna pour former un pli et s'écria :
« Carthaginois, je porte ici la guerre et la paix :
« choisissez sans détour ce que vous désirez. » Ils répondirent qu'ils ne se prononçaient dans le moment ni pour l'une ni pour l'autre; mais qu'ils étaient prêts à accepter ce que les Romains leur laisseraient : Fabius leur déclara la guerre.

CLXXV. Les Romains invitaient les habitants de la Gaule Narbonnaise à combattre avec eux : ceux-ci répondirent qu'ils n'avaient pas été traités assez mal par les Carthaginois pour leur faire la guerre, ni assez bien par les Romains pour les défendre. Ils se montrèrent même fort irrités contre ces derniers et leur reprochèrent d'avoir souvent fait beaucoup de mal aux autres peuples de la Gaule.

CLXXVI. Dion Coccéïanus donne le nom de Bébryces aux habitants de la Gaule Narbonnaise. Voici ses paroles : « Aux anciens Bébryces, appelés aujourd'hui « Narbonnais, appartiennent les monts Pyrénées, qui sé- « parent l'Espagne et la Gaule. »

Sébastien et G. Müller. Je lis Δίων ὁ Κοκκειανός, d'après ce qui a été dit, Fr. II. p. 4, note 4.

9. Étienne de Byzance : Βεβρύκων ἔθνη δύο · τὸ μὲν πρὸς τῷ Πόντῳ ἐν τῇ Ἀσίᾳ · τὸ δὲ παρὰ τοῖς Ἴβηρσιν ἐν τῇ Εὐρώπῃ. Is. Tzetzès, l. l. v. 1305 : Βέβρυκες γὰρ, νῦν οἱ Μυσοὶ, ἐνδότεροι Βιθυνῶν ὄντες, ὧν ὄρος Ὄλυμπος. Εἰσὶ δὲ καὶ ἕτεροι Βέβρυκες, ἔθνος Γαλατῶν, μεταξὺ Πειρήνης καὶ Κεραυνίων ὀρῶν καὶ Ἰβηρίας κείμενον, οἳ καλοῦνται Ναρβωνήσιοι.

10. Zonaras, l. l. p. 406, éd. Du C. : Καὶ προσέτι καὶ τὴν ἤπειρον τὴν ἄνω διὰ πλείστου μέχρι τοῦ Πυρηναίου νέμεται. Τὸ γὰρ ὄρος τοῦτο ἐκ τῆς θαλάσσης τῆς πάλαι μὲν Βεβρύκων, ὕστερον δὲ Ναρβωνησίων, ἀρξάμενον ἐς τὴν ἔξω τὴν μεγάλην διατείνει, πολλὰ μὲν ἐντὸς αὐτοῦ καὶ συμμικτὰ ἔθνη ἔχον, πᾶσαν δὲ τὴν Ἰβηρίαν ἀπὸ τῆς προσοίκου Γαλατίας ἀφορίζον.

11. Comme dans H. de Valois, Sébastien et G. Müller : un Ms. de ce dernier, Vit. 3, porte Πυρήναιον, accentuation adoptée par Reimar.

CLXXVII. Ὅτι[1] ἀπὸ τοιαύτης, φησὶν ὁ Δίων, ἐκεῖθεν ἤδη προσδοκίας Ῥωμαίους καὶ Καρχηδονίους καθίστασθαι, μέγιστον τῇ γνώμῃ τὸ διάφορον ἐς τὴν τοῦ πολέμου διαχείρησιν εἰληφότας. — Τό τε γὰρ εὔελπι πρὸς ἐπιθυμίαν πάντας ἀνθρώπους ἄγει καὶ προθυμοτέρους τε αὐτοὺς καὶ ἐχεγγυωτέρους πρὸς πίστιν τοῦ κρατῆσαι παρέχεται· καὶ τὸ δύσελπι ἔς τε ἀθυμίαν καὶ ἐς ἀπόγνωσιν, καὶ τὴν ῥώμην τῆς εὐψυχίας ἀφαιρεῖται. — Οἷά που οὖν φιλεῖ τά τε δύσληπτα[2] καὶ τὰ ἐν ἀγνωσίᾳ ὄντα πολλοὺς ἐκταράσσειν, δέος τοῖς Ἴβηρσιν οὐκ ἐλάχιστον ἐνεποίει. — Τὸ γάρ τοι πολὺ τοῦ ὁμίλου, τὸ μὴ ἀπ' οἰκείας τινὸς αἰτίας, ἀλλ' ἐν συμμαχίας λόγῳ στρατευόμενον, ἐπὶ τοσοῦτον ἔρρωται, ἐφ' ὅσον ἀντοφεληθήσεσθαί τι ἀκινδύνως ἐλπίσωσιν· ὅταν δὲ δὴ ἐγγὺς τῶν ἀγώνων γένωνται, τάς τε ἐλπίδας τῶν κερδῶν ἐξίστανται καὶ τὰς πίστεις τῶν ὑποσχέσεων ἐγκαταλείπουσι[3]· καὶ τὸ μὲν πλεῖστον ταῖς γνώμαις, ὡς καὶ πάντῃ πάντως κατορθώσαντας, λαβεῖν[4]· εἰ δ' οὖν τι καὶ σφάλλοιεν, ἐλάχιστον αὐτὸ[5] πρὸς ἃ ἀντήλπιζον, νομίζειν.

CLXXVIII. Ὅτι[6] ἐπεὶ τῷ πλήθει τοῦ στρατοῦ τοῦ Ἀννίβου οὐδὲν τῶν παρασκευαζομένων ἐξήρκει, καί τινος αὐτῷ διὰ τοῦτο γνώμην δόντος[7] ταῖς τῶν ἐναντίων σαρξὶ τοὺς

---

1. (Exc. Vat. LXXI. A. M. p. 191, éd. Rom.).
2. Dans M. A. Mai : Διαπλη[κτικὰ] qu'il traduit par *obvolutæ res*. Sans doute l'état du Ms. n'a pas permis à l'illustre Éditeur de bien distinguer les deux premières syllabes. Au lieu de διαπλη, peut-être faut-il lire δυσλη : je remplace donc διαπληκτικὰ par δύσληπτα, dans le sens de ἀσαφῆ, qui s'accorde parfaitement avec τὰ ἐν ἀγνωσίᾳ ὄντα.

CLXXVII. Cette attente, suivant Dion, tenait depuis longtemps en suspens les Romains et les Carthaginois, vivement excités à recommencer la guerre par·la haine qu'ils nourrissaient dans leur cœur. — Le penchant à concevoir de bonnes espérances fait naître des désirs chez tous les hommes : elle accroît leur ardeur et les porte à compter avec plus d'assurance sur la victoire : la disposition contraire produit l'abattement et le désespoir, en même temps qu'elle ôte au courage toute son énergie. — Les choses obscures et dont l'issue est incertaine remplissent souvent de trouble le cœur de l'homme : aussi les Espagnols furent-ils alors en proie à de vives craintes. — La plus grande partie d'une armée qui ne combat point pour ses propres intérêts, mais comme alliée, conserve du courage tout autant qu'elle espère recueillir quelques avantages, sans courir des dangers. Est-elle arrivée sur le théâtre du combat, elle perd l'espoir du gain et n'ajoute foi à aucune promesse. Il n'est rien qu'elle ne se soit promis par la pensée, comme si elle avait eu des succès partout : éprouve-t-elle un échec, il ne paraît rien à côté des avantages qu'elle croyait obtenir.

CLXXVIII. Toutes les provisions se trouvaient insuffisantes pour l'armée d'Annibal, tant elle était nombreuse. On lui conseilla de la nourrir avec les cadavres

---

Cf. dans le *Thes. gr. ling.* t. II. p. 1765, éd. Didot, Jul. Afric. Cest. p. 297, 46 : Ἀσαφῶς ἢ δυσλήπτως.

3. Ἐγκαταλίπουσι dans M. A. Mai.

4. On peut sous-entendre εἰκός ἐστι. Sur cette ellipse, cf. L. Bos, Ellips. gr. p. 136.

5. Αὐτῷ dans le Ms. du Vatic., faute du copiste.

6. (Exc. Vat. LXXII. A. M. p. 191-192, éd. Rom.)

7. L'auteur de ce conseil s'appelait Annibal, surnommé Monomaque. Po-

στρατιώτας σιτίζειν, το μὲν πρᾶγμα οὐκ ἐδυσχέραινε· φοβεῖσθαι δὴ ἔφη, μήποτε τοιούτων σωμάτων ἀπορήσαντες ἐπ' ἀλληλοφαγίαν τράπωνται [1].

CLXXIX. Ὅτι [2] Ἀννίβας πρὶν ἔργου ἔχεσθαι συγκαλέσας τοὺς στρατιώτας παρήγαγε τοὺς αἰχμαλώτους, οὓς κατὰ τὴν ὁδὸν εἰλήφει [3]· καὶ ἐπύθετο αὐτῶν πότερα δεδέσθαι τε ἐν πέδαις καὶ δουλεύειν κακῶς ἢ μονομαχῆσαι ἀλλήλοις, ὥστ' ἀφεθῆναι προῖκα τοὺς νικήσαντας, ἐθέλοιεν [4]· ἐπειδὴ τοῦθ' εἵλοντο, συνέβαλεν αὐτούς· καὶ μαχεσαμένων [5] σφῶν εἶπεν· εἶτ' οὐκ αἰσχρὸν, ὦ ἄνδρες στρατιῶται, τούτους μὲν τοὺς ὑφ' ἡμῶν ἑαλωκότας οὕτω πρὸς τὴν ἀνδρείαν ἔχειν, ὥστε καὶ ἀποθανεῖν ἀντὶ τοῦ δουλεῦσαι ἐπιθυμῆσαι; ἡμᾶς δ' ὀκνῆσαι πόνον τινὰ καὶ κίνδυνον ὑπὲρ τοῦ μὴ ὑπακούειν καὶ προσέτι κατάρχειν ἄλλων ὑποστῆναι [6].

lybe, IX, 24 : Καθ' ὃν γὰρ καιρὸν Ἀννίβας ἐξ Ἰβηρίας τὴν ἐς Ἰταλίαν πορείαν ἐπενόει στέλλεσθαι μετὰ τῶν δυνάμεων, μεγίστης προφαινομένης δυσχρηστίας περὶ τὰς τροφὰς καὶ τὴν ἑτοιμότητα τῶν ἐπιτηδείων τοῖς στρατοπέδοις.....
καὶ πλεονάκις ἐν τῷ συνεδρίῳ περὶ τούτου τοῦ μέρους ἐμπιπτούσης ἀπορίας, εἷς τῶν φίλων, Ἀννίβας ὁ Μονομάχος ἐπικαλούμενος, ἀποφήνασθαι γνώμην, διότι μία τις ὁδὸς αὐτῷ προφαίνεται, δι' ἧς ἐστιν εἰς Ἰταλίαν ἐλθεῖν ἐφικτόν. Τοῦ δ' Ἀννίβου λέγειν κελεύσαντος, διδάξαι δεῖν, ἔφη, τὰς δυνάμεις ἀνθρωποφαγεῖν, καὶ τούτῳ ποιῆσαι συνήθεις.

1. Dion est moins favorable à Annibal que Polybe qui s'exprime ainsi, l. l. : Ἀννίβας δὲ πρὸς μὲν τὸ τόλμημα καὶ τὸ πρακτικὸν τῆς ἐπινοίας οὐδὲν ἀντειπεῖν ἐδυνήθη· τοῦ δὲ πράγματος λαβεῖν ἔννοιαν, οὔθ' αὑτὸν, οὔτε τοὺς φίλους ἐδύνατο πεῖσαι. Cf. Porphyre, Sur l'Abstinence, II, 57.
2. (Exc. Vat. LXXII. A. M. p. 192, éd. Rom.)
3. Zonaras, l. l. 23. p. 410, éd. Du C. : Πρὶν δὲ δὴ ἔργου ἔχεσθαι, συγκαλέσας ὁ Ἀννίβας τοὺς στρατιώτας, παρήγαγε τοὺς αἰχμαλώτους οὓς κατὰ τὴν ὁδὸν εἰλήφει.
4. Le même, l. l. : Καὶ ἤρετο αὐτοὺς, πότερον δεδέσθαι καὶ δουλεύει

des ennemis. Annibal ne fut point choqué de cette proposition : il se contenta de répondre qu'il craindrait que ses soldats ne se dévorassent un jour les uns les autres, quand ces cadavres viendraient à leur manquer.

CLXXIX. Annibal, avant la bataille, réunit ses soldats et ordonna d'amener en leur présence les montagnards qu'il avait faits prisonniers dans sa marche. Il demanda ensuite à ces prisonniers, s'ils aimeraient mieux rester chargés de chaînes et vivre dans un misérable esclavage, que de se battre en duel, les uns contre les autres; à condition que les vainqueurs seraient mis en liberté sans rançon. Tous voulurent se battre, et il les fit aussitôt entrer en lice. Après le combat, Annibal s'écria : « N'est-il pas « honteux, soldats, que des prisonniers aient le cou- « rage de préférer la mort à l'esclavage, et que nous « n'osions supporter ni les fatigues ni les dangers, pour « ne pas tomber sous la domination des autres peuples, « ou plutôt pour leur commander? »

An de Rome 536.

κακῶς βούλοιντο, ἢ μονομαχῆσαι ἀλλήλοις, ὥστ' ἀφεθῆναι προῖκα τοὺς νικήσαντας. Tite-Live, XXI, 42 : « Annibal, rebus prius quam verbis adhortandos milites ratus, circumdato ad spectaculum exercitu, captivos montanos vinctos in medio statuit; armisque gallicis ante eorum pedes projectis, interrogare interpretem jussit, ecquis, si vinculis levaretur, armaque et equum victor acciperet, decertare ferro vellet? »

5. Correction de M. A. Mai, au lieu de μαχέσαμεν donné par le Ms. du Vatic. Elle est confirmée par Zonaras. Cf. note 6.

6. Zonaras, l. l., rapporte les mêmes faits ; mais il se borne à mentionner les paroles adressées par Annibal à ses soldats : Καὶ ὡς τὸ δεύτερον εἵλοντο, συνέβαλεν αὐτοὺς, καὶ μαχεσαμένων ἐδημηγόρησε, τοὺς οἰκείους στρατιώτας ἐπιρρωννὺς καὶ παραθήγων εἰς πόλεμον.

Tite-Live, l. l., ne fait pas non plus parler Annibal; mais il peint avec ses admirables couleurs la lutte de ces braves montagnards. « Quum ad unum omnes ferrum pugnamque poscerent, et dejecta in id sors esset, se quisque eum optabat, quem fortuna in id certamen legeret. Ut cujusque sors exciderat, alacer, inter gratulantes gaudio exsultans, cum sui moris

Ὅσα ¹ ἐλαττωθέντες ποτὲ ὑπὸ τῶν πολεμίων ἐπάθομεν, ταῦτα νικήσαντες αὐτοὺς ἀποδράσομεν· εὖ γὰρ ἴστε, κρατήσαντες μὲν πάντων, ὧν λέγω, τευξόμεθα· κρατηθέντες δὲ οὐδὲ τὴν διαφυγὴν ἀσφαλῆ σχήσομεν. Τοῦ τε γὰρ κρατήσαντος τὸ πᾶν παραχρῆμα φίλιόν ἐστι, κἂν μισοῦν αὐτὸ τυγχάνῃ· καὶ τὸ νικηθὲν οὐδεὶς οὐδὲ τῶν οἰκείων ἐπιθεραπεύει ².

CLXXX. Ὅτι ³ τὸ ἅπαξ προσπταῖσαν πρός τινας ἀεί τε δυσωπεῖται σφᾶς καὶ θαρρεῖν οὐκέτι τολμᾶται ⁴.

[Κοῦφον] ⁵ γάρ τι καὶ δειλὸν καὶ ἄπιστον φύσει πᾶν τὸ Γαλατικὸν γένος ἐστίν· ὥσπερ γὰρ ἑτοίμως θρασύνεται πρὸς τὰς ἐλπίδας, οὕτως ἑτοιμότερον φοβηθὲν ἐκπλήττεται ⁶· πιστότερόν τ' οὐδὲν τοῖς ... ἄλλους ἀνθρώπους ἐκδιδάξει τε μηδέποτε ἐστὶν Ἰταλίαν ... τολμ ... ⁷.

CLXXXI. Ὅτι ⁸ πολλὰ τέρατα τὰ μὲν ὡς ἀληθῶς συμ-

tripudiis arma raptim capiebat : ubi vero dimicarent, is habitus animorum non inter ejusdem modo conditionis homines erat, sed etiam inter spectantes vulgo, ut non vincentium magis quam bene morientium fortuna laudaretur. »

1. (Exc. Vat. A. M. p. 543, éd. Rom.)

Je place cet extrait ici, parce que les dernières lignes τοῦ τε γὰρ κρατήσαντος — ἐπιθεραπεύει se trouvent également dans les Exc. Vat. p. 192, éd. Rom. De plus, ce fragment ne paraît pas tiré d'un discours de Fabius ou de Minucius, comme le dit M. A. Mai, p. 543 ; c'est probablement la suite du discours d'Annibal. Cf. la remarque de M. Tafel, p. 138-139.

2. Avant d'avoir trouvé ce fragment dans le *Florileg. Vatic.*, M. A. Mai avait ainsi donné la fin, p. 192, éd. Rom. : Ὅτι τοῦ κρατήσαντος πάντων χρῆμα [μέγισ]τόν ἐστιν καὶ μισοῦν ἀποτυγχάνει καὶ τὸ νικηθὲν οὐ δει .. θεραπεύει. Il dit à ce propos, et sa remarque s'applique surtout au fragment suivant : Haec quoque pagina tam funditus deleta fuit, ut spem integriora legendi denique amiserim.

« Tous les maux que nous avons soufferts de la part
« de nos ennemis après une défaite, nous les leur ferons
« souffrir, si nous remportons la victoire. Sachez-le
« bien : vainqueurs, nous obtiendrons tout ce que je
« vous promets; vaincus, nous n'aurons pas de refuge
« assuré; car si chacun se déclare incontinent l'ami
« du vainqueur, même ceux qui le haïssent, le vaincu
« ne trouve du dévouement nulle part, pas même chez
« les siens. »

CLXXX. Quand on a une fois eu le dessous contre certains adversaires, on ne peut se défendre d'un sentiment de crainte envers eux, ni reprendre jamais de l'assurance.

Le peuple gaulois est naturellement léger, timide, d'une fidélité incertaine. Plus il a de penchant pour s'abandonner avec sécurité à l'espérance, plus il se laisse abattre, quand il est en proie à la crainte ....
:..
....

CLXXXI. On racontait partout de nombreux prodi- An de Rome 537.

---

3. (Exc. Vat. LXXIII. A. M. p. 192, éd. Rom.)
4. Le sens de ce passage est difficile à préciser : peut-être a-t-il été extrait d'un discours adressé par Scipion à ses soldats. Zonaras, l. l. : Τοῦτο δ' ἑτέρωθεν καὶ ὁ Σκιπίων ἐποίησεν.
5. D'après M. A. Mai. Cf. Dion Cassius, Liv. LXXVII, 6. Je vois dans ce passage une allusion à la trahison des Gaulois cisalpins, qui profitèrent de la nuit, pour abandonner Scipion. Zonaras, l. l. 24. p. 410, éd. Du C. : Καταληφθεὶς οὖν ὁ Σκιπίων κατὰ χώραν ἔμεινε. Καὶ ἐμαχέσατ' ἄν, εἰ μὴ νυκτὸς οἱ Γαλάται, οἱ μετ' αὐτοῦ ηὐτομόλησαν.
6. Cf. le portrait des Gaulois, Fr. CLXIV, p. 263-264.
7. Je n'ai pu parvenir à combler les lacunes par quelque conjecture probable.
8. (Exc. Vat. LXXIII. A. M. p. 192-193, éd. Rom.)

βάντα, τὰ δὲ καὶ [ματαίως] θρυλλούμενα ἐλογοποιήθη· ὅταν γάρ τινες ... [ἰσχυ]ρῶς φοβηθῶσιν [1], καὶ σφίσι καὶ ἐκ τοῦ νεωτέρου τι [ἀπο]δειχθῇ [2], πολλάκις ἕτερον φαντάζεται· κἂν ἅπαξ τι καὶ ἐκείνων πιστευθῇ προπετῶς ἤδη, καὶ ... οὖν αἱ θυσίαι καὶ τἆλλα ... τὴν ... νοῦ σφίσιν ἄκεσιν καὶ πρὸς τὴν τοῦ ὑπὸ ... εἰώθασι ποιεῖν, ἐγίγνετο [3]· ἀλλὰ ... τοιούτοις παρὰ τὸ κρεῖττον ἐλπίζοντες πιστεῦσαι καὶ τότε [4]· εἰ καὶ μᾶλλον διὰ τὸ τοῦ προσδοκωμένου κινδύνου μέγεθος ἐνόμιζον, ὅτι καὶ τὸ τραχύτατον αὐτῶν [ἔμελλεν] [5] ἡττηθήσεσθαι.

CLXXXII. Ὅτι [6] οἱ δικτάτορες ... τὴν ἀγαπῶντες εἰ ἂν ... ἐγένοντο οὐδὲ ... οὐδὲ ... [7] πυθόμενοι δὲ τὸν Ἀννίβαν τῆς τε ἐπὶ τὴν Ῥώμην ὁδοῦ ἀποτετράφθαι καὶ ἐς Καμπανίαν ὡρμήσασθαι [8], τότε δὲ καὶ ἐκεῖνοι σιωπῶς [9] μήτε ἑκούσιοι μήτε βιασθέντες μετάστασιν ἐς ἀσφάλειαν ἐποιήσαντο.

CLXXXIII. Ὅτι [10] ὁ Φάβιος δι' ἀσφαλείας μᾶλλον ἢ

---

1. Comme dans M. A. Mai.
2. Au lieu de νεώτερον... δειχθῇ, donné par le même Editeur.
3. J'ai traduit comme si le texte portait : Καὶ πολλὰ ἄλλα πιστεύεται. Τότε μὲν οὖν αἱ θυσίαι καὶ τἆλλα ἃ πρὸς τὴν τοῦ νοῦ ἄκεσιν καὶ πρὸς τὴν τοῦ κακοῦ ἀποτροπὴν εἰώθασι ποιεῖν, ἐγίγνετο. Les mots que je supplée sont indiqués par l'enchaînement des idées.
4. Je suppose que le texte porte : Ἀλλὰ οὐδαμῶς τοιούτοις, παρὰ τὸ κρεῖττον ἐλπίζοντες, ἐπίστευσαν καὶ τότε· εἰ καὶ κτλ.
5. J'insère, entre crochets, ἔμελλεν amené par ce qui précède.
6. (Exc. Vat. LXXIII. A. M. p. 193, éd. Rom.)
7. Je n'ai trouvé aucune conjecture plausible, pour remplir cette lacune.

ges; les uns vrais, les autres imaginaires : lorsque certains hommes sont livrés à de vives alarmes et qu'un phénomène nouveau leur est signalé, ils en supposent souvent un autre. Si un de ces prodiges est accueilli avec une aveugle confiance, beaucoup d'autres trouvent également foi. Les sacrifices et toutes les pratiques, destinés à guérir les terreurs des esprits et à conjurer les désastres prédits, furent mis en usage; mais, égarés par de funestes espérances, ils ne crurent pas alors à ces prodiges; et cependant la grandeur du danger qu'ils prévoyaient leur faisait craindre que la partie la plus redoutable de leur armée ne fût réservée à une défaite.

CLXXXII. Instruits........................
.... qu'Annibal abandonnait le chemin de Rome pour se jeter sur la Campanie, les dictateurs, au même instant et sans bruit, sans mouvement spontané, mais aussi sans contrainte, changèrent de position; afin de pourvoir à leur sûreté.

CLXXXIII. Fabius songeait plus à se mettre à l'abri

---

8. Zonaras, l. l. 25. p. 413, éd. Du C. : Ὁ γε μὴν Ἀννίβας βραχὺ τῶν ὀμωμοσμένων ἐφρόντισε· πάντων δὲ τῶν ἐν τῷ στρατοπέδῳ ἁλόντων, τὸ μὲν ὑπήκοον, τό τε συμμαχικὸν τῶν Ῥωμαίων ἀφῆκεν· αὐτοὺς δὲ ἐκείνους δήσας ἐφύλασσε. Πράξας δὲ ταῦτα, ἐπὶ τὴν Ῥώμην ἠπείγετο, καὶ μέχρι μὲν Ναρνιᾶς τήν τε γῆν τέμνων, καὶ τὰς πόλεις προσαγόμενος, πλὴν Σπωλιτίου, προῆλθε. Γάϊόν τε ἐνταῦθα Κεντήνιον στρατηγὸν ἐνεδρεύοντα περισχὼν, ἔκτεινεν. Ὡς δὲ τῷ Σπωλιτίῳ προσβαλὼν ἀπεκρούσθη, καὶ τὴν τοῦ Ναείρου γέφυραν καθῃρημένην εἶδε, καὶ περὶ τοὺς ἄλλους ποταμοὺς, οὓς ἀναγκαῖον διελθεῖν, τοῦτο γεγονὸς ἐπύθετο, τῆς μὲν ἐπὶ τὴν Ῥώμην ὁρμῆς ἐπέσχεν. Ἐς δὲ τὴν Καμπανίαν ἐτράπετο, τήν τε χώραν ἀρίστην κτλ.
9. « Notemus adverbium, dit M. A. Mai. »
10. (Exc. Vat. LXXIV. A. M. p. 193, éd. Rom.)

διὰ κινδύνων προσηδρεύετο· [οὐδὲ] συμβαλεῖν[1] ἀνδράσι χειροτέχναις τοῦ πολέμου οὖσιν ἐτόλμα καὶ ἐν πολλῇ περιωπῇ τὴν τῶν στρατιωτῶν σωτηρίαν, ἄλλως τε διὰ τὴν τῶν πολιτῶν ὀλιγανθρωπίαν, ἐποιεῖτο, συμφορὰν οὐ τὸ μὴ φθεῖραι τὰ τῶν ἐναντίων, ἀλλὰ τὸ τῶν οἰκείων ἀποβαλεῖν μεγάλην εἶναι νομίζων· ἐκείνους μὲν γὰρ τῇ παρουσίᾳ τοῦ πλήθους, κἂν ἀνακινδυνεῦσαί[2] ποτε σφαλέντας ἡγεῖτο· αὑτῷ[3] δ', εἰ καὶ τὸ βραχύτατον πταίσειε, πάντη[4] κακὸν οὐ πρὸς ἀριθμὸν τῶν τότε ἀποθανόντων, ἀλλὰ πρὸς τὸ μέγεθος τῶν πρὶν παθημάτων γενήσεσθαι ἐλογίζετο· τοῖς μὲν γὰρ ἀκεραίοις πράγμασι καὶ τὰ δεινότατα ῥᾳδίως πολλάκις τοὺς ἀνθρώπους ὑφίστασθαι, τοὺς δὲ προκεκμηκότας καὶ τὰ βραχύτατα κακοῦν ἔλεγεν· καὶ δὴ[5] διὰ τοῦτο τοῦ υἱέως συμβουλεύοντός ποτε αὐτῷ ἀποκινδυνεῦσαι καὶ πρὸς αὐτὸν εἰπόντος, ὅτι οὐκ ἂν πλείους ἑκατὸν ἀνδρῶν ἀπόλοιντο, οὔτε ἐσείσθη, καὶ προσανήρετο αὐτόν, εἰ καὶ αὐτὸς ἂν ἐθελήσειεν τῶν ἑκατὸν ἀνδρῶν γενέσθαι[6].

1. Dans M. A. Mai : ... συμβαλεῖν. J'insère οὐδέ, d'après la version de l'illustre Editeur : *Neque* cum viris belli peritissimis. Cette addition est indiquée par l'enchaînement des idées.
2. M. A. Mai lit κἀνακινδυνεῦσαι que l'Editeur de Leipzig remplace par κἂν ἀνακινδυνεῦσαι. J'adopte cette correction : elle est exigée par le sens.
3. L'écriture est douteuse dans le Ms. du Vatic. Suivant M. A. Mai, on peut aussi bien lire αὐτοῦ que αὐτόν. A cause de cette incertitude même et de la confusion fréquente de οῦ et ῷ, à la fin des mots, cf. M. Hase, Notices du Ms. t. VIII. p. 278, je ne me fais pas scrupule de lire αὐτῷ, en le donnant pour complément à γενήσεσθαι.

du danger qu'à le braver. Il n'osait engager la lutte contre des adversaires habiles dans l'art de la guerre, et s'occupait du salut de son armée avec d'autant plus de sollicitude qu'il avait peu de soldats. D'ailleurs il regardait comme un plus grand malheur de les perdre, que de ne pas détruire les forces de l'ennemi. Il calculait enfin que les Carthaginois, qui étaient fort nombreux, pourraient tenter de nouveau les hasards de la guerre après une défaite ; tandis que le moindre échec serait irréparable pour lui. Il raisonnait ainsi moins d'après les pertes qu'il faisait en ce moment, que par le souvenir des désastres passés, et disait sans cesse qu'une nation dont la puissance est encore intacte peut souvent supporter aisément les plus grands revers ; tandis que les échecs les plus légers épuisent celle qui déjà en a essuyé d'autres. Aussi, un jour que son fils lui conseillait de courir les risques d'une bataille et affirmait qu'il ne perdrait pas plus de cent hommes, Fabius, toujours impassible, lui demanda s'il consentirait à être de ce nombre.

4. Comme dans M. A. Mai, au lieu de πταίσειεν παντί, variante fautive dans le Ms. du Vatic.
5. D'après l'Éditeur de Leipzig, au lieu de δὲ donné par M. A. Mai.
6. Le même fait est rapporté en d'autres termes dans un extrait du *Florileg. Vatic.*, A. M. p. 544, éd. Rom. Le voici : Τοῦ υἱοῦ Φαβίου τῷ πατρὶ εἰπόντος, συμμίξωμεν τῷ Ἀννίβᾳ, καὶ ἑκατὸν πάντως οὐκ ἀποβαλοῦμαι · ἔφη αὐτῷ, ἐβούλου δὲ σὺ τῶν ἑκατὸν εἶναι ;

CLXXXIV. Ἔγκλημα [1] γ[ὰρ ἔ]χω [2] οὐχ ὅτι προπετῶς ἐς τὰς μάχας χωρῶ, οὐδ' ὅτι διὰ κινδύνων στρατηγῶ, ἵνα πολλοὺς μὲν τῶν στρατιωτῶν ἀποβαλών, πολλοὺς δὲ καὶ τῶν πολεμίων ἀποκτείνας, αὐτοκράτωρ δὲ ὀνομασθῶ καὶ τὰ ἐπινίκια πέμψω, ἀλλ' ὅτι βραδύνω καὶ ὅτι μέλλω καὶ ὅτι τῆς σωτηρίας ὑμῶν ἰσχυρῶς ἀεὶ προορῶμαι.

Πῶς μὲν γὰρ οὐκ ἄτοπον τά τε ἔξω καὶ τὰ πόρρω πραττόμενα προθυμεῖσθαι ἡμᾶς κατορθῶσαι, πρὸ τοῦ τὴν πόλιν αὐτὴν ἐπανορθῶσαι; πῶς δ' οὐ σχέτλιον τῶν πολεμίων σπουδάζειν κρατῆσαι, πρὸ τοῦ τὰ σφέτερα εὖ θέσθαι;

Εὖ οἶδ' ὅτι [3] καὶ τραχέως δοκῶ ὑμῖν διαλέγεσθαι· ἀλλὰ πρῶτον μὲν λογίσασθε, ὅτι καὶ οἱ ἰατροὶ συχνοὺς καὶ καίοντες καὶ τέμνοντες, ὅτ' ἂν μὴ δύνωνται ἄλλως πως ὑγιεῖς γενέσθαι, θεραπεύουσιν· ἔπειθ' ὅτι οὔθ' ἑκὼν [4] οὔθ' ἡδέως αὐτὰ λέγω· ὥστε ἐγὼ μὲν καὶ αὐτὸς τοῦθ' ὑμῖν ἐγκαλῶ, ὅτι με εἰς τούτους τοὺς λόγους προηγάγετε· ὑμεῖς δέ, εἴπερ ἄχθεσθε τοῖς εἰρημένοις, μὴ ποιεῖτε ταῦτα ἐφ' οἷς ἀναγκαίως κακῶς ἀκούετε· εἰ γὰρ δὴ δάκνει τινὰς ὑμῶν τὰ ὑπ' ἐμοῦ λεγόμενα, πῶς οὐ πολὺ μᾶλλον καὶ ἐμὲ καὶ τοὺς ἄλλους πάντας τὰ ὑφ' ὑμῶν πραττόμενα;

---

1. (Exc. Vat. A. M. p. 542-544, éd. Rom.)
J'ai réuni les quatre fragments n° 48, 50, 51 et 52 de M. A. Mai, l. l.; ils peuvent être regardés comme extraits d'une réponse de Fabius à ses accusateurs, ou d'une apologie prononcée par un de ses amis. Cette seconde hypothèse est la plus probable : d'après Tite-Live, XXII, 25, Fabius ne parla point devant le peuple; parce que son discours aurait été

CLXXXIV. Si je suis en butte à des accusations, ce n'est pas que je me précipite témérairement dans les combats, ou que j'expose l'armée au danger dans le but d'obtenir, par la perte de mes soldats et par le massacre de mes ennemis, le titre d'*imperator* et les honneurs du triomphe : c'est parce que je suis lent ; parce que je temporise et que je suis sans cesse fortement préoccupé de votre salut.

Comment ne serait-il pas insensé de faire des efforts pour réussir au dehors et loin de Rome, avant d'avoir rétabli nos affaires intérieures ? Comment ne serait-il pas absurde de chercher à subjuguer les ennemis, avant d'avoir mis nos propres affaires en bon état ?

Je le sais, mes paroles vous paraissent dures ; mais considérez d'abord que les médecins pratiquent souvent les cautérisations et les amputations, quand les malades n'ont pas d'autre moyen de recouvrer la santé. En second lieu, je ne vous tiens pas un tel langage volontairement et avec plaisir : bien au contraire, je vous reproche de m'avoir mis dans la nécessité de parler ainsi. Pour vous, puisque mes discours vous blessent, ne faites rien qui puisse vous attirer un blâme inévitable. Si quelques-uns d'entre vous sont choqués de mes paroles, comment tous les autres citoyens et moi-même ne le serions-nous pas beaucoup plus de votre conduite ?

---

mal accueilli. Plutarque, l. l. IX, suit la même tradition : Ἐπεὶ δ' ὁ Φάβιος — ὡς κινδυνεύοντος τοῦ Μινουκίου.

2. M. A. Mai lit πάσχω, mais en avertissant qu'on peut aussi bien admettre ἔχω, à cause de l'état du Ms. J'adopte la seconde conjecture.

3. Le passage εὖ οἶδ' ὅτι — πραττόμενα se retrouve dans Dion, LVI, 6.

4. Οὔτε ἑκών, dans M. A. Mai, comme dans Dion, l. l.

Ἔχει γὰρ πικρὸν ὁ τῆς ἀληθείας λόγος, ἐπειδ᾽ ἄν τις ἀκράτῳ παρρησίᾳ χρώμενος μεγάλων ἀγαθῶν προσδοκίαν ἀφαιρῆται· τὰ δὲ προσηνῆ καὶ ψευδῆ πείθει τοὺς ἀκούοντας.

CLXXXV. Ὅτι [1] οἱ Καρχηδόνιοι οὐχ ὅπως αὐτεπάγγελτοί τι τῷ Ἀννίβᾳ ἔπεμψαν, ἀλλ᾽ ἐν γέλωτί τε αὐτὸν ἐποιοῦντο, ὅτι τε εὖ πράττειν καὶ ὅτι πολλὰ κατορθοῦν εἴ ποτε γράφων σφίσι καὶ χρήματα καὶ στρατιώτας παρ᾽ αὐτῶν ᾔτει· λέγοντες μηδὲν ὁμολογεῖν τὰς αἰτήσεις αὐτοῦ ταῖς κατορθώσεσι· τοὺς γὰρ κρατοῦντας προσήκειν καὶ τῷ παρόντι στρατεύματι ἀρκεῖσθαι καὶ χρήματα οἴκαδε πέμπειν, ἀλλ᾽ οὐχ ἕτερα πρὸς ἑαυτῶν προσεπαιτεῖν [2].

CLXXXVI. Ὅτι [3] Ἀννίβας ἤτοι χαριζόμενος τῷ Φαβίῳ, ὡς καὶ ἐπιτηδείῳ σφίσιν ὄντι, ἢ καὶ ἐπὶ διαβολῇ αὐτοῦ, οὐδὲν τῶν προσηκόντων οἱ κατέδραμεν [4]. Καὶ διὰ τοῦτ᾽ ἀντιδόσεως τῶν αἰχμαλώτων τοῖς Ῥωμαίοις πρὸς τοὺς Καρχηδονίους, ὥσθ᾽ ὁποτέρων πλείους εὑρεθῶσιν ἀπολυτρωθῆναι σφᾶς, γενομένης καὶ τῶν Ῥωμαίων μὴ βουληθέντων αὐτοὺς ἐκ τοῦ δημοσίου λυτρώσασθαι, τὰ χωρία ὁ Φάβιος ἀποδόμενος τὰ λύτρα αὐτοῖς ἐχαρίσατο [5].

1. (Exc. Vat. LXXIV. A. M. p. 194, éd. Rom.)
2. Zonaras raconte le même fait avec de légères variantes, l. l. 26. p. 414-415, éd. Du C. : Οἱ γὰρ Καρχηδόνιοι καὶ ἐν γέλωτι αὐτὸν ἐποιοῦντο, γράφοντα εὖ πράττειν καὶ πολλὰ κατορθοῦν, καὶ στρατιώτας παρ᾽ αὐτῶν αἰτοῦντα καὶ χρήματα· λέγοντες μὴ συμφωνεῖν τὰς αἰτήσεις ταῖς κατορθώσεσι. Τοὺς γὰρ νικῶντας προσήκει καὶ τῷ παρόντι ἀρκεῖσθαι στρατεύματι, καὶ χρήματα στέλλειν οἴκαδε, ἀλλ᾽ οὐ προσαιτεῖν.
3. (Exc. Peir. XLVIII. R. p. 23.)

Le langage de la vérité paraît plein d'amertume; lorsque, par une franchise sans ménagement, un orateur fait évanouir l'espoir de grands avantages; mais des paroles insinuantes et trompeuses plaisent aux auditeurs.

CLXXXV. Les Carthaginois, au lieu de se montrer empressés d'accorder des secours, se moquaient d'Annibal qui, tout en leur écrivant que la fortune lui était favorable et qu'il remportait de nombreuses victoires, sollicitait des envois d'hommes et d'argent. Ils répétaient que ses demandes ne s'accordaient pas avec ses succès; qu'un général victorieux devait se contenter de l'armée qui était sous les drapeaux, et envoyer de l'argent à sa patrie, bien loin de lui en demander sans cesse.

CLXXXVI. Annibal, pour gagner Fabius, en le traitant comme un ami des Carthaginois, ou bien pour l'exposer à la calomnie, ne commit aucun dégât sur ses terres. Aussi, lorsqu'il fut question de l'échange des prisonniers, entre les Romains et les Carthaginois, à condition que celui des deux peuples auquel appartiendrait le plus grand nombre, payerait une rançon, les Romains ne voulurent point qu'elle fût prise dans le trésor public : Fabius vendit ses terres pour l'acquitter.

---

4. Plutarque, Fabius, VII : Βουλόμενος δὲ μᾶλλον ἐκκαῦσαι τὴν πρὸς αὐτὸν ὀργὴν τῶν Ῥωμαίων ὁ Ἀννίβας, ὡς ἦλθεν ἐπὶ τοὺς ἀγροὺς αὐτοῦ, τὰ μὲν ἄλλα πάντα καίειν καὶ διαφθείρειν ἐκέλευσεν, ἐκείνων δ' ἀπεῖπεν ἅπτεσθαι μόνων, καὶ παρακατέστησε φυλακὴν οὐδὲν ἐῶσαν ἀδικεῖν, οὐδὲ λαμβάνειν ἐκεῖθεν κτλ.

5. Le même, l. l. : Ἐγεγόνει δὲ καὶ τῇ Βουλῇ δι' ὀργῆς, οὐχ ἥκιστα μεμφομένη τὰς περὶ τῶν αἰχμαλώτων πρὸς Ἀννίβαν ὁμολογίας. Ὡμολογήκει γὰρ αὐτῷ, ἄνδρα μὲν ἀνδρὶ λύεσθαι τῶν ἁλισκομένων, εἰ δὲ πλείους οἱ ἕτεροι

Καὶ διὰ τοῦτο αὐτὸν μὲν οὐκ ἔπαυσαν· τῷ δὲ ἱππάρχῳ τὴν αὐτήν οἱ ἐξουσίαν ἔδωκαν, ὥστ᾽ ἀμφοτέρους ἅμα ἀπὸ τῆς ἴσης ἄρχειν [1]. Καὶ ὁ Φάβιος οὐδεμίαν ὀργὴν οὔτε τοῖς πολίταις οὔτε τῷ Ῥούφῳ ἔσχε [2]. Τῶν τε γὰρ ἀνθρωπίνων πραγμάτων συνεγίνωσκεν αὐτοῖς, καὶ ἀγαπητὸν ἐποιεῖτο, εἰ καὶ ὁπωσοῦν περιγένοιντο. Τὸ γὰρ κοινὸν σώζεσθαι καὶ κρατεῖν, ἀλλ᾽ οὐκ αὐτὸς εὐδοξεῖν ἤθελεν. Τήν τε ἀρετὴν οὐκ ἐν τοῖς ψηφίσμασιν, ἀλλ᾽ ἐν τῇ ἑκάστου ψυχῇ εἶναι, καὶ τὸ κρεῖττον τό τε χεῖρον οὐκ ἀπὸ δόγματός τινι, ἀλλ᾽ ἐκ τῆς αὐτοῦ ἐκείνου ἐπιστήμης ἢ ἀμαθίας ὑπάρχειν ἐνόμιζεν.

Ὁ δὲ δὴ Ῥοῦφος οὐδὲ ἐν τῷ πρὶν ὀρθῶς φρονῶν, τότε δὴ καὶ μᾶλλον ἐπεφύσητο. Καὶ κατέχειν ἑαυτόν, ἅτε καὶ τῆς ἀπειθαρχίας ἆθλον τὴν πρὸς τὸν δικτάτορα ἰσομοιρίαν προσλαβών, οὐκ ἐδύνατο. Ἀλλ᾽ ἡμέραν ἠξίου παρ᾽ ἡμέραν ἢ καὶ πλείους ἐναλλὰξ μόνος ἄρχειν [3]. Ὁ δὲ Φάβιος

γένοιντο, διδόναι δραχμὰς ὑπὲρ ἑκάστου τῶν κομιζομένων πεντήκοντα καὶ διακοσίας. Ὡς οὖν, γενομένης τῆς κατ᾽ ἄνδρα διαμείψεως, εὑρήθησαν ὑπόλοιποι Ῥωμαίων παρ᾽ Ἀννίβᾳ τεσσαράκοντα καὶ διακόσιοι, τούτων ἡ σύγκλητος ἔγνω τὰ λύτρα μὴ πέμπειν· καὶ προσηπιᾶτο τὸν Φάβιον, ὡς οὐ πρεπόντως, οὐδὲ λυσιτελῶς ἄνδρας ὑπὸ δειλίας πολεμίων ἄγραν γενομένους ἀνακομιζόμενον. Ταῦτ᾽ ἀκούσας ὁ Φάβιος, τὴν μὲν ὀργὴν ἔφερε πράως τῶν πολιτῶν, χρήματα δ᾽ οὐκ ἔχων, διαψεύσασθαι δὲ τὸν Ἀννίβαν καὶ προέσθαι τοὺς πολίτας οὐχ ὑπομένων, ἔπεμψε τὸν υἱὸν εἰς Ῥώμην, κελεύσας ἀποδόσθαι τοὺς ἀγροὺς, καὶ τὸ ἀργύριον εὐθὺς ὡς αὐτὸν ἐπὶ τὸ στρατόπεδον κομίζειν. Cf. Exc. Peir. LV. R. p. 25; Tite-Live, XX, 23; Valère Maxime, IV, 8, 1.

1. Plutarque, l. l. IX : Τοιούτοις λόγοις κινηθέντες οἱ ἄνθρωποι, τὸν μὲν Φάβιον οὐκ ἐτόλμησαν ἀναγκάσαι καταθέσθαι τὴν μοναρχίαν, καίπερ ἀδοξοῦντα, τὸν δὲ Μινούκιον ἐψηφίσαντο, τῆς στρατηγίας ὁμότιμον ὄντα, διέπειν τὸν πόλεμον ἀπὸ τῆς αὐτῆς ἐξουσίας τῷ δικτάτωρι· πρᾶγμα μὴ πρότερον ἐν

Après un tel acte de générosité, on n'eut garde de le dépouiller de la dictature; mais on donna la même autorité au maître de la cavalerie. Dès lors, le commandement fut simultanément exercé par deux chefs investis de droits égaux. Fabius ne témoigna aucun mécontentement à ses concitoyens, ni à Rufus. Plein d'indulgence pour les passions des hommes, il s'estimait heureux que la République triomphât de ses ennemis, n'importe par quelles mains. Son ambition était d'assurer le salut et la puissance de Rome, et non d'acquérir de la gloire; persuadé que le mérite n'est point conféré par un décret, qu'il a sa source dans l'âme, et que ce n'est pas un plébiscite, mais l'habileté ou l'inexpérience du général qui amène les victoires et les défaites.

Rufus jusqu'alors avait été dépourvu de sagesse: il fut plus orgueilleux encore et ne put se contenir, du moment où, pour prix de son insubordination envers le dictateur, il marcha son égal. Il voulait que le commandement passât alternativement dans les mains des chefs, de deux jours l'un, ou même pendant plusieurs jours; mais Fabius craignit que son

---

Ῥώμῃ γεγονὸς, ὀλίγῳ δ' ὕστερον αὖθις γενόμενον, μετὰ τὴν ἐν Κάνναις ἀτυχίαν. Zonaras, l. l. p. 415, éd. Du C. : Τῷ δ' Ἱππάρχῳ τὴν αὐτὴν ἐξουσίαν προσένειμαν, ὥστ' ἄμφω ἀπὸ τῆς ἴσης ἄρχειν.

2. De même dans Zonaras, l. l. p. 415, éd. Du C. Plutarque, l. l. X : Οὕτω Φάβιος ἔφερεν ἀπαθῶς καὶ ῥᾳδίως, ὅσον ἐπ' αὐτῷ, τὰ γινόμενα, συμβαλλόμενος ἀπόδειξιν τῶν φιλοσόφων τοῖς ἀξιοῦσι, μήτε ὑβρίζεσθαι, μήτ' ἀτιμοῦσθαι τὸν ἀγαθὸν ἄνδρα καὶ σπουδαῖον. Ἠνία δ' αὐτὸν ἡ τῶν πολλῶν ἀβουλία διὰ τὰ κοινὰ, δεδωκότων ἀφορμὰς ἀνδρὸς οὐχ ὑγιαινούσῃ φιλοτιμίᾳ πρὸς τὸν πόλεμον.

3. Zonaras, l. l., copie à peu près littéralement ce passage. Plutarque, l. l. : Καὶ δεδοικὼς μὴ, παντάπασιν ἐκμανεὶς ὑπὸ κενῆς δόξης καὶ ὄγκου, φθάσῃ τι κακὸν ἀπεργασάμενος, λαθὼν ἅπαντας ἐξῆλθε· καὶ παραγενόμενος εἰς τὸ στρατόπεδον, καὶ καταλαβὼν τὸν Μινούκιον οὐκέτι καθεκτὸν, ἀλλὰ βαρὺν καὶ τετυφωμένον, καὶ παρὰ μέρος ἄρχειν ἀξιοῦντα, τοῦτο μὲν οὐ συν-

304 ΔΙΩΝΟΣ ΤΟΥ ΚΑΣΣΙΟΥ ΛΕΙΨΑΝΑ. ΒΙΒΛ. Α-ΛϚ.

φοβηθείς μή τι κακόν σφᾶς, εἰ πάσης τῆς δυνάμεως ἐγκρατὴς γένοιτο, ἐξεργάσαιτο, πρὸς οὐδέτερον αὐτῷ συνήνεσεν· ἀλλ' ἐνείματο τὸ στράτευμα, ὥστε ἐν ὁμοίῳ τοῖς ὑπάτοις καὶ ἐκείνους ἰδίαν ἑκάτερον ἰσχὺν ἔχειν [1]. Καὶ παραχρῆμα ἀπεστρατοπεδεύσαντο, ἵνα καὶ τῷ ἔργῳ διάδηλος, ὅτι αὐτὸς καθ' ἑαυτὸν ἀλλ' οὐχ ὑπὸ τῷ δικτάτορι ἄρχοι, γένοιτο [2].

CLXXXVII. Ὅτι [3] τοῖς πολλοῖς σύνηθες τοῖς ἀρχομένοις συμφέρεσθαι ῥᾳδίως· ἄλλως τε καὶ ἐπὶ διαβολῇ τῶν εὐδοκιμούντων προστίθενται· διότι τὸ μὲν ἄρτι προσφαινόμενον συναύξειν, τὸ δὲ ὑπερέχον ἐκκαθαιρεῖν [4] πεφύκασι· τοῖς μὲν γὰρ ἐπὶ πλείονος σφῶν προφέρουσιν οὐκ ἄν τις ἐξαίφνης παρισωθείη· τὸ δ' ἀδόκητον αὐξηθὲν ἐλπίδα καὶ ἐκείνοις ἐς τὴν ὁμοίαν εὐτυχίαν φέρει.

CLXXXVIII. Ὅτι [5] ὁ Ῥοῦφος ἰσομοιρίαν λαχὼν τῷ δικτάτορι καὶ ἡττηθεὶς ὑπὸ Καρχηδονίων [6] μετεβάλετο [7].

ἐχώρησε, τὴν δὲ δύναμιν διενείματο πρὸς αὐτόν, ὡς μέρους μόνον ἄρχειν βέλτιον ὄν, ἢ πάντων παρὰ μέρος.

1. Zonaras, l. l. : Δείσας δ' ὁ Φάβιος μή τι κακὸν ἐξεργάσηται, εἰ πάσης τῆς δυνάμεως γένοιτο ἐγκρατής, πρὸς οὐδέτερον αὐτῷ συνήνεσεν, ἀλλ' ἐνείματο τὸ στρατόπεδον, ὥστε τοῖς ὑπάτοις ἐπίσης, ἰδίαν ἑκάτερον ἰσχὺν ἔχειν. Plutarque, l. l., est plus précis : Καὶ τὸ μὲν πρῶτον τῶν ταγμάτων καὶ τὸ τέταρτον αὐτὸς ἔλαβε· τὸ δὲ δεύτερον καὶ τὸ τρίτον ἐκείνῳ παρέδωκεν, ἐπίσης καὶ τῶν συμμαχικῶν διανεμηθέντων.

2. Cf. Plutarque, l. l. XI. Zonaras, l. l., reproduit Dion assez fidèlement : Καὶ παραχρῆμα ὁ Ῥοῦφος ἀπεστρατοπεδεύσατο, ἵνα διάδηλος ᾖ ὅτι καθ' ἑαυτὸν ἄρχει, ἀλλ' οὐκ ὑπὸ δικτάτορι. (Δικτάτωρι, dans Du Cange, qui pour d'autres passages donne δικτάτορος — δικτάτορι — δικτάτορα, orthographe que j'adopte partout pour ce mot et pour ses dérivés, d'après les meilleurs Ms. de Dion.)

collègue ne causât quelque désastre à la République, si toute l'armée lui était confiée. Il ne souscrivit donc à aucune des propositions de Rufus, et partagea l'armée, de manière que le maître de la cavalerie et lui eurent chacun la sienne, comme c'était l'usage entre les consuls. Aussitôt ils campèrent séparément; afin qu'il fût bien évident que Rufus agissait par sa seule autorité et n'était pas subordonné au dictateur.

CLXXXVII. La multitude se montre d'ordinaire facile, pour soutenir les hommes qui commencent à se distinguer ; mais elle attaque sans ménagement ceux qui ont de la célébrité. Elle aime à favoriser l'accroissement d'une renommée naissante et à renverser les supériorités déjà établies. Celles-ci, en effet, ne peuvent être immédiatement égalées ; tandis qu'une élévation imprévue laisse espérer à d'autres un semblable bonheur.

CLXXXVIII. Rufus, revêtu de la même autorité que le dictateur, revint à de meilleurs sentiments, après avoir été battu par les Carthaginois : l'adversité rend

An de Rome 537.

---

3. (Exc. Vat. LXXV. A. M. p. 194, éd. Rom.)
4. Au lieu de ἐκκαθαίρειν, donné par M. A. Mai.
5. (Exc. Vat. LXXV. A. M. p. 194, éd. Rom.)
6. Voici, d'après Zonaras, l. l. p. 415, Du C., le résumé des faits omis par le Compilateur : Ὁ οὖν Ἀννίβας τοῦτο αἰσθόμενος, ἐς μάχην αὐτὸν ὑπηγάγετο, ὡς ἐπὶ καταλήψει τοῦ χωρίου προσελθών· καὶ περιστοιχισάμενος ἐξ ἐνέδρας, εἰς κίνδυνον κατέστησεν, ὡς πανστρατιᾷ ἐξελεῖν, εἰ μὴ ὁ Φάβιος κατὰ νώτου αὐτῷ προσπεσὼν ἐκώλυσε. Cf. Plutarque, Fabius, XI-XII.
7. Zonaras, l. l. et p. 416, éd. Du C. : Παθὼν οὖν τοῦτο ὁ Ῥοῦφος μετεβάλετο, καὶ τὸ στράτευμά τε τὸ περίλοιπον ἐς τὸν Φάβιον εὐθὺς ἤγαγε, καὶ τὴν ἀρχὴν παραδέδωκεν, οὐδ᾽ ἀνέμεινε τὸν δῆμον ἀναψηφίσασθαι, ἀλλ᾽ ἐθελοντὴς τὴν ἡγεμονίαν, ἣν παρ᾽ αὐτοῦ μόνος Ἱππάρχων ἔλαβεν, ἀφῆκε· καὶ αὐτὸν ἐπὶ τούτῳ πάντες ἐπῄνεσαν. Cf. Tite-Live, XXII, 29.

Après avoir montré, l. l. XII, Fabius marchant au secours de Minucius

σωφρονίζουσι γάρ πως τοὺς μὴ πάνυ ἀνοήτους αἱ συμφοραί· καὶ ἐθελοντὴς τὴν ἡγεμονίαν ἀφῆκε· καὶ αὐτὸν ἰσχυρῶς ἐπὶ τούτῳ πάντες ἐπήνεσαν· οὐ γὰρ ὅτι μὴ κατ' ἀρχὰς ἔγνω, μεμπτὸς ἐνομίζετο, ἀλλ' ὅτι μὴ κατώκνησε μετανοῆσαι, καλῶς ἤκουε· τὸ μὲν γὰρ ἀπὸ πρώτης εὐθὺς τὰ προσήκοντά τινα ἑλέσθαι, τὸ εὐτυχίας ἔργον ἡγοῦντο εἶναι, τὸ δὲ ἐκ τῆς πείρας τῶν πραγμάτων τὰ βελτίω μαθόντα μὴ αἰσχυνθῆναι μεταθέσθαι μεγάλως ἐπῄνουν [1]· καὶ ἐκ τούτου δειχθῆναι σαφῶς ὅσον ἀνὴρ ἀνδρὸς, ἀρετή τε ἀληθὴς δοκήσεως διαφέρει. Ἃ γοῦν φθόνῳ καὶ διαβολῇ πρὸς τῶν πολιτῶν ὁ Φάβιος ἀφῃρέθη, ταῦτα παρ' ἑκόντος τοῦ συνάρχοντος καὶ δεομένου γε ἀνεκτήσατο.

CLXXXIX. Ὅτι [2] ὁ αὐτὸς μέλλων ἐκ τῆς ἀρχῆς ἀπαλλαγήσεσθαι [3] τοὺς ὑπάτους μετεπέμψατο, καὶ ἐκείνην [4] τε αὐτοῖς παρέδωκε, καὶ προσπαρῄνεσε πάνθ' ὅσα πραχθῆναι ἐχρῆν ἀφθονώτατα· τήν τε γὰρ σωτηρίαν τῆς πόλεως προετίμα τοῦ μόνος γε δοκεῖν καλῶς ἄρχειν, καὶ οὐκ ἐξ ὧν

---

et mettant les Carthaginois en fuite, Plutarque, ch. XIII, peint avec son charme accoutumé la reconnaissance du maître de la cavalerie. Tout ce passage mériterait d'être transcrit : je me borne aux dernières paroles de Minucius : Δύο νίκας, ὦ Δικτάτωρ, τῇ σήμερον ἡμέρᾳ νενίκηκας, ἀνδρίᾳ μὲν Ἀννίβαν, εὐβουλίᾳ δὲ καὶ χρηστότητι τὸν συνάρχοντα· καὶ δι' ἧς σέσωκας μὲν ἡμᾶς, δι' ἧς δὲ πεπαίδευκας, ἡττωμένους αἰσχρὰν μὲν ἧτταν ὑπ' ἐκείνου, καλὴν δὲ καὶ σωτήριον ὑπὸ σοῦ. Πατέρα δή σε χρηστὸν προσαγορεύω, τιμιωτέραν οὐκ ἔχων προσηγορίαν, ἐπεὶ τῆς γε τοῦ τεκόντος χάριτος μείζων ἡ παρὰ σοῦ χάρις αὕτη. Ἐγεννήθην μὲν γὰρ ὑπ' ἐκείνου μόνος, σώζομαι δ' ὑπὸ σοῦ μετὰ τοσούτων.

1. Plutarque, l. l. XIII, fait dire en d'autres termes la même chose à Minucius dans la harangue qu'il adresse à ses soldats, après sa défaite : Ἄνδρες, ἔφη, συστρατιῶται, τὸ μὲν ἁμαρτάνειν μηδὲν ἐν πράγμασι μεγάλοις,

sage l'homme qui n'est pas tout à fait dépourvu de raison. Rufus renonça de lui-même au commandement, et chacun le combla d'éloges pour cette résolution. Loin de lui reprocher d'avoir manqué de prudence dans le principe, ses concitoyens le félicitaient d'avoir eu le courage de se repentir. Ils pensaient que celui qui prend tout d'abord le parti le plus sage en est redevable à un heureux hasard; et ils le louaient de ce qu'instruit par l'expérience, il n'avait pas rougi de se corriger et de montrer clairement par là combien un homme l'emporte sur un autre homme et la vertu véritable sur l'apparence de la vertu. Ainsi, Fabius recouvra par la volonté et même par les prières de son collègue l'autorité que la jalousie et les calomnies de ses concitoyens lui avaient enlevée.

CLXXXIX. Au moment d'abdiquer, Fabius fit venir les consuls auprès de lui, leur remit le commandement de l'armée et leur donna avec effusion des conseils sur la conduite qu'ils devaient tenir. Il préférait le salut de sa patrie à la satisfaction d'être regardé comme seul capable de commander, et il espérait

---

μεῖζον ἢ κατ' ἄνθρωπόν ἐστι· τὸ δ' ἁμαρτόντα χρήσασθαι τοῖς πταίσμασι διδάγμασι πρὸς τὸ λοιπόν, ἀνδρὸς ἀγαθοῦ καὶ νοῦν ἔχοντος.

2. (Exc. Vat. LXXVI. A. M. p. 194-195, éd. Rom.)

3. Dans M. A. Maï : Ἀπαλλαγήσασθαι, nouvel exemple de la confusion de l'aoriste et du futur. Je suis la leçon de Zonaras qui a copié Dion. Cf. note 4.

4. D'après M. A. Maï, en sous-entendant ἀρχήν. Le Ms. du Vatic. donne ἐκεῖνο : avec ce mot il faudrait sous-entendre στράτευμα qui probablement se trouvait dans le texte de Dion, comme il se trouve dans Zonaras, l. l. p. 416, éd. Du C : Καὶ μέλλων ἀπαλλαγήσεσθαι τῆς ἀρχῆς, τοὺς ὑπάτους μετεπέμψατο καὶ τὸ στράτευμά σφισι παρέδωκε, καὶ πάνθ' ὅσα πραχθῆναι ἐχρῆν παρήνεσεν ἀφθονώτατα.

ἂν ἔπταισαν ἰδιογνωμονήσαντες, ἀλλ' ἐξ ὧν κατώρθωσαν πεισθέντες αὐτῷ μᾶλλον ἐπαινεθήσεσθαι προσεδόκησε· καὶ οἱ ὕπατοι δὲ οὐδὲν θρασέως, κατὰ τὴν τοῦ Φαβίου ὑποθήκην, ἔπραξαν [1]· ἀλλ' ἐν ἀμείνονι τὸ μή τι καταπρᾶξαι τοῦ καὶ σφαλῆναι τιθέμενοι κατὰ χώραν πάντα τὸν τῆς ἡγεμονίας χρόνον ἔμειναν.

CXC. Ὅτι [2] περὶ μαντικῆς καὶ ἀστρονομίας φησὶν ὁ Δίων· Ἐγὼ μέντοι οὔτε περὶ τούτων οὔτε περὶ τῶν ἄλλων ἐκ μαντικῆς προλεγομένων [3] τισὶ συμβαλεῖν ἔχω. Τί γάρ που καὶ βούλεται προσημαίνειν, εἴ γε πάντως τέ τι ἔσται; μηδεμία ἂν αὐτοῦ ἀποτροπὴ μήτ' ἀνθρωπίνῃ περιτεχνήσει, μήτ' αὖ θείᾳ προνοίᾳ γένοιτο [4]· ταῦτα μὲν οὖν ὅπῃ ποτὲ ἑκάστῳ δοκεῖ νομιζέσθω.

CXCI. Ὅτι [5] ἦρχον Παῦλος καὶ Τερέντιος ἄνδρες οὐχ ὁμοιότροποι [6], ἀλλ' ἐξίσου τῷ διαφόρῳ τοῦ γένους καὶ τὰ ἤθη διαλλάττοντες· ὁ μὲν εὐπατρίδης τε ἦν καὶ παιδείᾳ ἐκεκόσμητο, τό τε ἀσφαλὲς πρὸ τοῦ προπετοῦς προετίμα [7], καί πῃ καὶ ἐκ τῆς αἰτίας, ἣν ἐπὶ τῇ προτέρᾳ ἀρχῇ εἰλήφει

---

1. Zonaras, l. l. : Κἀκεῖνοι θρασέως οὐδὲν, ἀλλὰ κατὰ τὴν ὑποθήκην τοῦ Φαβίου ἅπαντα ἔπραξαν.
2. (Exc. Vat. LXXVI. A. M. p. 195, éd. Rom.)
3. Allusion aux présages qui annoncèrent la défaite de Cannes. Zonaras, IX. 1. p. 417, éd. Du C. : Ἐν μὲν οὖν τούτοις εὐτύχουν· συμφορᾷ δ' αὖ περιέπεσον, ἧς οὔτε πρόσθεν οὔθ' ὕστερον δεινοτέρα οὐδὲ μία. Προηγήσατο δὲ ταύτης καί τινα τέρατα, καὶ τὰ τῆς Σιβύλλης λόγια, ἥ τις πρὸ τοσούτων ἐτῶν τὴν συμφορὰν αὐτοῖς ἐμαντεύσατο κτλ.
4. Nous avons vu une pensée analogue, Fr. X, p. 24 de cette édition : Οὐ γάρ ἐστιν οὔτε προϊδέσθαι πάντα ἀνθρώπῳ ὄντι, οὔτ' ἀποτροπὴν τῶν ἀναγκαίως ἐσομένων εὑρεῖν.

voir sa gloire d'accroître, non par les revers qu'ils pourraient essuyer en se guidant d'après leurs lumières; mais par les succès qu'ils obtiendraient en se montrant dociles à ses avis. Les consuls les suivirent et ne tentèrent aucune entreprise téméraire : aimant mieux ne rien faire que de s'exposer au danger, ils restèrent dans les mêmes positions, pendant tout le temps de leur charge.

CXC. Dion dit au sujet de la divination et de l'astrologie : « Quant à ces prédictions et à d'autres semblables, tirées de la divination, je ne puis rien conjecturer. A quoi bon annoncer d'avance un évènement, qui doit nécessairement arriver? Rien ne saurait le détourner, ni les moyens humains, ni une prévision divine. Chacun peut donc penser à cet égard ce qui lui convient. »

An de Rome 538.

CXCI. Les chefs de l'armée romaine, Paulus et Térentius, loin de se ressembler, différaient par la naissance comme par le caractère. Le premier, sorti du rang des patriciens, possédait une vaste instruction et préférait la sûreté à une aveugle audace : rendu circonspect par l'accusation qu'il avait encourue durant son premier

---

5. (Exc. Vat. LXXVII. A. M. p. 195-196, éd. Rom.)

6. Zonaras, l. l. p. 417, éd. Du C. : Ἦρχον μὲν Παῦλος Αἰμίλιος καὶ Τερέντιος Οὐάρρων, ἄνδρες οὐχ ὁμοιότροποι. Plutarque, Fabius, XIV, les caractérise en quelques mots : Τερέντιος δὲ Βάρρων εἰς τὴν ὑπατείαν προαχθεὶς ἀπὸ γένους ἀσήμου, βίου δὲ διὰ δημοκοπίαν καὶ προπέτειαν ἐπισήμου, δῆλος ἦν εὐθὺς ἀπειρίᾳ καὶ θρασύτητι τὸν περὶ τῶν ὅλων ἀναρρίψων κύβον. Et un peu plus loin : Διὸ καὶ τὸν συνάρχοντα τοῦ Τερεντίου Παῦλον Αἰμίλιον, ἄνδρα πολλῶν πολέμων ἔμπειρον, οὐκ ἀρεστὸν δὲ τῷ δήμῳ, καὶ κατάπληγα, ἔκ τινος καταδίκης πρὸς τὸ δημόσιον αὐτῷ γεγενημένης, ἀνίστη κτλ.

7. Zonaras, l. l. : Καὶ τὸ ἀσφαλὲς προετίμα τοῦ προπετοῦς.

κεκολουσμένος οὐκ ἐθρασύνετο, ἀλλ' ὅπως μὴ καὶ αὖθις τὸ δεινὸν πάθοι μᾶλλον ἢ ὅπως ἀποτολμήσας τι κατορθώσῃ. Τερέντιος δὲ ἔν τε τῷ ὁμίλῳ ἐτέθραπτο καὶ ἐν θρασύτητι βαναυσικῇ [1] ἤσκητο, καὶ διὰ ταῦτ' ἔς τε τἄλλ' ἐξεφρόνει [2] καὶ τὸ κράτος ἑαυτῷ τοῦ πολέμου προσυπισχνεῖτο, τοῖς τε εὐπατρίδαις πολὺς ἐνέκειτο καὶ τὴν ἡγεμονίαν μόνος διὰ τὴν τοῦ συνάρχοντος ἐπιείκειαν ἔχειν ἡγεῖτο [3]. Ἦλθον οὖν ἄμφω εἰς τὸ στρατόπεδον εὐκαιρότατα· οὔτε γὰρ τροφὴ ἔτι ἦν τῷ Ἀννίβᾳ καὶ τὰ τῶν Ἰβήρων κεκίνητο, τά τε τῶν συμμάχων αὐτοῦ ἠλλοτριοῦτο· καὶ εἴ γε καὶ τὸ βραχύτατον ἐπεσχήκεσαν, ἀπόνως ἐκράτησαν ἄν· νῦν δὲ [4] τὸ τοῦ Τερεντίου ἀπερίσκεπτον [5] καὶ τὸ τοῦ Παύλου ἐπιεικὲς βουλομένου ἀεὶ τὰ προσήκοντα, συγχωροῦντος δὲ τὰ πολλὰ τῷ συνάρχοντι (δεινὴ γάρ ἐστιν ἐλαττωθῆναι θράσους πρᾳότης [6]) ἥττησεν αὐτούς.

Ὅτι ἐν τῇ συμπλοκῇ τοῦ πολέμου οὐδ' οἱ πάνυ θαρσοῦντες ἐλαφροτέραν τὴν ἐλπίδα τοῦ φόβου πρὸς τὸ ἄδηλον αὐτῆς εἶχον, ἀλλὰ καὶ ὅσῳ μᾶλλον ἡγοῦντο νικήσειν, τόσῳ μᾶλλον ἐδεδίεσαν μή πῃ καὶ σφαλῶσι· τοῖς μὲν γὰρ ἀγνοοῦσί τι οὐδέν ἐστι φοβερὸν ἐκ τῆς ἀπονοίας ὑπομένειν, τὸ δὲ ἐκ λογισμοῦ θαρσοῦν [7]....

---

1. Zonaras, l. l. : Ἐν βαναυσικῇ θρασύτητι ἤσκητο.
2. Le même, l. l. : Καὶ τἄλλα τε ἐξεφρόνει.
3. Au lieu de πρός donné par M. A. Mai, j'adopte διά, d'après Zonaras, l. l. : Τὴν ἡγεμονίαν μόνος ἔχειν ἡγεῖτο διὰ τὴν τοῦ συνάρχοντος ἐπιείκειαν.
4. Le passage ἦλθον οὖν ἄμφω — νῦν δέ est tiré de Zonaras, l. l.
5. D'après l'Éditeur de Leipzig. Zonaras, l. l. : Νῦν δέ γε τοῦ Τερεντίου τὸ ἀπερίοπτον. Dans M. A. Mai, ἀπερίσχελον est une faute d'impression.

consulat, il ne s'abandonnait point à la confiance et songeait plus à ne pas se compromettre de nouveau, qu'à obtenir des succès par un coup de main. Térentius, au contraire, élevé au milieu de la multitude, emporté par une témérité vulgaire, montrait en tout un sot orgueil et comptait présomptueusement sur la victoire. Ennemi déclaré des patriciens, il se croyait seul chef, à cause de la douceur de son collègue. Ils entrèrent en campagne dans le moment le plus favorable : Annibal n'avait plus de vivres, les Espagnols remuaient, et ses alliés faisaient défection. Si les consuls avaient tant soit peu différé de l'attaquer, ils l'auraient vaincu sans peine : l'imprévoyance de Térentius et la mansuétude de Paulus, qui conseillait toujours les mesures les plus sages, mais qui cédait souvent à son collègue (car la douceur ne sait que plier devant l'audace), amenèrent la défaite des Romains.

Au plus fort de la mêlée, les plus hardis eux-mêmes espéraient moins la victoire, qu'ils ne redoutaient l'issue incertaine de la lutte. Plus ils comptaient vaincre, plus ils craignaient un échec : et en effet, les hommes dépourvus d'expérience n'appréhendent rien, à cause de leur aveugle témérité ; ceux, au contraire, dont la confiance est fondée sur la raison....

---

6. Le passage βουλομένου — πρᾳότης manque dans Zonaras, l. l.

7. Passage incomplet : « Sequitur, dit M. A. Mai, p. 196, éd. Rom., in Vaticano palimpsesto lacuna ingens ; nam tertii hujus quaternionis desiderantur paginæ postremæ *quatuor*. Deinde quarti quaternionis quoniam deest folium extimum, desiderantur hoc loco paginæ *duæ*. Ergo lacuna paginarum *sex*. Res autem in hac excerptorum lacuna demersa complectuntur annos CLXXXVI ; quoniam tot revera intersunt anni inter pugnam Cannensem et Labieni commemorationem quæ prima mox occurrit in quarti quaternionis membranis. »

CXCII. Ὅτι [1] Ἀννίβας τὰς Ῥωμαίων συμφορὰς ὑπ' ὄψιν ἀγαγεῖν τοῖς οἴκοι Καρχηδονίοις μηχανώμενος, τρεῖς μεδίμνους Ἀττικοὺς πλήρεις χρυσῶν δακτυλίων ἐς τὴν λίμνην ἀπέπεμπεν, οὓς τοῖς ἱππικοῖς τε καὶ βουλευτικοῖς ἀνδράσι κατὰ τὸν πάτριον νόμον περικειμένοις σκυλεύσας τὰ σώματα τῶν πεπτωκότων ἀνῄρητο [2].

CXCIII. Ὅτι [3] ὁ Σκηπίων πυθόμενός τινας παρασκευάζεσθαι τῶν Ῥωμαίων, τήν τε Ῥώμην ἐγκαταλιπεῖν, καὶ τὴν Ἰταλίαν ὅλην, ὡς τῶν Καρχηδονίων ἐσομένην, ἐπέσχεν αὐτούς, ξιφήρης ἐς τὴν κατάλυσιν ἐν ᾗ ἐκοινολογοῦντο ἐξαίφνης ἐσπηδήσας, καὶ αὐτός τε ὀμόσας πάντα τὰ προσήκοντα καὶ λόγῳ καὶ ἔργῳ πράξειν, καὶ ἐκείνους ὁρκώσας, ὡς παραχρῆμα ἀπολουμένους, ἂν μὴ τὰ πιστὰ αὐτῷ παράσχωνται [4].

Καὶ οἱ μὲν ἐκ τούτου συμφρονήσαντες πρὸς τὸν ὕπατον ἔγραψαν, ὅτι σώζοιντο. Ἐκεῖνος δὲ ἐς μὲν τὴν Ῥώμην οὔτ' ἔγραψε παραχρῆμα, οὔτ' ἄγγελον ἀπέστειλεν· ἐς δὲ τὸ Κανύσιον ἐλθών, τά τε ἐνταῦθα κατεστήσατο, καὶ τοῖς πλησιοχώροις φρουρὰς ὡς ἐκ τῶν παρόντων ἔπεμψεν, προσ-

---

1. (Exc. Vat. A. M. p. 544, éd. Rom.)
2. Zonaras, l. l. p. 418, éd. Du C. : Καὶ τοσοῦτον ἔπεσε πλῆθος, ὥστε τὸν Ἀννίβαν τῶν μὲν ἐκ τοῦ ὁμίλου μηδὲ πειραθῆναι ἐξαιρεῖν ἀριθμόν, περὶ δὲ τῶν ἱππέων καὶ τῶν ἐκ τῆς Βουλῆς ἀριθμὸν μὲν μὴ γράψαι τοῖς οἴκοι Καρχηδονίοις, διὰ δὲ τῶν δακτυλίων ἐνδείξασθαι τοῦτον· χοίνιξι γὰρ σφᾶς ἀπομετρήσας ἀπέστειλε.
3. (Exc. Peir. XLIX. R. p. 23-24.). Sur l'écriture ὁ Σκηπίων, cf. p. 321. not. 3.
4. Tite-Live, XXII, 53 : Pergit ire, sequentibus paucis, in hospitium Metelli; et, quum concilium ibi juvenum de quibus allatum erat inve-

CXCII. Annibal, voulant mettre d'une manière frappante les désastres des Romains sous les yeux des habitants de Carthage, fit transporter dans l'Etang trois médimnes attiques d'anneaux d'or dont les chevaliers et les patriciens ornaient leurs doigts, suivant l'usage de leur pays, et qu'il avait enlevés en dépouillant leurs cadavres.

CXCIII. Scipion, instruit que plusieurs jeunes gens se disposaient à quitter Rome et même l'Italie qui leur semblaient près de tomber au pouvoir des Carthaginois, déjoua leur complot en s'élançant à l'improviste, l'épée à la main, dans l'hôtellerie où ils s'entretenaient de ce projet. Là, il jura qu'il servirait la république de son bras et de ses conseils, et il leur fit prêter le même serment, en menaçant de tuer à l'instant quiconque refuserait d'engager sa foi.

Dès lors il ne régna parmi eux qu'un même sentiment : ils écrivirent au consul qu'ils étaient sauvés ; mais celui-ci n'envoya immédiatement à Rome ni lettre, ni messager. Il se rendit à Canusium, y prit toutes les mesures convenables, distribua, autant que ses forces présentes le permettaient, des garnisons dans les

---

nisset, stricto super capita consultantium gladio : « Ex mei animi sententia, inquit, ut ego rempublicam populi romani non deseram, neque alium civem romanum deserere patiar. Si sciens fallo, tum me, Jupiter optime maxime, domum, familiam, remque meam pessimo leto afficias. In hæc verba, L. Cæcili, jures, postulo, ceterique qui adestis : qui non juraverit, in se hunc gladium strictum esse sciat. » Haud secus pavidi quam si Annibalem cernerent, jurant omnes, custodiendosque semet ipsos Scipioni tradunt. Cf. S. Aur. Victor, De Vir. illustr. XLIX, éd. Arntzen. ; Orose, IV, 16 ; Frontin, Stratag. IV. 7. 39.

βάλλοντάς τε τῇ πόλει ἱππέας ἀπεκρούσατο. Τό τε σύνολον οὔτ' ἀθυμήσας, οὔτε καταπτήξας, ἀλλ' ἀπ' ὀρθῆς τῆς διανοίας, ὥσπερ μηδενὸς σφίσι δεινοῦ συμβεβηκότος, πάντα τὰ πρόσφορα τοῖς παροῦσι καὶ ἐβούλευσε, καὶ ἔπραξεν.

CXCIV. Ὅτι [1] τοὺς Νουκερίνους καθ' ὁμολογίαν ὥστε μεθ' ἑνὸς ἱματίου ἕκαστον ἐκ τῆς πόλεως ἐκχωρῆσαι λαβὼν Ἀννίβας [2], ἐπειδὴ ἐγκρατὴς αὐτῶν ἐγένετο, τοὺς μὲν βουλευτὰς ἐς βαλανεῖα ἀποκλείσας ἀπέπνιξεν [3], τοῖς δὲ ἄλλοις ἀπελθεῖν δῆθεν ὅποι βούλοιντο δούς, πολλοὺς καὶ ἐκείνων ἐν τῇ ὁδῷ ἐφόνευσεν [4]. Οὐ μέντοι αὐτῷ ἐλυσιτέλησε. Φοβηθέντες γὰρ καὶ οἱ λοιποὶ μὴ τὰ ὅμοια πάθωσιν, οὐ συνέβαινον αὐτῷ, καὶ ἀντεῖχον ἐφ' ὅσον ἐξήρκουν [5].

CXCV. Ὅτι [6] ὁ Μάρκελλος καὶ ἀνδρείᾳ, καὶ σωφροσύνῃ, τῇ τε δικαιοσύνῃ πολλῇ ἐχρήσατο. Παρὰ δὲ δὴ τῶν ἀρχομένων οὐ πάντα ἀκριβῶς οὐδὲ χαλεπῶς ἀπῄτει· οὐδὲ ἐπιμέλειαν [7] ὅπως καὶ ἐκεῖνοι τὰ δέοντα πράττωσιν ἐποιεῖτο. Τοῖς δὲ ἁμαρτάνουσί τι αὐτῶν συγγνώμην κατὰ τὸ ἀνθρώπινον ἔνεμε, καὶ οὐκ ὠργίζετο ἔτι, εἰ μὴ ὅμοιοι αὐτῷ εἶεν.

---

1. (Exc. Peir. LI. R. p. 24.)
2. Zonaras donne plus de détails, IX. 2. p. 421, éd. Du C. : Ὁ γε μὴν Ἀννίβας ἐπὶ Νουκερίνους ἐστράτευσεν· οἱ δὲ πολιορκούμενοι τὴν ἄχρηστον σφῶν ἡλικίαν ἀπορίᾳ τροφῶν ἐξεώσαντο· ὁ Ἀννίβας οὐ προσήκατο, ἀλλὰ καὶ εἰς τὴν πόλιν ἀπιοῦσι μόνον ἀσφάλειαν ἔδωκε. Διὸ καὶ οἱ λοιποὶ μεθ' ἑνὸς ἱματίου ἐκχωρῆσαι τοῦ ἄστεος ὡμολόγησαν. Appien, VIII, 63, dit qu'ils obtinrent deux vêtements. Cf. Fr. CXCVIII. p. 317. note 8.
3. Κατακλείσας ἀπέπνιξεν dans Zonaras, l. l.
4. Le même, l. l. : Τοῖς δ' ἄλλοις ἀπελθεῖν εἰπὼν ὅπῃ βούλοιντο, πολλοὺς ἐν τῇ ὁδῷ κἀκείνων ἐφόνευσε. Ici, l'Annaliste ajoute une circonstance sup-

villes voisines et repoussa la cavalerie qui attaquait Canusium. En un mot, exempt de découragement et de crainte, conservant un esprit calme, comme si les Romains n'avaient essuyé aucun revers, ses résolutions et ses actes firent face à tous les besoins du moment.

CXCIV. Les habitants de Nucérie capitulèrent, à condition que chacun, en évacuant la ville, pourrait emporter un vêtement. Annibal, une fois maître de Nucérie, fit étouffer les sénateurs dans leurs bains. Il permit aux autres citoyens de se retirer où ils voudraient; mais plusieurs furent massacrés en route par son ordre. Cette cruauté ne lui fut point profitable : ceux qui avaient échappé à la mort, craignant le même sort, refusèrent de traiter avec lui et résistèrent jusqu'à la dernière extrémité.

CXCV. Marcellus se distinguait par son courage, sa modération et sa justice. Il ne se montrait ni sévère, ni exigeant envers ceux qui étaient sous ses ordres; il ne veillait pas même assez à ce qu'ils remplissent leur devoir. S'ils commettaient quelque faute, il leur pardonnait, par indulgence pour la faiblesse humaine, sans s'indigner de les trouver tout à fait différents de lui-même.

---

primée par le Compilateur : Συχνοὶ δ' οὖν αὐτῶν καὶ περιεγένοντο εἰς ὕλας προκαταφυγόντες.

5. Zonaras, l. l. Ἐκ τούτου δὲ οἱ λοιποὶ φοβηθέντες, οὐ συνέβαινον ἔτι αὐτῷ, ἀλλ' ἀντεῖχον ἕως ἠδύναντο.

6. (Exc. Peir. LI. R. p. 24.)

7. Cette leçon est confirmée par le Ms. de Tours. H. de Valois l'a respectée, mais il traduit par *sed operam quidem dabat ille* ut, etc., comme si le texte portait ἀλλ' ἐπιμέλειαν. Reimar et Sturz ont reproduit cette version. J'ai maintenu la leçon οὐδὲ ἐπιμέλειαν, et j'ai suivi l'interprétation de Wagner : *Er sahe nicht eben genau auf die Art, wie sie ihre Pflicht thaten.*

CXCVI. Ὅτι[1] ἐν τῇ Νώλῃ πολλῶν τοὺς ἁλόντας τε ἐν ταῖς Κάνναις καὶ ἀφεθέντας ὑπὸ τοῦ Ἀννίβου[2] διὰ φόβου[3] τε ἐχόντων, ὡς καὶ τὰ ἐκείνου φρονοῦντας[4], καὶ θανατῶσαι βουλομένων, ἀντέστη. Καὶ μετὰ τοῦτο τὴν ὑποψίαν ἣν ἐς αὐτοὺς εἶχον ἀποκρυψάμενος οὕτω σφᾶς μετεχειρίσατο[5], ὥστε τά τε ἑαυτοῦ ἀνελέσθαι, καὶ χρησιμωτάτους καὶ τῇ πατρίδι, καὶ τοῖς Ῥωμαίοις γενέσθαι.

CXCVII. Ὅτι[6] ὁ αὐτὸς Μάρκελλος τῶν ἱππέων τινὰ τῶν Λευκανῶν αἰσθόμενος ἐν ἔρωτι γυναικὸς ὄντα, συνεχώρησεν αὐτῷ καὶ ἐν τῷ στρατοπέδῳ αὐτὴν ἔχειν, ὅτι κράτιστα ἐμάχετο· καίπερ ἀπαγορεύσας μηδεμίαν ἐς τὸ τάφρευμα γυναῖκα ἐσιέναι.

CXCVIII. Ὅτι[7] τὰ αὐτὰ ἐποίησε καὶ τοῖς Νουκερίνοις[8], πλὴν καθόσον ἐς φρέατα τοὺς βουλευτὰς, καὶ οὐκ ἐς βαλανεῖα ἐνέβαλεν.

---

1. (Exc. Peir. LII. R. p. 24-25.)
2. Dans le Ms. de Tours : Ἀννίβαλ.
3. Cette construction est de rigueur ici : aussi n'ai-je pas hésité à la substituer, comme Reimar, à διὰ φόβον qui se trouve dans le Ms. de Tours et dans H. de Valois. La confusion du ν et de l'υ, à la fin des mots, est fréquente. Cf. Bast, Comment. Palæogr., p. 727-735.
4. J'adopte cette leçon d'après Reiske et Sturz, au lieu de l'ancienne φρονούντων, qui est contraire à l'enchaînement des idées. Wagner et M. Tafel ont suivi la conjecture de Reiske. Henri de Valois et Reimar, tout en conservant φρονούντων ont traduit, le premier par *suspectos proditionis*, le second par *velut ejus partibus addictos*, comme si leur texte portait φρονοῦντας.
5. L'ancienne leçon οὐ σφᾶς μετεχειρίσατο, ὥστε, confirmée par le Ms. de Tours ne donnait aucun sens. A l'exemple de Sturz, j'adopte οὕτω, correction proposée par H. de Valois. M. Tafel a traduit d'après cette conjecture.
6. (Exc. Peir. LIII. R. p. 25.)

CXCVI. Plusieurs habitants de Nole regardaient comme dévoués à Annibal ceux de leurs concitoyens qu'il avait pris à la bataille de Cannes et mis ensuite en liberté : ils les craigaient et voulaient les mettre à mort ; Marcellus s'y opposa. Il cacha même à ces prisonniers les soupçons qui planaient sur eux, et gagna si bien leur affection, qu'ils embrassèrent sa cause et furent d'une grande utilité à leur patrie et aux Romains.

CXCVII. Le même Marcellus, instruit qu'un cavalier Lucanien aimait éperdûment une femme, lui permit, en récompense de son courage, de la garder auprès de lui dans le camp ; quoiqu'il en eût interdit l'entrée aux femmes.

CXCVIII. Annibal traita les habitants d'Acerræ comme ceux de Nucérie, après s'être emparé de leur ville aux mêmes conditions. Seulement, il fit jeter leurs sénateurs dans les puits et non dans les bains.

---

7. (Exc. Peir. LIV. R. p. 25.)
8. Ce texte est incomplet. Voici comment Zonaras, l. l. p. 421, éd. Du C., raconte les faits : Ἀποκρουσθεὶς (s.-ent. ὁ Ἀννίβας) δὲ τῆς Νώλης, Ἀκεράνους (lis. Ἀκερράνους ou Ἀχερράνους) εἷλε λιμῷ, ἐπὶ ταῖς αὐταῖς τοῖς Νουκερίνοις συνθήκαις, καὶ τὰ αὐτὰ εἰργάσατο καὶ αὐτούς. D'après ce passage, H. de Valois propose de refaire ainsi l'Extrait de Peiresc : Ὅτι καὶ Ἀκερράνους ἑλὼν ἐπὶ ταῖς αὐταῖς τοῖς Νουκερίνοις συνθήκαις, τὰ αὐτὰ ἐποίησε, πλὴν κτλ. Reiske propose τὰ αὐτὰ ἐποίησεν ἃ καὶ τοὺς Νουκερίνους, et Sturz ἃ καὶ τοῖς Νουκερίνοις. Je conserve l'ancienne leçon ; mais je traduis d'après la conjecture de H. de Valois.

Appien fait allusion à ces faits, VIII, 63 : Οὗτοι (les Carthaginois) Νουκερίαν, ὑπήκοον ἡμῶν, ἐπὶ συνθήκῃ λαβόντες, καὶ ὀμόσαντες σὺν δύο ἱματίοις ἕκαστον ἀπολύσειν, τὴν μὲν βουλὴν αὐτῶν ἐς τὰ βαλανεῖα συνέκλεισαν, καὶ ὑποκαίοντες τὰ βαλανεῖα ἀπέπνιξαν, τὸν δὲ δῆμον ἀπιόντα κατηκόντισαν. Ἀχερράνων δὲ τὴν βουλὴν ἐν σπονδαῖς ἐς τὰ φρέατα ἐνέβαλον, καὶ τὰ φρέατα ἐνέχωσαν.

CXCIX. Ὅτι [1] ὁ Φάβιος τοὺς πολίτας ἐν ταῖς πρὶν μάχαις ζωγρηθέντας, τοὺς μὲν ἄνδρα ἀντ' ἀνδρὸς ἐκομίσατο, τοὺς δὲ καὶ χρημάτων ἀπολύσασθαι συνέθετο. Μὴ δεξαμένης δὲ τῆς βουλῆς τὸ ἀνάλωμα, ὅτι μηδὲ τὴν λύσιν αὐτῶν συνεπῄνεσε, τά τε ἑαυτοῦ χωρία, ὥσπερ εἶπον [2], ἀπεκήρυξε, καὶ ἐκ τῆς τιμῆς σφῶν τὰ λύτρα αὐτοῖς ἐχαρίσατο.

CC. Οἱ Ῥωμαῖοι [3] διεκηρυκεύσαντο τῷ Ἀννίβᾳ, ἀνταπόδοσιν [4] τῶν αἰχμαλώτων ἀξιοῦντες γενέσθαι [5]. Οὐ κατηλλάξαντο [6] δὲ αὐτοὺς, καίπερ καὶ ἐκείνου Καρθάλωνα ἐπ' αὐτὸ τοῦτο ἀντιπέμψαντος [7]. Ἐπειδὴ γὰρ [8] οὐκ ἐδέξαντο αὐτὸν εἴσω τοῦ τείχους, ὡς πολέμιον [9], οὐδὲ ἐς λόγους αὐτοῖς ἐλθεῖν ἠθέλησεν, ἀλλ' εὐθὺς δι' ὀργῆς ἀνέστρεψεν [10].

CCI. Ὅτι [11] Πτολεμαῖος Αἰγύπτου βασιλεὺς [12] στάσεως

---

1. (Exc. Peir. LV. R. p. 25.)
2. Cf. Fr. CLXXXVI, p. 301, de cette édition.
3. (Exc. Urs. ιγ'. CLII. R. p. 64-65.)
Ce fragment se trouve dans le Ms. du Vatic. n° 1418 et dans celui de Munich n° 3, qui portent l'un et l'autre : Ὅτι οἱ πολέμιοι. Il manque dans le Ms. de Munich n° 1.
4. Ἀνταπώδοσιν, faute du copiste dans le Ms. du Vatic. n° 1418, par la confusion de l'ο et de l'ω.
5. Polybe et Tite-Live, XXII, 58, suivent une autre tradition, qui est répétée par Zonaras, IX. 2. p. 420, éd. Du C. Cf. les éclaircissements à la fin du volume.
6. Ou mieux, οὐκ ἀντηλλάξαντο proposé par Reiske : j'aurais admis cette ingénieuse conjecture dans mon texte, si elle était confirmée par les Ms.
7. Tite-Live, l. l. : Missus cum his Carthalo, nobilis Carthaginiensis : qui, si forte ad pacem inclinarent animi, conditiones ferret.

CXCIX. Fabius convint avec Annibal qu'une partie des soldats faits prisonniers dans les combats antérieurs serait échangée, homme pour homme : les autres devaient être rachetés à prix d'argent. Le sénat, qui n'approuvait pas ce rachat, n'autorisa aucune dépense. Alors, comme je l'ai dit, Fabius vendit ses biens et paya la rançon avec l'argent qu'il en avait retiré.

CC. Les Romains envoyèrent des députés à Annibal, pour traiter de l'échange des prisonniers ; mais cet échange n'eut pas lieu, quoique Annibal eût envoyé de son côté Carthalon à Rome, pour le même objet. Les Romains ne l'ayant pas reçu dans leurs murs, à cause de sa qualité d'ennemi, il refusa d'entrer en pourparlers et se retira sur-le-champ, le cœur plein de colère.

CCI. Une sédition faillit enlever le trône à Ptolémée,

---

8. Ἐπειδὴ δέ, dans le Ms. de Munich n° 3, et dans F. Orsini.

9. L'ancienne leçon κατὰ τὸ πολέμιον est confirmée par le Ms. du Vatic. n° 1418 et par celui de Munich n° 3. Comme F. Orsini et Reimar, j'adopte ὡς πολέμιον d'après Zonaras qui reproduit Dion, l. 1. 6. p. 428, éd. Du C. : Οἱ δ' ἐν τῇ Ῥώμῃ διεκηρυκεύσαντο τῷ Ἀννίβᾳ ἀνταπόδοσιν τῶν αἰχμαλώτων ποιήσασθαι· οὐ κατηλλάξαντο δὲ αὐτοὺς, ἐπεὶ οὐκ ἐδέξαντο τὸν Καρθάλωνα τοῦ τείχους ἐντὸς, ὡς πολέμιον. Οὐδ' ἐς λόγους γὰρ αὐτοῖς ἐλθεῖν ἠθέλησεν, εὐθὺς δὲ ὠργισμένος ἀνέστρεψε.

A Rome, c'était l'usage de ne pas recevoir dans l'intérieur de la ville les ambassadeurs d'un peuple ennemi, comme nous l'avons vu par un passage de Zonaras, Fr. CLIII, p. 248, note 5, à propos de Régulus.

10. Ἀνέστρεψαν est une faute du copiste dans le Ms. de Munich n° 3.

11. (Exc. Vat. A. M. p. 544-545, éd. Rom.)

12. M. A. Mai, qui avait d'abord cru qu'il était question ici de Ptolémée Épiphane, pense avec raison qu'il s'agit plutôt de Ptolémée Philopator : « Ea, dit-il, quæ sequuntur de Scipione majore in Hispania belligerante,

γενομένης, ὀλίγου μέν τινος ἐξέπεσεν· ἐπαναλαβὼν δ' αὖθις δειναῖς αἰκίαις τὸν δῆμον ἐτιμωρήσατο, ἑψῶν τε καὶ παροπτῶν τὰ τῶν κρατουμένων σώματα. Δίκας τε μετ' οὐ πολὺ τῆς ὠμότητος ὑποστὰς νόσῳ χαλεπῇ μεταλλάττει τὸν βίον [1].

CCII. Ὅτι [2] ὁ Σκηπίων [3] ὁ τὸν πατέρα τρωθέντα σώσας, ὁ στρατηγὸς, ἦν καὶ φύσεως ἀρετῇ κράτιστος καὶ παιδείᾳ λογιμώτατος [4]. Τό τε φρόνημα καὶ τὸ τῆς γνώμης, καὶ τὸ τῶν λόγων, ὁπότε γε καὶ τούτου ἔδει, μέγιστον εἶχε. Καὶ αὐτὸ καὶ ἐν τοῖς ἔργοις οὐχ ἥκιστα ἐβεβαίου· ὥστε καὶ μεγαλόφρων καὶ μεγαλοπράγμων, οὐκ ἐκ κενοῦ αὐχήματος, ἀλλ' ἐξ ἐχεγγύου διανοίας δοκεῖν εἶναι.

Διά τε οὖν ταῦτα, καὶ διότι καὶ τὸ θεῖον ἀκριβῶς ἤγαλλεν, ἐχειροτονήθη. Οὐδὲν γὰρ οὔτ' οὖν δημόσιον, οὔτ' ἰδιωτικὸν, πρὶν ἔς τε τὸ Καπιτώλιον ἀναβῆναι καὶ χρόνον τινὰ ἐνδιατρῖψαι, ἐνεχειρίζετο. Καὶ διὰ τοῦτο φήμην ἔλαβεν ἐκ τοῦ Διὸς ἐς δράκοντα ἐν τῇ πρὸς μητέρα αὐτοῦ συνουσίᾳ

---

quod tempus incidit in Philopatoris regnum, impellunt me ut de hoc potius rege cogitem etc. »

Polybe, XIV, 12, raconte la vie molle et efféminée de ce prince après la guerre dans la Cœlesyrie : Πτολεμαῖος ὁ βασιλεὺς, περὶ οὗ νῦν ὁ λόγος, ὁ Φιλοπάτωρ, μετὰ τὸ συντελεσθῆναι τὸν περὶ Κοίλην Συρίαν πόλεμον, ἀποστὰς πάντων τῶν καλῶν, ἐτράπη πρὸς βίον ἄσωτον καὶ τοιοῦτον, οἷον ἀρτίως διεληλύθαμεν. Suivant Diodore de Sic. XXX, 17, son enfance avait été corrompue par un eunuque (Eulœus).

1. A la suite de ce fragment, M. A. Mai en donne un autre qu'il regarde comme emprunté à Eusèbe ou au *Chronicon Paschale*. Pour cette raison, j'ai pensé qu'il suffirait de le transcrire dans cette note : Ὅτι ἐπὶ Πτολε-

roi d'Égypte. Bientôt il recouvra sa puissance et se vengea du peuple par d'affreux tourments : il fit bouillir et même rôtir les rebelles qui tombaient dans ses mains ; mais la peine de sa cruauté ne tarda pas à l'atteindre : une horrible maladie termina ses jours.

CCII. Scipion, qui sauva son père blessé dans un combat et devint général, possédait tous les dons de la nature et une rare instruction. Il joignait à la noblesse des sentiments celle du langage, lorsque les circonstances l'exigeaient, et il la soutenait par sa conduite. Chez lui, la grandeur des pensées et des actions ne paraissait pas naître d'une vaine fierté, mais d'une âme ferme.

Ces qualités et une piété exemplaire envers les dieux lui attirèrent tous les suffrages. Il n'entreprenait rien, ni comme homme public, ni comme simple citoyen, sans monter au Capitole et sans y rester quelque temps. Aussi disait-on qu'il était né du commerce de sa mère avec Jupiter métamorphosé en serpent : ce

---

μαίου τοῦ Ἐπιφανοῦς, Ἰησοῦς ὁ τοῦ Σιρὰχ Ἰουδαίοις τὴν πανάρετον σοφίαν ἐξέθετο.

2. (Exc. Peir. LVI. R. p. 25.) Cet extrait est tiré du XVIe livre de Dion. Cf. la note de Reimar.

3. Σκιπίων, dans le Ms. de Tours, dans Polybe, Diodore de Sicile, Appien ; Σκηπίων, dans Plutarque, dans le recueil de Planude, p. 545-548, A. M. éd. Rom., et dans plusieurs Ms. de Dion. Ici et partout ailleurs, j'adopte, comme p. 312, la seconde écriture.

4. Zonaras, l. l. 7. p. 428, éd. Du C. : Ὁ Σκιπίων ἐκεῖνος ὁ Πούπλιος, ὁ τὸν πατέρα τρωθέντα σώσας, ἑαυτὸν ἐθελοντὴς εἰς τὴν στρατείαν ἀπέδωκεν. Ἦν δὲ καὶ ἀρετῇ κράτιστος, καὶ παιδείᾳ λογιμώτατος.

μεταβαλόντος γεγεννῆσθαι. Καί τινας [1] καὶ ἐκ τούτου πολλοῖς ἐλπίδας ἐς αὐτὸν ἐνεποίει.

CCIII. Ὅτι [2] ὁ Σκηπίων καὶ μὴ ἐννόμου ἡγεμονίας [3] λαβὼν ὄνομα, ἐξ ὧν ἐχειροτονήθη τὸ στρατόπεδον προσφιλὲς ἐποιήσατο· καὶ ἤσκησεν ἐξηργηκότας ἐκ τῆς ἀναρχίας, καὶ ἀνεκτήσατο κατεπτηχότας ἐκ τῶν συμφορῶν. Τόν τε Μάρκιον οὐχ, οἷά που φιλοῦσιν οἱ πολλοί, ἀνεπιτήδειον εἰργάσατο, ὅτι εὐδοκιμηκὼς ἦν· ἀλλὰ καὶ ἐν τοῖς λόγοις καὶ ἐν τοῖς ἔργοις ἀεὶ ἐσέμνυνε. Καὶ γὰρ ἦν οἷος οὐκ ἐκ τῆς τοῦ πέλας διαβολῆς καὶ καθαιρέσεως, ἀλλ' ἐκ τῆς οἰκείας ἀρετῆς αὔξεσθαι θέλειν [4]. Καὶ διὰ τοῦτό γε οὐχ ἥκιστα τοὺς στρατιώτας ᾠκειώσατο.

Ὅτι [5] Σκηπίων χρηστότητι τρόπων οὐδὲν μεῖον ἢ τοῖς ὅπλοις ἀθρόον ἀποκλῖναι πρὸς αὐτὸν ἅπασαν σχεδὸν τὴν Ἰβηρίαν παρεσκεύασεν.

CCIV. Ὅτι [6] στάσεως γενομένης τῶν στρατιωτῶν [7], ὁ Σκηπίων συχνὰ μὲν τοῖς στρατιώταις διέδωκε, συχνὰ δὲ

---

1. H. de Valois traduit avec raison par *magnam* de se spem injecit. Sur l'emploi de τὶς, signifiant quelque chose de grand, d'élevé, cf. Viger, De gr. Idiotism. p. 152-153, éd. d'Hermann.
2. (Exc. Peir. LVII. R. p. 26.)
3. Imperium illud, dit H. de Valois, illegitimum vocat Dio, quod privato delatum esset. Poteramus etiam interpretari *extraordinarium*. Cf. Cic. Phil. XI, 7, ubi paulo post (l. l. 8), *extraordinarium* id esse imperium docet, quod non magistratui, sed privato deferretur : cujusmodi imperium fuit, quod tum P. Scipioni in Hispania esse populus jussit, ut scilicet Procos. res gereret. Nemo autem mirari debet, si is qui Procos. est, privatus dicitur; etenim privatus dicitur, qui magistratum non gerit. Procos. autem ut Propræt. magistratus non est. Cf. Ez. Spanheim de Usu Num. diss. X. p. 175 et suiv.

bruit populaire fut cause que plusieurs conçurent de lui les plus hautes espérances.

CCIII. Scipion n'avait pas obtenu un commandement légitime; mais à peine en fut-il revêtu, qu'il se concilia l'affection de l'armée. Elle était tombée dans l'inaction, parce qu'elle n'avait pas de chef : il l'exerça aux manœuvres militaires. Son courage avait été abattu par les revers, Scipion le lui rendit. Loin de profiter de sa brillante réputation pour déprimer Marcius, comme il arrive souvent entre collègues, il lui témoignait une grande estime par ses paroles et par ses actions. Scipion n'était pas homme à calomnier ou à rabaisser les autres, pour se faire valoir. Il ne voulait tenir son élévation que de son mérite; et c'est par là surtout qu'il gagna l'amitié des soldats. *An de Rome 543.*

Par la bonté de son caractère, non moins que par la force des armes, il fit sur-le-champ pencher du côté des Romains presque toute l'Espagne.

CCIV. Une sédition avait éclaté parmi les soldats de Scipion : il leur distribua une grande partie du butin ; mais il en réserva une fort considérable pour le trésor *An de Rome 544.*

4. Au lieu de l'ancienne leçon θέλων, j'adopte θέλειν avec Sturz, correction exigée par ἥν οἷος. Le Ms. de Tours porte θέλων, conservé par H. de Valois et Reimar.

5. Exc. Vat. A. M. p. 545, éd. Rom. Cf. Fr. CCVIII, p. 326-329, de cette édition.

6. (Exc. Peir. LVIII. R. p. 26.)

7. Zonaras, l. 1. 8. p. 430, éd. Du C., est plus explicite : Ἁλούσης δὲ τῆς Καρχηδόνος, στάσις μεγίστη μικροῦ τῶν στρατιωτῶν ἐγένετο ἄν. Τοῦ γὰρ Σκιπίωνος στέφανον ὑποσχομένου δώσειν τῷ πρώτῳ τοῦ τείχους ἐπιβάντι, δύω ἄνδρες, ὁ μὲν Ῥωμαῖος, ὁ δ' ἐκ τῶν συμμάχων, περὶ αὐτοῦ ἠμφισβήτησαν. Διαφερομένων δ' ἐκείνων, καὶ τὸ ἄλλο πλῆθος ἐθορυβήθη, καὶ ἐπὶ πλεῖστον ἐταράχθησαν, ὥστε καὶ δεινόν τι δράσαι, εἰ μὴ ὁ Σκιπίων καὶ ἄμφω ἐστεφάνωσε, καὶ συχνὰ μὲν τοῖς στρατιώταις διέδωκε, συχνὰ δὲ καὶ τοῖς δημοσίοις προσένειμε. M. Tafel a inséré ce passage dans sa traduction, p. 150-151.

21.

καὶ ἐς τὸ δημόσιον ἀπέδειξε. Τῶν τε αἰχμαλώτων ἐς τὸ ναυτικὸν κατέταξεν[1], καὶ τοὺς ὁμήρους προῖκα πάντας τοῖς οἰκείοις ἀπέδωκε. Καὶ αὐτῷ διὰ τοῦτο πολλοὶ μὲν δῆμοι, πολλοὶ δὲ καὶ δυνάσται, ἄλλοι τε καὶ Ἰνδίβολις καὶ Μανδόνιος Ἰλεργητανοὶ[2] προσεχώρησαν.

Τό τε τῶν Κελτιβήρων ἔθνος πλεῖστόν τε καὶ ἰσχυρότατον τῶν περιχώρων ὂν ὧδε προσέθετο. Παρθένον ἐν τοῖς αἰχμαλώτοις ἐπιφανῆ κάλλει λαβὼν, ὑπωπτεύθη μὲν ἄλλως ἔσεσθαι αὐτῆς ἐν ἔρωτι[3]· μαθὼν δὲ ὅτι Ἀλλουκίῳ τινὶ[4] τῶν ἐν τέλει Κελτιβήρων ἠγγύηται[5], μετεπέμψατό τε αὐτὸν αὐτεπάγγελτος, καὶ τὴν παῖδα αὐτῷ παρέδωκε μετὰ τῶν λύτρων, ἅπερ οἱ προσήκοντες ἐκεκομίκεσαν. Κἀκ τοῦ ἔργου τούτου καὶ ἐκείνους, καὶ τοὺς ἄλλους ἀνηρτήσατο.

CCV. Ὅτι[6] ὁ τῶν Ἰβήρων βασιλεὺς ἁλοὺς ὑπὸ Σκηπίωνος τὰ Ῥωμαίων εἵλετο[7], ἑαυτόν τε καὶ τὴν οἰκείαν ἐπικράτειαν διδούς, ὁμήρους τε παρέχειν ἕτοιμος ὤν· ὁ δὲ Σκηπίων τὴν συμμαχίαν τοῦ ἀνδρὸς ἀποδεξάμενος, ὁμήρων

---

1. Polybe, X, 17 : Ἐκ δὲ τῶν λοιπῶν αἰχμαλώτων ἐκλέξας τοὺς εὐρωστοτάτους, καὶ τοῖς εἴδεσι καὶ ταῖς ἡλικίαις ἀκμαιοτάτους, προσέμιξε τοῖς αὑτοῦ πληρώμασι κτλ.
2. Au lieu de Ἰνδίβολις, Zonaras, l. l. 10. p. 435, éd. Du C., porte Ἰνδίβιλις. Polybe, X, 18, écrit autrement le nom de ce roi : Ἐκ δὲ τῶν αἰχμαλωτίδων, τῆς Μανδονίου γυναικὸς, ὃς ἦν ἀδελφὸς Ἀνδοβάλου, τοῦ τῶν Ἰλεργητῶν βασιλέως, προσπεσούσης αὐτῷ κτλ. Quant à la leçon Ἰλεργηταvoὶ que je substitue avec Sturz à l'ancienne Ἰαγερτανοί, évidemment fautive dans le texte de Dion, je la crois fort probable : « Ponamus, dit Sturz, regionem quam *Ilergetes* habitarent, et quæ Indibili sive Andobalo pareret, fuisse Ἰλεργία vel Ἰλεργητία. Inde deducere licet gentile Ἰλεργητηνὸς vel Ἰλεργητανός..... Præterea ΊΛΕΡΓΗΤΑΝΟΙ prope accedit ad corruptum illud ΊΑΓΕΡΤΑΝΟΙ.

public. De plus, il enrôla dans ses troupes maritimes un grand nombre de prisonniers et renvoya sans rançon tous les ôtages à leurs familles. Plusieurs peuplades et une foule de petits souverains, entre autres Indibilis et Mandonius, chefs des Ilergètes, vaincus par sa générosité, se déclarèrent pour lui.

Voici comment il gagna la nation des Celtibériens, la plus nombreuse et la plus puissante de ces contrées. Parmi les prisonniers se trouvait une jeune fille d'une beauté remarquable. On supposa que Scipion concevrait un violent amour pour elle; mais instruit qu'elle était promise à Allucius, un des chefs des Celtibériens, il s'empressa de l'appeler auprès de lui et lui rendit sa fiancée, avec l'argent que ses parents avaient apporté pour la racheter. Par cette belle action, il s'attira l'amitié des Celtibériens et des autres peuples.

CCV. Le roi des Espagnols avait été fait prisonnier par Scipion : il embrassa la cause des Romains, mit à leur disposition sa personne avec ses états et leur offrit des ôtages. Scipion accepta son alliance : quant aux

---

3. A l'ancienne leçon αὐτὸς ἐν ἔρωτι, je substitue la correction adoptée par Reimar, d'après Zonaras, l. l. p. 430, éd. Du C. : Παρθένον γὰρ ἐν τοῖς αἰχμαλώτοις λαβὼν κάλλει ἐπιφανῆ, ἐνομίσθη μὲν ἔσεσθαι αὐτῆς ἐν ἔρωτι.

4. Zonaras, l. l., ne donne point le nom du fiancé : Μαθὼν δὲ ὅτι τινὶ τῶν ἐν τέλει Κελτιβήρων ἐγγεγύηται (sic). Polybe, de même, l. l., 19.

5. La leçon ἐγγεγύηται, conservée par Reimar et Sturz, ne m'a point paru admissible, d'après les observations de Lobeck sur Phrynichus, p. 155. Je m'appuie sur l'autorité du même Philologue pour lire ἠγγυηκώς, XXXVIII, 9; ἠγγυημένος, LI, 15; ἠγγυημένῳ, LVII, 19; ἠγγυήκει, LVIII, 11.

6. (Exc. Vat. A. M. p. 545-546, éd. Rom.)

7. Cf. Polybe, X, 34-35, au sujet de la soumission du roi Édécon.

ούκ έφη δεϊσθαι· το γάρ τοι πιστόν έν τοις οίκείοις έχειν όπλοις.

CCVI. Δίων έν Ῥωμαϊκοΐς [1] ιε'· « Έκ τε της από του πάνυ άρχαίου άξιώσεως, καί έκ της παλαιάς προς τους Ῥωμαίους φιλίας, ούκ ήνεγκαν δικαιωθέντας [2]· άλλ' έπεχείρησαν καί οί Καμπανοί του Φλάκκου, καί οί Συρακούσιοι του Μαρκέλλου κατηγορήσαι [3]. Καί έδικαιώθησαν έν τώ συνεδρίω. »

CCVII. Δίων έν τώ ις' [4]· « Πάντες άποθανεΐν έστε άξιοι [5]· ού μέντοι καί έγώ πάντας ύμάς θανατώσω, άλλ' όλίγους μέν, ούς καί συνείληφα ήδη, δικαιώσω· τούς δέ άλλους άφίημι.

CCVIII. Ότι [6] ό Σκηπίων δεινός μέν ήν έν ταις στρα-

1. (Exc. Val. XVI. R. p. 7.) Ce fragment est tiré de Suidas, au mot έδικαιώθησαν, et de l'*Etymologicum Magnum*.
2. Correction de Kuster dans ses notes sur Suidas : elle est exigée par l'enchaînement des idées. Avec l'ancienne leçon δικαιωθέντες, rendue ainsi par Reimar, *pœnam quæ ab ipsis repetebatur indigne tulerunt, sed*, etc., il est difficile de se rendre compte de l'opposition exprimée par les mots άλλ' έπεχείρησαν. La leçon δικαιωθέντας la rend frappante : la nécessité de prononcer une peine contre d'anciens alliés avait causé dans Rome une sensation douloureuse; mais quand ils eurent entrepris d'accuser Flaccus et Marcellus, leur condamnation fut résolue.
3. Zonaras, l. l. 6. p. 427, éd. Du C., expose ainsi les faits : Ύστερον δέ καί άλλα τινά προσεπώφλον, κατηγορήσαι του Φλάκκου τολμήσαντες. Έπεχείρησαν δέ καί οί Καμπανοί του Φλάκκου κατηγορήσαι, καί του Μαρκέλλου οί Συρακούσιοι ύπατεύοντος ήδη, καί άπελογήσατο. Ού γάρ ήθέλησε πράξαί τι τών τή άρχή προσηκόντων, πρίν άπολογήσασθαι. Οί Συρακούσιοι δέ καταστάντες είς λόγους, οίκονομικώτερον τή διαλέξει έχρήσαντο, ούκ είς κατηγορίαν του Μαρκέλλου, άλλ' είς ίκετείαν τραπέντες, καί άπολογίαν του μή έκόντες άποστήναι Ῥωμαίων καί συγγνώμης τυχείν άξιούντες. Καί ταύτα λέγοντες, είς τήν γήν πεσόντες, ώλοφύροντο. Καί διαγνώμης γενομένης, έδοξε τόν

ôtages, il déclara qu'il n'en avait pas besoin et que ses armes lui donnaient des garanties suffisantes.

CCVI. Dion dit au XVe livre de son Histoire Romaine : « A cause du rang qu'ils occupaient depuis « longtemps et de leur ancienne amitié avec Rome, « on ne pouvait se résoudre à leur infliger une peine ; « mais ils entreprirent d'accuser, les Campaniens Flac- « cus et les Syracusains Marcellus : aussitôt ils furent « condamnés en plein sénat. »

An de Rome 544.

CCVII. Dion s'exprime ainsi dans son XVIe livre : « Vous méritez tous la mort ; mais je ne vous ferai pas « tous mourir : je sévirai seulement contre ceux que j'ai « déjà fait arrêter (ils sont en petit nombre), et je ren- « voie les autres absous. »

An de Rome 544.

CCVIII. Inflexible à la tête de l'armée, plein de

An de Rome 545.

Μάρκελλον μὲν μηδὲν ἀδικεῖν, τοὺς μέντοι Συρακουσίους φιλανθρωπίας τινὸς ἀξίους εἶναι, οὐκ ἐξ ὧν ἐποίησαν, ἀλλ' ἐξ ὧν εἶπόν τε καὶ ἱκέτευσαν. Τοῦ δὲ Μαρκέλλου παραιτησαμένου τὸ ἀπελθεῖν εἰς Σικελίαν, τὸν Λαουΐνιον ἔπεμψαν. Καὶ οἱ μὲν Συρακούσιοι οὕτω συγγώμης ἔτυχον. Οἱ δὲ Καμπανοὶ ὑπ' ἀπαιδευσίας θρασύτερον τῇ κατηγορίᾳ χρησάμενοι, καὶ ἐπετιμήθησαν, μηδὲ παρόντος τοῦ Φλάκκου, ἀλλά τινος τῶν ὑπεστρατηγηκότων αὐτῷ ἀπολογησαμένου. Cf. Tite-Live, XXVI, 32-36.

4. (Exc. Val. XVII. R. p. 7.) Ce fragment est tiré de Suidas, au mot ἐδικαιώθησαν, et de l'*Etymologicum Magnum*.

5. C'est Scipion qui parle à une légion révoltée. Zonaras, l. I. 10. p. 435, éd. Du C., entre à ce sujet dans quelques détails qui ne seront pas déplacés ici : Εἶτα τοὺς ἄρτι ἐλθόντας εἴσω τοῦ τείχους ἄνευ τῶν ὅπλων ἐκάλεσεν, ἵν' αὐτῷ συστρατεύσωνται, λαβόντες τὸ σιτηρέσιον. Καὶ οὕτως εἰσελθόντων αὐτῶν, ἐσήμηνε τοῖς ἐκκεχωρηκόσιν, ὥσπερ εἶχον, ἐπανελθεῖν. Καὶ περισχὼν αὐτοὺς, πολλὰ καὶ ὠνείδισε καὶ ἠπείλησε. Καὶ τέλος· Πάντες μὲν, ἔφη, θανεῖν ἐστε ἄξιοι, οὐ μέντοι πάντας θανατώσω αὐτὸς, ἀλλ' ὀλίγους, οὓς καὶ ἤδη συνείληφα, δικαιώσω· τοὺς δὲ ἄλλους ἀφίημι. Ταῦτα εἰπὼν, εἰς τὸ μέσον τοὺς δεδεμένους παρήγαγε, καὶ σταυροῖς προσδήσας καὶ αἰκισάμενος ἀπέκτεινεν.

6. (Exc. Peir. LIX. R. p. 26-27.)

τηγίαις, ἐπιεικὴς δὲ ἐν ταῖς ὁμιλίαις· καὶ ἐς μὲν τοὺς ἀνθισταμένους αὐτῷ φοβερὸς, ἐς δὲ τοὺς ὑπείκοντας φιλάνθρωπος. Καὶ προσέτι, καὶ ἐκ τῆς [1] τοῦ πατρὸς τοῦ τε θείου δόξης πλεῖστον ἐς πίστιν ὧν ἐποίει, τῷ δοκεῖν ἀπ' ἀρετῆς ἐκ γένους, ἀλλ' οὐκ ἐκ τοῦ προστυχόντος εὐδοκιμεῖν, ἴσχυε. Τότε δὲ καὶ μᾶλλον ἐπί τε τῷ τάχει τῆς νίκης, καὶ ὅτι καὶ ὁ Ἀσδρούβας ἐς τὴν μεσόγαιαν ἀνεχώρησεν, μάλιστα δὲ ὅτι καὶ ἐθείασεν, εἴτ' οὖν παρὰ δαιμονίου τινὸς μαθὼν, εἴτε κατὰ τύχην, ὅτι ἐν τῇ τῶν πολεμίων στρατοπεδεύσοιτο (ὃ καὶ ἐγένετο), πάντες μὲν αὐτὸν ὡς καὶ κρείττονα σφῶν ὄντα ἐτίμων· οἱ δὲ Ἴβηρες καὶ βασιλέα μέγαν [2] ὠνόμαζον.

CCIX. Ταῦτα [3] μὲν οὖν οὗτοι [4] περὶ Γυμνησίων νήσων [5]. Δίων δὲ ὁ Κοκκειανὸς ταύτας φησὶ πλησίον εἶναι

---

1. Reiske propose καὶ πρότερον μὲν ἐκ τῆς, à cause de τότε δὲ καὶ μᾶλλον — ἐτίμων, afin que l'opposition soit plus tranchée. Cette addition n'est pas nécessaire : je maintiens l'ancienne leçon.

2. Au lieu de μέγα donné par H. de Valois et qui se trouve dans le Ms. de Tours, j'adopte, d'après Reimar, μέγαν, comme dans Zonaras qui a copié Dion en l'abrégeant, l. 1. 8. p. 430, éd. Du C. : Ἦν μὲν γὰρ ἐν ταῖς στρατηγίαις δεινός, ἐν δὲ ταῖς ὁμιλίαις ἐπιεικής, καὶ ἐς μὲν τοὺς ἀνθισταμένους φοβερός, ἐς δὲ τοὺς ὑπείκοντας καὶ μάλα φιλάνθρωπος. Μάλιστα δ' ὅτι καὶ ἐθείασε, προειπὼν ὡς ἐν τῇ τῶν πολεμίων στρατοπεδεύσοιτο, πάντες ἐτίμων αὐτόν. Οἱ δ' Ἴβηρες καὶ βασιλέα μέγαν ὠνόμαζον.

3. (Exc. Val. XVIII. R. p. 7.) Cet extrait est tiré des scholies d'Is. Tzetzès sur la Cassandre de Lycophron, v. 633.

4. C'est-à-dire Artémidore, Timée et Philétas que le Scholiaste vient de citer.

5. Περὶ τῶν προειρημένων Γυμνησίων νήσων dans Sébastien, d'après cinq de ses Ms. et dans G. Müller; quoique les siens ne donnent pas les mots τῶν προειρημένων.

Zonaras, l. l. 10. p. 435, éd. Du C., dit à propos de ces îles : Καὶ ὃς

douceur dans le commerce de la vie, terrible contre ceux qui lui résistaient, humain pour ceux qui pliaient devant lui : tel était Scipion. De plus, la renommée de son père et de son oncle inspirait de la confiance dans ses entreprises : il paraissait redevable de sa gloire à une valeur héréditaire dans sa famille, et non à un caprice de la fortune. Dans les circonstances présentes surtout, la rapidité de sa victoire, la fuite d'Asdrubal dans l'intérieur des terres, et plus encore l'assurance avec laquelle il avait annoncé, soit par une inspiration divine, soit par hasard, que la nuit même il planterait sa tente sur le territoire de l'ennemi, ce qui arriva en effet; tout cela le fit regarder par tous comme un génie supérieur : les Espagnols lui décernèrent même le nom de grand roi.

CCIX. Voilà ce que ces écrivains racontent des îles *Gymnésiennes*; mais Dion Cocceianus dit qu'elles sont

---

(s.-ent. ὁ Μαγὼν) πρὸς τὴν Ἰταλίαν αὖθις ὁρμήσας, ἀφίκετο πρὸς τὰς Γυμνησίας νήσους. Καὶ τῆς μὲν μείζονος ἥμαρτε, μὴ δυνηθεὶς εἰς αὐτὴν κατᾶραι (οἱ γὰρ ἐπιχώριοι πόρρωθεν ἐς τὰς ναῦς ἐσφενδόνων, κράτιστοι τοῦτο ποιεῖν ὄντες)· εἰς δὲ τὴν μικροτέραν προσορμισάμενος, ἐκεῖ διὰ τὴν χειμῶνα κατέμεινεν. Αἱ νῆσοι δ' αὗται τῇ περὶ τὸν Ἴβηρα ἠπείρῳ ἐπίκεινται. Εἰσὶ δὲ τρεῖς, ἃς Ἕλληνες μὲν καὶ Ῥωμαῖοι κοινῇ Γυμνησίας καλοῦσιν· Οὐαλερίας δὲ καὶ Ὑασσούσας οἱ Ἴβηρες· ἰδίᾳ δ' ἑκάστην, τὴν μὲν Ἔβεσον, τὴν δὲ Μείζω, Μικροτέραν δὲ τὴν τρίτην φερωνυμώτατα.

H. de Valois reproche à Dion d'avoir avancé à tort que les Grecs et les Romains donnaient à ces îles le même nom. Saumaise, *Exercit. Plinian.* in Solin. p. 199, justifie notre Historien : « Latinis *Baleares*, vel *Baliares*, quæ Græcis Γυμνησίαι. Utriusque vocis eadem significatio. Nec enim dictæ Γυμνησίαι, quod populi earum nudi incedant, ut argutantur auctores. Γυμνῆτες proprie Græcis sunt funditores, et ceteræ levis armaturæ, quos ψιλοὺς vocant. Hesychius : γυμνῆτες, οἱ μὴ ἔχοντες ὅπλα, οἱ δὲ τοὺς σφενδονητὰς, οἱ δὲ τοὺς γυμνοὺς μαχομένους. Inde insulæ Γυμνησίαι, ἀπὸ τῶν γυμνητῶν, a funditoribus. Latini ab eadem ratione *Baliares*. Antiquum verbum erat *balio* a βάλλω, ut *alius* ab ἄλλος, *salio* ab ἅλλω, *Thalia* vel *Talea*, θάλλος,

Ἴβηρος τοῦ ποταμοῦ [1], πλησίον τῶν Εὐρωπαίων Ἡρακλείων [2] στηλῶν· ἃς νήσους Ἕλληνες μὲν καὶ Ῥωμαῖοι κοινῶς Γυμνησίας φασίν· Ἴβηρες δὲ Βαλερίας [3], ἤτοι ὑγιεινάς.

φύλλον, *folium*. Inde *Baliaris* jaculator et funditor. Stephanus : Ἐκλήθησαν δὲ καὶ Βαλιαρίδες, ἀφ' οὗ Βαλιαρεῖς. Τὸ ἐθνικὸν, ὅ ἐστι σφενδονῆται. » Bochart, Chanaan I, 35, p. 705. A., regarde l'étymologie de Tzetzès comme puérile : « Palam nugatur Isaacius in Lycophronem, quum Balearidas insulas dici vult, quasi Balerias ἤτοι ὑγιεινὰς Valerias aut sanas..... Proinde ipse Livius. XXXVIII, 29 : Baleares a teli missu appellati. »

1. Comme dans G. Müller, d'après un de ses Ms., Vit. 3, au lieu de l'ancienne leçon τοῦ Ἴβηρος ποταμοῦ, conservée par Sébastien, H. de Valois, Reimar et Sturz.

2. Leçon substituée à l'ancienne Ἡρακλειῶν, par G. Müller, d'après tous ses Ms. « Ἡρακλείων, dit-il, Nostri pro Ἡρακλειῶν, comprobante hanc lectionem Thryllitzschio. Is Pottero, in genitivis plural. primæ et secundæ declinat. ultimam circumflectendam esse contendenti re-

situées non loin de l'Èbre et des colonnes d'Hercule en Europe : les Grecs et les Romains leur donnent en commun le nom de *Gymnésiennes;* les Espagnols celui de *Valériennes,* ou d'îles de la santé.

ponit, verum esse de substantivis, quamquam etiam non omnibus; non autem de adjectivis femin. paroxytonis, derivatis a nominibus in ος secundæ etc. »

3. J'adopte la leçon fournie à G. Müller par deux de ses Ms., Vit. 1 et Ciz., au lieu de l'ancienne Βαληρίας, reproduite par Sébastien, H. de Valois, Reimar et Sturz.

Le Scoliaste rapporte une autre étymologie bien futile : Ἕτεροι δὲ Γυμνησίας αὐτὰς οὕτω φασὶ κληθῆναι, ὅτι οἱ περισωθέντες τῶν Ἑλλήνων ἐκεῖσε γυμνοὶ ἐξήχθησαν (dans deux Ms. de G. Müller, Vit. 2 et 3, ἐξηνέχθησαν, comme dans Potter), καὶ συνοικήσαντες γυναιξὶν, οὕτω καὶ τοὺς παῖδας καὶ (les mots καὶ τοὺς παῖδας καὶ manquent dans les Ms. de G. Müller) τὰς νήσους ἐκάλεσαν.

ECLAIRCISSEMENTS.

1. *A l'exactitude historique* (p. 5). Divers passages, disséminés dans l'ouvrage de Dion, attestent ses efforts pour arriver à une grande exactitude historique. Je les ai réunis dans cette note : le lecteur me pardonnera, j'espère, la longueur des citations, en considération de leur importance.

1° Dion consacra dix ans à rassembler les matériaux de son histoire, depuis les temps primitifs de Rome, jusqu'à la mort de Septime Sévère, et douze ans à l'écrire. Il nous l'apprend lui-même, Liv. LXXII, 23 : Συνέλεξα δὲ πάντα τὰ ἀπ' ἀρχῆς τοῖς Ῥωμαίοις μέχρι τῆς Σεβήρου μεταλλαγῆς πραχθέντα, ἐν ἔτεσι δέκα, καὶ συνέγραψα ἐν ἄλλοις δώδεκα· τὰ γὰρ λοιπά, ὅπου ἂν καὶ προχωρήσῃ, γεγράψεται.

2° A ce travail opiniâtre, il joignit le plus grand amour de la vérité. Si des circonstances, indépendantes de sa volonté, l'empêchèrent quelquefois de la connaître, il a soin d'en avertir ; témoin ses propres paroles :

Liv. LIII, 19 : Πάντα τὰ ἑξῆς, ὅσα γε καὶ ἀναγκαῖον ἔσται εἰπεῖν, ὥς που καὶ δεδήλωται, φράσω· εἴτ' ὄντως οὕτως, εἴτε καὶ ἑτέρως πως ἔχει. Προσέσται μέντοι τι αὐτοῖς καὶ τῆς ἐμῆς δοξασίας, ἐς ὅσον ἐνδέχεται, ἐν οἷς ἄλλο τι μᾶλλον ἢ τὸ θρυλλούμενον, ἠδυνήθην ἐκ πολλῶν ὧν ἀνέγνων, ἢ καὶ ἤκουσα, ἢ καὶ εἶδον, τεκμήρασθαι.

Liv. LXXV, 7 : Λέγω γὰρ οὐχ ὅσα ὁ Σεβῆρος ἔγραψεν· ἀλλ' ὅσα ἀληθῶς ἐγένετο.

Liv. LXXX, 1 : Ταῦτα μὲν ἀκριβώσας, ὡς ἕκαστα ἠδυνήθην, συνέγραψα· τὰ δὲ δὴ λοιπὰ ἀκριβῶς ἐπεξελθεῖν οὐχ οἷός τε ἐγενόμην, διὰ τὸ μὴ ἐπὶ πολὺν χρόνον ἐν τῇ Ῥώμῃ διατρίψαι.

3° Il cite d'irrécusables témoignages, à l'appui des faits :

Liv. XLIX, 36 : Ταῦτα δὲ οὐκ ἀκούσας οὐδ' ἀναγνοὺς μόνον, ἀλλὰ καὶ ἔργῳ μαθών, ὥστε καὶ ἄρξας αὐτῶν, οἶδα........ Ὅθεν ἀκριβῶς πάντα τὰ κατ' αὐτοὺς εἰδὼς γράφω.

Liv. LXVIII, 27 : Οὐ μὴν καὶ τὴν αἰτίαν αὐτοῦ συννοῆσαι ἔχω· λέγω δὲ ἅ τε εἶδον ὡς εἶδον, καὶ ἃ ἤκουσα ὡς ἤκουσα.

Liv. LXIX, 1 : Ὁ γὰρ πατήρ μου Ἀπρωνιανός, τῆς Κιλικίας ἄρξας, πάντα τὰ κατ' αὐτὸν ἐμεμαθήκει σαφῶς· ἔλεγε δὲ τά τε ἄλλα ὡς ἕκαστα, καὶ ὅτι ὁ θάνατος τοῦ Τραϊανοῦ ἡμέρας τινὰς διὰ τοῦτο συνεκρύφθη, ἵν' ἡ ποίησις προεκφοιτήσοι.

Liv. LXXII, 4 : Λέγω δὲ ταῦτά τε καὶ τὰ λοιπὰ οὐκ ἐξ ἀλλοτρίας ἔτι παραδόσεως, ἀλλ' ἐξ οἰκείας ἤδη τηρήσεως.

Même liv. 7 : Τοῦτό τε οὖν αὐτὸς ἤκουσα παρὼν, καὶ ἕτερον τοιόνδε εἶδον κτλ.

Même liv. 18 : Καὶ μή μέ τις χηλιδοῦν τὸν τῆς ἱστορίας ὄγκον, ὅτι καὶ τὰ τοιαῦτα συγγράφω, νομίσῃ· ἄλλως μὲν γὰρ οὐκ ἂν εἶπον αὐτά· ἐπειδὴ δὲ πρός τε τοῦ αὐτοκράτορος ἐγένετο, καὶ παρὼν αὐτὸς ἐγὼ καὶ εἶδον ἕκαστα καὶ ἤκουσα καὶ ἐλάλησα, δίκαιον ἡγησάμην μηδὲν αὐτῶν ἀποκρύψασθαι........ Καὶ μέντοι καὶ τἆλλα πάντα τὰ ἐπ' ἐμοῦ πραχθέντα καὶ λεπτουργήσω καὶ λεπτολογήσω μᾶλλον ἢ τὰ πρότερα, ὅτι τε συνεγενόμην αὐτοῖς, καὶ ὅτι μηδένα ἄλλον οἶδα τῶν τι δυναμένων ἐς γραφὴν ἄξιον λόγου καταθέσθαι, διηκριβωκότα αὐτὰ ὁμοίως ἐμοί.

Liv. LXXIII, 3 : Καὶ ἔγωγε τότε ἐπὶ τοῦ Περτίνακος καὶ πρῶτον καὶ ἔσχατον τὸν Πομπηϊανὸν εἶδον.

Liv. LXXV, 13 : Ἐγὼ δὲ τὰ μὲν ἄλλα τῆς Αἰγύπτου οὐδὲν δέομαι γράφειν· ὃ δὲ δὴ περὶ τοῦ Νείλου πολλαχόθεν ἀκριβώσας ἔχω, δικαιότατός εἰμι εἰπεῖν.

Dion n'avait pas adopté le même plan pour toute son histoire de Rome. D'après un Anonyme, qui avait probablement entre les mains cet ouvrage complet, il n'avait fait qu'un résumé des époques les plus anciennes; mais il racontait avec plus de détails les derniers temps de la République, et surtout l'époque impériale. Ce renseignement est confirmé par les parties de cette histoire que le temps a le plus respectées : Καὶ ἄλλοι δὲ πολλοὶ τὰ Ῥωμαῖα συνεγράψαντο, ὧν καὶ Δίων ἐστὶ, τὰ μὲν ἀρχαιότερα ἐπιδραμών, τὰ δὲ τελευταῖα, καὶ μάλιστα ὅσα μετὰ τὴν μοναρχίαν ἐγένετο τῶν Καισάρων, καὶ μέχρι τοῦ Ἀλεξάνδρου τοῦ τῆς Μαμμαίας, εἰς ὃν ἀναπέπαυκε τὴν ἱστορίαν, διεξοδικώτερον ἀναγράψας. (Préface sur Appien.)

Dans les traditions (p. 5). Les fragments sur l'Ausonie (p. 5), sur les Liguriens (p. 5-7), les Iapyges, les Apuliens (p. 7-9) et les Tyrrhéniens (p. 23-25), sur Évandre (p. 9-11), sur l'arrivée et l'établissement d'Énée en Italie (p. 11-17), sur les rois d'Albe (p. 17-21), sur la naissance de Romulus et de Rémus (p. 21-23), enfin sur la fondation de Rome (p. 23, 25, 27), etc., attestent que Dion n'avait pas plus dédaigné que ses devanciers l'Archéologie fabuleuse de Rome ; mais, d'après l'Anonyme déjà cité, il n'avait jeté qu'un coup d'œil rapide sur ces traditions laborieusement recueillies par Denys d'Halicarnasse et que le savant M. J. V. Le Clerc a éloquemment défendues : « Les nations qui ont fait de grandes choses « ne consentent jamais à une origine vulgaire : elles se plaisent à consacrer « leur berceau par des événements surnaturels, par des interventions « divines, ou seulement par de vagues souvenirs de vertu et d'héroïsme « qui semblent agrandir avant le temps les destinées de la patrie. Le mo-

« ment vient ensuite où la critique impitoyable, à force de remonter dans
« le passé, ne recule pas même devant ces mystérieuses ténèbres : mo-
« ment fatal, arrivé pour Rome longtemps avant que l'érudition des trois
« derniers siècles entreprit d'arracher le figuier ruminal et de renverser
« l'autel d'Aïus Locutius. On l'avait fait avant elle : qui osera lui décerner
« le trophée de cette victoire? C'est comme si l'on félicitait Mézeray de
« n'avoir pas donné Francus, fils d'Hector, pour fondateur au royaume de
« France, ou le bon Pasquier de n'avoir jamais voulu croire sans quelque
« restriction à la sainte Ampoule, ni à l'étendard divin de l'Oriflamme. »
(Annales des Pontifes, IIIe partie, p. 167-168.)

Et un peu plus loin, p. 172-173 : « Les Annales de Rome et nos Chro-
« niques de France ont atteint leur but : elles sont également parvenues,
« à force d'environner de merveilles l'enfance d'un grand peuple, à rendre
« sa maturité féconde en merveilles nouvelles, et à faire de quelques tra-
« ditions douteuses, de quelques fables même, comme l'image anticipée,
« comme l'oracle de deux brillantes destinées, de deux gloires immor-
« telles, Rome et la France; car c'est ici surtout, c'est dans l'histoire que,
« par une secrète sympathie, les illusions de l'idéal et du fantastique
« s'accordent avec les vertus d'un peuple les plus natives et les plus vraies,
« et les caprices de la fiction avec les grandeurs de la réalité. »

II. *L'Italie entière* (p. 5). Surtout par les poëtes. Bochart restreint cette dénomination au seul pays des Aurunces, Chanaan, p. 651. C. Sur les Ausones, cf. Niebuhr, Hist. Rom. t. I. p. 90-110 de la traduction française; Wachsmuth, *Die œltere Geschichte des Rœmischen Staates*, p. 66-67.

III. *Les Liguriens* (*Ibid.*). Cf. Niebuhr, l. l., p. 229 et suiv.; Wachsmuth, l. l. p. 75-80.

IV-V. *Les Iapyges et les Apuliens* (p. 7-9). Cf. Niebuhr, p. 207 et suiv.

VIII. *Ou l'un des taureaux de Géryon* (p. 11). C'est la tradition d'Hellanicus de Lesbos, conservée par Denys d'Hal. A. R. 1, 35 : Ἑλλάνικος δὲ ὁ Λέσβιός φησιν Ἡρακλέα τὰς Γηρυόνου βοῦς ἀπελαύνοντα εἰς Ἄργος, ἐπειδή τις αὐτῷ δαμάλης ἀποσκιρτήσας τῆς ἀγέλης ἐν Ἰταλίᾳ ὄντι ἤδη, φεύγων διῆρε τὴν ἀκτήν, καὶ τὸν μεταξὺ διανηξάμενος πόρον τῆς θαλάσσης, εἰς Σικελίαν ἀφίκετο, ἐρόμενον ἀεὶ τοὺς ἐπιχωρίους καθ' οὓς ἑκάστοτε γένοιτο διώκων τὸν δαμάλην εἴ ποι τις αὐτὸν ἑωρακὼς εἴη τῶν τῇδε ἀνθρώπων, Ἑλλάδος μὲν γλώττης ὀλίγα συνιέντων, τῇ δὲ πατρίῳ φωνῇ κατὰ τὰς μηνύσεις τοῦ ζώου καλούντων τὸν δαμάλην Οὐΐτουλον, ὥσπερ καὶ νῦν λέγεται, ἀπὸ τοῦ ζώου τὴν χώραν ὀνομάσαι πᾶσαν, ὅσην ὁ δαμάλης διῆλθεν, Οὐϊταλίαν. On remarquera dans ce passage δαμάλης — τὸν δαμάλην — ὁ δαμάλης, au lieu de δάμαλις — τὸν δάμαλιν — ὁ δάμαλις adoptés par les Éditeurs de Denys d'Hal. La correction que je donne est fondée sur Ammonius, p. 39 : Δαμάλης καὶ δάμαλις διαφέρει· δαμάλης μὲν γὰρ ὁ ἄρρην μόσχος, δάμαλις δὲ ἡ θήλεια.

Quoique cette distinction n'ait pas été sanctionnée par Walckenaër, je l'adopte d'après Stœber. Cf. *Thes. gr. ling.* t. II. p. 885-886, éd. Didot.

Roi des Élymes (p. 13). Sur ce peuple, cf. Bochart, Chanaan, p. 628 et suiv.; Cluvier, Italie Anc. I. 2. p. 34 et suiv.

Ægeste (p. 21). Ovide le nomme Lausus, Fastes, IV. v. 54-55 :

Ense cadit patruo Lausus ; placet Ilia Marti ;
Teque parit, gemino juncte Quirine Remo.

Romulus alors était âgé de dix-huit ans (p. 23). Solin, Ch. I. p. 2, éd. Saumaise, Utrecht, 1689, va jusqu'à fixer l'heure où Romulus traça le Pomœrium : « Ibi Romulus mansitavit, qui auspicato fundamenta murorum jecit duodeviginti natus annos, undecimo Kalendas Maias, *hora post secundam, ante tertiam plenam* ; sicut Lucius Tarruntius prodidit, Mathematicorum nobilissimus, Jove in piscibus, etc. » Saumaise, *Exercit. Plinian.* p. 12, cite, d'après des Ms. qu'il ne désigne pas avec assez de précision pour que la vérification soit possible, un fragment de Dion, où les mêmes circonstances sont rapportées sur l'autorité de ce Tarruntius traduit par Solin : "Ὥρα τῆς Ῥώμης ὅτε Ῥωμύλος ταύτην ἤρξατο κτίζειν, ὥρα δευτέρα πρὸ τρίτης, ὡς Ταρρούτιος ὁ μαθηματικὸς κατεστήριξε, Διὸς μὲν ἰχθύσι, Κρόνου δὲ καὶ Ἀφροδίτης καὶ Ἄρεος καὶ Ἑρμοῦ σκορπίῳ, Ἡλίου τε ταύρῳ, καὶ Σελήνης ζυγῷ. Ce qui fait dire à Reimar : « Ridenda forte Mathematicis, quod Mercurius tanto intervallo a sole disjungitur, adeoque Tarruntio Mathematico, forte et Dione minus digna. »

Du reste, tout ceci n'est rien moins que de l'histoire : c'est le vieux récit tel que l'avait écrit Fabius ; tel qu'on le chantait dans des hymnes ; Denys d'Hal. A. R. I, 79 : Ὡς ἐν τοῖς πατρίοις ὕμνοις ὑπὸ Ῥωμαίων ἔτι καὶ νῦν ᾄδεται.

Qui avait la forme d'un carré (*Ibid.*). Solin, l. l. : « Dictaque est primum Roma *quadrata*, quod ad æquilibrium foret posita, » passage longuement discuté par Saumaise, l. l., p. 11, où toutes les autorités sont rapportées. Le docte Commentateur en conclut que Solin s'est trompé en avançant que la Rome fondée par Romulus fut appelée *Roma quadrata*. Il pense que cette dénomination doit être restreinte à un petit espace situé sur le mont Palatin et qui fut fortifié par Romulus, avant la fondation de la ville. La difficulté m'a paru résolue par M. G. Adolphe Becker, *De Romæ veteris Muris atque Portis*, Leipzig, 1842, p. 18-19 : « Mons Palatinus quum forma esset prope quadrata atque uno tantum angulo longius in meridiem procureret, ductum ad ejus radices pomœrium pariter quadratum fuisse necesse est, atque hinc factum putatur, ut antiquissima urbs priscis temporibus *Roma quadrata* appellaretur, quamquam aliam hujus nominis esse originem, antiquiorem Romulo, incerta atque obscura fuisse videtur fama. Après avoir mentionné l'opinion d'Ennius et de Varron, il cite Denys d'Hal. A. R. H. 65, et Plutarque, Romul. IX, qui la confirment; arrivé au passage qui nous occupe, il poursuit en ces termes : « Quod petitum est e Græcorum scriptorum historiis, varie de Romæ origine prodentium ; in quibus tamen quid veri sit, nemo unquam poterit extricare. Romani certe *Romam quadratam* Romuli urbem appellaverunt, et factum fortasse, ut, qui ampliorem hanc fuisse crederent, *Romæ quadratæ* quam angustissimis finibus fuisse constabat, antiquiorem originem esse putarent. »

XI. *La discorde éclata* (p. 25). Cf. Denys d'Hal. A. R. I, 87, et Plutarque, Romul. X.

XII. *De Rome qu'il allait fonder* (p. 27). Tacite, Ann, XII, 24 : Sed initium condendi et, quod Pomœrium Romulus posuerit, noscere haud absurdum reor. Igitur a foro Boario, ubi æreum tauri simulacrum aspicimus, quia id genus animalium aratro subditur, sulcus designandi oppidi cœptus, ut magnam Herculis aram amplecteretur. Inde certis spatiis interjecti lapides, per ima montis Palatini ad aram Consi, mox ad Curias veteres, tum ad Sacellum Larium, Forumque Romanum; et Capitolium non a Romulo, sed a Tito Tatio additum urbi credidere. » Cf. dans M. G. Ad. Becker, l. l. p. 10-18, tout le chapitre intitulé *De Urbe in* Palatio *condita ejusque Pomœrio.*

Les formalités prescrites pour la fondation des villes étaient contenues dans les Rituels Étrusques. Festus, p. 155, éd. de M. Egger : « *Rituales* nominantur Etruscorum libri, in quibus perscribtum est, *quo ritu condantur urbes,* aræ, ædes sacrentur, *qua sanctitate muri,* quo jure portæ, quomodo tribus, curiæ, centuriæ distribuantur, exercitus constituantur, ordinentur ; ceteraque ejusmodi ad bellum ac pacem pertinentia. »

Il serait superflu de parler encore de l'incertitude qui règne sur la date de la fondation de Rome. Tout a été dit à ce sujet. Cf. Pighius, Annal. Rom. t. I. p. 11-14, éd. Schott, Dodwel, De Antiquis Romanorum Cyclis, Diss. X. § LVIII et LIX, p. 557-561, et Niebuhr, l. l. p. 367-385. Un savant professeur de l'Université, M. Duruy, Hist. Rom. t. I. p. 110-111, Paris, 1843, résume ainsi les faits relatifs à cette question : « Quand on commença
« assez tard à vouloir établir une chronologie pour l'histoire romaine,
« c'était une croyance traditionnelle (cf. Servius ad Æn. I. 268) que Rome
« avait été fondée 360 ans après la ruine de Troie, et qu'entre sa fonda-
« tion et sa destruction par les Gaulois, il s'était écoulé un même nombre
« d'années. Sur cette période de 360 ans, on en prit un tiers pour les
« consuls ou 120 ans : les deux autres tiers ou 240, et avec quatre an-
« nées intercalaires 244, formèrent la part des rois. Or, 390, date de la
« prise de Rome par les Gaulois, plus 364, donnent 754. Seulement, comme
« pour cette même date fondamentale on variait de quelques années, les

« uns prirent 754, d'autres 753, ou 752. » (Fabius, l'Olymp. VIII, 1 ; Polybe et Corn. Nepos, l'Olymp. VII, 2 ; Caton, l'Olymp. VII, 1 ; Varron, l'Olymp. VI, 3, et les *Fastes capitolins*, l'Olymp. VI, 4).

Comitium (p. 31). C'est le terrain situé entre le mont Palatin et le Capitole.

XIV. *En trois parties* (*Ibid.*). Suivant la tradition la plus ancienne ; Plutarque, Romul. XX : Φυλὰς δὲ τρεῖς καταστήσαντες, ὠνόμασαν τοὺς μὲν ἀπὸ 'Ρωμύλου, 'Ραμνήνσης· τοὺς δὲ ἀπὸ Τατίου, Τατιήνσης· Τρίτους δὲ, Λουκερήνσης διὰ τὸ ἄλσος, εἰς ὅ πολλοὶ καταφυγόντες, ἀσυλίας δεδομένης, τοῦ πολιτεύματος μετέσχον. Cicéron, Rép. II, 8, rapporte l'origine de la dénomination de *Luceres* à un chef étrusque, Lucumon : l'étymologie indiquée par Plutarque paraît plus probable : elle a été récemment adoptée par Hunschke, *Die Verfassung des Kœnigs Servius*, Heidelberg, 1838, p. 31. Il vaut mieux s'y tenir que d'imaginer, comme Niebuhr, l. l. p. 417-418, la ville de Lucerum, à leur occasion. Cf. Wachsmuth, l. l. p. 191.

XVI. *Dans le voisinage du temple de Vesta* (p. 35). Plutarque, Numa, XIV : Ἐπεὶ δὲ διεκόσμησε τὰς ἱερωσύνας, ἐδείματο πλησίον τοῦ τῆς Ἑστίας ἱεροῦ τὴν καλουμένην 'Ρηγίαν, οἷόν τι βασίλειον οἴκημα· καὶ τὸ πλεῖστον αὐτόθι τοῦ χρόνου διέτριβεν, ἱερουργῶν, ἢ διδάσκων τοὺς ἱερεῖς, ἢ πρὸς ἐννοίᾳ τινὶ τῶν θείων πρὸς αὐτοὺς σχολάζων. Οἰκίαν δ' εἶχεν ἑτέραν περὶ τὸν Κυρίνου λόφον, ἧς ἔτι νῦν τὸν τόπον ἐπιδεικνύουσιν.

Il habitait la campagne (*Ibid.*). Polyen, Strateg., VIII, 4 : Νουμᾶς 'Ρωμαίους ἐκ πολέμου καὶ φόνου βουλόμενος μεταβαλεῖν εἰς εἰρήνην καὶ νόμους, ἀναχωρῶν τῆς πόλεως εἰς τέμενος ἱερὸν νυμφῶν, ἐν τούτῳ μόνος διαιτώμενος ἐπὶ συχνὰς ἡμέρας ἐπανῄει, παρὰ τῶν νυμφῶν θεοπρόπια κομίζων, ἃ συνεβούλευεν ἡγεῖσθαι νόμους.

XVIII. *Le commencement de l'année* (p. 37). La réforme du Calendrier romain par Numa est exposée dans Plutarque, l. l. XVIII-XIX, et dans Macrobe, Saturn. I, 13. Romulus fit commencer l'année au printemps et ne lui donna que dix mois : mars était le premier ; venaient ensuite avril, mai, juin, quintilis, sextilis, septembre, octobre, novembre et décembre. De ces dix mois, quatre, à savoir, mars, mai, quintilis et octobre avaient trente et un jours ; les six autres en avaient trente : l'année entière se composait de 304 jours. Cf. Macrobe, l. l. 12.

Numa fit l'année de 355 jours : il retira un jour de chacun des six mois d'avril, mai, juin, sextilis, septembre, novembre et décembre, qui en avaient trente, et laissa aux quatre autres les trente et un jours qu'ils avaient dans l'origine. Ajoutant ces six jours aux cinquante et un que Romulus n'avait point compris dans son année, ce qui donnait 57

ÉCLAIRCISSEMENTS.

jours, il divisa ce nombre en deux et il en forma deux mois qu'il plaça avant mars; janvier qui eut 29 jours, et février qui en eut 28. Janvier commença au solstice d'hiver : il devint le premier mois de l'année et mars ne fut plus que le troisième.

Numa comprit la nécessité de rendre l'année lunaire égale à l'année solaire : il calcula que la différence entre l'une et l'autre, dans une période de huit ans, était de 90 jours, c'est-à-dire de onze jours et un quart pour chaque année. De ces 90 jours, il forma quatre mois qu'il appela *Merkedonii* et en intercala un, tous les deux ans, après la fête des *Terminalia* qui avaient lieu le 6ᵉ jour des calendes de mars, c'est-à-dire le 24 février. Après que ce mois était écoulé, février achevait son cours, à partir du jour où l'intercalation avait commencé.

Numa avait donné 355 jours à son année, tandis que l'année grecque n'en avait que 354 : son année finissait donc un jour plus tard. On s'aperçut bientôt que les deux années ne pouvaient marcher ensemble, et qu'après un laps de temps assez court, la date de leur commencement différait beaucoup. Pour obvier à cet inconvénient, Numa décida que, dans une période de huit ans, l'intercalation ne serait que de 82 jours ; que la première intercalation, qui fut placée après les deux premières années, serait de 22 jours, la suivante de 23, la troisième de 22 et la quatrième de 15.

L'année de Numa se composa donc de 12 mois : janvier, février, mars, avril, mai, juin, quintilis, sextilis, septembre, octobre, novembre et décembre. Sept de ces mois avaient *vingt-neuf* jours, et les autres *trente et un*, à l'exception de février qui n'en avait que vingt-huit.

XXII. *La tutelle de ses enfants et de son royaume* (p. 42). Tarquin répondit à cette confiance en dépouillant ses pupilles du trône, à la mort de leur père; Tite-Live, I, 35 : « Regnavit Ancus annos quatuor et viginti, cuilibet superiorum regum belli pacisque et artibus et gloria par. Jam filii prope puberem ætatem erant : eo magis Tarquinius instare, ut quam primum comitia regi creando fierent. Quibus indictis, sub tempus pueros venatum ablegavit : isque primus et petisse ambitiose regnum, et orationem dicitur habuisse ad conciliandos plebis animos compositam...... Hæc eum haud falsa memorantem ingenti consensu populus romanus regnare jussit.

Par ses actions comme par ses paroles (p. 45). Denys d'Hal. A. R. III, 48 : Βασιλέως τε φίλος ἐν ὀλίγῳ πάνυ χρόνῳ γίνεται, δῶρα διδοὺς ὧν ἐν χρείᾳ μάλιστα αὐτὸν γενόμενον ᾔσθετο, καὶ χρήματα παρέχων εἰς τὰς πολεμικὰς χρείας, ὅσων ἐδεῖτο. Ἐν δὲ ταῖς στρατείαις πάντων κράτιστα πεζῶν τε καὶ ἱππέων ἀγωνιζόμενος, γνώμης τε ὅπου δεήσειεν ἀγαθῆς, ἐν τοῖς πάνυ φρονίμοις τῶν συμβούλων ἀριθμούμενος. Γενόμενος δὲ παρὰ τῷ βασιλεῖ τίμιος, οὐδὲ τῆς

ἄλλης εὐνοίας Ῥωμαίων διήμαρτεν, ἀλλὰ καὶ τῶν πατρικίων πολλοὺς ταῖς εὐεργεσίαις ὑπηγάγετο, καὶ τὸ δημοτικὸν πλῆθος οἰκείως ἔχειν αὐτῷ παρεσκεύασεν, εὐπροσηγόροις τε ἀσπασμοῖς καὶ κεχαρισμέναις ὁμιλίαις, καὶ χρημάτων μεταδόσει, καὶ ταῖς ἄλλαις φιλοφροσύναις.

XXIII. *Tarquin, etc.* (p. 47). Dion semble avoir emprunté plusieurs
traits à Tite-Live, I, 49 : Primores patrum, quos Servii rebus favisse cre-
debat, interfecit : conscius deinde, male quærendi regni ab se ipso adversus se exemplum capi posse, armatis corpus circumsepsit.... Eo acce-
debat, ut in caritate civium nihil spei reponenti metu regnum tutandum
esset; quem ut pluribus incuteret, cognitiones capitalium rerum sine
consiliis per se solus exercebat; perque eam causam occidere, in exsilium
agere, bonis multare poterat non suspectos modo aut invisos, sed unde nihil
aliud quam prædam sperare posset. Ita patrum præcipue numero imminuto,
statuit nullos in patres legere ; quo contemtior paucitate ipsa ordo esset,
minusque per se nihil agi indignarentur. Hic enim regum primus traditum
a majoribus morem de omnibus senatum consulendi solvit : domesticis
consiliis rempublicam administravit etc. Cf. Denys d'Hal. A. R. IV, 41;
Zonaras, VII. 10. p. 329, éd. Du C.

Ses propres satellites (p. 49). Denys d'Hal., l. l. : Καὶ πρῶτον μὲν
φυλακὴν κατεστήσατο περὶ ἑαυτὸν ἀνθρώπων θρασυτάτων, ξίφη τε καὶ λόγχας
φερόντων, ἐπιχωρίων καὶ ἀλλοδαπῶν κτλ. Cf. Zonaras, l. l.

Le surnom de Superbe (p. 51). Le même, l. l. : Διὰ ταῦτα ἐπωνυμίαν
τίθενται αὐτῷ Ῥωμαῖοι τὸν Σούπερβον· τοῦτο δὲ δηλοῦν βούλεται κατὰ τὴν
ἡμετέραν γλῶτταν τὸν ὑπερήφανον.

XXIV. *Un bâton* (p. 53). Tite-Live, I, 56 : Aureum baculum inclusum
corneo cavato ad id baculo tulisse donum Apollini dicitur, per ambages
effigiem ingenii sui. Ce passage est traduit presque littéralement dans Zonaras (cf. p. 52 note 3) : il l'avait sans doute copié tel qu'il se trouvait dans
Dion, avant d'avoir été abrégé par le Compilateur.

XXV. *Un devin de Toscane* (p. 53). La science augurale était le trait
caractéristique de la religion des Étrusques. Dès la plus haute antiquité,
leurs devins furent en grand renom à Rome. Cicéron, *De Divinat.*, I, 2 :
Nihil publice sine auspiciis nec domi, nec militiæ gerebatur. Quumque
magna vis videretur esse et in impetrandis consulendisque rebus, et in
monstris interpretandis ac procurandis, in aruspicum disciplina ; *omnem
hanc ex Etruria scientiam adhibebant*, ne genus esset ullum divina-
tionis, quod neglectum ab iis videretur.

Le même, l. I., XII :

Tum quis non, artis scripta ac monumenta volutans,
Voces tristificas chartis promebat Etruscis.

Le devin Manius auquel Dion fait allusion, Fr. XCVI, p. 166 de cette édition, était originaire de l'Étrurie. Zonaras, VIII. 1. p. 365, éd. Du C. : Μάνιος δέ τις Τυρσηνὸς τὸ γένος ἐθάρσυνεν αὐτούς Cf. l. l. note 2.

XXVI. *Et se tue* (p. 59). Il ne sera pas sans intérêt de comparer Dion avec ses devanciers, Denys d'Hal. A. R. IV, 64 et suiv., Tite-Live, I, 57 et suiv.; Diodore de Sicile, X, 20-21.

XXVII. *Soumis à leurs lois* (p. 61). Cicéron, De Rep. II, 25, éd. J. V. Le Clerc : « Hic ille jam vertetur orbis, cujus naturalem motum atque circuitum a primo discite agnoscere. Id enim est caput civilis prudentiæ, in qua omnis hæc nostra versatur oratio, videre itinera flexusque rerum publicarum, ut quum sciatis, quo quæque res inclinet, retinere, aut ante possitis occurrere. Nam rex ille, de quo loquor, primum optimi regis cæde maculatus, integra mente non erat; et quum metueret ipse pœnam sui sceleris summam, metui se volebat. Deinde victoriis divitiisque subnixus exsultabat insolentia, neque suos mores regere poterat, neque suorum libidines. » Et, ch. XXVI : « Simul atque enim se inflexit hic rex in dominatum injustiorem, fit continuo tyrannus, quo neque tetrius, neque fœdius, nec Dis hominibusque invisius animal ullum cogitari potest: qui, quanquam figura est hominis, morum tamen immanitate vastissimas vincit belluas. Quis enim hunc hominem rite dixerit, qui sibi cum suis civibus, qui denique cum omni hominum genere nullam juris communionem, nullam humanitatis societatem velit? »

XXVIII. *Le titre des harangues* (p. 63). Cette partie des extraits, recueillis par l'ordre de Constantin Porphyrogénète, si elle existe, n'a pas encore été découverte. En attendant qu'un heureux hasard nous la rende, cf. le discours mis dans la bouche de Valérius Publicola par Tite-Live, II, 7.

XXIX. *Horatius* (p. 65). C'est M. Horatius Pulvillus : cf. Tite-Live, II, 8, et Tacite, Hist. III, 72.

Fit la dédicace (Ibid.). Tacite, l. l. : «Voverat Tarquinius Priscus rex, bello Sabino, jeceratque fundamenta, spe magis futuræ magnitudinis, quam quo modicæ adhuc populi romani res sufficerent : mox Servius Tullius, sociorum studio; deinde Tarquinius Superbus, capta Suessa Pometia, hostium spoliis exstruxere. Sed gloria operis libertati reservata : pulsis regibus, Horatius Pulvillus, iterum consul, dedicavit eâ magnificentia quam immensæ postea populi romani opes ornarent potius quam augerent. »

Du temple de Jupiter (p. 63). Denys d'Hal. en fait la description, A. R. IV, 61 : Ἐποιήθη δ' ἐπὶ κρηπῖδος ὑψηλῆς βεβηκώς, ὀκτάπλεθρος τὴν περίοδον, διακοσίων ποδῶν ἔγγιστα τὴν πλευρὰν ἔχων ἑκάστην· ὀλίγον δέ τι τὸ διαλλάττον εὕροι τις ἂν τῆς ὑπεροχῆς τοῦ μήκους παρὰ τὸ πλάτος, οὐδ' ὅλων πεντεκαίδεκα ποδῶν. Ἐπὶ γὰρ τοῖς αὐτοῖς θεμελίοις ὁ μετὰ τὴν ἐμπρησιν οἰκοδομηθεὶς κατὰ τοὺς πατέρας ἡμῶν εὑρέθη, τῇ πολυτελείᾳ τῆς ὕλης μόνον διαλλάττων τοῦ ἀρχαίου, ἐκ μὲν τοῦ κατὰ πρόσωπον μέρους πρὸς μεσημβρίαν βλέποντος, τριπλῷ περιλαμβανόμενος στίχῳ κιόνων, ἐκ δὲ τῶν πλαγίων διπλῷ· ἐν δὲ αὐτῷ, τρεῖς ἔνεισι σηκοὶ παράλληλοι, κοινὰς ἔχοντες πλευράς. Μέσος μέν, ὁ τοῦ Διός· παρ' ἑκάτερον δὲ τὸ μέρος, ὅ τε τῆς Ἥρας, καὶ ὁ τῆς Ἀθηνᾶς, ὑφ' ἑνὸς ἀετοῦ καὶ μιᾶς στέγης καλυπτόμενος.

A un magistrat en deuil (*Ibid.*). De même dans Tite-Live, II, 8 : Publicola ad Veientium bellum profectus. Ægrius, quam dignum erat, tulere Valerii necessarii dedicationem tam inclyti templi Horatio dari : id omnibus modis impedire conati, postquam alia frustra tentata erant, postem jam tenenti consuli fœdum inter precationem Deum nuncium incutiunt ; « mortuum ejus filium esse, *funestaque familia dedicare eum templum non posse.* »

Horatius ne refusa pas de croire (*Ibid.*). Dion affirme le fait ; le langage de Tite-Live est moins formel, l. l. : Non crediderit factum, an tantum animo roboris fuerit, nec traditur certum, nec interpretatio est facilis.

Sans sépulture (*Ibid.*). Tite-Live, au contraire, dit, l. l., qu'Horatius donna l'ordre de célébrer les funérailles de son fils. Sur les autres points, il est d'accord avec Dion : Nihil aliud ad eum nuncium a proposito adversus, *quam ut cadaver efferri juberet,* tenens postem, precationem peragit et dedicat templum.

XXX. *Même sur la personne* (p. 67). Voici d'après Bouchand, *Comment. sur la loi des douze tables,* p. 397-414, les sept dispositions concernant les poursuites contre un débiteur qui reconnaissait la dette et qui, par jugement, était condamné à payer :

I. Qu'on accorde trente jours de délai a quiconque reconnaît être débiteur d'un autre, et qui, par sentence du juge, est condamné légalement à payer.

II. Qu'ensuite on le saisisse et qu'on le traine aux pieds du juge.

III. A moins que le débiteur n'ait payé la somme fixée par le juge, ou qu'un autre ne satisfasse pour lui, qu'il soit emmené par son créancier, qu'on le charge de fers du poids de quinze livres au plus, ou moins pesants, si l'on veut.

IV. Dans cet état, le débiteur *vinctus* vivra, s'il le veut, à ses dépens. S'il ne vit pas à ses dépens, le créancier, qui le tient en prison, lui fournira par jour une livre de farine, et davantage, s'il lui plaît.

V. Que pendant un certain temps fixé, il soit permis au débiteur de s'accommoder avec son créancier. S'il ne s'accommode pas, que le créancier le tienne dans les liens soixante jours, durant lesquels on le fera sortir de prison trois jours de marché consécutifs, et on le conduira à l'audience du préteur, où l'huissier proclamera à haute voix le montant de la somme pour laquelle il aura été condamné.

VI. Qu'ensuite le créancier inflige à son débiteur la peine de perdre totalement sa liberté et de devenir son esclave, ou si le créancier l'aime mieux, qu'il le vende à l'étranger au delà du Tibre.

VII. Mais si le débiteur est adjugé à plusieurs créanciers, que le troisième jour de marché, ces créanciers le coupent par parties; s'ils en coupent, plus ou moins, qu'ils soient impunis.

Pour le texte de ces dispositions légales, cf. Bouchaud, l. l., Aulu-Gelle, XX, 1, et le Recueil de M. E. Egger : *Latini sermonis Reliquiæ*, p. 93, éd. de Paris, 1843.

Bouchaud, p. 415, fait observer que quelques Auteurs anciens et la plupart des Commentateurs modernes prennent le mot *secare* dans sa signification propre et littérale; mais que, suivant d'autres, il doit se prendre dans un sens figuré, et ne veut dire autre chose que *faire une vente* à l'encan. Cf. son discours préliminaire, p. 161 et suiv.

Cette dernière opinion fut défendue par MM. Dupin aîné et Berriat Saint-Prix dans l'Académie des sciences morales et politiques, en 1843, contre M. Troplong. M. Giraud, dans un mémoire sur *le prêt à intérêt chez les Romains*, avait dit que par le mot *section* il faut entendre le partage du prix des biens et de la personne du débiteur *addictus*, et non le partage de son corps. M. Troplong soutint que *secare* signifie une division réelle et matérielle du corps. Il cita de graves autorités; puis se reportant au moyen âge, il rappela une tradition non moins barbare, d'après laquelle, dans le *Marchand de Venise* de Shakspeare, le juif est autorisé à couper un morceau de chair à son débiteur : seulement s'il en prend trop, il peut être mis à mort. MM. Dupin aîné et Berriat Saint-Prix, au contraire, émirent l'opinion qu'il ne s'est jamais agi que d'un partage des biens du débiteur. Pour les détails, cf. le tome IIIe des *Séances et travaux* de cette Académie, p. 223-241 : le mémoire de M. Giraud sera imprimé dans le Ve volume des *Mémoires*.

Un nouveau fragment de Dion, Fr. XXXII, p. 70 de cette édition, ne permet de donner à *secare* que son acception propre et littérale, comme le voulait M. Troplong. Le voici : Καὶ εἰ δή τινες πλείους δεδανεικότες ἔτυχον, κρεουργηδὸν αὐτοῦ τὸ σῶμα πρὸς τὸ μέρος ὧν ὤφειλε ἐξουσίαν εἶχον κατανέμεσθαι. Mais ce droit parut tellement exorbitant, que jamais créancier n'osa en faire usage; Dion, l. l. : Καὶ τοῦτο μὲν, εἰ καὶ τὰ μάλιστα ἐνενόμιστο, ἀλλ' οὔ τί γε καὶ ἔργῳ ποτὲ ἐγεγόνει. Cf. Aulu-Gelle, l. l.

XXXII. *Le dictateur Valérius* (p. 69). Manius Valérius, fils de Volésus ; cf. Tite-Live, II, 30. Le même, l. l. 31, raconte son abdication.

XXXIII. *D'une hauteur* (p. 73). C'est-à-dire, du mont Sacré, d'après Denys d'Hal., A. R., VI, 45, Tite-Live, II, 32, et Plutarque, Coriol. VI ; ou bien, suivant Pison, du mont Aventin; mais cette opinion fut moins généralement adoptée. Cf. Tite-Live, l. l.

Agrippa (*Ibid.*). Cf. Tite-Live, l. l. Denys d'Hal., l. l. 49-56, met dans sa bouche une longue harangue, pour engager le sénat à se montrer plus traitable envers les plébéiens. Elle était destinée sans doute à préparer le succès de celle que le même historien fait adresser au peuple par Agrippa, l. l. 83-86. Plutarque, l. l., se contente du célèbre apologue.

Appellent tribun (p. 75). La création des tribuns fut une des conditions de la réconciliation du peuple avec les patriciens. Tite-Live, l. l. 33 : Agi deinde de concordia cœptum, concessumque in conditiones, ut plebi sui magistratus essent sacrosancti, quibus auxilii latio adversus consules esset; neve cui patrum capere eum magistratum liceret.

Suivant Denys d'Hal., l. l. 89, *cinq* tribuns furent établis tout d'abord : Νεμηθεὶς δ' ὁ δῆμος εἰς τὰς τότε οὔσας φρατρίας, ἢ ὅπως βούλεταί τις αὐτὰς προσαγορεύειν, ἃς ἐκεῖνοι καλοῦσι κουρίας, ἄρχοντας ἐνιουσιαίους ἀποδεικνύουσι τοὺς περὶ Λεύκιον Ἰούνιον Βροῦτον, καὶ Γάϊον Σικίννιον Βελλοῦτον, οὓς καὶ τέως εἶχον ἡγεμόνας · καὶ ἔτι πρὸς τούτοις, Γάϊον καὶ Πόπλιον Λικιννίους, καὶ Γάϊον Ἰουσίλλιον Ῥιουγανόν. Οὗτοι τὴν δημαρχικὴν ἐξουσίαν πρῶτοι παρέλαβον οἱ πέντε ἄνδρες, ἡμέρᾳ τετάρτῃ πρὸ τριῶν εἰδῶν Δεκεμβρίων, ὥσπερ καὶ μέχρι τοῦ καθ' ἡμᾶς χρόνου γίνεται.

Tite-Live, l. l., dit qu'on nomma *deux* tribuns du peuple, C. Licinius et L. Albinus, qui choisirent *trois* collègues, au nombre desquels était Sicinius, l'auteur de la sédition, et qu'on n'est par certain du nom des deux autres.

Enfin, Plutarque, l. l. VII, rapporte qu'ils demandèrent et obtinrent *cinq* protecteurs, ou *tribuns*, et que les *deux premiers nommés* furent Junius Brutus et Sicinius Bellutus, chefs de la révolte.

Du rapprochement de ces passages, on peut conclure qu'on créa d'abord *deux* tribuns, et que si Denys parle de *cinq*, c'est parce qu'il a compris dans ce nombre les trois collègues que C. Licinius et L. Albinus s'adjoignirent. Il est à propos de citer ici un passage d'Ascon. Pædian. sur Cicéron, p. 138 : « Quidam non *duos* tribunos plebis, ut Cicero dicit, sed *quinque* tradunt creatos tum esse, singulos ex singulis classibus. Sunt tamen qui eumdem illum *duorum* numerum, quem Cicero, ponant : inter quos Tuditanus et Pomponius Atticus, Liviusque noster. Idem hic et Tuditanus adjiciunt tres præterea ab illis duobus collegas creatos esse. »

Au reste, il est à peu près impossible d'arriver à la certitude sur ce point. Cf. Pighius, Ann. Rom. t. I. p. 90-92, éd. Schott. D'après lui, c'est l'an de Rome 296 que le nombre des tribuns fut porté à dix.

Pomponius, De Orig. jur. II, 20, donne la date de la création des tribuns : « Iisdem temporibus, quum plebs a patribus secessisset, anno fere septimo decimo post Reges exactos, tribunos sibi in monte sacro creavit, qui essent plebeii magistratus. »

Denys d'Hal., l. l., place *au quatrième jour avant les ides de décembre* l'entrée des tribuns dans l'exercice de leur charge, et il ajoute que cet usage s'était perpétué jusqu'au temps où il vivait. Tite-Live adopte la même époque, XXXIX, 52 : Hic Nævius in magistratuum libris est tribunus plebis, P. Claudio, L. Porcio consulibus ; sed iniit tribunatum Appio Claudio, M. Sempronio consulibus, *ante diem quartum idus decembres* etc.

XXXIV. *Les autres sous un autre* (p. 77). Entre le passage de Zonaras que j'ai cité, note 3, p. 76-77, φοβηθέντες δὲ — καὶ τιμωροί et celui que j'ai transcrit, p. 77, note 4, φύσει — ἀπέφαινε, il en est un autre qui peut être regardé comme un résumé de Dion, et dans lequel l'Abréviateur énumère, probablement d'après notre Historien, les droits exorbitants du tribunat. C'est comme le préambule du fragment qui, dans cette édition, p. 76, commence ainsi : Κατά τε τὸ φύσει.

J'emprunte à ce passage de Zonaras une phrase qui répandra du jour sur l'Exc. Vatic. La voici : Εἰς δέκα δὲ, προϊόντος τοῦ χρόνου (An de R. 296, cf. la note précédente), οἱ Δήμαρχοι κατέστησαν· ὅθεν αὐτοῖς τὸ πολὺ τῆς ἰσχύος κατεβέβλητο. Φύσει γάρ, le reste à peu près comme dans Dion. Cf. p. 77. note 4.

N'était pas de l'avis de ses collègues (*Ibid.*) Un tribun seul avait le droit de faire opposition à ses collègues ; Denys d'Hal. X, 31 : Οὐθὲν γὰρ τῶν πραττομένων ὑπὸ τῆς ἀρχῆς ἐκείνης ἐπισχεῖν ἢ κωλῦσαι τῶν ἄλλων τινὶ ἔξεστιν· ἀλλ' ἑτέρου δημάρχου τοῦτ' ἐστὶ τὸ κράτος.

Tenterait d'employer la violence (*Ibid.*). « Appellati. Subvenire ne dubitanto. *Vim prohibento*. etc. » Cf. Pighius, l. l., p. 91

XXXVII. *Une violente famine survint* (p. 81). Tite-Live, II, 34 : « Eo anno, quum et foris quieta omnia a bello essent, et domi sanata discordia, aliud multo gravius malum civitatem invasit : caritas primum annonæ, ex incultis per secessionem plebis agris; fames deinde, qualis clausis solet...... Incommodo bello in tam arctis commeatibus vexati forent, ni Volscos jam moventes arma, pestilentia ingens invasisset. » Cf. Denys d'Hal. A. R. VII, 13.

A Norba (p. 81.). Tite-Live, II, 34 : Velitris auxere numerum colonorum Romani, et Norbæ in montes novam coloniam, quæ arx in Pomptino esset, miserunt. » De même dans Denys d'Hal., l. l.

Comme on le demandait (*Ibid.*). Tite-Live, l. l. : M. Minucio deinde et A. Sempronio consulibus, magna vis frumenti ex Sicilia advecta; agitatumque in senatu quanti plebi daretur. Multi venisse tempus premendæ plebis putabant, recuperandique jura quæ extorta secessione ac vi patribus essent ; in primis Marcius Coriolanus, hostis tribuniciæ potestatis etc. Cf. Denys d'Hal., l. l. VII, 22-24 ; et Plutarque, l. l. XVI.

Le firent condamner à l'exil (*Ibid.*) Le même, l. l., 35 : Adeo infensa erat coorta plebs , ut unius pœna defungendum esset patribus. Restiterunt tamen adversa invidia, usique sunt, qua suis quisque, qua totius ordinis viribus..... Universi deinde processere (quidquid erat patrum reos diceres), precibus plebem exposcentes ; « unum sibi civem, unum senato-« rem, si innocentem absolvere nollent, pro nocente donarent.» Ipse quum die dicta non adesset, perseveratum in ira est. Damnatus absens in Volscos exsulatum abiit, minitans patriæ, hostilesque jam tum spiritus gerens. Cf. Denys d'Hal., l. l. 64 et suiv.

XXXVIII. *Coriolan se retira chez les Volsques* (p. 83). Cf. Tite-Live, l. l.; et Plutarque, l. l. XXI.

XXXIX. *Les femmes* (*Ibid.*). On pourra comparer les Fr. XXXIX et XL avec Tite-Live, l. l. 40; Denys d'Hal. A. R. VIII, 44-54 ; Plutarque, Coriol., XXI-XXXVI.

M. Duruy, Hist. Rom. I, p. 169, note 2, fait des observations judicieuses sur toute cette histoire de Coriolan : « Pour remplir l'intervalle vide de « faits, qui s'écoule entre les années 493 et 486 (Av. J. C.), on place d'or-« dinaire immédiatement après l'établissement du tribunat, le pro-« cès de Coriolan et les démêlés des tribuns avec les consuls au sujet des « colonies de Norba et de Vélitres, c'est-à-dire la conquête pour les tri-« buns du droit de parler devant le peuple sans être interrompus, de « convoquer les comices par tribus, de rendre des *plébiscites*, de juger et « de condamner à mort des patriciens. C'est méconnaître les humbles « commencements de cette magistrature, qui, la première année de son « existence, n'était pas certes assez forte pour braver le sénat, les patri-« ciens et les consuls. Outre cette considération , plusieurs circonstances « sont matériellement fausses. Ainsi Norba et Vélitres n'étaient pas alors

« des colonies romaines, mais des cités latines indépendantes, comme le
« prouve le traité de Cassius avec les Latins ; Corioles n'était pas une ville
« volsque prise par les Romains ; mais une des trente républiques latines.
« Enfin Coriolan est dit avoir fait fort jeune ses premières armes à la ba-
« taille du lac Rhégille, en 496 (Av. J. C.), et en 492, il demande le con-
« sulat et est père de plusieurs enfants. La tradition relative à Coriolan a
« sans doute un fond historique ; mais cette proscription d'un des plus
« illustres patriciens, cette vengeance d'un chef de bannis, doivent appar-
« tenir à l'époque qui vit la condamnation de Ménénius et d'Appius, l'exil
« de Cæson et la tentative d'Herdonius, etc. »

XLI. *Cassius fut mis à mort* (p. 89). Denys d'Hal. A. R. VIII, 69 et
Tite Live, II, 41.

De signalés services (Ibid.). Sp. Cassius par son traité avec les Latins,
durant son second consulat, et sept ans plus tard par celui qu'il conclut
avec les Herniques, avait deux fois raffermi au dehors la puissance de
Rome.

Voici le texte du premier de ces traités, rapporté par Denys d'Hal.
A. R. VI, 95 :

Ῥωμαίοις καὶ ταῖς Λατίνων πόλεσιν ἁπάσαις (Denys nomme les trente
villes latines, l. l., V, 61) εἰρήνη πρὸς ἀλλήλους ἔστω, μέχρις ἂν οὐρανός τε
καὶ γῆ τὴν αὐτὴν στάσιν ἔχωσι· καὶ μήτ' αὐτοὶ πολεμείτωσαν πρὸς ἀλλήλους,
μήτ' ἄλλοθεν πολεμίους ἐπαγέτωσαν, μήτε τοῖς ἐπιφέρουσι πόλεμον ὁδοὺς
παρεχέτωσαν ἀσφαλεῖς· βοηθείτωσάν τε τοῖς πολεμουμένοις ἁπάσῃ δυνάμει,
λαφύρων τε καὶ λείας τῆς ἐκ κοινῶν πολέμων τὸ ἴσον λαγχανέτωσαν μέρος
ἀμφότεροι· τῶν τ' ἰδιωτικῶν συμβολαίων αἱ κρίσεις ἐν ἡμέραις γιγνέσθωσαν
δέκα, παρ' οἷς ἂν γένηται τὸ συμβόλαιον. Ταῖς δὲ συνθήκαις ταύταις μηδὲν
ἐξέστω προσθεῖναι, μήτ' ἀφελεῖν ἀπ' αὐτῶν ὅ τι ἂν μὴ Ῥωμαίοις τε καὶ Λατίνοις ἅπασι δοκῇ.

Peut-être est-il permis de rapporter à ce traité la clause mentionnée,
d'après Cincius, par Festus, aux mots *Prætor ad portam salutatus*,
p. 96-97, éd. de M. Egger : Alba deinde diruta.... eos populos Latinos ad
capud œtentinæ (i. e. caput Ferentinæ), quod est sub monte Albano, consulere solito, et imperium communi consilio administrare. Itaque quo anno
Romanos imprimis ad exercitum mittere oportet, jussu nominis Latini,
complures nostros in Capitolio a sole oriente auspiciis operam dare solitos.

Du temps de Cicéron, ce traité était gravé sur une colonne d'airain et
placé derrière les Rostres : cf. Disc. pour L. C Balbus, XXIII.

Les mêmes conditions furent imposées plus tard aux Herniques ; Denys
d'Hal. l. l. VIII, 69 : Διαπραξάμενος δὲ τὸν θρίαμβον αὐτῷ δοθῆναι, τὰς πρὸς
Ἕρνικας ἐξήνεγκεν ὁμολογίας. Αὗται δὲ ἦσαν ἀντίγραφοι τῶν πρὸς Λατίνους
γενομένων.

Sa mort, etc. (p. 89). Dion venge la mémoire de Cassius. Denys, A.
R. VIII, 82, avait commencé la réparation en disant que le peuple se
repentit bientôt d'avoir abandonné ce défenseur de ses intérêts :
Ἐπιστάντων δὲ τῶν ἀρχαιρεσίων, ἔδοξε τοῖς πατρικίοις ἠρεθισμένον ὁρῶσι
τὸν δῆμον, καὶ μεταμελόμενον ἐπὶ τῇ Κασσίου καταδίκῃ κτλ. Cf. Tite-Live,
II, 42.

XLV. *Les Fabius au nombre de trois cent six* (p. 93). Tite-Live, II,
50 : Fabii cæsi ad unum omnes, præsidiumque expugnatum : trecentos
sex periisse satis convenit : unum prope puberem ætate relictum, stirpem
genti Fabiæ, dubiisque rebus populi romani sæpe domi belliquæ vel maximum futurum auxilium. Pour tout le récit sur les Fabius, cf. Tite-Live, l. l.
48-50; Denys d'Hal. A. R. IX, 19-22; Florus, I, 12; Orose, II, 5. Perizo-
nius, Animadv. Histor. V, p. 185 et suiv., le relègue parmi les exemples de
la simplicité et de la crédulité antiques.

Fut marquée d'infamie (p. 95). Florus, l. l. : « Scelerato signata
nomine, quæ proficiscentes in prælium porta dimisit. » Reimar fait à bon
droit remarquer que *scelaratum* a ici, comme dans beaucoup de passages, le sens de *contaminatum* — *quod infaustum exitum ominari
videbatur*, et il cite ce vers d'Ovide, Fast. II, 204 :

    Porta caret culpa, sed tamen omen habent.

Cf. dans une inscription de Reinesius, XII, 122, mater *scelerata*, c'est-à-
dire, *infelix*.

Titus Ménénius—fut accusé et condamné (*Ibid.*). Tite-Live, l. l. 52 :
Q. Considius et T. Genucius, auctores agrariæ legis, T. Menenio diem
dicunt : invidiæ erat amissum Cremeræ præsidium, quum haud procul
inde stativa consul habuisset : eum oppresserunt. Cf. Denys d'Hal. A. R.
IX, 23.

Pour avoir perdu une bataille (*Ibid.*). Le même, l. l. 51 : Quum hæc
accepta clades esset, jam C. Horatius et T. Menenius consules erant. Menenius adversus Tuscos victoria elatos confestim missus : tum quoque male
pugnatum est, et Janiculum hostes occupavere.

XLVI. *Les tribuns les plus audacieux* (*Ibid.*). Dion va plus loin que
Tite-Live, qui parle seulement du meurtre d'un tribun, l. l. 54 : Tandem,
qui obversati vestibulo tribuni fuerant, nunciant domi mortuum esse
inventum.

Toutefois ce qu'il dit, l. l., des dispositions des patriciens rend le récit
de Dion fort vraisemblable : Patres consilia inde non publica, sed in privato, seductaque a plurium conscientia habere...... Præcipuus pavor

tribunos invaserat, quam nihil auxilii sacratæ leges haberent, morte collegæ monitos. Nec patres satis moderate ferre lætitiam : adeoque neminem noxiæ pœnitebat, ut etiam insontes fecisse videri vellent, palamque ferretur, malo domandam tribuniciam potestatem.

XLVIII. *En leur montrant un chêne* (p. 99). Tite-Live, III, 25 : Eos Æquorum imperator, quæ mandata habeant ab senatu romano ad quercum jubet dicere, se alia interim acturum. Quercus ingens arbor prætorio imminebat, cujus umbra opaca sedes erat. Tum ex legatis unus abiens : Et hæc, inquit, sacrata quercus, et quidquid Deorum est, audiant fœdus a vobis ruptum.

Dans Denys d'Hal. A. R. X, 22, les paroles de Clœlius Gracchus expliquent jusqu'à un certain point cette injurieuse plaisanterie : Θαυμάζω ὑμῶν, φησίν, ὦ Ῥωμαῖοι, τί δή ποτ' αὐτοὶ μὲν ἅπαντας ἀνθρώπους ἡγεῖσθε πολεμίους, καὶ ὑφ' ὧν οὐδὲν πεπόνθατε, ἀρχῆς καὶ τυραννίδος ἕνεκα· Αἰκανοῖς δ' οὐ συγχωρεῖτε παρὰ τουτωνὶ Τυσκλάνων, ἐχθρῶν ὄντων, ἀναπράττεσθαι δίκας, οὐθενὸς ἡμῖν διωμολογημένου περὶ αὐτῶν, ὅτε τὰς πρὸς ὑμᾶς ἐποιούμεθα συνθήκας. Εἰ μὲν οὖν τῶν ὑμετέρων ἰδίων ἀδικεῖσθαί τι, ἢ βλάπτεσθαι λέγετε ὑφ' ἡμῶν, τὰ δίκαια ὑφέξομεν ὑμῖν κατὰ τὰς ὁμολογίας· εἰ δὲ περὶ Τυσκλάνων ἀναπραξόμενοι δίκας ἥκετε, οὐθείς ἐστι πρὸς ἐμὲ περὶ τούτων λόγος· ἀλλὰ πρὸς ταύτην λαλεῖτε· » φῆγον δείξας αὐτοῖς τινα πλησίον πεφυκυῖαν.

XLIX. *Dans une gorge* (p 101). Denys d'Hal., l. l. 23 : Ὁ δὲ Γράκχος, ἐπειδὴ τοὺς Ῥωμαίους προσιόντας ἔμαθεν, ἀναστήσας τὴν δύναμιν, ἀπῆγε προσωτέρω, τῶν πολεμίων ἐκ ποδὸς ἑπομένων· βουλόμενος αὐτοὺς εἰς τοιαῦτα προσαγαγέσθαι χωρία, ἐν οἷς πλεονεκτήσειν ἔμελλεν· ὅπερ καὶ συνέβη. Φυλάξας γὰρ αὐλῶνα περιεχόμενον ὄρεσιν, ὡς ἐνέβαλον εἰς τοῦτον οἱ Ῥωμαῖοι διώκοντες αὐτὸν, ὑποστρέφει τε καὶ στρατοπεδεύει κατὰ τὴν ἐκ τοῦ αὐλῶνος ἔξω φέρουσαν ὁδόν. Ἐκ δὲ τούτου συνεβεβήκει τοῖς Ῥωμαίοις οὐχ ὃν ἐβούλοντο ἐκλέξασθαι τόπον εἰς στρατοπεδείαν, ἀλλ' ὃν ἔδωκεν αὐτοῖς ὁ καιρός κτλ. Cf. Tite-Live, III, 26; Florus, 1, 11; S. Aur. Victor, De Vir. illustr. XVII, éd. Arntzen.; Eutrope, I, 15; Orose, II, 12.

L. Quintius (Ibid.). Des circonstances importantes, omises ici, sont consignées dans le récit de Denys d'Hal., l. l. : Ἀφικομένης δ' εἰς Ῥώμην περὶ τούτων ἀγγελίας, Κόϊντος Φάβιος, ὁ καταλειφθεὶς ἐπὶ τῆς πόλεως ἔπαρχος ἀπὸ τῆς σὺν αὐτῷ στρατιᾶς, ὅσον ἦν ἀκμαιότατόν τε καὶ κράτιστον ἐπιλέξας μέρος, ἐπὶ συμμαχίαν ἔπεμψε τῷ ὑπάτῳ. Ἡγεῖτο δὲ τῆς δυνάμεως ταύτης Τίτος Κοΐντιος ὁ ταμίας, ἀνὴρ ὑπατικός. Πρὸς δὲ τὸν ἕτερον τῶν ὑπάτων, Ναύτιον, ἐπὶ τῆς ἐν Σαβίνοις στρατιᾶς ὄντα γράμματα διαπέμψας, τά τε συμβάντα τῷ Μινυκίῳ διεσάφησε, καὶ αὐτὸν ἥκειν ἠξίου διὰ ταχέων. Κἀκεῖνος, ἐπιτρέψας τοῖς πρεσβευταῖς τὸν χάρακα φυλάττειν, αὐτὸς σὺν τοῖς ἄλλοις ἱππεῦσιν εἰς τὴν πόλιν ἐλαύνει, συντόνῳ χρησάμενος ἱππασίᾳ· εἰσελθὼν δ' εἰς

350   ECLAIRCISSEMENTS.

τὴν πόλιν, ἔτι νυκτὸς πολλῆς οὔσης, ἐβουλεύετο σὺν τῷ Φαβίῳ καὶ τῶν ἄλλων
πολιτῶν τοῖς πρεσβυτάτοις ὅ τι χρὴ ποιεῖν. Ἐπεὶ δὲ πᾶσιν ἐδόκει δικτάτωρος
δεῖσθαι ὁ καιρός, ἀποδείκνυσιν ἐπὶ τὴν ἀρχὴν ταύτην Λούκιον Κικιννάτον.

Parce qu'il bouclait ses cheveux (p. 101). Les cheveux bouclés étaient
une recherche, abandonnée à la coquetterie des femmes : la forme
donnée par Dion à ce dernier trait en fait une sorte de reproche contre
la mémoire de L. Quintius. On peut répondre par cette observation
de Stanislas Kobierzich, *Du Luxe des Romains*, Ant. Rom. de Grævius,
t. VIII, p. 1303 et suiv. : *Crines hos Cincinnatorum natura flexerat,
non luxuria, quos si illorum seculo lascivia in cirros contorsisset, non
Cincinnatorum nomen tantum usurpassent, sed urbe fortunisque
ejecti in exilium concessissent.*

LI. *Et les rivalités* (p. 103). On a vu (p. 102, note 3) que je rapporte
ce fragment aux différends survenus entre les tribuns L. Sergius Fidenas,
M. Papirius Mugillanus et C. Servilius : ce dernier était fils de Priscus,
dictateur à l'époque de la prise de Fidenès.

Quelques détails ne seront pas déplacés ; je les emprunte à Tite-Live,
IV, 45 : Nunciabant legati Lavicanos arma cepisse et cum Æquorum exercitu depopulatos agrum Tusculanum castra in Algido posuisse. Tum Lavi-
canis bellum indictum ; factoque senatusconsulto, ut duo ex tribunis ad
bellum proficiscerentur, unus res Romæ curaret, certamen subito inter
tribunos exortum ; se quisque belli ducem potiorem ferre, curam Urbis, ut
ingratam ignobilemque aspernari. Quum parum decorum inter collegas
certamen mirabundi patres conspicerent, Q. Servilius : « Quando nec ordinis hujus ulla, inquit, nec reipublicæ est verecundia, patria majestas
altercationem istam dirimet; filius meus extra sortem Urbi præerit. Bellum utinam qui appetunt, considerantius concordiusque quam cupiunt
gerant. »

LII. *Au siége de la ville des Falisques* (*Ibid.*) Sur cet épisode
cf. Tite-Live, V, 27 et suiv.; les Fr. de Denys d'Hal. A. R. XIII, 2,
éd. de Milan; Plutarque, Camill. X; Florus, I, 12; Valère Maxime, VI,
5, 1; S. Aur. Victor, XXIII, éd. Arntzen.; Frontin, Stratag., IV, 1, et
Polyen, VIII, 7. Bossuet, Disc. sur l'Hist. Univ., 1re partie, VIIIe époque :
« Sa générosité lui fit encore une autre conquête : les Falisques qu'il assié-
geait se donnèrent à lui, touchés de ce qu'il leur avait renvoyé leurs
enfants qu'un maître d'école lui avait livrés. Rome ne voulait pas vaincre
par des trahisons, ni profiter de la perfidie d'un lâche qui abusait de la
faiblesse d'un âge innocent. »

Un maître d'école (*Ibid.*). Priscien, VIII, p. 823, éd. Putsch, cite un
passage curieux d'Alphius Avitus sur ce sujet :

ÉCLAIRCISSEMENTS.

> Tum litterator creditos
> Ludo Faliscum liberos
> Causatus in campi patens
> Extraque muri ducere,
> Spatiando paulatim trahit
> Hostilis ad valli latus.
> (II. *Excellentium*.)

Ailleurs, ce grammairien, XII, 1. 1. p. 947, éd. Putsch, rapporte deux autres vers du même poëte, qui semblent avoir également trait à cette anecdote :

> Seu tute mavis obsides
> Seu tute captivos habe.

Dans le premier, je substitue à l'ancienne leçon *hospites*, la correction proposée par H. de Valois.

Priscien, 1. 1., appelle ce poëte *Alpheus Avitus*: j'adopte *Alphius Avitus*, d'après Terentianus, *De Metris*, p. 2437, éd. Putsch :

> Ut pridem Avitus Alphius
> Libros poeta plusculos
> (Usus dimetro perpeti)
> Conscripsit Excellentium.

C'est probablement, comme le croit H. de Valois, l'*Alphius* dont parle Sénèque, Controv. I, 1 : Hanc partem memini apud Cæstium declamari ab Alphio Flavo, ad quem audiendum me fama perduxerat; qui quum prætextatus esset, tantæ opinionis fuit, ut P. Romano puer eloquentia notus esset. Semper de illius ingenio Cæstius et prædicavit et timuit. Aiebat tam immature magnum ingenium non esse vitale; sed tanto concursu hominum audiebatur, ut raro post illum auderet Cæstius dicere. Ipse omnia mala faciebat ingenio suo; naturalis tamen illa vis eminebat; quæ post multos annos, tametsi desidia obruta et carminibus enervata, vigorem tamen suum tenuit.

Par l'espoir du gain (p. 105). Ce passage est littéralement dans Zonaras, cf. la note 1 de la p. 104. Cet Annaliste copie tout à la fois Dion et Plutarque; mais en ajoutant des détails qui se trouvent dans ce dernier seulement. Suivant la remarque de H. de Valois, Zonaras suit de préférence Plutarque, lorsqu'il peut choisir entre lui et Dion.

Il les conduisit auprès de Camille (*Ibid.*). Tite-Live, V, 27 : Mos erat Faliscis, eodem magistro liberorum et comite uti; simulque plures pueri, quod hodie quoque in Græcia manet, unius curæ demandabantur. Principum liberos, sicut fere fit, qui scientia videbatur præcellere, erudiebat. Is, quum in pace instituisset pueros ante urbem lusus exercendique causa producere; nihil eo more per belli tempus intermisso, tum modo brevioribus, modo longioribus spatiis trahendo eos a porta, lusu sermonibusque variatis, longius solito, ubi res dedit, progressus, inter stationes eos hostium castraque inde romana in prætorium ad Camillum perduxit.

LIV. *Du butin enlevé aux Véiens* (p. 107). Tite-Live, V, 25 : Simul ab religione animos remiserunt, integrant seditionem tribuni plebis : incitatur multitudo in omnes principes, ante alios in Camillum ; eum prædam Veïentanam publicando sacrandoque ad nihilum redegisse.

LV. *En vain conjura-t-il* (*Ibid.*). Lorsqu'il fut cité en jugement par le tribun du peuple, L. Appuleius ; Tite-Live, l. l. 32 : Die dicta ab Appuleio, tribuno plebis propter prædam veientanam, filio quoque adolescente per idem tempus orbatus, quum adcitis domum tribulibus clientibusque (magna pars plebis erat), percunctatus animos eorum, responsum tulisset « *se conlaturos, quanti damnatus esset, absolvere eum non posse,* » in exilium abiit; precatus ab Diis immortalibus, « si innoxio sibi ea injuria fieret, primo quoque tempore desiderium sui civitati ingratæ facerent. » Cf. Plutarque, Camill. XII ; et les Fr. de Denys d'Hal. XIII, 5-6, éd. de Milan, où le vœu de Camille est rapporté dans sa forme sacramentelle : Ὦ Θεοὶ καὶ Δαίμονες, ἔφοροι τῶν ἀνθρωπίνων ἔργων, ὑμᾶς ἀξιῶ δικαστὰς γενέσθαι μοι τῶν τε πρὸς τὴν πατρίδα πολιτευμάτων, καὶ παντὸς τοῦ παρεληλυθότος βίου· ἔπειτ', ἐὰν μὲν ἔνοχον εὕρητέ με ταῖς αἰτίαις ἐφ' αἷς ὁ δῆμος κατεψηφίσατό μου, πονηρὰν καὶ ἀσχήμονα τελευτὴν δοῦναι τοῦ βίου· ἐὰν δ' ἐν ἅπασιν, οἷς ἐπιστεύθην ὑπὸ τῆς πατρίδος ἐν εἰρήνῃ τε καὶ κατὰ πολέμους, εὐσεβῆ καὶ δίκαιον καὶ πάσης ἀσχήμονος ὑποψίας καθαρόν, τιμωροὺς γενέσθαι μοι, τοιούτους ἐπιστήσαντας τοῖς ἠδικηκόσι κινδύνους καὶ φόβους, δι' οὓς ἀναγκασθήσονται, μηδεμίαν ἄλλην ἐλπίδα σωτηρίας ὁρῶντες, ἐπ' ἐμὲ καταφυγεῖν.

LVI. *Les Clusiens — malgré leur communauté d'origine* (p. 109-111). Tite-Live, V, 35 : Clusini, novo bello exterriti, quum multitudinem, quum formas hominum inusitatas cernerent et genus armorum, audirentque sæpe ab iis, cis Padum ultraque, legiones Etruscorum fusas, quamquam adversus Romanos nullum eis jus societatis amicitiæve erat, *nisi quod Veïentes consanguineos adversus populum Romanum non defendissent*, legatos Romam, qui auxilium a senatu peterent, misere. Cf. Plutarque, l. l. XVII.

Les Romains ne leur en accordèrent point (p. 111). Le même, l. l. : De auxilio nihil impetratum.

Des députés (*Ibid.*). Tite-Live en précise le nombre, l. l. : Legati tres M. Fabii Ambusti filii missi. Plutarque, de même, l. l. : Ἐπέμφθησαν δὲ

ÉCLAIRCISSEMENTS.

τοῦ Φαβίων γένους τρεῖς ἄνδρες ἐυδόκιμοι καὶ τιμὰς μεγάλας ἔχοντες ἐν τῇ πόλει.

Une petite portion du territoire (p. 111). Tite-Live, V, 36 : Ne se quidem pacem quam illi afferant aspernari, si Gallis egentibus agro quem latius possideant quam colant, Clusini partem finium concedant : aliter pacem impetrari non posse.

La paix fut bien près de se conclure (Ibid.). Pour les détails de la négociation, cf. Tite-Live, l. l. 36, et Plutarque, Camill. l. l.

Ils eurent pour auxiliaires les ambassadeurs romains (Ibid.). Tite-Live, l. l. : Accensis utrimque animis ad arma discurritur, et prœlium conseritur. Ibi, jam urgentibus romanam urbem fatis, legati contra jus gentium arma capiunt; nec id clam esse potuit, quum ante signa Etruscorum tres nobilissimi fortissimique romanæ juventutis pugnarent. Cf. Plutarque, l. l.

Très-prompts à s'emporter (Ibid.). De même, Fr. CLXIV, p. 264 de cette édition : Πρόχειροι δὲ ὑπὸ θυμοῦ πᾶν ὃ ἂν ἐγχειρώσωνται ἐπεξελθεῖν ὄντες.

Les nommèrent tous tribuns militaires (Ibid.). Cf. Tite-Live, l. l. et Plutarque, Camill. XVIII.

Et coururent droit à Rome (Ibid.) Tite-Live, l. l. 37 : Interim Galli, postquam accepere ultro honorem habitum violatoribus juris humani elusamque legationem suam esse, flagrantes ira, cujus impotens est gens, confestim signis convulsis, citato agmine iter ingrediuntur........ Romam se ire magno clamore significabant. Plutarque, l. l. : ᾿Εδόων ἐπὶ τὴν ῾Ρώμην πορεύεσθαι, καὶ μόνοις πολεμεῖν ῾Ρωμαίοις, τοὺς δ᾿ ἄλλους φίλους ἐπίστασθαι.

LVII. *Et furent battus* (p. 113.) J'ajoute quelques détails empruntés à Plutarque, l. l. : Ἐξῆγον οἱ χιλίαρχοι τοὺς ῾Ρωμαίους ἐπὶ τὸν ἀγῶνα, πλήθει μὲν οὐκ ἐνδεεῖς (ἐγίνοντο γὰρ ὁπλῖται τετρακισμυρίων οὐκ ἐλάσσους), ἀνασκήτους δὲ τοὺς πολλούς, καὶ τότε πρῶτον ἁπτομένους ὅπλων..... Προελθόντες οὖν ἀπὸ τῆς πόλεως σταδίους ἐννενήκοντα, παρὰ τὸν Ἀλίαν ποταμὸν ἠλίσθησαν, οὐ πόρρω τοῦ στρατοπέδου τῷ Θύμβριδι συμφερόμενον. Ἐνταῦθα δὲ τῶν βαρβάρων ἐπιφανέντων, αἰσχρῶς ἀγωνισάμενοι δι᾿ ἀταξίαν, ἐτράποντο. Καὶ τὸ μὲν ἀριστερὸν κέρας εὐθὺς ἐμβαλόντες εἰς τὸν ποταμὸν οἱ Κελτοὶ δ.έφθειραν· τὸ δὲ δεξιόν, ὑπεκκλῖναν τὴν ἐπιφορὰν ἐκ τοῦ πεδίου πρὸς τοὺς λόφους, ἧττον ἐξεκόπη· καὶ διεξέπεσον ἀπὸ τούτων εἰς τὴν πόλιν οἱ πολλοί. Τοῖς δ᾿ ἄλλοις, ὅσοι, τῶν πολεμίων ἀπειπόντων πρὸς τὸν φόνον, ἐσώθησαν, εἰς Βηΐους· αἱ φυγαὶ διὰ νυκτὸς ἦσαν κτλ. Cf. Tite-Live, l. l. 38.

LVIII. *A célébrer un sacrifice* (p. 113). Tout ce récit est tiré de Tite-Live, V, 46 : Sacrificium erat statum in Quirinali colle genti Fabiæ ; ad id faciendum C. Fabius dorso, *Gabino cinctu*, sacra manibus gerens etc.

Deux passages expliqueront suffisamment ce qu'il faut entendre par *Gabino cinctu*. Le premier est de Servius, sur l'Énéid., VII, 612 : « *Gabinus cinctus* ex toga sic in tergum rejecta, ut ima ejus lacinia a tergo rejecta hominem cingat. » Le second d'Isidore, XIX, 24 : « *Cinctus Gabinus* dicitur, quum ita imponebatur toga, ut togæ lacinia, quæ post rejicitur attraheretur ad pectus, ita ut ex utroque latere penderet. » Pour plus de détails, cf. Ferrar. De Re Vest. 14.

Par respect pour les dieux, etc. (p. 115). Tite-Live, l. l. : In Capitolium ad suos rediit, seu attonitis Gallis miraculo audaciæ, seu religione etiam motis, cujus haudquaquam negligens est gens.

LIX. *Camille refusa* (*Ibid.*). Dion est d'accord avec Plutarque, l. l. XXIV : Οὐκέτι γάρ ἐστι φυγάς, répétaient dans leur désespoir les Romains qui s'étaient réfugiés à Véies ; οὔθ' ἡμεῖς πολῖται, πατρίδος οὐκ οὔσης, ἀλλὰ κρατουμένης ὑπὸ τῶν πολεμίων. Ταῦτ' ἔδοξε, καὶ πέμψαντες ἐδέοντο τοῦ Καμίλλου δέχεσθαι τὴν ἀρχήν. Ὁ δ' οὐκ ἔφη πρότερον, ἢ τοὺς ἐν τῷ Καπιτωλίῳ πολίτας ἐπιψηφίσασθαι κατὰ τὸν νόμον. Ἐκείνους γὰρ ἡγεῖσθαι πατρίδα σωζομένους... Τῆς μὲν οὖν εὐλαβείας καὶ καλοκαγαθίας τὸν Κάμιλλον ἐθαύμασαν.

Tite-Live est moins formel, l. l. 46 : Seu, quod magis credere libet, non prius profectum ab Ardea quam comperit legem latam ; quod nec injussu populi mutari finibus posset, nec, nisi dictator dictus, auspicia in exercitu habere. Cf. Denys d'Hal. Fr. XIII, 7-8, éd. Milan.

En respectant les lois (*Ibid.*). Ce respect des lois était alors une vertu publique. Tite-Live, l. l. : Consensu omnium placuit, ab Ardea Camillum acciri, sed antea consulto senatu qui Romæ esset ; adeo regebat omnia pudor, discriminaque rerum prope perditis rebus servabant.

LX. *L'émissaire* (p. 117). Pontius Cominius. Cf. Tite-Live, l l., Plutarque, Camill., XXV-XXVI, et les passages cités dans les notes, p. 116 ; Denys d'Hal. Fr. l. l. 9.

Elles arrachèrent au sommeil les Romains (*Ibid.*). Dans Tite-Live, l. l. 47, Manlius est éveillé le premier, et c'est lui qui appelle les Romains aux armes : Galli, seu vestigio notato humano, qua nuncius a Veiis pervenerat. — Anseres non fefellere, quibus sacris Junoni in summa inopia cibi tamen abstinebatur ; quæ res saluti fuit. Namque clangore eorum alarumque crepitu excitus M. Manlius, qui triennio ante consul fuerat, vir bello egregius, armis arreptis, simul ad arma ceteros ciens, vadit etc. Cf. Denys d'Hal. Fr. l. l. 10-11 ; Plutarq. Camill. XXVI.

LXIII. *Le peuple condamna M. Capitolinus* (p. 119). Cf. Denys d'Hal. Fr. XIV, 6, éd. Milan; Plutarque, Camill., XXXVI; Tite-Live, VI, 20, Florus, I, 26, 8; S. Aur. Victor, De Vir illustr. 24, 5, éd. Arntzen; Valère Maxime, VI, 3, 1; Aulu-Gelle, XVII, 21, éd. Gronov., etc.

Sa maison fut rasée et son patrimoine vendu (Ibid.). Manlius fut donc traité comme Sp. Mélius; Tite-Live, IV, 15 : Nec satis esse sanguine ejus expiatum, nisi tecta parietesque, intra quæ tantum amentiæ conceptum esset, dissiparentur ; bonaque, contacta pretiis regni mercandi, publicarentur ; jubere itaque quæstores vendere ea bona, atque in publicum redigere. Le même, l. l. 16 : Domum deinde, ut monumento area esset oppressæ nefariæ spei, dirui extemplo jussit : id *Æquimœlium* appellatum est. Cf. Valère Maxime, l. l.

A la place de la maison de Manlius, on éleva un temple en l'honneur de la déesse Monéta. Cf. p. 119, note 7 ; Tite-Live, VI, 20.

Sauf la destruction des maisons (Ibid.). Cette peine paraît avoir été rarement infligée, même dans les temps anciens. Cicéron n'en cite que cinq exemples, Disc. pour sa Maison, XXXVIII : Sp. Mælii, regnum appetentis, domus est complanata. Ecquid aliud ? æquum accidisse Mælio populus romanus judicavit; nomine ipso Æquimœlii, stultitia pœna comprobata est. Sp. Cassii domus ob eamdem causam eversa ; atque in eodem loco ædes posita Telluris. In Vacci pratis domus fuit M. Vacci, quæ publicata est et eversa, ut illius facinus memoria et nomine loci notaretur. M. Manlius, quum ab adscensu Capitolii Gallorum impetum repulisset, non fuit contentus beneficii sui gloria ; regnum appetisse est judicatus : ergo ejus domum eversam duobus lucis convestitam videtis..... M. Flaccus, quia cum C. Graccho contra salutem reipublicæ fecerat, et senatus sententia est interfectus, et ejus domus eversa et publicata est.

N'aurait sa demeure au Capitole (Ibid. et pag. 121). Cf. p. 119, note 9, les passages de Tite-Live et de Plutarque.

Le prénom de Marcus (p. 121). S. Aur. Victor, l. l. : « Gentilitas ejus Manlii cognomen ejuravit, » où *cognomen* doit être remplacé par *prænomen*, comme le prouve Arntzen. Quant au fait en lui-même, Tite-Live, VI. 20, ne permet aucun doute : Gentis Manliæ decreto cautum est, ne quis deinde M. Manlius vocaretur.

A l'appui de cette résolution, Reimar en cite une semblable prise plus tard par la famille Claudia; Suétone, Tib. 1 : Patricia gens Claudia — quum prænominibus cognominibusque variis distingueretur, Lucii prænomen consensu repudiavit, postquam e duobus gentilibus, præditis eo, alter latrocinii, cædis alter convictus est. Spanheim, De usu Num. Diss. X, p. 34, fournira d'autres exemples. Le même, l. l. p. 33, et Gronove soutiennent avec vraisemblance qu'il faut lire *Manius* et non pas Marcus dans Tite-Live, XLII, 49, et dans Tacite, Germanie, XXXVII, contre ceux qui voudraient conclure de ces passages que les Manlius reprirent plus tard le surnom de Marcus.

Précipité du rocher (p. 121). Tite-Live, VI, 20 : Tribuni de saxo Tarpeio dejecerunt; locusque idem in uno homine et eximiæ gloriæ monumentum et pœnæ ultimæ fuit. Cf. Denys d'Hal. Fr. XIV, 6, éd. Milan.

LXV. *Contre les habitants de Tusculum (Ibid.).* Le sénat avait décrété la guerre aux Tusculans, pour les punir d'avoir combattu dans les rangs des Volsques. Camille fut chargé de cette expédition; Tite-Live, VI, 25. Cf. Plutarque, Camill. XXXVIII.

Ils détournèrent le danger (Ibid.). Dion reproduit Tite-Live, l. l. : Nec fuit cum Tusculanis bellum : pace constanti vim romanam arcuerunt, quam armis non poterant.

Ils ne changèrent rien — les traitèrent en amis (p. 123). Il faut lire Tite-Live, l. l., intrantibus fines Romanis non demigratum ex propinquis itineris locis — ut eo vix fama belli perlata videri posset; Plutarque, l. l., et les passages cités p. 122, notes 2 et 3.

Les droits de citoyens romains (Ibid.). Après une scène fort dramatique entre Camille, les Tusculans et le sénat romain, Tite-Live, arrive à la même conclusion, l. l. 26 : Pacem in præsentia, nec ita multo post civitatem etiam impetraverunt. Cf. Denys d'Hal. Fr. XIV, 9, éd. Milan.

LXVI. *Le tribun Rufus (Ibid.).* Tite-Live, l. l. 34 : M. Fabii Ambusti, potentis viri, quum inter sui corporis homines, tum etiam ad plebem, quod haudquaquam inter id genus contemtor ejus habebatur, filiæ duæ nuptæ, Ser. Sulpicio major, minor C. Licinio Stoloni erat, illustri quidem, viro tamen plebeio ; eaque ipsa affinitas haud spreta gratiam Fabio ad vulgum quæsierat. Forte ita incidit... Le reste est raconté à peu près comme dans Dion.

Ainsi les incidents les plus légers (p. 125). Le même, l. l. : Parva, ut plerumque solet, rem ingentem moliendi causa intervenit.

LXVIII. *Publius (Ibid.).* C'est-à-dire, Publius Manlius; Tite-Live, l. l. 39 : De fœnore atque agro rogationes jubebant; de plebeio consulatu antiquabant; et perfecta utraque res esset, ni tribuni se in omnia simul consulere plebem dixissent. P. Manlius deinde dictator rem in causam plebis inclinavit, etc. Cf. p. 125, note 7.

Qu'ils ne briguèrent point le consulat — et consentirent à l'élection des tribuns militaires (p. 127). Par une des lois qu'ils proposaient, C. Licinius et L. Sextius supprimaient les tribuns militaires et rétablissaient les consuls, à condition qu'il y en aurait un choisi parmi le peuple. De plus, aucune élection, hors celles des édiles et des tribuns du peuple ne put réussir. Licinius et Sextius, réélus tribuns, ne laissèrent créer aucun magistrat curule et repoussèrent l'élection des tribuns militaires : pendant cinq ans, la ville demeura dépossédée de ses magistrats ; Tite-Live, l. l., 35. La concession de P. Manlius parut mettre fin à ce désordre.

LXIX. *Divers objets d'une grande valeur* (p. 129). Tite-Live, VII, 6 : Neque eam voraginem conjectu terræ, quum pro se quisque gereret, expleri potuisse prius, quam deum monitu quæri cœptum quo plurimum populus romanus posset. Id enim illi loco dicandum vates canebant, si rempublicam romanam perpetuam esse vellent.

Curtius — les honneurs réservés aux héros (p. 129-133). Malgré son goût pour les harangues et l'amplification, Tite-Live est ici fort réservé et semble ne raconter le merveilleux dévouement de Curtius que pour se conformer à la tradition : Tum M. Curtium, juvenem bello egregium, castigasse ferunt dubitantes an ullum magis romanum bonum, quam arma virtusque, esset. Silentio facto, templa Deorum immortalium quæ Foro imminent, Capitoliumque intuentem, et manus nunc in cœlum, nunc in patentes terræ hiatus ad deos Manes porrigentem se devovisse : equo deinde, quam poterat maxime exornato, insidentem, armatum se in specum immisisse, donaque ac fruges super eum a multitudine virorum ac mulierum congestas, etc. Cf. Denys d'Hal. Fr. XIV, 20-21, éd. Milan.

LXX. *Manlius combattit seul* (p. 133). Dion avait probablement, comme Tite-Live, l. l. 10, emprunté ce récit au premier livre de Q. Claudius Quadrigarius. Aulu-Gelle, qui nous l'a conservé, IX, 13, raconte quelles vives émotions la narration du vieil Annaliste causait à Favorinus : « Q. Claudius primo Annalium purissime atque illustrissime, simpliciqué et incomta orationis antiquæ suavitate descripsit. Quem locum ex eo libro Favorinus philosophus quum legeret, *non minoribus quati afficique animum suum motibus pulsibusque dicebat, quam si ipse coram depugnantes eos spectaret.* »

L'étendit mort — comme un souvenir de cet exploit (Ibid.) Voici les passages les plus saillants du récit de Quadrigarius : « Quum interim Gallus quidam nudus, præter scutum et gladios duos, torque atque armillis decoratus processit...... Extemplo silentio facto cum voce maxima conclamat, si qui secum depugnare vellet, uti prodiret. Nemo audebat propter magnitudinem atque immanitatem faciei. Deinde Gallus irridere atque *linguam exsertare.* Id subito perdolitum est cuidam T. Manlio summo genere nato, tantum flagitium civitati accidere, ex tanto exercitu neminem prodire. Is, ut dico, processit, neque passus est virtutem romanam ab Gallo turpiter spoliari : scuto pedestri et gladio hispanico cinctus contra Gallum constitit. Metu magno ea congressio in ipso ponte, utroque exercitu inspectante, facta est. Ita, ut ante dixi, constiterunt : Gallus sua disciplina scuto projecto cantabundus : Manlius animo magis quam arte confisus scutum scuto percussit atque statum Galli perturbavit. Dum se Gallus iterum eodem pacto constituere studet, Manlius iterum scutum scuto percutit, atque de loco hominem iterum dejecit : eo pacto ei sub gallicum gladium successit, atque hispanico pectus hausit. Dein continuo humerum dexterum eodem concessu incidit, neque recessit usquam donec subvertit, ne Gallus impetum icti haberet. Ubi eum evertit, caput præcidit : torquem detraxit, eamque sanguinolentam sibi in collum imponit : quo ex facto ipse posterique ejus *Torquati* sunt cognominati. »

M. Amédée Thierry pense, d'après Niebuhr, que ce récit fut forgé par la famille Manlia pour expliquer le surnom d'un de ses ancêtres, *Hist. des Gaulois,* 1re *partie, ch.* 3. Il est possible, en effet, que plusieurs circonstances aient été modifiées, quand ce récit tomba dans le domaine de la poésie populaire; mais il paraît difficile de ne pas admettre ici un fond historique. Quoi qu'il en soit, j'emprunte quelques détails à cet ingénieux écrivain : « La tête *du Gaulois tirant la langue* jouit longtemps du « privilége de divertir la populace romaine. Nous savons que, cent « soixante-sept ans avant notre ère, elle figurait au-dessus d'une boutique « de banquier, sur une enseigne circulaire appelée *le bouclier du Kimri.* « Marius ennoblit plus tard cette conception grotesque, en l'adoptant pour « sa devise, après que, dans deux batailles célèbres, il eût anéanti deux « nations entières de ces redoutables Kimris. »

LXXII. *Les habitants d'Agylla* (p. 135), c'est-à-dire les Cérites; Strabon, V, p. 152, éd. Casaub. 1587 : Ἄγυλλα γὰρ ἐλογίζετο τὸ πρότερον ἢ νῦν Καιρέα, καὶ λέγεται Πελασγῶν κτίσμα τῶν ἐκ Θετταλίας ἀφιγμένων. Τῶν δὲ Λυδῶν, οἵπερ Τυρρηνοὶ μετωνομάσθησαν, ἐπιστρατευσάντων τοῖς Ἀγυλλαίοις, προσιὼν τῷ τείχει τις ἐπυνθάνετο τοὔνομα τῆς πόλεως· τῶν δ' ἀπὸ τοῦ τείχους Θετταλῶν τινος, ἀντὶ τοῦ ἀποκρίνασθαι, προσαγορεύσαντος αὐτὸν χαῖρε, δεξάμενοι τὸν οἰωνὸν οἱ Τυρρηνοὶ τοῦτον, ἁλοῦσαν τὴν πόλιν μετωνόμασαν. Cf. Cluvier, Italie Anc. II, 2, p. 490 et suiv.

Avant qu'elle fut déclarée (*Ibid.*). Dans Tite-Live, la déclaration de guerre précède l'envoi des députés à Rome, VII, 19. Elle fut résolue, parce que les Cérites s'étaient unis aux Tarquiniens. Une lettre du consul Sulpicius, chargé de l'expédition contre Tarquinies, annonça que le territoire avait été ravagé près des salines romaines, et qu'une partie du butin

ÉCLAIRCISSEMENTS. 359

avait été transportée sur les terres de Cérites. Dans ces circonstances, on nomma dictateur T. Manlius qui, de l'aveu du sénat et par la volonté du peuple, déclara la guerre aux Cérites. Ce fut alors que ceux-ci envoyèrent des députés à Rome ; Tite-Live, l. l. 20 : Tum primum Cærites, tamquam in verbis hostium vis major ad bellum significandum quam in suis factis — pro se quisque legatos mitti jubebat ad petendam erroris veniam.

En cédant la moitié de leur territoire (p. 135). Tite-Live, l. l., ne parle pas de cette clause ; il dit seulement : Pax populo Cæriti data, induciasque in centum annos factas in senatusconsultum referri placuit.

LXXIII. *Valérius était près de combattre* (*Ibid.*) Il s'agit de M. Valérius : il était tribun militaire et fort jeune ; Tite-Live raconte le même fait, l. l. 26. Comme Dion, il avait sans doute emprunté ce récit a d'anciennes Annales qu'Aulu-Gelle copia plus tard, IX, 11 ; mais sans nommer l'auteur. Cf. Denys d'Hal. Fr. XV, 1-3, éd. Milan.

Pour prix de sa valeur, M. Valérius Corvus fut proclamé consul, l'année suivante, à l'âge de vingt-trois ans.

LXXIV. *Les Latins mettaient en avant ces exigences* (*Ibid.*) Je les ai indiquées (p. 135, note 10) ; mais il sera bon de consulter, pour les détails sur la défection des Latins, Tite-Live, VIII, 1-4. Je transcris ici quelques passages tirés des ch. 5 et 6, où l'historien raconte l'arrivée des députés latins à Rome et l'indignation causée au sénat par le discours d'Annius, chargé d'exposer leur demande : Ubi est Romam ventum, in Capitolio eis senatus datus est. Ibi quum T. Manlius consul egisset cum eis ex auctoritate patrum, ne Samnitibus fœderatis bellum inferrent ; Annius, tamquam victor armis Capitolium cepisset, non legatus jure gentium tutus loqueretur : « Tempus erat, inquit, T. Manli, vosque patres conscripti, tandem « jam vos nobiscum nihil pro imperio agere, etc. » . . . . Quum consulis vocem subsecuta patrum indignatio esset, proditur memoriæ adversus crebram implorationem deum quos testes fœderum sæpius invocabant consules, vocem Annii, spernentis numina Jovis romani, auditam.

L'impie ne tarde pas à être châtié ; frappé de vertige, il tombe sur les degrés, roule jusqu'au bas et va se heurter la tête contre une pierre. Tite-Live se contente de dire qu'il s'évanouit ; d'autres affirment qu'il en mourut. Vient ensuite le prodige obligé, pour attester la colère du ciel : le tonnerre éclate et l'orage gronde au moment de l'appel aux dieux contre la rupture des traités. Torquatus, envoyé par le sénat pour congédier les députés, ne doute pas de la vengeance de Jupiter, à la vue d'Annius terrassé, et la guerre contre les Latins est résolue avec acclamation.

LXXV. *Le fils du consul Manlius* (p. 137). Cf. Tite-Live, l. l. 7, et le passage de Zonaras, cité, p. 136, note 3.

Tout à fait soumis à leurs chefs (p. 137). C'est aussi au nom de la discipline que Manlius rend l'arrêt fatal contre son fils, dans Tite-Live, l. l. : Quum aut morte tua sancienda sint consulum imperia, aut impunitate in perpetuum abroganda ; ne te quidem, si quid in te nostri sanguinis est, recusare censeam, quin disciplinam militarem, culpa tua prolapsam, pœna restituas. I, lictor, deliga ad palum. Le même, l. l. 8 : Fecit tamen atrocitas pœnæ obedientiorem duci militem.

Après Montaigne, Essais, II, 2, Rollin, Hist. Rom., VIII, 3, blâme cet acte, comme contraire aux sentiments de la nature et de l'humanité. Suivant lui, c'est le cas de dire avec Horace :

Quum ventum ad verum est, sensus moresque repugnant.

LXXVI. *Qu'ils avaient attendu l'issue du combat* (*Ibid.*). Dion a suivi les autorités auxquelles Tite-Live fait allusion, l. l. 11 : Romanis post prælium demum factum Samnites venisse subsidio apud quosdam auctores invenio.

LXXXVIII. *Un devin annonça.* (p. 139). Cf. Tite-Live, l. l. 9.

Se vouait (*Ibid.*). Le même, l. l. 9, donne des détails fort précieux pour nous : Pontifex eum togam prætextam sumere jussit et, velato capite, manu subter togam ad mentum exserta, super telum subjectum pedibus stantem sic dicere : « Jane, Jupiter, Mars pater, Quirine, Bellona, Lares, Divi « Novensiles, Dii Indigetes, Divi quorum est potestas Nostrorum Hostium« que, Diique Manes, vos precor, veneror, veniam peto feroque, uti « populo romano Quiritium vim victoriamque prosperetis ; hostesque po« puli romani Quiritium terrore, formidine, morteque afficiatis. Sicut « verbis nuncupavi, ita pro republica Quiritium, exercitu, legionibus, « auxiliis populi romani Quiritium, legiones auxiliaque hostium mecum « Diis Manibus Tellurique devoveo. » On pourra rapprocher de cette formule, un des plus antiques monuments de la littérature de Rome, celle qui nous a été conservée par Macrobe, Saturn. III, 9, et qui servait à dévouer aux dieux infernaux les villes et les armées ennemies. Elle ne pouvait être prononcée que par le Dictateur ou le Général commandant, après qu'ils avaient évoqué les dieux étrangers, suivant une autre formule non moins curieuse, rapportée par le même Macrobe, l. l., où il dit les avoir trouvées au Ve Livre *Des choses cachées*, composé par Sammonicus Serenus, qui les avait tirées lui-même d'un très-ancien ouvrage d'un certain Furius.

Revenons à la formule conservée par Tite-Live, pour dire un mot des *Dii Indigetes* et des *Dii Novensiles*. La dénomination des premiers a été diversement expliquée par Servius, Georg. I. 498 ; Æneid. XII, 794 ;

ÉCLAIRCISSEMENTS.

Indigites duplici ratione dicuntur, vel secundum Lucretium, I, 61, quod nullius rei egeant :

> Ipsa suis pollens opibus, nihil indiga nostri.

Vel quod nos eorum indigeamus, unde quidam omnes Deos *Indigetes* appellari volunt. Alii patrios Deos *Indigetes* dici debere tradunt; alii ab invocatione *Indigetes* dici volunt, quod *indigito* est precor et invoco. L'explication la plus probable, suivant lui, est celle qui fait des *Indigetes* les Dieux de la patrie ; comme chez les Grecs, Θεοὶ πατρῷοι καὶ ἐγχώριοι.

Quant aux Dii *Novensiles* ou *Novensides*, ils furent importés de chez les Sabins, Varron, De Lingua Lat. V, 74, éd. de M. Egger. D'après Cincius, on donnait ce nom aux dieux étrangers, nouvellement admis dans Rome. De là, la dénomination de *Novensiles*, comme qui dirait *nuper salientes*. Cornificius voit en eux les Divinités protectrices de toutes les *Nouveautés*, d'où serait venu le nom de *Novensides*, c'est-à-dire *Novandis rebus* præsides. Mais tout cela est incertain. Cf. Arnobe, III, 38; Sam. Pitisc. Ant. Rom. I, p. 657 et les autorités qu'il cite; Forcellini, Lex. Lat., au mot *Novensiles*.

Encore une remarque tirée de Tite-Live, l. l. : le Consul, le Dictateur ou le Préteur n'était pas tenu de se dévouer lui-même. Il pouvait, à son gré, dévouer tout autre citoyen ; pourvu qu'il fît partie d'une légion. Si l'homme, ainsi dévoué, mourait, le sacrifice était bien et dûment accompli : s'il survivait, on enfouissait dans la terre son effigie haute de sept pieds ou plus, et on immolait une victime expiatoire. Le magistrat romain ne pouvait passer sans crime sur la place où cette effigie était enterrée.

Si le Consul, le Dictateur ou le Préteur s'était dévoué lui-même, et s'il ne mourait pas, aucun sacrifice privé ou public ne pouvait plus être purement fait par lui. S'ils voulaient vouer leurs armes à Vulcain ou à tout autre Dieu, avec une victime ou toute autre offrande, ils le pouvaient. Le javelot qu'ils avaient tenu sous les pieds, en prononçant la prière sacramentelle, ne devait jamait tomber aux mains de l'ennemi; s'il y tombait, on offrait à Mars un *Suovétaurile expiatoire*, c'est-à-dire, le sacrifice d'un porc, d'un bélier et d'un taureau.

Ce sacrifice terminait l'opération du dénombrement : il servait aussi à la purification des campagnes; et dans ce dernier cas, il était accompagné d'une formule dont la teneur nous a été transmise par Caton, De Re Rustic. CXLII.

Ce sacrifice s'appelait aussi *Solitauralia*, dénomination expliquée par Festus, à ce mot, p. 165, éd. de M. Egger.

Aussitôt Décius — une heureuse issue pour les Romains (p. 139-141). Cf. Tite-Live, l. l. : Ipse, incinctus cinctu Gabino — consternatæ cohortes Latinorum fugam ac vastitiem late fecerunt.

L'historien latin ajoute un peu plus loin, l. I. 10, des détails qui manquent dans Dion : Decii corpus ne eo die inveniretur, nox quærentes oppressit; postero die inventum inter maximam hostium stragem, coopertum telis; funusque ei par morti, celebrante collega, factum est.

Peut-être, Dion s'en est-il abstenu, parce qu'il éprouvait plus que des doutes sur ce dévouement de Décius et sur ses conséquences. Cf. p. 141. J'ajoute quelques réflexions de Montaigne, Essais, II, 12 : « C'estoit une « étrange fantaisie de vouloir..... que la pauvre Iphigenia, au port d'Au- « lide, par sa mort et immolation, deschargeast envers Dieu l'armee des « Grecs des offenses qu'ils avoient commises :

Sed casta, inceste, nubendi tempore in ipso,
Hostia concideret mactatu mœsta parentis.
(*Lucret.* I. 99.)

« Et ces deux belles et genereuses ames des deux Decius père et fils, pour « propitier la faveur des Dieux envers les affaires romaines, s'allassent « jecter à corps perdu à travers les plus espez des ennemis : *quæ fuit* « *tanta deorum iniquitas, ut placari populo romano non possent, nisi* « *tales viri occidissent* ? (Cic. de Nat. Deor. III, 6). Ioinct que ce n'est pas « au criminel de se faire fouetter à sa mesure et à son heure, c'est au juge « qui ne met en compte de chastiment que la peine qu'il ordonne, et ne « peult attribuer a punition ce qui vient a gre a celui qui le souffre : la « vengeance divine presuppose nostre dissentiment entier pour sa justice « et pour nostre peine. »

LXXIX. *Les Romains* (p. 141). Surtout la jeunesse; Tite-Live, l. l. 12 : Ita bello gesto, præmiis pœnaque pro cujusque merito persolutis, T. Manlius Romam rediit : cui venienti seniores tantum obviam exisse constat ; juventutem, et tunc, et omni vita deinde, aversatam eum exsecratamque.

Quand il eût célébré son triomphe (p. 143). Tite-Live ne parle point de ce triomphe, attesté par des autorités irréfragables. Diodore de Sicile, XVI, 90 : Ῥωμαῖοι δὲ πρὸς Λατίνους καὶ Καμπανοὺς παραταξάμενοι περὶ πόλιν Σούεσσαν ἐνίκησαν, καὶ τῶν ἡττηθέντων μέρος τῆς χώρας ἀφείλοντο. Ὁ δὲ κατωρθωκὼς τὴν μάχην Μάλλιος ὁ ὕπατος ἐθριάμβευσεν. Cf. Val. Maxime, VI, 9, et Orose, III, 9. Pighius, Ann. Rom. t. I. p. 310, éd. Schott, le place en l'année 403, d'après les marbres du Capitole :

T. MANLIVS. L. F. A. N. IMPERIOSS. TORQVAT. A. CDXIII
COSS. III. DE. LATINEIS. CAMPANEIS. SIDICINEIS.
AVRVNCEIS.   XV.   K.   IVNIAS.

Cependant — vous ne pourriez me supporter vous-mêmes (*Ibid.*). M. A. Mai signale un dissentiment entre Dion et Tite-Live : Ingens hoc

« loco discidium Dionis a Livio. Hic enim, XXVI, 22, ab eo demum
« T. Manlio Torquato, qui Hannibalicis temporibus vixit, recusatum
« consulatum dicit.... Uter Historicus ad veritatem magis contineat?
« Videtur mihi potius Dio quam Livius. Hic enim Torquatum renuisse
« dicit ob oculorum valetudinem : tum centuriis instantibus respondisse
« ait : *neque ego vestros mores consul ferre potero, neque vos imperium
« meum*. Inepta sane hæc responsio est, si ad oculorum valetudinem
« referatur, sed multo aptissima, si ad prisci Torquati severitatem atque
« odium quo illum romana præsertim juventus ob interfectum filium
« prosequebatur. Emendandus igitur ex Dione Livius ; cujus errorem ho-
« dierni fastorum scriptores gregatim sequuntur. »

A mon avis, Dion ne parle et n'a pu parler que de T. Manlius Imperiosus. Dans Tite-Live, au contraire, il est question d'un de ses descendants qui fut consul, une première fois, en 518, c'est-à-dire environ cent
ans après le fait rapporté par Dion ; une seconde fois en 529. Dès 518, il
avait obtenu les honneurs du triomphe pour la soumission de la Sardaigne,
d'après les marbres du Capitole :

T. MANLIVS. T. F. T. N. TORQVATVS. AN. DXVIII.
COS. DE. SARDEIS.   VI. IDVS. MART.

Suivant les mêmes marbres, il fut censeur en 522 avec Q. Fulvius ; mais
leur élection n'avait pas été régulière et ils se démirent de leur charge :

CENS. T. MANLIVS. T. F. T. N. TORQVATVS. Q. FVLVIVS. M. F. Q. N. FLACCVS.
VITIO. FACTI. ABD.

Enfin, l'an 543, désigné dans les comices consulaires par les jeunes gens
de la centurie Véturia, il s'excusa, en alléguant la faiblesse de sa vue. Mais
la centurie déclara qu'elle maintenait sa nomination, et c'est alors que Torquatus s'écria :' *Neque ego vestros mores* consul ferre potero, neque vos
imperium meum. Dans sa bouche, ces paroles étaient sans doute une
imitation de celles que Dion attribue à un de ses ancêtres, T. Manlius
Imperiosus ; paroles que l'Extrait du Vatican nous fait connaître pour la
première fois. Les paroles mémorables, comme les belles actions, étaient
religieusement conservées à Rome.

Je ne vois donc aucune contradiction entre Dion et Tite-Live, et il n'y a
pas de correction à faire dans l'historien latin.

LXXX. *Les Romains —parce qu'ils n'avaient tenté aucune nouvelle
attaque* (p. 143). Le Compilateur, à force d'abréger, devient souvent
obscur : ici, par exemple, la suite des événements échappe. Il est nécessaire
d'entrer dans quelques détails, pris en dehors du texte et qui serviront à
le rendre intelligible.

Torquatus, Tite-Live, VIII, 9, avait réduit les Latins à se soumettre :
les Campaniens, comme eux soulevés, imitèrent leur exemple. Le Latium

et le territoire de Capoue furent confisqués par Rome. On distribua au peuple les terres latines, auxquelles on joignit les terres des Privernates et celles de Falerne, qui appartenaient aux Campaniens, jusqu'au Vulturne. Le lot se composait ou de *deux arpents* de terre du Latium, avec un complément de *trois quarts d'arpent* de terrain privernate, ou bien de *trois arpents* du territoire de Falerne, c'est-à-dire, un quart en sus à cause de la distance. On exempta de la peine imposée aux Latins les Laurentins et les cavaliers de Capoue, qui n'avaient point pris part à la défection. Le traité avec les Laurentins fut renouvelé, et depuis ce temps on le renouvela, tous les ans, dix jours après les féries latines. Les cavaliers de Capoue, au nombre de six cents, eurent droit de cité, et le peuple campanien fut tenu de payer par an à chacun d'eux quatre cent cinquante deniers.

Les Latins et les autres peuples, qui avaient été enveloppés dans leurs guerres et dans leurs désastres, reprirent bientôt les armes (Tite-Live, l. I. 12-13). Les consuls L. Furius Camillus et C. Ménius promenèrent partout leur armée victorieuse et ne s'arrêtèrent qu'après avoir subjugué tout le Latium. Des garnisons furent établies dans les villes conquises, et les deux consuls, de retour à Rome, reçurent les honneurs du triomphe : des statues équestres leur furent érigées dans le Forum.

Camille rehaussa l'éclat de sa gloire, en conseillant des mesures dictées par la générosité. Sa voix fut entendue, et le sénat ordonna qu'il serait statué sur chaque peuple, successivement et d'après un rapport séparé. Ici, je dois laisser parler Tite-Live, l. l. 14 :

« Lanuvinis civitas data, sacraque sua reddita cum eo, ut ædes lucusque
« Sospitæ Junonis communis Lanuvinis municipibus cum populo romano
« esset. »

« Aricini, Nomentanique et Pedani eodem jure, quo Lanuvini, in civita-
« tem accepti. »

« Tusculanis servata civitas quam habebant, crimenque rebellionis a
« publica fraude in paucos auctores versum. »

« In Veliternos, veteres cives romanos, quod toties rebellassent sævi-
« tum : et muri dejecti, et senatus inde abductus, jussique trans Tiberim
« habitare, ut ejus qui cis Tiberim deprehensus esset, usque ad mille pondo
« clarigatio esset ; nec prius, quam ære persoluto, is qui cepisset, extra
« vincula captum haberet. In agrum Senatorum coloni missi ; quibus
« adscriptis, speciem antiquæ frequentiæ Velitræ receperunt.

« Antium nova colonia missa cum eo ut Antiatibus permitteretur, si
« et ipsi adscribi coloni vellent ; naves inde longæ abactæ, interdictumque
« mari Antiati populo est, et civitas data.

« Tiburtes Prænestinique agro multati, neque ob recens tantum re-
« bellionis, commune cum aliis Latinis, crimen ; sed quod, tædio imperii
« romani, cum Gallis, gente effera, arma quondam consociassent.

« Ceteris Latinis populis connubia, commerciaque et concilia inter se
« ademerunt.

« Campanis, equitum honoris causa, quia cum Latinis rebellare no-
« luissent, Fundanisque et Formianis, quod per fines eorum tuta pacataque
« semper fuisset via, civitas sine suffragio data.

« Cumanos Suessulanosque ejusdem juris conditionisque, cujus Ca-
« puam, esse placuit.

« Naves Antiatium partim in navalia Romæ subductæ, partim incensæ,
« rostrisque earum suggestum in Foro exstructum adornari placuit :
« *Rostraque* id templum appellatum. »

LXXXI. *Pleins d'admiration pour tant de courage* (p. 145). Deux
expéditions furent faites par les Romains contre Priverne; l'une, l'an 397
(Tite-Live, VII, 16); l'autre, l'an 425 (Le même, VIII, 19-21). Dion et
Tite-Live rapportent à la seconde la noble réponse des Privernates;
tandis que Denys d'Hal. la rapporte à la première, Fr. XIV, 23, éd. Milan :
Τοῦ (c'est-à-dire le consul Marcius) δ' εἰπόντος· « Φράσατέ μοι πῶς αὐτοὶ
κολάζετε τοὺς ἀφισταμένους ὑμῶν οἰκέτας; » ἀποκρίνεται ὁ πρεσβύτατος· « Ὡς
δεῖ κολάζεσθαι τοὺς ποθοῦντας ἀπολαβεῖν τὴν ἔμφυτον ἐλευθερίαν. » Καὶ ὁ
Μάρκιος, ἀποδεξάμενος τὴν παρρησίαν, φησίν· « Ἐὰν δὲ δὴ καὶ πεισθῶμεν
ὑμῖν ἀφεῖναι τὰς ὀργὰς, τίνα δώσετε πίστιν ὑπὲρ τοῦ μηδὲν ἔτι ποιεῖν ἐχθρῶν
ἔργον ; » ἀποκρίνεται πάλιν ὁ πρεσβευτής· « Ἐπὶ σοὶ τοῦτ' ἐστὶ καὶ τοῖς
« ἄλλοις Ῥωμαίοις, Μάρκιε· κομισάμενοι μὲν γὰρ ἅμα τῇ πατρίδι καὶ τὴν
« ἐλευθερίαν, βέβαιοι διὰ παντὸς ὑμῖν ἐσόμεθα φίλοι· δουλεύειν ἀναγκασθέντες,
« οὐδέποτε. »

Les Romains (*Ibid.*). Le sénat, à l'instigation du consul C. Plantius,
proposa au peuple d'accorder aux Privernates le droit de cité; Tite-Live,
l. l. 21. Cf. Valère-Maxime, VI, 2, 1 et 2.

LXXXII. *Sachez-le bien* (*Ibid.*). Il est probable que ce fragment du
discours du père de Q. Fabius Rullianus est relatif à la situation dé-
crite par Tite-Live, l. l. 35 : Tribuni quoque, inclinatam jam rem in
preces subsecuti, orare dictatorem insistunt, ut veniam errori humano,
veniam adolescentiæ Q. Fabii daret : satis eum pœnarum dedisse. Jam ipse
adolescens, *jam pater M. Fabius contentionis obliti, procumbere ad
genua et iram deprecari dictatoris.*

LXXXIII. *A la dignité dont il était revêtu* (p. 149). Tite-Live, l. l. 34 :
Majestas imperii perpetua ne esset, non esse in sua potestate ; L. Papirium nihil de ejus jure deminuturum : optare, ne potestas tribunitia, in-
violata ipsa violet intercessione sua romanum imperium, neu populus
in se potissimum dictatorem et jus dictaturæ exstinguat.

Avec une rigueur excessive (p. 149). Aussi ses soldats ne firent-ils pas leur devoir, dans une première attaque contre les Samnites. Tite-Live, l. l. 36 : Tantum momenti in uno viro L. Papirio fuit, ut, si ducis consilia favor subsecutus militum foret, debellari eo die cum Samnitibus potuisse, pro haud dubio habitum sit : ita instruxit aciem loco ac subsidiis, ita omni arte bellica firmavit. Cessatum a milite, ac de industria, ut obtrectaretur laudibus ducis, impedita victoria est.

Plus modéré — lorsqu'ils en vinrent aux mains avec les ennemis (*Ibid.*). Tite-Live raconte comment Papirius regagna l'affection de son armée et quelles furent les conséquences de ce changement, l. l. : Sensit peritus dux quæ res victoriæ obstaret : *temperandum ingenium suum esse, et severitatem miscendam comitati.* Itaque, adhibitis legatis, ipse circum socios milites inserens in tentoria caput, singulos, ut sese haberent, rogitans, curam eorum nominatim legatis, tribunisque et præfectis demandabat; rem per se popularem ita dexter egit, ut, medendis corporibus, animi multo prius militum imperatori reconciliarentur..........
....Refecto exercitu, cum hoste congressus haud dubia spe sua militumque, ita fudit fugavitque Samnites, ut ille ultimus eis dies conferendi signa cum dictatore fuerit.

LXXXIV. *Les Samnites, vaincus par les Romains* (*Ibid.*). Cette année eut pour consuls, Q. Fabius Rullianus et L. Fulvius Curvus; pour dictateur A. Cornélius Cassus et pour Maître de la cavalerie M. Fabius Ambustus; cf. Tite-Live, VIII, 38. Zonaras, Liv. VII, 26, p. 363, éd. Du C., dit que la victoire fut remportée par le dictateur. Tite-Live raconte, l. l. 38, combien elle fut incertaine et il l'attribue, l. l. 39, aux efforts combinés du Maître de la cavalerie et du dictateur. Un peu plus loin, il mentionne les auteurs qui prétendent que cette guerre fut terminée par les consuls, et qui doutent si A. Cornélius Cassus fut créé dictateur pour la conduire, ou seulement pour donner, aux jeux romains, en l'absence du préteur L. Plantius atteint d'une maladie grave, le signal de la course des Quadriges et abdiquer après avoir rempli cette formalité, l. l. 40. Enfin, il expose les causes de toutes ces incertitudes : « Nec facile est aut rem rei, aut auctorem auctori præferre. Vitiatam memoriam funebribus laudibus reor, falsisque imaginum titulis, dum familia ad se quæque famam rerum gestarum honorumque fallente mendacio trahunt. Inde certe et singulorum gesta, et publica monumenta rerum confusa : nec quisquam æqualis temporibus illis scriptor exstat quo satis certo auctore stetur. »

A défaut d'historiens contemporains, les monuments peuvent servir de guide. J'adopte donc, comme Reimar, l'opinion de Pighius, qui, d'après les marbres du Capitole, attribue la victoire aux consuls :

ÉCLAIRCISSEMENTS.

L. FVLVIVS. L. F. L. N. CVRVVS. COS. ANN. CDXXXI.
DE. SAMNITIBVS. QVIRINALIBVS.
Q. FABIVS. M. F. N. N. MAXIMVS. RVLLIAN. AN. CDXXXI.
COS. DE. SAMNITIBVS. ET. APVLEIS. XII K. MART.

Une députation (p. 151). Tite-Live, VIII, 39 : « Prætores decretum fecerunt, ut Brutulus Papius Romanis dederetur, et cum eo præda omnis romana, captivique ut Romam mitterentur; quæque res per Feciales ex fœdere repetitæ essent, secundum jus fasque restituerentur. »

Ils saccagèrent les biens et dispersèrent les ossements de Papius (Ibid.). Suivant Tite-Live, l. l. 39, les Samnites livrèrent tout à la fois son cadavre et ses biens.

Regardé comme le principal auteur de cette guerre (Ibid.). Cf. p. 150, note 2.

Qui s'était donné la mort (Ibid.). Tite-Live, l. l. : « Ipse morte voluntaria ignominiæ se ac supplicio subtraxit. »

Cependant ils n'obtinrent pas la paix (Ibid.). Le même, l. l. : « Nihil tamen earum rerum, præter captivos, ac si qua cognita ex præda sunt, acceptum est : ceterarum rerum irrita fuit deditio. »

LXXXV. *Tel fut surtout celui qui marqua cette époque* (p. 153). C'est-à-dire, le désastre des Fourches Caudines. Cf. Tite-Live, IX, 1-11. Florus, 1, 16; Denys d'Hal. Fr. XVI, 3, éd. de Milan.

Qu'ils ne recevraient plus les hérauts — pour traiter de la paix (Ibid.). De là, les invectives de C. Pontius contre l'orgueil des Romains, Tite-Live, l. l. 1 : Is, ubi legati, qui ad dedendas res missi fuerant, pace infecta redierunt : « Ne nihil actum, inquit, hac legatione censeatis, « expiatum est quidquid ex fœdere rupto irarum in nos cœlestium fuit...
« ..... Quid ultra tibi, Romane, quid fœderi, quid Diis arbitris fœderis « debeo ? Quem tibi tuarum irarum, quem meorum suppliciorum judicem « feram, neminem, neque populum neque privatum, fugio. Quod si nihil « cum potentiore juris humani relinquitur inopi, at ego ad deos vindices « intolerandæ superbiæ confugiam; et precabor ut iras suas vertant in « eos quibus non suæ redditæ res, non alienæ accumulatæ satis sint etc. »

LXXXVI. *Les bienfaits* (p. 153-157). Les pensées morales renfermées dans ce fragment paraissent tirées d'un discours prononcé à l'occasion du désastre des Fourches Caudines; peut-être par Herennius Pontius, le père du général des Samnites, comme semblent l'indiquer ces mots

(p. 157) : *Guidé par sa prudence naturelle et par l'expérience de la vieillesse, il les engageait ainsi, etc.*

LXXXVII. *Dans un étroit défilé* (p. 157). Il est décrit par Tite-Live, IX, 2 : « Saltus duo alti, augusti silvosique sunt, montibus circa perpetuis inter se juncti; jacet inter eos satis patens clausus in medio campus, herbidus aquosusque, per quem medium iter est. Sed ante quam venias ad eum, intrandæ primæ angustiæ sunt : et aut eadem qua, te insinuaveris, retro via repetenda ; aut si ire porro pergas, per alium saltum arctiorem impeditioremque evadendum. »

Un traité honteux (*Ibid.*). Ce n'était pas réellement un *traité*, mais un *simple promesse de traité.* Tite-Live, l. l., 5 : « Non, ut vulgo credunt, Claudiusque etiam scribit, *fœdere* pax caudina, sed per *sponsionem* facta est. Quid enim aut sponsoribus in fœdere opus esset, aut obsidibus, ubi precatione transigitur? « Per quem populum fiat, quo minus legibus « dictis stetur, ut cum ita Jupiter feriat, quemadmodum a Fecialibus « porcus feriatur. » Spoponderunt consules, legati, quæstores, tribuni militum ; nominaque omnium qui spoponderunt exstant : ubi, si ex fœdere acta res esset, præterquam duorum Fecialium, non exstarent. »

Et les firent passer sous le joug (*Ibid.*). Cf. la magnifique narration de Tite-Live, l. l., 5 : Alii alios intueri, contemplari arma mox tradenda, et inermes futuras dextras, obnoxiaque corpora hosti — ut, suæ quisque conditionis oblitus, ab illa deformatione tantæ majestatis, velut ab nefando spectaculo, averteret oculos, etc. »

LXXXVIII. *Les habitants — leur donnèrent des vivres, des chevaux, etc.* (*Ibid.*). Le même, l. l., 6 : « Quod ubi est Capuam nuntiatum, evicit miseratio justa sociorum superbiam ingenitam Campanis ; confestim insignia sua consulibus, fasces, lictores, arma, equos, vestimenta, commeatus militibus benigne mittunt ; et venientibus Capuam cunctus senatus populusque, obviam egressi, justis omnibus hospitalibus, privatisque et publicis funguntur officiis. »

XCI. *Les Romains — les prisonniers sous le joug* (p. 163). Le même, l. l. 15 : « His Papirius ita respondit..... militem se cum singulis vestimentis sub jugum missurum, ulciscentem illatam, non novam inferentem ignominiam. » Et un peu plus loin : « Haud ferme alia mutatione subita rerum clarior victoria populi romani est. »

On ne sait pas si c'est le dictateur L. Cornélius, ayant pour maître de la cavalerie L. Papirius Cursor, qui remporta cette victoire et obtint les honneurs du triomphe, ou bien si cette gloire appartient à des consuls. Il est également douteux, si Papirius Cursor, en récompense de sa belle

ÉCLAIRCISSEMENTS. 369

campagne, fut prorogé dans sa magistrature, aux comices suivants et nommé consul pour la troisième fois avec Q. Aulius Cerretanus, qui obtint cette dignité pour la seconde; ou bien si ce fut L. Papirius Mugillanus, et s'il y a ici quelque erreur dans le prénom. Cf. Tite-Live, l. l. 15, et Pighius, Ann. Rom. t. I. p. 353, éd. Schott.

XCIV. *Rullus* (p. 165). Lisez Rullianus, ici et lig. 11. Cf. p. 148, note 1.

Avait eu des démêlés avec lui (Ibid.). Cf. les notes sur les Fr. LXXXII-LXXXIII.

On lui envoya des députés (Ibid.). Q. Fabius était en Étrurie, où il avait gagné une bataille mémorable, près de Pérouse, au delà de la forêt Ciminia; Tite-Live, l. l. 37.

Il nomma Papirius dictateur (Ibid.) Ce fut la seconde dictature de Papirius, qui choisit pour Maître de la cavalerie C. Junius Bubulcus; Tite-Live, l. l. 38. Pighius, l. l. p. 369, fait remarquer à ce propos, qu'elle commença vers la fin de l'année précédente, et continua pendant celle-ci, où il n'y eut pas de consuls. Il reproche à Tite-Live de n'avoir point parlé de ces deux circonstances, attestées par les marbres du Capitole :

L. PAPIRIVS. SP. F. L. N. CVRSOR. II. DICT.
C. IVNIVS. C. F. C. N. BVBVLCVS. BRVTVS II. MAG. EQ.
REI. GERVNDÆ. CAVSSA.
HOC. ANNO. DICTATOR. ET. MAGISTER. EQ. SINE. COS. FVERVNT.

XCVI. *La multitude ne savait* (p. 167). Zonaras raconte les événements auxquels ce fragment se rapporte; Cf. p. 166, note 2. Les prodiges qui avaient effrayé les esprits sont énumérés par le même annaliste, VIII. 1. p. 365, éd. Du C. Ἐν γὰρ τῷ Καπιτωλίῳ ἐκ τοῦ βωμοῦ τοῦ Διὸς τρισὶν ἡμέραις, μιᾷ μὲν αἷμα, μιᾷ δὲ μέλι, καὶ ἐν ἑτέρᾳ γάλα θρυλλεῖται ἀναδοθῆναι, εἴ τῳ ταῦτα πιστά. Καὶ ἐν τῇ ἀγορᾷ Νίκης τι ἄγαλμα χάλκεον ἱδρυμένον ἐπὶ βάθρου λιθίνου, αὐτομάτως εὑρέθη κάτω ἑστὼς ἐπὶ γῆς. Ἐτύγχανε δὲ ἐκεῖ ἀποβλέπον ὅθεν οἱ Γαλάται ἤδη ἐπῄεσαν.

Les paroles du devin (Ibid.). Elles nous ont été transmises par Zonaras, l. l. : Μάνιος δέ τις Τυρσηνὸς τὸ γένος ἐθάρσυνεν αὐτούς, εἰπών· Τήν τε Νίκην, εἰ καὶ κατέβη, ἀλλ᾽ εἰς τὸ πρόσθεν προσχωρήσασαν, καὶ βεβαιότερον ἐπὶ τῆς γῆς ἱδρυθεῖσαν, τὸ κράτος σφίσι προδηλοῦν τοῦ πολέμου, κἂκ τούτου καὶ θυσίας πολλὰς γενήσεσθαι τοῖς Θεοῖς. Τοὺς γὰρ βωμοὺς, καὶ μάλιστα τοὺς ἐν τῷ Καπιτωλίῳ, ἐν ᾧ τὰ Νικητήρια θύουσιν, ἐν ταῖς εὐπραγίαις αὐτῶν, ἀλλ᾽ οὐκ ἐν ταῖς συμφοραῖς κατ᾽ ἔθος αἱμάττεσθαι. Ἐκ μὲν οὖν τούτων ἀγαθόν τι σφᾶς ἔπεισε προσδοκᾶν· ἐκ δὲ τοῦ μέλιτος νόσον, ὅτι αὐτοῦ οἱ κάμνοντες

T. 1. 24

δέονται· καὶ ἐκ τοῦ γάλακτος λιμόν· ἐς γὰρ τοσαύτην σιτοδείαν ἀφίξεσθαι, ὥστε καὶ τὴν αὐτόφυτον, τήν τε αὐτόνομον ζητῆσαι τροφήν.

Ne souhaitant pas que tout arrivât (p. 167). Allusion à l'épidémie et à la famine prédites par Manius.

Elle n'osait pas non plus tout rejeter (Ibid.). Allusion à l'explication donnée par le même devin, au sujet de la statue de la Victoire et du sang qui avait coulé de l'autel de Jupiter Capitolin.

XCVII. *Par des serments terribles.* (p. 169). Tite-Live, X, 38 : « Deorum etiam adhibuerant opes, ritu quodam sacramenti vetusto velut initiatis militibus, delectu per omne Samnium habito nova lege : *ut, qui juniorum non convenisset ad imperatorium edictum, quique injussu abisset, caput Jovi sacratum esset.* »

XCVIII. *Son père pour lieutenant* (p. 169-170). Valère-Maxime, V, 7, 1 : Fabius Rullianus, quinque consulatibus summa cum gloria peractis, omnibusque et virtutis et vitæ emeritis stipendiis, legatus ire Fabio Gurgiti filio ad bellum difficile et periculosum conficiendum gravatus non est, pæne ipso per se duntaxat animo sine corpore militaturus, utpote propter ultimam senectutem lectuli otio quam labori præliorum habilior.

Les faits, contenus dans ce fragment, sont résumés dans l'*Epitome* de Tite-Live, XI.

C. *Une sédition éclata* (p. 171) : Elle amena la retraite du peuple sur le Janicule, *Epit.* de Tite-Live, l. l. : Plebs propter æs alienum, post graves et longas seditiones, ad ultimum secessit in Janiculum, unde a Q. Hortensio dictatore deducta est.

CI. *Les ennemis* (p. 175). Probablement les Étrusques, les Lucaniens, les Gaulois Sénonais et les autres peuples qui s'étaient ligués contre Rome. Cf. l'*Epitome* de Tite-Live, XII. Orose fournit quelques détails, III, 22 : « Dolabella et Domitio coss., Lucani, Bruttii, Samnites quoque cum Etruscis et Senonibus Gallis facta societate, quum redivivum contra Romanos molirentur bellum, Romani ad exorandos Gallos misere legatos. Quos, quum Galli interfecissent, Cæcilius prætor ad ulciscendam legatorum necem et comprimendum multorum hostium impetum missus cum exercitu, ab Etruscis Gallisque oppressus interiit. Septem præterea tribuni militum ea pugna occisi, multi nobiles trucidati, tredecim millia etiam romanorum militum illo bello prostrata. » Cf. S. Augustin, Cité de Dieu, III, 17.

Cette défaite ne tarda pas à être vengée par la bataille que les Romains gagnèrent auprès du lac de Vadimon; Polybe, II, 20 : Οἱ δὲ Βοῖοι.....
ἐξεστράτευσαν πανδημεὶ παρακαλέσαντες Τυρρηνούς. Ἀθροισθέντες δὲ περὶ τὴν

ÉCLAIRCISSEMENTS. 371

Ὀάδμονα προσαγορευομένην λίμνην, παρετάξαντο Ῥωμαίοις. Ἐν δὲ τῇ μάχῃ ταύτῃ, Τυῤῥηνῶν μὲν οἱ πλεῖστοι κατεκόπησαν, τῶν δὲ Βοίων τελέως ὀλίγοι διέφυγον. Οὐ μὴν ἀλλὰ τῷ κατὰ πόδας ἐνιαυτῷ συμφρονήσαντες αὖθις οἱ προειρημένοι, καὶ τοὺς ἄρτι τῶν νέων ἡβῶντας καθοπλίσαντες, παρετάξαντο πρὸς Ῥωμαίους. Ἡττηθέντες δ' ὁλοσχερῶς τῇ μάχῃ, μόλις εἶξαν ταῖς ψυχαῖς· καὶ διαπρεσβευσάμενοι περὶ σπονδῶν καὶ διαλύσεων, συνθήκας ἔθεντο πρὸς Ῥωμαίους.

CII. *Fabricius* (p. 177). C. Fabricius Luscinus, qui fut trois fois consul Sur son triomphe, cf. Pighius, l. l. p. 416-418.

CIII. *Le fleuve regorgea de sang et de cadavres* (p. 179). Dion semble avoir été inspiré par Florus, I, 13 : « Omnes reliquias eorum (h. e. Senonum) in Etruria ad lacum Vadimonis Dolabella delevit ; ne quis exstaret in ea gente, quæ incensam a se Romam urbem gloriaretur. Cf. S. Augustin, l. l.

CIV. *A leur ancienne prospérité* (p. 181). Valère-Maxime, après avoir raconté l'insulte faite au représentant de Rome (cf. Fr. CV), ajoute à peu près les mêmes réflexions, II. 2. 5 : Finem profecto fruendarum opum, quibus ad invidiam diu abundaveras, Tarentina civitas, quæsisti. Nam, dum horridæ virtutis in se ipsum connexum stabilimentum, nitore fortunæ præsentis inflata, fastidiose æstimas, in prævalidum imperii nostri mucronem cæca et amens irruisti.

CV. *La fête qu'ils célébraient* (p. 183). Athénée, IV. p. 166, éd. Casaub. 1587, nous a conservé un passage curieux de Théopompe sur les mœurs de Tarentins : Περὶ δὲ τῶν Ταρεντίνων ἱστορῶν ἐν τῇ δευτέρᾳ πεντηκοστῇ τῶν ἱστοριῶν γράφει οὕτως· Ἡ πόλις ἡ τῶν Ταρεντίνων σχεδὸν καθ' ἕκαστον μῆνα βουθυτεῖ, καὶ δημοσίᾳ ἑστιάσεις ποιεῖται. Τὸ δὲ τῶν ἰδιωτῶν πλῆθος ἀεὶ περὶ συνουσίας καὶ πότους ἐστί. Λέγουσι δὲ καί τινα τοιοῦτον λόγον οἱ Ταραντῖνοι, τοὺς μὲν ἄλλους ἀνθρώπους, διὰ τὸ φιλοπονεῖσθαι καὶ περὶ τὰς ἐργασίας διατρίβειν, παρασκευάζεσθαι ζῆν· αὐτοὺς δὲ διὰ τὰς συνουσίας καὶ τὰς ἡδονὰς οὐ μέλλειν, ἀλλ' ἤδη βιῶναι. Cf. Strabon, VI. p. 192, éd. Casaub. 1587.

CVI. *Méton* (p. 185). Comme Denys d'Hal. (cf. p. 184, note 4). Plutarque, Pyrrh. XIII, raconte que Méton agit ainsi, au moment où les Tarentins allaient appeler Pyrrhus dans leur ville par un décret : Εἷς δέ τις ἀνὴρ ἐπιεικής, Μέτων ὄνομα, τῆς ἡμέρας ἐκείνης ἐν ᾗ τὸ δόγμα κυροῦν ἔμελλον, ἐνστάσης, καὶ τοῦ δήμου καθεζομένου, λαβὼν στέφανον κτλ.

Il nous est encore permis (*Ibid*.). Plutarque est plus explicite, l. l. Ἄνδρες, ἔφη, Ταραντῖνοι, καλῶς ποιεῖτε, παίζειν καὶ κωμάζειν, ἕως ἔξεστι,

τοῖς βουλομένοις μὴ φθονοῦντες. Ἐὰν δὲ σωφρονῆτε, καὶ πάντες ἀπολαύσετε
ἔτι τῆς ἐλευθερίας, ὡς ἕτερα πράγματα καὶ βίον καὶ δίαιταν ἕξοντες, ὅταν
Πύρρος εἰς τὴν πόλιν παραγένηται.

CVII. *Inaccessible à la corruption* (p. 185). Tout le monde connaît
les belles paroles qu'il adressa à Pyrrhus; Plutarque, Pyrrh. XX : Οὔτε
χθές με τὸ χρυσίον ἐκίνησεν, οὔτε σήμερον τὸ θηρίον, et le témoignage que lui
rendit Pyrrhus lui-même. Cf. Fr. CXXXIII, p. 221.

Fut élu consul (p. 187). L'an de Rome 477. Cicéron nous a transmis la
réponse de C. Fabricius à Rufinus, lorsque celui-ci le remerciait de l'appui
qu'il lui avait prêté, De Orat. II, 66 : « Quum C. Fabricio P. Cornelius,
homo, ut existimabatur, avarus et furax, sed egregie fortis, et bonus imperator, gratias ageret, quod se homo inimicus consulem fecisset, bello
præsertim magno et gravi : *Nihil est, quod mihi gratias agas, inquit, si
malui compilari quam venire.* » Cf. Aulu-Gelle, IV, 8, et Quintilien,
XII, 1.

CVIII. *A celle de ses alliés* (p. 189). Florus, I, 18 : Pyrrhus...... cum
totius viribus Epiri, Thessaliæ, Macedoniæ, incognitisque in id tempus
elephantis, mari, terra, viris, equis, armis, addito insuper ferarum terrore,
veniebat.

CIX. *Les peuples qui sollicitaient son appui (Ibid.*). Il cédait surtout à
l'espoir de conquérir l'Italie; Justin, XVIII, 1 : « Pyrrhus, rex Epiri, quum
iterata Tarentinorum legatione, additis Samnitum et Lucanorum precibus,
et ipsis auxilio adversus Romanos indigentibus, fatigaretur, non tam sup-
plicum precibus quam spe invadendi Italiæ imperii inductus venturum se
cum exercitu pollicetur. »

C'étaient des Grecs (Ibid.). Florus, l. l. : Tarentus *Lacedæmoniorum
opus*..... Et un peu plus loin : Apparatus horribilis, quum tot simul
populi pro Tarentinis consurgerent, omnibusque vehementior Pyrrhus;
qui *semigræcam ex Lacedæmoniis conditoribus civitatem* vindica-
turus, etc. » Cf. Denys d'Hal. Fr. XVII. 1-2, éd. Milan. Pyrrhus lui-même,
dans Appien, III, 10, exige entre autres conditions de la paix que la liberté
et l'indépendance seront accordées aux Grecs qui habitent l'Italie.

CX. *Dans ses entretiens avec Pyrrhus* (p. 191). Plutarque, Pyrrh. XIV :
Οὗτος οὖν τὸν Πύρρον, ὡρμημένον τότε ὁρῶν ἐπὶ τὴν Ἰταλίαν, εἰς λόγους
ἐπηγάγετο τοιούτους, ἰδὼν σχολάζοντα· Πολεμισταὶ μέν, ὦ Πύρρε, Ῥωμαῖοι
λέγονται, καὶ πολλῶν ἐθνῶν μαχίμων ἄρχοντες · εἰ δὲ δοίη Θεὸς περιγενέσθαι
τῶν ἀνδρῶν, τί χρησόμεθα τῇ νίκῃ ; Καὶ ὁ Πύρρος· Ἐρωτᾷς, εἶπεν, ὦ Κινέα,
πρᾶγμα φαινόμενον· οὔτε βάρβαρος ἡμῖν ἐκεῖ πόλις, οὔτε Ἑλληνὶς ἀξιόμαχος.

ÉCLAIRCISSEMENTS.

Ῥωμαίων κρατηθέντων· ἀλλ' ἔξομεν εὐθὺς Ἰταλίαν ἅπασαν. Voy. la suite, jusqu'à πολλὰ καὶ δράσαντες ἑτέρους κακὰ καὶ παθόντες.

Sur les conseils de Cinéas (p. 191). Plutarque, l. l. : Τούτοις τοῖς λόγοις ἠνίασε μᾶλλον ἢ μετέθηκε τὸν Πύρρον ὁ Κινέας, νοήσαντα μὲν ὅσην ἀπέλιπεν εὐδαιμονίαν, ὧν δ' ὠρέγετο τὰς ἐλπίδας ἀφεῖναι μὴ δυνάμενον.

De la Sicile et de l'Italie (*Ibid.*). Le même, l. l. XXVI : Οὕτω μὲν ἐξέπεσε τῶν Ἰταλικῶν καὶ Σικελικῶν ἐλπίδων ὁ Πύρρος, ἑξαετῆ χρόνον ἀναλώσας περὶ τοὺς ἐκεῖ πολέμους, καὶ τοῖς μὲν πράγμασιν ἐλαττωθείς, τὸ δ' ἀνδρεῖον ἀνίκητον ἐν ταῖς ἥτταις διαφυλάξας· καὶ νομισθεὶς ἐμπειρίᾳ μὲν πολεμικῇ καὶ χειρὶ καὶ τόλμῃ πολὺ πρῶτος εἶναι τῶν καθ' αὑτὸν βασιλέων, ἃ δὲ ταῖς πράξεσιν ἐκτᾶτο, ταῖς ἐλπίσιν ἀπολλύναι, δι' ἔρωτα τῶν ἀπόντων, οὐδὲν εἰς ὃ δεῖ θέσθαι τῶν ὑπαρχόντων σώσας. Ὅθεν ἀπείκαζεν αὐτὸν ὁ Ἀντίγονος κυβευτῇ πολλὰ βάλλοντι καὶ καλά, χρῆσθαι δ' οὐκ ἐπισταμένῳ τοῖς πεσοῦσι. Cf. Appien, III, 12, et Zonaras, VIII. 5. p. 376-378, éd. Du C.

CXII. *Une garnison aux Romains* (*Ibid.*). Polybe, I, 7 : Ῥηγῖνοι γάρ, καθ' ὃν καιρὸν Πύρρος εἰς Ἰταλίαν ἐπεραιοῦτο, καταπλαγεῖς γενόμενοι τὴν ἔφοδον αὐτοῦ, δεδιότες δὲ καὶ Καρχηδονίους θαλαττοκρατοῦντας, ἐπεσπάσαντο φυλακὴν ἅμα καὶ βοήθειαν παρὰ Ῥωμαίων. Cf. Denys d'Hal. Fr. XIX, 1, éd. Milan ; Diodore de Sicile, XXII, 1 ; Appien, III, 9 ; Frontin, Stratag , IV, 1, 38 ; et l'*Epitome* de Tite-Live, XII.

Messine entre les mains des Mamertins (p. 193). Polybe, l. l. : Ἴδιον γάρ τι συνέβη καὶ παραπλήσιον ἑκατέραις ταῖς περὶ τὸν πορθμὸν ἐκτισμέναις πόλεσιν· εἰσὶ δ' αὗται, Μεσσήνη καὶ Ῥήγιον. Μεσσήνην μὲν γὰρ οὐ πολλοῖς ἀνώτερον χρόνοις τῶν νῦν λεγομένων καιρῶν, Καμπανοὶ παρὰ Ἀγαθοκλεῖ μισθοφοροῦντες, καὶ πάλαι περὶ τὸ κάλλος καὶ τὴν λοιπὴν εὐδαιμονίαν τῆς πόλεως ὀφθαλμιῶντες, ἅμα τῷ λαβεῖν καιρὸν εὐθὺς ἐπεχείρησαν παράσπονδοι· παρεισελθόντες δ' ὡς φίλιοι καὶ κατασχόντες τὴν πόλιν, οὓς μὲν ἐξέβαλον τῶν πολιτῶν, οὓς δ' ἀπέσφαξαν. Πράξαντες δὲ ταῦτα, τὰς μὲν γυναῖκας καὶ τὰ τέκνα τῶν ἠκληρηκότων, ὡς ποθ' ἡ τύχη διένειμε παρ' αὐτὸν τὸν τῆς παρανομίας καιρὸν ἑκάστοις, οὕτως ἔσχον· τοὺς δὲ λοιποὺς βίους, καὶ τὴν χώραν μετὰ ταῦτα διελόμενοι κατεῖχον. Cf. Diodore de Sic. XXI, 18.

Originaires de la Campanie (*Ibid.*). Le même, l. l. 8, se contente de dire que ces Campaniens prirent le nom de *Mamertins*, lorsqu'ils se furent emparés de Messine. Is. Tzetzès , scholies sur la Cassandre de Lycophron, v. 938 , donne l'étymologie de cette dénomination. Reimar a inséré ce passage du Scholiaste dans les fragments de Dion, n° XI. p. 6 ; mais comme on ne sait point s'il est tiré de cet historien ou de Diodore de Sicile, il m'a paru plus convenable de le transcrire dans cette note : Ῥωμαῖοι τοὺς (dans Sébastien et dans G. Müller, Ῥωμαῖοι γὰρ τοὺς) πολεμικοὺς Μαμερτοὺς

ÉCLAIRCISSEMENTS.

καλοῦσιν, ὡς ἱστορεῖ που ἢ Διόδωρος ἢ Δίων· οὐ γὰρ ἀκριβῶς μέμνημαι. Γράφει δὲ οὑτωσί (dans Sébastien γράφει γὰρ οὕτω, dans G. Müller γράφων οὕτω) πως· Μεσηνίους (sic) κατακόψαντες τοὺς ὑποδεξαμένους αὐτοὺς κατέσχον Μεσήνην (sic), καὶ Μαμερτοὺς ἑαυτοὺς ὠνόμασαν, τουτέστι πολεμικούς. Μαμερτὸς γὰρ ὁ Ἄρης παρὰ Ῥωμαίοις καλεῖται. (Sébastien ajoute : Καὶ Κυρῖνος παρὰ τοῖς αὐτοῖς, ὥς φησι Πλούταρχος)

Le passage de Diodore auquel le Scholiaste fait allusion se trouve Liv. XXI, 18 : Ἐκάλεσαν δὲ ταύτην Μαμερτίνην ἀπὸ τοῦ Ἄρεως, διὰ τὸ τοῦτον κατὰ τὴν ἐκείνων διάλεκτον Μάμερτον καλεῖσθαι.

Suivant Festus, au mot *Mamers*, p. 45, éd. de M. E. Egger, cette dénomination était d'origine Osque : Mamers..... lingua Oscorum Mars significatur.

Livrer la garnison (p. 193). Appien, III, 9 : Πρόφασιν δὲ τῆς παρανομίας ἔφερον, ὅτι Ῥηγῖνοι τὴν φρουρὰν προεδίδοσαν Πύρρῳ.

Et les massacrent (p. 195). Le même, l. l. : Ὅτι οἱ ἐν Ῥηγίῳ Ῥωμαίων ἐπὶ σωτηρίᾳ καὶ φυλακῇ τῆς πόλεως, μή τι πάθοιεν ὑπὸ τῶν ἐχθρῶν, παρέμενον, αὐτοί τε καὶ Δέκιος, ὁ ἡγεμὼν αὐτῶν, τοῖς ἀγαθοῖς τῶν Ῥηγίνων φθονήσαντες, καὶ φυλάξαντες αὐτοὺς εὐωχουμένους ἐν ἑορτῇ διέφθειραν, καὶ ταῖς γυναιξὶν ἀκουσίαις συνῆσαν. Cf. Diodore de Sic., XXII, I, et Polybe, l. l.

Fit amitié avec les Mamertins (Ibid.). Le même, l. l. : Καὶ Δέκιος..... φιλίαν ἔθετο Μαμερτίνοις, τοῖς ἐπὶ τοῦ πορθμοῦ τοῦ Σικελικοῦ κατῳκημένοις, οὐ πρὸ πολλοῦ κἀκείνοις εἰς ἰδίους ξένους ὅμοια δεδρακόσι.

Engagés dans des affaires (Ibid.). La vengeance se fit attendre dix ans, Tite-Live, XXVIII, 28; mais Rome voulut qu'elle fût exemplaire, pour reconquérir la confiance de ses alliés ; Polybe, I, 7 : Οἱ δὲ Ῥωμαῖοι βαρέως μὲν ἔφερον τὸ γεγονός· οὐ μὴν εἶχόν γε ποιεῖν οὐδὲν διὰ τὸ συνέχεσθαι τοῖς προειρημένοις πολέμοις. Ἐπεὶ δὲ ἀπὸ τούτων ἐγένοντο, συγκλείσαντες αὐτοὺς, ἐπολιόρκουν τὸ Ῥήγιον, καθάπερ ἐπάνω προεῖπον. Κρατήσαντες δὲ, τοὺς μὲν πλείστους ἐν αὐτῇ τῇ καταλήψει διέφθειραν, ἐκθύμως ἀμυνομένους διὰ τὸ προορᾶσθαι τὸ μέλλον, ζωγρείᾳ δ' ἐκυρίευσαν πλειόνων ἢ τριακοσίων. Ὧν ἀναπεμφθέντων εἰς τὴν Ῥώμην, οἱ στρατηγοὶ προαγαγόντες εἰς τὴν ἀγορὰν, καὶ μαστιγώσαντες, ἅπαντας κατὰ τὸ παρ' αὐτοῖς ἔθος ἐπελέκισαν· βουλόμενοι διὰ τῆς εἰς ἐκείνους τιμωρίας, διορθοῦσθαι παρὰ τοῖς συμμάχοις τὴν αὐτῶν πίστιν.

L'expédition contre la garnison romaine, maîtresse de Rhégium, fut confiée à Fabricius; Appien, l. l. Aux détails fournis par Polybe, il ajoute que les soldats, fouettés et décapités furent privés de sépulture, et que Décius se donna lui-même la mort dans la prison où il avait été enfermé. On peut voir dans Diodore de Sic., l. l., comment il perdit la vue par le crime d'un médecin dont Denys d'Hal., Fr. XXIX. 1, éd. Milan, nous fait connaître le nom : il s'appelait Dexicrate.

ÉCLAIRCISSEMENTS.

CXIII. *Une armée aguerrie* (p. 195). Pyrrhus l'avait écrit lui-même au consul Valérius Lævinus, dans une lettre conservée par Denys d'Hal. XVII, 15 : Πεπύσθαι μὲν εἰκός σε παρ' ἑτέρων, ὅτι πάρειμι μετὰ τῆς δυνάμεως.... καὶ μηδὲ ταῦτα ἀγνοεῖν, τίνων τε ἀνδρῶν ἀπόγονός εἰμι, καὶ τίνας αὐτὸς ἀποδέδειγμαι πράξεις, καὶ πόσην δύναμιν ἐπαγόμενος, καὶ ὡς τὰ πολέμια ἀγαθήν.

CXIV. *Pour que l'amitié soit réelle et solide* (p. 197). Ces pensées rappellent un passage analogue du discours de Catilina aux conjurés : « Simul quia vobis eadem, quæ mihi, bona malaque esse intellexi ; nam idem velle atque idem nolle, ea demum firma amicitia est. » Sur les emprunts faits par Dion à Salluste, Cf. R. Wilmans, *De Dionis Cassii Fontibus et Auctoritate*, Berlin 1836, chap. II, p. 6-14.

CXV. *La science du général* (p. 199). Ce fragment paraît tiré d'un discours adressé par Pyrrhus à ses soldats. C'est, en d'autres termes, ce qu'il répondit aux Épirotes qui l'avaient surnommé l'*Aigle*; Plutarque, Pyrrh. X : Δι' ὑμᾶς, ἔλεγεν, ἀετός εἰμι· πῶς γὰρ οὐ μέλλω τοῖς ὑμετέροις ὅπλοις, ὥσπερ ὠκυπτέροις, ἐπαιρόμενος ;

CXVI. *Publius Valérius arrêta* (*Ibid.*). Cf. Denys d'Hal. Fr. XVIII, 1, éd. Milan.

CXVII. *Mégaclès tomba mort* (*Ibid.*) Outre les autorités citées p. 198-199, note 9, cf. Denys d'Hal. l. l. 4.

CXVIII. *Une victoire semblable* (p. 201). C'était une de ces victoires appelées proverbialement : Καδμεία νίκη. Diodore de Sic. XXII, 6 : Ἔστι δὲ οὕτω· τὸ τοὺς νικήσαντας συμφορὰν ἔχειν, τοὺς δὲ ἡττημένους μηδὲν κινδυνεύειν διὰ τὸ μέγεθος τῆς ἡγεμονίας. Cf. Plutarque, De l'Éduc. des enfants, XIV.

Dans un nouveau fragment de Diodore, Exc. Vat. p. 46, éd. Rom., ce proverbe est appliqué à toutes les victoires de Pyrrhus : Ἐπεί τις ἠρώτησεν αὐτὸν τῶν ἰδιοξένων πῶς τὰ κατὰ τὴν μάχην ἀπήντησεν αὐτῷ, εἶπεν· Ἐὰν ἔτι μιᾷ μάχῃ νικήσῃ τοὺς Ῥωμαίους, οὐδεὶς αὐτῷ τῶν συνδιαβεβηκότων ἀπολειφθήσεται. Ταῖς γὰρ ἀληθείαις ἁπάσας τὰς νίκας ἔσχε Καδμείας, κατὰ τὴν παροιμίαν κτλ.

Si j'étais leur roi (*Ibid.*). Florus, I, 18 : O quam facile erat orbis imperium occupare, aut mihi Romanis militibus, aut me rege Romanis. »

CXIX. *Pour l'air menaçant* (*Ibid.*). Le même, l. l. : « Omnium vulnera in pectore.... omnium in manibus enses ; et relictæ in vultibus minæ ; et in ipsa morte ira vivebat. »

CXXI. *S'efforçant de les gagner* (p. 203). Le même, l. l. : « Post primam victoriam Rex callidus, intellecta virtute Romana, statim desperavit armis, seque ad dolos contulit. Nam interemtos cremavit, captivosque indulgenter habuit et sine pretio restituit. »

CXXIV. *Renaissent comme l'Hydre* (p. 207). Florus, l. l. : « Quæ autem eorum, qui superfuerunt, in reparando exercitu festinatio? Quum Pyrrhus : *Video me*, inquit, *plane Herculis sidere procreatum, cui quasi ab angue Lernæo, tot cæsa hostium capita de sanguine suo renascuntur.* » Plutarque, Pyrrh. XIX, met ces paroles dans la bouche de Cinéas. Dion, comme d'autres historiens auxquels Appien fait allusion, l. l. 10. 1, les attribue à Pyrrhus lui-même.

CXXV. *Parmi lesquels se trouvait Fabricius (Ibid.).* Ils sont désignés aussi vaguement dans Plutarque, l. l. XX ; mais Denys d'Hal. donne leurs noms, Fr. XVIII, 5, éd. Milan : Ἐβουλεύσαντο πρεσβευτὰς ἀποστεῖλαι.... καὶ ἀποδεικνύουσι πρέσβεις Γάϊον Φαβρίκιον... καὶ Κόϊντον Αἰμίλιον... καὶ Πόπλιον Κορνήλιον. Cf. Appien, l. l. 10, 4.

Pyrrhus envoya une garde (Ibid.). Dion est le seul historien qui parle de cette marque de distinction. Appien, l. l., se contente de dire : Ἐξένιζε δ' αὐτοὺς βασιλικῶς.

CXXVII. *Pyrrhus—dit aux députés* (p. 211) Denys d'Hal., l. l, 7, fait dire à Pyrrhus : « Σχέτλιόν τι πρᾶγμα ποιεῖτε, ὦ ἄνδρες Ῥωμαῖοι, φιλίαν μὲν οὐ βουλόμενοι συνάψαι πρὸς ἐμέ, τοὺς δὲ ἁλόντας κατὰ πόλεμον ἀξιοῦντες ἀπολαβεῖν· ἵνα τοῖς αὐτοῖς τούτοις σώμασιν εἰς τὸν κατ' ἐμοῦ πόλεμον ἔχητε χρῆσθαι· ἀλλ' εἰ τὰ κράτιστα βούλεσθε πράττειν, καὶ τὸ κοινῇ συμφέρον ἀμφοτέροις ἡμῖν σκοπεῖτε, σπεισάμενοι τὸν πόλεμον τὸν πρὸς ἐμὲ καὶ τοὺς ἐμοὺς συμμάχους, ἀπολάβετε τοὺς ἰδίους προῖκα παρ' ἐμοῦ πολίτας τε καὶ συμμάχους ἅπαντας· ἄλλως δ' οὐκ ἂν ὑπομείναιμι πολλοὺς καὶ ἀγαθοὺς ὑμῖν προέσθαι. » Cf. cette réponse avec l'opinion de Milon et celle de Cinéas, p. 209, note 8, et Fr CXXVII, p. 209-211

CXXVIII. *Les conseils des Tarentins* (p. 213). Pyrrhus est loin du repentir dans Denys d'Hal., l. l. 9 : Διδάσκων, ὡς ἐπὶ κακῷ τῆς πόλεως ὑμῶν ἀφῖγμαι, Ταραντίνοις καὶ τοῖς ἄλλοις Ἰταλιώταις ὑποσχόμενος βοηθήσειν, οὓς οὔτε ὅσιον, οὔτ' εὔσχημόν ἐστί μοι, παρόντι μετὰ δυνάμεως καὶ τὴν πρώτην νενικηκότι μάχην, ἐγκαταλιπεῖν

A la conclusion de la paix (Ibid.). Dans Denys d'Hal., l. l., Pyrrhus s'efforce de l'y déterminer par les plus brillantes promesses, l. l. 9 : Πᾶσαν ἀποθέμενος αἰδῶ, μετέσχε τῶν παρ' ἡμῖν ὑπαρχόντων ἀγαθῶν.... Ἐμοὶ δ' ἀντὶ τούτων μήτ' ἄδικον μήτ' αἰσχρὰν πρᾶξιν ὑπηρετήσεις μηδεμίαν, ἀλλ' ἐξ ὧν αὐτὸς κρείττων ἔσῃ καὶ τιμιώτερος ἐν τῇ ἑαυτοῦ πατρίδι. Καὶ πρῶτον μὲν ἐπὶ τὰς διαλλαγὰς, ὅση δύναμις ἔν σοί, παρόρμησον τὴν ἄχρι τοῦδε δύσεριν καὶ οὐδὲν τῶν μετρίων φρονοῦσαν βουλήν.

Comme conseiller et comme général (p. 213). Denys d'Hal., l. l. 10 : Ἴθι μετ' ἐμοῦ σύμβουλός τε ἁπάντων ἐσόμενος ἐμοὶ καὶ ὑποστράτηγος, καὶ τῆς βασιλικῆς εὐτυχίας μέτοχος. Ἐμοί τε γὰρ ἀνδρὸς ἀγαθοῦ καὶ πιστοῦ φίλου δεῖ κτλ.

CXXIX. *Fabricius répondit (Ibid.)*. Cf. sa réponse dans le même, l. l. 11-26, éd. Milan.

Dans une démocratie (Ibid.). Denys d'Hal., l. l. 26 · Τὸ δ' ὅλον ἔχω σοι παραινεῖν μὴ ὅτι Φαβρίκιον, ἀλλὰ μηδ' ἄλλον μηδένα δέχεσθαι τῇ βασιλείᾳ· μήτε κρείττονα μήτε ἴσον σεαυτοῦ, μηδ' ὅλως ἄνδρα ἐν ἐλευθέροις ἤθεσι τραφέντα, καὶ φρόνημα μεῖζον ἢ κατ' ἰδιώτην ἔχοντα · οὔτε γὰρ ἀσφαλὴς βασιλεῖ σύνοικος ἀνὴρ μεγαλόφρων, οὔτε ἡδύς. Cf. l. l., 24.

Je ne puis rien accepter (Ibid.). Cf. les raisons qu'il en donne dans Denys d'Hal., l. l., 19-22 : Φέρε, ἐὰν δὴ μανεὶς δέξωμαι χρυσὸν — καὶ τοὺς ἐξ ἐμαυτοῦ πάντας περιλαβών. A ces longues harangues, je préfère le sourire moqueur de Fabricius et les paroles pleines de fierté que lui prête Appien, l. l. : Ἐπιγελάσας δ' ὁ Φαβρίκιος περὶ μὲν τῶν κοινῶν οὐδ' ἀπεκρίνατο · τὴν δ' ἐμὴν, ἔφη, παρρησίαν οὔτε τῶν σῶν φίλων οὐδεὶς, οὔτε αὐτὸς οἴσεις σὺ, ὦ βασιλεῦ· καὶ τὴν πενίαν τὴν ἐμαυτοῦ μακαρίζω μᾶλλον, ἢ τὸν τῶν τυράννων πλοῦτον ὁμοῦ καὶ φόβον.

CXXX. *Les Romains coururent s'enrôler* (p. 217). Cf. Plutarque, Pyrrh. XIX; Appien, l. l. 10. 3, et les discours qu'ils mettent l'un et l'autre dans la bouche d'Appius.

Ses présents les avaient jetés (Ibid.). Plutarque, au contraire, affirme, l. l. XVIII, que les présents de Cinéas furent partout repoussés : Ἔλαβε δ' οὐδείς κτλ.

CXXXIII. *A Pyrrhus* (p. 221). Aulu-Gelle, III, 8, rapporte d'après Claudius Quadrigarius la lettre écrite par les consuls à cette occasion : « Consules Romani salutem dicunt Pyrrho regi. Nos pro tuis injuriis con-« tinuo animo strenui, commoti inimiciter, tecum bellare studemus. Sed « communis exempli et fidei ergo visum est, uti te salvum velimus; ut « esset quem armis vincere possemus. Ad nos venit Nicias, familiaris « tuus, qui sibi a nobis præmium peteret, si te clam interfecisset. Id nos « negavimus velle; neve ob eam rem quicquam commodi exspectaret : et « simul visum est, ut te certiorem faceremus, ne quid ejusmodi, si acci-« disset, nostro consilio civitates putarent factum : et quod nobis non

« placet pretio aut præmio aut dolis pugnare. Tu, nisi caves, jacebis. »

Florus, I, 18, prétend seul que Curius fit connaître à Pyrrhus le danger dont il était menacé.

CXXXIV. *Tous les deux à la fois* (p. 221). Nous voyons, par ce fragment, à quelle source Zonaras avait puisé son récit sur cette expédition de Rufinus et de Junius. Cf. p. 221, note 10. Ce dernier seul obtint les honneurs du triomphe, d'après les marbres du Capitole :

C. IVNIVS. C. F. C. N. BRVTVS. BVBVLC. AN. CDLXXVI.
COS. II. DE. LVCANEIS. ET. BRVTTIEIS. NON. IAN.

CXXXV. *A Syracuse* (p. 223). Plutarque, l. 'l. XXIII : Ἐπεὶ δὲ Θοίνωνα καὶ Σώστρατον, ἄνδρας ἡγεμονικοὺς ἐν Συρακούσαις, οἱ πρῶτοι μὲν αὐτὸν ἐλθεῖν ἔπεισαν εἰς Σικελίαν, ἐλθόντι δὲ τὴν πόλιν εὐθὺς ἐνεχείρισαν..... μήτ' ἄγειν σὺν αὐτῷ, μήτ' ἀπολιπεῖν βουλόμενος, ἐν ὑποψίαις εἶχε · καὶ Σώστρατος μὲν ἀπέστη φοβηθείς, Θοίνωνα δὲ τὰ αὐτὰ φρονεῖν αἰτιασάμενος ἀπέκτεινεν.

CXXXVII. *Pyrrhus — furent jetés sur les côtes* (p. 223). Cf. Diodore de Sicile, XXVII, 4 ; et Appien, III, 12. Dans Tite-Live, XXIX, 18, les députés venus à Rome, pour se plaindre de la tyrannie de Q. Pleminius, qui avait enlevé les trésors de Proserpine, racontent, à cette occasion, le sacrilége de Pyrrhus : « Fanum est apud nos Proserpinæ, de cujus sanctitate templi credo aliquam famam ad vos pervenisse, Pyrrhi bello : qui quum, ex Sicilia rediens, Locros classe prætervehereter, inter alia fœda, quæ propter fidem erga vos in civitatem nostram facinora edidit, thesauros quoque Proserpinæ, intactos ad eum diem spoliavit ; atque ita pecunia in naves imposita, ipse terra est profectus..... Classis, postero die, fœdissima tempestate lacerata, omnesque naves, quæ sacram pecuniam habuerunt, in littora nostra ejectæ sunt. »

Les magnifiques dons (p. 225). Valère-Maxime raconte les mêmes faits, IV, 3, 9, où il donne le nom des trois députés romains : « Q. Fabius Gurges, Numerius Fabius Pictor, Q. Ogulnius.... legati ad Ptolemæum regem missi, munera quæ ab eo privatim acceperant, in ærarium, et quidem prius quam ad senatum legationem referrent, detulerunt ; de publico scilicet ministerio nihil cuiquam præter laudem bene administrati officii, accedere debere judicantes. »

CXXXIX. *Le sénateur Q. Fabius* (*Ibid.*). Il était édile, ainsi que Cn. Apronius, qui se joignit à lui pour maltraiter les députés d'Apollonie. Cf. Valère-Maxime, VI. 6. 5, qui ajoute : Quod ubi comperit (s.-ent. senatus) continuo eos per Feciales legatis dedidit ; quæstoremque cum his Brundusium ire jussit, ne quam in itinere a cognatis deditorum injuriam

ÉCLAIRCISSEMENTS. 379

acciperent. Le compilateur et Zonaras ont omis le nom d'Apronius qui se trouvait probablement dans Dion.

CXL. *Avaient secouru Tarente* (p. 227). Tite-Live va jusqu'à faire blâmer par Hannon la conduite des Carthaginois, à l'égard de Tarente, XXI, 10 : Tunc Tarento, id est Italia, non abstinueramus ex fœdere. Dans Zonaras, ils se montrent fidèles aux traités, l. I. 6. p. 379, éd. Du C. : Καὶ τοὺς Ταραντίνους ὁ αὐτὸς Παπείριος ἐχειρώσατο. Ἀχθόμενοι γὰρ τῷ Μίλωνι, καὶ πρὸς τῶν σφετέρων κακούμενοι, τῶν, ὡς εἴρηται, ἐπιθεμένων τῷ Μίλωνι, Καρχηδονίους ἐπεκαλέσαντο. . . . . Ὁ δὲ Μίλων ἐν στενῷ ἑαυτῷ τὰ πράγματα συνενηγμένα ὁρῶν, τῶν Ῥωμαίων ἐκ τῆς ἠπείρου ἐφεδρευόντων, τῶν δέ γε Καρχηδονίων ἐκ τῆς θαλάσσης, παρέδωκε τῷ Παπειρίῳ τὴν ἄκραν. . . . . Ἐντεῦθεν οἱ μὲν Καρχηδόνιοι, ὡς ἔνσπονδοι τοῖς Ῥωμαίοις, ἀπέπλευσαν, Cf. Oros. IV. 3.

Ne servaient que de prétexte (*Ibid.*). Polybe, III, 6, fait une distinction entre le prétexte, la cause et le principe; à propos de la seconde guerre punique.

Les Carthaginois — et les Romains (*Ibid.*). Sur l'état de ces deux peuples, au moment de la lutte, cf. Zonaras, l. l. 8. p. 381, éd. Du C. : Ἐντεῦθεν ἤρξαντο οἱ Ῥωμαῖοι διαποντίων ἀγώνων — ὅθεν καὶ τὴν Ἰταλίαν χειρώσασθαι δι' ἐλπίδων πεποίηντο.

Un événement fortuit (*Ibid.*). Les Mamertins, menacés par les Syracusains, étaient partagés sur la question de savoir s'ils devaient appeler à leur secours les Romains et les Carthaginois. Pendant qu'on délibérait à Rome, les Carthaginois s'emparèrent de Messine. Enfin le sénat décréta qu'on défendrait les Mamertins, et le consul Appius Claudius partit pour Messine. Ces faits sont exposés dans Polybe, I, 8-11. Je me borne au résumé de Zonaras, l. l. p. 382, éd. Du C., qui a vraisemblablement abrégé Dion : Τὸ δ' ἦν τοιοῦτον· Οἱ Μαμερτῖνοι ἐκ Καμπανίας ποτὲ πρὸς Μεσήνην (lis. Μεσσήνην) ἀποικίαν στειλάμενοι, τότε δ' ὑπὸ Ἱέρωνος πολιορκούμενοι, ἐπεκαλέσαντο τοὺς Ῥωμαίους, οἷα σφίσι προσήκοντας. Κἀκεῖνοι ἑτοίμως ἐπικουρῆσαι αὐτοῖς ἐψηφίσαντο, εἰδότες ὅτι, ἂν τῆς συμμαχίας αὐτῶν οἱ Μαμερτῖνοι μὴ τεύξωνται, πρὸς τοὺς Καρχηδονίους τραπήσονται· κἀκεῖνοι τῆς τε Σικελίας ὅλης κρατήσουσι, καὶ ἐς τὴν Ἰταλίαν ἐξ αὐτῆς διαβήσονται . . . . Ψηφισάμενοι δὲ βοήθειαν οἱ Ῥωμαῖοι τοῖς Μαμερτίνοις, οὐ ταχέως αὐτοῖς ἐπεχούρησαν, διά τινας ἐπισυμβάσας αἰτίας. Ὅθεν ἀνάγκῃ πιεζόμενοι οἱ Μαμερτῖνοι, Καρχηδονίους ἐπεκαλέσαντο. Οἱ δὲ καὶ ἑαυτοῖς καὶ τοῖς ἐπικαλεσαμένοις· εἰρήνην κατεπράξαντο πρὸς Ἱέρωνα, ἵνα οἱ Ῥωμαῖοι ἐς τὴν νῆσον περαιωθῶσι, καὶ τὸν πορθμὸν δὲ καὶ τὴν πόλιν ἐφύλασσον, Ἄννωνος σφῶν ἡγουμένου.

La Sicile (p. 229). Zonaras, l. l. : Ἡ γὰρ νῆσος αὕτη βραχὺ τῆς ἠπείρου διέχει· ὡς μυθεύεσθαι ὅτι ποτὲ καὶ αὕτη ἠπείρωτο. Ἥ τε οὖν νῆσος οὕτω τῇ Ἰταλίᾳ ἐπικειμένη ἐδόκει τοὺς Καρχηδονίους ἐκκαλέσασθαι, καὶ τῶν ἀντιπέραν ἀντιποιήσασθαι, ἂν γε ταύτην κατάσχωσι· καὶ ἡ Μεσήνη (lis. Μεσσήνη) παρεῖχε τοῖς κρατοῦσιν αὐτῆς καὶ τοῦ πορθμοῦ κυριεύειν.

CXLI. *C. Claudius, introduit dans l'assemblée* (p. 229). Pour tout ce fragment, cf. les notes 3, 5 et 6, p. 228-229, où les faits sont éclaircis par divers passages de Zonaras.

CXLII. *C. Claudius.* (p. 231). Cet extrait a besoin d'être complété par Zonaras, l. l. p. 383, éd. Du C. Après avoir rapporté les paroles de C. Claudius, l'Annaliste ajoute : Θορύβου δὲ καὶ ἐπαίνου παρὰ τῶν Μαμερτίνων ἐπὶ τούτοις γενομένου, εὐθὺς ἀνέπλευσε πρὸς τὸ Ῥήγιον· καὶ μετ' ὀλίγον παντὶ τῷ ναυτικῷ βιασάμενος τὸν διάπλουν, τὸ μὲν ὑπὸ τοῦ πλήθους καὶ τῆς τέχνης τῶν Καρχηδονίων, τὸ δὲ πλεῖστον διὰ τὴν τοῦ ῥοῦ χαλεπότητα καὶ χειμῶνα ἐξαίφνης γινομένου, τινάς τε τῶν τριήρων ἀπέβαλε, καὶ ταῖς λοιπαῖς μόλις εἰς τὸ Ῥήγιον ἀπεσώθη.

Pour la mer (*Ibid.*). De même dans Zonaras, l. l. 9 : Οὐ μέν τοι τῆς θαλάσσης οἱ Ῥωμαῖοι διὰ τὴν ἧτταν ἀπέσχοντο· ἀλλ' ὁ μὲν Κλαύδιος τὰς ναῦς ἐπεσκεύαζεν.

CXLIII. *Il perdit la mer et Messine* (p. 233). Pour la fin de cet extrait et le fragment CXLIV, il faut suivre la marche des événements dans Zonaras, l. l : Ὁ Κλαύδιος δὲ τὴν τοῦ πορθμοῦ φύσιν κατανοήσας ἐτήρησε τὸν ῥοῦν καὶ τὸν ἄνεμον ἐκ τῆς Ἰταλίας εἰς τὴν Σικελίαν ἅμα φέροντας· καὶ οὕτω διέπλευσεν εἰς τὴν νῆσον, μηδενὸς ἐναντιωθέντος. Εὑρὼν οὖν ἐν τῷ λιμένι τοὺς Μαμερτίνους (ὁ γὰρ Ἄννων προϋποπτεύσας αὐτοὺς, ἐν τῇ ἀκροπόλει καθῆστο, φυλάττων αὐτήν) ἐκκλησίαν συνήγαγε καὶ διαλεχθεὶς αὐτοῖς ἔπεισε μεταπέμψασθαι τὸν Ἄννωνα. Ὁ δὲ καταβῆναι οὐκ ἤθελε· φοβηθεὶς δὲ μὴ οἱ Μαμερτῖνοι ὡς ἀδικοῦντος αὐτοῦ νεωτερίσωσιν, ἦλθεν εἰς ἐκκλησίαν. Καὶ πολλῶν ὑπ' ἀμφοῖν μάτην λεχθέντων, συνήρπασέ τις τῶν Ῥωμαίων αὐτὸν καὶ ἐνέβαλεν εἰς τὸ δεσμωτήριον συνεπαινούντων τῶν Μαμερτίνων. Καὶ ὁ μὲν οὕτως ὅλην ἀνάγκῃ τὴν Μεσήνην (lis. Μεσσήνην) ἐξέλιπεν. Οἱ Καρχηδόνιοι δὲ ἐκόλασαν μὲν τὸν Ἄννωνα. Polybe, I, 11, dit formellement qu'Hannon fut attaché à une croix.

Dans un fragment de Diodore de Sicile, Exc. Vat. p. 48-49, liv. XXIII, 2, ce sont tous les Carthaginois, et non pas Hannon seul, qui proclament que les Romains ne laveront pas leurs mains dans les flots de la mer de Sicile : Οἱ Φοίνικες θαυμάζειν ἔφασαν πῶς διαβαίνειν τολμῶσιν εἰς Σικελίαν Ῥωμαῖοι, θαλαττοκρατούντων Καρχηδονίων· φανερὸν γὰρ εἶναι πᾶσιν, ὅτι μὴ τηροῦντες τὴν φιλίαν οὐδὲ νίψασθαι τὰς χεῖρας ἐκ τῆς θαλάσσης τολμήσουσιν

ÉCLAIRCISSEMENTS.   381

CXLIV. *Du tribun* (p. 233). C'est-à-dire, du tribun légionnaire, C. Claudius. Quant à la défaite dont il est ici question, elle eut probablement lieu pendant la lutte qui s'engagea entre les Carthaginois et les Romains, après qu'Hannon eut quitté Messine; Zonaras, l. l. : Οἱ Καρχηδόνιοι......... κήρυκα δὲ τοῖς Ῥωμαίοις ἔπεμψαν, τήν τε Μεσήνην (lis. Μεσσήνην) ἐκλιπεῖν κελεύοντες, καὶ ἐκ πάσης ἀπελθεῖν Σικελίας ἐν ἡμέρᾳ ῥητῇ · καὶ στρατιὰν ἀπεστάλκασιν. Ὡς δ' οὐκ ἐπείθοντο οἱ Ῥωμαῖοι, τούς τε μισθοφοροῦντας παρ' αὐτοῖς ἐξ Ἰταλίας ἀπέκτειναν καὶ τῇ Μησήνῃ (lis. Μεσσήνῃ) προσέβαλον. Συνῆν δὲ καὶ ὁ Ἱέρων αὐτοῖς, καὶ τὴν πόλιν ἐπολιόρκουν, καὶ τὸν πορθμὸν ἐφύλασσον, ὡς μήτε στράτευμα, μήτε σῖτος αὐτοῖς κομισθῇ.

Ce fut dans ces circonstances que le consul Appius Claudius profita d'une nuit obscure pour passer le détroit : il battit les deux armées assiégeantes et poursuivit Hiéron jusque sous les murs de Syracuse. Cf. Polybe, I, 11; Zonaras, l. l. p. 383-384, éd. Du C.

Il rappela que la victoire appartient à l'armée la mieux préparée (*Ibid.*). Suivant Zonaras, l. l. p. 384, Appius voulut s'assurer la victoire par une attaque imprévue. Il faut lire dans Polybe, I, 11, 12, le récit de ses exploits à Messine et à Syracuse : pour l'alliance conclue entre les Romains et Hiéron, cf. le même Polybe, l. l. 16, et Zonaras, l. l. p. 385, éd. Du C.

CXLV. *Les Africains* (p. 235). Cf. la note 4, p. 234-235.

CXLVI. *Un combat sur mer allait s'engager* (p. 237). Polybe, l. l. 20, donne des détails qui jettent du jour sur ce passage : Τὰ μὲν οὖν περὶ τὰς πεζικὰς δυνάμεις ἑώρων κατὰ λόγον σφίσι προχωροῦντα. Μετὰ γὰρ τοὺς τὸν Ἀκράγαντα πολιορκήσαντας οἱ καταστάθεντες στρατηγοί, Λεύκιος Οὐαλέριος καὶ Τίτος Ὀκτακίλιος, (l'an de Rome 493), ἐδόκουν ἐνδεχομένως χειρίζειν τὰ κατὰ τὴν Σικελίαν. Τῆς δὲ θαλάττης ἀκονιτὶ τῶν Καρχηδονίων ἐπικρατούντων, ἐζυγοστατεῖτο αὐτοῖς ὁ πόλεμος. Ἐν γὰρ τοῖς ἑξῆς χρόνοις κατεχόντων αὐτῶν ἤδη τὸν Ἀκράγαντα, πολλαὶ μὲν πόλεις προσετίθεντο τῶν μεσογαίων τοῖς Ῥωμαίοις, ἀγωνιῶσαι τὰς πεζικὰς δυνάμεις, ἔτι δὲ καὶ πλείους ἀφίσταντο τῶν παραθαλαττίων, καταπεπληγμέναι τὸν τῶν Καρχηδονίων στόλον. Ὅθεν, ὁρῶντες ἀεὶ καὶ μᾶλλον εἰς ἑκάτερα τὰ μέρη ῥοπὰς λαμβάνοντα τὸν πόλεμον διὰ τὰς προειρημένας αἰτίας, ἔτι δὲ τὴν μὲν Ἰταλίαν πορθουμένην πολλάκις ὑπὸ τῆς ναυτικῆς δυνάμεως, τὴν δὲ Λιβύην εἰς τέλος ἀβλαβῆ διαμένουσαν, ὥρμησαν ἐπὶ τὸ συνεμβαίνειν τοῖς Καρχηδονίοις εἰς τὴν θάλατταν.

Le même nombre de vaisseaux (*Ibid.*). Deux mois suffirent pour abattre le bois, construire et lancer à la mer cent soixante vaisseaux, suivant Florus, ou *cent vingt*, d'après Diodore de Sicile, XXIII, 10, t. II, p. 445, éd. Didot ; enfin, pour former et exercer les équipages ; Florus,

II, 2 : Tum quidem ipsa velocitas classis comparatæ, auspicium fuit. Intra enim sexagesimum diem quam cæsa sylva fuerat, centum sexaginta navium classis in anchoris stetit; ut non arte factæ, sed quodam munere deorum conversæ in naves atque mutatæ arbores viderentur.

L'enthousiasme de Polybe, l. l. 20-21, plus contenu et appuyé sur les faits, excite par cela même une admiration plus profonde pour ces prodiges de l'activité romaine.

Bientôt la bataille fut livrée (p. 237). La bataille de Myles, gagnée par Duilius. Cf. Polybe, l. l. 22-23 ; Florus, l. l. etc. On sait quels honneurs elle lui valut.

La célèbre colonne Duilienne en perpétua le souvenir. Cf. Pline, XXXIV, 5; Silius Italicus, VI, vers la fin :

>   Æquoreum juxta decus et navale tropæum
>   Rostra gerens nivea surgebat mole columna :
>   Exuvias Marti, donumque Duilius alto
>   Ante omnes mersa Pœnorum classe dicabat;
>   Cui nocturnus honos funalia clara, sacerque
>   Post epulas tibicen adest, castosque penates
>   Insignis læti repetebat murmure cantus.

Pour tous les détails relatifs à cette colonne, cf. Pighius, Ann. Rom. t. II, p. 25-26, éd. Schott. Je lui emprunte l'inscription et la restitution qu'il en a donnée :

Inscription.

```
        . C . D . . . . . . M . F . M . N . C . . . . L . . . . . . . .
    . . . . . . . . . . . . . . . S AN. O. . . . . . . . . . . . . . . . .
    . . . . . . . . . . . D . EXEMET . LECIONES . R . . . . . . . . . . .
    . AXIMOSQVE . MACISTRATOS . L . . . . . . . . . . . . . . . .
    . . . . OVEM . CASTREIS . EXFOCIONT . MACEL . . . . . . . . .
    . . CNANDOD . CEPET . ENQVE . EODEM . MACIS . . . . . . . . .
    . M NAVEBOS . MARID . CONSOL . PRIMOS . C . . . . . . . . . . .
    CLASESQVE . NAVALES . PRIMOS . ORNAVET . PAL . . . . . .
    CVMQVE . EIS . NAVEBVS . CLASEIS . POENICAS . OM . . . . .
    SVMAS . COPIAS . CARTACINIENSIS . PRAESENTE . . . . . . .
    DICTATORED . OL . . OM . IN . ALTOD . MARID . PVC . . . . . .
    . . . . NQVE . NAV . . . ET . CVM . SOCIEIS . SEPTER . . . . . . .
    . . . . . OSQVE . TRIREMOS QVE NAVEIS . X . . . . . . . . . .
    . . . . . . OM . CAPTOM . NVMEI . ↀↀDCC . . . . . . . . . . . . .
    . . . . . . TOM . CAPTOM . PRAEDA . NVMEI . ∩∩∩|∩∩∩
    CAPTOM .   AES ∩∩∩|∩∩∩  ∩∩∩|∩∩∩  ∩∩∩|∩∩∩  ∩∩∩|∩∩∩
```

ÉCLAIRCISSEMENTS. 383

```
∩∩∩|∩∩∩  ∩∩∩|∩∩∩  ∩∩∩|∩∩∩  ∩∩∩|∩∩∩  ∩∩∩|∩∩∩  ∩∩∩|∩∩∩
∩∩∩|∩∩∩  ∩∩∩|∩∩∩  ∩∩∩|∩∩∩  ∩∩∩|∩∩∩  ∩∩∩|∩∩∩  ∩∩∩|∩∩∩
∩∩∩|∩∩∩  ∩∩∩|∩∩∩  ∩∩∩|∩∩∩  ∩∩∩|∩∩∩  ∩∩∩|∩∩∩
```

.. QVE . NAVALED . PRAEDAD . POPLO . N . . . .
.... CARTACINIENSI . N . . . . . NVOS . L . . . .
. . . . EI . . . . . CAPT . . . .

Restitution.

C. Duilios M. F. M. nepos Coss. aduorsom. Pœnos. en Siceliad.
rem . cerens . ecest . anos . popli . Rom . cocnatos . socios . craniδ.
obsedeoned . EXEMET . LEGION . vbei . Pœnicarum . plera . pars.
MAXIMOSQVE . MACISTRATOS . Luceis . bouebos . relicteis.
NOVEM . CASTREIS . EXFOCIONT . MACELam . mœnitam.
PVCNANDOD . CEPET . ENQVE . EODEM . MACistratod . bene.
rem . NAVEBOS . MARID . CONSOL . PRIMOS . cesec . triresmos.
CLASESQVE . NAVALES . PRIMOS . ORNAVET . PAlauetque corueis.
CVMQVE . EIS . NAVEBOVS . CLASES . POENICAS . OMNeis . paratasq.
SVMAS . COPIAS . CARTACINIENSIS . PRAESENTED . Annibaled.
DICTATORED . OLOrVM . IN . ALTOD . MARID . PVCNandod . vicet.
XXXqVE . NAVeis . cepet . CVM . SOCIEIS . SEPTEResmomq . ducis.
QuinresmosQVE . TPIRESMOSQVE . NAVEIS . XX . depreset.
aurom . CAPTOM . NVMEI . ⊙ ⊙ ⊙ DCC. || || || || pondo.

argentom . CAPTOM . PRAEDA . NVMEI . ccc|ɔɔɔ || || || || pondo
grave . CAPTOM . AES . ccc|ɔɔɔ ccc|ɔɔɔ ccc|ɔɔɔ ccc|ɔɔɔ ccc|ɔɔɔ ccc|ɔɔɔ
ccc|ɔɔɔ ccc|ɔɔɔ ccc|ɔɔɔ ccc|ɔɔɔ ccc|ɔɔɔ ccc|ɔɔɔ ccc|ɔɔɔ
ccc|ɔɔɔ ccc|ɔɔɔ ccc|ɔɔɔ ccc|ɔɔɔ ccc|ɔɔɔ ccc|ɔɔɔ ccc|ɔɔɔ
ccc|ɔɔɔ ccc|ɔɔɔ ccc|ɔɔɔ ccc|ɔɔɔ || || || pondo.
triumpoqVE . NAVALED . PRÆDAD . POPLO . Nundineis . expositad.
captivos . CARTACINIENSIS . INGENVOS . BIS . ⊙ . trigintaque
rostratas . naueis . ab . hosted . CAPTAS . transduxet.
quas . ob . res . bene . gestas . S . P . Q . R . huic . primom . navalem.
triumpom . pilamque . rostratam . cum . statuad . ex . manubis.
en . foro . Rom . decreuet.

« L'inscription Duilienne, dit le savant M. J. V. Le Clerc, a été refaite,
« peut-être plusieurs fois : cette base de la petite colonne moderne, placée
« à gauche en entrant sous le portique du palais des *Conservateurs*, ou
« du moins ce fragment de la base qui porte les restes de l'inscription, et

« qui s'est presque arrondi à force d'avoir été roulé dans le Tibre, est
« antique sans doute ; et cependant, si l'on en juge par la forme des
« lettres, par l'orthographe de quelques mots, ce n'est encore qu'une res-
« titution. Il n'est pas étonnant que Rome ait tenté par tous les moyens
« possibles de transmettre à une longue postérité les glorieux trophées des
« guerres puniques. » (Annales des Pontifes, seconde partie, p. 79-80,
Paris, 1838.) Cf. l. l. p. 113.

Devait être la Sicile (p. 237). Pyrrhus l'avait prévu avec douleur ; Plutarque, Pyrrh. XXIII : Λέγεται δ', ἀπαλλαττόμενος ἤδη, πρὸς τὴν νῆσον ἀπιδὼν εἰπεῖν τοῖς περὶ αὐτόν· « Οἵαν ἀπολείπομεν, ὦ φίλοι, Καρχηδονίοις καὶ Ῥωμαίοις παλαίστραν. »

CXLVII. *Il se hâta* (p. 239). Cf. le récit de Diodore de Sicile, Exc. Vat. p. 49, 50, dans le Diodore de la Collect. Didot, t. II, p. 445.

CXLVIII. *Loin de Carthage* (p. 241). Le texte ne présente un sens raisonnable qu'en sous-entendant τῆς τῶν Καρχηδονίων γῆς après μηκέτι πόρρω.

Et de Lucius (*Ibid.*). C'est-à-dire, Lucius Manlius Vulso Longus, cf. Pighius, Ann. Rom. t. II, p. 34, éd. Schott. Zonaras, l. l. 12, p. 389-390, éd. Du C. : Ἐπαρθέντες δ' οἱ Ῥωμαῖοι, Σικελίαν μὲν, ὡς ἤδη σφετέραν οὖσαν, κατέλιπον· τῇ δὲ Λιβύῃ, τῇ τε Καρχηδόνι ἐπιχειρῆσαι ἐτόλμησαν. Ἡγοῦντο δ' αὐτῶν ὅ τε Ῥηγοῦλος ὁ Μάρκος καὶ Λούκιος Μάλιος κτλ.

CXLIX. *Amilcar députa Hannon* (p. 243). Il est nécessaire de rappeler la marche des événements, d'après Zonaras, l. l. p. 390, éd. Du C. : Καὶ οἱ μὲν εἰς τὴν Σικελίαν πλεύσαντες, τὰ ἐκεῖσε καθίστων, καὶ τὸν ἐς τὴν Λιβύην ηὐτρέπιζον πλοῦν. Καρχηδόνιοι δὲ οὐκ ἀνέμειναν αὐτοὺς ἐπιπλεῦσαι σφίσιν, ἀλλὰ παρασκευασάμενοι πρὸς Σικελίαν ἠπείχθησαν, καὶ παρὰ τῇ Ἡρακλειώτιδι ἐς χεῖρας ἀλλήλοις ἦλθον. Ἰσορρόπου δὲ τῆς ναυμαχίας ἐπὶ πολὺ γινομένης, τέλος ὑπερέσχον Ῥωμαῖοι. Ἀμίλκας δὲ ἀντιστῆναι αὐτοῖς οὐκέτι ἐτόλμα· Ἄννωνα δὲ πρὸς αὐτοὺς ἔπεμψεν. Le reste à peu près comme dans Dion.

Pour gagner du temps (*Ibid.*). Zonaras donne les motifs de la conduite d'Hannon dans cette circonstance, l. l. : Ἤλπιζε γὰρ στράτευμά οἱ πεμφθήσεσθαι οἴκοθεν.

Avaient arrêté Cornélius (*Ibid.*). Cf. Polybe, I, 21. Je me borne à ce passage : Ὁ δὲ τῶν Καρχηδονίων στρατηγὸς Ἀννίβας, ἀκούσας ἐν τῷ Πανόρμῳ τὸ γεγονὸς, ἐξαποστέλλει Βοώδη, τῆς γερουσίας ὑπάρχοντα, ναῦς εἴκοσι δούς. Ὃς ἐπιπλεύσας νυκτὸς, ἐν τῷ λιμένι συνέκλεισε τοὺς περὶ τὸν Γνάϊον.

ECLAIRCISSEMENTS.

Ἡμέρας δ' ἐπιγενομένης, τὰ μὲν πληρώματα πρὸς φυγὴν ὥρμησεν εἰς τὴν γῆν, ὁ δὲ Γνάϊος ἐκπλαγὴς γενόμενος, καὶ ποιεῖν ἔχων οὐδὲν, τέλος παρέδωκεν αὑτὸν τοῖς πολεμίοις.

Valère-Maxime VI, 6, 2, expose les faits à sa manière, pour que tout l'honneur de la bonne foi revienne à Rome et aux consuls : *Amilcar ire se ad consules negabat audere, ne eodem modo catenæ sibi injicerentur, quo ab ipsis Cornelio Asinæ consuli fuerant injectæ.* Hanno autem, certior romani animi æstimator, nihil tale timendum ratus, maxima cum fiducia ad colloquium eorum tetendit. Apud quos quum de belli fine ageret, et tribunus militum ei dixisset, *posse illi merito evenire, quod Cornelio accidisset,* uterque consul, tribuno tacere jusso, *isto te,* inquit, *metu, Hanno, fides civitatis nostræ liberat.* Cf. Florus, II, 2.

CL. *Craignant que leur ville ne fût prise* (p. 243). Florus, II, 2 : Jam ipsam belli caput, Carthaginem urgebat obsidio, ipsisque portis inhærebat. Cf. Appien, VIII, 3.

Un héraut au consul (Ibid.). C'est-à-dire, à Régulus : « Ὕπατον nunc Dio vocat, dit Reimar, vel quod eo adhuc consule A. U. C. 498 de pace actum credidit, vel, quod malim et quod verius est, quia consul anno superiore fuerat. » Les consuls de l'an 499 furent Sev. Fulvius et M. Æmilius.

Dans Polybe, au contraire, I, 31, c'est Régulus qui fait les premières ouvertures de paix : Ὁ δὲ Μάρκος ὁρῶν τοὺς Καρχηδονίους καὶ κατὰ γῆν καὶ κατὰ θάλατταν ἐσφαλμένους, καὶ νομίζων ὅσον οὔπω κρατήσειν τῆς πόλεως, ἀγωνιῶν δὲ, μὴ συμβῇ τὸν ἐπιπαραγιγνόμενον στρατηγὸν ἐκ τῆς Ῥώμης φθάσαντα τὴν ἐπιγραφὴν τῶν πραγμάτων λαβεῖν, προὐκαλεῖτο τοὺς Καρχηδονίους εἰς διαλύσεις. Οἱ δ' ἀσμένως ἀκούσαντες ἐξέπεμψαν αὐτῶν τοὺς πρώτους ἄνδρας.

A des conditions (Ibid.). Les détails, donnés par Dion à ce sujet, ne se trouvent point dans Polybe, l. l., qui se contente de dire : Τοσοῦτον ἀπέσχον τοῦ ῥέπειν ταῖς γνώμαις ἐπὶ τὸ ποιεῖν τι τῶν λεγομένων, ὥστ' οὐδ' ἀκούοντες ὑπομένειν ἐδύναντο τὸ βάρος τῶν ἐπιταγμάτων. Zonaras n'est pas plus explicite, l. l. 13, p. 391, éd. Du C. Mais Polybe, l. l. 62, Appien, V, 2, et Zonaras, l. l. 17, p. 398, éd. Du C., rapportent que telles furent, à peu de chose près, les conditions imposées, en 512, aux Carthaginois par C. Lutatius Catulus, après la bataille des îles Ægates.

Loin de nous plaindre de cette contradiction apparente, voyons plutôt dans le récit de Dion une preuve que les vues des Romains étaient bien arrêtées, dès l'an 499, et qu'ils en poursuivirent l'accomplissement à travers tous les obstacles.

Ils aimèrent mieux continuer la guerre (p. 245). Les exigences de

Régulus révoltèrent les négociateurs de Carthage. A leur retour, le sénat partagea leur indignation; Polybe, I, 31 : Οἱ δὲ Καρχηδόνιοι, θεωροῦντες, ὅτι καὶ γενομένοις αὐτοῖς ὑποχειρίοις οὐδὲν ἂν συνακολουθῆσαι βαρύτερον τῶν τότε προσταγμάτων, οὐ μόνον δυσαρεστήσαντες τοῖς προτεινομένοις ἐπανῆλθον, ἀλλὰ καὶ προσκόψαντες τῇ βαρύτητι τοῦ Μάρκου. Τὸ δὲ Συνέδριον τῶν Καρχηδονίων, διακοῦσαν τὰ προτεινόμενα παρὰ τοῦ στρατηγοῦ τῶν Ῥωμαίων, καίπερ σχεδὸν ἀπεγνωκὸς τὰς τῆς σωτηρίας ἐλπίδας, ὅμως οὕτως ἀνδρωδῶς ἔστη καὶ γενναίως, ὥστε πᾶν ὑπομένειν εἵλετο, καὶ παντὸς ἔργου καὶ καιροῦ πεῖραν λαμβάνειν, ἐφ' ᾧ μηδὲν ἀγεννὲς μηδ' ἀνάξιον τῶν πρὸ τοῦ πράξεων ὑπομεῖναι.

CLI. *Du Spartiate Xanthippe* (p. 245). Cf. Polybe, l. l. 32; Appien, l. l.; Florus, l. l.

Qui blâma leurs généraux (*Ibid.*). Il alla jusqu'à dire que les Carthaginois avaient été vaincus par eux-mêmes, et non par les Romains. Cf. Polybe, l. l. où il donne de curieux détails.

Une incontestable supériorité (*Ibid.*). Polybe, l. l. 30 : Λοιπὸν ἔχοντες μὲν τὰς πλείστας ἐλπίδας ἐν τοῖς ἱππεῦσι καὶ τοῖς θηρίοις, ἀφέμενοι δὲ τῶν ἐπιπέδων χωρίων, καὶ συγκλείσαντες σφᾶς αὐτοὺς εἰς τόπους ἐρυμνοὺς καὶ δυσβάτους, ἔμελλον διδάξειν τοὺς πολεμίους, ὃ δέον ἦν πράττειν κατ' αὐτῶν.

Les troupes de Carthage (*Ibid.*). Elles se composaient de 12,000 fantassins, de 4,000 cavaliers et d'environ 100 éléphants; Polybe, l. l. 32.

Il détruisit presque toute l'armée romaine (*Ibid.*). Pour les dispositions prises par Xanthippe et les détails de la bataille qu'il gagna sur les Romains, il faut lire Polybe, l. l. 33-34. Je me borne au résumé de Zonaras, l. l. 13, p. 391, éd. Du C. : Μέγα γὰρ φρονοῦντες (sous-ent. οἱ Ῥωμαῖοι) τῇ νίκῃ καὶ τὸν Ξάνθιππον ὡς Γραϊκὸν ὑπερορῶντες...... τὰς στρατοπεδείας ἀπερισκέπτως πεποίηντο· οὕτως οὖν τοῖς Ῥωμαίοις διακειμένοις ὁ Ξάνθιππος ἐπελθών, καὶ τὸ ἱππικὸν αὐτῶν διὰ τῶν ἐλεφάντων τρεψάμενος, πολλοὺς μὲν κατέκοψε, πολλοὺς δὲ καὶ ἐζώγρησε, καὶ αὐτὸν τὸν Ῥηγοῦλον.

CLII. *Suivant Amilcar* (*Ibid.*). Voici le passage de Diodore de Sicile, Exc. Vat. p. 52, liv. XXIV, 7, où il attribue à Amilcar le même caractère que Dion : Οὐδενὶ δηλώσας τὸ βεβουλευμένον· ὑπελάμβανε γὰρ τὰ τοιαῦτα τῶν στρατηγημάτων ᾠαδιδόμενα πρὸς τοὺς φίλους ἢ τοῖς πολεμίοις γνώριμα γίνεσθαι διὰ τῶν αὐτομόλων, ἢ τοῖς στρατιώταις ἐμποιεῖν δειλίαν προσδοκῶσι μέγεθος κινδύνου.

CLIII. *Ainsi qu'on le rapporte* (p. 247). Cf. Appien, VIII, 4; Valère

ECLAIRCISSEMENTS.

Maxime, IX, 2, 1; Florus, II, 2; S. Aur. Victor, De Vir. illust. XL; Orose, IV, 10; Polyen, Strateg. VIII, 12; Zonaras, l. l. 15, p. 394-395, éd. Du C., etc. Polybe ne parle pas de cette ambassade de Régulus.

Envoyèrent des députés à Rome (p. 247). Après la bataille de Panorme, gagnée par les Romains. Sur cette bataille, cf. Polybe, I, 40.

A leur avis. (*Ibid.*). Il faut rapprocher ces détails du fragment n° CLIV, p. 249-251, qui est tiré des Exc. Vat.

Avec les envoyés d'un peuple ennemi (p. 249). Pour des exemples de cet usage, cf. Tite-Live, XXX, 21, 40; XLII, 36; XLV, 22, et Dion lui-même, Exc. CLXIV, p. 69, éd. Reim. : Ἐλθόντων Νουμαντίνων πρέσβεων, οἱ Ῥωμαῖοι ἔξω τοῦ τείχους ἐδέξαντο, ἵνα μὴ καὶ βεβαιοῦν ἐκ τούτου τὰς σπονδὰς δόξωσι.

A l'invitation des consuls (*Ibid.*). Ainsi que nous le voyons dans Zonaras, l. l. 15, p. 394, éd. Du C. Voici la suite des faits : Régulus, admis dans le sénat avec les députés de Carthage, expose qu'ils sont venus pour obtenir la paix, ou l'échange des prisonniers. Au moment où le sénat va délibérer, il veut se retirer ; mais les consuls l'invitent à prendre part à la délibération : il n'accepte qu'après y avoir été autorisé par les députés de Carthage. Zonaras, l. l. : Κελευόντων δὲ αὐτὸν τῶν ὑπάτων συμμετασχεῖν σφίσι τῆς διαγνώμης, οὐ πρὶν ἐπείσθη, πρὸ τοῦ ἐπιτραπῆναι παρὰ τῶν Καρχηδονίων.

Rien ne doit être préféré (*Ibid.*). Un passage analogue de Zonaras, l. l. p. 395, éd. Du C., τῆς ἐμαυτοῦ σωτηρίας τὸ κοινῇ συμφέρον προτίθημι, nous apprend que ces extraits cités par Bekker, cf. p. 249, not. 6, sont tirés d'un discours de Régulus, et dans quelles circonstances ce discours fut prononcé.

Régulus assistait à la délibération du sénat romain, cf. la note précédente. Quand on lui demanda son avis sur l'objet des négociations avec Carthage, il répondit qu'il ne fallait pas traiter. Invité à motiver son opinion, il répondit : Οἶδα μὲν ὅτι μοι προὔπτος ὄλεθρος πρόκειται. Ἀδύνατον γὰρ λαθεῖν αὐτοὺς ἃ συνεβούλευσα· ἀλλὰ καὶ οὕτως τῆς ἐμαυτοῦ κτλ., comme plus haut, Zonaras, l. l. 394-395.

CLIV. *La guerre l'avait fait esclave* (p. 251). Régulus dit bien la même chose dans Zonaras, l. l. p. 394, éd. Du C. ; mais un peu plus loin il explique sa pensée : Εἰμὶ μὲν εἰς ἐξ ὑμῶν, ὦ Πατέρες, κἂν μυριάκις ἁλῶ. Τὸ μὲν γὰρ σῶμά μου Καρχηδονίων, ἡ δὲ ψυχή μου ὑμετέρα ἐστίν. Ἐκεῖνο μὲν γὰρ ὑμῶν ἠλλοτρίωται, ταύτην δὲ οὐδεὶς δύναται μὴ οὐχὶ Ῥωμαίαν εἶναι ποιῆσαι · καὶ ὡς μὲν αἰχμάλωτος Καρχηδονίοις προσήκω. Ἐπεὶ δ' οὐκ ἐκ κακίας, ἀλλ' ἐκ προθυμίας ἐδυστύχησα, καὶ Ῥωμαῖός εἰμι, καὶ φρονῶ τὰ ὑμέτερα.

25.

Dans des tortures longues et horribles (p. 251). Il y a dissentiment sur cette tradition parmi les historiens. Cf. Drakenborch, sur Silius Italicus, VI, v. 539 ; Ducker, sur Florus, II, 2, et une dissertation citée par Sturz : *Ge. Wolfg. Augustini Fikenscher* Diss. Num M. Atilius Regulus, Romanorum dux, a Carthaginiensibus affectus sit supplicio, Erlangæ, 1796, in-8°.

Le savant M. J. V. Le Clerc indique avec sagacité et vraisemblance l'époque où les monuments historiques, devenus plus accessibles, ouvrirent la voie au doute et à la critique : « Vespasien, dit-il, renonçant le « premier aux traditions patriciennes de la famille des Césars qui venait « de finir dans Néron, lorsqu'il reconstruisit le Capitole incendié par les « soldats de Vitellius ou par les siens, ne craignit point d'en faire comme « un musée historique, où se dévoileraient aux yeux de tous les mystères « de l'antiquité romaine. A sa voix, on rassemble dans le *Tabularium* les « titres, non point perdus mais dispersés, des premiers siècles ; des copies « recueillies dans tout l'empire reproduisent les trois mille tables de « bronze où se lisaient les traités d'alliance, les sénatus-consultes, les « plébiscites, et les autres documents qui remontaient presque jusqu'au « berceau de Rome. » (Ann. des Pontifes, l. l. p. 112-113). Et un peu plus loin (p. 114) : « Depuis Vespasien et son nouveau Capitole, on connaît mieux « la vérité, et le patriciat déchu ne défend plus de la dire. On revient dès-« lors plus rarement sur les merveilles surannées des premiers temps, sur « les anciennes apparitions célestes, sur les rapports des nobles familles « avec les Dieux ; on est bien près de proclamer que l'origine troyenne de « Jules n'est qu'une fable ; on ose douter un peu plus qu'autrefois de l'hé-« roïsme et des tourments de Régulus, etc. »

CLVI. *Avec les Liguriens (Ibid.).* Le compilateur, comme Reimar le fait justement observer, applique à la guerre contre les Liguriens ce qui appartient à la guerre contre les Corses. H. de Valois, tout en respectant le texte, se conforme à la vérité historique dans sa version : *Quum M. Claudius turpe cum Corsis fœdus percussisset, Romani nihilo minus eos bello aggressi subegere ; ac primo quidem quasi violati fœderis culpa non ad se, sed ad Claudium pertineret, eum per Feciales* Corsis *dedidere : postea vero minime a* Corsis *receptum in exsilium amandarunt.* En conséquence, il propose dans ses notes de substituer ἐποιήσατο à ἐποιήσαντο, — ἀράμενοι à ἀράμενον et χειρωσάμενοι à χειρωσάμενον. (Il fallait ajouter que Λίγυας devrait être remplacé par Κυρνίους.)

Reimar trouve ces changements téméraires : *Hujusmodi lapsus,* dit-il, *sanari non possunt, nisi omnia velis tuopte ingenio reformare.*

Il est facile de se convaincre, en lisant Zonaras, l. l. 18, p 400, que le compilateur a confondu les Liguriens avec les Corses ; parce qu'il etait probablement question des premiers, quelques lignes plus haut, dans

ECLAIRCISSEMENTS.

Dion comme dans Zonaras : Ἤδη δὲ τῶν Γαλακτικῶν λυθέντων πολέμων, ὁ Λεντοῦλο; ἐστράτευσεν ἐπὶ Λίγυας, καὶ τοὺς προσπίπτοντας ἠμύνετο, καί τινα ἐρύματα παρεστήσατο.

On pourrait, ce me semble, sans trop de hardiesse remplacer Λίγυας par Κυρνίους. A la vérité, la narration du compilateur serait encore confuse; mais elle s'éclaircirait en la rapprochant de Zonaras, l. l. : Οὔαρος δὲ ἐπὶ Κύρνον ὁρμήσας, καὶ μὴ δυνηθεὶς ἀπορίᾳ πλοίων περαιωθῆναι, Κλινέαν Κλαύδιόν τινα σὺν δυνάμει προέπεμψε. Κἀκεῖνος τοὺς Κυρνίους καταπλήξας, ἐς λόγους ἦλθε, καὶ ὡς αὐτοκράτωρ τυγχάνων ἐσπείσατο. Οὔαρος δὲ τῶν συνθηκῶν μὴ φροντίσας ἐπολέμησε τοῖς Κυρνίοις, ἕως αὐτοὺς ἐχειρώσατο. Οἱ δὲ Ῥωμαῖοι τὸ παρασπόνδημα ἀποπροσποιούμενοι, ἔπεμψαν αὐτοῖς ἐκδιδόντες τὸν Κλαύδιον· ὡς δ' οὐκ ἐδέχθη, ἐξήλασαν αὐτόν.

Ainsi Claudius, lieutenant du consul Varus, fait un traité; mais le consul n'en tient pas compte et poursuit la guerre contre les Corses. A Rome, on ne veut pas avoir à rendre compte de l'infraction du traité; on déclare que Claudius, qui l'a signé, doit seul en répondre; de là, les résolutions prises contre lui. Evidemment le compilateur a tout confondu, pour abréger.

Pighius, Ann. Rom. t. II, p. 91, éd. Schott., relève une erreur dans Zonaras : le prénom de Claudius n'est pas Clinias, mais Glicias.

CLVII. *Rome avait renouvelé ses traités avec les Carthaginois* (p. 253). Zonaras, l. l. p. 400, éd. Du C. : Ἐπὶ δὲ Καρχηδονίους μέλλοντες στρατεύσειν, ὡς τοῖς σφῶν ἐμπόροις λυμαινομένους, τοῦτο μὲν οὐκ ἐποίησαν. Χρήματα δ' ἐπιπραξάμενοι ἀνενεώσαντο τὰς σπονδάς· ἔμελλον δὲ μηδ' ὡς ἐς μάκραν αἱ συνθῆκαι μένειν.

Contre leurs voisins (Ibid.). Allusion à la guerre d'Afrique. Cf. Polybe, I, 66-88.

CLVIII. *Ceux-là (Ibid.)*. Ici finit, dans le Ms. du Vatican, la lacune que j'ai signalée, p. 242, note 5. Les détails contenus dans ce fragment sont relatifs aux inimitiés des Romains et des Carthaginois, toujours mal contenues, toujours prêtes à éclater et qui finirent par amener la seconde guerre punique. Cf. Zonaras, l. l. 18-19. Je me contente d'un passage, p. 401, éd. Du C., qui concorde avec Dion et semble le résumer : Ἐντεῦθεν μὲν ἐμίσουν ἀλλήλους, ὤκνουν δὲ πολέμου κατάρξασθαι. Sur les causes de la seconde guerre punique, cf. Polybe, III, 6-12.

CLIX. *Un Grec et une Grecque* (p. 255). Un sacrifice semblable eut lieu à Rome après la bataille de Cannes; Tite-Live, XXII, 57 : Interim ex fatalibus libris sacrificia aliquot extraordinaria facta; inter quæ Gallus et Galla, Græcus et Græca, in foro boario sub terra vivi demissi sunt in locum saxo conseptum, jam ante hostiis humanis, minime romano sacro, imbutum.

J'ai laissé ce fragment à cette place, par respect pour la date du consulat de Fabius Maximus Verrucosus. Si on veut le rapporter à l'oracle mentionné dans le Fr. CLXIII, il faudra, à l'exemple de Zonaras, l. l. 19, p. 403, éd. Du C., le mettre en tête des extraits relatifs à la guerre contre les Gaulois Cisalpins, c'est-à-dire, p. 263.

CLXI. *L'île d'Issa se livra — aux Romains* (p. 257). Cf. Appien, Illyr. VII, et Zonaras, l. l. 19, p. 402. éd. Du C.

Que les Illyriens (Ibid.). Agron, roi d'une partie de l'Illyrie, menaçait Issa de sa domination; Appien, l. l. : Ἄγρων ἦν βασιλεὺς Ἰλλυριῶν μέρους ἀμφὶ τὸν κόλπον τῆς θαλάσσης τὸν Ἰόνιον....... τῆς τε Ἠπείρου τινὰ καὶ Κέρκυραν ἐπ' αὐτοῖς καὶ Ἐπίδαμνον καὶ Φάρον καταλαβὼν, ἐμφρουρα εἶχεν. Ἐπιπλέοντος δ' αὐτοῦ καὶ τὸν ἄλλον Ἰόνιον, νῆσος, ᾗ ὄνομα Ἴσσα, ἐπὶ Ῥωμαίους κατέφυγεν.

CLXII. *Du mal qu'ils faisaient* (p. 259). Sur les pirates Illyriens qui infestaient ces plages, cf. Polybe, II, 8; et Appien, l. l.

Il était mort (Ibid.). Voici, d'après Polybe, II, 4, les circonstances de sa mort : Ὁ δὲ βασιλεὺς Ἄγρων, ἐπεὶ κατέπλευσαν οἱ λέμβοι, διακούσας τῶν ἡγεμόνων τὰ κατὰ τὸν κίνδυνον, καὶ περιχαρὴς γενόμενος ἐπὶ τῷ δοκεῖν Αἰτωλοὺς, τοὺς μέγιστον ἔχοντας τὸ φρόνημα, νενικηκέναι, πρὸς μέθας καί τινας τοιαύτας ἄλλας εὐωχίας τραπεὶς, ἐνέπεσεν εἰς πλευρῖτιν· ἐκ δὲ ταύτης ἐν ὀλίγαις ἡμέραις μετήλλαξε τὸν βίον. Τὴν δὲ βασιλείαν ἡ γυνὴ Τεῦτα διαδεξαμένη, τὸν κατὰ μέρος χειρισμὸν τῶν πραγμάτων ἐποιεῖτο διὰ τῆς τῶν φίλων πίστεως.

Nommé Pinnès (Ibid.). Tite-Live l'appelle Pinneus, XXII, 33.

Et massacrer les autres (Ibid.). Suivant Polybe, l. l. 8, l'ambassade envoyée à Teuta se composait de deux députés, Caïus et Lucius Coruncanius, et ce fut le plus jeune que Teuta fit massacrer, pour une réponse qui lui avait paru trop hardie. J'ai cru devoir la transcrire : Ῥωμαίοις μὲν, ὦ Τεῦτα, κάλλιστον ἔθος ἐστὶ, τὰ κατ' ἰδίαν ἀδικήματα κοινῇ μεταπορεύεσθαι, καὶ βοηθεῖν τοῖς ἀδικουμένοις. Πειρασόμεθα δὲ, Θεοῦ βουλομένου, ἐφετῶς καὶ ταχέως ἀναγκάσαι σε, τὰ βασιλικὰ νόμιμα διορθώσασθαι πρὸς Ἰλλυρίους.

Pline, XXXIV, 6, appelle ces députés P. Junius et T. Coruncanius.

Dans Appien, l. l. VII, des députés d'Issa figurent dans cette ambassade : parmi les morts se trouvent un Issæen, Cleemporus, et un Romain, Coruncanius : les autres prennent la fuite.

ÉCLAIRCISSEMENTS.

Qu'ils avaient été tués par des brigands (p. 261). Ces brigands avaient agi par les ordres de Teuta ; Polybe, II, 8 : Ἐπὶ τοσοῦτον ἐξωργίσθη πρὸς τὸ ῥηθέν, ὡς, ὀλιγωρήσασα τῶν παρ' ἀνθρώποις ὡρισμένων δικαίων, ἀποπλέουσιν αὐτοῖς ἐπαποστεῖλαί τινας, τὸν παρρησιασάμενον τῶν πρέσβεων ἀποκτεῖναι.

Appien, l. l., diffère de Dion. Dans son récit, Teuta envoie une ambassade à Rome, pour offrir de rendre les captifs. Quant au massacre des députés par les pirates Illyriens, elle n'en est point responsable, puisqu'il a été ordonné par Agron. Elle n'en parle même qu'à mots couverts : Καὶ ἐδεῖτο συγγνώμης τυχεῖν τῶν οὐκ ἐφ' ἑαυτῆς, ἀλλ' ἐπὶ Ἄγρωνος γενομένων.

Informée de l'arrivée des consuls (*Ibid.*). C'est-à-dire de Cn. Fulvius et de L. Postumius Albinus, que Polybe, II, 11, appelle Aulus Postumius. Il commandait les troupes de terre, composées de vingt mille fantassins et de deux mille cavaliers, et Fulvius les forces de mer qui consistaient en deux cents vaisseaux.

Vers Corcyre (*Ibid.*). Cette île se déclara pour les Romains, avec le consentement de Démétrius. Le même, l. l.

Ils délivrent les villes de l'Épire (*Ibid.*). Apollonie, Épidamne et les Ardiæens se soumirent presque en même temps : d'autres peuplades de l'Illyrie envoyèrent des députations aux Romains pour demander leur amitié. Le même, l. l.

Auprès du promontoire d'Andetrium (p. 263). Nul doute qu'il ne soit question des événements racontés plus en détail par Polybe, l. l. : Εἷλον δὲ καὶ πόλεις τινὰς Ἰλλυρίδας ἐν τῷ παράπλῳ κατὰ κράτος· ἐν αἷς περὶ Νουτρίαν οὐ μόνον τῶν στρατιωτῶν ἀπέβαλον πολλοὺς, ἀλλὰ καὶ τῶν χιλιάρχων τινὰς καὶ τὸν ταμίαν.

Sturz place Νουτρίαν dans le voisinage du promontoire, appelé Ἀτυρίον par tous les éditeurs de Dion ; mais, comme l'a remarqué Schweighæuser dans son Polybe, t. V, p. 367, il n'est fait mention dans aucun passage, soit de Dion Cassius, soit de tout autre auteur d'une ville ou d'un promontoire de ce nom. Aussi, Sturz propose-t-il de remplacer Νουτρίαν par Ἀρουκίαν, mise au nombre des villes de la Liburnie par Ptolémée, II, 15.

Ailleurs Dion, LVI, 12, parle d'un château fort appelé Ἀνδήριον dans Reimar ; leçon pareillement douteuse et à laquelle, pour ce passage comme pour celui qui nous occupe, je substitue Ἀνδήτριον, quoique Strabon, VII, p. 218, éd. Casaub. 1587, porte Ἀνδρήτριον. Ma correction est fondée sur les meilleures éditions de Pline, H. N., III, 22 : In hoc tractu sunt Burnum, **Andetrium**, Tribulium, nobilitata populi romani præliis castella.

Elle dépose la souveraine puissance (p. 263). D'après Polybe, II, 12, elle demanda la paix et l'obtint aux conditions suivantes : Φόρους τε τοὺς διαταχθέντας οἴσειν · πάσης τε ἀναχωρήσειν τῆς Ἰλλυρίδος, πλὴν ὀλίγων τόπων · καὶ (τὸ συνέχον ὃ μάλιστα πρὸς τοὺς Ἕλληνας διέτεινε), μὴ πλεύσειν πλέον ἢ δυσὶ λέμβοις ἔξω τοῦ Λίσσου, καὶ τούτοις ἀνόπλοις. Cf. Appien, l. l.

CLXIII. *Contre les Gaulois* (*Ibid.*). C'est-à-dire, les Gaulois Cisalpins : pour les faits relatifs à la guerre des Romains contre ce peuple, cf. Polybe, II, 14-35.

Près du temple d'Apollon (*Ibid.*). « Apollinis templum, dit M. A. Mai, in Capitolio collocaverunt nonnulli urbis descriptores ; sed negavit Ryckius (De Capitol. cap. VII), quia testimonio vetere id carebat. Nunc ecce Dio testis adest. »

CLXIV. *Que leur audace était naguère intrépide* (p. 265). Florus, II, 4 : Sicut primus impetus eis major quam virorum est, ita sequens minor quam fœminarum. — Puis le rhéteur reparaît : Alpina corpora, humenti cœlo educata, habent quiddam simile cum nivibus suis; quæ mox ut caluere pugna, statim in sudorem eunt, et levi motu, quasi sole, laxantur.

CLXV. *Avant d'être montés au Capitole* (p. 267). Le même, l. l. : Hi sæpe et alias, sed Britomaro duce, *non prius soluturos se baltea quam Capitolium ascendissent* juraverant. Factum est : victos enim Æmilius in Capitolio discinxit.

CLXVI. *Avaient reçu l'atteinte la plus légère dans les Comices* (p. 267). Des prodiges dont nous trouvons l'énumération dans Zonaras, l. l. 20, p. 404, éd. Du C., avaient semé l'épouvante : on en conclut à Rome qu'il y avait eu quelque vice dans l'élection des consuls. C'est à ce propos sans doute, que Dion avait fait la remarque consignée dans ce petit fragment.

CLXVIII. *De la tutelle de Pinnès* (p. 269). Zonaras, l. l. 19, p. 403, éd. Du C. : Καὶ ἀπέσχετο (s.-ent. Τεῦτα) τῆς ἀρχῆς, καὶ τὴν μὲν ὁ Δημήτριος, ὡς τῷ παιδὶ ἐπιτροπεύσων, εἰλήφει.

Triteuta (*Ibid.*). Première femme d'Agron, qui l'avait répudiée pour épouser Teuta.

Les consuls — vers Issa (*Ibid.*). Ce fragment se rapporte à la défection de Démétrius de Pharos et à la guerre qui en fut la suite. Cf. Polybe, III, 16 et suiv. Appien, l. l. 8, résume les événements en quelques lignes : Ῥωμαίων γὰρ Κελτοῖς ἐπὶ τριετὲς τοῖς ἀμφὶ τὸν Ἠριδανὸν οὖσι πολεμούντων, ὁ Δημήτριος, ὡς ὄντων ἐν ἀσχολίᾳ, τὴν θάλασσαν ἐληΐζετο, καὶ Ἴστρους, ἔθνος ἕτερον Ἰλλυριῶν, ἐς τοῦτο προσελάμβανε, καὶ τοὺς Ἀτιντανοὺς ἀπὸ Ῥωμαίων ἀφίστη. Οἱ δὲ, ἐπεὶ τὰ Κέλτων διετέθειτο, εὐθὺς μὲν ἐπιπλεύσαντες, αἱροῦσι τοὺς λῃστάς· ἐς νέωτα δὲ ἐστράτευον ἐπὶ Δημήτριον καὶ Ἰλλυριῶν τοὺς συναμαρτόντας αὐτῷ κτλ.

CLXIX. *Toujours en mesure de tenir* (p. 271). Tite-Live, XXI, 4 : Neque Asdrubal alium quemquam præficere malle, ubi quid fortiter ac strenue agendum esset; neque milites alio duce plus confidere aut audere.

Il y ajouta les lumières des Grecs (p. 273). Cornelius Nepos, Annib. XIII, parle de plusieurs ouvrages d'Annibal écrits en grec; ils existaient encore de son temps, ce qui n'a pas empêché Lucien de nous le représenter comme se faisant gloire d'ignorer les lettres grecques; Dial. des Morts, XII, 3 : Καὶ ταῦτα ἔπραξα βάρβαρος ὢν καὶ ἀπαίδευτος παιδείας τῆς Ἑλληνικῆς καὶ οὔτε Ὅμηρον, ὥσπερ οὗτος, ῥαψῳδῶν, οὔτε ὑπ' Ἀριστοτέλει τῷ σοφιστῇ παιδευθεὶς, μόνῃ δὲ τῇ φύσει ἀγαθῇ χρησάμενος.

Jamais il ne se trouvait mal (*Ibid.*). Tite-Live, l. l. : Nullo labore aut corpus fatigari, aut animus vinci poterat..... cibi potionisque desiderio naturali, non voluptate, modus finitus.

Par la ruse (*Ibid.*). Le même, l. l. : Has tantas viri virtutes ingentia vitia æquabant : inhumana crudelitas, perfidia plus quam punica, nihil veri, nihil sancti, nullus Deum metus, nullum jusjurandum, nulla religio.

Prenant la même nourriture (p. 275). Nous trouvons des détails analogues dans Tite-Live, l. l. : Multi sæpe militari sagulo opertum, humi jacentem, inter custodias stationesque militum, conspexerunt. Vestitus nihil inter æquales excellens.

Marche contre Rome (p. 277). Appien, VII, 38 : Συντόνῳ δὲ σπουδῇ διελθὼν ἔθνη πολλὰ καὶ πολέμια, τῶν μὲν οὐ δυνηθέντων αὐτὸν ἐπισχεῖν, τῶν δὲ οὐδὲ εἰς πεῖραν ἐλθεῖν ὑποστάντων, ἀπὸ δύο καὶ τριάκοντα σταδίων τῆς Ῥώμης ἐστρατοπέδευσεν, ἐπὶ τοῦ Ἀνιῆνος ποταμοῦ. Cf. l. l. 40.

Opérant ces prodiges (*Ibid.*). Dion monte presque jusqu'au ton du panégyriste; Tite-Live est plus réservé : d'autres ont cherché à rabaisser Annibal, en l'accusant de cruauté et d'avarice. Polybe l'apprécie avec son impartialité ordinaire, IX, 22, et termine ainsi son jugement, l. l. 26 : Ἐξ ὧν καὶ λίαν δυσχερὲς ἀποφήνασθαι περὶ τῆς Ἀννίβου φύσεως, διά τε τὴν τῶν φίλων παράθεσιν, καὶ τὴν τῶν πραγμάτων περίστασιν. Κρατεῖ γε μὴν ἡ φήμη παρὰ μὲν Καρχηδονίοις, ὡς φιλαργύρου· παρὰ δὲ Ῥωμαίοις, ὡς ὠμοῦ γενομένου αὐτοῦ.

CLXXIII. *Après ce débat* (p. 285). Polybe, III, 20, nie qu'il y ait eu délibération dans le sénat romain, à la nouvelle de la ruine de Sagonte : Οἱ δὲ Ῥωμαῖοι, προσπεπτωκυίας αὐτοῖς ἤδη τῆς τῶν Ζακανθαίων ἁλώσεως, οὐ μὰ Δία περὶ τοῦ πολέμου τότε διαβούλιον ἦγον, καθάπερ ἔνιοι τῶν συγγραφέων φασί, προσκατατάττοντες ἔτι καὶ τοὺς εἰς ἑκάτερα ῥηθέντας λόγους· πάντων γὰρ ἀτοπώτατον πρᾶγμα ποιοῦντες.
C'est la condamnation la plus dure et la plus formelle des autorités suivies par Dion.

Tite-Live, XXI, 16, ne parle pas non plus de cette délibération : il se contente de peindre la consternation du sénat, sa honte de n'avoir point secouru Sagonte, le trouble, l'effroi et l'irrésolution qui régnèrent dans Rome; mais les sources où il a puisé ces détails avaient été également dédaignées par Polybe, l. l. : Πῶς δὲ, καὶ τίνα τρόπον, ἅμα μὲν τὴν στυγνότητα τοῦ συνεδρίου παρεισάγουσι θαυμάσιον.... ὧν οὔτ' εἰκός, οὔτε ἀληθές ἐστι τὸ παράπαν οὐδέν· Il les indique et les rejette avec énergie, l. l.

De se préparer à la guerre, sans la décréter (Ibid.). Pour toutes les dispositions prises à Rome, cf. Tite-Live, XXI, 17.

D'envoyer des députés (Ibid.). Le même, l. l. 18 : His ita comparatis, ut omnia justa ante bellum fierent, legatos majores natu Q. Fabium, M. Livium, L. Æmilium, C. Licinium, Q. Bæbium, in Africam mittunt ad percunctandos Carthaginienses publicone consilio Annibal Saguntum oppugnasset. Cf. Polybe, III, 20.

Ils demanderaient (Ibid.). Suivant Polybe, l. l., les Carthaginois ne pouvaient accueillir favorablement la demande des Romains ; il en donne la raison : Δύο προτείνοντες αὐτοῖς· ὧν τὸ μὲν αἰσχύνην ἅμα καὶ βλάβην ἐδόκει φέρειν δεξαμένοις τοῖς Καρχηδονίοις· τὸ δ' ἕτερον, πραγμάτων καὶ κινδύνων ἀρχὴν μεγάλων. Ἡ γὰρ τὸν στρατηγὸν Ἀννίβαν καὶ τοὺς μετ' αὐτοῦ συνέδρους, ἐκδότους διδόναι Ῥωμαίοις ἀπῄτουν, ἢ προήγγελλον τὸν πόλεμον. Tite-Live, l. l., est trop succinct : Et si, id quod facturi videbantur, faterentur, ac defenderent publico consilio factum, ut indicerent populo Carthaginiensi bellum.

CLXXIV. *Une réponse nette (Ibid.).* Voir dans Polybe, l. l. 21, et dans Tite-Live, l. l., la délibération qui eut lieu dans le sénat Carthaginois, à cette occasion.

Alors Marcus Fabius (Ibid.). Il n'est pas nommé dans Polybe, l. l. 33, où les faits sont rapportés à peu près comme dans Dion. Le récit de Tite-Live est plus dramatique, l. l. : Tum Romanus, sinu ex toga facto, « Hic, inquit, « vobis bellum et pacem portamus; utrum placet sumite. » Sub hanc vocem haud minus ferociter, « daret, utrum vellet, » subclamatum est; et quum is iterum sinu effuso « bellum dare » dixisset, « accipere se » omnes responderunt, « et, quibus acciperent animis iisdem se gesturos. »

CLXXVIII. *Annibal ne fut point choqué* (p. 291). On a vu, p. 290, note 1, que Polybe et Porphyre se sont montrés plus impartiaux : Tite-Live, toujours porté à dénigrer Annibal, n'a pas négligé de lui attribuer l'acte de barbarie rapporté par Dion. Il fait dire à Térentius Varron, XXIII, 5 : Hunc, natura et moribus immitem ferumque, insuper dux ipse efferavit, pontibus ac molibus ex humanorum corporum strue faciendis, et (quod proloqui etiam piget) *vesci humanis corporibus docendo*.

Ne se dévorassent un jour les uns les autres (*Ibid.*). Comme l'avaient fait les mercenaires, pendant la guerre contre Carthage ; Polybe, I, 84 : Τέλος ὑπὸ τοῦ λιμοῦ συναγομένους, ἐσθίειν ἀλλήλων ἀναγκασθῆναι.

CLXXX. *Le peuple gaulois est naturellement léger* (p. 293). Peut-être Dion fait-il allusion aux trames ourdies contre Annibal par les Gaulois Cisalpins, qui s'étaient d'abord déclarés pour lui. Cf. Fr. CLXIX, p. 269-271. Tite-Live, XXII, 1 : Galli, quos prædæ populationumque conciverat spes, postquam pro eo, ut ipsi ex alieno agro raperent agerentque, suas terras sedem belli esse, premique utriusque partis exercitum hibernis viderunt, verterunt retro ad Annibalem ab Romanis odia : petitusque sæpe principum insidiis, ipsorum inter se fraude, eadem levitate qua consenserant, consensum indicantium, servatus erat, et mutando nunc vestem, nunc tegumenta capitis, errore etiam sese ab insidiis munierat.

CLXXXI. *De nombreux prodiges* (*Ibid.*). Cf. Tite-Live, l. l. Julius Obsequens, de Prodig., XXXI, après les avoir rapportés ajoute : Eodem anno Annibal Etruriam invasit; Romani ad Trasimenum lacum cruento prælio victi sunt.

CLXXXII. *Se jeter sur la Campanie* (p. 295). Cf. Tite-Live, l. l., 9 et 13.

CLXXXIII. *Fabius songeait plus* (*Ibid.*). Annibal apprécia, comme il le devait, cette conduite habile et prudente. Tite-Live, l. l. 12 : Quo primum die haud procul Arpis in conspectu posuit (s.-ent. Fabius) castra, nulla mora facta, quin Pœnus educeret in aciem, copiamque pugnandi faceret ; sed ubi quieta omnia apud hostes, nec castra ullo tumultu mota videt ; increpans quidem victos tandem quoque martios animos Romanis, debellatumque, et concessum propalam de virtute ac gloria esse, in castra

rediit : ceterum tacita cura animum incensus, quod cum duce, haud
quaquam Flaminio Sempronioque simili, futura sibi res esset; ac tum
demum edocti malis Romani parem Annibali ducem quæsissent; et prudentiam quidem, non vim, dictatoris extemplo timuit. Cf. l. l. 23.

CLXXXV. *Les Carthaginois* (p. 301). Voy. p. 300, note 2, un passage
de Zonaras relatif à ce fait.

CLXXXVI. *Comme un ami des Carthaginois (Ibid.).* «Σφίσιν, dit Sturz,
quod præcedit, referendum est ad Carthaginienses, de quibus Dio antea
dixisse intelligitur. »

Ne commit aucun dégât (Ibid.) Tite-Live, XXII, 23 : Accesserant
duæ res ad augendam invidiam Dictatoris : una fraude et dolo Annibalis,
quod, quum a profugis ei monstratus ager Dictatoris esset, omnibus circa
solo æquatis, ab uno eo ferrum ignemque et vim omnem hostium abstineri jussit, ut occulti alicujus pacti ea merces videri posset. Cf. Frontin,
Stratag. I, 8, 2, et les expédients analogues cités par Sturz, dans sa
note sur ce passage.

N'est point conférée par un décret (p. 303). La même pensée est dans
Tite-Live, l. l. 26 : Satis fidens haud quaquam cum imperii jure artem
imperandi æquatam.

Et partagea l'armée (p. 305). Cf. Polybe, III, 103.

CLXXXVIII. *A de meilleurs sentiments (Ibid.).* On pourra rapprocher
du passage de Plutarque, cité p. 305-306, note 6, Polybe, l. l. 105; Tite-
Live, l. l. 29, à partir des mots *quum in castra reditum est*, etc.,
et § 30.

Après avoir été battu (Ibid.). Pour les détails sur la défaite de Minucius par Annibal et la généreuse conduite de Fabius, cf. Tite-Live,
l. l. 28-29; Polybe, l. l. 104-105.

CLXXXIX. *Des conseils* (p. 307). Plutarque, l. l. XIV : Ἐκ τούτου
Φάβιος μὲν ἀπέθετο τὴν ἀρχὴν, ὕπατοι δ' αὖθις ἀπεδείκνυντο. Καὶ τούτων οἱ
μὲν πρῶτοι διεφύλαξαν, ἣν ἐκεῖνος ἰδέαν τοῦ πολέμου κατέστησε, μάχεσθαι
μὲν ἐκ παρατάξεως φεύγοντες πρὸς Ἀννίβαν, τοῖς δὲ συμμάχοις ἐπιβοηθοῦντες, καὶ τὰς ἀποστάσεις κωλύοντες. Sur l'abdication de Fabius, cf. Polybe l. l. 106.

CXC. *Quant à ces prédictions* (p. 309). Les prodiges qui annoncèrent
le désastre de Cannes sont diversement racontés par Tite-Live, l. l. 36, et
par Zonaras, IX, 1, p. 417, éd. Du C.

ECLAIRCISSEMENTS.

CXCI. *Les chefs de l'armée romaine..... différaient* (p. 309). Polybe peint leur caractère en quelques mots, III, 116 : Λεύκιος Αἰμίλιος..... ἀνὴρ πάντα τὰ δίκαια τῇ πατρίδι κατὰ τὸν λοιπὸν βίον, καὶ κατὰ τὸν ἔσχατον καιρὸν, εἰ καί τις ἕτερος, ποιήσας.... Γάϊος Τερέντιος.... ἀνὴρ, αἰσχρὰν μὲν τὴν ψυχὴν, ἀλυσιτελῆ δὲ τὴν ἀρχὴν τὴν αὑτοῦ τῇ πατρίδι πεποιημένος.

Durant son premier consulat (p. 309-311). L'an de Rome 535 : il fut collègue de M. Livius Salinator et fit avec lui l'expédition contre l'Illyrie, qui leur valut les honneurs du triomphe; cf. Polybe, l. l. 19. Mais les soldats s'étant plaints de la manière dont le butin avait été partagé, M. Livius fut condamné : il s'en fallut peu que P. Émile ne le fût lui-même; Tite-Live, XXII, 35 : Nobilitas...... L. Æmilium Paullum, qui cum M. Livio consul fuerat et damnatione collegæ et sua prope ambustus evaserat, infestum plebei, diu ac multum recusantem, ad petitionem compellit.

Frontin, Stratag. IV, 1, fait connaître la cause de l'arrêt rendu contre Livius : « M. Salinator consularis damnatus est a populo, quod prædam non æqualiter diviserat militibus. » Livius fut si sensible à cette condamnation qu'il se retira à la campagne, où il vécut, pendant huit années, sans fréquenter personne; Tite-Live, XXVII, 34.

CXCII. *Fit transporter dans l'Étang* (p. 313). C'est-à-dire, dans l'*Étang* ou dans le *Marais* de Carthage. Cette ville était située au fond d'un golfe, sur une presqu'île. Il partait de cette presqu'île, du côté de l'Occident, une langue de terre bordée de rochers et d'un simple mur, large à peu près d'un demi stade, qui, s'avançant dans la mer, la séparait de ce qu'on appelait le *Marais* ou l'*Étang*. Cf. Polybe, I, 73.

Magon, chargé par Annibal de porter à Carthage la nouvelle de la victoire de Cannes, répandit dans le vestibule du sénat les anneaux d'or arrachés aux doigts des Romains tués dans l'action : Cf. Tite-Live, XXIII, 11-12.

CXCIII. *Scipion instruit* (*Ibid.*). Pour les détails, cf. Tite-Live, XXII, 52-53. Je me borne à quelques extraits, § 53 : Quibus consultantibus inter paucos de summa rerum nunciat P. Furius Philus, consularis viri filius, « Nequidquam eos perditam spem fovere : desperatam comploratam-« que rem esse publicam. Nobiles juvenes quosdam, quorum principem « L. Cæcilium Metellum, mare ac naves spectare, ut, deserta Italia, ad « regem aliquem transfugiant. » Quod malum, præterquam atrox, super tot clades etiam novum, quum stupore ac miraculo torpidos defixisset, et, qui aderant, consilium advocandum de eo censerent; negat consilii rem esse Scipio juvenis, fatalis dux hujusce belli. « Audendum « atque agendum, non consultandum, ait, in tanto malo esse. Irent se-« cum extemplo armati, qui rempublicam salvam esse vellent : nus-

« quam verius, quam ubi ea cogitentur, hostium castra esse. » Pergit, etc. ; la suite, p. p. 312, note 4.

Et il leur fit prêter le même serment (p. 313). « Verbum ὁρκώσας, dit Sturz, per βραχυλογίαν duplicem vicem sustinet. Nam ad ἐκείνους relatum habet notionem propriam : *jurejurando ab illis exacto*. Deinde in se continet aliud participium, v. c., καὶ ἀπειλήσας, vel simile. »

CXCIV. *Les habitants de Nucérie* (p. 315). Les faits ne sont pas racontés de la même manière par Tite-Live, l. l. 15 : Neapoli quoque, sicut Nola, omissa, petit Nuceriam : eam quum aliquamdiu circumsedisset, sæpe vi, sæpe sollicitandis nequidquam nunc plebe, nunc principibus, fame demum in deditionem accepit, pactus ut inermes cum singulis abirent vestimentis ; deinde, ut qui a principio mitis omnibus Italicis, præter Romanos, videri vellet, præmia atque honores, qui remanerent ac militare secum voluissent, proposuit. Nec ea spe quemquam tenuit ; dilapsi omnes, quocumque hospitia aut fortuitus animi impetus tulit, per Campaniæ urbes, maxime Nolam Neapolimque. Quum ferme triginta senatores, ac forte primus quisque, Capuam petissent, exclusi inde quod portas Annibali clausissent, Cumas se contulerunt. Nuceriæ præda militi data est : urbs direpta atque incensa.

CXCV. *Marcellus se distinguait (Ibid.)*. Plutarque, Marcell., I : Ἦν γὰρ τῇ μὲν ἐμπειρίᾳ πολεμικὸς, τῷ δὲ σώματι ῥωμαλέος, τῇ δὲ χειρὶ πλήκτης, τῇ δὲ φύσει φιλοπόλεμος, κἂν τούτῳ δὴ πολὺ τὸ γαῦρον καὶ ἀγέρωχον ἐπιφαίνων ἐν τοῖς ἄγωσι· τῷ δ' ἄλλῳ τρόπῳ σώφρων, φιλάνθρωπος κτλ.

CXCVI. *Et gagna si bien leur affection* (p. 317). Cf. dans Tite-Live, l. l. 15-16, le récit de ses prévenances pour Bantius.

CXCVII. *Quoiqu'il en eût interdit l'entrée aux femmes (Ibid.)*. Sur la défense faite aux soldats romains d'avoir des femmes dans leurs tentes, cf. Sam. Pitiscus, Lexic. Antiq. Rom. t. II, p. 196 et suiv.

CXCVIII. *Les habitants d'Acerrœ (Ibid.)*. Cf. Tite-Live, l. l. 17.

CC. *Les Romains envoyèrent des députés à Annibal* (p. 319). Polybe dit, au contraire, qu'ils refusèrent de racheter leurs prisonniers, VI, 58. Tite-Live, toujours admirateur des Romains, a suivi la même tradition, XXII, 58. Dion, moins enthousiaste, est peut-être plus près de la vérité.

Les Romains ne l'ayant pas reçu (Ibid.). Tite-Live, l. l., va beaucoup plus loin : Carthaloni obviam lictor missus, qui dictatoris verbis nunciaret, ut ante noctem excederet finibus romanis.

CCII. *Qui sauva son père* (p. 321). Polybe, X, 3 : Ἑπτακαιδέκατον ἔτος ἔχων, καὶ πρῶτον εἰς ὕπαιθρον ἐξεληλυθὼς, συστήσαντος αὐτῷ τοῦ πατρὸς διαφερόντων ἱππέων οὐλαμὸν ἀσφαλείας χάριν, συνθεασάμενος ἐν τῷ κινδύνῳ τὸν πατέρα περιειλημμένον ὑπὸ τῶν πολεμίων μετὰ δυοῖν ἢ τριῶν ἱππέων, καὶ τετρωμένον ἐπισφαλῶς, τὰς μὲν ἀρχὰς ἐπεβάλετο παρακαλεῖν τοὺς μεθ' ἑαυτοῦ, βοηθῆσαι τῷ πατρί· τῶν δ' ἐπὶ ποσὸν κατορῥωδούντων διὰ τὸ πλῆθος τῶν περιεστώτων πολεμίων, αὐτὸς εἰσελάσαι παραβόλως δοκεῖ καὶ τολμηρῶς εἰς τοὺς περικεχυμένους. Μετὰ δὲ ταῦτα καὶ τῶν ἄλλων ἀναγκασθέντων ἐμβαλεῖν, οἱ μὲν πολέμιοι καταπλαγέντες διέστησαν· ὁ δὲ Πόπλιος ἀνελπίστως σωθεὶς, πρῶτος αὐτὸς τὸν υἱὸν σωτῆρα προσεφώνησε, πάντων ἀκουόντων.

Tous les suffrages (*Ibid.*). Zonaras, IX, 7, p. 428, éd. Du C. : Ὁ Σκιπίων...... ἑαυτὸν ἐθελοντὴς εἰς τὴν στρατείαν ἐπέδωκεν. Ἦν δὲ καὶ ἀρετῇ κράτιστος, καὶ παιδείᾳ λογιμώτατος· καὶ παραχρῆμα μὲν ᾑρέθη. Cf. Tite-Live, XXVI, 18.

Il n'entreprenait rien (*Ibid.*). De même dans S. Aurelius Victor, De Vir. Illustr. XLIX, éd. Arntzen : Nec hic quidquam prius cœpit, quam in cella Jovis diutissime sedisset, quasi divinam mentem accepisset. Polybe, l. l. 2, qui compare cette pratique de Scipion à une pratique semblable de Lycurgue, en fait connaître les motifs : Πόπλιος δὲ παραπλησίως, ἐνεργαζόμενος ἀεὶ δόξαν τοῖς πολλοῖς, ὡς μετὰ τῆς θείας ἐπιπνοίας ποιούμενος τὰς ἐπιβολὰς, εὐθαρσεστέρους καὶ προθυμοτέρους κατεσκεύαζε τοὺς ὑποταττομένους πρὸς τὰ δεινὰ τῶν ἔργων. Cf. Tite-Live, l. l. 19.

Avec Jupiter métamorphosé en serpent (*Ibid.*). S. Aur. Victor, l. l. : Publius Scipio ex virtutibus nominatus Africanus Jovis filius creditus; nam antequam conciperetur, serpens in lecto matris ejus apparuit, et ipsi parvulo draco circumfusus nihil nocuit. Cf. Tite-Live, l. l. 19.

CCIII. *Marcius* (p. 323). Tite-Live, l. l. 20 : Marcium secum habebat cum tanto honore, ut facile appareret nihil minus quam vereri, ne quis obstaret gloriæ suæ.

CCIV. *Une sédition avait éclaté* (*Ibid.*). Aux détails donnés par Zonaras sur cette sédition, cf. p. 323, note 7, ajoutez ceux qui se trouvent dans Tite-Live, l. l. 48.

Tous les ótages (p. 325). Il est impossible d'en déterminer le nombre; cf. Tite-Live, l. l. 49, qui, après avoir rapporté différentes opinions sur ce sujet, poursuit en ces termes : Scipio, vocatis obsidibus.... recensuit captivos quot cujusque populi essent; et nuntios domum misit, ut ad suos quisque recipiendos veniret. Si quarum forte civitatum legati aderant, eis præsentibus suos restituit : ceterorum curam bene tuendorum C. Flaminio quæstori attribuit.

ECLAIRCISSEMENTS.

Se déclarèrent pour lui (p. 325). Ils y furent déterminés sans doute par la noble conduite de Scipion à l'égard des filles d'Indibilis. Cf. Tite-Live, l. l.

Concevrait un violent l'amour pour elle (*Ibid.*). Polybe, l. l. 19 : Κατὰ δὲ τὸν καιρὸν τοῦτον νεανίσκοι τινὲς τῶν Ῥωμαίων, ἐπιτυχόντες παρθένῳ, κατὰ τὴν ἀκμὴν καὶ κατὰ τὸ κάλλος διαφερούσῃ τῶν ἄλλων γυναικῶν, καὶ συνειδότες φιλογύνην ὄντα τὸν Πόπλιον, ἧκον αὐτὴν ἄγοντες, καὶ παραστήσαντες ἔφασκον, αὐτῷ δωρεῖσθαι τὴν κόρην.

Il s'empressa de l'appeler (*Ibid.*). Dans Polybe, c'est au père lui-même que la jeune captive est rendue, l. l. : Τὸν δὲ τῆς παρθένου πατέρα καλέσας, καὶ δοὺς αὐτὴν ἐκ χειρὸς, ἐκέλευσε συνοικίζειν ᾧ ποτ' ἂν προαιρῆται τῶν πολιτῶν. Ce récit était trop simple pour l'imagination de Tite-Live. Cf. son amplification dramatique, XXVI, 50.

Silius Ital. XV, v. 268; Aulu-Gelle, VI, 8; Fontin, Stratag. II, 11, 5; Valère Maxime, IV, 3, 1; Plutarque, Apophthegm. p. 1, p. 237 de la Collect. Didot; Polyen, VIII, 16, 6, rapportent le même trait. Il avait été gravé sur un bouclier d'airain, destiné à en perpétuer le souvenir, et dont nous avons un *fac-simile*. Cf. le Silius Italicus de Drakenborch, Spon et les auteurs cités dans la note de Reimar.

CCVIII. *A une valeur héréditaire dans sa famille* (p. 329). Il s'en faisait gloire lui-même; Tite-Live, XXVI, 41 : Vos modo, milites, favete nomini Scipionum, soboli imperatorum vestrorum, velut accisis recrescenti stirpibus.... Brevi faciam, ut, quemadmodum nunc noscitatis in me patris, patruique similitudinem oris vultusque et lineamenta corporis; ita ingenii, fidei, virtutisque ad exemplum expressam effigiem vobis reddam, ut revixisse, aut renatum sibi quisque Scipionem imperatorem dicat.

La fuite d'Asdrubal (*Ibid.*). Après la bataille qu'il perdit non loin de Bæcula; Tite-Live, XXVII, 18. Le même, l. l. 19 : Asdrubal, jam ante quam dimicaret, pecunia rapta, elephantisque præmissis, quam plurimos poterat de fuga excipiens, præter Tagum flumen ad Pyrenæum tendit.

Le nom de grand roi (*Ibid.*). Le même, l. l. : Hispanos sine pretio omnes domum dimisit; Afros vendere quæstorem jussit. Circumfusa inde multitudo Hispanorum, et ante deditorum et pridie captorum, regem eum ingenti consensu appellavit. Cf. Polybe, X, 38.

FIN DU PREMIER VOLUME.

TABLE DES MATIÈRES

CONTENUES DANS LE PREMIER VOLUME.

	Pages.
Introduction...	I—CIII
I. Vie de Dion.......................................	I—IV
II. Ouvrages de Dion.................................	IV—VI
III. Examen critique de son histoire romaine..........	VI—XXXVII
IV. Notice des manuscrits collationnés pour cette édition..	XXXVII—XCV
A.) Manuscrits de l'histoire romaine de Dion Cassius..	XXXVII—XC
1° Manuscrits de Florence........................	XXXVII—XLI
2° Manuscrits de Venise.........................	XLI
3° Manuscrits du Vatican........................	XLI—XLIV
4° Manuscrit de Turin...........................	XLIV—XLV
5° Manuscrits de Munich.........................	XLV—L
6° Manuscrit de Heidelberg.......................	L—LIII
7° Manuscrits de Paris...........................	LIII—LIV
8° Manuscrit de Besançon........................	LIV—LVI
9° Manuscrit de Tours (ou de Peiresc).............	LVII—LXXXIV
10° Valeur comparative de ces manuscrits ; utilité de la nouvelle collation.................................	LXXXV—XC
B.) Manuscrits de l'abrégé de Xiphilin	XC—XCV
1° Manuscrits du Vatican........................	XC—XCIII
2° Manuscrit de Paris...........................	XCIII
3° Manuscrit de Besançon.......................	XCIII—XCIV
4° Manuscrits de Naples.........................	XCIV—XCV
V. Éditions et traductions de Dion Cassius et de Xiphilin..	XCV—CII
A.) Éditions et traductions de Dion Cassius...........	XCVI—XCIX
1° Éditions	XCVI—XCVII
2° Traductions latines...........................	XCVII
3° Traductions italiennes........................	XCVIII
4° Traduction française.........................	ibid.
5° Traductions allemandes.......................	XCIX
B.) Éditions de différentes parties de Dion Cassius.....	XCIX—CI
C.) Éditions et traductions de Xiphilin...............	CI—CII
1° Éditions	CI
2° Traductions.................................	CI—CII
Avis au lecteur sur la présente édition...............	CII—CIII

I. Préface de Dion Cassius................................ 2— 5
II—VI. Notions géographiques sur l'Italie ancienne.......... 5— 9
VII. Évandre, fondateur de Pallantium.................... 9— 11
VIII. Arrivée d'Énée en Italie ; rois Albains................ 11— 21
VIII—XII. Romulus et Rémus, fondateurs de Rome........ 21— 27
XIII. Combat des Romains et des Sabins ; Hersilie............ 27— 31
XIV. Le peuple romain est divisé en tribus................. 31— 33
XV. Conduite despotique de Romulus envers le sénat......... 33
XVI—XVII. Numa ; son règne comparé à celui de Romulus.... 33— 37
XVIII. Janus.. 37
XIX. Différend entre Albe et Rome...................... 37— 41
XX. Tullus Hostilius ; son caractère...................... 41
XXI. Ancus Marcius se résout à faire la guerre aux Latins.... 41— 43
XXII. Tarquin l'Ancien ; son caractère ; il devient roi......... 43— 47
XXIII. Tarquin le Superbe ; son caractère ; sa politique ; sa cruauté.. 47— 51
XXIV. Lucius Junius feint d'être insensé ; il est surnommé Brutus... 51— 53
XXV. Le mont Tarpéien reçoit le nom de Capitole ; borne milliaire.. 53
XXVI. Les Tarquins sont détrônés ; histoire de Lucrèce....... 55— 59
XXVII. Réflexions morales et politiques.................... 59— 61
XXVIII. Valerius Pubiicola devient suspect................. 61— 63
XXIX. Dédicace du Capitole par Horatius.................. 65
XXX—XXXII. Troubles à l'occasion des dettes.............. 65— 73
XXXIII—XXXIV. Retraite du peuple sur le mont Sacré ; apologue de Ménénius Agrippa ; établissement du tribunat.......... 73— 77
XXXV—XL. Histoire de Coriolan ; sa mort................. 79— 89
XLI. Sp. Cassius mis à mort............................. 89
XLII. Guerres continuelles............................... 91
XLIII. Vestale enterrée vivante.......................... *ibid.*
XLIV. Fragment relatif à la guerre entre les Véiens et les Étrusques.. *ibid.*
XLV. Dévouement et mort des 306 Fabius................. 93— 95
XLVI—XLVII. Nouvelles dissensions entre les patriciens et les plébéiens... 95— 99
XLVIII. Insolence des Èques............................ 99
XLIX—LI. Q. Cincinnatus est élu dictateur ; état de Rome et de l'armée.. 101—103
LII. Siége de Faléries ; aventure du maître d'école........... 103—105
LIII. Sacrifices étrangers, adoptés par les Romains.......... 107
LIV—LV. Camille s'exile volontairement................... 107—109
LVI. Causes de l'expédition des Gaulois en Italie........... 109—111

TABLE.

LVII. Les Romains sont battus par les Gaulois.	111—113
LVIII. Piété de Fabius Cæson.	113—115
LIX. Camille, exilé, refuse le commandement.	115
LX. Le Capitole est sauvé par les oies sacrées.	115—117
LXI. Oracle de la Sibylle sur le Capitole.	117
LXII. Februarius accuse Camille.	117—119
LXIII. Condamnation de Manlius Capitolinus.	119—121
LXIV. Manlius Capitolinus est précipité de la roche Tarpéienne.	121
LXV. Habile conduite des habitants de Tusculum.	121—123
LXVI. Changements politiques, amenés par la belle-sœur du tribun Rufus.	123—125
LXVII. Altération de la constitution romaine.	125
LXVIII. Troubles excités par L. Stolon.	125—127
LXIX. Dévonement de Curtius.	127—133
LXX. Manlius obtient le surnom de Torquatus.	133
LXXI. Fait relatif à un personnage incertain.	ibid.
LXXII. Députation des habitants d'Agylla.	135
LXXIII. Valérius obtient le surnom de Corvinus.	ibid.
LXXIV. Exigences des Latins ; leur but.	135—137
LXXV. Le jeune Manlius est mis à mort, pour avoir désobéi à son père.	137
LXXVI. Caractère de Manlius Torquatus.	137—139
LXXVII.—LXXVIII. Dévouement de Décius.	139—141
LXXIX. M. Torquatus refuse un nouveau consulat.	141—143
LXXX. Droit de bourgeoisie accordé aux Latins.	143
LXXXI. Noble réponse des habitants de Priverne au consul romain.	143—145
LXXXII. Discours en faveur du jeune Rullianus.	145—147
LXXXIII. Papirius lui fait grâce.	147—149
LXXXIV. Les Romains refusent la paix aux Samnites.	149—151
LXXXV. Défaite des Romains aux Fourches Caudines.	153
LXXXVI. Fragment du discours d'un Samnite sur la conduite à tenir envers les Romains.	153—157
LXXXVII. Convention acceptée par les consuls romains.	157
LXXXVIII. Belle conduite des habitants de Capoue envers les Romains.	157—159
LXXXIX. Les Romains n'exécutent pas la convention conclue avec les Samnites.	159—161
XC.—XCI. Les Samnites vaincus passent sous le joug, à leur tour.	161—163
XCII. Papirius, accusé d'ivrognerie, se justifie : sa conduite envers le chef des Prénestins.	163—165
XCIII. Réflexions sur la prospérité.	165

26.

XCIV. Papirius est nommé dictateur........................ 165
XCV. Mot de Volumnius contre Appius Cœcus............... 165—167
XCVI. Prodiges expliqués par Manius, devin toscan.......... 167
XCVII. Serment des soldats samnites...................... 167—169
XCVIII. Fabius, lieutenant de son fils..................... 169—171
XCIX. Accusation contre Postumius........................ 171
C. Nouveaux troubles; concessions faites par les patriciens.... 171—175
CI. Réflexions sur les soldats tirés de différents pays......... 175
CII. Les Tarentins et d'autres peuples se disposent à une nouvelle guerre.. 177
CIII. Dolobella tombe sur les Étrusques .... 177—179
CIV. Les Tarentins ne combattent pas ouvertement contre Rome.. 179—181
CV. Arrivée de Lucius à Tarente; il y est outragé........... 181—185
CVI. Conduite du Tarentin Méton.......................... 185
CVII. Rufinus est nommé consul par l'influence de C. Fabricius. 185—187
CVIII. Pyrrhus, roi d'Épire; sa puissance, son caractère...... 187—189
CIX. Pyrrhus, fier d'être l'appui des peuples contre Rome..... 189
CX. Conseils donnés par Cinéas à Pyrrhus.................. 189—191
CXI. Départ de Pyrrhus pour l'Italie....................... 191
CXII. Une garnison romaine, commandée par Décius, s'empare de Rhégium....................................... 191—195
CXIII. Craintes des Romains, à la nouvelle de la prochaine arrivée de Pyrrhus.................................. 195—197
CXIV. Allusion à la conduite de Pyrrhus à Tarente........... 197
CXV. Réflexions sur la science du général.................. 199
CXVI. Conduite de Valérius envers les espions de Pyrrhus..... *ibid.*
CXVII. La mort de Mégaclès change la face du combat....... 199—201
CXVIII—CXIX. Mot de Pyrrhus. — Honneurs rendus par Pyrrhus aux soldats romains morts sur le champ de bataille... 201
CXX. Conduite de Pyrrhus envers ses alliés................. 203
CXXI. Conduite de Pyrrhus envers les prisonniers romains.... *ibid.*
CXXII. Les Romains cessent d'avoir peur des éléphants....... 205
CXXIII. Le zèle des alliés de Pyrrhus se refroidit............ *ibid.*
CXXIV. Reproche de Pyrrhus à ses alliés; il compare les armées de Rome à l'hydre toujours renaissante.................. 205—207
CXXV. Honneurs rendus par Pyrrhus à Fabricius et aux autres députés de Rome.................................. 207—209
CXXVI—CXXVII. Pyrrhus délibère avec ses conseillers: il sollicite l'amitié des Romains........................... 209—211
CXXVIII—CXXIX. Propositions de Pyrrhus à Fabricius; réponse de celui-ci... 211—217
CXXX. Levée de troupes à Rome; Appius s'oppose à la paix

TABLE. 405

avec Pyrrhus... 217
CXXXI. Mot de Cinéas sur Rome....................... 219
CXXXII. Pyrrhus envoie un messager à Décius............. *ibid*.
CXXXIII. Fabricius fait connaître à Pyrrhus la perfidie de son médecin... 219—221
CXXXIV. Perplexité de Pyrrhus, au moment d'attaquer les consuls romains... 221
CXXXV. Magistrats de Syracuse mis à mort par Pyrrhus...... 221—223
CXXXVI. Indulgence de Pyrrhus envers des jeunes gens qui avaient plaisanté à ses dépens......................... 223
CXXXVII. Pyrrhus pille le temple de Proserpine............ *ibid*.
CXXXVIII. Ptolémée-Philadelphe devient l'allié de Rome...... 223—225
CXXXIX. Q. Fabius insulte les ambassadeurs d'Apollonie..... 225
CXL. Causes de la première guerre punique.................. 227—229
CXLI. Les Romains et les Carthaginois se disputent Messine... 229—231
CXLII. Échec de C. Claudius............................. 231
CXLIII. Hannon demande la paix......................... 231—233
CXLIV. C. Claudius dans l'assemblée des Mamertins.......... 233
Ibid. A. Claudius cherche à relever le courage de l'armée romaine.. 233—235
CXLV—CXLVI. Faits relatifs à la bataille de Myles, gagnée par les Romains... 235—239
CXLVII. Annibal échappe à la mort...................... 239
CXLVIII. Les Romains portent la guerre en Afrique, sous la conduite de Régulus et de Lucius......................... 241—243
CXLIX. Hannon est député aux consuls romains............. 243
CL. Les Carthaginois demandent la paix : Régulus impose des conditions trop dures................................ 243—245
CLI. Xanthippe, vainqueur des Romains.................... 245
CLII. Maxime d'Amilcar sur le secret..................... 245—247
CLIII—CLIV. Régulus est envoyé à Rome avec les députés de Carthage; sa conduite............................... 247—251
CLV. Décret qui n'autorise que l'aîné des enfants à prendre le surnom du père..................................... 251
CLVI. Faits relatifs à Claudius : il est livré aux Liguriens...... 251—253
CLVII. Rome prépare une nouvelle guerre contre Carthage, malgré les traités....................................... 253
CLVIII. Une nouvelle guerre entre Rome et Carthage est imminente.. 253—255
CLIX. Un Grec et une Grecque, un Gaulois et une Gauloise sont enterrés vivants dans le Forum........................ 255
CLX. Faits relatifs à Papirius............................ 255—257
CLXI. L'Île d'Issa se livre aux Romains.................... 257

CLXII. Conduite de Teuta, veuve d'Agron, envers les Romains. 257—263
CLXIII. Oracle de la Sibylle au sujet des Gaulois............. 263
CLXIV. Portrait des Gaulois............................ 263—265
CLXV. Æmilius, vainqueur des Insubres, reçoit les honneurs du triomphe... 265—267
CLXVI. Remarque à propos des élections irrégulières........ 267
CLXVII. État de Rome................................. 267—269
CLXVIII. Orgueil de Démétrius.......................... 269
CLXIX. Portrait d'Annibal.............................. 269—279
CLXX—CLXXII. Délibération dans le sénat romain, après la destruction de Sagonte ; opinion de L. Corn. Lentulus et de Q. Fabius Maximus................................... 279—285
CLXXIII. Députés romains envoyés à Carthage............. 285
CLXXIV. La guerre est déclarée à Carthage par Fabius....... 285—287
CLXXV—CLXXVI. Détails sur la Gaule Narbonnaise......... 287
CLXXVII. Réflexions diverses........................... 289
CLXXVIII. Annibal refuse de nourrir son armée avec les cadavres des ennemis.................................. 289—291
CLXXIX. Reproches d'Annibal à ses soldats................ 291—293
CLXXX. Passage relatif au caractère des Gaulois............ 293
CLXXXI. Prodiges qui annoncèrent la défaite de Cannes...... 293—295
CLXXXII. Annibal se jette sur la Campanie................ 295
CLXXXIII. Prudente conduite de Fabius................... 295—297
CLXXXIV. Discours de Fabius aux Romains................ 299—301
CLXXXV. Conduite des Carthaginois à l'égard d'Annibal..... 301
CLXXXVI. Annibal ne commet aucun dégât sur les terres de Fabius, afin de le rendre suspect ; Fabius les vend pour racheter les prisonniers romains ; le commandement est partagé entre Fabius et Rufus............................... 301—305
CLXXXVII. La multitude favorable aux renommées naissantes. 305
CLXXXVIII. Rufus, battu par les Carthaginois, se désiste du commandement.................................... 305—307
CLXXXIX. Au moment d'abdiquer, Fabius donne des conseils à ses successeurs.................................... 307—309
CXC. Réflexions sur la divination........................ 309
CXCI. Bataille de Cannes ; caractère de P. Émile et de T. Varron... 309—311
CXCII. Anneaux d'or envoyés à Carthage par Annibal........ 313
CXCIII. Fermeté de Scipion envers des jeunes gens qui avaient formé le projet d'abandonner Rome et l'Italie............ 313—315
CXCIV. Conduite d'Annibal envers les habitants de Nucérie... 315
CXCV. Caractère de Marcellus........................... *ibid.*
CXCVI—CXCVII. Faits relatifs au même Marcellus.......... 317

CXCVIII. Conduite d'Annibal envers les habitants d'Acérræ... 317
CXCIX—CC. Négociations entre Fabius et Annibal au sujet des
    prisonniers 319
CCI. Ptolémée est près de perdre le trône; sa cruauté. .... 319—321
CCII—CCIII. Scipion se concilie l'affection des soldats....... 321—323
CCIV—CCV. Sa conduite envers Allucius lui attire l'amitié des
    Espagnols .... 323—327
CCVI. Les Campaniens et les Syracusains condamnés par le
    Sénat 327
CCVII. Fragment d'un discours de Scipion à ses soldats ré-
    voltés... *ibid.*
CCVIII. Caractère de Scipion : les Espagnols lui donnent le nom
    de roi... 327—329
CCIX. Fragment relatif aux îles Gymnésiennes.............. 329—331
Éclaircissements,.. 333—400
Table des matières contenues dans le premier volume........ 401—407

FIN DE LA TABLE DU PREMIER VOLUME.

ERRATA

1° MOTS GRECS. P. XXII, l. 14, *lis.* ... — P. ..., l. 26, *lis.* ἐπιθυσιά-
ζουσα. — P. 88, l. 9, *lis.* γηράσαις. — P. 15..., 6, *lis.* διεχεχθέντων. —
P. 188, l. 1 et 19, *lis.* καὶ τὰς τῶν ϛ. — P. 239, l. 28, *lis.* ταὐτά. — P. 252,
l. 3, *lis.* Ῥωμαῖοι. — P. 280, l. 7, *lis.* προσαπόλλυσιν. — P. 285, l. 30,
lis. πρέσβεων. — P. 290, l. 28-29, *lis.* συγκαλέσας. — P. 336, l. 16, *lis.*
δευτέρα.

2° MOTS FRANÇAIS. P. XVIII, l. 22, *lis.* 1836. — P. XCV, l. 27, *lis.* § v.
— P. 34, l. 24, *lis.* Falconi. — P. 69, l. 26, *lis.* M' Valerius. — P. 75,
l. 12, *lis.* la paix. — P. 91, l. 12, *lis.* XLIV. — P. 105, l. 7, *lis.* auprès
de Camille. — P. 139, l. 5, *lis.* LXXVII. — P. 159, l. 9-10, *lis.* tout
aurait été mis en danger. — Ibid. l. 24, *lis.* Zonaras auquel j'emprunte
aussi la leçon ἂν ἐκινδύνευσαν. — P. 170 et 171, l. 8, *lis.* XCIX. —
P. 231, l. 7, *lis.* leur échec dans cette première entreprise. — P. 275, l.
30, *lis.* Tafel. — P. 299, l. 16, *lis.* emploient souvent. — P. 309, l. 1,
lis. s'accroître. — P. 338, l. 36, *effacez* mai. — P. 342, l. 3, *lis.* (p. 65).
— Ibid. l. 29, et p. 343, l. 18 et 21, *lis.* Bouchaud. — P. 344, l. 33, *lis.*
que les révoltés demandèrent. — P. 354, l. 26, *lis.* LIX. Ἐπ. — P. 356, l.
8-9, *lis.* avait déclaré. — P. 362, l. 34, *lis.* l'année 413. — P. 369, l. 4,
lis. le surnom. — P. 378, l. 27, *lis.* CXXXVIII. Les.

www.ingramcontent.com/pod-product-compliance
Lightning Source LLC
Chambersburg PA
CBHW051131230426
43670CB00007B/760